Du monde entier

Pour
LOUIS ET JACOB

Et à la mémoire de
LUCY PARTINGTON
(1952-1973)

PREMIÈRE PARTIE

Les villes la nuit, je le sens bien, renferment des hommes qui pleurent dans leur sommeil puis disent Rien. C'est rien. Rien qu'un sale rêve. Ou à peu près... Il suffit, pour les repérer, de suivre à fond de cale le roulis des pleurs, avec les sondes à larmes et les jauges à sanglots. Une femme (épouse, amante, muse efflanquée, grasse nourrice, idée fixe, mangeuse d'hommes, vieille maîtresse ou mauvaise conscience) se réveille bientôt, se tourne vers l'homme et lui demande avec cette insatiable curiosité féminine : « Qu'est-ce qu'il y a ? » Et l'homme de répondre : « Rien. Non, ce n'est rien, je t'assure. Rien qu'un sale rêve. »

Rien qu'un sale rêve. Ouais, c'est ça... Rien qu'un sale rêve. Ou à peu près.

Richard Tull pleurait dans son sommeil. La femme à ses côtés, sa femme Gina, se réveilla et se tourna vers lui. Elle l'enlaça par-derrière et posa les mains sur ses pâles épaules. Plissements d'yeux, froncements de sourcils, chuchotements à l'oreille : elle ne manquait pas d'expérience. Comme un secouriste au bord d'une piscine, elle était préposée aux premiers soins. Ange de l'asphalte ensanglanté, Christ du bouche-à-bouche. Elle était femme. Elle en savait bien plus que lui sur les larmes. Elle ne savait rien des œuvres de jeunesse de Swift ni des œuvres de vieillesse de Wordsworth, rien des traitements successifs de Cressida sous la plume de Boccace, de Chaucer, de Robert Henryson ou de Shakespeare ; elle ne connaissait pas Proust. Mais elle s'y connaissait en larmes. Jusqu'à la dernière goutte.

« Qu'est-ce qu'il y a ? » demanda-t-elle.

Richard plia le bras et le porta à son front. Il renifla — et l'orchestre joua un air compliqué ; puis soupira — et on entendit au loin les mouettes s'engouffrer dans ses poumons.

« Rien. Ce n'est rien. Rien qu'un sale rêve. »

Ou à peu près.

Au bout d'un moment, elle soupira à son tour et se détourna de lui.

Dans la nuit, leur lit avait cette odeur de serviette de la vie conjugale.

Il se réveilla à six heures comme d'habitude. Pas besoin de réveil. De toute façon, il était déjà en éveil. Richard Tull se sentait fatigué, mais ce n'était pas par manque de sommeil. Une fatigue passagère planait au-dessus de lui, une de ces fatigues que le sommeil peut alléger. Mais encore plus haut, et tout autour, il y avait autre chose. En dessous aussi. Une immense fatigue beaucoup moins passagère, la fatigue du temps vécu et de la ribambelle des jours passés, la fatigue de la gravité, cette gravité qui vous attire jusqu'au centre de la terre. Elle allait s'installer, s'alourdir, sans qu'aucune sieste ni aucune tasse de thé ne puisse jamais la délester. Richard ne se souvenait pas d'avoir pleuré la nuit dernière. Il avait ouvert les yeux et ils étaient secs. Il était dans un état épouvantable, l'état conscient. Depuis quelque temps, il n'arrivait plus comme avant à orienter le fil de ses pensées. C'était juste pour trouver un brin de répit qu'il se glissait hors du lit le matin ; juste pour se reposer un peu qu'il se glissait hors du lit le matin. Il aurait quarante ans le lendemain, et il chroniquait des livres.

Dans la petite cuisine carrée qui attendait stoïquement son arrivée, Richard mit de l'eau dans la bouilloire électrique. Puis il passa dans la pièce à côté pour aller jeter un coup d'œil sur ses fils. En d'autres occasions, il avait trouvé du réconfort à entrer dans leur chambre à l'aube, comme ça, après une nuit semblable à celle qu'il venait de vivre, encore mal remis de l'information intempestive qu'elle lui avait apportée. Deux jumeaux dans leurs lits jumeaux. Marius et Marco n'étaient pas de vrais jumeaux. Pas plus que des jumeaux fraternels, comme le disait souvent Richard (non peut-être sans une pointe d'injustice), en ceci qu'ils ne se manifestaient guère de sentiments affectueux. C'étaient pourtant deux frères, ni plus ni moins, qui étaient nés au même moment. Il était possible en théorie (mais aussi en pratique, songeait Richard, puisque leur mère était Gina), que Marco et Marius n'aient pas le même père. Physiquement, ils ne se ressemblaient pas, mais alors, pas du tout, et ils étaient complètement différents dans leurs goûts et leurs aptitudes. Même leurs anniversaires n'avaient pas la bonne idée de coïncider, un minuit d'été sanglant s'étant interposé entre les deux garçons et leur style, là encore très différent, de venue au monde : l'aîné, Marius, avait eu l'intelligence de soumettre la salle d'accouchement à une inspection en bonne et due forme avant de suspendre ses critiques, mû par un respect des bienséances et un sentiment de répugnance mêlés ; Marco, en revanche, s'était contenté d'émettre un gloussement, puis il avait poussé un soupir de secrète complaisance, comme s'il se rengorgeait d'être parvenu sain et sauf au terme d'un voyage en climat insolite. À présent, c'était l'aube, et derrière les rideaux de la fenêtre, derrière le rideau de pluie, les rues de Londres ressemblaient à une vieille canalisation engorgée. Richard observait ses fils, leur petit corps agile figé malgré eux dans le sommeil, arrimé par un nœud plat à la literie. Une pensée d'artiste lui traversa l'esprit : c'est dans un autre pays que dorment les enfants, dans un pays exposé au danger et en même temps préservé du mal, un pays à jamais mouillé d'un désir innocent... Tiens, des aigles indifférents sur le rebord de la fenêtre ; ils attendent, l'air protecteur et menaçant.

Il arrivait à Richard, c'est vrai, de penser et de réagir en artiste. Il était artiste devant une flamme, même la flamme d'une allumette (il était dans son bureau à présent, et allumait sa première cigarette de la journée) car il savait d'instinct y reconnaître une dimension élémentaire. Il était artiste devant le spectacle de la société : jamais il ne lui serait venu à l'esprit que la société devait être telle qu'elle était, qu'elle avait le moindre droit, la moindre raison d'être telle qu'elle était. Une voiture passa dans la rue. Pourquoi ? Oui, pourquoi des voitures ? C'est cela, le devoir de l'artiste : être harcelé par les causes premières au point de sombrer dans la folie ou d'en rester paralysé de stupeur. Les difficultés commençaient quand il se mettait à écrire. Les difficultés, pour tout dire, avaient même commencé avant. Richard regarda sa montre et pensa : c'est trop tôt pour que je l'appelle. Ou plus exactement : trop tôt pour l'appeler. Car le monologue intérieur renonce désormais au pronom de la première personne du singulier, en hommage à Joyce. Il est encore au lit, non pas abandonné au sommeil comme les garçons, mais couché la tête haute, endormi l'air béat. Pour lui, de toute façon, l'information n'était pas un enjeu : soit il n'y aurait rien de nouveau, soit les nouvelles seraient toutes bonnes telles quelles.

Pendant une heure (c'était son dernier système en date), il travailla à son dernier roman, intitulé *Sans titre* à dessein, quoique provisoirement. Richard Tull n'avait rien d'un héros. Mais il se dégageait un certain héroïsme de ce travail matinal moins vaillant que vacillant, sur fond de taille-crayons, de Tippex, de vigne vierge jaunâtre derrière la fenêtre ouverte — couleur maladive de la nicotine, non de l'automne. Dans les tiroirs de son bureau ou, depuis quelque temps, sur les étagères les plus basses de sa bibliothèque, là où les factures et autres assignations se glissaient entre les pages des livres, et même parmi les cartouches de Ribena et les balles de tennis fatiguées qui jonchaient le plancher de sa voiture (l'horrible Maestro rouge), gisaient d'autres romans à jamais intitulés *Inédits*. D'autres encore, il le savait, l'attendaient au tournant, intitulés tour à tour *Inachevé*, *Irréalisé*, *Inentamé* et, pour finir, *Informulé*.

Arrivée des garçons : en coup de vent, dirait-on, sauf que ça durait trop longtemps et que c'étaient tous les matins les mêmes détails ineptes. Richard officiait aux commandes de la navette affolée, dans le rôle du vénérable pilote dont personne n'ignore le secret penchant pour l'alcool. À lui, le porte-bloc, la check-list de neuf pages, la gueule de bois chronique : chaussettes, argent de poche, céréales, livre de lecture, carottes épluchées, toilette express, brossage de dents. Gina arriva en plein milieu de ces considérations et but une tasse de thé, debout à côté de l'évier... Les enfants restaient en partie mystérieux pour Richard, mais il connaissait, Dieu merci, leur répertoire d'enfant et la saveur de leur vie cachée. Tandis que Gina, il en savait de moins en moins sur elle. Le petit Marco, par exemple, croyait que la mer avait été créée par un lapin qui habitait dans une voiture de course. Voilà au moins un sujet de discussion. Ce n'était pas comme Gina, dont

Richard ne savait plus ce qu'elle croyait. Il en savait de moins en moins sur sa cosmogonie intime.

Elle était debout, une légère couche de rouge sur les lèvres, une légère couche de fond de teint sur le visage, habillée d'un léger tailleur en laine, tenant sa tasse de thé à deux mains. D'autres filles dont Richard avait partagé le lit se levaient dès onze heures du soir pour envisager leur connexion avec le monde du travail matinal. Gina, elle, n'en avait que pour vingt minutes. Son corps ne lui opposait aucune résistance : coiffure pratique, juste un coup de peigne, œil franc au contour à peine souligné, langue couleur saumon, arrêt de dix secondes aux toilettes, formes que rêvaient d'épouser tous les vêtements. Gina travaillait deux jours par semaine, parfois trois. Pour Richard, ce qu'elle faisait dans les relations publiques était beaucoup plus mystérieux que ce que lui faisait, ou n'arrivait pas à faire, dans son bureau à côté de la cuisine. Comme le soleil, son visage interdisait à quiconque de la regarder en face à présent — même s'il est vrai que le soleil continue à briller, partout et en même temps, sans sc soucier de qui s'éblouit à le regarder. Le peignoir de Richard s'évasait sous lui tandis qu'il boutonnait la chemise de Marius du bout de ses doigts rongés.

« Alors, on met les boutons ? demanda Marius.

— Tu ne veux pas une tasse de thé ? demanda Gina sur un ton qui le surprit.

— Toc, toc ! » dit Marco.

Richard répondit dans l'ordre :

« C'est ce que je fais. Non merci, ça va. Qui est là ?

— Toi, répondit Marco.

— Allez, faut qu'on mette les boutons. papa », dit Marius.

Richard répondit :

« Qui ça, toi ? Qu'on mette les bouts, pas les boutons. Je fais ce que je peux.

— Ils sont prêts ? demanda Gina.

— On t'a pas sonné. Papa, il fait comment le canard ? fit Marco.

— Je crois. Coin coin.

— On prend les impers ?

— Et le 'anard ?

— Pas la peine de prendre les impers, si ?

— T'as vu le temps ? Les miens ne sortent pas sans.

— Et le 'anard ? reprit Marco.

— Tu les accompagnes ?

— 'Oin 'oin. Ouais, c'est ce que je pensais faire.

— Pourquoi tu pleures ?

— Tu t'es vu ? Tu n'es pas encore habillé.

— J'en ai pour une minute.

— Pourquoi tu pleures ?

— C'est neuf heures moins dix. Allez, je les emmène.

— Non, j'y vais.

— Dis, papa ! Mais pourquoi tu pleures ?

— Quoi ? Mais non.

— Cette nuit, si, tu pleurais, dit Gina.

— Ah bon ! » fit Richard.

Toujours en peignoir et pieds nus, Richard accompagna sa petite famille sur le palier, puis descendit avec elle les quatre étages. Il fut vite dépassé dans l'escalier. À peine était-il arrivé à l'entresol que déjà la porte d'entrée s'ouvrait, se fermait, et que, d'un petit coup de queue, la vie était repartie en coup de vent.

Richard ramassa le *Times* et son médiocre courrier. Toutes ces enveloppes beigeasses, indésirables, acheminées à une lenteur d'escargot d'un bout à l'autre de la ville ! Il inspecta rapidement le journal puis, à force de persévérance, finit par trouver la page des anniversaires. Ça y était, effectivement. Il était même en photo, joue contre joue avec sa femme, Lady Demeter.

À onze heures, Richard composa le numéro. Il sentit monter l'excitation lorsque ce fut Gwyn Barry lui-même qui décrocha.

« Allô ! »

Richard expira et dit posément :

« Espèce de vieux débris ! »

Gwyn marqua un temps d'arrêt. Puis son rire se recomposa, progressif, indulgent, et même plutôt sincère.

« Sacré Richard ! dit-il.

— Ne ris pas comme ça ou tu vas te creuser une ride. Avoir une attaque. Quarante ans. J'ai vu ta nécro dans le *Times*.

— Alors, tu y vas ?

— Moi oui, mais toi, tu devrais t'abstenir. Cale-toi bien

devant la cheminée, une couverture sur les genoux. Et n'oublies pas de prendre tes gouttes avec ta tisane.

— Ça va, ça suffit, dit Gwyn. Tu y vas ?

— Je crois que oui. Si je passais chez toi vers midi et demi ? On pourrait partager un taxi.

— Midi et demi ? Ça roule.

— Espèce de vieux débris ! »

Richard étouffa un sanglot puis fit un long séjour consterné devant le miroir de la salle de bains. Son esprit était à lui et il en assumait la pleine responsabilité. Peu importait ce qu'il faisait ou pouvait faire. Mais son corps, c'était une autre affaire. Il passa le reste de la matinée sur la première phrase d'un compte rendu de sept cents mots sur un livre de sept cents pages sur Warwick Deeping. Comme les jumeaux, Richard et Gwyn Barry n'avaient qu'un jour d'écart. Richard aurait quarante ans le lendemain. Mais cette nouvelle ne serait pas répercutée par le *Times* : car le *Times* ne consignait que les événements. Il n'y avait qu'une célébrité à vivre au 49E Calchalk Street ; et elle n'était pas connue. C'était une vedette de la génétique, Gina. Elle était belle de pied en cap, et elle ne changeait pas. Elle vieillissait mais ne changeait pas. Dans la galerie des vieilles photos, elle était toujours la même et en imposait toujours autant, quand le reste des personnages semblaient se métamorphoser à une allure écœurante, qui en Messie à cafetan, qui en Zapata à rouflaquettes. Il regrettait parfois qu'il en soit ainsi : qu'elle soit belle. Vu les épreuves qu'il traversait, lui. Elle avait un frère et une sœur quelconques. Son père en son temps avait été quelconque. Sa mère était encore en vie pour l'instant, volumineuse, délabrée et encore énormément jolie, en un sens, au fond de son lit quelconque.

Nous sommes d'accord. Allez, il n'y a pas à tortiller : sur la beauté physique, nous sommes d'accord. C'est un domaine où le consensus est possible. Dans la mathématique de l'univers, la beauté nous aide aussi à départager le vrai du faux. Sur la beauté céleste et physique, nous pouvons vite tomber d'accord. Mais pas sur tous les types de beauté. Pas sur la beauté qu'on couche sur la page, par exemple.

Dans la camionnette, Scozzy lança un regard à 13 et commença :

« Donc, y a Morrie qui va chez le toubib.

— Ouais. »

13 avait dix-sept ans et il était noir. Bentley, de son vrai nom. Scozzy en avait trente et un et il était blanc. Steve Cousins, de son vrai nom.

Scozzy continua :

« Alors, Morrie fait au toubib : “ J'ai des pannes avec ma femme, qu'il lui dit. Ma femme Queenie. Avec Queenie, j'y arrive pas. ” »

À ces mots, 13 eut une réaction que les Blancs n'ont plus guère aujourd'hui : il sourit de toutes ses dents. Comme les Blancs, mais il y a des années.

« Ouais », répondit 13 en attendant la suite.

Morrie, Queenie, tous des Juifs, pensait-il.

Scozzy reprit :

« Le toubib lui fait comme ça : “ Pas de bol. Mais attendez. On vient de recevoir ces cachets de Suède. C'est ce qui se fait de mieux, mais c'est pas donné. Il faut compter dans les trois cents sacs. On essaie ? ” »

13 opina.

« Si tu le dis. »

Ils étaient assis dans la camionnette orange et buvaient du Ting en canette. Un jus pamplemousse-ananas. Giro, le gros chien de 13, faisait le beau entre eux. Assis bien droit sans bouger, juste à côté du frein à main, il haletait comme s'il était en rut.

« “ Vous en prenez un et je vous promets une trique de quatre heures. Une baise d'enfer avec un E majuscule. ” Là-dessus, Morrie rentre chez lui. Tu me suis ? »

Scozzy marqua un temps d'arrêt, puis poursuivit :

« Alors il appelle le toubib. “ Je viens de prendre un cachet, qu'il lui fait, mais y a un pépin. ” »

13 se tourna vers Scozzy, et fronça les sourcils.

« “ Queenie est sortie faire des courses ! Elle en a pour quatre heures ! — Il manquait plus que ça, répond le toubib. Vous n'avez personne d'autre sous la main ? — Si, fait Morrie, la jeune fille au pair. — Elle est comment ? demande le toubib. — Dix-huit ans et de beaux nibards. — Bon, fait le toubib, pas de panique. Vous allez vous arranger avec elle. Dites-lui que c'est une urgence. Que c'est le médecin qui l'a prescrit. "

— Si tu le dis, bredouilla 13.

— " Oh ! j'sais pas, fait Morrie. À trois cents sacs, ça finit quand même par faire cher. En plus, avec la jeune fille au pair j'ai aucun problème pour bander. " »

Un silence se fit.

Giro déglutit et se remit à haleter.

13 s'enfonça dans son siège. Tantôt il souriait de toutes ses dents, tantôt il fronçait les sourcils, son visage hésitant à confier à l'une ou l'autre de ces réactions une hégémonie sans partage. Ce furent les sourires qui l'emportèrent.

« Ah, d'accord ! Un sac à sperme.

— Qu'est-ce que tu racontes ?

— T'as pas parlé de sac ?

— Quand ?

— Trois cents sacs.

— Bon dieu, fit Scozzy. Trois cents *livres* le cachet. »

13 eut l'air passablement mécontent. Ce n'était rien du tout. Ça finirait par passer.

« Trois cents, bon Dieu. Ça fait du blé ! »

Rien, rien du tout.

« Putain ! Trois cents livres. »

C'était passé. 13 esquissa un sourire.

Scozzy lui lança :

« C'est quand même toi qui passes ta vie en taule à parler argot. »

Aussi brusquement que dans un film d'horreur (Giro cessa de haleter), Richard Tull apparut sur la gauche du pare-brise. Il dévisagea les passagers de la camionnette, grimaça, puis continua sa route d'une démarche chancelante. Giro déglutit et se remit à haleter.

« La vache ! dit Scozzy.

— C'est lui, fit 13 simplement.

— Non, c'est pas lui. C'est l'autre. Lui, c'est son pote. »

Scozzy opina, sourit, secoua la tête de gauche à droite. Il trouvait ça génial, tout ce qui lui tombait dessus d'un seul coup.

« Et Crash se tape sa femme.

— Le héros de la télé », dit 13...

Il fronça les sourcils et ajouta :
« Je l'ai jamais vu à la téloche, moi. »
Steve Cousins répliqua :
« C'est parce que t'es scotché sur Sky. »

Richard sonna à la porte de la maison de Holland Park. L'air momentanément abattu, le cou serré dans son nœud papillon, il se présenta à la caméra de surveillance qui, d'un petit coup sec et agressif, pivota vers lui dans son boîtier au-dessus de la porte. Il se prépara aussi psychologiquement. Il voulait être prêt en marquant sa différence. Mais il n'y arrivait jamais. Gwyn se débrouillait toujours pour le diminuer. Il était dans la position d'un aspirant falot à bord d'un sous-marin nucléaire, celui qui fait la conversation avec l'un des gars pendant qu'il desserre les boulons de la soute à torpilles pour une vérification de routine ; et il se retrouvait sur-le-champ plaqué au sol par un phallus d'écume marine. Tout au fond, tout là-bas, l'air était saturé d'une atmosphère adverse, d'une formidable pression dont Gwyn était le maître absolu.

Prenez sa maison, par exemple, qui le toisait de toute sa hauteur. Sa carrure, sa stature, son envergure, il les connaissait pour avoir fréquenté pendant un an une école située dans un immeuble identique de l'autre côté de la rue. C'était une boîte cosmopolite, aujourd'hui morte et enterrée comme le père de Richard qui avait raclé les fonds de tiroirs pour y envoyer son fils. À l'époque, elle fonctionnait avec un effectif de vingt-cinq professeurs et plus de deux cents élèves : toute une écologie d'œstrogène et de testostérone, de joues duveteuses, de prises de bec, de bagarres, de béguins et de toquades. Ce monde étagé, pivotant, n'était plus. Mais dans un lieu de dimensions identiques, de volume identique, vivaient à présent Gwyn et Demeter Barry. Sans oublier la bonne... Richard tourna la tête comme pour soigner un torticolis. La caméra continua de le fixer, incrédule. Il essaya de lui tenir tête avec un orgueil démesuré. On ne pouvait pourtant pas l'accuser de convoitise, bizarrement. Quand il faisait les courses, il se laissait rarement tenter. Il aimait les grands espaces, mais il ne voulait pas de ce qu'on pouvait y loger. Cependant, se dit-il, tout se passait beaucoup mieux dans le temps, quand Gwyn était pauvre.

Après qu'on lui eut ouvert la porte, Richard fut conduit à l'étage, non par Demeter, bien sûr (à cette heure-là, elle devait se trouver dans l'enfilade de couloirs sans qu'on pût exactement prévoir où), ni par une domestique (bien qu'il y eût des domestiques, qui répondaient au nom de Ming ou d'Atrocia et qu'on avait fait venir par cageots de São Paulo ou de Vientiane), ni même par un quelconque représentant de la communauté immobilière (et il y en avait toujours dans les parages, depuis l'architecte anobli jusqu'à l'ouvrier en bleu de travail, des clous pleins la bouche). Non, Richard fut conduit à l'étage par un nouveau genre d'employé de maison : une étudiante américaine qui préparait vaguement une licence, ou l'avait déjà obtenue, et dont les cheveux raides, la bouche sévère, l'intelligence ténébreuse signifiaient qu'en plus du reste, Gwyn était désormais une activité à lui seul, tout en télécopies, photocopies et présélections. Sous le large miroir de l'entrée, il aperçut une tablette infestée de cartons d'invitation ; certains étaient même en contreplaqué. Il eut une pensée pour la camionnette, avec sa pile mensuelle de tabloïdes coincée entre le tableau de bord et le pare-brise, ses deux passagers, l'un blanc, l'autre noir, et le gros berger allemand qui tenait plus de l'ours que du chien, avec sa langue qui pendait comme une écharpe.

Gwyn Barry atteignait le paroxysme d'un entretien et d'une séance de photos simultanés. Richard entra et traversa la pièce en diagonale, la main discrètement levée en manière de salut, puis alla s'asseoir sur un tabouret et prit une revue. Gwyn était installé sur la banquette à côté de la fenêtre. Il était en tenue d'archéologue et dégageait aussi, de l'archéologue, l'aura d'une vie de plein air, de fouilles arides sous un soleil de plomb. La coupe de ses vêtements convenait parfaitement à sa petite taille, tout comme la coupe de ses cheveux laissait pressentir (même si ce n'était pour l'instant qu'une rumeur) un début de calvitie masculine. En fait, Gwyn avait les cheveux gris. Gris, mais gris éclatant. Non pas le gris anglais de l'anguille ou de l'ardoise mouillée, ni même le gris provoqué par un pigment sec ou fatigué, mais le gris éclatant (se dit Richard) d'un charlatan de première catégorie. D'ailleurs, Richard se dégarnissait aussi, mais n'importe comment. Il ne perdait pas ses cheveux petit à petit au rythme de l'eau qui monte, jusqu'à ce qu'il ne lui en reste qu'une couronne au sommet du crâne. Non ! Il les perdait par à-coups, par paquets, par poignées entières. Il avait désormais aussi peur d'aller chez le coiffeur, et sans doute aussi peu d'espoir, que lorsqu'il prenait rendez-vous avec son conseiller financier ou son agent, ou qu'il conduisait au garage la Maestro rouge tomate.

« Qu'est-ce que ça vous fait d'avoir quarante ans ? demandait le journaliste.

— Joyeux anniversaire ! dit Richard.

— Merci. Oh ! c'est juste un chiffre. Celui-ci ou un autre... »

La pièce où ils se tenaient (le bureau-bibliothèque-labo de Gwyn) était ignoble. Richard avait adopté pour ligne de conduite, quand il s'y trouvait, de fixer comme un hypnotiseur les yeux de Gwyn, ses yeux verts et avides, par crainte de ce qu'il devrait affronter autrement. Ce n'était pas le mobilier qui le gênait, ni la hauteur sous plafond ou les belles dimensions des trois fenêtres sur rue. Encore moins la station spatiale encombrée de disquettes et de radiolasers au milieu de la pièce. Mais c'étaient les livres de Gwyn qu'il ne supportait pas de voir, cette quantité de livres qui proliférait et se reproduisait en des proportions insensées. Sur le bureau, sur la table : il y en avait partout. Ici, l'horreur chatoyante d'un Gwyn en espagnol (avec, sur le bandeau, des commentaires élogieux et une mise à jour des tirages successifs), là une édition de poche américaine pour un club de livres ou la vente en grande surface, ou encore une édition en hébreu, en mandarin, en caractères cunéiformes, en idéogrammes. Ça n'avait l'air de rien, comme ça, mais ça n'avait rien à faire là non plus, sauf que ça faisait partie de la production de Gwyn. À laquelle s'ajoutaient les Gallimard, Mondadori, Alberti, Zsolnay, Uitgeverij Contact, Kawade Shobo, Magvetö Könyvkiadó. Par le passé, Richard avait eu à plusieurs reprises l'occasion de fouiner dans le bureau de Gwyn, dans ses tiroirs et dans ses affaires. Mais n'est-ce pas dans leurs propres plaies béantes que fouinent les fouineurs ? J'imagine que vous avez beaucoup d'admiratrices qui. J'ai l'honneur de vous. Votre billet d'avion vous. La décision a été prise en moins de. Les termes de ce contrat nous paraissent exceptionnellement. Je débute de traduire votre. Ci-joint une photo de l'intérieur de ma. Richard s'arrêta de feuilleter la revue qu'il avait posée sur ses genoux (il venait de tomber sur un entretien avec Gwyn Barry), puis se leva et examina les rayons de la bibliothèque. Le classement alphabétique y était scrupuleusement respecté, contrairement à sa propre bibliothèque qu'il n'avait jamais le temps de ranger, trop occupé qu'il était à chercher des livres sur lesquels il n'arrivait jamais à mettre la main. Il en avait partout, empilés sous des tables, sous des lits, sur des rebords de fenêtre. Des piles qui lui bouchaient le ciel.

Le journaliste et son interlocuteur y allaient chacun de ses fadaises sur la fausse simplicité de la prose de l'interlocuteur. Contrairement au journaliste, la photographe était une femme, une jeune fille habillée de noir, d'allure nordique, toute en jambes et en jeux de jambes, constamment au bord du déséquilibre pour prendre ses photos de Gwyn. Richard regardait la scène en soupirant bruyamment. Se faire prendre en photo ne représentait visiblement pas une activité enviable en soi. Mais ce qui était enviable, tout autant qu'incroyable, c'était que Gwyn fût jugé digne d'être pris en photo. Qu'est-ce qu'il peut donc bien se passer derrière un visage si souvent photographié ? Qu'arrive-t-il à l'intérieur d'une tête quand on la photographie ? Les Yanomani ou les Ukuki ont dû flairer quelque chose. Un cliché n'y suffit peut-être pas, mais à force d'entendre crépiter l'appareil, on doit finir par y laisser sa personne. Oui, c'est sans doute cela, plus on se fait photographier, plus on a une vie intérieure qui s'étiole. Se faire prendre en photo, c'est du temps mort pour l'âme. Comment l'esprit peut-il continuer à penser quand il faut esquisser le même sourire et le même froncement de sourcil ? Si tel est le cas, l'âme de Richard était au mieux de sa forme. Plus personne ne le prenait en photo, pas même Gina. Quand les Tull recevaient leurs photos de vacances, chose de plus en plus rare puisqu'ils partaient de moins en moins souvent, Richard y brillait par son absence : on y voyait Marius, Marco, Gina, un paysan anonyme, un maître nageur, un âne, et tout juste le coude de Richard, ou le lobe d'une de ses oreilles, tout au bord, contre le cadre. Au bord de la vie, au bord de l'amour...

Le journaliste enchaîna :

« Il y a beaucoup de gens qui pensent que, vu le degré de célébrité que vous avez atteint, vous devriez vous lancer dans la politique. Qu'est-ce que vous... ? Est-ce que vous... ?

— Me lancer dans la politique ? dit Gwyn. Seigneur ! Je n'y ai jamais beaucoup réfléchi. Du moins pour l'instant. Disons que c'est une possibilité que je ne veux pas exclure. Pas encore.

— Voilà bien une déclaration d'homme politique, Gwyn. »

Dit Richard. Sa réplique fit mouche : il faut bien rire, comme on dit. Rire de tout et de rien. Mais oui, on en a tous besoin. Richard baissa la tête et se détourna. Non, ce n'était vraiment pas le genre de propos qu'il aimait à s'entendre tenir. Mais le monde où évoluait Gwyn était en partie public, et celui de Richard de plus en plus privé, dangereusement privé. Il y a des gens parmi nous qui sont esclaves de leur propre vie.

« Je crois que je vais me contenter d'écrire, dit Gwyn. Mais ce n'est pas incompatible, si ? Le romancier et l'homme politique s'intéressent tous les deux au potentiel de l'homme.

— Ça, c'est bien entendu le point de vue travailliste.

— Évidemment.

— Bien entendu.

— Bien entendu. »

Bien entendu, pensa Richard. Comment aurait-il pu en être autrement ? Gwyn penchait bien entendu du côté travailliste, c'était évident. Évident non pas au vu des moulures qui ondulaient à six mètres au-dessus d'eux, ni des lampes en bronze ou de l'opulence toute militaire du bureau revêtu de cuir, mais évident parce que Gwyn était ce qu'il était, un écrivain vivant en Angleterre à la fin du XXe siècle. C'était la seule possibilité pour quelqu'un comme lui. Richard était travailliste : ça aussi, c'était évident. Il avait souvent l'impression, d'après les cercles où il évoluait et les livres qu'il lisait, que tout le monde en Angleterre était travailliste, sauf le gouvernement. Gwyn était le fils d'un enseignant gallois (enseignant quoi ? La gymnastique. Car la gymnastique, ça s'enseigne). À présent, il faisait partie de la classe moyenne et il était travailliste. Richard était le fils du fils d'un propriétaire terrien des environs de Londres. À présent, il faisait partie de la classe moyenne et il était travailliste. Tous les écrivains, tous les professionnels du livre sont travaillistes, et c'est l'une des raisons pour lesquelles ils s'entendent si bien et ne passent pas leur temps à s'intenter mutuellement des procès ou à se jeter dessus à bras raccourcis. Tout le contraire de ce qui se passe aux États-Unis, où le bancroche de l'Alabama doit frayer avec le nabab de Virginie, et le pauvre Lituanien torturé tendre la main au résident du cap Cod, deux mètres trente et un regard bleu perçant. Richard, soit dit en passant, se fichait pas mal que Gwyn soit riche et célèbre. Richard se fichait pas mal que Gwyn soit riche. Il faut bien établir la nature de son antipathie (pour éviter toute confusion) avant l'aggravation de la situation, les craquements et les déchirements à venir. « Il m'a fait gifler mon fils, songea Richard. Il m'a... avec ma femme... » Riche et travailliste, passe encore. Avoir toujours été pauvre, c'est une bonne préparation pour devenir riche. Cela vaut mieux que d'avoir toujours été riche. Champagne pour le socialiste : il en retirera au moins le goût de la nouveauté. Mais qu'est-ce que ça peut bien faire ? Richard avait même adhéré au parti communiste après sa majorité : encore une belle connerie de jeunesse !

« Merci beaucoup », conclut le journaliste sur un ton de légère surprise. Il hésita un instant et contempla son magnétophone d'un air sombre, puis il hocha la tête et se leva. La présence de la photographe devint alors plus sensible, plus envahissante : c'étaient sa stature, sa santé resplendissante.

« Si vous pouviez m'accorder trois petites minutes dans ce coin.

— Je refuse de poser, répondit Gwyn. On avait convenu que vous pourriez photographier à votre aise pendant l'entretien, mais qu'il n'y aurait pas de séance de pose.

— Juste trois minutes, je vous prie. Deux. L'éclairage est absolument parfait à cet endroit-là. »

Gwyn acquiesça. Il acquiesça, se dit Richard, comme quelqu'un qui a déjà acquiescé de la même manière à de nombreuses reprises, conscient de l'étendue de sa mansuétude, mais aussi de ses limites. Un jour viendrait où il aurait sûrement mangé tout son pain blanc.

« Qui y aura-t-il ? interrogea Gwyn derrière la photographe, qui interposait entre les deux hommes sa silhouette sanglée et bardée de sacoches en tous genres.

— Je sais pas très bien. »

Richard cita quelques noms et ajouta :

« Merci de m'accompagner. Le jour de ton anniversaire, en plus. »

Mais sans même se tourner vers lui, la photographe lui demanda de se calmer en lui faisant des gestes fébriles derrière le dos :

« Oui, comme ça. Ça rend bien. Ça rend bien. Plus haut. Ne bougez plus. Très bien. Très bien. Splendide. »

En sortant, ils croisèrent Lady Demeter Barry dans l'entrée. Elle avait vingt-neuf ans et cet air distrait et hagard qu'on peut s'attendre à trouver chez une personne apparentée à la reine. Comme Gina Tull, elle n'entretenait d'autre rapport avec la littérature que par son mariage avec l'un de ses soi-disant praticiens.

« C'est l'heure de ta leçon, chérie ? » lui demanda Gwyn en s'approchant d'elle.

Richard attendit.

« Ma chère Demi », lui dit-il en s'inclinant tout raide avant de lui faire la bise.

La camionnette orange était toujours stationnée à l'extérieur. Elle était sale, cette camionnette orange ; sale, son habillage blanc ; sales, ses rideaux beiges qui pendaient aux vitres latérales et à la porte arrière. Steve Cousins était assis tout seul à l'intérieur en compagnie de Giro, 13 étant parti faire des provisions de Ting à sa demande.

Blé, trèfle, oseille : pourquoi toutes ces herbes pour parler du fric ? Et la thune du prolétariat... Les sacs, les briques et les plaques du côté de la maçonnerie... Bon Dieu ! Ça c'était le jargon type, l'argot du placard, et il valait mieux ne pas s'en servir. Steve Cousins n'avait jamais *fait* de prison. Il n'avait jamais fait de prison et son casier judiciaire (comme maints avocats l'avaient maintes fois rappelé devant maints tribunaux d'un ton las) était absolument vierge... À ce moment-là, il lisait une revue qui s'appelait *La gazette de la police*, mais il avait aussi un livre sur le tableau de bord : *Masse et puissance* d'Elias Canetti. Cela pouvait prêter à sourire, mais dans le milieu de Steve (un milieu elliptique et excentrique), lire *Masse et puissance*, c'était comme avouer qu'on a fait un séjour en taule, et un long séjour avec ça. Il faut se méfier du détenu qui connaît son Camus, son Kierkegaard, sa *Critique de la raison pure*, ses *Quatre quatuors*...

Steve. Steve Cousins. Scozz.

Scozz ? Scozz avait les cheveux dressés sur la tête, teints couleur sirop de maïs ou mélasse de canne (les racines noires dataient d'une teinture légèrement antérieure). On aurait dit du foin tendre et mouillé qu'on aurait fertilisé à coups de produits chimiques sans trop y réfléchir, et, à l'endroit où elles se rencontraient, les différentes couleurs semblaient former un pli pareil à l'intervalle entre des dents de fumeur. Mais Scozzy ne fumait pas. Plus personne ne fume, d'ailleurs : la seule chose qui compte, c'est de rester en forme et en bonne santé. Bien qu'il n'eût pas de menton (ou alors à peu près de la même taille que la pomme d'Adam sur laquelle il était perché), il avait un visage en lame de couteau qui, sous certains éclairages, paraissait consister en plans fuyants, comme celui d'un suspect « pixelisé » sur un écran de télévision. Barbouillage, brouillage et quadrillage. Scozzy portait deux fins anneaux d'argent à chaque oreille. Il avait des yeux exorbités comme tous les êtres de son espèce et posait sur le monde un regard d'innocence ; mais il allongeait ou arrondissait aussi les lèvres en signe de convoitise, d'amusement ou de reconnaissance. Ni grand ni costaud, peut-être ; mais quelle n'était pas la surprise lorsque, en ôtant sa chemise, il découvrait un corps parfait de spécimen anatomique ! Il excellait à surprendre les gens. Quand il jouait les durs ou les caïds, la surprise était toujours de taille. Parce que Steve n'abandonnait pas la partie. Quand j'y suis, je vais jusqu'au bout. Jusqu'au bout. C'était le genre de délinquant qui sait ce que récidiver veut dire. Brave Scozz ! Il avait du vocabulaire. Ou du moins le croyait.

L'air renfrogné, Scozzy fit jouer les muscles de sa nuque pour voir 13 ouvrir la porte coulissante et rentrer dans la camionnette. Giro, à présent, était couché à l'arrière. Il avait chaud sous sa grosse fourrure ; il soupira dans son sommeil.

« Il est ressorti ? demanda 13.

— Ouais, avec l'autre. Ils ont pris un taxi. Sur son ardoise.

— T'as vu la taille de la baraque ? »

Scozzy se tourna vers lui, expira et déclara avec indulgence :

« 13, mon vieux, arrête. Qu'est-ce que tu crois qu'on fout ici ? Tu crois qu'on fait tout ça pour un simple casse ? Qu'on va se contenter de piquer deux ou trois trucs et de tout faire foirer ? »

13 baissa la tête et sourit. C'était justement le genre d'idée qui lui avait traversé l'esprit.

« Atterris un peu ! Redescends !

— Du calme !

— Ta gueule ! »

Ils observèrent.

« Sa femme, fit Scozzy, sûr de lui. Elle va à sa leçon.

— Belle plante, fit 13. Canon ! » ajouta-t-il, admiratif.

Pas de doute : Lady Demeter, c'était le fantasme des Noirs par excellence. Blonde, riche et bien roulée. Mais ce n'était pas le genre de Steve. Pas plus qu'aucune femme à forme humaine, d'ailleurs. Ni aucun homme non plus.

13 se pencha pour mettre le contact, leva un œil vers Steve, dans l'expectative. Mais celui-ci baissa lentement les paupières. C'en était assez pour lui faire comprendre qu'ils ne partaient pas tout de suite. Avec Scozzy, on en faisait toujours beaucoup moins que ce qu'on avait prévu. Beaucoup moins pour commencer, mais beaucoup plus ensuite.

« Crash l'avait bien dit que c'était une belle plante. »

Steve répondit d'un ton plutôt neutre, tout compte fait :

« Beaux nibards, Sa Majesté. Eh ! C'est des Lilt, pas des Ting !

— Pamplemousse-ananas, s'exclama 13 agacé. Merde, c'est kif-kif bourricot ! »

Une heure à peine que le déjeuner avait commencé dans ce restaurant de poissons pour vieux rupins, et quelque chose d'extraordinaire se préparait. Nulle intrusion du monde extérieur, non. Mais Richard était sur le point de se lancer dans un discours enflammé. Oui, dans un discours enflammé.

Vous ne trouvez pas ça extraordinaire ? Pourtant, il y a de quoi. Essayez donc de vous rappeler la dernière fois où vous vous êtes trouvé dans cette situation. Pas seulement quand vous avez poussé des « Oh ! je trouve ça absolument scandaleux », « C'est toi qui as mis l'affaire sur le tapis » ou « Retournez dans votre chambre, et au lit ! ». Je parle « discours », moi, discours enflammé. Or, les vrais discours se font rares. Rares à prononcer, rares à entendre. Il n'y a qu'à voir le niveau : « Marius ! Marco ! Tous les deux, vous êtes... deux ! » Il n'y a qu'à voir le fiasco. Nous bavons et nous bégayons. Les femmes y arrivent, elles, ou en tout cas, elles vont plus loin, mais dès que l'occasion se présente de pleurnicher, elles ne la laissent en général pas passer. Faute de cette possibilité, les hommes la bouclent. Ils ont tous l'esprit d'escalier, l'esprit en escalier, et ils comprennent après coup ce qu'ils auraient dû dire, ce qu'ils auraient dû dire, mais après coup... Avant de parler, parmi ce confort capitonné, Richard se demanda vite fait si le discours enflammé avait été une ressource naturelle des hommes et des femmes avant 1700, avant la date retenue par Eliot (quand, au juste ?) pour situer le clivage des idées et des sentiments. Le tempérament masculin était de toute évidence beaucoup plus clivé que son homologue féminin. Peut-être que les femmes avaient été épargnées. Par rapport aux hommes, c'étaient des poètes métaphysiques, des Donne, des Marvell de la tête et du cœur.

Bref, il allait se lancer dans un discours enflammé. Or, un discours enflammé se dévide, un discours enflammé verbalise les idées et les sentiments sur un mode dramatique. Un discours enflammé, c'est presque toujours une mauvaise tactique en soi.

Comment l'expliquer ? Après tout, Richard était là pour impressionner la galerie. Il voulait se faire embaucher.

Faut-il invoquer le lieu ? Une banquette semi-circulaire croulant sous la nourriture, la boisson et la fumée, et, un peu plus loin, de petits bunkers remplis de croulants qui dévoraient patiemment l'argent qu'ils avaient hérité d'ancêtres roublards.

Faut-il invoquer les invités ? Le financier, le chroniqueur, la chroniqueuse, l'éditeur, le chroniqueur mondain, le portraitiste mondain, le photographe, le capitaine d'industrie, le porte-parole de l'opposition pour les questions artistiques, Gwyn Barry.

Faut-il invoquer l'alcool offert et ingurgité ? En fait, Richard s'était très bien tenu, il avait réussi à se contenter d'un Virgin Mary et d'une bière légère avant le whisky qu'il prenait rituellement en apéritif. Puis une tonne de vin. Mais avant, pendant qu'ils en étaient encore tous à papillonner d'un groupe à un autre, il était allé au pub d'en face avec Rory Plantagenet, le chroniqueur mondain. Richard et Rory se décrivaient parfois comme des camarades de classe, ce qui veut dire qu'ils avaient fréquenté la même école à la même période : Riddington House, le moins bon collège privé, selon la rumeur, de toutes les Îles Britanniques. Depuis plusieurs années déjà, Richard vendait des ragots littéraires à Rory. Combien il ou elle avait reçu d'à-valoir. Qui allait gagner tel ou tel prix. De temps en temps, et de plus en plus souvent, il lui vendait des potins sur les divorces, les adultères, les faillites, les cures de désintoxication et les maladies littéraires. Rory lui payait ces renseignements, ainsi que toutes les tournées, en manière de pourboire. Il payait les tuyaux et le tord-boyaux, les haussements d'épaules et les plaisanteries faciles. Richard n'aimait pas ce petit jeu. Mais il avait besoin de l'argent que cela lui rapportait. Pendant la transaction, il avait l'impression de porter une vulgaire chemise neuve dont il n'aurait pas réussi à enlever les épingles d'emballage.

Faut-il invoquer la part de provocation ? La part de provocation, pourraient croire certains, se révéla énorme. Ou en tout cas, suffisante.

Le climat londonien eut aussi un rôle à jouer : la scène se passait dans la chaleur sinistre de midi. Comme la nuit qui tombe à l'intérieur d'une église, les invités se déplacèrent et se regroupèrent... Gwyn Barry se fit prendre en photo. Le financier, Sebby, se fit prendre en photo. Gwyn Barry se fit prendre en photo avec le financier ; l'éditeur avec Gwyn Barry et le capitaine d'industrie ; le capitaine d'industrie avec le porte-parole de l'opposition pour les questions artistiques et Gwyn Barry. On lut deux discours écrits sur des bouts de papier, deux discours qui n'avaient rien d'enflammé du tout. Le capitaine d'industrie, dont la femme s'intéressait plus à la littérature qu'il n'en fallait pour deux (Gwyn dînait souvent chez eux, Richard le savait), prononça un discours à la gloire de Gwyn Barry en ce jour anniversaire de sa quarantième année. Il eut terminé en quatre-vingt-dix secondes environ. Puis le financier prononça un discours pendant lequel Richard fuma trois cigarettes en contemplant son verre vide, les yeux embués de larmes. Le financier s'efforçait donc de rentrer dans ses frais. Pas question d'un simple repas gratuit où l'on parlerait boutique du bout des lèvres au moment du café. Il s'expliqua sur le genre de revue littéraire auquel il aimerait être associé, sur le genre de revue qu'il était prêt à financer. Pas grand-chose à voir avec la revue A. Pas grand-chose à voir avec la revue B. Plutôt avec la revue C (suspendue) ou la revue D (publiée à New York). Gwyn Barry fut ensuite consulté sur le genre de revue auquel il aimerait, lui, être associé (une revue haut de gamme). Idem pour le capitaine d'industrie, le porte-parole de l'opposition, la chroniqueuse, le chroniqueur. On ne demanda pas son avis à Rory Plantagenet. Ni au photographe, qui de toute façon s'en allait. Ni à Richard

Tull — c'en était affligeant — qui s'accrochait tant bien que mal à l'idée qu'on le pressentait pour le poste de rédacteur en chef. Les seules questions qui lui furent adressées concernaient des détails techniques : tirage, conditions de rentabilité, et ainsi de suite.

Est-ce que ça servirait à quelque chose, demandait le financier, Sebby (et c'est en grande partie à ce diminutif galvaudé qu'il devait la faveur du public ; peu importent, pour l'instant, les requins et les vautours qu'il avait laissés en rade devant leurs consoles de visualisation) — est-ce que ça servirait à quelque chose d'entreprendre une étude de marché ? Richard ?

« Euh... Du genre, profil du lecteur moyen ? »

Il ne savait que répondre.

« Des trucs sur l'âge ? répondit-il. Sur le sexe ? Je sais pas.

— Je me disais qu'on pourrait faire remplir un questionnaire... disons, aux étudiants en anglais de l'université de Londres, non ? Ou quelque chose dans ce goût-là.

— Pour voir s'ils apprécient le haut de gamme ?

— Toujours ce fichu ciblage », dit le chroniqueur, qui avait à peu près vingt-huit ans, une barbe expérimentale et un air de distribution des prix.

La chronique qu'il écrivait faisait dans le socio-politique.

« Bon sang, reprit-il, on n'est pas en Amérique, ici. Là-bas, le marché des revues est complètement balkanisé. »

Et de poursuivre après avoir lancé un regard à la cantonade, pour commencer à récolter les sourires qui n'allaient sans doute pas tarder à mûrir :

« Là-bas, vous savez bien, ils ont des revues tout spécialement destinées au plongeur du sud des Moluques qui en est à son deuxième divorce.

— Il n'empêche qu'il y a des préférences plus faciles à prévoir que d'autres, dit l'éditeur. Les revues féminines sont lues par des femmes. Et les hommes... »

Il y eut un silence. Richard se dévoua pour le meubler :

« Est-ce qu'on est absolument certain que les hommes préfèrent lire des auteurs de sexe masculin ? Et les femmes, des auteurs de sexe féminin ?

— Pitié ! Qu'est-ce qui vous prend ? dit la chroniqueuse. On n'est pas ici pour parler motos ou tricot, mais littérature, bon Dieu ! »

Même en compagnie de gens qu'il connaissait bien (sa famille proche, par exemple), Richard avait parfois l'impression d'être confronté à des êtres qui manquaient d'authenticité, comme s'ils étaient partis en voyage et qu'ils en étaient revenus un peu dérangés, à moitié refaits ou réincarnés, après avoir subi un traitement outrageux, inadapté et, surtout, économique. Quel cirque ! Quel manège ! Quelle assemblée de farfelus et de bouffons ! Ils n'étaient pas tout à fait eux-mêmes — à commencer par lui.

Il dit :

« Est-ce que c'est une question sans intérêt ? Nabokov se disait franchement homosexuel dans ses goûts littéraires. Je ne crois pas que les hommes et les femmes écrivent tout à fait de la même manière. Ils s'y prennent différemment.

— J'imagine, dit-elle, qu'il y a aussi des différences selon la *race* de l'écrivain. »

Richard ne répondit pas. Pendant un instant, son cou s'affaissa dans ses épaules à un point inquiétant. En réalité, il essayait de résoudre un problème digestif, ou du moins se tenait coi jusqu'à ce que celui-ci passe de lui-même.

« Je n'en crois pas mes oreilles. Je pensais qu'on s'était réuni aujourd'hui pour parler d'art. Qu'est-ce qui vous arrive ? Vous êtes soûl ou quoi ? »

Richard : tout yeux, tout oreilles. Elle : bourrue, corpulente, beauté flétrie et, surtout, tempérament fougueux dans les discussions. Richard connaissait ce genre de femmes pour en avoir fréquenté en littérature. Elle lui faisait penser à cette bobonne arrogante d'une nouvelle de Pritchett, entrée en politique du côté travailliste dans une circonscription du nord du pays, fière de ses balourdises et de son joli derrière rebondi. La chronique de la chroniqueuse ne traitait pas particulièrement de la condition féminine. Mais pour une raison ou pour une autre, la photographie qui l'accompagnait devait avoir les cheveux longs et être maquillée. Par souci de cohérence.

Le porte-parole de l'opposition pour les questions artistiques intervint :

« N'est-ce pas le propre de la littérature que de transcender les différences entre les gens ?

— Tout juste ! s'exclama la chroniqueuse. Pour ma part, ça

m'est bien égal que les gens soient des hommes ou des femmes, qu'ils soient noirs, blancs, roses, puce ou à pois.

— Pas étonnant que vous soyez si nulle.

— Tout doux, dit Sebby avant d'ajouter, comme si le simple nom pouvait détendre l'atmosphère : Gwyn ! »

Tous les visages se tournèrent en silence vers ce dernier. Gwyn contemplait sa cuillère à café, l'air dubitatif et fasciné. Il la reposa sur la soucoupe et leva les yeux ; son visage s'éclaircit, son regard vert s'alluma. Il articula lentement :

« En fait, je ne pense jamais en termes d'hommes. Ou en termes de femmes. Mais toujours en termes de... de personnes. »

Un murmure d'approbation s'ensuivit. Gwyn, semble-t-il, avait produit l'effet d'une douche froide sur toute l'assemblée. Tant de bon sens ! Tant de qualités humaines ! Richard dut élever la voix, ce qui commença par le faire toussoter, mais il poursuivit son discours enflammé.

Le court suspens avant le mot « personnes », voilà le déclic.

« Une remarque sans *aucune* prétention, si je puis me permettre. Dis donc, Gwyn, tu sais à quoi tu me fais penser ? À un test de magazine : du genre, " Êtes-vous fait pour l'enseignement ? " Dernière question : " Vous préféreriez faire : a) de l'histoire, b) de la géographie ou... c) des cours ? " Le problème, c'est qu'on ne choisit pas de faire des cours. Mais on choisit entre l'histoire et la géographie, il y a une différence entre les deux. Ça doit te donner bonne conscience, ça doit te donner une seconde jeunesse, de prétendre que ça ne veut rien dire d'être un homme, rien dire d'être une femme, et que ce qui compte, c'est d'être une... une personne. Et pourquoi pas une araignée, Gwyn ? Imaginons que tu sois une araignée. Donc, tu es une araignée. Tu viens de passer la soirée avec une fille sur laquelle tu as des vues, tu la quittes clopin-clopant, et en jetant un coup d'œil par-dessus ton épaule, tu vois la fille en train de manger une de tes pattes comme si c'était une cuisse de poulet. Comment réagirais-tu ? Je sais. Tu dirais : je me rends compte que je ne pense jamais en termes d'araignées mâles. Ni d'araignées femelles. Mais toujours en termes... d'araignées. »

Richard s'enfonça dans son siège, soupirant ou hennissant en cadence après cet effort démesuré. Il n'avait pas la force de lever les yeux, de lever les yeux pour affronter l'unanimité d'une révision à la baisse. Il fixa donc la nappe tachée et vit seulement monter — non, plonger — les hippocampes qui vivaient derrière ses paupières.

Ce soir-là, il était six heures passées lorsque Richard rentra à Calchalk Street. Lorqu'il poussa la porte d'entrée (qui menait directement au salon), une voix rêche et métallique disait à peu près :

« Plus rien ne peut empêcher Sinistor de faire tout le mal qu'il a prévu. Notre seul espoir, c'est d'affronter Terrortron. »

Les jumeaux ne détachèrent pas les yeux du poste de télévision. Ni Lizzete, la très jeune Noire tout en muscles qui allait les chercher à l'école les jours où travaillait Gina, puis regardait la télévision avec eux jusqu'au retour de Richard, ou jusqu'à ce qu'il sorte de son bureau en titubant. Elle portait un uniforme de collégienne. Son nouveau petit ami, en revanche, se leva d'un bond, salua de la tête à plusieurs reprises et, d'un pied chaussé d'une basket, tapota le mollet musclé de Lizzete jusqu'à ce qu'elle le présente : Greg ? Diminutif de Grégoire ou de Gregory ? C'était un adolescent noir de bonne famille au visage empreint de douceur, le genre de visage qui ne conserverait pas sa peau lisse et unie, mais qui prendrait avec le temps de fines rides. Richard était content que ses fils se sentent à l'aise avec les Noirs, et même qu'ils les envient. Lui, quand il avait rencontré un Noir pour la première fois de sa vie, à six ans, il avait fondu en larmes, et ce malgré toutes les précautions qu'on avait prises, tous les avertissements qu'on lui avait prodigués, et la leçon qu'on lui avait faite.

« Salut, les garçons... »

Assis côte à côte sur le canapé, Marius et Marco continuèrent à fixer la télévision d'un air inquiet et pénétré. Les immenses robots du dessin animé se déplaçaient d'un pas lourdaud, penchés en avant, et ils se transformaient imperceptiblement en avions, en automobiles et en fusées, comme autant d'icônes d'un nouveau socialisme machinique.

« Sinistor, ta fin approche. Ne va pas croire que les légions de Horrortroïde peuvent te servir à quoi que ce soit.

— Qui baptise ces personnages ? demanda Richard. Comment les parents de Horrortroïde savaient qu'il serait horrible ? Comment ceux de Sinistor savaient que leur fils serait sinistre ?

— Mais, papa, ce sont eux qui inventent leur nom », dit Marius.

Gina entrait à présent, en tailleur, le visage passé au fond de teint qu'elle portait en ville. Les garçons la regardèrent puis se regardèrent ; la pièce se préparait à une passation de pouvoir. Richard, le nœud papillon de travers, dévisageait sa femme avec une attention inhabituelle. Elle avait les yeux comme cerclés de noir — des yeux de blaireau, des yeux de bourreau ; le nez en quart de cercle à la Caligula ; la bouche grande mais pas très charnue. Il se disait que tous les visages amis couvrent l'étendue visible du spectre. Voire : qu'ils l'excèdent. Blancheur des dents, noirceur des sourcils. Rouge et violet : bouche infra-rouge, yeux ultra-violets. Gina, quant à elle, dévisageait Richard comme à l'accoutumée : elle le regardait comme si cela faisait longtemps qu'il était devenu fou.

Ils passèrent un instant dans la cuisine, pendant que Lizzete rassemblait ses affaires (son sac et sa veste). Gina dit :

« Tu n'as pas cinq livres sur toi ? Tu as été embauché ?

— Non. Mais j'ai cinq livres sur moi. »

Sa poitrine se souleva dans son chemisier blanc. Elle expira.

« Pas de veine ! fit-elle.

— De toute façon, il n'y avait aucune chance pour qu'il me propose le poste de rédacteur en chef. J'ai cru un moment qu'il allait me proposer de conduire une camionnette. Ou de vendre des espaces publicitaires par téléphone.

— Qu'est-ce qui te donne cet air heureux ? »

Richard voulut l'embrasser. Mais il n'était pas en mesure de le faire. Il n'était plus en mesure de le faire depuis quelque temps.

« On dirait que je serais lui, disait Marius en désignant l'un des robots, le chef du groupe de robots qui dominait le générique de sa carrure scintillante.

— Non, c'est moi, dit Marco.

— Non, toi, tu serais lui, répondit Marius en parlant d'un autre robot.

— Non, toi. C'est moi qui serais lui.

— Bon Dieu ! fit Richard. Vous n'avez qu'à être lui tous les deux. »

Trois secondes plus tard, Marius avait les dents plantées dans le dos de Marco.

Talonné par Lizzete, 13 couvrit à grands pas l'obscurité de Calchalk Street, puis se hissa dans la camionnette orange toute sale. Il ne referma pas tout de suite la porte coulissante. Une basket se balança encore un moment, pâle attrait solitaire contre le bord sombre du taxi.

« C'est tout ? » demanda Lizzete.

13 se contenta de lui sourire en retour.

« C'est tout ?

— Écoute, je t'emmène au Paradox.

— Quand ça ?

— Ils vont pas te laisser entrer. Jeudi. »

Elle dirigea un doigt vers lui.

« Jeudi », reprit-elle.

Une fois qu'elle l'eut laissé en paix, 13 chercha de la main, à tâtons dans le noir, la dernière Lilt. Il ouvrit la canette et goûta à grands traits le jus qui était maintenant à la température du sang. Il y avait aussi un livre sur le siège. 13 plissa le visage en voyant le titre : *Masse et puissance*. Après le départ de Lizzete, il changea de visage. Avant, c'était celui d'un jeune Noir plein d'entrain, peut-être un tantinet demeuré mais en gros présentable, comme on en voyait tant à la télévision ; après, un visage plus vrai, un air de comploteur malheureux. Il était content d'avoir vu Gina, l'épouse. Voilà au moins quelque chose à rapporter à cet enfoiré d'Adolf. Adolf, c'était Scozzy. Adolf, c'était un des noms qu'on donnait à Scozzy à son insu. Il y en avait d'autres, comme le Maniaque et la Mère Poule. Nous avons tous des noms qu'on nous donne à notre insu. Par exemple, si vous êtes marié et que vous avez une petite amie, votre petite amie vous donne un nom qu'il vaut mieux ignorer, un nom qu'elle emploie avec ses amies et ses autres petits amis pour parler de vous. Nous avons tous des noms qu'on nous donne à notre insu et qu'il vaut mieux ignorer.

13 poussa un soupir perplexe. Il ne pouvait pas envisager la suite des événements, ce qui n'avait rien d'extraordinaire, tout

compte fait, puisqu'il travaillait pour Adolf. De toute façon, il n'y avait rien à part le magnétoscope.

Scozzy était ailleurs. Ce n'était pas l'heure où on pouvait espérer être avec lui, en règle générale, mais ce soir-là, en plus, il était ailleurs. Animé d'intentions qui étaient tout sauf louables, il était allé rendre visite à un collègue hospitalisé. Le collègue en question, Kirk, s'était fait sérieusement amocher par son pitbull, Beef. Beef avait survécu à l'incident. Kirk ne l'avait pas fait piquer. Son frère Lee l'avait pris en pension, et le chien attendait, morose, la guérison de son maître et son retour à la maison. Il faut oublier et pardonner, disait Kirk. Tourner la page. Kirk prétendait qu'il l'avait bien cherché, en ne contenant plus sa rage dans leur petite cuisine, lorsque Arsenal s'était fait battre à plates coutures par le Dynamo de Kiev, les buts marqués à l'extérieur comptant double en cas d'égalité.

13 se prépara pour aller chercher Scozzy à l'hôpital Saint Mary puis, lorsqu'il se rendit compte de l'heure, changea d'attitude pour rentrer dîner chez lui.

Quelle honte ! Un jeune Noir ne peut même plus être un jeune Noir. On ne peut plus être simplement quelqu'un. Quel dommage !

Prenez Richard. C'était un jour où Gina travaillait, c'est donc à lui qu'il incombait de s'occuper des garçons. Il s'acquitta des tâches suivantes avec une complaisance consciencieuse (à moins qu'il ne s'agît d'une conscience complaisante de son rôle) : bain, casse-croûte, lecture, eau fraîche en cas de soif, médicaments de Marco, re-lecture, deux petits cachets ronds et fluorés qu'il mit dans les deux bouches mouillées, bisous. Il embrassait ses fils aussi souvent que possible. Il savait que les pères doivent câliner et embrasser leurs fils, que ce qui fout les hommes en l'air, c'est le manque d'affection de leur père. Richard n'avait pas reçu beaucoup d'affection de son père. Il se disait donc qu'il devait envisager sa relation avec ses fils sous un angle purement sexuel. Il les câlinait et les embrassait à la moindre occasion. Gina aussi, mais elle, elle les câlinait et les embrassait parce qu'elle en éprouvait physiquement le désir et le besoin.

Une fois les garçons au lit, Gina descendit en chemise de nuit, lui prépara une côtelette d'agneau et prit un bol de céréales naturelles. Puis elle alla se coucher. En mangeant, Gina avait lu un dépliant de voyage de la première à la dernière ligne, et Richard les sept premières pages de *Robert Southey, poète et gentilhomme*, le prochain livre dont il devait faire la critique.

Plus tard, en se dirigeant vers son bureau dans l'intention d'y boire du whisky et d'y fumer quelques joints pendant deux ou trois heures, et d'y examiner sa nouvelle destinée, il entendit un murmure en italique s'échapper de la porte entrouverte du cagibi qui servait de chambre aux deux garçons (et qui rapetissait si vite à mesure que ceux-ci grandissaient) : *Papa*. Il jeta un œil à l'intérieur. C'était Marius.

« Qu'est-ce qu'il y a encore ?

— Papa ? Dis papa, tu aimerais mieux être un Autobot ou un Décepticon ? »

Richard appuya la tête contre le chambranle. Les jumeaux faisaient preuve, ce soir-là, d'une perspicacité et d'un esprit d'à-propos remarquables. Eux et la subtilité de leur vie, l'enchevêtrement de leurs obsessions. Quelques heures plus tôt, dans la salle de bains, Marco avait levé un doigt recourbé en direction d'une araignée accrochée à un tuyau d'écoulement. Une araignée avec des pattes si longues qu'elle se faisait presque des crocs-en-jambe. Elle faisait penser à ces tragiques épreuves où de valeureux handicapés physiques courent avec une béquille, ou pieds joints dans un sac, ou encore un œuf dans une cuiller coincée entre les dents, et se voient décerner les honneurs de discours préparés dans l'angoisse, mais pleins de bonnes intentions.

« Papa, c'est l'homme-araignée ? »

Papa, ses longues jambes arachnéennes pliées au-dessus de la baignoire, avait répondu :

« On dirait plutôt l'araignée-araignée. »

Richard répondit à Marius :

« Un Autobot ou un Décepticon ? Bonne question, comme la plupart de tes questions. Ça y est, je crois que je me suis décidé.

— Alors, lequel ?

— Autobot, c'est fini. Je choisis d'être un Décepticon, sans hésiter.

— Moi aussi.

— Allez, au dodo. »

Richard s'assit à son bureau dans le noir. Il roula et alluma.

Versa et sirota. Il était obligé de beaucoup boire quand il fumait : pour lutter contre la paranoïa, pour se battre contre une paranoïa inimaginable. Parfois, après avoir fumé, il avait l'impression que tous les postes de télévision de Calchalk Street caquetaient doucement dans son dos, qu'ils diffusaient des bulletins d'informations sur les derniers échecs d'un certain Richard Tull, des débats sur cet auteur obscur et méconnu. Il buvait et fumait, à présent, et n'était ni heureux ni triste.

C'est après, dans le taxi, qu'il s'était joyeusement payé la tête de Gwyn. Trois heures et demie, et la lumière du jour, le ciel, qui ressemblaient au pare-brise teinté du chauffeur : couleur charbon et pétrole sur la moitié supérieure, reflets de plomb en bas. Richard baissa sa vitre pour vérifier cette impression, mais elle remonta d'elle-même, lentement, et interposa son matériau entre lui et le monde. C'était peut-être la seule façon de bien voir Londres : en suivant le roulis d'un taxi au zénith obscur de juillet. Les feux tricolores de Londres sont les plus ardents du monde derrière leur verre armé : colère du rouge, amertume de l'orange, jalousie du vert.

Comme la personne assise à côté de lui se taisait, Richard s'aventura :

« Non, mais tu as vu cette mégère ? Elle s'imagine pour de bon qu'elle est *authentique*. Alors qu'en réalité... »

Il s'arrêta. Alors qu'en réalité elle lui avait paru tout le contraire.

« Célibataire, je suppose. Elle sentait la vieille fille à plein nez. »

Gwyn se tourna vers lui.

« Vieille fille, peut-être. Mais les hommes célibataires aussi sentent le vieux garçon à plein nez. »

Gwyn se détourna. Il secoua la tête d'un air triste. Ce ne sont pas des choses qu'on dit. Et pas seulement pour toutes les raisons connues. Richard en déduisit (peut-être à tort, peut-être par excès de finesse) que Gwyn avait autre chose en tête : ce ne sont pas des choses qu'on dit parce que ce terrain est miné, miné par des hommes qui détestent profondément les femmes. Richard avait peut-être pris un mauvais exemple avec les araignées. On allait croire qu'il ne détestait que les araignées femelles, ou qu'il pensait que toutes les femmes étaient des araignées. Quoi qu'il en soit, il poursuivit :

« Des relents de vieille fille, elle dégageait. Des miasmes de vieille fille. »

Gwyn lui fit signe de la main.

« T'as besoin d'un dessin ? Imagine-toi un maquillage détrempé sur toute la superficie d'un stade de foot, ou un...

— Est-ce que vous pourriez vous arrêter à l'angle de cette rue, s'il vous plaît ? »

Non, ce n'était rien. Gwyn achetait juste le journal du soir à la criée. Bon Dieu ! Par la portière ouverte, la lumière du jour ressemblait à la fin de Londres, à la fin du monde : rougeoyante, vacillante, plus pâlote désormais, et aussi repoussante que les pattes des pigeons, couleur chair sous leur manteau sale.

Le taxi reprit sa course infinie. Alternance de coups de frein et d'accélérateur, de passages au point mort et de pointes de vitesse. Gwyn ouvrit le journal, alla droit à la chronique mondaine et finit par dire :

« Ils n'en parlent pas. »

Richard le dévisagea :

« De quoi ?

— Du déjeuner et de ton petit esclandre. »

Richard le dévisagea encore plus durement.

« Te voilà soulagé, non ? »

Gwyn dit d'un ton calme et posé :

« Ça faisait longtemps qu'on ne m'avait pas parlé sur ce ton.

— Ah bon ? Mais tu ne perds rien pour attendre. Parce que j'en connais un qui va recommencer tout de suite. C'est l'édition de midi. Tu t'imagines peut-être que les journalistes répercutent l'information aux kiosques par téléphone ? T'as du bol que personne ne sache la couche que tu tiens. Le joyeux crétin que tu fais. Parce que ça, ça ferait la une de tous les journaux.

— Rien sur l'offre d'emploi non plus, dit Gwyn en scrutant toujours la page de ses yeux brillants.

— Il n'y a pas eu d'offre d'emploi.

— Si. Mais tu devais encore être aux toilettes. Je l'ai refusée, bien sûr. C'est quand même pas à moi... »

Le taxi se gara le long du trottoir. En se penchant en avant, Richard demanda :

« Encore un truc. Pourquoi est-ce que c'est mal de parler de vieille fille ?

— Parce que si tu continues, les gens vont commencer à t'éviter. »

Lorsqu'il s'extirpa du taxi, la première goutte de pluie déposa un baiser gris sur une partie chauve de son crâne. Il s'enfonça dans le cachot de Marylebone High Street et de ses vitrines éclairées. Puis, sans s'arrêter, il monta jusqu'aux bureaux des Presses de Tantale.

C'est à peu près à ce moment-là que les émotions perdent en lucidité et en précision, et qu'elles prennent une nuance corporelle. Une nuance vulgaire et rude dans la fureur, rance et pulmonaire dans le chagrin, toxique et incisive dans la haine... Richard ordonna ses pensées en fonction des délais de livraison, comme un écrivain classe ses brouillons en fonction de ses échéances. En même temps, il sentit un mouvement d'expansion dégagé de toute obligation contractuelle, un de ces mouvements que connaissent les artistes, qu'ils entendent presque au plus profond d'eux-mêmes lorsque les pions se déplacent et s'alignent (lorsque le cube se forme) et que tout s'éclaire. On n'y est pour rien ; c'est le talent personnel qui s'en charge. Il se redressa sur son fauteuil. Il était dans un état d'équilibre ni agréable ni désagréable en soi, mais stable. Il secoua brusquement la tête. C'est alors que se cristallisa sa mission : elle avait l'allure d'une entreprise littéraire, d'une quête, d'une exaltation : c'était une mission à laquelle il pouvait sérieusement consacrer toute sa passion, toute sa puissance.

Il allait foutre Gwyn en l'air.

Dehors pendait le croissant de lune. On aurait dit Gnafron. Mais où était Guignol ?

Suivons le roulis des pleurs sur un ou deux kilomètres. Cap à l'est, cap sur les flèches de Holland Park, sur les antennes de télévision, la maison et les décrochés du toit, les systèmes d'alarme, la fenêtre du premier étage et ses riches reflets surplombant le jardin silencieux. C'est la fenêtre de la chambre principale, celle où dort le maître de céans. Je n'y entre pas, non, pas encore. Je ne connais pas l'odeur de son lit, je ne sais pas s'il pleure la nuit.

Comme Richard.

Pourquoi les hommes pleurent-ils ? À cause des combats, des exploits, des grades marathoniens, parce qu'ils veulent leur mère, parce qu'ils perdent la vue au fil du temps, parce qu'ils doivent s'obliger à bander en songeant à un lointain paradis, parce que les hommes en ont fait tant et plus. Parce qu'ils ne peuvent plus être heureux ni tristes, tout juste bourrés ou cinglés. Et parce qu'ils ne savent pas s'y prendre quand ils sont réveillés.

Et puis il y a l'information, qui arrive la nuit.

Le lendemain, ce fut son tour. À lui de franchir le tournant des quarante ans. Oui, le tournant. Comme on retourne un steak à moitié cuit, comme un flic contourne la loi, comme on tourne la page, comme on fait tourner le lait. Richard passa le cap. Et rien ne changea. Il resta une épave.

Ce n'est pas parce qu'il portait des nœuds papillons aux couleurs éclatantes et des gilets du dernier cri qu'il n'était pas au bord du gouffre. Ce n'est pas parce qu'il dormait dans des pyjamas cachemire qu'il n'était pas au bord du gouffre. Ces nœuds papillons et ces gilets avaient des taches et des trous de cigarettes gros comme des cratères. Ces pyjamas cachemire étaient toujours trempés de sueur.

Comment s'y reconnaître ?

À l'âge de vingt-huit ans, vivant de critiques littéraires et d'allocations diverses, pâle, mince et menant une vie dissolue et pittoresque, s'habillant le plus souvent d'une chemise blanche à col Mao et de jeans rentrés dans des bottes marron avachies (on aurait dit un ancien élève d'un collège privé qui ferait le charpentier ou le jardinier pour la haute société dans les brumes de la dope), militant avec enthousiasme et enchaînant des histoires d'amour fascinantes où il se montrait en général le plus cruel, Richard Tull publia son premier roman, *Avec préméditation*, en Grande-Bretagne et aux États-Unis. Si l'on faisait le bilan de toutes les critiques (il les avait conservées quelque part, dans une enveloppe froissée) en tenant compte des différences de générosité et d'intelligence des auteurs, on obtenait le verdict suivant : personne n'avait compris le livre, ni même ne l'avait terminé, mais personne ne se risquait non plus à affirmer que c'était de la merde. Richard prospéra. Il cessa de toucher les allocations. Il passa dans l'émission *Culture plus* : les trois critiques prenaient leur petit déjeuner dans un coin et lui était assis derrière un bureau, la fumée d'une Gauloise invisible s'échappant de sa main tremblante comme s'il avait le feu à son pantalon. Trois ans plus tard, devenu directeur littéraire et artistique d'une petite revue qui s'appelait *La petite revue* (elle était petite au départ et elle avait encore rapetissé depuis), Richard publia son second roman, *Les rêves ne veulent rien dire*, en Grande-Bretagne mais pas aux États-Unis. Son troisième roman ne fut publié nulle part. Ni son quatrième. Ni son cinquième. Tout un *Mahâbhârata* de souffrance en filigrane. Pour son sixième, il eut l'embarras du choix parce qu'entretemps, il avait traversé une période d'aspirations et de tergiversations crétines et qu'il s'était mis à répondre à des annonces qui n'y allaient pas par quatre chemins pour formuler leur demande : PUBLICATION ASSURÉE, disaient-elles, ou bien ÉDITEUR LONDONIEN EN QUÊTE (ou était-ce EN PANNE ?) D'AUTEURS. Bien sûr, ces éditeurs qui hurlaient leur soif de manuscrits, comme un chien sa langueur un soir de lune criarde, n'appartenaient pas au circuit ordinaire. Il fallait les payer, par exemple. Pis encore, on n'était jamais lu. Richard en prit son parti et finit par aller voir un certain Mr Cohen à Marylebone High Street. Il ressortit de ce rendez-vous sans contrat pour son sixième roman, mais avec un nouvel emploi, le poste de directeur spécial aux Presses de Tantale. Dès lors, il alla y travailler en moyenne un jour par semaine : il sollicitait et corrigeait des romans d'illettrés, des autobiographies atrocement exhaustives, qui n'allaient nulle part et où rien ne se passait, des recueils de vers anciens, de très longues élégies à la mémoire d'un être cher (ou d'un animal domestique, voire d'une plante), des traités scientifiques tirés par les cheveux, des monologues dramatiques « fraîchement exhumés » sur la psychose maniacodépressive ou la schizophrénie (genre florissant, lui semblait-il). *Avec préméditation* et *Les rêves ne veulent rien dire* continuaient à vivoter sur des rebords de fenêtres dans des pensions de stations balnéaires, sur des rayonnages d'hôpitaux, au fond de caisses entreposées dans des garde-meubles, ou alors se vendaient pour une bouchée de pain dans des foires du livre en province... Comme la dame qui continue à vivoter entre mortier et prothèses (et quel discours d'acceptation vibrant ne vient-elle pas de faire !), comme le sportif hilare qui, après une petite mésaventure survenue dans un parking, se réveille un jour à la tête d'un réseau d'œuvres de bienfaisance qu'il dirige depuis son chevalet de torture capitonné, Richard dut attendre pour voir si la déception aurait sur lui un effet d'amélioration ou d'amertume. Ce fut un effet d'amertume. C'était dommage, mais il n'y pouvait rien. Il n'était pas fait pour s'améliorer. Il continua donc à faire des comptes rendus de livres. Il était très fort dans ce domaine. Quand il faisait un compte rendu, celui-ci demeurait. Pour le reste, il était ancien romancier (ou plutôt, romancier rayé des listes, romancier fantomatique), directeur littéraire de *La petite revue* et directeur spécial des Presses de Tantale.

L'amertume, on peut la gérer. On y arrive tous, il n'y a qu'à voir. Mais peu après, les choses se gâtèrent et les véritables ennuis surgirent. C'était un automne poisseux, Richard avait arrêté de sortir avec des filles (il était marié, à présent), Gina n'attendait pas un bébé mais deux, les rejets arrivaient les uns après les autres pour son quatrième roman, *Larves invisibles* (le titre mérite-t-il ces italiques puisque le livre n'est jamais venu au monde ?), et à la seule pensée de son découvert bancaire, il se sentait au bord de la trépanation. Imaginez donc quel fut son plaisir lorsque son plus vieil ami, son ami le plus bête, Gwyn Barry, lui apprit que son premier roman, *Summertown*, venait d'être accepté par l'une des plus grandes maisons d'édition londoniennes. Parce qu'il comprenait, du moins en partie, que ce qu'on déteste le plus suit son cours et finit inéluctablement par se produire, Richard s'y était préparé ; en tout cas, il s'y attendait. Cela faisait longtemps qu'il recueillait avec amusement les confidences de Gwyn sur ses ambitions littéraires, et il avait bien gloussé en lisant les premières moutures de *Summertown*, ainsi que deux ou trois tentatives romanesques antérieures vite abandonnées. *Summertown* se passait à Oxford : c'est là que s'étaient rencontrés les deux écrivains, là qu'ils avaient d'abord partagé une enfilade de pièces dans la toute-laideur de Keble College, avant de déménager dans un appartement spartiate situé du côté de Woodstock Road à Summertown. Il y avait de cela vingt ans. Vingt ans, se dit Richard, qui en avait quarante aujourd'hui. Où étaient-elles passées, toutes ces années ?

Le premier roman de Gwyn n'était pas moins autobiographique que la plupart des premiers romans. Richard y apparaissait sous un déguisement maladroit et transparent (en communiste dépravé, poète à ses heures, cheveux noués en queue de cheval), mais son évocation était attachante et même romantique. Le narrateur, sous les traits duquel on reconnaissait Gwyn, était un personnage falot d'origine galloise, le genre de personnage qui, selon les conventions romanesques d'usage, consigne tranquillement tous les détails de l'histoire (tandis que la réalité veille à ce que le benêt muet se borne à être un benêt muet sans rien ajouter à son rôle). Malgré tout, Richard le concédait, c'était dans ce personnage que résidait la seule force du livre : dans ce parfait crétin qui voyait les choses de l'intérieur et rapportait les informations brutes d'un monde crétin. Tout le reste était d'une banalité affligeante. Ça ne valait pas tripette. L'intention était visiblement de « toucher » le lecteur ; mais le seul élément touchant, c'était que le livre pensait être un roman. À la publication, il ne rencontra qu'un faible écho commercial et (toujours selon Richard) s'attira des critiques d'une bienveillance désarmante. L'année suivante parut une petite édition de poche, qui surnagea tant bien que mal un mois ou deux... On aurait pu dire que Richard savourait un nouvel échec avec son sixième roman (à ceci près que l'échec n'est jamais nouveau mais toujours éventé, qu'il ne mousse pas beaucoup, comme un yaourt périmé), lorsque Gwyn lui envoya les épreuves reliées de son second livre, intitulé *Amelior*. Autant il avait gloussé à la lecture de *Summertown*, autant il caqueta et jodla tout au long d'*Amelior* : toute cette mignardise insipide, ces points-virgules d'une pédanterie naïve, cette absence totale d'humour et de péripéties, ces images triviales, la transparence presque attachante de ces petits motifs de couleur, ces symétries de pacotille... De quoi ça « parlait », *Amelior* ? Il n'y avait dans ce roman-là aucun élément autobiographique. C'était l'histoire d'un groupe de jeunes gens mus par un idéal de justice, qui mettent tout en œuvre pour implanter une communauté rurale dans un pays sans nom. Succès de leur entreprise. Fin du roman. Pour commencer, le livre ne méritait pas d'être écrit, mais à présent qu'il existait dans sa version finale, c'était, aux yeux de Richard, un échec grotesque. Il attendit avec impatience le jour de la publication.

Puisque je viens de parler de patience, ou plutôt de son

contraire, profitons-en pour nous intéresser aux deux fils de Richard et à leur point de vue : tournons-nous donc vers le point de vue de Marius et de Marco. Richard faisait preuve d'une indulgence paternelle — ou était-ce du laxisme ? — que les jumeaux, je pense, qualifieraient volontiers avec moi de *patience*. Ce n'était pas le genre de Richard de leur rebattre les oreilles sur ce qu'ils avaient à faire, de leur apprendre les codes vestimentaires ni, surtout, de leur faire ranger leurs jouets ; à Gina de s'y coller. Au contraire, quand Richard était seul à s'occuper d'eux, il les laissait se bourrer de glace et de chips, regarder la télévision des heures d'affilée et esquinter les meubles, pendant qu'il était lui-même affalé à sa table de travail dans son mystérieux bureau. Mais un jour, la patience de Papa céda... *Amelior* était sorti depuis environ un mois. Le livre n'ayant pas eu un grand retentissement, nul linceul n'était venu s'abattre sur la maisonnée des Tull. Les critiques, même s'ils étaient restés en deçà du feu d'artifices de sarcasme et de mépris qu'avait espéré Richard, n'en avaient pas moins été d'une condescendance, d'une unanimité et d'une brièveté dont il s'était félicité. Avec un peu de chance, c'en était fait de Gwyn. C'était un dimanche matin. Pour les garçons, cela signifiait qu'ils étaient livrés à eux-mêmes pour une quasi-éternité de plaisir, avant de faire une excursion au jardin de la Crotte, ou ailleurs de préférence (au zoo, au musée, avec leur père ou leur mère muets de ravissement), et qu'ils pourraient regarder au moins deux cassettes de dessins animés en location. Même Gina faisait preuve de mansuétude télévisuelle le dimanche soir, après avoir passé le week-end en leur compagnie, et elle allait souvent se coucher avant eux.

Bref. Papa, attablé dans la cuisine devant son petit déjeuner tardif ; les jumeaux, avec leurs jambes qui paraissaient d'autant plus maigrichonnes qu'ils arboraient des bermudas trop grands pour eux, allongés sur le tapis du salon : Marius construisait habilement des navires et des vaisseaux spatiaux en plastique, tandis que Marco, plus songeur, se débattait avec les fils jumelés du téléphone et de la lampe d'appoint qui se partageaient la petite table ronde à côté de la cheminée. Il entortillait dans ce piège diverses figurines animales, ici un stégosaure, là un petit cochon, l'esprit occupé à toute une série de transformations pour qu'au bout du compte (comment l'histoire se terminait-elle, déjà ?) le lion se retrouve couché avec l'agneau... Les garçons entendirent un gémissement profond et confus venant de l'autre côté du couloir. Ce timbre de douleur ou de chagrin, ils ne pouvaient l'attribuer ni à leur père ni à personne de leur connaissance ; peut-être qu'un étranger ou un inconnu... ? Marco se rassit et, ce faisant, tira d'un petit coup sec sur son caneton et son vélociraptor emmêlés ; la table basse chancela. Ses yeux eurent le temps de s'écarquiller avant la chute, le temps de s'embuer de larmes contrites et préventives avant l'entrée de Richard dans la pièce. Les jours de patience, le père se serait sans doute contenté de dire : « Qu'est-ce que tu as encore fabriqué ? » Ou bien : « Joli mic-mac ! » Ou plus simplement (et plus vraisemblablement) : « Nom de Dieu ! » Mais pas ce dimanche-là. Ce dimanche-là, Richard s'avança à grands pas et, d'un seul coup, il donna à Marco la gifle la plus retentissante qu'il ait jamais reçue. Marius, qui se tenait assis parfaitement immobile, remarqua que l'air continua à onduler dans la pièce, comme la surface d'une piscine monte et descend même après qu'en sont sortis tous les enfants.

Vingt ans plus tard, les jumeaux pourraient raconter cet incident sur le divan de leur psychanalyste : le jour où leur père perdit patience... Sans jamais la retrouver, jamais complètement, jamais sous sa forme originale. Mais jamais ils ne sauraient ce qui s'était vraiment passé ce dimanche-là, à quoi étaient dus le gémissement chaotique, les lèvres férocement crénelées, le balancement du petit garçon sur le sol du salon. Gina, elle, aurait pu recoller les morceaux, parce qu'avec elle aussi, les choses prirent une autre tournure, une tournure définitive. Voici ce qui s'était passé ce dimanche matin : *Amelior*, de Gwyn Barry, était entré à la neuvième place sur la liste des meilleures ventes.

Mais avant d'entreprendre quoi que ce soit, avant d'entreprendre quoi que ce soit de grandiose ou d'ambitieux, de s'acharner sur *Sans titre*, de récrire sa critique de *Robert Southey, poète et gentilhomme* ou de se lancer dans la démolition de Gwyn Barry (il avait, songeait-il, un bon angle d'attaque), Richard devait rapporter l'aspirateur chez le réparateur. C'est cela même : rapporter l'aspirateur chez le réparateur. Il commença par s'asseoir dans la cuisine et par manger un yaourt aux fruits ; les additifs chimiques l'avaient rendu si moelleux que cela lui rappela la texture d'une de ses prétendues érections... En lui proposant d'aller faire cette course, en l'invitant à rapporter l'aspirateur chez le réparateur, Gina avait employé le terme « saut » : « Tu ne pourrais pas faire un saut chez l'électricien et lui déposer l'aspirateur ? » Mais l'époque où Richard faisait des sauts était bel et bien révolue. Il tendit la main pour ouvrir la porte du séchoir. L'aspirateur y était lové, tel un animal venu d'ailleurs et appartenant à un robot tapi dans sa chaudière. Il le fixa pendant à peu près une minute. Puis ses yeux se fermèrent lentement.

Passer chez l'électricien l'obligeait aussi à passer dans la salle de bains (pour se raser, car il se sentait à présent trop vaseux pour oser se montrer sous un jour pas très net ; il ressemblait beaucoup trop à celui qu'il finirait par devenir, il le savait : à ce vieillard épouvantable posté dans une cabine téléphonique, une valise à la main, toujours en manque de quelque chose — d'argent, de travail, d'un toit, d'information ou de tabac). Dans le miroir de la salle de bains, il se réduisait naturellement à une image en deux dimensions ; ce n'était donc pas là qu'il fallait aller pour trouver de la profondeur. Mais il n'en voulait pas, de profondeur. *À partir d'un certain âge, on a le visage qu'on mérite*. Du style, *les yeux sont la fenêtre de l'âme*. Drôle de phrase, drôle d'idée... quand on a dix-huit ans, quand on en a trente-deux.

En se regardant dans la glace le matin de son quarantième anniversaire, Richard songea que personne au monde ne méritait son visage. Personne dans toute l'histoire de la planète. Ce n'était à souhaiter à personne, absolument personne. Que s'était-il passé ? Qu'est-ce que t'as encore fichu de toi ? Cheveux épars, disséminés en plis et en touffes sur son crâne, comme s'il venait de terminer une longue (et vaine) chimiothérapie. Les yeux, ensuite, chacun perché sur sa petite bedaine aux bords sanguinolents. S'il est vrai que les yeux sont la fenêtre de l'âme, alors cette fenêtre était un pare-brise de voiture après un voyage transcontinental ; et sa toux, c'était le bruit de l'essuie-glace sur un pare-brise sec. Ces jours-ci, il fumait et buvait en grande partie pour se consoler des méfaits du tabac et de l'alcool ; mais comme le tabac et l'alcool étaient responsables de beaucoup de méfaits, il fumait et buvait beaucoup. En plus, il essayait à peu près tous les médicaments sur lesquels il pouvait mettre la main. Sa dentition, c'était de la céramique ébréchée réparée avec de la colle instantanée d'avant-guerre. À n'importe quel moment, quoi qu'il fasse, il avait au moins deux membres complètement paralysés. Tout son corps était parcouru de rumeurs et de murmures de douleur. En fait, il ne cessait d'éprouver des pointes de tragédie dans son organisme. Son médecin était mort quatre ans plus tôt (« Malheureusement, je suis atteint d'une maladie incurable »). Et voilà, se disait Richard avec toute sa maturité d'esprit, il n'y a rien à faire. Il avait une petite grosseur translucide sur la nuque, qu'il soignait lui-même de la façon suivante : il s'était laissé pousser les cheveux pour la dissimuler. Si jamais on l'accusait de nier l'évidence, il niait l'accusation. Mais sans conviction.

Rien de tout cela, cependant, ne pouvait le détourner de son devoir : rapporter l'aspirateur chez le réparateur. C'était bien un devoir car même lui, tout homme qu'il était, donc souillon au dernier degré, se rendait compte que la qualité de vie, au 49 E Calchalk Street, avait connu un déclin spectaculaire depuis que l'aspirateur était tombé en panne. L'omniprésence d'une pellicule moelleuse de poussière, dans son bureau, lui faisait craindre une nouvelle colique hépatique, mais à tort, pour une fois. Et il fallait aussi tenir compte d'autres paramètres, comme les allergies mortelles de Marco.

Au moment où il empoigna l'aspirateur pour le tirer hors de sa guérite, cela faisait déjà longtemps que Richard versait des larmes d'apitoiement et de colère. Il arrivait mieux à pleurer maintenant. À en croire les femmes, il faudrait pleurer trois ou quatre fois par jour. Elles, elles pleurent quand on s'y attend le moins : quand elles gagnent des concours de beauté, par exemple (et sans doute aussi quand elles les perdent, mais plus tard). Si Richard gagnait un concours de beauté, est-ce qu'il pleurerait ? Est-ce qu'on peut l'imaginer en maillot de bain sur un podium, une gerbe de fleurs dans les bras et une écharpe de vainqueur en travers du torse, le souvenir de sa mère lui montant aux yeux ?

Au moment où il arriva sur le palier avec l'aspirateur, Richard se demandait s'il avait jamais autant souffert. C'est sans aucun doute ce qui explique l'atmosphère sombre et l'impuissante mélancolie de la littérature au XXe siècle. Écrivains, visionnaires et explorateurs grelottent ensemble comme des enfants trouvés, massés sur les falaises du pire des mondes, sans domestiques pour les servir. Dans les escaliers et sur les paliers, il y avait des bicyclettes appuyées contre la rampe, attachées aux murs et même suspendues au plafond. Il vivait dans une ruche de cyclistes.

Au moment où il arriva avec l'aspirateur dans l'entrée de l'immeuble, Richard ne doutait plus que Samuel Beckett, dans un moment vulnérable de sa vie, avait lui aussi été obligé de rapporter un aspirateur au service après-vente. Céline également, et peut-être Kafka, à supposer qu'il y ait eu des aspirateurs à leur époque. Richard s'accorda un long moment de répit en examinant son courrier. Pourtant, il n'avait plus lieu de le redouter. Le pire était passé. Pourquoi le redouterait-il quand, il n'y avait pas si longtemps de cela, il avait reçu une lettre d'avocat de la part de son propre avocat ? Quand, un peu moins récemment, son agent littéraire, à qui il avait osé demander davantage de travail en freelance, lui avait répondu par une lettre de licenciement sans préavis ? Quand ses deux anciens éditeurs le traînaient en justice pour des avances sur des livres qu'il n'avait jamais écrits ? La plupart du temps, cependant, il n'y avait rien d'intéressant au courrier. Un après-midi d'avril fébrile, alors qu'il revenait de déjeuner avec un éditeur de guides de voyage dans une trattoria précaire, il avait vu dans la rue tout un cyclone urbain de courrier inutile : brouillard de brochures, déploiement de dépliants, encerclement de circulaires. Et il s'était dit en hochant la tête : c'est tout moi, c'est toute ma vie. Mais plus souvent encore, il n'avait pas du tout de courrier. Ce jour-là, le matin de son quarantième anniversaire, il reçut un petit chèque et deux grosses factures, ainsi qu'une enveloppe beige qui avait été déposée en main propre et sur laquelle ne figuraient ni timbre ni adresse, mais seulement son nom, tracé en lettres majuscules d'une main malhabile et suivi de la mention exacte, quoique inhabituelle : « Diplômé ès-lettres de l'Université d'Oxford. » Il la glissa dans sa poche et reprit sa cargaison sur l'épaule.

Calchalk Street se trouvait juste à côté de Ladbroke Grove, presque un kilomètre derrière Westway. À un moment, on avait pu croire à une ascension sociale de la rue. Dix ans plus tôt, peu de temps après leur mariage, Richard et Gina avaient grossi les rangs des nouveaux riches qui aménageaient dans le quartier, comme plusieurs autres couples assez jeunes qu'il leur arrivait de rencontrer et de saluer d'un sourire à l'épicerie du coin ou à la laverie automatique. Pendant quelques semaines, ce printemps-là, sous les pommiers en fleur, Calchalk Street avait résonné de la bienfaisante musique du progrès, pic et pic et bing et bang, sur fond de bennes, d'échafaudages et des pyramides ocre du sable de construction. Puis tous les couples avaient quitté les lieux à l'exception de Richard et Gina. À l'offre d'embourgeoisement, Calchalk Street avait répondu « non merci, sans façons ». La rue avait donc retrouvé son identité d'après-guerre, à base de tickets de rationnement et de listes d'attente pour le logement. On lui avait proposé de se colorer, mais elle était restée monochrome : même ses habitants asiatiques et antillais s'étaient saxonisés, à leur manière ; ils s'agitaient et mataient, pissaient dans la rue, faisaient des bras d'honneur et la queue, et juraient tout comme les autochtones. Il y avait un pub ignoble, l'Adam et Ève (où Richard, d'une main tremblante, s'en était jeté plus d'un derrière la cravate), et un petit bureau de poste ignoble à l'extérieur duquel, dès huit heures du matin, les jours ouvrables, s'agglutinaient les Hilda et les Gilda du quartier, les richards et les tricards, en une file compacte où se lisait toute la vanité de leurs espoirs. Il y avait des familles irlandaises entassées dans des caves, des mères au foyer enceintes qui passaient leur temps à fumer sur le perron des immeubles, des vieillards courbés, vêtus de pantalons à pattes d'éléphant et chaussés de baskets crevassées, qui buvaient de la bière en canette dans l'air chaud de la laverie automatique. On trouvait même des putains au bout de la rue, un petit commando de putains. En passant devant ces jeunes femmes, Richard se dit, comme il se disait toujours : « Vous vous foutez de moi ! » Avec leur parka, leur blouson coupe-vent, leur air rebutant et leur teint rougeaud, elles se présentaient comme des fonctionnaires socio-économiques. Elles monnayaient leurs services et calmaient les ardeurs des automobilistes.

Un aspirateur est fait pour glisser, majestueux, sur la surface d'un tapis, non pour être trimballé dans Londres un mercredi pluvieux, entre les capes de brume soulevées par la circulation des voitures. Entravé dans ses mouvements, handicapé dans sa marche, Richard continua son chemin cahin-caha, malgré la cruelle douleur que lui infligeaient le corps marron de l'appareil sous son bras, aussi lourd qu'une souche de bois détrempée, l'accessoire en forme de T dans sa main libre, le tuyau d'évacuation recouvert d'un tissu écossais, enroulé autour de son cou comme une grosse écharpe, et la prise sortie de son boîtier cassé, qui l'exaspérait à se balancer entre ses jambes au rythme de ses pas. La « fraîcheur » et la « vivacité morale », le « courage d'un optimisme démodé », la « foi illimitée dans la perfectibilité du genre humain » — toutes ces qualités dont on louait rétrospectivement *Amelior* allaient à coup sûr décupler avec le prochain livre, dès lors qu'il n'incomberait plus jamais à Gwyn Barry de rapporter l'aspirateur chez le réparateur. Richard traversa Ladbroke Grove tête baissée, sans regarder ni faire attention à la circulation. La prise et le fil électrique s'emmêlaient dans ses chevilles comme un lasso à boules qu'on lui aurait lancé entre les pattes. Le tube en tissu écossais lui broyait le cou dans une étreinte pythonienne.

Enfin rendu à destination, il lâcha tout cet attirail sur le comptoir puis s'y appuya un instant, la tête dans les bras. Quand il releva les yeux, il avait en face de lui un jeune homme qui préparait une feuille de papier de grand format. Richard lui répondit de mauvaise grâce pour les rubriques MARQUE, MODÈLE, NUMÉRO DE SÉRIE, et lorsqu'ils arrivèrent enfin à la case TYPE DE DÉFAILLANCE, le jeune homme demanda :

« Qu'est-ce qui ne marche pas ?

– Qu'est-ce que j'en sais, moi ? Il arrête pas de s'éteindre, il grince et il y a toute la merde qui ressort du sac par-derrière. »

L'employé dévisagea Richard et considéra l'information que celui-ci venait de lui fournir. Ses yeux et son bic retournèrent à la case appropriée. Le bic s'immobilisa en l'air, tout contrit. L'employé redressa la tête un instant, assez longtemps pour croiser le regard de son client et le soutenir. Il baissa la tête. On se rendait compte à présent que son bic était mordillé, fendu, dépourvu de capuchon, paranoïaque et conscient de son infériorité. Finalement, dans la rubrique TYPE DE DÉFAILLANCE, il écrivit : EN PANNE.

« Ouais, fit Richard. Ça devrait faire l'affaire. »

Dehors, dans la rue, les vieilles distinctions de classe, puis de race, le cédaient à de nouvelles divisions : entre les bonnes et les mauvaises chaussures, les bons et les mauvais yeux (les yeux limpides d'un côté, et de l'autre des yeux dont l'ardeur épicée n'avait rien à envier au tabasco), les différentes formes de préparation pour tous les aspects qu'était en train de prendre la vie urbaine.

Le jeune homme regarda Richard avec un air de douleur et d'hostilité déjà émoussée. Il travaillait dans ce magasin depuis bien plus longtemps qu'il n'aurait dû y rester, et ses yeux brillaient d'une lueur aussi faible et précaire que des phares restés allumés toute une nuit et une bonne partie du lendemain. Ce qui distinguait les deux hommes, dans le magasin, c'étaient les mots, c'est-à-dire l'universel (du moins sur cette planète). En regardant Richard, l'employé n'avait pas de peine à croire qu'il y avait bien plus de mots dans son monde à lui. Sur les murs étaient exposés diverses pièces, divers accessoires remplissant une fonction décorative ou permettant d'économiser du travail : des cones et des sphères de couleur blanche. Plus loin, au fond du magasin, dans un tas qui s'écoulait régulièrement comme la ville mouillée, reposait tout ce qui n'était pas en état de marche et ne le serait plus jamais : l'irréparable, l'indescriptible.

Sur le chemin du retour, Richard fit une halte à l'Adam et Ève. Assis dans un coin devant une pinte et un paquet de chips, le quadragénaire tout neuf retira l'enveloppe beige de sa poche : Richard Tull, diplômé ès-lettres de l'Université d'Oxford. À Oxford (s'il faut en croire Richard), Gwyn avait trimé jour et nuit pour arracher la mention bien, tandis que Richard s'en était tiré avec les honneurs d'une mention très bien sans jamais lever un stylo... Il en sortit une feuille de papier sans doute arrachée à un cahier d'écolier : des lignes bleues y étaient tracées, elle était un peu froissée, et l'effort fourni paraissait disproportionné par rapport au résultat obtenu. La lettre avait été abondamment corrigée par une autre main, mais on pouvait encore y lire :

> Cher Richard, Vous êtes l'auteur d'un « roman ». Avec préméditation. Bravo! Coment on s'y prend ? D'abord, on trouve le sujet. Après, on l'embale. Puis on envoie la pub.
>
> J'envisage de devenir « écrivain ». Exact ! Topez là ! Si vous voulez qu'on se voit pour en parler autour d'un « godet », n'hésitez pas à me passer un coup de fil.
>
> Amitiés,
>
> DARKO.

Les écrivains célèbres reçoivent ce genre de lettres tous les deux jours. Mais Richard n'était pas un écrivain célèbre, et il recevait ce genre de lettres tous les deux ans (et de toute façon, elles portaient normalement sur ses comptes rendus de livres, même s'il lui arrivait de temps à autre de recevoir un mot griffonné d'un hôpital ou d'un asile psychiatrique, où ses romans conservés dans les bibliothèques et sur les chariots à livres provoquaient d'étranges réactions chez les dépressifs, les amputés et autres malades à l'esprit détraqué par l'abus de médicaments). Richard examina donc cette lettre avec plus d'attention que ne l'aurait fait un écrivain célèbre. Bien lui en prit : en bas à droite, sur la feuille à moitié remplie, presque cachées par les effilochures du cahier, il lut ces lettres : TSVP. Il plut à Richard de tourner la page.

> Je connais une fille bizare qui s'apèle Belladonna. Tous les hommes lui courent après. Elle est sacrément canon. Votre copin Gwyn Barry en est dingue amoureux, le héros de la télé.

Dans l'ensemble, c'était une excellente nouvelle. Richard termina son verre. Ce qu'il avait sous les yeux pourrait un jour lui servir de solution de repli. Mais dans l'état actuel des choses, il croyait dur comme fer à la réussite de son plan initial. Richard, en effet, était gonflé à bloc.

En rentrant chez lui, il donna deux coups de téléphone, le premier à Anstice, sa secrétaire de *La petite revue*, âgée de quarante-quatre ans. Il lui parla une heure comme tous les jours, ni de travail ni parce qu'il en avait envie, mais juste au cas où elle se suiciderait ou irait raconter à Gina qu'il avait couché avec elle une fois, il y avait de cela à peu près un an. Puis il appela Gwyn. Richard voulait confirmer leur partie bimensuelle de billard. Mais Gwyn devait annuler. La raison qu'il invoqua (et qui provoqua un haut-le-cœur chez son interlocuteur), c'est qu'il avait passé trop de soirées, tout récemment, « loin de ma chère et tendre ». Gwyn, soit dit au passage, n'était pas seulement célèbre pour ses romans. Ce qui l'avait aussi rendu célèbre, c'était son bonheur conjugal. Au printemps de l'année précédente, un producteur de télévision qui avait du temps à ne plus savoir qu'en faire avait concocté une série d'émissions intitulée *Les sept vertus cardinales*. Gwyn avait choisi la dévotion maritale. Le reportage avait été très bien accueilli et rediffusé deux fois, car il illustrait bien le charme britannique. Il durait une heure. On y voyait Gwyn, par exemple, aider Demi dans les travaux de jardinage, servir le thé à Demi, contempler Demi avec une fascination d'enfant, tandis qu'elle était pendue au téléphone et déplaçait d'un air absent ses rendez-vous de déjeuner.

Le temps n'était pas superbe mais on était toujours censé être en été. L'été était détraqué. Mais la scène se passe en Angleterre, il n'y a donc pas de quoi s'étonner.

Voyons voir. Les quatre saisons sont censées correspondre aux quatre genres littéraires principaux. Autrement dit, l'été, l'automne, l'hiver et le printemps sont censés correspondre (par ordre hiérarchique) à la tragédie, au romanesque, à la comédie et à la satire. Fermez ce livre une seconde et essayez de résoudre le problème : faites correspondre un genre à chaque saison.

C'est pourtant évident. Une fois qu'on a trouvé pour la comédie et la tragédie, les deux autres coulent de source.

À l'été, le romanesque. Voyages, quêtes, magie, animaux qui parlent, désarroi des damoiselles.

À l'automne, la tragédie. Isolement et déréliction, fautes et fins fatales, supplice des protagonistes.

À l'hiver, la satire. Utopies négatives, mondes inversés, étreinte de la toundra, étreinte des pensées hiémales.

Au printemps, la comédie. Noces, fleurs de pommiers, danses campagnardes, fin des malentendus. À mort l'ancien, vive le nouveau.

On continue d'attendre que les saisons se détraquent. Mais les genres sont déjà détraqués. Ils ont mêlé leur sang. Les bienséances ne sont plus respectées.

Lady Demeter avait un moniteur d'auto-école qui s'appelait Gary.

13 avait un frère aîné qui s'appelait Crash.

C'était la même personne.

Crash était le nom qu'on lui donnait dans la rue. Ce n'était ni son vrai nom ni le nom par lequel il se faisait appeler au travail, pour des raisons encore plus évidentes : Crash, en effet, était moniteur d'auto-école. C'était Gary, son vrai nom.

On ne sait toujours pas très bien comment Gary en était venu à se faire appeler Crash. Les surnoms ne veulent pas toujours dire quelque chose, loin de là, ni même le contraire de ce qu'ils disent. Parmi les connaissances de 13 (parmi les Noirs qu'il fréquentait), il y avait plusieurs énergumènes complètement insignifiants qui se faisaient appeler Gégène, Foudre de guerre ou M'as-tu-vu. 13, lui, avait un cousin plus jeune qui s'appelait Ian et se faisait surnommer Ymu. YMU, c'était le tag qu'il bombait sans relâche sur les ponts et les palissades des quartiers Ouest de Londres, entre des injonctions, des imprécations et des invocations plus recherchées, comme ZIMBABWE = ENCULÉ, MORT AUX FLICS et LES FILS DU TONNERRE. Y, c'était le diminutif de Ian ; et Ian aimait la musique. Donc, Ymu. Balèze. 13 avait aussi un autre cousin, le Chaînon. Si le Chaînon s'appelait le Chaînon, ce n'était pas, comme on serait volontiers porté à le croire, à cause de l'imbroglio génétique qui avait rendu extrêmement sommaires les traits de son visage, mais parce que ça valait mieux que la Chaîne, nom qui commémorait certaine émeute de carnaval où le Chaînon avait vidé de tous ses policiers la cage d'escalier d'une tour, dans le sifflement et les étincelles de deux barres de métal d'un mètre de long. La chaîne, c'est celle que le Chaînon avait traînée les dix-huit mois suivants de son existence, et c'est sans doute pour cela que lui était resté le nom de Chaînon.

Qui sait ? Peut-être que Crash s'appelait Crash parce qu'il était très grand et qu'il s'écroulait avec fracas. Peut-être qu'il s'appelait Crash à cause de ses débâcles financières, qui revenaient à une cadence régulière dès que s'éloignaient les fastes de son salaire à la quinzaine. Mais plus vraisemblablement, Crash s'appelait Crash parce qu'il avait naguère eu l'habitude d'arriver en catastrophe chez les gens et de s'affaler sur un canapé, à même le plancher ou dans la baignoire... Quelqu'un qui ne serait pas très au fait de la situation pourrait aussi imaginer, non sans raison, que Crash s'appelait Crash à cause de tous les accidents qui lui arrivaient dans les voitures de l'auto-école. Si je ferme les yeux, je vois Crash, penaud, les bras croisés, surveiller un immense tas de ferraille où, sur plusieurs hectares, des Metros ont été envoyées à la casse. Ou bien, pour pousser un peu plus loin le bouchon, on pourrait imaginer que Crash s'appelait Crash à cause de tout ce qui arrivait à ses élèves, dans leurs voitures à eux, quelques jours après le permis : dans ces grosses cylindrées allemandes qu'ils bichonnaient, achetées avec le pilotage automatique et le compteur de vitesse numérique en option. Cette auto-école avait en effet le vent en poupe. Toutes les femmes demandaient Crash, même si elles ne l'appelaient pas par ce nom-là.

Parmi ses élèves figurait Lady Demeter Barry.

Bref. Steve Cousins dans la pénombre du bureau, au bout de l'allée, un livre sur les genoux (il avait toujours un livre : ce jour-là, c'était *L'agression*, de Konrad Lorenz), regardait dehors. Crash, dans la rue pavée, au milieu des toits brûlants des voitures, regardait dedans. Aucun des deux ne savait s'il avait rencontré les yeux de l'autre dans le contraste violent de la lumière. Steve posa son livre. Crash dit au revoir à un élève jeune et riche, carrure intersidérale, cheveux dégagés sur la nuque et les côtés, crâne d'extra-terrestre.

« Salut, vieux Crash, dit Steve Cousins.

— Scozzy », répondit Crash.

Crash alla chercher les cafés au perco. Comme de nombreux jeunes gens du quartier, Crash avait un jour travaillé pour Scozzy en tant que vendeur de cocaïne. C'est à partir de là que se définissait le protocole en usage entre eux. Crash se tenait penché au-dessus du coin café : il était corpulent mais pas gros, tout juste corpulent, pas désespérément énorme non plus, non, pas comme certains Noirs taillés sur le même modèle, que leur mère doit regarder grandir en sentant leur orgueil se racornir peu à peu.

« Comment tu le prends, déjà ? » demanda-t-il.

Steve le renseigna :

« Noir. Deux sucres. »

Les deux hommes s'installèrent sur le petit canapé bas. Le survêtement noir de Crash (Scozz n'avait pas ce genre de fringues : pas de tenue d'échauffement ni de jogging) brillait d'un éclat relativement faible par rapport à la vie intense qui se dégageait de son visage. Comme 13, il parlait comme un vrai Londonien, mais il portait en lui des souvenirs d'Afrique : le grand événement de son nez qui ressemblait au dos d'un gros crapaud noir posé sur son visage, par exemple, et les tresses de rasta qui partaient de sa tête à angle droit. Ce n'étaient pas de vraies tresses, bien sûr. Les vraies tresses, on s'abstenait religieusement de les laver pour qu'elles ressemblent sur toute la longueur à la cendre d'un clope géant. Il avait le regard brillant, un regard où même le sang brillait. C'était un grand amateur de gonzesses blanches, comme s'il faisait de la recherche dans le domaine des chambres-à-coucher-où-on-entre-par-une-porte-à-tambour. Steve regarda Crash et pensa que non, décidément, ce n'était pas possible qu'il y ait un lien entre ce primate de Chaînon et lui. Il savait par ailleurs que dans toute illustration de l'évolutionnisme retraçant l'histoire de la race du Chaînon à Crash, lui, Scozzy (lui et ses gènes éthiques) ne viendrait pas après Crash, mais se situerait quelque part entre eux.

« Des nibards ? demanda Crash après que Scozz eut lancé la conversation. Tu veux dire qu'il faut s'encorder et prendre un piolet. Et t'as intérêt à mettre des chaussures à crampons.

— Elle est bien roulée, dit Steve, l'air un tantinet accablé.

— On dirait ces gros machins du... Tu sais, ces légumes énormes. Des courges, je crois. Comme quand ils y vont un peu fort sur les implants.»

Steve se détendit le cou.

« Les nibards, c'est une chose. Mais faut aussi laisser la place au reste.

— Elle les amarre comme il faut, je t'assure. Elle se penche en arrière comme... comme si elle tirait à la corde. »

Crash rit doucement, admiratif.

« Mais faut pas qu'elle tombe à la renverse, sinon elle se retrouve écrabouillée en dessous. »

En compagnie de quelqu'un d'autre, Crash aurait pu passer une demi-heure fort satisfaisante dans le même esprit avant de changer de sujet — disons, avant de passer au portrait de Lady Demeter en dessous de la ceinture. Mais d'un seul coup, il se demanda à quoi cela rimait de parler nibards avec Scozzy. C'était pas quelque chose à faire, pas avec lui, pas avec ce taré. Surtout pas ça... Crash vit le menton fuyant de Steve se plisser tandis que sa bouche dessinait un bec ; un certain mécontentement s'exprimait aussi dans l'ardeur de son regard. L'air songeur (et dans le cas présent, sans la moindre trace d'indignation), Crash scruta les environs à la recherche d'une interaction entre Blancs et Noirs : nos femmes, et tout le tremblement. Il ne trouva rien de très intéressant. Peut-être que Scozz était plus lent. À la fin de la journée, quoi qu'il se soit passé entre-temps, Crash irait castagner 13. Il attendait. Il était en position d'infériorité, pour sûr. Parce que personne, mais vraiment personne, ne connaissait les goûts étranges de Steve en matière de nibards.

Steve dit à Crash ce qu'il attendait de lui en lui faisant une série de propositions. Crash détourna le regard. Aucun collègue de travail, aucun élève (le bureau se remplissait à mesure que l'heure avançait) ni même aucune des secrétaires assises derrière une table d'un côté de la pièce, n'aurait pu croire, en voyant les deux hommes sur le canapé, que le Noir avait peur du Blanc, que le grand avait peur du petit. Mais c'était pourtant la vérité. À plusieurs reprises, il avait vu Scozzy faire son boulot dans des pubs, dans des parkings. Et Scozzy ne s'arrêtait pas. Une fois qu'il était lancé, il ne s'arrêtait pas. Dans de telles circonstances, le grand était d'habitude sur ses gardes, parce que c'était toujours le petit qui faisait le premier pas. Sans compter l'usage que Scozzy faisait de la parole.

« Elle est heureuse en ménage, Crash s'entendit dire. D'après ce qu'on voit à la télé, en tout cas.

— Écoute. Un moniteur d'auto-école, ça passe toute la sainte journée à regarder des jambes écartées. Vous avez bien attaché votre ceinture, ma chère ? Permettez... C'est le moment rêvé pour un Noir. T'as une marge de manœuvre confortable.»

L'haleine de Steve se rapprocha, elle avait une odeur incroyablement synthétique, comme l'odeur de neuf d'une voiture de fonction.

« T'es en rase campagne dans une petite Metro. Une gonzesse bourrée aux as s'assied sur ton doigt galant. Et si jamais elle s'avise de sursauter, tu la traites de raciste. Ça te fait rien quand c'est l'inverse, non ? »

L'haleine se rapprocha encore. L'haleine, une autre arme.

« Quand ils viennent dans ton pays pour des raisons démocratiques. Ou anthropologiques. Ou tout ce qu'ils peuvent bien inventer. Prends-en à ton aise, mon pote. Tant que ça dure. T'as bien droit à quelques réparations, non ? Après cette foutue traite des Noirs. »

Crash se détourna un instant. Il s'était fait sa propre image de la traite des Noirs et il la transportait mentalement partout où il allait. C'était l'image d'un volume d'obscurité totale, sans issue, avec pour effets sonores des mugissements humains étouffés et des craquements de bois en pleine mer. Il se retourna. Cette fois, il allait étendre 13. En règle générale, Crash ne buvait pas, mais parfois, quand la pression s'accumulait trop sur lui, il achetait une bouteille de whisky (il en avait rien à secouer) et il la vidait. Ça n'arrivait pas souvent. Mais parfois, pour se détendre, il achetait une bouteille de whisky et jetait le bouchon. (Rien à secouer.) Crash avala sa salive et dit d'un air songeur :

« Je peux pas faire d'excès pendant un jour ou deux : mal au bide.

— T'as rien à foutre. Crash, mon pote, tout ce que je veux, c'est que tu m'files des tuyaux. Un conseil : vas-y mollo sur l'eau de toilette. Tu pues le mac. Tu sens le taxi. »

Pas bête, se dit Crash. Scozzy, c'étaient des mauvaises nouvelles, rien que des mauvaises nouvelles, des informations catastrophiques du début à la fin, comme un télex désastreux qui cracherait son bulletin pendant des heures d'affilée.

« Je t'en demande pas plus. »

Demeter Barry était ponctuelle : il était midi pile. Elle sortit de la zone ensoleillée et entra par la porte vitrée, tête baissée, de telle façon qu'elle semblait lever les yeux en biais pour voir. Ce qu'on remarquait en premier, au-dessus de la ceinture, c'était la rayure centrale de son chemisier de soie grise : elle n'était pas tout à fait droite ni verticale, elle ondulait et tombait juste à côté de la boucle de sa ceinture, qui n'était peut-être pas parfaitement centrée non plus.

« Bonjour, Gary, fit-elle.

— Comment allez-vous ce matin ? » lui demanda Gary du ton de voix plus grave, plus sacerdotal, plus africain, qu'il utilisait avec ses clientes blanches.

Il se tourna vers Scozzy, qui ramassa son livre, salua de la tête et tendit la main en se présentant :

« Steve Cousins. »

En marchant dans l'allée, Steve se rendit compte qu'il n'avait jamais été aussi près de dire ce qu'il avait souvent failli dire. « Steve Cousins ». Il s'en était fallu de peu qu'il dise : « De l'Assistance ».

Comme certains disent « Ingénieur du son », « Politologue » ou « Poète et essayiste ».

Bien sûr, il aurait pu dire « Enfant sauvage », ce qui était également vrai.

« Comment ça se passe pour toi, côté agent, en ce moment ? demanda Gwyn Barry. Tu en as un ? »

Gwyn et Richard étaient au club de sport de Westway, entourés de trente ou quarante ivrognes étiolés : ils jouaient au billard. Dans la lumière furtive des salles de billard. Gwyn avait bu quelques bières et Richard, bien entendu, était complètement bourré. Dix-huit tables, toutes en usage, dix-huit pyramides de lumière surplombant les tapis verts et les billes étincelantes en ivoire. Les joueurs étaient de différentes couleurs et venaient d'Espagne, des Caraïbes, d'Amérique latine et d'Asie ; il y avait aussi des Britanniques incolores, qu'il semblait impossible de distinguer des grands génies en fumée de cigarette évoluant entre les tables comme autant de fantômes d'arbitres. L'Angleterre changeait, c'est sûr. Vingt ans plus tôt, Richard et Gwyn, ou leurs homologues, n'auraient jamais pu aller dans une académie de billard, celui-ci vêtu d'un pantalon de toile et d'un col roulé en cachemire, celui-là d'un gilet et d'un nœud papillon de guingois, tenue pourtant appropriée. Ils seraient restés à l'extérieur, se seraient réchauffés en soufflant dans leurs mains, en sentant la graisse de lard ; ils auraient détaillé les lettres tremblantes, opiniâtrement tracées d'une main d'illettré sur la pancarte du sous-sol, et se seraient écartés pour laisser passer les joueurs en grosse veste et en costume zazou, entre les morts et les blessés qui s'amoncelaient sur le perron de pierre crépitant. Gwyn et Richard auraient pu entrer. Mais ils ne seraient pas ressortis. À cette époque, les Anglais s'appelaient tous Ferrant, Boulanger et Jacquard, et ils vous passaient à tabac. Désormais, ils s'appelaient Boutique, Chemise et Bagnole, et on était libre d'aller partout où on voulait.

« Pourquoi cette question ?

— En fait, j'ai changé. Je me suis mis chez Gal.

— C'est ce que j'ai lu.

— Tu te souviens de Gal.

— Bien sûr que je me souviens de Gal. »

Richard reprit sa position pour queuter, le menton à hauteur de la table, le torse au-dessus ou en travers du rebord rembourré.

On n'était pas censé parler quand on jouait, sauf de billard. Richard avait dû insister sur ce point. Trop souvent, à son goût, il s'était préparé à une figure facile qui lui permettrait de remporter la partie, lorsque Gwyn l'avait interrompu pour lui parler de l'équipe de la télévision italienne qu'il attendait le lendemain, ou de la somme rondelette qu'il allait toucher pour les droits de traduction de ses romans en Arabie saoudite ; Richard se rendait alors compte qu'il avait placé la bille blanche sur la table d'à côté sans s'en apercevoir... Deux semaines s'étaient écoulées depuis son discours. Il continuait à lire la chronique de Rory Plantagenet dans l'espoir qu'elle parlerait un jour de l'affront que Richard Tull avait fait subir à Gwyn Barry devant le porte-parole de l'opposition pour les questions artistiques. Mais ce matin-là, elle était consacrée à la controverse autour de Gwyn Barry, qui avait changé d'agent et quitté Harley, Dexter & Fielding pour Gal Aplanalp.

« Elle m'a déjà dégoté un beau magot pour mon prochain livre.

— Mais tu ne l'as pas fini, ton prochain livre.

— Non, mais ils préfèrent s'y prendre à l'avance, maintenant. C'est une véritable campagne de guerre. Il faut penser aux droits mondiaux.

— Va nous chercher à boire.

— Alors, tu es chez qui, toi ? Quelle est ta situation, côté agent ?

— À boire », insista Richard, dont la situation côté agent était la suivante : il avait débuté sous la tutelle de Harley, Dexter & Fielding, qui lui avaient établi un contrat à l'âge de vingt-cinq ans, avant *Avec préméditation*, sur la base de ses remarquables critiques au vitriol de la production romanesque et poétique contemporaine. Il était resté chez eux pour ses deux premiers romans, puis les avait mis à la porte après le rejet de son troisième par tous les éditeurs du pays, y compris par John Bernard Flaherty Dunbar Limited, les Éditions du charabia et les Éditions de la charogne. Il avait ensuite confié ses talents à Dermott, Jenkins & Wyatt, qui l'avaient mis à la porte, eux, après que son quatrième eut connu le même sort. Ensuite, Richard fit cavalier seul et se débrouilla par lui-même pour soumettre et négocier son roman numéro cinq : en d'autres termes, il le photocopia et l'emballa un si grand nombre de fois qu'il se sentit lui-même éditeur ou imprimeur — imprimeur clandestin dans un pays libre. Pour l'instant, il n'avait pas d'idées pour son sixième roman, *Sans titre*. Il manquait d'idées. Il était à court d'idées.

« Je n'ai pas d'agent, dit-il.

— Tu sais, Gal t'admire beaucoup.

— Tu veux dire qu'elle a gardé un bon souvenir de moi ou qu'elle aimait ce que j'écrivais ?

— Les deux. Elle aimait ce que tu écrivais. »

Toutes les billes rouges étaient empochées, sauf une. Il n'y avait plus que les huit billes sur la table : la noire et la marron, la rose et la bleue, la verte et la jaune, la dernière rouge et, bien sûr, la blanche. Ils jouaient aussi mal l'un que l'autre, et on aurait tort d'affirmer que Richard était meilleur que Gwyn. Mais c'était toujours lui qui gagnait. Dans ce domaine, comme dans un ou deux autres, il comprenait qu'il y avait un commencement, un milieu et une fin. Il comprenait qu'il y avait une fin de partie. Et c'était en fin de partie que Gwyn déployait ses rares trésors d'ingéniosité, ses ruses celto-ibériques, ses astuces de pro à rouflaquettes. Prudence.

« Elle m'a dit qu'elle allait t'appeler.

— Elle a pas grand monde de terrible, Gal, hein ? » demanda Richard.

Il sentit le sang lui monter aux joues et ses forces l'abandonner lorsqu'il baissa la tête au-dessus de la desserte des boissons : un sang plus foncé que la bille rose, plus foncé que la bille rouge.

« C'est pas elle qui ne fait que des livres sur des stars du rock et des recettes de cuisine ? Et des manuels pratiques ?

— Elle commence à monter. Elle donne dans la littérature. Elle s'occupe de pas mal de romanciers.

— Ouais, mais des romanciers célèbres pour autre chose que leurs romans. Des alpinistes célèbres, des comiques, des présentateurs de télévision. »

Richard fit un signe discret de la tête. Le présentateur, avait-il lu, n'était pas seulement célèbre en tant que présentateur ou en tant que romancier. Il était aussi célèbre (en ce moment) pour autre chose : pour s'être fait joliment amocher, l'autre soir, dans une petite ruelle proche de Kensington High Street.

« Et des hommes politiques, ajouta-t-il.

— C'est un bon plan, je crois. Elle va s'imposer davantage

maintenant. À cause de moi. Ça va se remarquer dans son catalogue, parce que j'ai du prestige.

— Parce que quoi ? »

Mais Richard s'arrêta net et se contenta d'ajouter :

« Ça se voit que tu ne sais pas ce que c'est, le prestige. Ni ce que c'était. Faut pas s'y fier. C'est comme la magie : trois petits tours et puis s'en vont.

— Quand est-ce que tu as vu Gal la dernière fois ? Adolescente, elle était mignonne, mais maintenant, elle est... elle... elle est vraiment... »

Richard ne quitta pas Gwyn des yeux, mais sans lui manifester la moindre trace de sympathie tandis que celui-ci tâtonnait et cherchait les mots pour dire ce qu'il voulait dire. Ce qu'il voulait dire (Richard l'avait entendu dire à d'autres, et il le croyait), c'était vraisemblablement que Gal Aplanalp était d'une beauté impitoyable. Gwyn continua comme d'habitude à hausser les épaules et à froncer les sourcils, assailli de raisons qui l'empêchaient de dire ce qu'il voulait dire. Et s'il ne pouvait pas le dire, c'est qu'il aurait eu l'air jaloux ou maladroit, qu'il aurait manqué de respect envers Gal et tous ceux et celles qui n'avaient pas ses atouts. Et ainsi de suite.

« J'ai entendu dire qu'elle avait de la chance d'avoir le physique qu'elle a », dit Richard.

Puis il ajouta :

« Mais attends un peu. Toi aussi, tu es célèbre pour autre chose.

— Ah bon ? Quoi ?

— Célèbre pour ton bonheur conjugal. Un mari dévoué comme toi, ça ne court pas les rues.

— Tu parles ! »

Gwyn termina la partie en faisant rentrer la boule noire. Mais le jeu était de toute façon bloqué, et Richard ne lui en voulut pas trop, vu qu'il avait déjà remporté trois parties, et Gwyn une seule. Sur le chemin de la sortie, marchant côte à côte dans le couloir avec leur minces étuis à queues, comme des musiciens ou des bourreaux, ils passèrent devant une salle de sport où Steve Cousins avait donné des cours de karaté pendant six mois, six ans plus tôt, aux adolescents du quartier. Il avait fallu qu'il s'arrête parce que tous les parents se plaignaient et qu'il ne pouvait se résoudre à ponctuer son discours avec des foutaises religieuses sur la retenue, le contrôle de soi et la main vide.

« Tu as déjà rencontré une fille qui s'appelle Belladonna ?

— Je ne crois pas, dit Gwyn. Avec un nom pareil, je crois que je m'en souviendrais.

— On sait jamais. Les gens n'arrêtent pas de changer de nom, pas vrai ? À l'époque où on vit... »

Ils se séparèrent sur Ladbroke Grove sous un pont du métro aérien : cette partie de Londres qui appartenait en copropriété aux clochards et aux ivrognes était exemplaire, à sa manière : c'était le modèle de l'anti-ville. Là, le trottoir et même la rue étaient détrempés par une couche de bière (sous diverses formes) qui vous aspirait les chaussures lorsque vous passiez d'un pas rapide. Tous ces hommes tapis, le visage renversé à l'arrière et rudement ravagé... En les voyant, Richard se souvint du Pandémonium et du concile des anges révoltés, précipités comme la foudre depuis les remparts en cristal du Paradis, dévorés par les flammes du purgatoire au terme d'une longue chute, et plongés au plus profond des ténèbres. Puis leur concile et leurs défis. C'est Moloch qu'il préférait : « J'en appelle à la guerre ouverte. » Mais il trouvait que Belzébuth était plus d'actualité : calculs, vengeance à froid, séduction, autant de moyens pour en finir avec l'innocence et l'Éden.

J'en appelle à la guerre ouverte... Belle formulation que cet appel. La haine des écrivains se résume à quelque chose de très simple : son verbe contre le mien.

Toute cette histoire est une crise. Tout ce chaos est une crise, la crise de la quarantaine.

Les pères connaissent tous l'horreur du jardin public et du terrain de jeux dans l'air immobile du dimanche matin (les mères la connaissent le vendredi soir et le mardi après-midi, le reste du temps) : toboggans, tape-culs et structures d'escalade, tel un pictogramme d'inanité. Les pères sont assis sur le bord des bancs, ils se promènent ou se penchent pour regarder : ainsi surveillent-ils. Entre eux, ils se font lentement des signes de résignation et entendent la barrière sonore des voix enfantines, sans pouvoir en isoler une seule signification : ouin, pan, crac.

Je m'y suis trouvé un jour de brouillard. Le brouillard en était confus, le brouillard se sentait coupable. Pas plus que les pères, le brouillard ne pouvait s'en aller. Antique et abruti, mais équipé de nouveaux éléments et articles chimiques, le brouillard se levait et paressait, en espérant ne pas faire obstacle.

J'ai trouvé là le contraire exact d'une règle plus familière : aucun adulte ne peut entrer dans le terrain de jeux sans être accompagné d'un enfant. Le terrain de jeux est donc vide de maniaques et d'assassins. Vous n'êtes pas un assassin. L'enfant que vous accompagnez constitue la preuve vivante que vous n'êtes pas un assassin.

Un petit garçon s'est approché de moi, ce n'était pas un de mes fils. Il m'a fait un signe. En se tenant à une distance comique, il m'a fait un signe : ses deux index en forme de T. Un sourd-muet, je me suis dit, et j'ai senti mon visage se dilater avec cet air de tolérance blasé que je voulais automatiquement lui donner. J'avais l'air si tolérant que ça ne se voyait pas : j'avais l'air ouvert. T. Est-ce que ça ne représentait pas un article en langage des signes ? Minute. Il en faisait un autre à présent, puis encore un autre. Est-ce que le cercle n'était pas O, le signe de *rien* ? Je me suis rendu compte que j'avais la tête penchée vers lui avec avidité, que je m'attendais soudain à une révélation, sourcils froncés, concentré, comme si ce garçon pouvait me dire quelque chose qu'il me fallait à tout prix savoir.

Car je sais si peu de choses. Car je suis à l'affût de toute information, d'où qu'elle provienne.

« Tom, dit-il. C'est mon nom. »

J'ai fait les signes M et A en tordant bizarrement mes doigts et en pensant : qu'est-ce qui m'autorise à jouer les omniscients, les je-sais-tout, quand je ne sais rien ? Quand je ne suis même pas capable de lire les majuscules d'un enfant dans un brouillard penaud.

J'ai écrit ce texte il y a cinq ans, quand j'avais l'âge de Richard. Même à cette époque, je savais que Richard n'avait pas une aussi sale mine qu'il le croyait. Pas encore. Ou alors, quelqu'un (sans doute une femme ou un enfant : Gina, Demi, Anstice, Lizzete, Marius, Marco) l'aurait pris par la main et conduit dans un havre de repos immaculé en lui murmurant des paroles de réconfort au rythme de ses halètements. Les pressentiments de monstruosité sont courants, peut-être universels, au moment où on atteint la quarantaine. Mais quand Richard regardait dans le miroir, il y cherchait quelque chose qu'il ne pouvait plus y trouver.

Nous gagnerions peut-être à savoir où nous habitons. Après tout, nous avons tous la même adresse. Les enfants la connaissent par cœur. Cela donne à peu près :

Numéro,
Rue,
Agglomération,
Département,
Pays,
Continent,
Hémisphère,
Terre,
Planètes supérieures,
Système solaire,
Proxima Centauri,
Éperon d'Orion,
Voie lactée,
Groupe local
Amas local,
Super-amas local,
Univers,
Cet univers. Celui qui contient :
Le super-amas local,
L'amas local,
Et Ainsi De Suite. Jusqu'à Ce Qu'On Remonte À :
Rue,
Numéro.

Nous gagnerions peut-être à savoir où nous allons et à quelle vitesse.

La Terre tourne à la vitesse d'un demi-kilomètre/seconde.

La Terre tourne autour du Soleil à la vitesse de trente kilomètres/seconde.

Le Soleil tourne autour du centre de la Voie lactée à la vitesse de trois cents kilomètres/seconde.

La Voie lactée se déplace dans la direction de Virgo à la vitesse de deux cent cinquante kilomètres/seconde.

D'un point de vue astronomique, tout s'éloigne constamment de tout.

Nous gagnerions peut-être à savoir de quoi nous sommes faits, comment nous continuons à aller de l'avant, et à quoi nous retournerons.

Tout ce que vous avez sous les yeux (le papier, l'encre, ces mots et même vos yeux) a été fait dans les étoiles, dans des étoiles qui explosent lorsqu'elles s'éteignent.

Plus près de nous, nous sommes réchauffés, engendrés et élevés par une bombe à hydrogène en création continue ; c'est notre naine jaune, une étoile de la deuxième génération qui appartient à la série principale.

Quand nous mourrons, notre corps retournera enfin là d'où nous venons : à une étoile mourante, la nôtre, dans cinq milliards d'années, à peu près en l'an 5 000 001 995.

Nous gagnerions peut-être à savoir tout cela. Nous gagnerions peut-être à le ressentir.

Sans l'ombre d'un doute, l'Univers est d'une qualité haut de gamme.

Et nous ?

La secte des pied-platistes. Le premier geste de Richard, dans son programme de démolition de Gwyn, n'avait pas pour objectif d'être décisif ni même spectaculaire. D'un autre côté, il entraînait bien des tracas, bien des dépenses, et il le rongeait de l'intérieur. Tous ces coups de téléphones, ces traversées de la ville en zombie, ces tentatives infructueuses de venir à bout du papier kraft et de la ficelle. On pouvait débattre des talents de prosateur de Richard, mais il ne faisait aucun doute qu'il n'avait strictement aucun don pour le papier kraft et la ficelle. Mais il était décidé. Il releva même le menton un instant, d'un air purement héroïque. Ses narines se dilatèrent. Richard Tull avait décidé d'envoyer à Gwyn Barry un exemplaire du *New York Times* du dimanche. Accompagné d'un petit mot. Point final.

Cela ne faisait pour lui aucun doute...

« Papa ? Tu es dégourdi ?

— C'est ce que j'aime parfois me dire, Marco.

— Dis ! Tu seras toujours dégourdi ? »

Malgré tous les maux qui guettent le baume de la vie, Marco, et bien qu'affaibli par le temps qui passe et le destin qui m'attend, il me reste une volonté d'acier pour combattre, pour chercher...

« Tu as toujours été dégourdi ? Comment tu as fait pour te dégourdir le crâne ? »

Richard ferma les yeux. Il laissa tomber son stylo sur le dessus du bureau et dit :

« Dé-gar-ni, Marco. Allez, file ! »

L'enfant ne bougea pas. Il continua à regarder les cheveux de son père :

« Est-ce que tu es dégourdi comme tous les hommes ?

— Oui, je crois. Je crois que c'est comme tous les hommes.

— Quand est-ce que t'as commencé à te dégourdir ?

— Allez, Marco, file ! Va jouer dans les pots d'échappement. J'essaie de travailler. »

Cela ne faisait pour lui aucun doute... Richard s'assit à son bureau ; il venait juste de ranger *Sans titre* pour le restant de la matinée, après avoir torché un passage alliant une extrême fluidité à une parfaite maîtrise stylistique, et il réunissait à présent les notes éparses qu'il avait prises pour écrire son article sur *L'obscure cabane de l'âme : la vie d'Edmund Waller*. Même sa carrière de critique, une fois n'est pas coutume, décrivait une jolie courbe descendante, comme la courbe affichée au pied du lit d'un moribond quand la fin approche. Il avait commencé par se charger des romans et de la poésie, puis s'était concentré sur les romans, puis sur les romans américains. (C'était sa spécialité, sa passion.) La situation empira quand on l'orienta sur les romans *sud*-américains et qu'il dut s'enfiler une ribambelle interminable de pavés, lui semblait-il, multipliant les tournures alambiquées pour parler de bains parasiticides et de jeux de massacre. Puis vinrent des biographies. Auxquelles succédèrent d'autres biographies. Comme la plupart des jeunes critiques, Richard avait d'abord eu la dent dure. Mais au lieu de manifester plus de clémence, d'éclectisme et d'indulgence (au lieu d'endosser peu à peu ce privilège de la maturité qu'est l'impartialité, puis d'arriver sur le tard à se gargariser de satisfaction devant tout imprimé), son jugement s'était encore acéré. Richard avait bien sûr ses raisons, et tout le monde finit par les deviner. Il avait une plume sûre, un ton personnel, une mémoire bien à lui. Mais du critique, il se faisait une conception de videur. Seuls les génies étaient autorisés dans son tripot. Le vrai problème, c'est que ces romans qu'il recevait étaient tous publiés. Mais pas les siens... Richard s'enfonça dans son fauteuil : il réalisait l'exploit de prendre son propre pouls tout en continuant à se ronger les ongles. Son fils cadet, Marco, n'avait pas réussi les tests d'aptitude que Gina lui avait fait passer à l'aube et, au lieu d'aller à l'école, il restait à la maison un jour de plus. Là, il était pendu à ses basques et promenait quelque troll ou lutin en caoutchouc sur différentes surfaces plus ou moins horizontales : sur l'avant-bras de Richard, sur son épaule ou sur un coin dégarni de son crâne. De l'extérieur, par la fenêtre frissonnante, leur parvint le bruit d'un objet métallique sauvagement propulsé, le bruit grinçant d'un objet heurtant une pierre, tranchant avec une obstination sadique dans la douleur calcifiée des piliers et des contreforts : la maison, la rue, la ville entière plongeant au plus profond du canal dentaire.

Il fallait donc que ce soit le *New York Times*. Le *Los Angeles Times*, Richard le savait, était plus épais ; mais à son avis, Gwyn n'était pas encore assez cinglé pour le *Los Angeles Times*. Pour le *New York Times*, en revanche, cela ne faisait pas un pli. Richard en aurait mis sa main au feu. Ou alors, si Gwyn n'était pas assez cinglé pour le *New York Times*, c'est que Richard perdait les pédales. Il attrapa sa veste accrochée au dossier de son fauteuil et en ressortit son chéquier plié en deux, sur lequel il espérait avoir griffonné quelques mots sur *L'obscure cabane de l'âme : la vie d'Edmund Waller*. « Vend ses potes pour échapper à la hache du bourr. pp. 536 *sq.* » Le chéquier alla retrouver ses autres notes, plus ou moins rassemblées sur son bureau encombré de tout un fatras : il en avait pris sur un reçu de carte de crédit, sur une enveloppe déchirée, sur une pochette d'allumettes vide. Il y avait sur son bureau un tel bazar que le téléphone arrêtait souvent de sonner avant que Richard ne le retrouve, ou même — ce n'était pas à exclure — avant qu'il ne l'entende.

Son plan d'attaque était le suivant : il allait envoyer à Gwyn Barry un exemplaire complet du *New York Times* du dimanche, ce paquetage de déforestage et de maculage, auquel il joindrait un mot tapé à la machine, qui dirait en tout et pour tout :

> Cher Gwyn,
> Il y a là de quoi
> vous intéresser. La rançon de la gloire !
> Sentiments dévoués,
> John

Sans autre indication, bien sûr, de l'endroit où chercher ce qui devait l'intéresser. Richard s'enfonça dans son siège, dans son siège immergé dans la bouillie alphabétique de son bureau, et il imagina Gwyn en train d'ouvrir le colis : il froncerait les sourcils en lisant le mot, irait d'abord regarder le cahier Livres, un léger sourire aux lèvres, puis le cahier Arts, sa sérénité un peu ébranlée, puis...

« Marco, à quoi ça te sert ? »

Soit Marco n'avait pas entendu, soit il n'avait pas compris.

« Ka ? » dit-il.

Il faut bien sûr tenir compte de la difficulté qu'il y a à transcrire le langage des enfants. Mais comment la contourner ? Marco n'avait pas dit « Quoi ? », il avait dit « Ka ? » C'est plus court, plus modeste, et bien envoyé.

« De promener ton jouet sur mon bras ? répondit Richard. Pourquoi tu fais ça ? Pour quoi faire ?

— Ça t'gêne ?

— Oui.

— Et ça, ça t'gêne ? demanda-t-il en promenant son jouet sur la tête de Richard.

— Oui.

— Et ça, ça t'gêne ? demanda-t-il en promenant son jouet sur l'épaule de Richard.

— Tout cela me gêne. »

Edmund Waller me gêne.

« Et ma critique, j'la fais comment ? »

Si Marco n'était pas là, il pourrait au moins appeler Anstice et fumer une cigarette, la tête penchée par la fenêtre ; plus généralement, il pourrait commencer à foutre Gwyn en l'air. *Edmund Waller naquit en. Va, jolie Rose ! Dis-lui, perte de temps et ruine d'amant*... En fait, maintenant que la culpabilité s'était dissipée, sa liaison avec Anstice l'ennuyait à mourir. Tout ce temps qu'il consacrait à lui parler au cas où elle se suiciderait !... *Passé maître dans l'art de bayer aux corneilles et de faire tapisserie (et de se complaire dans la médiocrité), Edmund.* Mais au fond, il voulait qu'elle se suicide. Or, il faut de l'énergie pour passer à l'acte, et Anstice en manquait singulièrement. Si elle en avait un peu, elle pourrait l'employer autrement, et téléphoner à Gina par exemple. *Royaliste des bons jours, républicain opportuniste, mercenaire conjugal.* Bien qu'il eût couché avec Anstice, il ne lui avait pas fait l'amour, mais sans qu'elle ait eu l'air de s'en rendre compte. *Le complot de*

Waller tourna à la débandade, mais il s'en servit pour trahir tous ses. Mais est-ce que ce serait si grave que cela, si Gina découvrait le pot aux roses ? En fait, pour des raisons pressantes qui vont bientôt s'éclaircir, Richard pensait, et même espérait, que Gina le trompait de son côté. *Vil est le prix de la beauté au jour dérobée...* Les écrivains ne mènent pas une vie bien ordonnée. L'ordre, ils le réservent à la vie des autres : à la vie des comptables et des fous. *Alors qu'Edmund Waller. Tandis que Waller. Bien que. Malgré le fait que. Nonobstant que Waller.*

Qu'est-ce qu'on reprochait donc à *nonobstant que* ? D'être un archaïsme pointilleux, comme tout compte rendu de livre ordinaire. Comme tout livre ordinaire. Ni la préciosité ni la politesse apprêtée n'appartenaient en propre aux mots, elles venaient de leur agencement, qui correspondait à des rythmes séculaires de la pensée. Où étaient les nouveaux rythmes, y en avait-il seulement de nouveaux ? Richard s'imaginait parfois que ses romans recherchaient les rythmes nouveaux. Gwyn, lui, s'en fichait comme de sa première chemise. Son style jouait des airs sans fioritures : les yeux exorbités du fifre étaient immanquablement brillants, clairs, ingénus. Richard ouvrit le premier tiroir de son bureau et examina la lettre qu'il avait récemment reçue de son admirateur, Darko, confident attitré de l'étrange Belladonna. Feuille déchirée aux lignes bleu piscine, traces de doigts et de sueur, avidité épidermique : c'était peut-être là que bruissaient les rythmes nouveaux.

Comme Marco ne voulait pas rester seul, Richard finit par l'emmener sur le perron : il pourrait au moins griller quelques cigarettes en sa compagnie. En été, l'air londonien était tel qu'il aurait tout aussi bien pu recracher la fumée de son clope au visage de son fils, ou bien partager son paquet avec lui. Marco faisait de l'asthme. Il avait aussi un autre problème. Mais Richard y pensait le moins possible. Les cinq pour cent de son esprit occupés par Marco (largement dilatables en cas de maladie ou de tristesse) s'étaient convaincus que cinq pour cent y suffiraient : Marco était un brave gamin mais il avait parfois une drôle de façon de voir les choses. C'était une difficulté d'apprentissage qui se repérait à des erreurs répétées de logique. Si on lui disait pourquoi le poulet avait traversé la route, il demandait ce qu'il avait fait après la fin de la blague. Où était-il allé ? Comment s'appelait-il ? Était-ce un monsieur ou une dame ? Avait-elle un mari et une couvée de poussins ? Combien ?

Minute. Richard releva la tête avec un grognement animal. Putain ! Encore ce type. Deux fois par jour, en semaine, à des moments imprévisibles de la journée, un gros bonhomme dans une grosse voiture descendait Calchalk Street à cent à l'heure. Mais qu'est-ce qu'il avait, ce mec ? Qui pouvait bien avoir besoin de lui avant l'heure à laquelle il allait déjà arriver ? Veste pendue à un crochet, maillot de corps à trous sous sa chemise blanche impeccable. Lèvre inférieure proéminente, nez en patate, cils et sourcils blonds : on aurait dit un porcelet fabriqué à la va-vite dans un labo. Richard se leva pour le regarder passer à toute allure. Un animal qui en haïssait un autre. Il vient deux fois par jour, se dit Richard. Deux fois par jour, il vient essayer de tuer mes enfants.

Quand l'air eut cessé de vibrer, Richard se rassit et alluma une autre cigarette... Si, en provoquant la destruction de Gwyn... S'il lui restait du temps pour l'art, ce serait alors beaucoup plus satisfaisant d'employer des forces de son époque, de les éveiller et de les déployer contre sa vie. Ladbroke Grove et la petite Portobello Road... Et jour après jour, les flagellations, les hésitations, les triturations. Si l'on pouvait faire converger les énergies de la rue en un faisceau hydroélectrique et diriger celui-ci où l'on voulait... Entreprise de taille. Mais c'était plus facile, et moins cher, de dénicher un spécialiste et de le payer pour casser la gueule à Gwyn. D'ici là, il restait la piste Belladonna. D'ici là, il restait le *New York Times.*

Marco était allongé sur le perron, l'oreille droite sur son biceps droit, et il jouait avec ses lutins et ses farfadets de sa main libre. Richard fumait, assis. La nicotine est un décontractant. Les cigarettes sont faites pour les contractés.

Nous sommes les contractés.

13 attendait, assis dans la camionnette, comme cela lui arrivait souvent. D'une main, il tenait Giro par le collet ; de l'autre, le réconfort d'une canette de Ting.

13 ? 13 était à ramasser à la petite cuiller. Les activités de la veille lui avaient valu une course-poursuite de deux heures, à deux

cents à l'heure sur le périphérique qu'il avait pris à contresens dans une GTi volée, cinq voitures de flics à ses trousses. Conclusion ? Soit. Si c'est vous qui êtes au volant, vous faites avec. Mais si c'est un gosse de douze ans défoncé au Tippex... À travers le pare-brise, où un très léger crachin avait déposé comme de la fourrure, de la peluche ou des fanfreluches, 13 portait son regard sur l'hôpital de la ville : St quelquechose. Il s'imaginait momifié dans des pansements dont ne dépasserait qu'une touffe de cheveux hirsutes. Quelle tristesse !

Steve Cousins était à l'intérieur. Il marchait vite, les pans de son imper et le bout de sa ceinture fouettaient l'air sur son passage. Le rebord de son chapeau dessinait une courbe en harmonie avec les saillies et les asymétries fuyantes de son visage. Sur son imper qui traînait par terre, un sémaphore de sang. Il était maintenant au rez-de-chaussée et il se dirigeait vers la bibliothèque de l'hôpital : il y avait un livre qu'il pensait y trouver et qu'il avait l'intention d'y voler.

Il venait de rendre visite à Kirk dans les étages. Lui, assis (il avait fait circuler les revues de moto propitiatoires) ; Kirk, couché dans sa petite chambre individuelle, le visage strié de points de suture. La porte s'ouvre : le frère de Kirk, Lee. Les bras encombrés d'un énorme panier tout craquant. « Ça vient de chez Fortnum and Mason », fait-il. Il le range au pied du lit et le dégrafe. En sort une tête atroce. Beef, le pitbull ! Kirk ouvre les bras, les yeux embués de larmes.

« Mon petit Beef ! T'as vu ? Il me sourit, tellement il est content de me revoir ! »

Et cet enfoiré de clébard qui lui grimpe dessus comme dans une vidéo porno. Impossible de l'arrêter. Im-pos-sible. Comme pour moi, d'ailleurs. Essayez, mais c'est impossible de m'arrêter. Il a beau être son propriétaire, son dresseur, il arrive pas à l'arrêter. C'est ça, l'intérêt : impossible de l'arrêter. Kirk ne peut pas arrêter Beef. Il a la bouche entre ses crocs. Bref, Lee le frappe au collet avec une pleine bouteille de tonifiant, une bonne quinzaine de coups, le goutte-à-goutte s'écroule, ils font lâcher prise à Beef à coups de pied et le remettent dans son panier. Mais déjà, cinq infirmières ont fait irruption. Qu'est-ce que c'est que tout ce petit monde, demandent-elles. Scozzy et Lee s'assoient sur le panier ; Beef, dessous, en perd la tête.

« Rien, répond Kirk. C'est juste mes points qui ont sauté. »

Elles se demandent ce qu'il faut faire : appeler la police peut-être ? Manquait plus que ça pour Steve. Il se défile. Et Kirk de grommeler à son frère qu'il faut mettre de la moutarde anglaise dans sa pâtée, matin et soir, pour lui conserver toute sa saveur.

13 le vit s'approcher et descendit de la camionnette. Ouf ! Quand on passe la moitié de sa vie à attendre, quand on passe la moitié de sa vie à faire le planton ou le poireau, on se sent parfois endolori, on a les membres du corps qui ne réagissent plus.

« C'est quoi, c'que t'as à la main ? » demanda 13.

Scozzy le lui montra.

« Avant méditation, dit 13.

— *Avec préméditation*, corrigea Scozzy.

— De notre type.

— Non, pas du nôtre. De son pote.

— Chipote pas ! »

Steve était encore dans de bonnes dispositions depuis son récent succès. Il avait tabassé le présentateur du journal télévisé de dix heures, et le lendemain soir on en avait parlé aux informations. Cassez la gueule à un journaliste, et on en parlera aux informations : voilà comment le monde est censé fonctionner.

« Direction, Holland Park, annonça Scozzy.

— Impossible.

— Pourquoi ?

— Je dois passer au tribunal.

— Nom de Dieu ! »

La chaleur était écrassante, lut Richard. Il soupira et alluma une cigarette.

> La chaleur était écrassante. Il regarda par la fenêtre de sa chambre d'un air maussade. Oui, il faisait bien trop chaud, ce jour-là, pour pouvoir dormir. Le moment était venu. Il devait se décidé.

Richard ne lisait pas ce manuscrit pour juger de sa valeur. Il le corrigeait avant de l'envoyer à l'imprimerie.

« En voilà une belle accroche, dit-il. *La chaleur était écrassante.* »

Balfour Cohen entra et se pencha par-dessus son épaule. Il sourit, compréhensif, et ajouta :

« Ah oui ! C'est son deuxième roman.

— C'est nous qui avons publié son premier ?

— Exact.

— Et il commençait comment, celui-là ? Voyons voir. *Il gelait à pierre fondre.* »

Balfour sourit, compréhensif.

« Sûrement une histoire bien ficelée. »

Richard poursuivit sa lecture :

> Il devait se décidé. Gagner, réussir, c'était incrédule. Mais échouer, perdre, c'était méprisant.

« Mais qu'est-ce qu'ils ont contre les dictionnaires, ces gens-là ? Ça me dépasse. Ils s'imaginent qu'ils ne font pas de fautes d'orthographe ou quoi ? » dit Richard.

À ces mots, il se rendit compte qu'il transpirait, et même qu'il pleurait. Il y avait autre chose qui le dépassait : pourquoi devait-il corriger les fautes d'orthographe ? À quoi bon ? Qu'est-ce que cela pouvait bien faire ? Personne d'autre que l'auteur n'allait lire ce fatras, et l'auteur n'y connaissait rien.

« Incroyable ! Pas de fautes dans le titre.

— C'est quoi, le titre ?

— *Autre coup de génie*. D'Alexander P. O'Boye. Si tant est qu'il n'ait pas fait de fautes dans son nom. Comment s'appelait son premier ?

— Attendez. »

Balfour tapa sur son clavier.

« *Coup de génie*, dit-il.

— Bon Dieu ! Quel âge a-t-il ?

— À votre avis ?

— Neuf ans.

— En réalité, il va sur ses soixante-dix.

— C'est pitoyable, vous ne trouvez pas ? Qu'est-ce qu'il a ? Il est fou ou quoi ?

— Nous avons beaucoup d'auteurs à la retraite. C'est un des services que nous offrons. Il faut bien les occuper. »

Ou leur donner l'impression d'exister, songea Richard. Il y aurait plus de créativité, plus de dignité, à rester au pub toute la journée, un chien sur les genoux, qu'à tromper ses illusions d'illettré en écrivant à heures fixes comme un simple employé de bureau. Il jeta un coup d'œil en biais. Peut-être Balfour tenait-il Alexander P. O'Boye pour l'un des fleurons de sa collection. Il était toujours plus réservé, plus fervent, quand il s'agissait de romans et de poésie. De toute façon, c'était Richard qui s'occupait désormais des romans et de la poésie aux Presses de Tantale. Ce n'était pas à lui qu'incombait tout le travail de correction qu'effectuait Balfour sur les biographies de poissons rouges et de cornichons pour concours agricoles, sur les traités volumineux qui entendaient pourfendre Freud, Marx et Einstein, sur l'histoire revisitée de régiments dissous et d'antennes syndicales semi-clandestines, sur les authentiques récits d'exploration dans des planètes éloignées — autant d'appels au secours.

« Il ne faut pas oublier, dit Balfour comme chaque semaine, que James Joyce était au départ pour l'édition privée. »

Puis il ajouta :

« Marcel Proust aussi, d'ailleurs.

— Mais c'était... C'était juste pour brouiller les pistes, si je ne me trompe. Pour empêcher un scandale autour de son homosexualité, dit Richard prudemment. C'est Gide qui lui avait donné ce conseil. Puis il est allé frapper chez Gallimard...

— Et Nabokov ? risqua Balfour.

— Ouais, mais pour un recueil de poèmes d'amour. Il était encore à l'école à l'époque.

— N'empêche. Philip Larkin appartenait aussi à ce clan. Et James Joyce, naturellement. »

C'était typique de Balfour. Richard s'attendait à ce qu'il lui dise un jour que Shakespeare avait percé grâce à une maison d'édition à compte d'auteur, que Homère avait répondu à une petite annonce pour écrivains en herbe. Les Presses de Tantale, cela va sans dire, ne servaient pas de tremplin à la gloire littéraire. Les Presses de Tantale servaient de tremplin au déjà-vu : à un *Autre coup de génie*. L'édition « privée », ce n'était pas tout à fait le grand banditisme, mais cela ressemblait fort à de la prostitution. Les Presses de Tantale, c'était le bordel ; Balfour, la mère maquerelle ; et Richard, l'assistant de Madame. Les auteurs les payaient... Or, un écrivain doit pouvoir affirmer qu'il n'y a jamais été de sa poche. Jamais de la vie.

« Et vous, vous vous occupez de quoi, en ce moment ? demanda Richard.

— D'un bouquin sur la Seconde Guerre mondiale. Ça a l'air plutôt polémique.

— Encore le mythe des six millions ?

— Ça va plus loin. Les camps de concentration auraient été organisés par des Juifs et les déportés auraient été des Allemands tout ce qu'il y a de plus aryen.

— Arrêtez, Balfour. Vous n'allez quand même pas prendre ça. »

S'il avait vécu à l'époque de l'Holocauste, où ses quatre grands-parents avaient tous été réduits en esclavage, puis assassinés, Balfour aurait été mort six ou sept fois. Triangle rose et étoile jaune : pas facile de s'imaginer le badge qu'il aurait porté à la fin de sa vie. Inférieur par sa race (juif), inverti dans ses attirances (homosexuel), déséquilibré mental (schizophrène), handicapé physique (pied-bot) et déviant dans ses opinions politiques (communiste). C'était aussi un éditeur à compte d'auteur, et il n'avait pas la moindre aptitude au cynisme. De plus, Cohen collectionnait les documents de propagande antisémite avec une énergie pour ainsi dire désintéressée. Il fallait le voir. Jamais visage n'a été plus doux, se disait Richard : tête chauve à la peau mate, ondulations conchoïdes des tempes, orbites indulgentes abritant des yeux bruns au regard de braise. Balfour était un Juif d'une générosité capricieuse que l'argent mettait dans de drôles d'états. Quand ils déjeunaient tous ensemble, dans un snack ou dans une sandwicherie, soit il réglait la note sans mot dire, soit il la partageait en fonction de ce que chacun avait pris, puis s'emparait de l'argent et semblait s'élancer vers la porte. Il parlait fort, à tort et à travers, puis se calmait peu à peu. C'est dans ses gènes, se disait Richard : cela fait deux mille ans que Balfour parcourt le monde. Richard avait aussi l'impression curieuse que Balfour l'aimait, mais qu'il voulait le détruire... Il avait une autre marotte, sans doute aussi un à-côté, pensait Richard : la contrefaçon d'éditions originales de romans modernes. L'air de rien, il avait à son service un petit groupe de gentils ermites et de doux toqués qui, du jour au lendemain, étaient capables de vous sortir en fac-similé une édition de *Fils et amants*, du *Rocher de Brighton*, d'*Une poignée de cendres*, qui ressemblait à s'y méprendre à l'original.

« Ce n'est pas mon boulot de mettre en doute les opinions d'un auteur ni ses découvertes.

— Ses découvertes ? Mais ce ne sont pas des découvertes. Il n'a rien découvert du tout. C'est lui qui s'est fait découvrir. Arrêtez, Balfour ! Détruisez ce torchon sans le lire. »

À l'étage inférieur des Presses de Tantale se trouvait un bureau que partageaient onze personnes. Elles étaient entre autres chargées du secteur « traduction ». Richard ne savait pas très bien comment ça se passait. On prenait telle ou telle merde pour la traduire en français, par exemple ? Ou telle ou telle merde française pour en tirer une autre merde ? Quoi qu'il en soit, Richard était installé à l'étage supérieur dans le bureau du patron : c'était un bureau confortable, agencé avec goût, mais dont on avait veillé à éliminer toute trace de luxe. (Balfour se plaisait à dire, contrairement à ce qu'aurait fait un éditeur ordinaire, qu'il dirigeait une société à but non lucratif.) Il était aussi permis de fumer. Un communiste aurait eu bien du mal à interdire à ses employés de fumer. En plus des communistes, des malades, des peuples de race inférieure (des bouches inutiles et de tous les êtres vivants qui ne devraient pas avoir le droit de vivre), le régime nazi avait exterminé les simulateurs, les fauteurs de trouble, les tire-au-flanc et les râleurs. Mais pas les fumeurs. Richard aurait pu subir le châtiment suprême parce qu'il râlait (entre autres motifs de culpabilité), mais non parce qu'il fumait. Hitler était contre les fumeurs, mais pas Staline, dit-on. Quand les Russes avaient rapatrié les personnes déplacées aux quatre coins de l'Europe, une fois la guerre finie, ils avaient remis à tous ceux dont ils se chargeaient une quantité de tabac stupéfiante, presque infumable. Même aux enfants, même aux bébés. Richard était payé une coquette somme d'argent pour la journée de travail hebdomadaire qu'il effectuait chez Balfour.

« Je crois qu'on tient peut-être un poète plein d'avenir. Ça fait plutôt bon effet, pour un premier recueil.

— Envoie... Ça sonne bien, Keith Horridge. Ça sonne très bien, comme nom », dit Richard.

Qui n'ignorait pas que, s'il travaillait dans ce bureau deux jours par semaine au lieu d'un, c'en serait fait de lui et de ses qualités humaines en l'espace d'un an. Peut-être que les romans de Richard étaient illisibles, mais au moins, c'étaient des romans. Revigoré au départ par tous les Sahara, tous les Gobi d'inanité auxquels il ne cessait d'être confronté, il ne se méprenait plus, désormais, sur la nature de cette production. Ce n'était pas de la mauvaise littérature, mais de l'anti-littérature tout court. De la propagande narcissique. Peut-être que les romans de Richard étaient illisibles, mais c'étaient des romans. Tandis que les tapuscrits terminés, les pages imprimées et les cahiers avachis qui s'entassaient dans son bureau ne s'étaient pas encore émancipés d'une forme plus primitive d'écriture, celle du journal intime, du récit de rêve, de la péroraison dialectique. Comme dans une maternité, Richard entendait les vagissements de ces nouveau-nés, il ressentait leurs spasmes invisibles, eux qui se convulsaient dans une version antérieure de l'être. On aurait dit des bébés tragiques, on aurait dit de la pornographie. Il fallait les ignorer. Les ignorer, oui.

Balfour lui demanda en marchant sur des œufs :

« Et comment se porte votre... Comment se porte votre petit dernier ?

— Bientôt fini. »

Il n'ajouta pas (car il ne pouvait pas prévoir si longtemps à l'avance, car les hommes ne voient pas plus loin que les coups bas et les bons coups) que son petit dernier pourrait bien être le tout dernier. Et non seulement il ne pouvait pas le prévoir, mais il ne pouvait pas l'envisager non plus. Cela aussi, il devait l'ignorer.

« Si jamais vous n'arriviez pas à trouver preneur, je serais bien sûr honoré de l'éditer aux Presses de Tantale. »

Richard se voyait finir sa vie chez Balfour. Il avait de plus en plus souvent ce pressentiment, au point que cela en devenait une habitude, un réflexe. Finir sa vie chez Balfour, avec Anstice, R. C. Squires, la contrôleuse d'autobus, le facteur, la contractuelle... Richard, l'ex-chouchou à bout de souffle, à bout de nerfs, étouffant dans un vivier de vieux garçons et de vieilles filles, frugal et imprévisible dans ses préférences sexuelles, arrogant, hideux, renfrogné, pitoyable cuistre du thé chinois.

« Je n'en attendais pas moins de vous, Balfour.

— On pourrait lancer une souscription. Faites une liste de gens, en commençant par vos amis.

— Merci, merci. Mais il lui faut tenter sa chance. Il faut voir si ça passe ou si ça casse. »

Si ça casse ou si ça passe. Où ça ? Dans l'universel.

Les Anciens pensaient que les étoiles, toutes les étoiles, étaient situées juste derrière Saturne. Que si on dépassait Saturne, on allait tomber sur le sillage de la Voie lactée. Et qu'on n'irait pas plus loin. Mais ce n'est pas vrai. Si on dépasse Saturne, si on dépasse largement Saturne (en doublant la distance du trajet depuis la Terre), on tombe sur Uranus. Mille millions de kilomètres plus loin, on tombe sur Neptune, la dernière géante gazeuse. Et encore plus loin, qu'est-ce qu'on trouve ? Pluton.

Contrairement aux autres géantes gazeuses et à ce soleil raté de Jupiter, Uranus ne possède pas de source de chaleur interne ; la planète est inclinée à angle droit, ou plus précisément à huit degrés de plus que l'angle droit, ce qui lui confère une rotation à sens rétrograde. Elle a des anneaux noirs et quinze satellites connus.

Neptune peut se prévaloir de sa grande tache noire, de ses vents qui soufflent à plus de mille kilomètres à l'heure et, parmi ses huit satellites, du splendide Triton qui couvre la même superficie que la lune et possède des geysers d'azote, ainsi que de la neige rose. Neptune a des anneaux. L'un de ses plus petits satellites, Galatée, est un stabilisateur d'anneaux, ou plutôt un « chien de berger » qui garde des anneaux, comme on dit.

Pluton, à présent. Bien sûr, il ne faut jamais se moquer des faibles, mais Pluton est vraiment une jolie petite merde. Jupiter n'a pas accédé au rang d'étoile, Pluton n'est même pas arrivé à celui de planète. Atmosphère raréfiée, cinq cents kilomètres de glace en profondeur, puis du rocher. Sa masse représente à peu près un cinquième de la masse de notre lune, et sa lune à lui, cette crotte de Charon, est encore deux fois plus petite. Pas d'anneaux à garder : Charon est passeur plutôt que chien de berger, il conduit les morts jusqu'aux Enfers de Pluton. L'orbite de Charon correspond à la rotation de Pluton, de sorte que ce petit couple, cet horrible petit couple d'aérolithes méprisables est « soudé ». Selon qu'on serait dans tel ou tel hémisphère de Pluton, Charon serait tantôt immobile en permanence, tantôt invisible en permanence. Mais où que l'on soit sur Pluton, on pourrait regarder le soleil en face. Il aurait parfois l'air cruciforme, comme le glaive brandi de Dieu. Mais sans pouvoir de réchauffer, sans pouvoir de donner la vie.

Les Anciens pensaient aussi que les étoiles étaient fixes : éternelles et immuables. Les êtres humains ont eu du mal à se défaire de cette idée, et elle a continué d'avoir cours bien après Copernic et Galilée. C'est pourquoi il leur a été si difficile d'accepter les *novae* (ou ce que l'on appellerait aujourd'hui les *supernovae*). C'est pourquoi il leur a été si difficile d'accepter les « nouvelles étoiles ».

Prenez Gwyn et son histoire de menuiserie. Si on veut passer un sale moment (songea Richard qui passait un sale moment cette nuit-là, chez lui, dans son bureau), on n'a qu'à prendre Gwyn et son histoire de menuiserie.

Dans un entretien, Gwyn avait déclaré, ou aurait déclaré, qu'il assimilait toujours l'art du roman à l'art de la menuiserie.

« On égalise, on rabote, on ponce jusqu'à ce qu'on obtienne un lissé parfait et des dimensions idéales. Il faut avant tout que la construction marche. Un menuisier sait bien que ce qu'il fabrique doit être fonctionnel. Ça doit tomber juste.

Q : À propos, est-ce que vous faites de la menuiserie ou une autre activité manuelle ?

— Oui. J'ai une espèce d'atelier où je bricole. Je trouve que ça me fait beaucoup de bien. »

Lorsqu'il l'avait revu (il y avait quelques mois de cela), Richard lui avait demandé :

« Qu'est-ce que c'est que toutes ces conneries sur la menuiserie ? Tu fais de la menuiserie, toi ?

— Non, avait répondu Gwyn.

— Ça vaut rien, d'ailleurs, comme métaphore de l'écriture. Ça n'a rien à voir.

— Mais ça fait bien. Ça permet à un manuel de mieux comprendre ce que c'est que l'écriture.

— Mais pourquoi s'échiner à faire comprendre à un manuel ce que c'est que l'écriture ? »

Quelques semaines plus tard, Gwyn avait conduit Richard au sous-sol de sa maison pour lui montrer l'avancement des travaux dans le cellier. Richard avait remarqué un petit établi sous la cage d'escalier. Il y avait un étau, un rabot, une scie, et même un niveau. Quelques bouts de bois, aussi, qu'on avait massacrés pour la forme, à coups de ciseau et de maillet.

« Tu vois bien que tu fais de la menuiserie.

— Non. Mais je craignais qu'un journaliste ne me demande un jour de lui montrer mon coin menuiserie. Regarde. J'ai même acheté un tabouret fait main pour pouvoir dire que je l'ai fabriqué moi-même.

— Bien vu !

— Je me suis même coupé la main.

— Comment ? En faisant de la menuiserie ?

— Non. En m'acharnant sur ce ciseau à bois pour faire croire que je faisais de la menuiserie.

— En bousillant cette chaise pour faire croire que tu l'avais fabriquée toi-même.

— Tout juste. »

Il était minuit. Richard quitta son bureau et alla à la cuisine se chercher quelque chose à boire. N'importe quelle boisson alcoolisée ferait l'affaire. La surprise lui porta un léger coup aux tempes lorsque, à la place du vide et du néon auxquels il s'attendait, il trouva sa femme. Gina n'était pas corpulente, mais sa présence formait une masse d'autant plus spectaculaire qu'il était tard. Et qu'elle était mariée, et qu'elle avait d'autres soucis. Il la regarda de ses yeux d'infidèle. Elle avait attaché en arrière ses cheveux rouge sang, son visage luisait d'une crème de nuit qui n'avait pas encore bien pénétré, et son peignoir en éponge laissait voir le triangle de sa gorge, rougie après le bain qu'elle avait pris. Saisi brusquement de panique, Richard comprit ce qui lui était arrivé, ce qu'elle avait fait : Gina était devenue adulte. Mais pas lui. Comme tous les gens de sa génération (ou du moins comme ses représentants bohèmes), Richard n'allait pas changer d'un iota jusqu'à la fin de sa vie. Il aurait de moins en moins bonne mine, mais il ne changerait pas d'un iota. Étaient-ce les enfants, était-ce son travail, était-ce l'amant qu'elle avait sans doute pris (à sa place, dans sa vie de femme mariée — si Richard avait eu Richard pour conjoint, il en aurait bien pris un) ? Il ne pouvait pas lui en vouloir pour des raisons d'éthique ou d'équité. Car l'écriture est infidélité. Toute écriture est infidélité. Elle avait conservé ses attraits physiques, elle avait conservé ses atouts sexuels et elle avait même conservé (il fallait le lui concéder) ses charmes cochons. Mais Gina était à coup sûr passée de l'autre côté de la barrière.

« Je me disais que nous pourrions faire un bilan de l'évolution, dit-elle. Ça fait un an.

— Quoi ?

— Jour pour jour. »

Elle regarda sa montre.

« À l'heure près. »

Soulagement et souvenir mêlés : « Ah ! » Il avait cru qu'il s'agissait de leur mariage.

« Compris », fit-il.

Il se rappela : la même nuit d'été, suffocante et polluée, qui appelait de ses vœux un coup de tonnerre ; la même urgence qui l'avait tiré de son bureau, tard dans la nuit, pour aller se servir un verre ; la même irruption surprise de Gina en peignoir. À une ou deux différences près, sans doute. La cuisine était peut-être un peu plus claire, il y avait peut-être plus de jouets qui traînaient, Gina avait peut-être l'air d'avoir un ou deux jours de moins à l'époque, et en tout cas l'air de n'être pas encore adulte. Et Richard avait peut-être une moins sale gueule que maintenant.

À cette époque, il y avait un an de cela, il avait passé une semaine atroce : l'entrée de Gwyn Barry dans la liste des meilleures ventes, la gifle qu'il avait donnée à Marco, son histoire avec Anstice, et le reste.

Cette fois-ci, il avait passé une année atroce.

« Je me rappelle. »

Il se rappelait. Un an plus tôt, à l'heure près, Gina lui avait demandé :

«Tu passes combien d'heures par jour sur tes romans ?

— Comment ça, combien d'heures ? avait répondu Richard, la tête tout entière plongée dans le bar. J'sais pas. Ça dépend.

— C'est la première chose que tu fais en te levant, non ? À part le dimanche. Alors, combien d'heures en moyenne ? Deux ? Trois ?»

Richard avait compris ce que cela lui rappelait, grosso modo : il avait l'impression d'être interviewé. Elle était assise de l'autre côté de la table avec son crayon, son carnet et sa tasse de thé vert. Bientôt, elle lui demanderait s'il écrivait à partir de son vécu ou s'il tirait tout de son imagination, comment il choisissait ses thèmes et ses sujets, et s'il utilisait un traitement de texte. Enfin, peut-être. Mais pour commencer, elle lui avait demandé :

« Combien ça t'a rapporté ? Tes romans. Dans ta vie. »

Il s'était assis. Richard voulait être assis pour encaisser le coup. Le calcul ne lui avait pas pris très longtemps. Il n'y avait que trois chiffres à additionner. Il lui avait annoncé le résultat.

« Attends une minute. »

Richard l'avait observée. Son crayon courait sur la page, grattait doucement, paraissait réfléchir, suspendu en l'air, puis se remettait à gratter.

« Et ça fait combien de temps que tu as commencé ? s'était-elle dit à voix basse (elle était bonne en calcul). Bon ! Tes romans te rapportent à peu près soixante pence de l'heure. Une femme de ménage peut raisonnablement prétendre à sept ou huit fois plus. Avec tes romans, tu gagnes environ cinq livres par jour, soit trente par semaine. Ou mille cinq cents par an. Ce qui veut dire que chaque fois que tu achètes un gramme de coke... Combien ça coûte, déjà ? »

Il ne savait pas qu'elle était au courant.

« Ça m'arrive presque jamais.

— Combien ça coûte ? Soixante-dix livres le gramme ? Chaque fois que tu en achètes un... ça représente plus de cent heures de boulot. Soit à peu près six semaines. »

Pendant que Gina dévidait d'un ton monotone un chapelet d'assertions pour lui faire un résumé de leur situation financière, comme si elle avait voulu tester ses capacités en calcul mental,

Richard avait fixé le dessus de la table et songé à leur première rencontre : elle était assise derrière une caisse et comptait de l'argent dans un environnement littéraire.

« Voyons voir ! avait-elle dit. À quand remontent tes derniers droits d'auteur ?

— Ça fait huit ans. Tu veux donc que j'arrête d'écrire, c'est ça ?

— Ça paraît tout indiqué, en effet. »

Une minute de silence s'en était suivie, peut-être en signe de deuil romanesque. Richard l'avait passée à explorer sa propre bêtise, dont la consistance l'impressionnait. Dans ses oreilles rugissaient des vagues. Restituer l'émotion dans la sérénité : c'est ainsi que Wordsworth avait décrit, ou défini, l'acte de création. Mais quand il écrivait, Richard avait plutôt l'impression, lui, d'inventer l'émotion dans la sérénité. L'émotion était pourtant ailleurs, elle était plutôt dans la chambre des garçons de l'autre côté du couloir. Marco lançait des supplications dans son sommeil. Ils l'entendaient — ils entendaient ses cauchemars suppliants.

« Tu pourrais faire plus de comptes rendus de lecture, avait-elle dit.

— Impossible. »

Sur la table reposait une biographie de Fanny Burney, un vrai pavé. Richard devait en tirer deux mille mots d'ici le vendredi suivant pour un mensuel littéraire qui avait la réputation de mal rémunérer ses collaborateurs.

« J'en fais déjà un par jour, en moyenne. Je peux pas en faire plus. Il n'y a pas assez de livres. C'est moi qui les fais tous.

— Et tous ces essais que tu acceptes sans cesse d'écrire ? Ce voyage en Sibérie, par exemple ?

— Je ne suis plus partant.

— Ce n'est pas à moi te le dire, parce qu'au moins c'est un boulot régulier, mais tu pourrais démissionner de *La petite revue*.

— Ça me prend seulement un jour par semaine.

— Peut-être, mais tu passes un temps fou à écrire tes chroniques. Pour pas un sou.

— Ça fait partie du boulot. Tout éditeur littéraire tient sa chronique. »

Il avait pensé à leurs noms, dans un coin, comme sur un tableau d'honneur : Eric Henley, R. C. Squires, B. F. Mayhew,

Roland Davenport. Ils tenaient tous une chronique. Richard Tull. On se souvient sans doute de la critique au vitriol qu'avait faite R. C. Squires des poètes du Mouvement. R. C. Squires était toujours en vie, aussi incroyable que cela puisse paraître. Richard n'arrêtait pas de le voir, dans Red Lion Street, en train d'observer la cohue à l'entrée de l'école de langues depuis la cabine téléphonique, mais il n'arrivait pas à déchiffrer ses intentions. Ou bien, il le voyait, affolé, en train de marcher sur les mains ou sur les genoux dans l'allée située derrière le pub Merry Old Soul.

« Pour pas un sou, avait repris Gina.

— Ça, c'est vrai.

— Personne ne lit *La petite revue*.

— Ça, c'est vrai. »

L'une des dernières chroniques de Richard avait porté sur les femmes des écrivains : une typologie des femmes d'écrivains. Le point de départ, c'était une biographie de Hemingway, dont Richard soutenait qu'il avait épousé une représentante de chaque catégorie. (Se refusant à tout prix, ou par ringardise, à chercher des titres intelligents, Richard avait cette fois cédé à l'inévitable « Pour qui tonne le gars ») ? Comment c'était, déjà ? Il y avait la Muse, la Rivale, l'Âme sœur, la Boniche, la Juge... Et il y en avait évidemment bien davantage. Des Égales comme Mary Shelley, des Victimes comme Emily Tennyson, des Saintes et Pucelles comme Jane Carlyle, et tout un tas de Nourrices replètes comme Fanny Stevenson... À quelle catégorie appartenait Demeter Barry ? Et Gina Tull ? Pourvoyeuse de transcendance, Prodigue de distractions, Ravisseuse de tourments pendant l'acte amoureux. En fait, cela n'avait aucune d'importance. Gina prenait ses distances par rapport à la troupe. Elle ne quittait pas Richard, pas encore. Mais elle cessait d'être la femme d'un écrivain.

« Tu peux pas démissionner de Tantale, ça paie pas mal pour ce que c'est, et en plus, c'est un boulot régulier. C'est toi qui le dis. Tu pourrais t'arrêter de fumer, de boire, de sniffer. Arrêter de te fringuer. C'est pas que tu dépenses, mais tu gagnes pas un rond.

— Je peux pas m'arrêter d'écrire.

— Pourquoi pas ?

— Parce que... »

Parce qu'alors, il ne lui resterait plus que le vécu, le vécu brut et immédiat. Parce qu'alors, il ne lui resterait plus que la vie.

« Parce que sinon, il ne me resterait plus que ça. »

Ça : la cuisine, la bassine en plastique bleu contenant les slips et les tricots de corps blancs des garçons, le sac à main noir suspendu à la chaise, tout raide, la gueule ouverte, les bols, les cuillers et les sets de table prêts pour le petit déjeuner, l'assortiment de huit petits paquets de céréales encore dans leur emballage : tout « ça » illustrait ce qu'il voulait dire.

« Le quotidien. La vie », avait-il ajouté.

C'était là un mot funeste à prononcer devant une femme, devant les femmes qui donnent la vie, qui la portent au monde en hurlant, et qui jamais n'accepteront son déclassement.

Les yeux de Gina, sa poitrine, sa gorge, révélant l'erreur qu'avait commise Richard, s'étaient gonflés.

« L'autre solution, avait-elle dit, c'est que je me mette à travailler à temps plein. Sauf le vendredi, bien sûr. »

Elle lui avait dit ce qu'elle gagnerait : une somme rondelette.

« Ce qui veut dire que tu lèverais les enfants tous les matins et que tu les coucherais tous les soirs. Le week-end, on partage. Tu fais les courses, le ménage, et la cuisine.

— La cuisine, je peux pas.

— Moi non plus... Mais comme ça, avait-elle dit, tu commenceras enfin à vivre et on verra pour le reste. »

Il y avait une troisième solution, s'était dit Richard : la baiser deux fois par nuit, et elle le lâcherait avec ses conneries. Et il serait fauché. C'est ça qu'il fallait faire. Il avait contemplé son visage, sa peau légèrement brillante avant l'heure du coucher, et sa gorge au teint hâlé, couleur mêlée de raisin sec et de rose. Elle l'obsédait. Et il l'avait épousée.

« J'ai une idée. Combien de temps tu comptes pour finir celui que tu as en cours ? »

Richard avait plissé le visage. Entre autres problèmes, ses romans ne finissaient jamais. Ils s'arrêtaient, tout simplement. *Sans titre* était déjà très long.

« Difficile à dire. À peu près un an. »

Elle avait renversé la tête. Elle y allait un peu fort. Mais elle avait pris une inspiration et lui avait dit :

« Très bien. Je te donne un an. Tu le finis, et on voit si ça te rapporte quelque chose. Je crois qu'on y arrivera... Financièrement, je veux dire. Je ferai de mon mieux. Je me débrouillerai. Je te donne un an. »

Il avait acquiescé. Il s'était dit que c'était un marché équitable. Il avait voulu la remercier, mais il avait la bouche sèche.

« Un an. Je n'en parlerai pas. »

« Un an, reprit alors Gina. Et je n'en ai pas parlé. N'est-ce pas ? J'ai tenu parole. Et toi ? »

Fâcheuse répétition, songea Richard : parler, parole. Mais c'était assez vrai. Elle avait tenu ses promesses, et lui les avait complètement oubliées. Ou essayé de les oublier. Ils y étaient arrivés, financièrement, quoique Richard eût vite compris, en faisant des calculs même sommaires, qu'ils auraient bien eu besoin de deux ou trois comptes rendus de plus par semaine. Marco était toujours dans son cagibi, et il protestait toujours de ses cauchemars.

« Tu en es où ? C'est fini ?

— Pratiquement », répondit-il.

Ce n'était pas tout à fait vrai. *Sans titre* n'était pas à proprement parler fini, mais c'était à coup sûr un roman incroyablement long.

« Encore une ou deux semaines.

— Et qu'est-ce que tu envisages d'en faire ?

— J'ai réfléchi, dit Richard. On n'a pas compté les petites sommes que j'empoche sur mes romans. Ça finit par s'ajouter, tu sais.

— Quoi donc ?

— Les P.P.P., par exemple. »

Il jeta un coup d'œil à Gina. Elle le contemplait avec un air d'incrédulité qu'il ne lui connaissait pas.

« Les prêts publics payés, poursuivit-il. L'argent qu'on touche des bibliothèques. Ça finit par s'ajouter.

— Ça va, je sais ce que c'est, les P.P.P. Et toute la paperasserie qui va avec. Combien ça t'a rapporté cette fois ? Tu sais, quand tu as passé tout le week-end à farfouiller derrière le canapé. Combien ? Trente-trois pence ?

— Quatre-vingt-neuf, corrigea Richard avec le plus grand sérieux.

— Avec ça, on ira loin ! »

Un silence se fit, pendant lequel Richard baissa progressivement les yeux. Il songea à un ancien chèque de droits d'auteur qui avait crevé le plafond des trois chiffres : £ 104, 07. Mais c'était à l'époque où il avait deux romans en circulation et où personne ne se risquait à affirmer que c'était de la merde.

« Je crois que je me suis trouvé un agent. Le même que Gwyn. Gal Aplanalp. »

Gina encaissa le coup.

« Il manquait plus qu'elle ! Tu as signé ?

— Pas encore. Mais c'est peut-être pour bientôt.

— Écoute, on va pas pouvoir continuer comme ça. Tu te moques de l'argent et c'est tout à ton honneur ; mais moi, non, et il va falloir que les choses changent.

— Je sais, je sais.

— ... Bon ! Il s'appelle comment, ton dernier ?

— *Sans titre.*

— Et avec ?

— Non, il s'appelle *Sans titre.*

— Quoi ? Tu n'es même pas capable de lui trouver un titre ?

— Non. *Sans titre* : c'est comme ça qu'il s'appelle.

— Comment c'est possible, *Sans titre* ?

— C'est comme ça. Comme je te le dis.

— C'est complètement crétin, comme titre. Tu vois, tu pourrais être beaucoup plus heureux sans ces fichus romans. Ça pourrait même t'aider pour le reste. Te soulager. Quant à Gwyn et tout ce qui s'ensuit, c'est une autre histoire. »

Gina poussa un soupir de dégoût. Elle n'avait jamais beaucoup aimé Gwyn, même à l'époque où il sortait avec Gilda et où ils étaient tous pauvres.

« Demi m'a dit que ça lui faisait peur, toutes ces rentrées d'argent. Et en plus, elle est déjà riche ! Je ne sais pas si tu continues à y croire, à tes romans. Parce que tu n'as jamais... Parce que ce que tu... Excuse-moi, Richard. Je te demande pardon. »

Parce que tu n'as jamais trouvé de lecteurs, parce que tu n'as jamais trouvé l'universel ni quoi que ce soit d'approchant. Parce que le résultat de toutes les heures que tu passes dans ton bureau n'a aucun intérêt général. Point final. Oui, point final, ton histoire s'arrête là.

« Il faut épouser celle qui vous obsède », Richard s'était-il entendu dire. Par un écrivain. Il y avait de cela des années. Épouser celle qui vous obsède, celle à laquelle vous ne cessez de revenir, celle dont vous n'avez jamais complètement fait le tour. C'est elle qu'il faut épouser. Richard interviewait un écrivain qui, par voie de conséquence, n'était ni en vue ni à la mode. Son anonymat, en fait, était sa seule marque de célébrité (appelons-le Mr X) : si tout se passait bien, il avait une chance de devenir un monument d'obscurité, un Powys de plus. Combien de Powys y avait-il au juste ? Deux ? Trois ? Neuf ? Celle qui vous obsède, répétait-il, c'est elle qu'il faut épouser. Rien à voir avec la beauté ou avec l'intelligence. Mr X habitait dans une petite maison mitoyenne à Portsmouth : deux pièces au rez-de-chaussée, deux pièces à l'étage. Ce qu'il écrivait était hiératique, hermétique, mais son seul sujet de conversation était le sexe. Et l'obsession du sexe. C'était l'heure du déjeuner, ils étaient attablés dans un pub en bordure des docks, devant un plateau de fruits de mer auquel ils n'avaient pas touché, et Mr X transpirait dans son imperméable. N'épousez pas la farfelue qui s'est spécialisée dans la chirurgie du cerveau. N'épousez pas la Vénus songeuse qui travaille dans l'humanitaire. Épousez la traînée du village. Épousez celle qui s'y colle en échange d'une bouffée de cigarette. Richard sentit ses épaules se crisper. À ce stade, il s'était préparé à toucher le fond de la dépression et de la répulsion vis-à-vis du sexe ; à se laisser complètement aller, à se laisser tout à coup envahir par une putréfaction d'amertume et de dégoût. Mais cela n'eut pas tout à fait lieu. Épouser celle qui vous a fait le plus bander : c'est elle qu'il faut épouser. Vous en perdrez la vue à force de vous ennuyer, mais ni plus ni moins qu'avec la spécialiste du cerveau ou la Vénus songeuse, au bout du compte. En raccompagnant l'écrivain chez lui en taxi, après le déjeuner, Richard avait espéré apercevoir son épouse. Il avait espéré que l'occasion lui serait offerte de se demander ce qu'elle faisait dans la vie, elle : ingénieur de l'aérospatiale ? spectatrice hystérique ? La femme qui le dévisagea dans le couloir humide et obscur, l'air suspicieux, sa petite tête à moitié enfouie dans l'ample col de sa robe d'hôtesse, n'avait rien d'une spectatrice hystérique. Elle ressemblait davantage à un ingénieur de l'aérospatiale, mais à un ingénieur qui aurait effectué ses meilleurs travaux il y avait belle lurette. Pire : dans le choix de vie qu'avait fait Mr X et qu'il lui imposait, Mrs X ne donnait pas l'impression de nager dans le bonheur non plus, se dit Richard en la voyant considérer le retour de son mari avec une lassitude infinie. D'ailleurs, il était oublié à présent, ou ré-oublié, muet, épuisé comme un livre. Il n'avait pas même réussi à se faire un nom dans l'Obscurité. Pour un certain nombre d'entre nous, pour la plupart, pour la totalité d'entre nous, la vie se passe à mettre plus ou moins en application les tuyaux et les ficelles que nous avons écoutés (ou entendus) — et retenus dans un coin de la tête. « Laver à l'eau froide la casserole dans laquelle on a fait des œufs brouillés. » « Maintenir le goulot de la bouillotte à angle droit en la remplissant. » « Quand l'eau bouillira, dans la théière verseras. » « Grippe à la diète, fièvre aux petits soins. » « Les banques font la majorité de leurs affaires après la fermeture. » Richard épousa celle qui l'obsédait. Dont acte.

Sauf sous un seul rapport important, la vie amoureuse de Richard et Gina, pendant l'année qui venait de s'écouler, n'avait en rien perdu de sa richesse ni de sa plénitude. C'était toujours le même sentiment d'impatience lorsque chemise de nuit et pyjama s'unissaient dans une dernière étreinte, lorsqu'ils se trémoussaient au lit pendant le week-end ou à d'autres moments dérobés, plus ou moins opportuns (mais comment faire avec deux jeunes enfants dans les parages ?). Gina était une jeune femme resplendissante, Richard était dans la fleur de l'âge. Après neuf années de vie commune, leurs transactions amoureuses recherchaient la variété et la nouveauté avec peut-être plus de détermination que par le passé. La seule véritable différence (qu'il faille admettre, je crois), c'est que Richard, à présent, souffrait d'impuissance. D'une impuissance chronique et aiguë. Mais à part cela, rien n'avait changé dans leurs rapports.

Il était impuissant une nuit sur deux, et au réveil le week-end, quand ses deux fistons lui laissaient jusqu'à un certain point la voie libre ! (Menus trottinements ; entêtement maladroit à taquiner la poignée de la porte ; ordre de dégager lancé à voix rauque et suivi de chuchotements perplexes, d'une retraite perplexe ; silence envahissant l'âme avant le heurt ou la collision fatale ; hurlement, gémissement). Parfois, quand les horaires des Tull concordaient, il souffrait d'une impuissance paresseuse l'après-midi avec sa femme. Non pourtant que leurs jeux érotiques se soient limités aux confins de la chambre. Au cours du dernier mois, il avait été impuissant dans les escaliers, sur le canapé du salon, sur la table de la cuisine. Un jour, après une réception dans la banlieue d'Oxford, il avait été impuissant sur le siège arrière de la Maestro. Deux nuits plus tard, ils s'étaient soûlés (ou plutôt, Gina s'était soûlée, car Richard l'était déjà), et en revenant du Pizza Express, ils s'étaient glissés dans le jardin de la copropriété avec leur clé ; Richard fut aussi impuissant dans ce décor sylvestre. Là, sous la blondeur crétine d'un saule, il souffrit aussi d'impuissance. Diane, au-dessus d'eux, détournait à moitié le visage en se sentant blessée ou trahie, tandis que plus haut encore, beaucoup plus haut, scintillaient les étoiles naines de la Voie lactée.

La situation empira à tel point que Richard parla d'arrêter de boire, et y songea ; il parla même (mais sans y songer) d'arrêter de fumer. Il savait pourtant que ses troubles étaient d'une platitude, d'une complexité, bref, d'une nature littéraires, et qu'ils n'avaient pour tout remède que le nombre de ses lecteurs ou sa vengeance personnelle. Il ne fit donc rien, à ceci près qu'il se mit à prendre du Valium et à sniffer de la cocaïne.

« Dur pour toi. C'est presque un ultimatum que je te lance », dit Gina dans le noir.

Richard ne dit rien.

« Tu es fatigué. Et tu as beaucoup de soucis. »

Richard ne dit rien.

La maison gris perle de Gwyn dans l'innocence du matin ; la maison de Demi à l'aube. Et nous, à veiller ; et quelqu'un d'autre aussi, encore plus extraordinaire à sa manière : Steve Cousins, l'enfant de l'Assistance.

Surveillance de Scozz, non pas enfermé dans la camionnette mais protégé par le pare-brise spécial de sa Cosworth (vitres teintées, flancs blancs, carrosserie basse, jupe d'automobile de course). Et pendant cette surveillance, il l'assimilait non pas à un phénomène architectural ni même immobilier, cette maison, mais à un assemblage de défauts dont certaines parties semblaient envoyer des signaux lumineux et sonores dans sa direction, des flashes et des bips dans sa vision robotisée. Du point de vue de la sécurité, la terrasse du premier étage était une vaste foutaise. Mais vu qu'il avait le choix, Scozzy passerait sans doute par la porte d'entrée. Il avait une combine. Non pourtant qu'il voulût en ramener autre chose que de l'information.

Plaçons-nous dans la perspective opposée. Les fenêtres de la chambre principale, dont les vitres vibrent légèrement. Qui peut y entrer ? L'intrus, l'indic, le flic ? Richard veut y entrer. Mais pas en vrai, pas en personne. Il veut faire à Gwyn ce que Gwyn lui a fait. Il veut assassiner son sommeil. Informer celui qui dort, le mettre au parfum : deuil pour deuil.

Mais je n'y entre pas. Je n'y entre pas, non, pas encore. Je n'y entre pas, tout simplement.

Personne ne doutait que Gwyn et Demeter Barry avaient atteint la perfection conjugale.

Il suffisait de les regarder pour comprendre que leur union était bénie des dieux.

Ils se tenaient tout le temps par la main (ils étaient « inséparables »). Il l'appelait tout le temps « mon amour ». Elle l'embrassait tout le temps sur la joue. Modèle d'affection, idéal de tendresse : un couple à vous faire rêver. Même Richard devait en convenir : c'était tout à fait écœurant. Les chroniqueurs mondains comme Rory Plantagenet relevaient la « nonchalance » langoureuse avec laquelle ils se libéraient l'un de l'autre, dans les réceptions et les cérémonies publiques, lorsque la dynamique du convivium les entraînait chacun de son côté. Gwyn avait la réputation de se mettre à rêvasser lorsque entre sa femme et lui s'interposaient plusieurs invités. « J'observais ma chère et tendre », disait-il si on le tirait de ses pensées. (Au cas où il était dans la pièce et à proximité, Richard s'absorbait lui aussi dans une sombre méditation : la massue dans l'allée du jardin, le ciseau à bois sur les escaliers de la cave...) Les journalistes et les chroniqueurs littéraires notaient que le regard de Gwyn « s'enflammait » lorsque Demeter écartait les deux battants de la porte du salon, à l'heure du thé, et qu'elle ne manquait pas d'apporter sur un plateau les chocolats Olivers, les préférés de Gwyn. (À la lecture de cette scène, Richard enflammait, lui, une cigarette. À travers la fumée qu'il exhalait en soupirant, il voyait l'imbécile armé d'un cric, le goulot irrégulier d'une bouteille de bière cassée.) Dans le quatrième épisode des *Sept vertus cardinales*, *La dévotion maritale*, on suivait les Barry en promenade, bras enlacés, doigts entrecroisés, parmi les écureuils, les petits dédales et les bassins bâchés de Holland Park ; puis on voyait la femme de l'écrivain se pencher par-dessus l'épaule de l'écrivain, hausser un sourcil, l'air intéressé, tandis que l'écrivain souriait et bredouillait quelques mots en lui montrant l'écran de son ordinateur ; ensuite, on les surprenait dans le restaurant français « où ils avaient leurs habitudes », au moment du dessert, en train de se donner mutuellement de grosses cuillerées dégoulinant de glace. Gwyn s'adressait à la caméra pour expliquer qu'il fallait constamment s'échanger des cadeaux, « des babioles, mais toujours un tantinet trop chères ». (Richard, pris d'une légère nausée devant son téléviseur, n'allait pas laisser passer cette occasion non plus : le poing à gages, les rangers à sa solde). Elle était riche ; lui aussi, à présent. Il était intelligent ; elle aussi, désormais. Le père de Demeter, appuyé sur une canne dans les terres labourées au carrosse de son magnifique domaine ; le père de Gwyn, pauvre Gallois grassouillet sur un marche-pied inondé. Rien ne résiste à l'amour. Union du sang bleu et de la matière grise dans les hautes sphères de la Bohème. Il suffit de regarder la revue de presse. « C'est toute ma vie » (Gwyn). « J'ai l'impression d'avoir une chance inouïe » (Demi). Gwyn : « C'est ce qui m'est arrivé de mieux. » Demi : « On me demande l'effet que ça fait de partager la vie d'un génie, et je réponds que c'est absolument sensationnel. »

Et Richard, plié en deux au-dessus d'une cuvette, de chercher des noms d'assassins dans les Pages Jaunes de l'annuaire...

Il téléphona aux bureaux du *New York Times* à Londres. Oui, ils conservaient bien un exemplaire de l'édition du dimanche, et Richard pouvait à sa guise venir le consulter ou l'admirer ; mais il ne pouvait pas l'emporter. On lui conseilla plutôt de s'adresser à la maison de la presse internationale situé dans le nord d'Islington. Muni de son imper, de sa gueule de bois et de son livre (une biographie de William Davenant, fils naturel de Shakespeare, dont il lui fallait tirer six cents mots pour le début de la semaine suivante), il embarqua à la station Ladbroke Grove, changea à Paddington et Oxford Circus, puis continua jusqu'à Islington dans les hachures de lumière ; il en arpenta les rues pendant cinquante-cinq minutes en se tordant les mains, jusqu'à ce qu'il tombe sur un pauvre vieillard emmuré dans les nouvelles fraîches, tel un fermier dans une chaumière tapissées de collections entières de la *Frankfurter Zeitung*, d'*El Pais*, d'*India Today* et de tout un tas de revues barbouillées d'exclamations en farsi ou en sanscrit. Le vieillard lui dit qu'ils ne recevaient plus le *New York Times* du dimanche, seulement les éditions de la semaine. Problème de place. Richard rentra chez lui. Trois ou quatre jours plus tard, après s'être calmé, il téléphona aux bureaux du *New York Times* à Londres : on lui dit d'appeler la maison de distribution à Cheapside. Ce qu'il fit. On lui répondit que les exemplaires du *New York Times* du dimanche qui transitaient chez eux étaient destinés aux abonnés, même s'il arrivait parfois, c'est vrai, qu'il y en ait un de trop... Richard déploya tout son charme pour circonvenir la jeune femme à l'autre bout du fil. L'ennui, c'est qu'il n'avait pas de charme, ou plutôt qu'il n'en avait plus, et elle lui dit qu'il lui fallait se déplacer un lundi matin, à tout hasard, comme n'importe quel pékin.

C'est ainsi que débuta son pèlerinage hebdomadaire à l'entrepôt de Cheapside. On le promenait d'un préfabriqué à un camion en déchargement, du camion en déchargement à une réserve, puis on le ramenait au préfabriqué avant de le renvoyer... à *La petite revue*, en fait, où il se mettait dès l'aube à annoter les comptes rendus de lecture en buvant une soupe à la tomate dans un gobelet en carton. Triste réalité, mais aussi très mauvais présage que ce gobelet de soupe à la tomate... Ce fut lors de sa cinquième excursion à l'entrepôt que Richard révéla au sous-directeur (s'attirant en retour un ricanement interloqué) qu'il ne voulait pas nécessairement le *New York Times* du dimanche précédent. Le *New York Times* de n'importe quel dimanche ferait l'affaire. Bourrelé de remords, Richard suivit le sous-directeur dans une autre réserve, une réserve qu'il n'avait jamais vue, où d'innombrables *New York Times* du dimanche s'entassaient pêle-mêle, au milieu d'une profusion de *Boston Globe* du dimanche, de *San Francisco Chronicle* du dimanche, et ainsi de suite. Richard vacilla un instant. À la fièvre et au vertige qu'il ressentait se mêlait désormais un élément d'incompréhension quotidienne devant la tristesse, la grisaille, l'humidité et la fadeur de tous ces imprimés au rebut. Mais aussi devant les débordements et les vociférations des hommes. Bon dieu, on pourrait pas la boucler un peu, tous autant qu'on est ! Mais il céda et prit ce qu'il y avait de plus gros. Il rentra chez lui, ce jour-là, en portant sous le bras l'énorme volume du *Los Angeles Times* du dimanche. Ce n'était pas qu'il était plus épais que le *New York Times* du dimanche : il était *beaucoup* plus épais.

Il lui fallut en tout deux semaines pour le papier kraft et la pelote de ficelle, deux semaines pour les acheter et confectionner le paquet. Puis Richard se sentit prêt à faire le premier pas. Ce jour-là, il passa en revue les cadavres de ses anciennes machines à écrire jusqu'à ce qu'il en trouve une qui soit capable de taper : « Cher Gwyn, il y a là de quoi vous intéresser. La rançon de la gloire ! Sentiments dévoués, John. »

Sur son bureau reposait une autre lettre : tachée, froissée, affranchie au tarif lent. Le courrier affranchi au tarif lent n'a pas grande importance. Ce n'est quand même pas ça qui va bouleverser le cours de la vie. Cette lettre disait :

> Cher Richard,
>
> Alors ? Pas de nouvelles. Comme vous disiez, Les rêves ne veulent rien dire. Gwyn Barry aime Belladonna, Darko aime Belladonna, mais Belladonna, elle aime qui ? Elle est mortèle.
>
> Et ce « godet », quand est-ce qu'on le prend.
>
> Amitiés,
>
> DARKO.

Comment s'y prendre pour obtenir des renseignements sur un couple marié ? Comment aller aux renseignements ? Car tous les mariages sont impénétrables. Je peux tout vous dire du couple des Tull (je peux même vous dire l'odeur de leurs draps : une odeur de mariage) ; mais je ne sais rien, pour l'instant, du couple des Barry. En regardant de près le quatrième épisode des *Sept vertus cardinales*, *La dévotion maritale*, on se rendrait peut-être compte que Demeter était en général moins contente que Gwyn — ou moins contente d'avoir l'air content à la télé. Mais comment s'en assurer ? Richard, assis à son bureau, caressant la lettre de Darko, caressant Demi en pensée, avait sa petite idée derrière la tête. Steve Cousins, dans sa Cosworth, avait lui aussi sa petite idée. Mais il était beaucoup plus pragmatique. Scozz allait y arriver, il allait obtenir quelques renseignements. Et il allait les obtenir aujourd'hui, sans plus tarder. Mais d'abord, il devait aller chercher 13.

Quand il apparut enfin derrière les colonnes et qu'il se mit à descendre solennellement les escaliers du Palais de justice de Marylebone, 13 avait le regard fier, humide et lointain de qui se sent victime d'attaques sévères et peut-être insoutenables. C'est toujours l'air qu'il avait à la sortie d'un tribunal, sauf dans le cas où, pour une raison ou une autre, il s'en était tiré. Steve engagea la Cosworth sur Edgware Road. Alternance de passages au point mort et de pointes de vitesse. Il regarda le visage de 13 de profil : trop juvénile, trop arrondi, pour la lueur de stupéfaction et d'amertume mêlées qu'il avait dans les yeux.

« Qu'est-ce que tu t'es pris ?

— Six mois avec sursis.

— Quoi d'autre ? »

13 soupira et attacha sa ceinture de sécurité avec un brin de retard.

« Des prunes à la pelle. »

Steve opina. 13 inspira : il se préparait à donner de la voix, à déclamer avec grandiloquence. C'était clair : il voulait parler non seulement en son nom propre, mais au nom de tous les hommes et de toutes les femmes qui avaient vécu dans tous les lieux et à toutes les époques, et rappeler au cœur humain ce que jadis il avait su et qu'il avait depuis longtemps oublié.

« Les flics, commença-t-il, c'est une vraie mafia. La police, continua-t-il, c'est une vraie mafia. Une mafia payée par l'État. Ça date de quand ? De leur augmentation de salaire. De 1980 à peu près. Ça va barder, qu'ils disaient. Avec tout ce chômage. D'où les émeutes et tout le bataclan. Vous calmez le jeu, et on augmente votre paye. Et vous le trouverez où, le fric ? Vous faites pas de souci, on va faire raquer les emmerdeurs.

— Qui t'a raconté tout ça ?

— Personne. Ça saute aux yeux. »

Malgré son air amusé, ou du moins complaisant, Steve était en réalité mécontent. Il s'efforçait de durcir son ton de voix et de contracter son visage comme un reptile, mais il n'y arrivait pas vraiment. À cause de quoi ? À cause qu'il perdait le contrôle,

Scozz ? Ou bien était-ce que les formes anciennes, les rythmes anciens s'épuisaient ? La raison de son mécontentement était la suivante : 13 l'avait fait attendre. Dix minutes. Ils s'étaient disputés.

« Qu'est-ce que tu foutais ?

— Je cherchais un distributeur de coca. J'avais envie d'un coca.

— Putain ! Tu passes la moitié de ta vie ici. Tu sais bien qu'il y a pas de distributeur. »

13 s'était contenté de hausser les épaules et de répéter :

« J'avais envie d'un coca. »

C'est ça ! Laisse ton mentor, ton boss, en stationnement interdit dans un quartier qui grouille d'uniformes, à l'ombre d'un bâtiment municipal qui n'est en réalité qu'un portail imposant. À l'entrée, il y avait même une inscription en latin qui disait : À partir de là, tous les chemins sont permis.

« Tu sais à combien ça revient par semaine, un type en taule ?

— Vas-y, je t'écoute. »

13 le lui dit. Bon sang : le prix d'une piaule au Claridge ! Et tout ça pour des gamelles à récurer, des chiottes à vider, de la testostérone en stock. Ça en créait, des emplois, pour tous ces glands de matons en uniforme puant. La sécurité, ça revenait cher, et ça augmentait à un rythme d'enfer : taux d'inflation maximal, comme l'armement ou l'équipement médical. On aurait pourtant dit qu'une force adverse finirait par faire baisser le prix de revient, avec la demande qu'il y avait !

13 se tourna vers lui et dit :

« Tu sais ce qu'ils devraient faire de tout ce blé ?

— Vas-y, je t'écoute.

— Investir dans l'immobilier. Oui, investir dans l'immobilier. Ils balancent le fric pour t'enfermer avec des gars de ton espèce, mais la solution, c'est pas ça. C'est dans l'immobilier qu'il faut investir. Ils t'achètent une baraque, et comme ça tu te fais oublier. »

Jusqu'à ce moment-là, l'analyse sociale de 13 avait trouvé en Steve Cousins une oreille plutôt bienveillante. Il y avait des récidivistes de quatre-vingt-dix balais qui tenaient le même raisonnement : la criminalité comme action de guérilla dans la lutte des classes. Mais 13 allait plus loin.

« C'est pas très dissuasif, 13, hein ? fit Scozzy. Ça mène où, ton idée ? Ne vous mêlez pas de cambrioler une maison, sinon on vous en achète une ! »

13 se renfrogna l'espace de quelques feux tricolores. Puis il reprit :

« Ce qu'ils arrivent pas à piger, c'est que les riches, ils aiment se faire voler.

— Ah bon ! Et pourquoi ?

— À cause de l'assurance. Ils sont tous dans le même panier. Ils voient pas où est le problème. Ils récupèrent toute la came, et même un peu plus, et l'assurance fait casquer les pauvres. Fastoche. »

À l'angle de Speakers' Corner et à l'entrée de Park Lane, Steve s'offrit le plaisir rare et éphémère de passer la troisième. Il jeta un regard en coin. Rétrograda. À l'époque où il jouait régulièrement au squash, et où il essaya un moment le tennis, Steve s'était longuement interrogé pour savoir d'où venait la puissance du coup : du poignet ou du bras ? Si on prend une serviette de table et qu'on l'envoie au visage de quelqu'un de toute ses forces, ça fera le même effet qu'une houppette. Mais un bon mouvement du poignet peut provoquer un saignement de nez ou un œil au beurre noir. En démarrant au feu devant le Dorchester, Scozzy passa en seconde et, d'un petit mouvement du poignet, frappa son passager en pleine pommette. La tête de 13 alla valdinguer contre la vitre puis revint en place.

« Ça va pas, non ? Qu'est-ce qui te prend ?

— Ne me fais jamais attendre. Jamais, mec. Compris ? »

13 clignait des yeux en se tâtant la joue. Manquait plus que ça. De toute façon, il allait se faire démolir par Crash et RoosterBooster le soir même. Pour fêter sa comparution au tribunal. 13 dit :

« Ça fait sacrément mal. »

Bien sûr, pas moyen de trouver un parcmètre. Donc 13 pouvait faire le tour de Berkeley Square en voiture, à fond de train s'il s'en sentait capable, pendant tout le temps que durerait la visite de Steve chez Mrs V.

« T'as vu ? Tout dans le poignet, conclut Steve. Tout dans le poignet. »

Le bureau d'Anita Verulam était situé au sous-sol : c'était un autel de deux pièces qu'elle s'était élevé avec les témoignages de reconnaissance et les cadeaux de félicitations des classes moyennes — et du Moyen-Orient. Bouquets sous cellophane, boîtes de chocolats et bouteilles de champagne dans leur emballage d'origine, paniers d'osier et coffrets divers et variés : toutes ces offrandes provenaient des opulents foyers où Mrs Verulam plaçait des domestiques, des cuisinières, des femmes de ménage, des bonnes d'enfants, des infirmières, des chauffeurs, des jardiniers, des équarrisseurs, des puisatiers, des ordonnances, des serfs, des valets de chambre, et tout autre employé relevant de la rubrique « gens de métier ». Dans les saunas, les restaurants et les salons de thé des grands magasins londoniens, de riches femmes désœuvrées murmuraient le nom de Mrs Verulam avec des accents sacrés dans la voix : elles excellaient toutes, à présent, à déléguer leurs responsabilités dans leur empire domestique retentissant de monosyllabes vassaux. Eussent-elles été un peu plus folles, et beaucoup plus fortunées, elles auraient pu consacrer leur grenier ou quelque chambre d'ami inoccupée au culte de Mrs Verulam. Celle-ci s'occupait exclusivement de placer des étrangers. La main-d'œuvre étrangère avait des mains en or ; les femmes de ménage étrangères s'y entendaient pour faire le ménage ; elles savaient s'y prendre. Tandis que le gène du ménage avait déserté depuis longtemps l'ADN indigène. C'était malheureux, si on regardait les choses de loin et en grand. Le ménage, en termes planétaires, et contrairement à d'autres secteurs d'activité, était plein d'avenir. Ça allait faire un tabac. Lady Demeter Barry n'avait jamais vu Mrs Verulam, mais elle lui épanchait son cœur trois fois par semaine au téléphone.

Steve demanda :

« Est-ce que vous avez jeté un coup d'œil dans le dossier pour nous ? »

« Nous » était venu tout seul ; c'était en un sens moins coupable.

Elle avait une cigarette à la bouche, qui oscillait de bas en haut lorsqu'elle parlait :

« Quand est-ce qu'ils se sont mariés, au juste ? »

Il lui précisa le mois et l'année.

« J'ai l'impression que la situation s'est progressivement dégradée. Toute une série de départs. »

Mrs Verulam était une veuve de cinquante ans et elle était vêtue d'un tailleur rose. Du temps de Mr Verulam, elle s'était introduite avec habileté dans un certain type de salon : à Paris, à Barcelone, à Francfort et à Milan.

« Ce n'est pas la faute de Lady Demeter. Rien à redire de ce côté-là. »

Il y avait de l'emphysème dans sa voix chaleureuse, mais de la froideur dans son regard, sous ses paupières tombantes. Souvent, quand Steve allait la voir chez elle, Mrs Verulam parlait en tenant le combiné du téléphone à bout de bras, et il entendait gémir ou s'égosiller dans l'écouteur un larynx féminin en déroute, une existence en détresse, comme prise à la gorge par ses propres ongles peints.

« C'est lui qu'elles n'aiment pas. Et il n'y a pas d'enfants, ajouta-t-elle, impitoyable.

— Est-ce que vous croyez qu'il... euh... ?

— Mes petites Espagnoles et mes petites Portugaises sont parfois très très croyantes. Elles n'hésiteraient pas à rendre leur tablier si elles les soupçonnaient d'utiliser la méthode Ogino. Bien sûr, Demeter est catholique, comme vous le savez. En plus, mes petites employées sont d'une discrétion étonnante. Même à moi, elles ne lâchent rien. Ce qu'il nous faut, dit-elle en se replongeant dans son dossier, c'est une Philippine. Ou encore mieux, une Colombienne. »

Steve acquiesça de la tête. Il comprenait. Les Philippins, les Colombiens, on pouvait les menacer d'extradition. Du genre : ça fait un bout de temps qu'on est là, hein, mon petit Charito ?

« Hum, j'en ai des tas. Tenez ! Ancilla. Très bien. Je vais en parler à Ancilla et je vous tiens au courant.

— Merci d'avance, Mrs V. À propos, comment va notre ami Nigel ?

— Ah oui ! Merci du service, Steve.

— Je me suis expliqué avec lui.

— Il ne fait pas un pli, maintenant. Pas un bruit après dix heures du soir.

— Ouais, je vous crois. Je me suis expliqué calmement avec lui. »

Ils se regardèrent. Mrs Verulam, en femme moderne, était coutumière des échanges de bons procédés. S'il lui était arrivé de trouver cette méthode étrange et de lui reprocher son manque de professionnalisme, ce n'était plus le cas désormais. Elle non plus n'avait pas d'enfants. Il y avait des atomes crochus entre l'enfant de l'Assistance et Anita Verulam. La famille, c'est une chose ; eux, c'était l'inverse.

Au moment de prendre congé, Steve se demanda si Mrs V. avait la moindre idée du tapage qu'ils avaient fait, lorsqu'il était allé s'expliquer calmement avec Nigel. Nigel était un riche hippy qui habitait au-dessus de la meilleure amie de Mrs Verulam, veuve elle aussi, répondant au nom d'Aramintha. Nigel avait eu pour habitude d'écouter de la musique classique, surtout du Mahler, à plein tube jusqu'aux petites heures du matin. Aramintha avait tout essayé. Elle lui avait gentiment demandé d'arrêter ; elle le lui avait demandé moins gentiment ; elle lui avait envoyé le propriétaire ; elle lui avait envoyé la police ; elle le lui avait redemandé gentiment. Sans aucun résultat. Jusqu'à ce que Steve défonce sa porte à trois heures du matin et qu'il pénètre chez Nigel avec Clasford et T : ils le tirent du lit, le salaud, le traînent sur le sol par les cheveux, le salaud, et lui mettent la tête sur... Comment ça s'était passé, déjà ? Ah oui ! Ils lui coincent la tête entre l'ampli et la platine, et les démolissent à coups de batte de baseball. Steve lui enfonce son coude dans la bouche, à ce salaud, et lui hurle à tue-tête : pas de bruit après dix heures. Depuis, il filait doux. Et il était très poli lorsqu'on le croisait dans les escaliers. Ce n'était pas la première fois que Steve rendait service à Mrs V. Celle-ci avait quelques sous de côté et elle appréciait les jeunes fauteurs de trouble.

Il grimpa dans la Cosworth, s'assit à côte de 13 et lui dit : « Direction le Warlock. »

À quatre heures et quart, Lizzette arriva avec Marius ; en travers de son blazer grenat, celui-ci portait une écharpe verte commémorant une réussite exceptionnelle en dessin ou au football. Richard fut débarrassé de Marco et de toute autre responsabilité. Il monta à l'étage. À l'étage se trouvait la chambre exiguë qu'il partageait avec Gina, ainsi qu'une petite cabine équipée d'une douche et d'un cabinet. Il se déshabilla et se rhabilla à la hâte, malgré tout le temps qu'il lui restait, et comme s'il avait soudain eu froid, malgré la douce chaleur qu'il faisait dans la pièce. Richard avait passé un après-midi bien plus atroce que la moyenne des après-midi. Vers trois heures, il s'était aperçu qu'il avait inversé les échéances de divers comptes rendus de lecture. Il avait dû se libérer l'esprit de *L'obscure cabane de l'âme : la vie d'Edmund Waller* et de *L'amant malheureux : William Davenant, fils naturel de Shakespeare*, pour vite se refamiliariser avec *Robert Southey, poète et gentilhomme*, dont il devait tirer un article de sept cents mots dans les soixante-dix minutes qu'il lui restait. Ce qu'il avait fait, tout en fumant quinze cigarettes, la tête plus ou moins penchée par la fenêtre, et tout en discutaillant aussi avec Marco, qui se montrait ce jour-là particulièrement collant, loquace, malade. La dernière phrase lui avait pris un quart d'heure et l'avait fait se mordiller le bout des doigts jusqu'au sang... Richard dut passer la chambre au peigne fin avant de pouvoir trouver un short blanc ; puis il dut renverser le sac de linge sale sur le carrelage de la salle de bains avant de trouver une paire de chaussettes blanches, qui émirent comme un craquement, ou un crissement, à son contact. Il ne fut pourtant pas frappé, même s'il pensait à Gina (et c'était normal, il était dans leur chambre) — il ne fut pourtant guère frappé de voir que tout s'assombrissait, que tout se ternissait, et jusqu'à l'univers de sa lessive auquel Gina présidait avec de moins en moins de solennité, comme une déesse que l'on n'aurait plus assez priée et qui ne se sentirait plus liée par la force de l'alliance, qui ne se sentirait plus liée par la foi des croyants. Si Gina le trompait, ce devait être le vendredi. Le vendredi, c'était le jour sacré de Gina. Personne n'était admis dans l'appartement sans l'avoir prévenue, jusqu'à l'heure du thé où les enfants rentraient de l'école. Tel était le contrat des Tull. (Il datait d'un an.) Richard allait aux Presses de Tantale, à *La petite revue* ou à l'Adam et Ève. Mais au début, il n'était allé nulle part ; il avait rôdé à l'extérieur de l'immeuble, aux aguets. À intervalles réguliers, Gina jetait un coup d'œil par la fenêtre et voyait de la fumée de cigarette s'élever de la Prelude crème, puisque telle était la voiture qu'ils possédaient avant qu'elle ne rende l'âme et qu'ils n'achètent la Maestro rouge tomate.

Richard descendit en short. Il avait froid et le temps semblait à la pluie. « Vas-y, papa, lui dit Marius. Fonce ! »

Il sortit et attendit le coursier qui devait passer prendre son texte. Et qui ne tarda pas. Il arriva à toute vitesse, dans la pétarade présomptueuse d'une brute épaisse, silhouette noire penchée avec la fausse urgence des coursiers, comme si ce qu'il faisait avait nettement plus d'importance que ce que vous faisiez, vous. Était-ce son casque qui ne cessait de grésiller et de couiner, comme ces gros écouteurs que l'on fabriquait jadis ? Le coursier et le critique se saluèrent en hurlant, puis s'affairèrent autour du bloc-notes et du stylo : horrible spectacle que celui de ces deux énergumènes, le coursier en tenue de plongée urbaine, le critique les jambes à l'air sous les pans gelés de son imperméable. Des critiques littéraires, il allait en rester un certain temps ; mais les coursiers allaient bientôt disparaître, ou bien se tourner comme un seul homme vers la livraison de pizzas ou de pommes de terre en robe des champs, victimes du fax.

Au club de sports Le Warlock, il gara sa Maestro poussiéreuse à côté de la nouvelle berline suédoise de Gwyn : elle gargouillait et gazouillait encore, remarqua Richard, pendant que l'ordinateur de bord effectuait les dernières vérifications de sécurité. Puis, redevenant bête tout à coup, la voiture sembla retrouver sa position morne et muette, sa position de veille. Sans verrouiller la Maestro (elle ne contenait que des peaux de bananes et des carbones flétris de romans défunts), Richard traversa le parking à grandes enjambées en se faufilant parmi l'exemplaire diversité du parc automobile, ici à l'arrêt : tout y était de ce que l'on pouvait rencontrer sur une route moderne, circulation alternée et cylindres de turbo compris : corbillards, tacots, décapotables, tombereaux, calèches de duchesses, voiturettes pour handicapés du volant. Il ne manqua pas d'apercevoir Gwyn, qui longeait sans se presser le terrain de bowling, son sac de sport se balançant à son rythme, là où des silhouettes sanctifiées, chenues, tout de blanc vêtues, effectuaient d'archaïques mouvements de flexion et d'élongation sur les rares touffes de pelouse jaunie. L'affection protectrice qu'un brave type est censé ressentir en observant un autre brave type à son insu — cette affection, se dit Richard, n'était pas tant absente, dans le cas présent, qu'inversée ou retournée : son visage n'était que lueurs de malice et ricanements de mépris ; un instant, il se sentit divin, et à jamais animé d'une hostilité épuisante. C'est alors qu'une nuée d'oiseaux des villes s'envola en désordre, s'éleva au-dessus du pavillon noir de style faussement Tudor, dessinant les points saillants d'un visage ou d'une main fermée qui n'auraient plus qu'à être reliés d'un trait... L'espace qui séparait les deux hommes s'amenuisa. Richard se mit à courir à petites foulées lancinantes ; il ne se trouvait plus séparé de Gwyn que par la longueur d'une raquette lorsque, en poussant une porte de côté, ils passèrent de l'air tiède du dehors à l'atmosphère irrespirable du pavillon.

Tous les hommes s'y exposent. Mais, minute... Il faut d'abord dépasser le guichet des réservations et l'indifférence sexuelle de la jolie employée, puis les panneaux d'affichage et leurs divisions, leurs échelons (ainsi que leurs punaises multicolores et les palpitations d'une guêpe à l'agonie), et enfin la légèreté agressive du directeur du Warlock, John Punt. « Gwyn », dit Richard au moment où ils pénétrèrent dans le pavillon proprement dit, et dans le plus grand des deux bars. Et alors ? Eh bien ! C'était le pub de la vie. Quatre-vingts ou quatre-vingt-dix types, en groupes et en grappes. Puis vint le moment attendu : un plongeon dans la rumeur, une gorgée, une bouchée, et une série de profils qui se retournent, qui se mettent de face, comme sur les photos d'un casier judiciaire. Tous les hommes s'exposent et s'exposeront aux autres hommes, en bandes et en équipes. Muni d'un acte, chacun affronte un public qui peut s'enthousiasmer, siffler, se tenir coi, bâiller de dépit ou tout simplement sortir, statuant ainsi sur le spectacle d'une vie. Dans le souvenir de Richard, Gwyn et lui souffraient de la même cote d'impopularité au Warlock : on ne leur adressait jamais la parole directement, on riait d'eux sous cape. Lorsque Gwyn se dirigea vers le tableau d'affichage (lui et ses cheveux gris argent, son corps aussi élancé que son sac de sport était long), il y eut des cris et des exclamations rauques sur son passage : « Toujours en train d'écrire ? » ; « Z'avez atteint le million d'exemplaires ? » Le monde de l'acceptation. C'était comme si Gwyn était soudain devenu visible, comme si on jugeait qu'il n'avait pas perdu son temps. La télé l'avait démocratisé, elle avait permis son transfert vers le grand public ; le spectacle de sa vie, pensait-on, méritait des applaudissements judicieux. Richard, en revanche, demeurait complètement étranger, en tant que personnage. Et d'abord parce que personne ne supportait cette manie qu'il avait, sur le court, de crier *merde* en français.

« Je vais pas faire des miracles aujourd'hui, dit Gwyn (ils avaient dix minutes à tuer). Avec toute cette histoire du Trophée.

— Cette histoire de quoi ?

— Du Trophée. Tu n'es pas au courant ? C'est un prix littéraire attribué tous les ans. Le siège est à Boston. Le Trophée de l'excellence, ça s'appelle.

— Arrête, fit Richard prudemment. Encore une héritière du papier cul qui cherche à arnaquer le fisc.

— Rien à voir. On en parle déjà comme du mini-Nobel. Une somme d'argent grotesque. Et on la touche tous les ans. À vie.

— Et alors ?

— Il paraît que je fais partie des nominés. »

John Punt, le visage brûlé et buriné par la lampe à bronzer, qualifiait souvent le Warlock de « dinosaure ». Entendez par là une absence totale de jacuzzis, de parasols, de quiches et de jus de broccoli. Mais à la place, service continu de nourriture déconseillée, autorisation de (et même encouragement à) fumer, concours de boisson ininterrompus, droit d'entrée strictement non exclusif. N'importe qui pouvait devenir membre, pour un prix très modique et sans liste d'attente. À l'intérieur du bar se trouvait un autre petit bar : c'était un anti-monde où beaucoup d'hommes et peu de femmes étaient assis en arc de cercle, plongés dans la contemplation de jeux de cartes, de mots croisés express, de dessins d'architecte, de dossiers de justice ou d'itinéraires de fuite, un anti-monde où deuils et faillites rencontraient l'approbation ou la désapprobation souffreteuse de quelque grande tête ruinée, et où, à ce moment précis, derrière une barrière de fumée méphitique, Steve Cousins était assis de dos, en train de parler affaires avec trois criminels au visage tanné et vérolé : ils utilisaient le jargon supérieur des bandits (pas de détails, tout juste l'essentiel) et disaient qu'il faut bien se démerder, c'est la vie, un point c'est tout. Gwyn et Richard se tenaient entre les deux arènes, dans un couloir treillagé qui servait aussi de galerie de jeux : vidéo de golf, loto et poker électroniques, sans compter l'inévitable machine de la Connaissance. À la place d'un jukebox, il y avait un piano droit en bois noir, sur lequel, après le déjeuner, des malfaiteurs somnolents venaient de temps à autre jouer une ballade frémissante d'émotion. Le pavillon avait une drôle d'acoustique : les voix semblaient déformées ou ne portaient que dans une seule direction, car beaucoup de bouches caressaient des téléphones portables ; et beaucoup d'oreilles étaient bouchées par un casque de walkman ou un appareil auditif, chacune soignant son propre acouphène.

« Le Trophée de l'excellence, dit Richard, l'air songeur. Eh bien, une chose est sûre...

— Laquelle ?

— C'est pas toi qui vas l'avoir. »

Gwyn, qui se trompait, fit jouer les muscles de son front et dit :

« Ils ne peuvent pas être un million à avoir tort. »

Richard, qui se trompait lui aussi, répliqua :

« Ils ne peuvent pas être un million à avoir raison. Allons jouer ! »

Quiconque partageait l'opinion communément admise que le déclin du tennis britannique était dû à sa collusion avec la bourgeoisie et les mondanités se serait senti à la fois fortifié et contredit en entendant, au club du Warlock, les lambeaux de hargne et de rage, les jurons perçants et les phonèmes barbares qui donnaient aux courts grillagés des allures de cages ; à l'intérieur, tout se passait comme si des esclaves ou des animaux doués de parole étaient en révolte permanente contre leurs conditions de détention, le nombre de coups de fouet, la piètre nourriture. D'un autre côté, quiconque observait Gwyn et Richard se préparer à jouer s'accordait tout de suite à dire que la supériorité évidente de Richard venait de ce qu'il appartenait à la classe moyenne. Gwyn flottait dans un survêtement neuf dont la conception et la commercialisation paraissaient dater du matin ; il était beaucoup trop grand, bordé de bandes continues, et faisait l'effet d'une combinaison d'astronaute ou d'une bulle d'air ; il rappelait à Richard la salopette des jumeaux ou la chaudière matelassée qui se trouvait sous l'escalier. Quant à Richard, il portait une tenue plus subtile mais aussi, pour une fois, plus hideuse à sa manière : un short kaki tout froissé et, surtout, une chemisette blanc cassé, qui était vieille, qui n'était pas moderne, qui brillait de sa teinte de lait caillé d'avant-guerre (toute bête, toute penaude, à présent, face au confort étincelant du tee-shirt) : c'était la teinte des coutures de caleçons, du vieux sparadrap, des vieux hôpitaux de campagne, du vieux linge trié. Même ses chaussures étaient d'un autre âge : elles étaient en toile beige et semblaient destinées à envelopper les marches forcées d'un explorateur sans prévoyance ou d'un impérialiste sans humour. On l'imaginait avec une raquette et des presse-raquettes en bois, avec un sac en plastique plein de balles pelées qu'il aurait récupérées dans la tondeuse à gazon de l'aide-jardinier.

Par la fenêtre d'une salle de jeux du Warlock (qui n'était plus utilisée à ce moment-là : passé six heures, elle se transformait en grotte pour les fléchettes), Steve Cousins observait les deux romanciers entamer leur partie et se demandait ce qu'ils vaudraient dans son propre sport. En d'autres termes, il se demandait quel type de combattants ils feraient, ou même, plus simplement, quel type de victimes si on les agressait. Ceci l'entraîna dans des considérations pseudo-sexuelles, car oui, le truisme dit vrai, la bagarre c'est bien comme la baise (la proximité des partenaires y veille, ainsi que différentes analyses de texture et des évaluations de poids que l'on ne ferait pas sans cela) ; et tant qu'on y est, oui, le truisme dit vrai, un délinquant c'est bien comme un artiste (mais pour d'autres raisons que celles invoquées d'ordinaire, qui reposent seulement sur l'immaturité et la condition du travailleur indépendant) : le délinquant ressemble à l'artiste dans sa prétention, son incompétence et sa faculté de s'apitoyer sur son propre sort. Bref, Scozzy passa un moment à observer Gwyn et Richard comme un animal, un animal doué de parole. Les bêtes sauvages étaient des êtres humains qui étaient des animaux tout en restant humains. Leur esprit contenait donc toute une métérologie du bon/mauvais, du chaud/froid, du frais/périmé ; pour ce qui concerne les êtres humains, il est gentil/il est cruel ; il est connu/il est nouveau ; il est contrôlable/il est incontrôlable. Il est fort/il est faible. En regardant Richard et Gwyn, Steve ne pouvait franchement pas dire que l'un ou l'autre lui donnerait du fil à retordre.

Le match commença. Il observa. Et d'un œil qui ne manquait pas d'entraînement. Comme de nombreuses têtes connues, il avait passé une bonne partie de sa vie dans des clubs de sport et des centres de loisirs. Ces gens-là avaient beaucoup de loisirs, beaucoup de temps à tuer, un temps qui se tenait aux antipodes, dans leur univers, du temps que l'on « fait » dans une institution, lorsqu'on est condamné. Steve remarquait les détestables vestiges de la technique antédiluvienne de Richard, son austérité typique des classes moyennes : coup droit par en dessous, revers largement coupé. On voyait même que ses chaussettes avaient une teinte rosée, pâle rougeur due à la lessive familiale. Deux enfants : des jumeaux. Il ne se débrouillait pas mal, Richard. Même si le ventre aux poignées d'amour avait tendance à tomber, il se retournait pour bien frapper la balle ; même si les jambes manquaient de poils et de muscles, elles fléchissaient bien. Quant au minus de l'autre côté du filet, dans sa tenue arc-en-ciel dernier cri ; quant à ce mini-Merlin, voltigeant avec sa baguette de fée à la main... C'était le spectacle d'un type qui déploie tous les trésors du tennis face à un petit imposteur manipulable qui ralentit les échanges, dont on peut prévoir les coups sans jamais se faire surprendre, et qui ignore tout de la feinte et du contre-pied. Steve était scandalisé par la candeur de Gwyn.

Pourquoi donc tous ces mouvements d'humeur, du côté de Richard ? Il ne risquait sûrement pas de se faire battre. Mais mon Dieu ! Cette façon qu'il avait de jurer et d'insulter sa raquette ! Et cette manie d'essuyer des traces de thé ou des dépôts de nicotine qu'on voyait à la commissure de ses lèvres écumantes. Du calme ! Une vieille harpie sortait la tête à une fenêtre du bel immeuble voisin.

« Arrêtez de parler comme ça, Richard !

— Pardon ! »

Ça doit être dans ses habitudes, elle connaît même son nom. On doit le connaître pour ça, pour sa façon de parler. Du moins par ici. Du moins aux abords du court numéro 4. Ah ! voilà qui promet. Bel angle d'approche (de la part de Richard), qui contraint le minus à sortir du terrain et même à s'écraser contre le grillage de côté. Ouf ! Mais il a quand même réussi à renvoyer la balle, à la faire tout juste rebondir de l'autre côté du filet, d'un air de s'excuser. Et tandis que Gwyn recule à toute allure, bien que la cause soit perdue d'avance, Richard, au lieu de frapper un bon coup (il n'a que l'embarras du choix), essaie de le dépasser en renvoyant la balle sur la ligne de fond. Et la met dehors.

Qu'est-ce qu'il a dit, Richard, en se penchant par-dessus le poteau du filet ? « Et merde ! Quel bide ! »

Qu'est-ce qu'il a dit, Gwyn, debout dans le couloir ? « Richard, tu veux trop en faire ! »

Trop en faire... Trop parfait. Comme les seins refaits. Mais il comprenait... Mieux vaut trop que pas assez. Mieux vaut trop en faire qu'en faire pas assez. Voyons voir. Ce que voulait Steve... À l'image des pires éléments que comptait le club, Steve n'était pas membre de la section Tennis du Warlock, ni de la section Squash ou de la section Bowling. Il était membre social. Ce fut donc avec une tranquille confiance en lui qu'il monta à l'étage, son verre de tonic à la main, et qu'il se dirigea vers la salle de fléchettes, laquelle était déserte, inquiétante avec ses ombres artificielles, et plongée dans la pénombre derrière des fenêtres opacifiées par une couche de peinture ou de pâte couleur crème. Cette obscurité, ce silence, cette soudaine solitude lui firent un moment douter de son identité ou de ses capacités. Il ne s'inquiétait pas forcément d'être assailli par un piètre sentiment d'irréalité, car c'était là tout sauf irréel. C'était même plutôt approprié. Steve s'y attendait, il se disait qu'après tout, il n'y a personne qui m'arrive à la cheville. Du moins pas encore. Ce n'était pas non plus qu'il avait l'illusion d'être seul de son espèce, du moins pas tout à fait. Il se considérait seulement comme le premier d'une longue lignée. Tout un tas de petits Scozzy attendaient dans les limbes de se manifester. Je suis un voyageur du temps. Je viens du futur.

Ce que voulait Steve, c'était être inoubliable. Gwyn ou Richard, ou peut-être les deux, ne l'oublieraient pas. Juré, craché. Des types qui veulent trop en faire, il n'y en a pas des tonnes, se dit-il en fermant la fenêtre en silence. Pas dans mon rayon. Je suis le seul.

« Jeu, dit Gwyn.

— Merci, fit Richard. Ç'a pas été facile. »

Ils se serrèrent la main par-dessus le filet. Il n'y avait qu'au tennis qu'ils se touchaient. Ces matches, c'était aussi la seule raison qu'ils avaient de se rencontrer. Six mois plus tôt environ, il était apparu que Richard ne pouvait plus passer un dîner entier en compagnie de Gwyn sans se couvrir de honte. Gina et Demi continuaient cependant à se voir en soirée, de temps en temps.

« Je fais des progrès, dit Gwyn.

— Non, aucun.

— Je vais bien finir par y arriver.

— Non, c'est foutu. »

En s'aidant du filet comme d'une barrière de protection ou d'un appareil de rééducation motrice, Richard se dirigea vers sa chaise. Il s'assit d'un seul coup et prit tout de suite une attitude d'homme en transe ou de penseur en extase. Gwyn resta debout, à l'ombre du bel immeuble voisin d'où leur parvenaient les grincements et les plaintes stridentes du bricolage : des bruits détaillés de perceuse, de rabot, de ponceuse.

« Je sais pas pourquoi, dit Gwyn, mais aujourd'hui, j'avais pas de suite dans les idées. J'arrivais pas à trouver la motivation. C'est cette histoire de Trophée. C'est vraiment grotesque, ajouta-t-il en prononçant encore vraiment comme si cela s'écrivait “ vrément ”. De toute façon, il faut attendre le printemps pour être fixé.

— Ah ! Je vois. Ce n'était pas une question de technique, de talent, de tempo ou autre. T'en avais rien à foutre, c'est tout.

— Oui, je me démenais dans tous les sens, mais pas moyen de faire un revers. »

Richard profitait du répit (le mot était on ne peut plus juste).

« Mais t'en as pas, de revers. Juste une plaie béante, une absence. Comme un amputé qui se souvient d'un membre fantôme. T'as pas de coup droit non plus, remarque. Ni de volée, ni de smash. Voilà le fond du problème : t'as aucun coup à ta disposition. Sur le court, t'es un chien. Ouais. Un petit retriever gallois. »

Il se mit une cigarette dans la bouche et, comme ils en avaient pris l'habitude sans avoir besoin de parler, il en offrit une à Gwyn, qui dit :

« Pas moyen de me concentrer. Non merci. »

Richard le regarda.

« Fini.

— Fini quoi ?

— J'ai arrêté. Depuis trois jours. D'un seul coup. Pas plus compliqué que ça. J'ai choisi la vie. »

Richard alluma sa cigarette et tira une bouffée bienfaisante. Il regarda sa cigarette. Il n'avait pas très envie de la fumer. Il voulait la manger. Il avait accueilli ce renoncement de Gwyn comme un coup violent qu'on lui aurait assené. La seule chose, ou presque, qu'il appréciait chez Gwyn, c'était que Gwyn continuait de fumer.

Bien sûr, Gwyn n'avait jamais été un fumeur sérieux. Juste un paquet par jour. Pas comme Richard, avec ses siècles de cartouches, ses poumons encrassés et sa glycine aux allures de hareng saur... Richard se souvint d'un autre échange inexpiable qu'il avait eu avec Gwyn sur le même court, sur la même chaise verte, sous le même ciel couleur de viscères et la même lune d'été. Il y avait un an de cela, alors qu'*Amelior* commençait à décoller et que tout le reste dégringolait, Gwyn s'était tourné vers lui, côté court, et lui avait dit de but en blanc : « Je me marie. » Richard avait répondu du tac au tac : « Bonne idée. C'est pas trop tôt. » C'était le fond de sa pensée. Ça lui faisait, comme on dit, « grand plaisir ». Le plaisir prenait chez lui l'allure d'un soulagement voluptueux. Oui, bonne idée. Pas trop tôt que Gwyn s'enchaîne à vie à ce canasson muet qu'était Gilda : Gilda, son amour de jeunesse, l'invisible Gilda. Aujourd'hui encore, il suffisait que Richard ferme les yeux pour revoir ses formes menues dans une dizaine de studios et d'appartements différents, son visage détourné, tout ruisselant de buée quand elle vous resservait des spaghettis, ses cheveux clairs et ses boutons de fièvre, ses sous-vêtements fonctionnels (à moins que ce ne fussent ceux de Gwyn) qui pendaient sur un fil détendu au-dessus des tubes blancs du chauffage à gaz ; il voyait son humilité phobique, sa tristesse prosaïque, son informe manteau d'enfant vert émeraude qui appartenait à une autre époque et à un autre lieu. « Bonne idée. Je parie que Gilda est aux anges. Non ? Elle n'est pas aux anges, Gilda ? » Brave Gilda. Richard ne la désirait pas. Il n'avait même pas envie de la baiser rien qu'une seule fois. Essayons donc de nous représenter son changement d'humeur lorsque Gwyn lui dit après un silence : « Non. Pas autant que tu pourrais le croire. Non, Gilda n'est pas si ravie que ça, c'est le moins qu'on puisse dire. Parce que c'est pas avec elle que je me marie. » Gwyn ne se mariait pas avec Gilda Paul. Il se mariait avec Lady Demeter de Rougemont, célèbre canon de beauté, héritière d'une fortune inépuisable et personnalité de sang impérial ; Richard la connaissait, l'admirait, et depuis peu, il s'était mis à penser à elle chaque fois qu'il jouissait. « C'est comme ça », avait dit Gwyn. Richard avait omis de lui présenter ses félicitations. Il avait pris congé la tête haute, sous prétexte d'aller trouver Gilda et de la consoler. En fait, il était juste parti au volant de sa Maestro, l'avait garée quelque part, et s'était enfermé à l'intérieur pour sangloter, pousser quelques jurons et fumer quelques cigarettes.

« Espèce de traître, dit Richard. Je pensais qu'on était dans la même galère.

— Depuis trois jours. Regarde-toi t'essouffler. Dans deux ou trois ans, je te battrai 6-0, 6-0.

— Quel effet ça te fait ? »

Richard avait envisagé d'arrêter de fumer ; et il s'était tout naturellement dit que ce devait être l'enfer sur terre. À présent, cela faisait longtemps qu'il avait arrêté de songer à arrêter. Avant la naissance des enfants, il s'était parfois dit qu'il arrêterait en devenant père. Mais ses fils semblaient avoir immortalisé ses liens avec le tabac. Ses liens avec le tabac, relation vivante à la mort. Paradoxalement, il n'avait plus envie d'arrêter de fumer : il avait envie de se mettre à fumer. Non pas tant pour remplir le petit intervalle qui séparait une cigarette d'une autre cigarette (il n'en aurait de toute façon pas le temps), ni même pour fumer deux cigarettes à la fois. Non ! Ce dont il avait envie, c'était de fumer une cigarette même lorsqu'il était en train de fumer une cigarette. Satisfaction et frustration simultanées du désir.

« En fait, c'est drôle, dit Gwyn. Ça fait trois jours que j'ai arrêté, hein ? Et tu sais quoi ? »

Richard dit avec une patience infinie :

« T'as pas eu envie d'une seule cigarette depuis.

— Tout juste. Et puis, il y a la question du temps. De l'avenir.

— Tu y as pensé, et tu préférerais ne jamais mourir.

— Ce n'est pas la raison d'être de l'écrivain, Richard, que d'atteindre l'immortalité ? Enfin, j'estime que mes devoirs envers la littérature sont clairs. »

Un autre supplice masculin les attendait : le vestiaire. Le vestiaire avait, comme tous les vestiaires, des crochets, des bancs et des cintres en trop petit nombre ; des miroirs embués devant lesquels les hommes se penchaient en arrière et se peignaient, quand il leur restait des cheveux ; de la transpiration masculine qui s'évaporait au prix de gros efforts (et qui, en s'immobilisant, formait une vapeur qui ralentissait la circulation de l'air), ainsi que des eaux de toilette, des gels pour le cuir chevelu et des déodorants pour les aisselles, qui rivalisaient de senteur. Il y avait aussi des douches collectives pleines de fesses frémissantes et de quéquettes pendouillantes qui, bien entendu, proscrivaient la curiosité : dans ces circonstances, on ignore. Gwyn affectait depuis peu d'ouvrir sur le monde un regard d'enfant émerveillé, mais au vestiaire, il se retenait. On ignore, même si, en tant qu'homme, on s'évalue soi-même mentalement, quitte à laisser dans l'opération quelques regrets inévitables, éternels. (Ç'aurait été rudement bien, sans doute, d'en avoir une grosse...) Nu, Richard observait Gwyn, nu aussi, qui frictionnait vigoureusement sa toison mouillée. Richard était tout excité : il ne faisait plus *aucun* doute que Gwyn était assez cinglé pour le *Los Angeles Times* du dimanche.

Sur le chemin de la sortie, ils traversèrent le bar, ce qui leur donna le temps de se remettre à transpirer. Dehors, c'était la fin de l'après-midi. Richard dit avec prudence :

« Qu'est-ce que tu disais à propos de l'immortalité ?

— Je voudrais pas avoir l'air prétentieux, mais...

— Parle franchement.

— Milton disait que c'est l'ultime tare de la noblesse d'esprit. Et quelqu'un d'autre a dit de Donne, sur son lit de mort, que l'immortalité... que le désir d'immortalité est profondément ancré dans la nature humaine.

— Walton, fit Richard. »

Il était impressionné à double titre : Gwyn était allé jusqu'à faire des lectures sur le sujet de l'immortalité.

« Donc, tu vois... On ne peut pas s'empêcher d'y penser. De garnir le squelette du temps.

— J'ai repris, avança Richard en redoublant de prudence, *Amelior*... »

Entre eux, l'accord tacite était le suivant : il était tacitement convenu que Richard, tout en se réjouissant du succès de Gwyn avec une simplicité chaleureuse, se réservait le droit de ne pas dissimuler qu'il trouvait ses livres merdiques. (Plus précisément, il trouvait que *Summertown*, son premier roman, était merdique mais excusable, tandis qu'*Amelior* était merdique mais inexcusable.) Et encore ceci : que le succès de Gwyn était, de façon amusante (non : de façon absolument hilarante, en réalité), fortuit. Et éphémère. Surtout éphémère. Sinon en temps réel, du moins, à défaut, en temps littéraire. L'enthousiasme qu'avait déclenché son œuvre allait tomber, Richard en était certain, plus vite que ne refroidirait son cadavre. Ou sinon, c'était que l'univers était une vaste plaisanterie. Une plaisanterie méprisable. Donc, oui, Gwyn savait que Richard nourrissait quelques doutes sur ses œuvres.

« La première fois que je l'ai lu en entier, continua-t-il, j'avais trouvé, comme tu le sais, que ce n'était pas très abouti. Un peu mièvre et hésitant. Gnangnan sur les bords. Ni fait ni à faire. J'étais resté sur ma faim. Mais... »

Richard leva les yeux (ils étaient arrivés à leur voiture). Nul doute que Gwyn avait patiemment attendu ce *mais*.

« Mais à la relecture, tout s'est éclairé. J'ai été complètement époustouflé par l'originalité du livre. Quand nous nous sommes lancés, je crois que nous espérions tous les deux renouveler la direction du roman. Je pensais que cela passait par le style. Et la complexité. Mais toi, tu as compris qu'il suffisait de prendre un bon sujet. »

Il releva les yeux. Sur le visage de Gwyn se lisait une expression (à peine interrompue pour rendre le salut d'un passant, puis fermement reprise) de dignité sans surprise. Richard sentit toutes ses précautions s'évanouir avec un petit cri :

« C'est tout un monde, poursuivit-il, que tu as dessiné et réifié. Pas celui de la ville, mais celui du jardin. Finies, les névroses ! Tu les as remplacées par une fraîche clarté. Il a dû te falloir un sacré courage, dit-il en soutenant encore bizarrement le regard de Gwyn, pour forger ce nouvel art des braves ! »

Gwyn lui tendit lentement la main :

« Merci, mon vieux ! »

Bon Dieu, pensa Richard. Lequel de nous deux va perdre la tête le premier ?

« Non, fit-il. Merci à toi.

— Avant que j'oublie... Gal Aplanalp part pour Los Angeles d'un moment à l'autre, tu ferais mieux de l'appeler. Demain. Dans la matinée. »

Puis ils se séparèrent sur le parking, sous la lune de l'après-midi.

Dans l'espace intersidéral, dans l'univers, le kilomètre l'emporte nettement sur le mile. Si tant est que l'univers affectionne les chiffres ronds. Ce qui semble être le cas.

La vitesse de la lumière est de 186 282 miles/seconde, mais c'est très proche de 300 000 kilomètres/seconde. Une heure-lumière équivaut à 670 000 000 miles, mais c'est très proche de 1 000 000 000 kilomètres.

De même, une unité astronomique, soit la distance moyenne entre le centre de la terre et le centre du soleil, représente 92 950 000 miles, mais c'est très proche de 150 000 000 kilomètres.

Est-ce que c'est arbitraire ? Est-ce que c'est *anthropique* ? Dans un million de millénaires, le soleil aura grossi. On aura l'impression qu'il est plus près. Dans un million de millénaires, si vous me lisez encore, vous pourrez rapporter ces mots à votre expérience personnelle, parce qu'au pôle la calotte de glace aura fondu et que la Norvège jouira du climat de l'Afrique du Sud.

Encore plus tard, les océans entreront en ébullition. La vie humaine, ou du moins la vie terrestre, touchera à sa fin. Mais franchement, je ne crois pas que vous me lirez encore à ce moment-là.

Pour l'heure, néanmoins, le kilomètre l'emporte nettement sur le mile.

« Si vous êtes sur une route secondaire et que vous débouchez sur une route principale, vous marquez un temps d'arrêt, vous regardez à gauche puis à droite, dit Crash de son ton de voix le plus grave, le plus majestueux, et vous attendez de voir arriver une voiture.

— Ah bon ? fit Demeter Barry.

— Vous enclenchez la première, et quand la voiture se rapproche pour de bon, vous démarrez.

— Je vois.

— Puis vous ralentissez le plus possible. Et vous passez le coude par la fenêtre.

— Bien.

— Sauf, bien sûr, si elle essaie de vous doubler.

— Et dans ce cas ?

— Dans ce cas, bien sûr, vous accélérez. »

La Metro cabossée attendait son heure dans une petite impasse près de Golborne Road. À l'intérieur, sous le panneau publicitaire orné d'autocollants pour jeunes conducteurs, Demeter était attachée sur le siège du passager et Crash coincé derrière le volant. Tout en parlant, il s'appliquait à mimer un carnage par des gestes de la main.

« Je vais vous faire une démonstration. Allons-y. Vous avez bien mis votre ceinture ? C'est parti. »

C'était vrai, ce que disait Steve Cousins. Les leçons de conduite s'appuient sur une connaissance approfondie de la luxure, comme dans tous ces autres métiers où des hommes sont obligés de s'occuper de femmes seules : la plomberie, le maintien de l'ordre, la vente de vêtements (et en particulier de chaussures). Prenez le laitier et son savoir. Combien Éros a dû verser de larmes lorsqu'il a disparu des rues anglaises... Croyez-en Crash : des pulsions contradictoires qui tiennent aux rapports d'autorité entre les hommes et les femmes (auxquelles il faut ajouter cette nouvelle crainte, chez des nanas friquées et branchées, de passer pour racistes ou snobinardes) provoquent un désordre bien utile. Même le laveur de carreaux, cet artiste dépenaillé du porte-à-porte qui, muni d'un seau en plastique, déblaie de façon spectaculaire les rebords de fenêtre, découpant sa haute silhouette aux aguets derrière la vitre et inondant l'intérieur d'un appartement d'une nouvelle lumière — même lui pousse à envisager autrement l'aménagement de l'espace et la conduite de la vie familiale. On pourrait sans doute rédiger une brochure aussi longue que le Code de la route sur « L'utilisation de la ceinture de sécurité dans le développement des rapports physiques entre le moniteur et son élève » ; ou sur « L'ajustement de la hauteur du siège » ; « La justification du réconfort tactile pendant et après l'arrêt d'urgence » ; « Le levier de vitesse comme symbole ou totem ».

« Et pour quoi faire ? demanda Crash d'un ton encourageant.

— Hein ?

— C'est une question que je vous pose.

— Euh ! Je ne sais pas.

— Pour affirmer sa personnalité sur la route. Je répète. On ne conduit pas pour arriver à destination indemne ou le plus tôt possible. On conduit...

— Pour affirmer sa personnalité sur la route.

— Tout juste. Pour s'imposer comme le maître de la route. »

D'un geste vif, Crash fit tourner le moteur et avança jusqu'au carrefour en clignotant à gauche. La rue était dégagée ; fait étrange, il n'y eut pas la moindre circulation pendant les vingt secondes qui suivirent, les quarante secondes, les soixante, et même davantage. Pourtant, on était à Londres et ce n'étaient pas les voitures qui manquaient. On était dans une ville moderne ; on ne risquait pas de tomber en panne de voitures ; des voitures, il y en avait, ça oui. Des voitures à perte de vue. Ils continuèrent d'attendre. Crash tendit le cou. Une bonne portion de la leçon de Demi s'était écoulée à faire le guet.

« Y a eu une bombe à neutrons ou quoi ? »

Ils continuèrent d'attendre. Un fourgon blanc dégueulasse finit par déboucher de la droite. Les fourgons blancs dégueulasses, à Londres, ne vous laissent jamais tomber : celui-ci, on aurait dit que d'immenses enfants avaient essuyé leurs doigts noirs dessus. Il arriva, franchit le pont au milieu des tours des H.L.M., avança à une allure résolue, droit sur eux, et les avait presque dépassés lorsque Crash lui fit une queue de poisson.

Long reniflement des freins, suivi d'un coup de klaxon agressif et d'un appel de phares furibard (Demi se retourna). Crash était bien calé contre son dossier, à présent, et il chantonnait en réduisant la vitesse de la Metro ; le fourgon ahanait, il s'éreintait à vouloir les doubler, en piqué ou à saute-mouton. En jetant un coup d'œil à Demeter, Crash baissa la vitre, puis passa son coude et une bonne partie de son bras à l'extérieur.

« Et maintenant, prévint-il, prête pour un coup d'accélérateur dément ? »

Et Demeter de se retrouver plaquée contre son siège tandis qu'il appuyait sur le champignon avec sa tennis en forme d'écrase-merde.

Vingt minutes plus tard, la Metro était garée en double file sur All Saints Road, rue parallèle à Portobello, devant la masse sombre du Vieil Adonis. Crash expliquait à Demeter que les techniques qu'il venait de lui démontrer, et d'autres mystères auxquels il pourrait bientôt l'initier, relevaient d'un stade avancé de la conduite automobile ; cet art, suggérait-il aimablement, Demi ne pouvait que rêver de le posséder un jour.

« Mais c'est toujours la même règle qui compte. Il faut s'imposer comme le maître de la route. »

Crash hocha une ou deux fois la tête, s'éclaircit doucement la gorge, puis sombra dans un silence aristocratique. Ses pensées séjournaient peut-être au pays où les as du volant déploient leur savoir-faire en multipliant les virages périlleux, les crissements de pneus et les emboutissages malheureux. Ou bien il songeait à sa récente mésaventure : le fourgon blanc dégueulasse, comme il était apparu au prochain feu rouge, transportait trois policiers en uniforme.

« Y a des chances que je m'en tire, avança Crash qui aurait pourtant dû être au courant, avec une bonne prune.

— Pardon ?

— Avec C.C.I.

— Pardon ? » redemanda Demi. Et elle avait vraiment l'air de vouloir se faire pardonner sa question.

« Avec une contravention pour conduite imprudente.

— Mais c'est faux. Je témoignerai pour vous. Vous conduisiez avec une prudence inouïe. Mais c'est juste que vous... »

Crash balaya l'air d'un revers de la main : ce n'était pas donné à tout le monde de comprendre les arcanes de la conduite automobile. En tout cas pas à la police. Il porta son regard fervent, quoique blessé, sur la façade du Vieil Adonis. All Saints Road, bordée de magasins de cartes postales et de bars à tapas, avait connu un changement spectaculaire, même depuis que Crash était adulte. Il n'y avait pas si longtemps de cela (Crash se le dit en son for intérieur), le Vieil Adonis se distinguait encore comme le repaire de drogués le plus fréquenté et le plus bruyant des quartiers ouest de Londres : « un lieu symbolique », pour reprendre les termes de *La gazette de la police*.

À l'angle d'All Saints Road et de Lancaster Road, il y avait constamment du passage. Les voitures arrivaient et ralentissaient toute la nuit, tandis que derrière les vitres baissées surgissaient les têtes rasées de jeunes Noirs. Tout ce manège tournait naturellement autour de l'Adonis, vieille gloire déchue aux lustres poisseux et à la moquette détrempée, qui diffusait des clips de rock contrapuntique et alignait une panoplie de machines à sous promptes à engloutir les allocations chômage. C'est là, aussi, qu'on trouvait en négatif l'apartheid du monde de la drogue : les Blancs, dans la mousse de leur bière de malt, se tenaient à une distance respectable des Noirs, sobres mais impétueux, qui surveillaient leur tonifiant ou leur sirop sur le comptoir en bordure de la rue. Ah ! L'Adonis ! Sa symétrie et sa gaieté coloniales, où avaient-elles disparu ? Elles étaient gommées, honteusement dissimulées derrière des planches et des fils de fer. Mais si on (Crash grommela en tournant un peu plus le cou), mais si on... qu'est-ce que c'est que ça ? Une petite porte sur le côté, un peu plus bas, et ce type qui les observe de l'intérieur, le regard brillant. Mais si on tendait l'oreille, on entendait faiblement la mélodie monotone de la musique et (comme je vous le dis !) des bruits et des bris de verres entrechoqués. Bref : le Vieil Adonis tenait tête à la mort. Il s'était trouvé, sous les toits et dans les rigoles, une existence diminuée, secondaire, mais qui n'en continuait pas moins d'être. Demi, qui regardait Crash, vit poindre dans ses yeux une expression de contentement secret. Elle ignorait aussi le lien étroit entre l'Adonis et la renaissance, l'identité que le pub partageait avec Orphée, avec le Christ et sa faculté de ressusciter l'âme des morts, après l'échec dudit Orphée.

« Bande de salauds », fit Demi.

Crash sourit. C'est à la police qu'elle en voulait.

« C'est pas pour vous, ici.

— L'Adonis ?

— C'est pas un pub tranquille. »

Il continua de sourire. Il fit même entendre un petit gargouillement complice du fond du gosier. La lumière baissait mais ses dents étincelaient, blanchies, éburnéennes. Elle poussa un rire harmonieux et dit :

« Je sais tout sur l'Adonis.

— Vous ? Ça m'étonnerait. »

Voilà. C'était sorti. Crash était avant tout soulagé, mais il avait aussi l'impression d'avoir bénéficié d'une promotion et se sentait flatté en de nombreux endroits sensibles de sa tête et de son cœur. Jusqu'alors, il n'imaginait aucune autre manière d'enquêter sur Demi que par le harcèlement sexuel : c'était la voie rêvée pour obtenir des renseignements, même au prix d'une rebuffade ; c'était la voie rêvée de l'information. Mais il ne pouvait pas se résoudre à en passer par là. Non, il n'y arrivait pas. À ce moment-là, cependant, il se pencha vers elle avant d'enclencher une vitesse et plongea dans l'univers élégant de sa blondeur, de ses traits d'Anglaise. Il l'embrassa au coin de sa bouche pâle. Non, ça allait. C'était tendre. C'était bon.

Plus tard, une fois rentré dans son appartement de Keith Grove, vers Shepherd's Bush, après une séance au gymnase et un long déballage avec cet enfoiré d'Adolf, Crash s'allongea sur son futon, en string de cuir, et se cala les mains derrière la tête. Clic.

Sur l'écran surélevé, le match de foot qu'il avait enregistré. Il en suivait le déroulement avec terreur et pitié, en accélérant ou en ralentissant la fréquence de ses battements de paupière ; il réservait une compassion de connaisseur au destin des deux gardiens de but, car c'était dans cette position que lui-même jouait deux fois par semaine, une fois pour l'équipe de l'église et une fois pour celle du pub. « Dans la surface ! fit Crash. Pas de veine ! » La façon dont les lèvres de Demi s'étaient offertes à lui pour renchérir un tant soit peu sur une exquise politesse... Pas de jeux de langue ou autre. « Bouge-toi, le goal ! Et but ! » Il la traiterait avec respect, tout comme avant. « Derrière lui ! Attention ! » Mais si peu que ce soit, ce que suggéraient les lèvres était déjà très suggestif. Elles lui disaient quelque chose qu'il ne dirait jamais à Scozz. « Vas-y, fonce ! Bien dégagé ! » Encore une femme (bon sang, il y en avait tant !) qui était aimée, peut-être. « Tête ! Tir ! Bien joué, le goal ! » Mais pas assez, ou pas comme il fallait. « Là ! Oui ! Mets le paquet ! »

Le match se termina sur le bon résultat, mais Crash ne se sentait plus bon à rien. Il était tout retourné. Lentement, avec rage, il enfila son survêtement noir et descendit en courant jusqu'à Poison. En réalité, l'endroit s'appelait Moisson, mais Crash préférait dire Poison. Sur le chemin du retour, il se rendit compte de ce qui s'était passé : là, dans le bar à jus de fruits, ce petit morveux avait dit à Scozzy, et en riant, en plus : « Ouais. Elle a de l'expérience, c'est sûr. » Lui, 13.

Il referma la porte de son appartement derrière lui, ouvrit une bouteille de whisky et jeta le bouchon. Il n'en avait rien à secouer.

Avant d'aller le déposer, mais après l'avoir emballé, Richard fut saisi d'une pensée désagréable : et si, dans cette édition du *Los Angeles Times* du dimanche, il y avait quelque chose qui pût intéresser Gwyn Barry ? Un débat de huit pages sur son œuvre, par exemple ? Ou tout un cahier Gwyn Barry ? Comme au Royaume-Uni, *Amelior* avait d'abord été un four aux États-Unis, puis une révélation, et enfin un immense succès. Cette nouvelle, lorsqu'elle était parvenue aux oreilles de Richard (non pas par Gwyn lui-même mais par un article patriotique dans un journal londonien), lui avait infligé une douleur lancinante qui continuait, même maintenant, à lui faire plus mal que toutes les autres douleurs : plus mal que les balafres et les estafilades que lui avait laissées l'apparente popularité du livre dans le monde entier, telle qu'il l'avait peu à peu apprise à partir des ronchonnements désinvoltes de Gwyn sur tel journaliste casse-pieds, telle équipe de la télévision argentine, tel questionnaire interminable de Taïwan... Mais l'Amérique... Un peu de sérieux... Richard alluma une cigarette. Était-il possible que Gwyn ait trouvé l'universel, cette voix qui parle à l'âme humaine et au nom de l'âme humaine ? Oh non ! Gwyn n'avait trouvé que le P.P.C.M.

Marco entra dans la pièce. Alors qu'il s'installait fidèlement à côté de son père, Richard tira une bouffée sur sa cigarette puis fit tomber la cendre par la fenêtre. « J'aime mon papa, chantait Marco en sourdine, il habite avec moi... » Depuis le jour où Richard avait giflé Marco parce qu'*Amelior* figurait à la neuvième place sur la liste des meilleures ventes (et ce n'était qu'un début : en comparaison, le hit-parade des gros lards francophiles et des cosmologues éclopés, semblait-il à Richard, allait et venait sans consistance), le fils était tombé amoureux de son père, et il n'y pouvait rien. Comme si Richard, ce jour-là, n'avait pas administré une gifle à Marco, mais un philtre. « Je t'aime, papa », répétait l'enfant. Et il avait même inventé une chanson, tout à fait remarquable par la faible quantité d'informations qu'elle véhiculait (et par sa rime riche à la noix) :

J'aime mon papa.
Il habite avec moi.
Je l'aime.
Et il m'aime, moi.

Peut-être, cependant, qu'au vu de l'évolution démographique, c'était là un scoop. Dans les villes anglaises, les enfants chantaient :

J'aime pas mon papa.
Il habite pas avec moi.
Je l'aime pas.
Et il m'aime pas, moi.

Même d'un point de vue technique, la chanson de Marco, son poème, serait sans doute jugée à la hauteur aux Presses de Tantale, où Richard avait passé un après-midi pathétique. Cette chanson inventée par Marco, Richard avait été plutôt ravi de l'entendre les cent ou deux cents premières fois. Gina ne chantait pas ce genre de chanson... Richard n'aimait pas se dire que les débordements émotifs de Marco pouvaient être aiguillonnés par la crainte. Ni que Marco savait que son père perdait les pédales et qu'il essayait, par sa présence et son exemple, de l'aider à reprendre le dessus. Il s'était excusé de la gifle, à maintes reprises. La seule réplique de Marco, ç'avait été qu'on a tous des journées difficiles.

Richard passait une assez bonne journée. Il avait appelé le bureau de Gal Aplanalp et Gal Aplanalp l'avait rappelé quelques minutes plus tard, depuis l'avion qui l'emmenait à Los Angeles. Elle serait de retour, cependant, tout bientôt. C'est du moins ce que Richard avait compris. Il adorait le roman américain. Il n'était jamais allé en Amérique. Ce qui résumait assez bien sa personne. À la suite de cette conversation avec Gal Aplanalp, peut-être, *Sans titre* faisait un grand bond en avant. Le livre s'assurait ce que le roman précédent de Richard n'avait pas connu : la perspective d'un lecteur. Gina ne lisait pas ce qu'il écrivait. Mais il est vrai qu'il ne lui en demandait pas tant : ce n'était pas son truc, l'extrême difficulté de la prose moderne. Même lorsqu'elle essayait de lire ses romans publiés, elle finissait par dire que ça lui donnait la migraine, ce genre de livres.

« Passe ton... Mets ton... Fous ton doigt là-dedans. Ton pouce. Et ne l'enlève pas tant que j'ai pas fini le nœud, attends que je... Bien.

— Mon papa, je l'aide dans tout ce qu'il fait. Tous les jours. »

Il rit, d'un rire plus serein que le rire coincé, guttural, sardonique qu'il avait d'habitude.

« Allez, file, maintenant ! dit-il. Va chercher Marius. Et si tu le trouves, je vous donne une livre à chacun. »

Il était sept heures du soir. Il n'avait pas fait de place, sur son bureau, pour y mettre le colis contenant le *Los Angeles Times*, mais celui-ci y était néanmoins posé, volumineuse anomalie de dimensions raisonnablement symétriques, tel un O.V.N.I. sur le toit d'un bidonville. Richard se dit sans enthousiasme qu'il ferait quand même mieux d'y jeter un coup d'œil avant d'aller le déposer. Opération délicate, il est vrai. Mais s'il pouvait retirer le contenu sans trop abîmer ne serait-ce que la forme générale de l'emballage... Il s'empara du plus gros nœud (si frais, si solide, grâce au pouce violacé de Marco), agaça les plis et les rabats du papier froissé, puis finit par tout déchirer. Les garçons, dans la pièce d'à côté, entendirent ses cris de sauvage mais n'y firent guère attention, tant le timbre leur en était devenu familier. Peut-être que Papa n'avait pas remis son taille-crayon à sa place, ou qu'il avait laissé tomber une punaise. Car le rapport qu'entretenait Richard avec le monde physique de la matière, qui n'avait jamais été que très médiocre, s'était brusquement détérioré. Nom de Dieu ! L'insolence éhontée des objets inanimés ! Il n'arrivait pas à comprendre ce qu'il leur prenait, à ces objets inanimés, de se conduire comme ils le faisaient. Qu'est-ce qu'il lui prend, à cette poignée de porte, d'accrocher la poche de ma veste sur mon passage ? Qu'est-ce qu'il lui prend, à cette poche de veste ?

Avec un mélange de soin et d'effroi, Richard inspecta « La vie des livres » (toutes les critiques, ainsi que les rubriques « En bref », « On en parle », « En piste », « Demandez le programme »), les pages culture et loisirs (au cas où on aurait laborieusement transposé à la scène ou à l'écran un roman de Gwyn), le magazine principal (y compris « Nouveaux venus », « Livres de chevet »), ainsi que le résumé de la semaine écoulée (le phénomène Gwyn Barry). L'esprit plus détendu, il parcourut de fond en comble le cahier « Mode », le cahier « Agenda », le cahier « Intuitions », le cahier « Instructions », le cahier « Équilibre », le cahier « Aujourd'hui », le cahier « Vous ». Puis, pour continuer avec la même rigueur drolatique à assouvir sa vengeance, il alla voir les éditoriaux du cahier central : Multiculturalisme ? Réforme des programmes scolaires ? Avenir de l'édition ? « Économie », « Petites annonces », « Rendez-vous » : aucune de ces trois rubriques ne le retint très longtemps. Le supplément détachable sur les tondeuses à gazon et le cahier spécial sur les tringles à rideaux, il les ignora avec superbe.

À minuit, Richard en venait à la conclusion d'avoir passé cinq heures distrayantes et gratifiantes. Il ne doutait plus que Gwyn fût assez cinglé pour tout lire en intégralité : au moins deux fois, peut-être trois, quatre, ou davantage. Peut-être que Gwyn n'allait plus jamais s'arrêter de lire et de relire ce journal. Richard imaginait son ami, dans quelques années, en train d'ânonner péniblement les recettes de cuisine, les définitions des mots croisés, les résultats de golf, tandis que son linge sale s'entassait dans un coin, et ses tasses de café instantané dans un autre. Il en était à se frotter les yeux lorsqu'il reprit le supplément « Chaises longues ». Une autre idée lui traversa l'esprit : si Gwyn Barry était le gros bonnet qu'on disait, ce n'était pas dans le *Los Angeles Times* du dimanche qu'on allait l'apprendre.

Avec un kilomètre de ficelle et environ quatre rouleaux de scotch, Richard refit son colis. C'était prêt à partir. Il se servit un cognac et se mit à réfléchir au défi fatidique, au défi de fanatique, que représentait la livraison.

Un jour sur deux, mon journal présente en couverture la photo d'un enfant assassiné.

Assassiné par une âme en peine, assassiné par des extrémistes ou des séparatistes, assassiné par un homme d'affaires éructant dans sa châsse de métal, assassiné par d'autres enfants. Spectacle insoutenable que celui-ci, pour un œil attentif et aguerri. Voyez comme vous vous mettez malgré vous à transpirer en leur présence, au milieu de la circulation ou à l'entrée des magasins — en présence des enfants de notre époque.

Du meurtrier ou des meurtriers, la mère ou le père de l'enfant mort ont souvent tendance à dire : « Les mots me manquent pour ces gens-là. » Du style : « Les mots ne peuvent pas exprimer ce que je ressens. » Du style : « Pour les auteurs du crime, les mots me manquent. » Ou encore : « Il n'y a pas de mots pour parler de ces gens-là. »

Par où il faut entendre, je crois : les mots sont inadéquats et même inappropriés. On ne peut pas trouver les mots justes ; alors, inutile de chercher. Inutile.

Je suis d'accord. Je suis du côté du père, de la mère. Pour les auteurs du crime, les mots me manquent.

D'après l'information... D'après l'information, je dois arrêter de dire bonjour et me mettre à dire adieu.

Là où j'habite, il y a une naine jaune que je n'arrête pas de voir dans les rues bordées de boutiques et jalonnées d'arrêts d'autobus. Elle est jeune et jaune ; elle mesure à peine plus d'un mètre et a des membres extrêmement compacts (des bras rentrés en dedans, comme prêts au pugilat, des jambes semblables à de petites roulettes de fauteuil) ; elle est à moitié d'origine asiatique, à moitié d'origine antillaise, elle a les sourcils clairs, les cils blancs et les cheveux fauves, filasses, électriques. Elle est jeune. Elle va vieillir, mais non pas grandir... Au début, lorsque nous échangions des regards, elle m'examinait par en dessous et contractait son menton en signe de défi. En signe de méfiance, certes, et j'en passe, mais surtout de défi. Plus récemment, comme ces échanges tendent à se prolonger, son visage se métamorphose sans plus exprimer de défi. Abandon du défi, désormais superflu après avoir été si souvent nécessaire. Sans nous sourire ni nous saluer, nous remarquons chacun la présence de l'autre

C'est horrible de se faire appeler « naine jaune », mais sans doute (et à plus forte raison) parce que c'est horrible d'en être une. Horrible. Pauvre petite naine jaune ! Je voudrais qu'elle sache que les naines jaunes sont précieuses. Je dois la vie, comme nous tous, à une naine jaune, à celle qui est tout là-haut : le soleil.

La naine jaune n'est pas exotique. Les naines jaunes ne sont pas exotiques. Elles font partie des phénomènes les plus exemplaires de l'univers. Mais un quasar (une galaxie de la taille d'un système solaire amassée autour de quelque monstre ou de quelque cryptogramme quantique et quittant l'espace observable à la vitesse prodigieuse de cent cinquante mille kilomètres à la seconde), voilà qui est exotique.

Je ne pourrai jamais croiser le regard de la naine jaune tout là-haut, ce regard fixe, dur, brillant à jamais d'une expression de défi absolu.

Elle, elle n'a rien d'extraordinaire, vue de loin. Qui la remarquerait ? Non, elle n'a rien d'extraordinaire. Rien de comparable aux autres étoiles de la rue, à la géante rouge qui s'essouffle et s'effondre sous le pont aérien, au trou noir qui se devine derrière le soupirail, au pulsar qui s'amuse sur le tourniquet d'un terrain de jeux désert.

Richard Tull, expédié au quarantième étage pour y régler ses petites affaires personnelles, se tenait au-dessus de la ville. Il avait une gueule de bois proprement effroyable et il était dans les bureaux de Gal Aplanalp. Au-dessus de la ville, certes, mais aussi de la City, peut-être à portée d'oreille des cloches d'une cathédrale (quand serai-je payé ?). On était loin des quartiers populaires qui grouillent de vendeurs de quatre saisons et autres petits malfrats. De toutes parts s'étendaient d'immenses travaux cathartiques : combinaisons de travail et casques de chantier, tranchées, grues, énormes blocs de parpaings. Un ardent faisceau de lumière bleutée perçait la brume matinale. Richard pensa à la petite cour sur laquelle donnait son bureau, où des ouvriers du bâtiment glandaient à longueur d'année. Pour lui, bâtisseur et destructeur étaient deux mots synonymes. Les cowboys débraillés, tout embourbés dans leur inefficacité, ne faisaient rien d'autre qu'un boucan du tonnerre.

Dans les bureaux des agents littéraires, comme Richard l'avait appris au fil de ses nombreux déboires, les murs étaient le plus souvent recouverts de livres. Mais là, il était entouré d'affiches, de photographies d'auteurs dont Gal était déjà l'agent. Il était entouré par des romanciers célèbres, mais c'étaient des romanciers qui devaient leur célébrité à une autre activité : à la présentation du journal télévisé, à la varappe, à leurs talents d'acteur, de cuisinier, de styliste, à leurs performances au lancer du javelot ou à leurs liens de parenté avec la reine. Aucun n'était célèbre pour ses comptes rendus de livres. Il y avait Gwyn, bien entendu, mais aussi beaucoup d'autres que Richard n'arrivait pas à reconnaître. Il vérifia leur nom sur les brochures joliment disposées en éventail sur la table basse. Ainsi, cette andouille à queue de cheval écrivait des biographies de chanteurs de rock. Tout son corpus (et il était considérable) consistait en une liste de noms de chanteurs suivis d'un point d'exclamation. Chaque titre envoyait dans le crâne de Richard une décharge qui ne coïncidait malheureusement pas avec les battements de son cœur. Il songea : *Davenant ! Deeping ! Bottrell ! Myers !*

Gal entra. Richard se retourna. Il ne l'avait pas vue depuis dix ans. Quand elle était venue travailler pour des maisons d'édition anglaises à l'âge de dix-sept ans, Richard et Gwyn l'avaient prise en main et sortie en ville : au bowling de Shaftesbury Avenue, dans les pubs irlandais derrière Piccadilly Circus ; un jour (parfaitement !), ils l'avaient même emmenée faire de la barque à Hyde Park. Ils l'aimaient bien. Elle était d'un naturel chaleureux, se souvint-il ; il lui arrivait de vous embrasser sur la joue sans raison. Qui d'autre se comporte ainsi ? Effectivement, Marco ! Américaine, dix-sept ans, bien en chair, garçonne : que demander de plus ? Mais Richard n'en avait pas envie. Il semblait préférer la complication : il aimait (ou continuait à fréquenter) des dépressives ténébreuses, violentes, qui ne mangeaient rien et n'avaient jamais leurs règles. Gwyn n'en avait pas davantage envie : il était déjà avec Gilda. Et Gal, à coup sûr, n'en avait pas envie non plus. De toute façon, les jeunes gens étaient parvenus à un accord tacite : ils étaient eux-mêmes assez jeunes pour penser que Gal Aplanalp était trop jeune pour se laisser faire.

Ils se serrèrent la main et, sur une idée de Gal, se prirent dans les bras l'un de l'autre (ses lèvres firent un bruit de succion dans les pattes de l'oreille droite de Richard). Puis elle dit ce qu'il avait le moins envie d'entendre :

« Fais-toi voir un peu », dit-elle.

Richard se tint devant elle.

« Est-ce que tu... Tu as l'air... Tu as l'air plutôt, comment dire, tu as l'air un peu...

— Vieux, interrompit Richard, vieux : c'est l'adjectif (à moins que ce ne soit le comp*lé*ment ?) que tu cherches. »

Sa gueule de bois se manifestait, entre autres symptômes, par une grande répugnance à l'idée de croiser le regard d'autrui. Mais Richard se disait qu'il devait redoubler de folie et de fierté (et avec quel panache n'avait-il pas suggéré ce *complément* !) : il continuait donc à se tenir face à elle, redoublant de folie et de fierté, auteur d'ouvrages inédits, vestige quasi exsangue de Richard Tull. Peut-être que sa gueule de bois n'était pas si sérieuse que cela, après tout, et qu'elle passerait au bout de trois ou quatre jours de souffrance sépulcrale, en position fœtale derrière ses persiennes tirées.

« Un café ? Il est bon. On le fait livrer.

— Je veux bien. »

Ils parlèrent un moment du bon vieux temps. Oui, c'était bien mieux, dans le temps, quand Gwyn était pauvre, qu'il vivait dans un studio minuscule, qu'il avait une petite amie farouche et presque aucune perspective d'avenir. Dans le temps, Gwyn était un critique littéraire raté (selon la formule de Richard) et le larbin des éditeurs. L'été que Gal avait passé à Londres, Gwyn préparait des guides de bachotage sur différentes sections des *Contes de Canterbury*. Ce n'étaient même pas des livres, ni des brochures.

Ils se vendaient dans une pochette... Maintenant que Gal était sortie de son champ de force, Richard se sentit libre de la dévisager. Et il hocha la tête : il ne faisait pas le poids. Ce n'était pas seulement qu'elle était jeune, qu'elle respirait la santé et qu'elle avait des traits symétriques. N'importe quel représentant en crèmes faciales ou en bains moussants l'aurait gratifiée d'une mention spéciale de beauté. Elle avait une allure qui faisait vendre, une allure qui faisait se retourner également les hommes et les femmes. Tout lui était venu en même temps : la peau, les os, les boucles noires. Le corps, aussi. Oui, même le corps. Lorsqu'elle changea de position sur son fauteuil, son buste se tourna avec un temps de retard et une certaine lourdeur méthodique. Ses vêtements, se dit Richard, reflétaient la philosophie et la pratique des cadres féminins branchés : femme d'affaires impitoyable des pieds à la tête, mais bracelet à la cheville et talons pointus. Lorsqu'ils s'étaient salués, Richard aurait voulu pouvoir dire : « Je reviens de faire un mois de spéléo », ou « J'ai reçu une balle dans la tête la semaine dernière ». Mais c'était Gal qui venait de passer deux nuits blanches consécutives, dans un avion survolant l'Amérique, puis l'Atlantique. Richard n'avait pas décollé de sa table de travail.

Le café arriva. Ils firent une pause. Puis commencèrent.

D'abord, la question forcément déprimante du C.V. de Richard. Elle en avait un exemplaire attaché à son bloc : elle était informée à son sujet. Gal prit des notes en murmurant : « Mm, hum ! » Son attitude encourageante suggérait qu'elle avait déjà eu affaire à des carrières stoppées en plein essor. Richard se mit à croire qu'elle avait l'habitude de s'occuper de génies plus obscurs, de cas plus graves de paupérisme, de nullités plus crasses, de ratés plus minables.

« Qu'est-ce que c'est que cette biographie de Denton Welch ? fit-elle en regardant son bloc-notes d'un air sombre et accusateur.

— Je ne l'ai jamais faite. Le projet est tombé à l'eau.

— Et celle de R. C. Squires ?

— R. C. Squires, le directeur littéraire de *La petite revue*...

— Quelle petite revue ?

— *La petite revue*. Là où je suis moi-même directeur littéraire. Il a eu une vie intéressante. Il était à Berlin pendant les années trente et en Espagne pendant la guerre civile. »

Respectivement pour faire le tapin sur le Kurfürstendamm et pour jouer au ping-pong à Sitges, comme l'avait appris Richard au bout d'un mois de recherches effectuées au coup par coup.

« Est-ce que je peux fumer ?

— Et ce livre de voyage ? Sur la Sibérie...

— J'y vais plus.

— Les lépreux de Sibérie, quelle idée !

— J'y vais plus.

— Et ça, *Les progrès de l'humiliation à travers les âges* ? Un essai, n'est-ce pas ? »

Richard croisa les jambes puis les recroisa. C'était un livre qu'il avait encore envie d'écrire. Plus tard. Il dit, comme il l'avait déjà dit :

« Ce serait un livre qui expliquerait le déclin des protagonistes littéraires, de leur statut et de leurs vertus : d'abord, on avait les dieux, puis on a eu les demi-dieux, puis les rois, les guerriers courageux, les amants téméraires, les bourgeois, les marchands, les prêtres, les docteurs, les hommes de loi. Puis on a eu le réalisme social : toi. Puis l'ironie : moi. Enfin, on a les fous, les assassins, les clodos, les prolos, les zonards, les épaves et les déchets de la société. »

Elle le regardait.

« Et qu'est-ce qui expliquerait cette évolution ? »

Il soupira :

« L'histoire de l'astronomie. L'histoire de l'astronomie décrit les progrès de l'humiliation. D'abord, on a eu l'univers géocentrique, puis l'univers héliocentrique. Puis l'univers excentrique, celui où nous vivons. À chaque siècle, nous diminuons en taille. Kant l'avait bien compris sans se lever de son fauteuil. Comment dit-on, déjà ? C'est le principe de la médiocrité terrestre.

— Un grand livre en perspective.

— Un grand livre. »

Puis il ajouta :

« Un tout petit monde. Un grand univers.

— À quel stade en sont tous ces projets ?

— Tous ces projets, dit Richard, en sont au stade où j'ai touché des avances sans les écrire.

— La barbe ! Ça passe par profits et pertes. »

La conversation se mit alors à s'animer.

«Et ce nouveau roman, ça parle de quoi ?
— De la conscience moderne.
— C'est aussi ardu que tes autres romans ?
— Plus ardu. Beaucoup plus ardu.
— T'as pas pensé à changer ton fusil d'épaule ?
— Et puis quoi encore ? Pour écrire un western ?
— Comment il s'appelle ?
— *Sans titre*. Il s'appelle *Sans titre*.
— On va vite arranger ça.
— Non, on n'arrangera rien du tout.
— J'ai relu *Les rêves sont durs à trouver*, et je...
— *Les rêves ne veulent rien dire*.
— Mais non ! Tu te décourages facilement.
— Primo... », dit Richard.

Il se tut. Il actionnait la pédale douce. En fait, il avait bien écrit un western. Ou du moins, il avait essayé d'écrire un western. Mais il s'était interrompu au bout de quelques pages de volets qui claquent et d'herbes folles qui tourbillonnent.

« Primo, mon livre s'appelle *Les rêves ne veulent rien dire*. Secundo, ce que ça veut dire, c'est que les rêves ne signifient rien. Enfin, presque. Tertio, je ne me décourage pas " facilement ". Ça a été difficile d'arriver à me décourager. Ça a été dur.

— Je peux te prendre une taffe ? »

Il lui tendit la cigarette, filtre en avant. Elle ne la prit pas entre les doigts mais entre les lèvres. Ce qui permit à Richard de se radoucir en apercevant son soutien-gorge phosphorescent contre sa peau hâlée. Gal tira sur la cigarette en experte, puis s'enfonça dans son fauteuil. Elle n'avait pas la main plus potelée, remarqua-t-il, que dix ans plus tôt. Cette main qu'il avait tant de fois tenue, comme par un privilège avunculaire. Mais Gal avait une fâcheuse prédisposition. Le poids la guettait, l'embonpoint. Le bureau où elle était assise était en ordre, mais il y avait quelque chose en elle qui n'était pas très en ordre, pas tout à fait... Derrière, la fenêtre découpait un cadre de ciel gris où les grues ressemblaient à des tés sur une planche à dessin. Le papier qu'utilisait l'architecte était sale, taché. Il y avait trop de coups de gomme, trop de repentirs avec une gomme sale. Autant d'annulations graphiques, les bouts de la gomme obscurcissant l'air à mesure que l'auriculaire recourbé les balayait et les promenait sur la feuille. C'était une bonne idée, quand on imaginait Londres, quand on imaginait une ville, d'en revenir à la planche à dessin.

« Je veux te servir d'agent.

— Merci, fit-il.

— Bon ! Un écrivain doit se définir. Par un mot. Les gens sont incapables d'en retenir davantage. C'est comme une signature. Ivrogne, jeune, fou, obèse, malade, n'importe quoi. Il vaut mieux que ce soit toi qui choisisses qu'eux. T'as déjà pensé au côté dandy ? Au petit péteux ? Un nœud pap' et un gilet feront l'affaire. Tu fumes la pipe ?

— Je pourrais, répondit Richard en tendant le cou, si on m'en offrait une. Déjà bourrée et avec du feu. Écoute, je suis trop vieux pour être un petit péteux. Je ne suis plus dans le vent ! »

Richard pensait justement aux flatulences. Le matin même, en se rasant, il s'était préparé à lâcher un gros prout puant, comme d'habitude, mais tout ce qu'il avait entendu était un ridicule pfft.

« Mais il faut d'abord que je sois publié, non ?

— Oh ! Je devrais pouvoir trouver quelques appuis. Puis on mettra la machine en route tous les deux. Tes romans sont tes romans, je vais pas t'emmerder avec ta création, mais il faut leur trouver un faire-valoir. Tes activités de journaliste ont besoin d'un coup de pouce. C'est dommage que tu fasses tant de comptes rendus de livres. Il te faudrait un billet. Songes-y.

— Ne le prends pas mal, mais comme j'imagine que tu réussis très bien dans ton boulot, je me demandais si, à ton avis, ça aide de bien présenter.

— Bien sûr. Est-ce que... Est-ce que ça te dirait d'écrire un article de fond sur l'effet que ça fait d'être un romancier à succès ? »

Richard attendit la suite.

« Tu vois, l'effet que ça fait vraiment. Les gens s'intéressent beaucoup aux écrivains. Surtout à ceux qui ont du succès. Ils s'intéressent plus à l'homme qu'à ce qu'il écrit. À sa vie. Je ne sais pas pourquoi. Nous savons tous les deux qu'en gros, un écrivain reste enfermé chez lui toute la journée, mais... »

Richard attendit la suite.

« Qu'est-ce que tu en dis ? Je le vendrai en Amérique. Partout.

— Quoi, l'article sur ce que ça fait d'être d'un écrivain à succès ?

— Oui, au jour le jour. L'effet que ça fait. L'effet que ça fait vraiment. »

Richard se remit à attendre.

« ... Le nouveau roman de Gwyn va sortir aux États-Unis en mars. Mais en mai ici. Il part en tournée dans les huit villes qui comptent : New York, Washington, Miami, Chicago, Denver, Los Angeles, Boston, et retour à New York. Tu pars avec lui. Je m'occupe de tout.

— Ça vient de qui, cette idée ?

— De moi. Mais je suis sûre qu'il sera ravi que tu l'accompagnes. Ces tournées, c'est une véritable épreuve. Vas-y. Accepte. Je te vois sourire. Accepte. Ça montrera aux gens que tu n'es pas jaloux.

— C'est ça, ma signature ? Le contraire du jaloux ? »

Il dit qu'il allait y songer (faux : il partait) et ils se serrèrent la main, mais sans se prendre dans les bras, cette fois, comme des professionnels. Dans le métro qui le ramenait à Soho et aux bureaux de *La petite revue*, Richard réfléchit à sa signature, à ce qui le distinguait d'autrui. Parce qu'on en a tous besoin, aujourd'hui, d'une signature, d'un signe distinctif, même le type qui était assis en face : lui, c'était la paire d'épingles à nourrice roses qu'il portait dans le nez... Richard ne trouvait rien de bon pour se définir. Si ce n'est qu'il n'était jamais allé en Amérique. Il ne s'en cachait pas, du reste, et en tirait même une certaine fierté laconique, sourcils levés en filigrane et lèvre supérieure tendue en avant, quand il vous le confiait.

Je suis bien d'accord. Quel con.

Gal a raison. Il n'arrive jamais rien aux romanciers. Si ce n'est que...

Ils naissent. Ils tombent malades, ils guérissent, ils paressent à côté de l'encrier. Ils partent de chez eux, leurs affaires dans une camionnette de location. Ils apprennent à conduire, contrairement aux poètes. (Les poètes ne savent pas conduire. Si un poète sait conduire, méfiance. Si un poète se met au volant, méfiance. Ou bien, s'il sait conduire, c'est de ses poèmes qu'il faut se méfier.)

Ils se marient à la mairie, ils ont des enfants à la maternité : miracle ordinaire. Leurs parents meurent : catastrophe ordinaire. Ils divorcent ou non. Leurs enfants partent de chez eux, apprennent à conduire, se marient, ont des enfants. Ils vieillissent. Rien ne leur arrive donc jamais, si ce n'est l'universel.

Après avoir ingurgité tant de biographies d'écrivains, Richard le savait par cœur. Il en avait périodiquement la confirmation, à chaque mois d'avril et de septembre, lorsqu'il parcourait d'un air narquois les suppléments en couleur et croisait le regard vibrant des romanciers, assis sur un canapé dans leur salon ou sur un banc dans leur jardin. Occupés à rien foutre.

Même s'ils ne conduisent pas, s'ils ne savent pas conduire, les poètes roulent davantage leur bosse. William Davenant avait sans aucun doute pris des risques. « Il attrapa la chaude-pisse avec une belle Noire allongée dans le Coupe-gorge, et y laissa des plumes. » Et la *Vie de sauvage* de Johnson (bâtardise, adultère, bagarre mortelle à la taverne, verdict de l'exécution capitale) décrit une vie sauvage : on dirait une tragédie de la vengeance qui aurait réellement eu lieu. Pour nuancer un peu les choses, il faudrait dire qu'un con n'est pas la même chose qu'un connard. Un océan les sépare. On est tous des cons à nos heures, mais un connard est un connard à toutes les heures. Et Richard ? Il était habité par la vengeance, dans ce qui se voulait sans doute une comédie.

Lorsque Gwyn lui avait dit, en parlant du Trophée de l'excellence, que la somme d'argent à la clef était « grotesque », Richard avait cru comprendre qu'elle était dérisoire. Mais elle n'était pas dérisoire. Elle était grotesque. Et on la touchait tous les ans.

Richard était tout naturellement assis à sa table de travail. Dessus, parmi les pages 1 à 432 de *Sans titre* et de nombreuses piles branlantes d'écrits à la noix, se trouvaient exposés, bien en vue, trois autres objets : une circulaire provenant de Gal Aplanalp, un tabloïde chic, ouvert à la page de la chronique de Rory Plantagenet, et un mot gribouillé de « Darko », défenseur ou complice de Belladonna. Richard établissait un lien entre les trois.

Il relut :

> Récapitulatif de l'itinéraire : New York, Washington, Miami, Chicago, Denver, Los Angeles, Boston, New York.

Denver. Pourquoi Denver ? Il relut :

> ... décerné tous les ans, à perpétuité. Le jury se compose de Lucy Cabretti, critique, poète et romancière féministe basée à Washington, d'Elsa Oughton, qui vit et travaille à Boston, et de Stanwyck Mills, écrivain et professeur de droit, titulaire de la chaire Sue and Ron L. Summerdale à l'Université de Denver.

Richard s'enfonça dans son fauteuil et hocha la tête. Il relut :

> C'est quoi, le secret ? Allez ! Ou bien c'est juste un cou de pub ? Belladonna sait s'y prendre. Elle peut aracher n'importe quel secret aux gens, celle-là. Et c'est pour ça que Gwyn aime Belladonna. C'est pas trop tard pour ce « godet » ?

Ce qui intéressait Richard, bien sûr, c'est ce que Darko disait des sentiments de Gwyn pour Belladonna. Même dans le monde de Darko, un monde où le travail était aussi futile que pénible, l'*amour* voulait peut-être dire quelque chose : c'était peut-être un synonyme de *vulnérabilité*. « Gwyn aime Belladonna » : cela ne manquerait pas d'intérêt, gravé au couteau sur le tronc d'un conifère rachitique au jardin de la Crotte, ou bombé à la peinture sur la glissière de sécurité du périph'. Mais vu la nature de Gwyn et l'incertitude planant sur celle de Belladonna, c'était là un sujet de vif intérêt, un sujet pour tabloïdes. « Gwyn aime Belladonna » : cela ferait encore meilleur effet à la une d'un journal, juste sous la chronique prudente, émasculée, de Rory Plantagenet. Saper le mariage de Gwyn, ou le foutre en l'air, ne semblait pas manquer d'attrait, mais ce n'était sûrement pas ainsi que Richard allait atteindre son but, tout comme il ne s'en approcherait que de très loin par la voie d'une agression physique. Ce n'était pas à la vie de Gwyn qu'il en voulait, elle passait largement au second plan derrière ce qu'il détestait pour de bon. Mais s'il lui fallait malgré tout s'en prendre au mariage de Gwyn, il s'en prendrait au mariage de Gwyn. S'il lui fallait s'en prendre à la vie de Gwyn, il s'en prendrait à la vie de Gwyn.

« Allô ? Je voudrais parler à Darko, s'il vous plaît. Bien sûr. Oui, de la part de..., de Richard Tull. »

Richard, c'était le nom de Richard et il n'y avait rien à y faire : il était hors de question, pour des raisons évidentes, qu'il se fasse appeler Rich ou Richie ; il n'avait jamais aimé Rick ; et Dick s'accordait mal avec la débandade du moment...

« Non, je vais patienter... Allô, Darko ? Richard Tull à l'appareil. »

Il y eut un silence. Puis la voix dit :

« Qui ça ?

— Richard Tull. L'écrivain.

— Richard comment, déjà ?

— Bon Dieu ! Vous êtes bien Darko, non ? Vous m'avez écrit. Trois fois. Tull. Richard Tull.

— Compris. D'accord. Euh... Pardon, Richard. Je dormais à moitié.

— Je sais ce que c'est.

— J'suis encore un peu dans les vapes. Il faut que je m'en sorte, dit la voix, l'air soudain préoccupé par une idée à plus long terme.

— Ça arrive à tout le monde...

— ... Bref, qu'est-ce que vous me voulez ?

— Ce que je vous veux ? Vous raccrocher au nez. Mais passons ! Je veux toucher un mot à la fille dont vous m'avez parlé. Belladonna.

— Elle peut pas répondre.

— Non, pas maintenant.

— Belladonna, elle fout ce qu'elle veut bien foutre. Ouais. Elle se fait plaisir, j'imagine.

— Pourquoi ne pas nous voir tous les trois un de ces jours ?

— Pas de problèmes. »

Après quoi, il appela Anstice et lui consacra l'heure qu'il lui consacrait régulièrement. Après quoi, il alla dans la chambre des garçons, tira Marco de son jeu de petits soldats et l'habilla. Il s'assit sur le lit jumeau, regarda par la fenêtre et vit se dessiner au loin le tourbillon le plus léger qui soit de minces traînées de nuages, comme une trace d'éponge sur une table quelques secondes avant qu'elle ne sèche.

La journée se réchauffait et il finit donc par sortir Marco pour l'en faire profiter : jardin de la Crotte et culture *ad hoc* — tout un spectacle. Tandis qu'il faisait la queue devant la buvette, en compagnie de tous les problèmes de poids et autres traitements de peau, avec la foule de mères seules en tenue de plage pastel, le flic flac de la peau flasque des Anglais, les soins capillaires, la poisse des enfants qui voulaient chacun sa boisson, Richard regardait les coureurs labourer la piste extérieure dans leur survêtement magenta, turquoise, vert citron ou vert foncé. Marco ne bougeait pas, les dents supérieures sagement découvertes pour parer à l'avalanche de données sensorielles.

Leur gobelet de Slushpuppy à la main, ils dépassèrent les toilettes du parc, petit édifice à toit plat où un garçon plus jeune que Marco s'était récemment fait violer pendant que sa mère l'attendait en tapant du pied sur ce même bout d'asphalte. Un homme seul et son chien les croisèrent, l'homme aussi effilé qu'un fusible, le chien compact et sphérique comme une fusée. Le pré en pente était tout boueux, tacheté, baratté, brun-beige, mi-terreux mi-merdeux. Sur le banc, Marco portait devant lui son regard candide et perplexe, et toutes les quelques secondes il se tournait pour lever les yeux vers le profil stupéfait de son père. Il aurait pu regarder les cheminées de l'hôpital, puis les promeneurs solitaires, les péroreurs, les ivrognes titubant à la sortie du pub, tous ceux qui étaient nés pour hanter les parcs ; puis il aurait pu regarder à nouveau son père, dont six ou sept difficultés immédiates lui tiraient la peau autour des yeux, chacune avec un tic nerveux particulier, et se demander quelle était la différence.

Car Richard pensait, si penser est bien le mot juste (et il faut à nouveau extraire ces pensées du babil impétueux, ininterrompu, qui les entoure et les noie) : on ne peut pas démontrer, prouver, établir... on ne peut pas savoir si un livre est bon. Phrase, vers, expression : personne ne sait. Les philosophes du cercle de Cambridge ont passé un siècle à dire le contraire et n'ont rien dit : est-il pire d'écrire « Quand tout à coup je vis la foule » que « Les pensées graves ne se laissent pas pleurer » ? (Oui. Mais c'est dans le meilleur vers que l'on repère la faute : ce *pas*, nécessité par le nombre de pieds.) I. A. Richards a refait l'anatomie du cerveau humain pour le rendre capable d'une telle divination. William Empson a proposé une théorie quantifiant la valeur de ce qui est ambigu, complexe, et donc de qualité. Leavis a déclaré que si l'on ne peut juger la littérature, on peut juger la vie, de sorte que pour les besoins du jugement, la littérature et la vie sont identiques. Mais la littérature et la vie ne sont pas identiques. Interrogez donc Richard. Interrogez Demi ou Gina. (Interrogez Scozzy, Crash, le Chaînon, 13.) Interrogez l'homme qui promenait son chien-fusée. Interrogez le chien-fusée... Gwyn était nul. C'était clair, mais non démontrable. Le cou de Richard effectua un huit de douleur. La solution : un homme-sandwich arpentant Oxford Street (GWYN BARRY EST NUL), un bonimenteur placé sous la flèche d'Éros à Piccadilly (« Gwyn Barry est nul »), un pionnier-prédicateur bravant les intempéries d'Ongar, Upminster, Stanmore, Morden, pour répandre la nouvelle : Gwyn est nul. Speakers' Corner (et ses hommes juchés sur des cageots renversés, haranguant la foule avec des allures d'instituteur et des accents de folie douce dans la voix) — Speakers' Corner, donc, ne se situait plus sur le côté sud de Marble Arch, mais se multipliait à tous les coins de rues dans la bonne ville de Londres. C'est ainsi que le Droit naturel se cassait la voix et haussait le ton, de même que la finance cosmopolite, le Réarmement moral, tel ange américain dénommé Moroni, ou encore la nature infernale de l'électricité. Et Richard, grâce à des citations bien choisies et à des lectures approfondies, de prouver irréfutablement à ses trois ou quatre auditeurs attentifs que Gwyn Barry était nul.

Dans la sphère sublunaire de ce petit monde, les goûts littéraires ressemblent aux goûts sexuels. On n'y peut rien. Un jour, il y avait de cela quinze ans, une femme lui avait demandé au lit : « C'est quoi, ce que tu préfères en amour ? » Il le lui avait dit. C'était aussi ce qu'elle préférait, elle. Ça tombait donc bien. Gwyn, ou *Amelior*, c'était ce que préférait tout le monde, sans aucune exception. Ou disons, ce qui ne répugnait à personne. *Amelior*, ou la position du missionnaire avec orgasme simultané des partenaires. Les livres de Richard, en revanche, sa prose, n'intéressaient visiblement qu'un nombre de lecteurs atrocement minoritaire : si la police mettait la main dessus, cela deviendrait tout de suite illégal, du moins si la police pouvait se résoudre à croire qu'il y avait des énergumènes capables d'apprécier ce genre d'écriture contournée et laborieuse... Richard avait épousé celle qui l'obsédait. Celle qui l'obsédait avait désormais cessé de l'obséder. Au chapitre de l'obsession sexuelle, Gina s'était vu supplanter par toutes les autres femmes de la terre âgées de douze à soixante ans. Le parc — le jardin de la Crotte — pullulait de ces nouvelles créatures. Toutes ces vociférations désespérées, il le savait (parce qu'il l'avait lu), n'étaient que les dernières ou les avant-dernières clameurs de son ADN, de ses gènes égoïstes qui cherchaient à se propager avant de mourir. Cela venait de ce qu'il vieillissait, il le savait. Mais il en tirait l'impression d'un retour à une adolescence de prototype, dans les ténèbres pestilentielles de l'acné et de revues vaguement porno. Il les désirait toutes. Il n'en désirait aucune. Il désirait Gina mais son corps et sa tête ne le lui permettaient pas. Combien de temps cela allait-il encore durer ? Je vais me lever, me lever et je...

Marco termina son Slushpuppy, puis termina celui de Richard (auquel la glace pilée faisait mal au crâne). Main dans la main, ils firent leur tournée d'inspection de la pastorale urbaine (ce gazon sous l'astre céleste), où des silhouettes humaines se reposaient ou se démenaient, étincelantes dans leur semi-nudité. Comment en était-on arrivé à penser que la peau blanche avait des qualités, pire, que c'était la meilleure des peaux ? La peau blanche était de toute évidence la pire des peaux : elle était taillée dans le saindoux le plus pur. En se promenant dans le parc, Richard sentit le pluralisme et les jolis mélanges, ainsi que, pour l'instant, l'absence d'hostilité entre les groupes de gens. Si elle existait bel et bien, cette hostilité, ses hormones ne parvenaient pas à ses narines. Il était blanc, bourgeois, travailliste, et il vieillissait. Il lui semblait parfois qu'il avait passé toute sa vie à échapper aux agressions (des loulous, des voyous, des rockers, des skinheads, des punks, des Noirs) mais son territoire n'était plus le territoire des bandes de jeunes. La violence surgirait, si elle surgissait, de l'individu, du côté gauche, celui qui est dépourvu de motifs. La pastorale urbaine, c'était tout entier le côté gauche. Il n'y avait plus de côté droit. Mais la violence ne surgirait plus pour Richard. Elle surgirait pour Marco.

Comme les portillons du côté nord étaient fermés par des chaînes, Richard escalada les grilles d'un pied tremblant, mal assuré, puis fit passer Marco par-dessus. À leur gauche, du côté gauche entouré de grilles, se trouvait l'étendue d'herbe la plus propre de tout le jardin de la Crotte, la gloire du parc (séchez ces larmes d'orgueil !). C'étaient bien sûr les toilettes canines, là où les chiens étaient censés faire leurs besoins mais où ils ne les faisaient jamais.

On s'était beaucoup interrogé sur ce qu'allait « faire » Gwyn Barry après *Amelior*, du moins dans les soi-disant milieux littéraires (dans les milieux littéraires qui sont peut-être eux-mêmes une fiction polie). On s'était en tout cas beaucoup interrogé au 49E Calchalk Street. Dans quelle « direction » Gwyn allait-il maintenant « se tourner » ? Avec son modeste ancrage géographique et ses abjectes dimensions autobiographiques, *Summertown* était une œuvre d'apprenti. *Amelior* avait été un phénomène commercial. Et après ? La réponse à la question ne tarda pas, du moins à la satisfaction de Richard. Le lendemain du jour où il était allé déposer le *Los Angeles Times* chez Gwyn, Richard reçut, également par coursier, un échantillon du premier chapitre du roman numéro trois. Il était glissé dans une pochette verte qui se donnait des airs de petit sac à dos élégant ; on y trouvait aussi une photo de Gwyn, ainsi que des extraits provenant non pas des comptes rendus critiques mais de la comptabilité et des bilans financiers. Richard ouvrit le paquet et en examina le contenu en poussant un soupir laconique. Bon Dieu ! Le troisième roman de Gwyn s'intitulait *Amelior reconquise*. Non pas *Summertown reconquise*, remarquez bien ! Oh non ! *Amelior reconquise*. Et pourquoi fallait-il la reconquérir ? On ne l'avait jamais perdue.

Dans le premier *Amelior*, douze jeunots se réunissaient dans une contrée sans nom, peut-être imaginaire et sans nul doute fort clémente, à une époque située dans le futur proche. Ce n'était ni un holocauste, ni un météorite, ni les soubresauts de quelque utopie négative qui les y avaient conduits. Ils avaient débarqué un beau jour, tout simplement. Avec l'intention de trouver une solution.

Tous les groupes ethniques étaient représentés, arc-en-ciel coutumier auquel venaient s'ajouter quelques figurants plus exotiques : un Inuit, un Indien d'Amérique, et même un Aborigène taciturne. Chacun d'eux se prévalait d'une maladie grave, mais sans conséquences esthétiques : Piotr souffrait d'hémophilie,

Conchita d'endométriose, Sachine de colites, et L'Aiglette de diabète. Parmi les douze, comme de bien entendu, se trouvaient six hommes et six femmes. Mais les caractéristiques sexuelles étaient volontairement laissées dans le flou. Les femmes avaient des épaules carrées et la taille fine, et les hommes, en général, de confortables rondeurs. L'endroit qui s'appelait Amelior, où ils étaient venus vivre, était un lieu sans beauté, sans humour, sans aventures. Un lieu sans haine, un lieu sans amour.

Et c'était tout. Richard vous dirait volontiers que c'était tout. Franchement. À part cela, tout un bavardage tournant autour de l'agriculture, de l'horticulture, de la jurisprudence, de la religion (déconseillée), de l'astrologie, de la construction de cabanes et des régimes alimentaires. La première fois qu'il avait lu *Amelior*, Richard oubliait tout le temps ce qu'il était en train de faire ; il se reportait sans cesse à la jaquette et à la notice biographique, où il s'attendait à lire quelques phrases du style « Bien qu'aveugle et muet », « L'auteur, trisomique », ou « Faisant fi des séquelles d'une lobotomie totale »... *Amelior* ne serait remarquable que si Gwyn l'avait écrit avec le pied. Pourquoi le roman était-il si célèbre ? Qui sait. Ce n'était pas à cause de Gwyn. C'était à cause du monde.

Pendant la semaine qui suivit, Richard lut tous les matins, assis sur les chiottes, quelques pages de l'échantillon de Gwyn, qui était justement censé vous mettre l'eau à la bouche. Le premier chapitre d'*Amelior reconquise* montrait un représentant de chaque sexe en train de discuter de la justice sociale dans une forêt. Ou, disons, une espèce de poupon de Narnia et un Hobbit androgyne, le pied sur une souche d'arbre, en train de parler de la liberté. La seule véritable nouveauté résidait dans la prose. Tout en étant d'un abord plutôt facile, *Amelior reconquise* essayait de temps à autre de produire un rythme littéraire de cours du soir. C'était un roman d'une insignifiance barbare. Richard se reportait tout le temps à la jaquette. On y lisait simplement que Gwyn habitait à Londres, et non pas à Bornéo, et que le papa de sa femme était le comte de Rievaulx.

C'était dimanche après-midi et Richard s'y rendait, comme il le faisait parfois le dimanche après-midi.

Il grimpa dans la Maestro garée dans Calchalk Street avec le sentiment qu'il se profilait quelque chose de nouveau à l'horizon. Six nuits plus tôt, à trois heures et demie du matin, alors qu'il rentrait chez lui après avoir réussi à déposer le *Los Angeles Times* sur le perron de chez Gwyn, Richard avait réussi à se faire inculper de conduite en état d'ivresse. Ce n'était pas une affaire compliquée. En réalité, il avait percuté la façade d'un poste de police. Certains d'entre nous pourraient être gênés par une faute de goût si criante, mais Richard était satisfait des circonstances de l'accident parce qu'elles avaient au moins eu le mérite d'accélérer la procédure. Pas besoin d'attendre qu'ils transmettent le résultat de l'éthylomètre par radio. Pas besoin de les suivre au poste... Et pour l'instant, il ne regrettait pas particulièrement d'avoir à ce point dépassé le taux autorisé. Du moins ne se souvenait-il de rien, sauf du contraste abrupt : il était là, à conduire tranquillement, peut-être un tantinet perdu, la main gauche sur l'œil gauche, et d'un seul coup il s'était retrouvé sur les marches d'un poste de police, puis, l'instant d'après, il avait défoncé la porte vitrée. En descendant Ladbroke Grove en direction de Holland Park, à présent, avec le sentiment de malaise d'un clandestin dessoûlé, Richard se souvint de ce qu'il avait dit aux trois flics lorsqu'ils étaient sortis l'accueillir en enjambant les bris de verre. « Je suis bien désolé, monsieur l'agent, mais c'est que je suis complètement ivre. » Ce qui avait également eu pour conséquence d'accélérer la procédure : il devait comparaître au tribunal à la fin du mois de novembre. La voiture n'avait pas l'air en plus mauvais état (même si elle sentait plus mauvais, allez savoir pourquoi). Et au moins l'accident ne s'était pas produit à l'aller. «Qu'est-ce que tu fabriquais au volant à des heures pareilles ? » avait demandé Gina. Richard s'était tourné de trois quarts et lui avait répondu : « Bah ! Je réfléchissais à des trucs. Au nouveau livre. À ce que ça pourrait donner. Au fait de ne pas être écrivain. » Ouais, ce serait dur de ne plus être écrivain. Il ne pourrait plus balancer ce genre d'excuses à Gina...

Dans la bibliothèque octogonale, Gwyn Barry était assis dans un fauteuil de style français et regardait l'échiquier en plissant le front. En plissant le front, oui, comme si un photographe dégingandé venait de lui demander : « Vous ne pourriez pas, euh, regarder l'échiquier en plissant le front ? Comme si vous vous concentriez de toutes vos forces ? » En réalité, il n'y avait pas de photographes dans la pièce. Il n'y avait que Richard, assis en face de lui avec les échecs noirs. Il joua (Cc4-d3) tout en se délectant de voir du coin de l'œil le *Los Angeles Times* du dimanche, qui reposait sur un canapé voisin dans un désordre encourageant. La pièce était haute et étroite : une véritable folie en miniature. On aurait dit la chambre d'une belle arme à feu ou d'un ancien missile : six facettes recouvertes par des bibliothèques en marqueterie, deux fenêtres qui se faisaient face, comme des trous. Richard jeta un regard d'exaspération sur les cheveux de Gwyn (épais, réguliers, bien taillés : des cheveux de télévangéliste) ; puis, l'air innocent un bref instant, il concentra à nouveau son attention sur l'échiquier. Il avait un pion d'avance :

« Tu achètes le *Los Angeles Times*, toi ? » demanda-t-il d'un air étonné.

Gwyn semblait perdre le rythme, ou la faculté d'opposition : il marqua un temps d'arrêt maladroit avant de riposter. Le dernier coup de Richard relevait de cette catégorie de coups qui confrontent l'adversaire à un problème bien précis et, en fin de compte, soluble. Une réponse correcte, et même plus que correcte, se dégageait. Richard l'avait vue en lâchant le pion. Gwyn la verrait aussi, au bout d'un certain temps.

« Non, fit Gwyn. C'est un pauvre con qui me l'a envoyé.

— Pour quoi faire ?

— Avec un mot qui disait : " Il y a là de quoi vous intéresser. " Mais sans indiquer la page, note bien. Sans rien qui permette de retrouver le passage en question. Rien. Regarde de quoi ça a l'air. Quel barda !

— Grotesque ! Qui ça peut être ?

— Je sais pas. C'était signé John. Merci du renseignement ! Je connais des tas de gens qui s'appellent John.

— Je me suis toujours dit que ce devait être rudement pratique de s'appeler John.

— Pour quoi faire ?

— Pour se rendre compte qu'on devient fou.

— Hein ? Je te suis pas.

— Tu vois, dès qu'un John s'imagine qu'on le reconnaîtra s'il se contente de signer John, c'est qu'il est en train de sombrer dans la mégalomanie : “ Allô, c’est John ! ” ; “ Sentiments dévoués, John ”. Qu’est-ce que ça prouve ? Tout le monde s’appelle John. »

Gwyn trouva la riposte qui s’imposait et joua. C’était un coup tout indiqué, mais qui avait aussi l’effet imprévu de dégager le jeu des blancs. Richard approuva et frissonna en secret. Il avait contraint Gwyn à bien jouer : ceci semblait arriver de plus en plus souvent, comme si Richard était en quelque sorte décalé dans le temps, comme si Gwyn appliquait la notation universelle tandis que Richard se cramponnait à la notation anglaise.

Richard fit :

« ... Gwyn. C’est le nom gallois de John, non ?

— Non. C’est Euan, le nom gallois de John.

— Ça s’écrit comment ?

— E, u, a, n.

— C’est d’une bassesse ! » fit Richard.

Il regarda les soixante-quatre cases, ce terrain de jeu où s’exerçait l’intelligence libre. Ah bon ? L’intelligence était donc libre. Pourtant, elle n’en donnait pas l’impression. L’échiquier sur lequel ils jouaient était en l’occurrence le plus beau qu’il ait jamais été donné à Richard d’utiliser, ou de voir. Pour une raison ou pour une autre, Richard avait négligé de demander comment Gwyn l’avait acquis, et il s’était dit qu’il devait appartenir à la famille de Demi. Car il ne faisait guère de doute que Gwyn, si on l’avait livré à lui-même (à ses goûts et à sa fortune), aurait préféré un modèle tout différent : un modèle de trente-deux petits blocs de quartz, d’onyx ou d’osmium plus ou moins identiques, ou bien de pièces travaillées et tarabiscotées à l’envi : châteaux de Windsor, cavaliers sur des chevaux cabrés en médaillon, fous grandeur nature, ou presque, munis de tous leurs attributs. Ce n’était pas le cas. Le jeu avait l’austérité et la sobriété d’un Staunton ; les pièces, bien arrimées sur leur bout de feutrine, étaient d’une robustesse plaisante (même les simples pions étaient aussi lourds que de petits pistolets Derringer), et les dimensions de l’échiquier permettaient à un joueur de se prendre sans difficulté pour un authentique prince guerroyant du sommet d’une colline, envoyant ses émissaires avec leur parchemin roulé en leur indiquant la voie dans la brume matinale, télescope brandi. Le tout sans verser une seule goutte de sang. Voilà de quoi avait eu l’air la vallée deux minutes plus tôt : du camp du Drap d'Or. À présent, on aurait dit la honte sanguinaire s'attachant à une époque infestée de maladies, à une époque où les habitants seraient traqués, la populace aux aguets, où les handicapés tituberaient d'ivresse et où les chemineaux flapis vomiraient dans d'atroces convulsions au bord des routes. Richard considérait fixement ce qui, à n'importe quel joueur, aurait fait l'effet d'une cause perdue. Mais il n'allait pas perdre. Il n'avait jamais perdu contre Gwyn. Naguère, il était meilleur que Gwyn en tout : aux échecs, au billard, au tennis, mais aussi en art, en amour, en argent. Avec quelle désinvolture lui était-il parfois arrivé de régler l'addition dans un fast-food. Avec quel éclat, quelle grandeur et quelle aisance Gina surpassait-elle Gilda. Avec quelle souveraineté l'édition reliée des *Rêves ne veulent rien dire* faisait-elle de l'ombre au pâle portefeuille des aide-mémoire que Gwyn avait rédigés sur les *Contes de l'intendant*...

Ils échangèrent leurs cavaliers.

« Et alors, qu'est-ce que tu as fait ? J'imagine que ça n'aurait pas fait de différence si tu avais tout foutu à la poubelle... Le *Los Angeles Times* ! Mais qu'est-ce que tu as ? »

En formulant cette dernière question, Richard avait légèrement accentué le pronom personnel. Car Gwyn faisait quelque chose qu'il faisait de plus en plus ces jours-ci, quelque chose qui enflait le cou de Richard de ganglions de haine. Gwyn observait un objet (en l'occurrence, le cavalier noir) comme s'il ne l'avait jamais vu auparavant. Avec les yeux écarquillés, émerveillés, d'un nouveau-né. Richard avait un mal fou à rester assis dans son fauteuil, face à quelqu'un qui feignait l'innocence. Peut-être Gwyn avait-il mis la main sur un roman écrit par une femme, dont le personnage central était un poète... Peut-être s'imaginait-il que les rêveurs et les explorateurs sont censés se comporter ainsi. À moins qu'il ne faille expliquer son attitude par ce que Richard appelait la théorie de l'asticot, selon laquelle un asticot aurait élu domicile dans le cerveau de Gwyn et lui dicterait, par ses cheminements, ses agissements et, surtout, ses régimes alimentaires, le moindre froncement de sourcils, le moindre rictus, la moindre pose. En observant Gwyn à ce moment-là, Richard sentait la théorie de l'asticot gagner du terrain.

« C'est une pièce du jeu d'échecs, fit Richard. Ça s'appelle un cavalier. Il est noir. En bois. On dirait un cheval.

— Non, fit Gwyn, l'air songeur, en replaçant la pièce parmi ses autres prises. J'ai fini par trouver.

— Par trouver quoi ? »

Gwyn leva les yeux.

« Ce qui me concerne. Ce qui devait m'intéresser dans le *Los Angeles Times*. »

Richard baissa brusquement la tête.

« Je suis tombé dessus par hasard. Pur coup de chance. Imagine-toi un peu. Dire que j'aurais pu passer toute la semaine à décortiquer ce foutu journal.

— Là, il faut bien réfléchir », fit Richard sur un ton de voix de plus en plus aigu, de plus en plus hésitant.

« Il faut considérer les choses du côté du roi », ajouta-t-il.

Derrière lui, une porte s'ouvrit.

« Et voir ce qu'on peut faire, poursuivit-il, du côté de la reine. »

Demi entrait, ou se contentait de traverser : la bibliothèque séparait les deux salons. Elle passa à côté d'eux, respectueuse et discrète, en marchant sur la pointe des pieds avant d'allonger le pas au centre de la pièce, les genoux naïvement relevés. Grande, blonde, dépourvue d'ironie mais incapable de représenter l'altérité absolue (par manque de lustre et de raffinement), Demi effectuait ses pointes sans aisance ni talent particulier. Comme une mère pas tout à fait naturelle qui jouerait à un jeu d'enfant. Richard songea au petit comptable dont il avait inutilement et momentanément loué les services après avoir vendu aux Américains les droits d'*Avec préméditation* : pendant la période où il était resté chez lui, il s'était fait fort de chasser sa fille de la pièce, d'un air jovial, en agitant des clefs et des pièces de monnaie, les genoux relevés, et de l'éloigner des premières éditions modernes et des textes sur la réglementation fiscale... Demi s'arrêta devant la porte à l'autre bout de la pièce.

« Brrr ! fit-elle.

— Bonjour, Demi !

— Il ne fait pas très chaud ici. »

Gwyn se tourna vers elle, les yeux exorbités et brillants de dévotion maritale. Il faisait à Richard l'effet d'un voyant qui, par souci de déontologie, tiendrait à démystifier sa profession.

« Enfile donc un gilet, mon amour.

— Brrr ! » fit Demi.

Richard baissa la tête. Plongé dans un chagrin sans bornes, il se mit à réfléchir à un autre plan d'attaque.

DEUXIÈME PARTIE

Il y avait la rue à l'approche de minuit, luisante après la pluie, comme dans un film noir ; et le canal aux teintes maladives jusque dans l'obscurité, aux eaux troublées et corrosives comme un médicament chinois d'une redoutable efficacité. On était sur le point de changer de saison.

Entre route et voie d'eau, Richard était attablé devant un Zombie dans la crêperie du Canal. Il portait un nœud papillon rouge d'une fausse gaieté ; il portait un gilet en cachemire d'une fausse opulence ; il portait les cheveux en arrière pour dissimuler cette étrange grosseur effrayante qui lui était apparue sur le cou ; il portait des lunettes noires, enfin, derrière lesquelles la bedaine bouillante de ses sacs lacrymaux le démangeait, à présent, et suintait. Darko lui avait dit au téléphone qu'il viendrait le voir avec Belladonna à onze heures. Il était minuit cinq. Un jeune homme s'assit juste en face de lui et posa un livre ouvert, à plat sur la table. Il avait un visage ectomorphique, asymétrique et soucieux. Ce n'était pas Darko. Ce n'était pas Belladonna.

Richard tenta de se convaincre qu'il avait de bonnes raisons de se réjouir. Le matin même, il était allé en personne apporter le manuscrit définitif de *Sans titre* dans les bureaux de Gal Aplanalp. Au cours des douze jours qui venaient de s'écouler, il avait bouclé, à force de discipline et de concentration, un travail presque plus difficile que tout ce qu'il avait fait par le passé : la lecture du *Los Angeles Times*. Non, il n'avait pas pris l'exemplaire de Gwyn (« Tu en as terminé ? ») et il n'avait pas non plus attendu, tapi dans l'ombre à côté des poubelles des Barry tous les soirs à minuit, le sac de cinquante litres dont le volume aurait suffi à en trahir le contenu. Il avait bien songé à de telles ruses, mais au lieu d'y recourir, il avait préféré s'exposer de nouveau au dérangement et à la dépense bien connus, et aller tout de suite en acheter un autre à Cheapside. Ce deuxième exemplaire du *Los Angeles Times*, il venait juste de le jeter en boule dans une poubelle sur le chemin de la crêperie. Il avait trouvé ce qu'il cherchait.

Cahiers « Livres », « Culture », « Loisirs ». Résumé de la semaine, pages immobilières, pages sportives. Il avait de toute façon l'impression de le connaître à l'endroit et à l'envers, ce canard. « Équilibre », « Mode », « Intuitions ». Il avait tout lu, depuis les recettes de cuisine jusqu'aux définitions des mots croisés. Était-ce possible qu'il y ait une manière de préparer des œufs et des frites à la mode de Gwyn Barry ? Est-ce qu'on pouvait imaginer une définition de mots croisés à partir de ce vil prénom sans voyelles, de ce patronyme sec comme un coup de trique et triste comme un jour sans pain, ou à partir du titre d'une de ses œuvres (« Molaire renversée — minute ! — par un romancier britannique », en sept lettres) ? En marchant dans les rues, le front entre ses dix doigts, Richard se demandait : « Est-ce que je suis une seule personne ? est-ce que je suis deux ? Est-ce que je suis pire ? Est-ce que je suis meilleur ? » La nuit, alors qu'il se préparait à rejoindre la selve du sommeil et de la tentation, il n'y avait que deux images possibles : la planche à repasser était un transat ; le miroir, une pataugeoire. Il était informé, l'information arrivait la nuit, pour l'inhumer : autant de câbles qui le mettaient au supplice, autant de câbles qui, pendant tout ce temps, reliaient Holland Park à Calchalk Street. Qu'était-ce donc ? Un tube d'évacuation, un batteur électrique aux piqûres de scorpion. Et le Grove lui-même prenait des allures de knout ou de martinet, d'un fouet d'une lieue fabriqué en matière londonienne, manié par Gwyn Barry à la légère pour faire danser un Richard Tull hurlant et suant.

À la légère ? Certes, lorsqu'il était dans son bureau et qu'il passait au crible les résultats de hockey universitaire ou les quantités de céréales à terme, qu'il se détournait, disons, des pubs de meubles pour se replonger dans les prévisions météorologiques, Richard avait parfois songé qu'il s'était fait démasquer et feinter, que le *Los Angeles Times* était dépourvu de toute allusion à Gwyn Barry, fût-elle innocente ou même engageante. Mais au fond, il était convaincu que Gwyn n'allait pas devoir jouer au plus fin. Le monde s'en chargerait. Le dixième jour, en fin de soirée, il trouva. Page onze, troisième colonne : les messages personnels des Petites annonces, dans la rubrique « Divers ». Il lut :

> « Stephanie ». Adoption d'animaux. Rottweiler d'un an. Femelle. Adorable. Hamster offert pour tout achat d'une cage.
>
> Summertown. Rech. éd. orig. du roman de Gwyn Barry.
>
> Ech. et vend objets usagés. Entrée libre.

Il fit signe à la serveuse. Non, pas un autre Zombie, merci : il allait prendre un Tarentula. Le jeune homme assis en face de lui, ce jeune homme au visage scalène qui se tenait courbé au-dessus de son livre dans la position d'un coureur cycliste, saisit l'occasion pour commander un verre d'eau de Seltz. Leur serveuse prit son temps et des notes.

Les serveuses étaient moins jeunes et moins jolies qu'avant. Mais il est vrai aussi que la crêperie du Canal était moins jeune et moins jolie qu'avant : c'était en effet devenu le lieu de rencontre des ivrognes insomniaques, prêts à payer et à surveiller du coin de l'œil l'assiette de nourriture que la loi les obligeait désormais à commander avec leur boisson. Sur la table se trouvaient, intact, un panier de nachos gluants de sauce, ainsi qu'une tortilla qui refroidissait, inerte, comme un organe sur un plateau médical. La serveuse de Richard revint avec son Tarentula. Elle l'examina tandis qu'il la remerciait. Naguère, les filles le regardaient et manifestaient tantôt de l'intérêt, tantôt une absence d'intérêt. Puis elles l'avaient ignoré un moment. À présent, elles l'examinaient. Richard sentit un regret l'envahir, un regret léger, chronique, pudibond, un regret semblable au chagrin, disons, qu'éprouverait un précepteur en voyant la petite fille de quatre ans dont il est chastement épris dire bonsoir à toute sa famille, sans le gratifier, lui, du regard et du sourire attendus. Il ne lui resterait plus qu'à ravaler courageusement son orgueil et à en prendre son parti (il faut bien laisser aux enfants leurs préoccupations d'enfants), puis à se remettre à parler d'Aristophane ou de l'Afghanistan avec les adultes... Naguère, elles l'ignoraient. À présent, elles l'examinaient. Parce qu'il ne se prenait plus les pieds dans leur ADN. Parce qu'il était passé de l'autre côté, qu'il était en partie invisible, comme tous les fantômes qui hantaient ce lieu.

Soudain, le jeune homme s'enfonça dans sa chaise ; il leva son livre à la hauteur du menton et le tint en l'air comme un jeu de cartes. Richard sursauta. Ce livre, c'était *Les rêves ne veulent rien dire.* Et son auteur, Richard Tull. À l'angle supérieur de la quatrième de couverture, au-dessus des bulles et des paillettes de l'illustration (qui essayait en vain de produire un effet d'iconoclasme chic) était perchée une photo de la taille d'une photo d'identité : Richard Tull à vingt-huit ans. Qu'est-ce qu'il avait l'air propre sur lui ! Tellement propre sur lui...

Richard rougit, il chercha un autre objet de contemplation : les photos encadrées, par exemple, qui étaient accrochées aux murs et montraient des vedettes de cinéma souriantes, resplendissantes. Avec les distributeurs rondouillards de serviettes en papier, les sucriers cannelés et le vieux juke-box dodu, elles incarnaient la culture éminemment exportable à laquelle se vouait la crêperie du Canal. Il y avait même les photos de deux ou trois écrivains américains, le visage marqué au coin de la désillusion épique, de la célébrité épique... Une semaine après la publication d'*Avec préméditation*, Richard avait vu un jeune homme rayonnant d'intelligence qui souriait et sourcillait à sa lecture, dans le métro, à la station de métro Earls Court, où Richard vivait à l'époque. Il avait envisagé de lui dire un mot. Peut-être de lui taper sur l'épaule. De lever un pouce en sa direction. De lui faire un clin d'œil. Mais il s'était dit : pas de panique ! C'est mon premier livre. Cette situation n'a pas fini de se reproduire. Il va falloir que je m'y fasse... Mais la situation ne s'était bien sûr jamais reproduite. Jusqu'à ce moment-là.

« Vous voulez que je vous le signe ? »

Le livre s'abaissa. Le visage se révéla. Ses asymétries firent place à un sourire. À un sourire qui n'était pas, selon Richard, un beau sourire, mais qui n'en découvrait pas moins, à sa surprise et même à son effroi, une belle dentition. Les dents du bas, en particulier, étaient presque félines, tant elles étaient plates et acérées. Celles de Richard ressemblaient à une rangée d'hommes en imperméable sur les gradins d'un stade, qui penchaient dans telle ou telle direction selon les clameurs de la foule.

« Pardon ?

— Vous voulez que je vous le signe ? »

Il se pencha et donna une chiquenaude sur la quatrième de couverture. Il enleva ses lunettes noires, mais pas pour longtemps. Il sourit, l'air lugubre.

Le jeune homme regarda tour à tour la photo et le visage, puis dit :

« Ça alors ! Le monde est petit. Steve Cousins. »

Richard prit la main qui lui était tendue comme une carte à jouer. Pour une fois, mais non sans une certaine gêne, il savoura le luxe de ne pas se présenter. Il se demanda aussi, question d'une pertinence anormale, s'il était sur le point de se faire tabasser. D'habitude, son radar à détecter les coups et la violence marchait bien, quand il n'avait pas lui-même un coup dans l'aile et qu'il était moins cinglé.

Steve dit :

« Il me semble que je vous ai vu un jour au Warlock.

— Au Warlock ? Bien sûr. Vous jouez ?

— Pas au tennis. Non, pas au tennis. J'ai toujours trouvé que c'était un sport efféminé. Sans vouloir vous vexer.

— Ça ne me vexe pas », répondit Richard avec sincérité.

S'il s'était écouté, il aurait jeté son portefeuille sur la table et exhibé la photo de ses deux fils.

« C'est le squash, mon sport. Un sport violent. Mais je n'y joue pas au Warlock. Je suis même pas membre du club de squash. Tout juste membre social. »

Tout le monde était au courant de l'existence des Membres sociaux du Warlock. Ils n'allaient pas jouer au tennis, au squash ou au bowling. Ils allaient au Warlock parce qu'ils y trouvaient leur compte.

« Je me suis blessé, fit Richard. Synovite du coude. »

Exact. Soulever une raquette ? Il pouvait à peine soulever une cigarette.

Son interlocuteur approuva de la tête : c'est la vie. Il tenait toujours le livre (fermé) devant lui : il semblait alors inévitable qu'il devrait en dire un mot. Mais une soudaine angoisse s'empara de lui et il envisagea donc un changement plutôt radical de tactique : passer de la tactique A à la tactique B, ou à la tactique V, O ou X. Pour activer la tactique X, il mit même la main dans sa poche pour y prendre son flacon de collyre. Il verserait quelques gouttes d'acide lysergique dans son verre puis, au moment où l'autre commencerait à se sentir mal ou à débiter des idioties sur l'éclairage étrange de la crêperie, il le ferait sortir sous prétexte de prendre l'air, le ferait marcher sur le chemin de halage, le long du canal, et lui fracasserait les dents l'une après l'autre. Scozz marqua un temps d'arrêt. La tactique A reprenait consistance. Comme une lueur qui monte sur un décor de théâtre. La gorge serrée, il fit un petit effort et dit :

« Je suis autodidacte. »

Oui, écoute, pensa Richard. Il peut même dire « autodidacte »... Il fit signe à la serveuse. Non, pas un autre Tarentula, merci. Il allait prendre un Rattlesnake. En fait, Richard traversait une phase de prise de conscience. Ce qui n'était pas plus mal. Il prit conscience que le jeune homme ne représentait pas une espèce répertoriée. Peut-être que ce n'était pas un modèle unique ; mais ce n'était pas non plus le représentant d'une espèce répertoriée. Il prit aussi conscience (pour la première fois) que les autodidactes souffrent en permanence. La peur de l'ignorance est une peur violente ; c'est un atavisme ; la peur de l'inconnu est la même que la peur du noir. Pour finir, il songea : mais moi aussi, je suis cinglé ! Ne t'en laisse pas imposer : affirme-toi dans le champ où les fous rivalisent pour la première place.

« J'ai décroché une mention très bien à Oxford, dit Richard. Dure vocation que celle de l'autodidacte. Il faut toujours se remettre à niveau, et ce n'est jamais entièrement pour l'amour des études qu'on le fait. C'est toujours pour soi. »

Bonne opération de la part de Richard. Elle ne calma pas le jeune homme mais lui fit redoubler de prudence. Il soupesa *Les rêves ne veulent rien dire* et le tint à bout de bras pour le juger, pour le mettre en perspective, pour mesurer sa parallaxe.

« Intéressant, fit-il.

— Intéressant dans quel sens ?

— Vous ne devriez pas fumer, vous savez.

— Ah bon ! Et pourquoi ?

— À cause des toxines. C'est mauvais pour la santé. »

Richard retira la cigarette de sa bouche et dit :

« Bon Dieu ! Ça, je le sais. C'est même écrit sur ce foutu paquet que ça tue.

— Vous savez ? J'ai trouvé ça... très lisible. On a du mal à s'arrêter. »

La preuve en était faite. Il était cliniquement impossible que ce type joue avec toutes les cartes du paquet. Richard savait très bien que personne ne le trouvait lisible. Tout le monde le trouvait illisible. Et tous tombaient d'accord pour dire que *Les rêves ne veulent rien dire* était encore plus illisible qu'*Avec préméditation.*

« J'ai également lu *Avec préméditation.* D'une traite, celui-là aussi. »

Richard n'avait pas songé un instant que ces aveux n'étaient que poudre aux yeux ou basse flatterie. Il n'y songeait pas davantage à présent. Il avait raison : le jeune homme disait la vérité. Mais il demanda pour se couvrir :

« Quel est l'événement qui se produit pile au milieu d'*Avec préméditation* ?

— On passe en... aux italiques.

— Et juste avant la fin ?

— On revient aux caractères normaux », dit Steve en ouvrant le livre et en regardant « affectueusement », pour ainsi dire, la page du copyright (car les modernes ne sont pas toujours bien servis par les vieux adverbes). Elle portait aussi, derrière une épaisse pellicule de polyéthylène, la fiche d'emprunt de la bibliothèque de l'hôpital où il avait volé le livre. Non, pas de la bibliothèque de l'hôpital où il avait volé *Avec préméditation*, mais de la bibliothèque de l'hôpital où Kirk avait été transféré après s'être fait amocher par Beef une seconde fois. Les larmes aux yeux (et la bouche couverte de bandages sanguinolents), Kirk avait dit à Scozz que Lee allait faire piquer Beef. Kirk avait voulu que Scozz aille casser la gueule à Lee ! Scozzy avait dit : « Arrête tes conneries ! » Mais Kirk avait cependant juré qu'il vengerait la mort de Beef... Si la courtoisie littéraire le forçait à faire signer le livre à son auteur, Scozzy avait une réponse toute prête. *Les rêves ne veulent rien dire* était en très bon état : comme neuf. Parmi les vieux dingues détraqués, les spectres en peignoir qui attendent les résultats de leurs analyses, les délinquants stoïques prêts à s'amender après les séances coutumières de fessées et de fouet, aucun n'avait apparemment cherché de réconfort ou de diversion dans les pages des *Rêves ne veulent rien dire*...

« Au Warlock. Vous jouez avec l'autre écrivain.

— Gwyn.

— Gwyn Barry. Il fait un malheur.

— Lui-même.

— Numero uno. Un phénomène astronomique. Une réussite exceptionnelle.

— Oui, vous avez raison. Une réussite exceptionnelle. Surtout quand ce qu'on écrit, c'est de la merde en boîte.

— De la camelote.

— De la gnognote.

— Nul à chier. »

Richard le regarda. Yeux brillants mais plissés, fente incurvée de la bouche : un fou furieux qui détestait les bouquins de Gwyn. Pourquoi n'y en avait-il pas davantage de son espèce ?

« Marié à une junkie.

— Demi ? Demeter ?

— Qui a un penchant évident pour... pour les hommes de couleur.

— Allons bon !

— Vous êtes au courant, oui ou non ? Au départ, c'était une cocaïnomane très classe. Elle enchaînait les cures de désintoxication dans des cliniques de luxe. S.O.S. Drogués et tout le bataclan. Une grande dame blonde qui craque pour les Noirs ? Vous croyez que ça se sait pas ?

— C'était quand, tout ça ? Pourquoi ça c'est pas su ?

— Question de réputation. Oui, de réputation. On est allongée sur le sol quelque part, vous me suivez ? Au septième ciel. Et si on se sent bien, c'est que Lance ou quelqu'un d'autre vient d'arriver avec un sac de blanche et vous l'a fourgué dans les narines. Et il y a ce grand Noir impassible qui vous regarde et qui vous tend la main comme ils font tous. »

Il tendit la main comme il font tous, la paume légèrement tournée en l'air.

« Tout le monde est à moitié défoncé, d'accord ? Mais pas Lance qui carbure au Lilt, lui, rien de plus fort. Et vous croyez qu'elle va refuser les avances de Lance ? “ Non merci, mon ami. ”

Avec la pression politique qui pèse sur elle ? La moitié des dealers font ça rien que pour le cotillon.

— Pour quoi ?

— Pour le jupon. Pour les femmes. »

Pas d'ambiguïté, pas la moindre ambiguïté dans l'attitude du jeune homme vis-à-vis du cotillon : dans son attitude vis-à-vis des femmes. Souvent accusé de ce péché (mais jamais par son épouse) alors qu'il en était largement innocent à ses propres yeux (à ses propres yeux, il n'était franchement qu'à moitié foutu, comme la moyenne des gens et selon les normes masculines), Richard flairait la véritable misogynie à dix mètres. Ça se sentait dans l'œil ou dans la bouche. La bouche, qui allait bientôt saliver de plaisir en commençant à raconter la blague sur la canaille et la culotte. Richard se mit à nouveau sur ses gardes. Le jeune homme ne manquait pas de complexités sexuelles. Mais il ne représentait pas une espèce répertoriée. Et sa bouche n'allait pas raconter ladite blague.

« Son père, c'est le comte de...

— De Rievaulx, enchaîna Richard en imaginant que ce simple mot de deux syllabes arrêterait au passage le nom polaque imprononçable que le jeune homme allait essayer de prononcer.

— En voilà un qui a des relations. Avec les soi-disant magnats de la presse. Il a étouffé l'affaire. C'était il y a cinq ans. Des parties de défonce avec des Noirs. Cousine de la reine au vingtième degré. Aujourd'hui, ça serait pas possible d'étouffer l'affaire.

— Passionnant », dit Richard qui, à ce point de la conversation, songeait dans un demi-sommeil au déjeuner qu'il pourrait bientôt organiser avec Rory Plantagenet.

Steve s'était redressé. L'œil pétillant, il regardait la page du copyright des *Rêves ne veulent rien dire* : là, en face de la fiche d'emprunt immaculée. Si Richard lui proposait de le signer (ce qu'en l'occurrence il ne réussit pas à faire), Steve lui dirait qu'il l'avait dégoté dans un carton sur le marché de Portobello Road et qu'il l'avait payé trente pence. Il ne connaissait rien à la fierté littéraire, rien à la réputation littéraire. Du moins, pas encore.

« Je vois... Je vois qu'il est sorti... il y a un bout de temps. Qu'est-ce que... ? Vous... euh...

— Ce matin même, j'ai apporté mon dernier manuscrit. Après un long silence, comme on dit.

— Ah bon ! Comment ça s'appelle ? »

Richard se prépara :

« *Sans titre.*

— Bien trouvé. À votre dernier roman. Santé !

— Santé. Tout ce que vous dites sur Demi... »

Il songeait : Demi ne boit pas. Il songeait à Demi qui, lors des dîners, posait la main sur son verre à vin vide.

« C'est fini, tout ça, aujourd'hui. Quand même ! Elle est mariée, maintenant, et heureuse dans son ménage.

— Heureuse, mon cul. C'est un slogan de relations publiques. Faut pas croire tout ce qu'ils disent à la télé.

— Comment vous savez tout ça ?

— Vous vous souvenez d'une certaine Mrs Shields ? Elle leur fait la cuisine. Ou la leur faisait.

— Ouais, répondit Richard en insistant doucement, mais sans se compromettre.

— C'est la mère de mon frangin.

— ... Donc votre mère.

— De mon demi-frère.

— Bref, vous avez le même père », dit Richard qui choisit malheureusement ce moment-là pour jeter un coup d'œil sur sa montre.

S'il avait continué de regarder en face de lui, il aurait su sans l'ombre d'un doute que le jeune homme n'avait pas de demi-frère. Ni de mère. Et pas davantage de père.

« Elle disait qu'elle n'avait jamais vu une jeune femme mariée pleurer autant.

— Et pourquoi donc ?

— Elle voulait des enfants. En bonne catholique. Et lui ne voulait pas en entendre parler. »

Richard sirota son Rattlesnake avec une certaine prudence. Il se demandait comment il arriverait à marcher, le moment venu. Pour l'instant, il tenait le coup, songea-t-il. Mais sa voix passait du timbre d'un baryton à celui d'une basse : symptôme connu. Il demanda :

« Qu'est-ce que vous faites ?

— Vous avez oublié mon nom, hein ? Vous l'avez oublié.

— Oui. Tout compte fait, oui. J'ai complètement oublié comment vous vous appelez. »

La main lui fut à nouveau tendue, contractée, paume en l'air — la carte à jouer.

« Steve Cousins. Qu'est-ce que je fais ? Oh ! Je pourrais répondre : " Des choses et d'autres. " Comme il y a des gens qui le font : " Moi ! Oh, vous savez, des choses et d'autres. " Vous voyez ce que je veux dire. " Un peu de tout. " Mais en vérité, je suis dans un truc plus souple. Pas besoin d'interagir, du point de vue financier. En préretraite, si vous voulez. Aujourd'hui, mes principales activités sont comme qui dirait des activités de loisir. »

Ils s'étudièrent un moment : échange de bons procédés. Aux yeux de Richard (qui était fait de pixels et, surtout, complètement « fait »), Steve avait l'air d'un échiquier noir et gris : l'air d'un suspect de la télé spécialisé dans les expertises, le visage brouillé et décomposé en petits carrés. Pour Steve (qui était net et à jeun, comme toujours), Richard avait l'air d'une projection artistique en deux dimensions. L'air d'une image lisse, tremblante, peu ressemblante, et exécutée avec un minimum de talent : c'était l'œuvre d'un portraitiste de cour. Richard était un témoin, un témoin convoqué pour parler de l'accusé.

« C'est-à-dire ? » demanda Richard.

Il but une gorgée et attendit.

Scozzy haussa les épaules et dit :

« Je fous les gens en l'air. »

Richard pivota sur sa chaise. La réponse méritait bien un autre Rattlesnake.

La petite revue logeait à présent dans Soho, où elle venait juste d'arriver et dont elle ne tarderait pas à repartir. *La petite revue* avait connu des jours meilleurs. Les bureaux de *La petite revue* étaient de petits bureaux, et le loyer était en retard.

La petite revue était née et avait grandi dans une maison de cinq étages de style georgien à côté du Soane Museum à Lincoln's Inn Fields (1935-1961). Carafes poussiéreuses, canapés défoncés comme des hamacs, larges tables à manger jonchées de livres et de revues savantes : ici, un Don Juan en pantalon de toile qui éreintait Heinrich Schliemann (« *L'Iliade* comme reportage de guerre ?

L'Odyssée comme relevé cartographique doublé d'un journal de bord du capitaine ? Balivernes ! ») ; là, un érudit tremblotant qui avait écrit onze mille mots sur la prosodie de Housman (« et la réhabilitation triomphale du trochée »). Ensuite, *La petite revue* avait quitté les pelouses de Lincoln's Inn Fields et, de plus en plus nomade, prise dans la spirale d'une mobilité descendante, elle avait émigré à Fenchurch Street, puis à Holborn, Pimlico, Islington et Charing Cross (1961-1979). Elle dormait dans des greniers, dans des chambres inoccupées, elle créchait à même le sol chez des amis. Elle était toujours en quête d'un logement meilleur marché. Il y avait autrefois une touche edwardienne rassurante, un zest de coquinerie provocante dans cette obsession à changer d'adresse (1979-1983). Mais ce n'était plus le cas.

La petite revue, depuis maintenant de nombreuses années, se protégeait et se propulsait dans toute la ville en détournant son visage rougeaud de clocharde. Souvent expulsée de tel ou tel gourbi, il lui arrivait parfois de continuer à l'occuper dans l'obscurité, derrière la porte défoncée, comme un squatteur pestilentiel en maillot de corps. Elle était à court d'argent. Elle était toujours à court d'argent. Pour toute richesse, elle avait une identité patricienne ; son propriétaire et rédacteur en chef, malgré l'extrême misère des locaux, portait toujours un monocle et prisait souvent du tabac. D'une efficacité prodigieuse, d'un penchant non moins prodigieux à s'apitoyer sur elle-même, *La petite revue* vidait les poches de quiconque s'en approchait. Il suffisait de s'aventurer derrière sa porte en isorel, vêtu d'un manteau en cachemire et d'un haut-de-forme, pour se retrouver à vivre à la dure au bout de deux ou trois semaines. D'un autre côté, *La petite revue* était un vrai symbole. Un vrai symbole dans ce monde crassement matérialiste. Le symbole de la non-rémunération. Quand elle s'avisait de rémunérer les gens, elle les rémunérait mal et les rémunérait en retard. Imprimeurs, propriétaires immobiliers, percepteurs, laitiers, collaborateurs et employés, tous étaient rémunérés au lance-pierre et jamais avant la toute dernière minute. Personne ne savait où passaient les « aides » (les prêts minimes, les rançons royales) que *La petite revue* traitait avec impartialité : subventions et dots, bas de laine, fortunes amassées sur cinq générations... Certaines revues étaient de franches réussites, mais celle-ci était un mélo larmoyant : même Richard Tull, après un an de bons et loyaux services rendus gratuitement dans ses bureaux, se retrouvait à faire un chèque de mille livres, payable au pleurnicheur à monocle qui occupait le fauteuil de rédacteur en chef... Richard était chargé de la seconde moitié de chaque numéro. Il se chargeait aussi souvent de la première moitié. Un lundi sur deux, il allait s'occuper de la partie littéraire. Un vendredi sur deux, il allait s'occuper de la partie artistique. Le reste du temps, semblait-il, il le passait à écrire les « chroniques », pour pas un sou bien entendu, et sans les signer, même si « tout le monde » (en fait, un petit nombre de privilégiés) était censé savoir que c'était lui qui les avait écrites.

Ce jour-là, on était vendredi. Richard arriva. Parapluie à la main, nœud papillon autour du cou, biographie volumineuse coincée sous l'aisselle, cigarette au bec. Il s'arrêta sur Frith Street, non loin du triptyque de portes que *La petite revue* partageait avec une agence de voyages et un magasin de vêtements pour géants et obèses. Il s'arrêta, donc, et regarda par terre. Il regarda par terre car le clochard qu'il enjambait (et qui mangeait consciencieusement, avec une petite cuillère en plastique, de la nourriture pour chiens à même la boîte de conserve) ressemblait beaucoup à son critique d'opéra. Il lui ressemblait tellement que Richard demanda même : « Hugo ? » Mais le clochard n'était pas Hugo. Ou bien, Hugo n'était pas le clochard. Pas encore, pas cette semaine. Richard entra et fut soulagé de voir Hugo affalé dans l'escalier qui menait au bureau du premier étage, la tête contre les marches. Il l'enjamba puis s'arrêta de nouveau : il tenta, émerveillé, d'identifier la source des effets sonores qui provenaient des toilettes de l'entresol, ces bruits de phoques ou de dauphins dans un aquarium, ces hurlements et ces couinements, ces insignes plongeons à plat. C'était son critique de danse, Cosmo. Puis il pénétra dans les bureaux du service littéraire. Sa secrétaire s'avança et l'aida à ôter son imperméable.

« Merci. Quoi de neuf, Anstice ? »

Anstice, tête baissée, lui dit ce qu'il fallait lui dire. Rien sur le critique d'opéra ou sur le critique de danse, ce n'était pas la peine ; rien non plus sur le critique de radio qui se tenait à proximité, la tête penchée par la fenêtre, en train de se frotter les yeux et de haleter en cadence, ni sur le critique d'art qui était assis à la table des livres en train de pleurer dans ses mains toutes mouillées.

Richard demanda des nouvelles du critique de cinéma qui, d'un air très menaçant, était sorti acheter un paquet de cigarettes quelques heures plus tôt. Mais il fut ravi d'apprendre que le critique de théâtre, qui écrivait l'article de tête pour le numéro de cette quinzaine, était installé dans son petit coin habituel, un peu plus haut dans l'immeuble. Toutes affaires cessantes, Richard alla voir comment il allait. Bruno était assis à sa petite table, le visage et la barbe plongés dans les touches de son clavier, comme d'habitude. Richard lui empoigna une touffe de cheveux craquants et tira : c'est ainsi qu'il vit que Bruno, avant de perdre conscience, avait presque écrit en entier le premier mot de son texte. Pour l'instant, il avait écrit : « Tchekho. » Or, Richard savait que le sujet de Bruno, pour ce numéro-là, était une nouvelle mise en scène des *Trois sœurs*. À peine avait-il regagné le service littéraire qu'il vit le critique de cinéma, toute torpeur dissimulée, gravir l'escalier avec une telle colère qu'il se serait sans aucun doute écrasé contre le mur du fond, derrière le bureau d'Anstice, si le critique de danse n'avait été là, à genoux, pour freiner son arrivée. Richard les enjamba l'un et l'autre, puis monta à l'étage supérieur dans le bureau du rédacteur en chef, dont il se servait comme cachette quand le rédacteur en chef ne s'y cachait pas lui-même.

Il voulait connaître la réponse aux questions suivantes : pourquoi n'avait-il pas eu de nouvelles de Gal Aplanalp ? Pourquoi le téléphone ne sursautait-il pas sur son support ? Où se trouvait la longue critique, positive et admirative, de *Sans titre* ? À combien s'élevaient les tarifs de Steve Cousins ? Richard se demanda ce qui l'empêchait d'appeler Gal Aplanalp tout de suite. L'orgueil, supposa-t-il, ainsi qu'une certaine opinion de son mérite artistique. Il alluma donc une cigarette, puis appela Gal Aplanalp tout de suite.

« Les choses suivent leur cours, dit-elle. Ça y est, j'ai réussi à le placer. »

Elle ne parlait certes pas de son roman, mais du portrait de Gwyn Barry qu'il devait écrire, cinq mille mots au total, et qui avait suscité un vif intérêt et provoqué une concurrence serrée. Gal cita un montant qui correspondait exactement au salaire annuel que percevait Richard à *La petite revue*. Après un silence, il demanda :

« Et mon livre ?

— J'y pense. J'ai libéré le week-end pour m'y consacrer. Je l'emporte chez moi ce soir. Gwyn dit que c'est remarquable.

— Mais Gwyn ne l'a pas lu.

— Tiens donc ! » fit Gal Aplanalp.

Après avoir pris congé et raccroché, Richard réussit à s'atteler à un travail constructif. Il téléphona à différentes maisons d'édition, auxquelles il commanda trois livres en spécimen. L'un était de Lucy Cabretti, un autre d'Elsa Oughton, et le troisième du professeur Stanwyck Mills. Ces auteurs, rappelons-le, étaient membres du jury qui décernait le Trophée de l'excellence. Puis il téléphona à différents collaborateurs et s'assura de trois comptes rendus positifs. Il faut lui faire confiance sur ce point. Il savait ce qu'il faisait. Richard était prêt à se lever pour aller la trouver lorsque Anstice passa doucement la tête par la porte. Son visage s'illumina un peu en le voyant :

« Est-ce que je devrais m'inquiéter, Anstice ?

— Non, non. Je crois qu'on y arrivera en bossant bien.

— Cosmo s'est beaucoup amélioré, je trouve. Hugo aussi, d'ailleurs.

— J'ai beaucoup de respect pour la façon dont Hugo s'en tire. C'est plutôt Theo qui m'inquiète.

— Ah bon ? »

Par une anomalie depuis longtemps en usage, la dernière page de la section livres (consacrée au compte rendu de plusieurs romans) était bouclée le même jour que la section arts. Or, rien ne pouvait aller de travers pour cette page. C'était le boulot en or de *La petite revue*, objet de fréquentes chamailleries et de menues bagarres entre les collaborateurs : l'auteur du compte rendu se retrouvait avec une bonne dizaine d'ouvrages reliés qu'il allait revendre chez le marchand de Chancery Lane. Richard voulait toujours se charger de cette page. Même le rédacteur en chef voulait s'en charger.

Anstice expliqua :

« Il veut savoir s'il peut l'envoyer par fax.

— Il n'a pas de fax, et nous non plus.

— C'est ce que je lui ai dit.

— Eh bien ! Dites-lui de sortir du lit, de s'habiller, de prendre le bus et de nous l'apporter. Comme il le fait d'habitude.

— Il avait l'air un peu...

— J'en doute pas. »

Richard lui dit que si elle en avait le courage (et en supposant que Theo l'avait bien écrite), elle n'avait qu'à lui téléphoner pour lui demander de venir la leur filer. Avant son départ, il dit :

« Comment ça va ?

— Plutôt bien, à vrai dire. Pour une femme finie. Une femme rudoyée puis rejetée. R. C. Squires est passé.

— Quelle horreur ! Il va revenir ?

— Je ne sais pas. Je vous vois tout à l'heure ?

— Bien sûr, Anstice », répondit-il.

Elle partit. Elle partit sans se presser, sa présence s'éloignant de lui à contrecœur. Quand elle eut disparu, il laissa soudain tomber la tête comme un poids, à angle droit avec l'éclat chatoyant de son gilet en cachemire. Après être tombée, donc, de quelque quarante-cinq degrés... Ce qui fait beaucoup, rapporté à certaines échelles et selon certaines estimations. Par exemple, l'étoile de Bernard, comme on l'appelle, décrit une rotation de 10,3 secondes par an. Soit un quart du minuscule point de Jupiter (qui parcourt, lui, le sixième d'un degré par an). Pourtant, aucun autre corps céleste n'effectue un mouvement d'une telle amplitude. C'est pourquoi on l'appelle l'Étoile fugitive... En laissant juste tomber la tête ainsi, Richard changeait de plusieurs milliers d'années son rapport temporel avec les quasars. C'est la vérité. Car les quasars sont si loin et s'éloignent si vite... Soit dit pour mettre les difficultés de Richard en perspective : dans la perspective de l'univers.

Onze heures plus tard, il travaillait avec Anstice à la page Bible et Bouquin. L'article avait été bouclé. Comme on boucle un enfant dans sa chambre pour le faire dormir, alors que les adultes s'y bouclent à deux pour y prendre du plaisir.

Après qu'on lui eut fredonné une chanson, une berceuse, qu'on lui eut apporté des friandises et des verres d'eau, qu'on eut calmé ses angoisses, *La petite revue* avait été bouclée. Bruno, le critique de théâtre, avait terminé son article de tête sur *Les trois sœurs*. Malheureusement, il ne comptait que trente mots. Le critique d'opéra, Hugo, n'avait rien réussi à écrire, bien qu'il eût passé l'après-midi dans un lavabo d'eau glacée et qu'il eût pratiqué, avec Anstice, toute une série d'exercices de respiration qui rappelaient à Richard les cours qu'il avait suivis avec Gina, ces cours où des adultes assis en cercle par terre observent le prof comme les enfants qu'ils vont bientôt mettre au monde. Otto, le critique de radio, avait terminé son article, puis l'avait déchiré et jeté par la fenêtre. Plusieurs têtes s'étaient tournées, d'abord consternées puis très incrédules, lorsque Inigo, le critique de cinéma, avait articulé entre ses larmes qu'il trahissait son œuvre de poète en écrivant pour gagner de l'argent. Quoi ? Il y avait donc quelqu'un, ici, qui se faisait de l'argent ? Vers la tombée de la nuit, Richard et Anstice avaient cru un moment qu'un autre vendredi noir se préparait, comme la fois où les sept critiques d'art (qui s'étaient réunis dans les locaux avec plus ou moins de lassitude dans leur position méditative) n'avaient pas réussi à se mettre d'accord sur une seule syllabe. Richard avait alors confectionné, à la va-vite, un collage d'annonces immobilières, d'articles en souffrance, de mots croisés et de problèmes d'échec préalablement rejetés.

« Inigo a été extraordinaire, dit Anstice en finissant son vin blanc.

— Inigo a été incroyable », dit Richard en finissant son whisky.

Inigo était aussi couché à leurs pieds sur la moquette. C'était un homme qui possédait un grand talent stoppé en plein élan, comme eux tous, plus ou moins, et il avait écrit sept mille cinq cents mots très cohérents sur un dessin animé bulgare, le seul film qu'il avait vu, ou qu'il se rappelait avoir vu, depuis deux semaines.

Anstice baissa religieusement la tête. Richard contempla, comme cela lui arrivait souvent, la raie qui partageait en deux ses cheveux. À cet endroit, semblait-il, se rencontraient deux forces adverses, et elles se livraient à une lutte sans merci. Oh mon Dieu ! Oh Seigneur ! Ces gens qu'on voit au coin des rues, les cheveux non seulement en mauvais état mais différents de ce qu'ils devraient être, composés de toute évidence de mèches individuelles et pire que bouclés : tordus, entortillés, partant dans toutes les directions où ils ne devraient pas aller. Anstice avait les cheveux qui poussaient avec une énergie superflue. Sa queue de cheval était aussi lourde qu'un vieux cordage de marine, elle descendait jusqu'aux fronces de sa robe. Ses cheveux donnaient l'impression de n'être jamais lavés, coiffés à la rasta. Elle releva la tête et lui sourit doucement, une lueur de tendresse brillant dans ses yeux en guise d'excuse.

« Un dernier verre ? » demanda-t-il.

Quand il revint du bar, il pensa qu'Anstice se serait peut-être tournée contre le mur pour se livrer à un exercice d'introspection, qu'elle chanterait peut-être des bribes de chansons, et même les strophes délirantes de la pauvre Ophélie. Il ne fut guère moins inquiété de la trouver, le visage au-dessus de la table, le nez à deux ou trois centimètres de la surface. Elle lui dit sans bouger, pendant qu'il s'asseyait :

« C'est le moment d'en parler à Gina. Sinon, pourquoi on continue ? Tout se passera bien. Je viendrai avec toi et on lui racontera tout. »

Richard pensa qu'il finirait sans doute ses jours avec Anstice. Il pensa qu'il finirait sans doute ses jours avec Anstice. Est-ce qu'ils se marieraient ? Non. C'est en sortant de chez elle, ce matin-là, un an plus tôt, qu'il avait songé à l'expression « vieille fille ». Impossible d'y échapper. C'est ça, les *vieilles filles*, mon pote, s'était-il dit. *Vieille fille* je veux dire, et *vieille fille* je dis. Effluves de vieille fille qu'il avait trouvés en arrivant, enveloppe de vieille fille avec laquelle il était reparti, comme s'il portait ses vêtements, ses draps, ses serviettes de toilette, ses cheveux. C'était l'odeur de vêtements qui n'avaient pas été nettoyés depuis des années, l'odeur de plafonds abîmés par la pluie ; mais c'était surtout l'odeur du laisser-aller. Richard s'y connaissait, en matière de laisser-aller ; il comprenait le laisser-aller. Mais le laisser-aller au sens physique du terme ? Ces jours-ci, il n'arrêtait pas de penser qu'il sentait le *vieux garçon*. Les vieux pyjamas, les vieilles pantoufles, les vieux gilets, les vieux cure-pipes. Mais ce n'est pas possible, se répétait-il. Ce n'est pas possible que je sente le vieux garçon. Je suis marié. Chez lui, dans son bureau, une biographie posée sur les genoux, il reniflait son épaule puis levait soudain la tête, fronçait les sourcils, faisait un geste de la main pour invoquer sa femme ennuyeuse et ses enfants parfumés, qu'il avait encore. Ensuite, il ne mettait pas longtemps à s'imaginer seul, son unique valise usée à la main, en train de gravir l'escalier humide qui menait chez Anstice. La vieille fille et le vieux garçon réunis en tête-à-tête pour l'éternité. Le vieux garçon et la vieille fille enlacés hors du temps comme deux danseurs folkloriques.

« Putain ! fit Gina. Tu as vu ça ? »

Richard prit le temps de lever les yeux pour s'assurer que *ça* n'était pas une lettre de dix pages d'Anstice, puis il les baissa à nouveau sur *L'amour dans un labyrinthe : James Shirley*. Gina lisait dans son canard le compte rendu circonstancié d'une série de meurtres perpétrés quelque part en Amérique. Non loin de là, couchés par terre dans le couloir, les jumeaux s'amusaient, calmement et même tendrement, avec leurs jouets violents. C'était un samedi matin chez les Tull.

L'ennui, s'il faisait tabasser Gwyn... Richard s'efforça de préciser sa pensée. L'ennui, s'il faisait catapulter Gwyn dans le troisième âge, était le suivant : Gwyn ne saurait jamais que la faute en incombait à Richard. Seul un crétin, il est vrai, n'aurait pas réussi à soupçonner (mais non sans en être gêné aux entournures) que c'était Richard, le responsable du *Los Angeles Times*. Mais Gwyn était justement un crétin, d'après Richard. Et on ne pouvait pas demander à un crétin (encore moins à un crétin qui se retrouvait la tête en bas et les pieds en l'air dans une poubelle, ou qui reprenait difficilement conscience dans une salle de soins intensifs) de soupçonner que c'était Richard, le responsable du coup monté par Steve Cousins. Non, tout cela manquait de justice, de justice artistique. Richard se sentait de plus en plus attiré par un autre dessein ou un autre projet, par une stratégie plus classique, une stratégie plus simple, une stratégie plus noble. Il allait séduire la femme de Gwyn.

« Mais pourquoi ? demanda Gina. J'arrive pas à... Oh ! »

Ce jour-là, il avait la tête pleine de femmes, comme toujours, mais non pas de représentantes du sexe opposé en général. La tête pleine de personnes réelles : Gina, Anstice, Demeter. Sans compter Gal Aplanalp, qu'il imaginait couchée nue sur son lit, un bracelet à la cheville, recroquevillée avec *Sans titre*, en train de froncer légèrement les sourcils en signe d'admiration et d'amusement mêlés. Il y avait aussi Gilda : Gilda Paul. Lorsque Gwyn avait commencé à sortir avec Demi, il avait rompu avec Gilda, l'amour de son adolescence, vite fait bien fait : le lendemain matin. La veille encore, Gilda vivait avec un petit scribouillard gallois qui avait deux romans à la noix à son actif, ainsi que toute une pile de guides de bachotage ; et quand elle s'était réveillée, c'était pour se faire mettre au train par l'auteur culte d'un bestseller surprise, en gare de Paddington, avec pour tout bagage sa valise en plastique craquelée et sa doudoune verte. Direction : Swansea et la dépression. Comme Richard, à ce moment-là, cherchait déjà une raison présentable de détester son plus vieil ami, la crise de nerfs de Gilda lui avait d'abord fait l'effet d'une bouffée d'air frais. Pour se justifier aux yeux de la morale, il avait même fait le voyage jusqu'à l'hôpital de Mumbles, perché tout en haut d'une falaise et là, un léger sourire aux lèvres comme s'il était dans une situation profondément embarrassante, il avait passé une heure avec Gilda, sa main blanche et moite dans la sienne, tandis qu'une télévision parlait en anglais et l'autre en gallois. La pièce semblait éclairée par le thé rouge brique et les biscuits brun orangé, elle était peuplée de femmes, toutes plutôt jeunes, qui adoraient (comment cette idée lui traversa-t-elle l'esprit, dans les vapeurs de ce fichu thé ?) manger de la cervelle. Richard continuait à écrire à Gilda. Ses lettres avaient tendance à coïncider avec le dernier coup d'éclat de Gwyn, ou bien avec le dernier gros éloge qui faisait état de ses qualités humaines ou, mieux encore, de sa compassion. Il eut le malheur, sans doute, de lui envoyer une interview de la presse écrite dans laquelle Gwyn évoquait Gilda en disant qu'ils s'étaient séparés « à l'amiable ». Il ne suggéra qu'à de rares reprises de porter à la connaissance du public (ou de Rory Plantagenet) toute la vérité dans cette histoire. Richard se félicitait que Gwyn ne soit jamais allé voir Gilda. Richard espérait qu'il n'irait jamais la voir. Richard ne s'intéressait pas beaucoup à Gilda. Mais il s'intéressait beaucoup à Demi.

« Mais enfin... Pourquoi donc ? dit Gina. Oh ! Si je pouvais en faire à ma guise ! »

Il leva les yeux. Gina avait porté la main à sa gorge, à l'endroit où, une heure plus tôt, il avait porté, lui, ses propres lèvres. Mais cela n'avait pas marché... Il se replongea dans l'index de *L'amour dans un labyrinthe : James Shirley — Revanche de la bonne*, *Le traître*, *Cruauté de l'amour*, *Femme de petite vertu*, *Imposture*, *L'amour dans un labyrinthe*. Tout en songeant à la séduction de Lady Demeter, Richard n'avait pas de moustache à tortiller, pas de rires gras à son répertoire : un habitué sournois des boudoirs jacobéens possédait un énorme avantage sur Richard. Impossible d'imaginer Lovelace, par exemple, sortir mollement de la chambre en sanglotant, ses chaussures à la main. Impossible d'imaginer Heathcliff, assis dans le lit à baldaquin, un avant-bras mollement appuyé contre son front, en train d'expliquer à Catherine que ce doit être la nervosité et le surcroît de travail. La situation semblait s'être relâchée après 1850. Bounderby, dans *Les temps difficiles*, était de toute évidence un marchand qui ne la ramenait pas. Et quant à Casaubon, dans *Middlemarch*... Quant à Casaubon et Dorothée, leurs ébats devaient ressembler à l'insertion d'une huître fraîche dans un parcmètre. L'impuissance aiguë et chronique, Richard le savait, n'était guère un atout dans une entreprise de séduction. Mais il en savait davantage sur elle, à présent, davantage sur sa vulnérabilité, ses secrets, son intimité, son déshonneur. Son plan prenait forme. Et on ne pouvait l'accuser de vouloir tromper Gwyn. Car cela ne servait à rien s'il ne se faisait pas pincer.

« Les mots, bredouilla Gina, les mots... me manquent. Mais pourquoi donc ? Personne ne veut me le dire ? »

Richard se glissa lentement de sa chaise et alla se poster derrière elle. Les pages centrales du canard de Gina décrivaient le procès et la condamnation d'un meurtrier d'enfants dans l'État de Washington. Il y avait sa photo. On le voyait, debout dans son uniforme de prisonnier, les yeux tournés vers l'intérieur, la lèvre supérieure accentuant le dessin de l'arc de Cupidon, en forme de mouette qui vous fonçait droit dessus. « Pardon ! Pardon ! » avait crié une de ses victimes selon des témoins : un petit garçon, poignardé à mort par un étranger adulte dans le terrain de jeux du quartier. Le frère du petit garçon avait lui aussi été poignardé à mort. Mais il n'avait rien dit. Il y avait aussi un troisième enfant, beaucoup plus jeune, que le meurtrier avait gardé plusieurs jours avant de le tuer.

Gina dit :

« T'as vu la tête qu'il fait, cet horrible pédé ? »

Marius entra dans la cuisine et déclara tout de go à ses parents qu'il avait un air merdique sur sa photo de classe. Il sortit la photo de classe et la leur montra. Marius n'avait pas du tout l'air merdique.

« Tu n'as pas du tout l'air merdique », dit Richard d'un ton autoritaire.

Il avait l'impression de connaître à fond la question.

« Tu as l'air en pleine forme.

— Je trouve ça affreux, dit Gina, ce petit garçon qui dit “ Pardon, pardon ” comme ça. »

Les jeunes jurent davantage de nos jours, et les vieux jurent davantage. C’est peut-être le seul domaine où vos parents peuvent vous choquer autant que vos enfants. Les gens d’entre deux âges jurent aussi davantage, bien sûr, mus par un réflexe de révolte contre l’effritement de leurs prérogatives.

« Pardon ! Pardon ! » avait crié le petit garçon à l’étranger dans le terrain de jeux du quartier. Le frère du petit garçon avait lui aussi été poignardé à mort. Mais il n’avait pas crié : « Pardon ! Pardon ! » Il était plus âgé et il savait peut-être quelque chose que son petit frère ignorait.

Parmi les nombreuses rétrogradations dont il a fait récemment l’objet, le motif a perdu sa place dans le vieux triumvirat de l’application de la loi : moyen, motif, occasion. Au moyen-motif-occasion a succédé le témoin-aveu-preuve. Tout enquêteur vous dira aujourd’hui qu’il ne songe presque jamais au motif. Cela ne sert à rien. C’est dommage, mais cela ne sert à rien. Rien à foutre du pourquoi, dira-t-il. Ce qui compte, c’est le comment, qui permet de trouver le qui. Mais rien à foutre du pourquoi.

« Pardon ! Pardon ! » avait crié le petit garçon. Il pensait avoir vexé le meurtrier et l’avoir mis en colère, sans le vouloir. Il pensait que c’était cela, le pourquoi. Le petit garçon était en quête d’explications dans le terrain de jeux de notre époque. Mais il ne faut pas en chercher, des explications, parce qu’on n’en trouvera pas, parce qu’il n’y en a plus. Pardon, pardon.

C’était un pan de la ville à lui seul, ce quartier : il se ramifiait comme les branches d’un sordide arbre généalogique dont les membres consanguins répondraient tous au nom de Vroxhall. Il y avait Vroxhall Road, puis Vroxhall Street ; Vroxhall Terrace, puis Vroxhall Gardens ; puis Vroxhall Court, Lane, Close, Place, Row, Way ; enfin, Vroxhall Drive, Park, Walk. Richard ferma à clef la Maestro, dont les jours étaient comptés, et fit demi-tour. Face à lui s’étendait un paysage droit issu d’un de ses romans — si tant est qu’on ait pu parler de paysage, de *locus* ou même d’un lieu quelconque dans une prose aussi contournée et capricieuse. Profitons-en d'ailleurs pour faire comme Gal Aplanalp et jeter un rapide coup d'œil sur ce qu'écrivait Richard, pendant que lui-même arpente, en trébuchant et en jurant, Vroxhall Avenue, puis Vroxhall Crescent et Vroxhall Mews, à la recherche de Darko, à la recherche de Belladonna.

Au fond, Richard était un naufragé du modernisme. Si on le poussait dans ses derniers retranchements, Gwyn Barry conviendrait sans doute avec Herman Melville que tout l'art consiste à plaire aux lecteurs. Le modernisme représentait une brève divagation au cœur de la difficulté ; mais Richard ne s'en était pas sorti, lui, de la difficulté. Il ne cherchait pas à plaire. Ce qu'il voulait, c'était mettre à l'épreuve le lecteur et ses capacités de résistance. *Avec préméditation* était raconté à la première personne, *Les rêves ne veulent rien dire* à la troisième, une troisième personne bien définie. Ce je et ce il étaient des instances anonymes qui tenaient lieu de l'auteur, et les romans correspondants consistaient en une suite plus ou moins ininterrompue de monologues intérieurs imbriqués les uns dans les autres. *Sans titre*, fondé sur une structure temporelle à huit niveaux et mobilisant une équipe tournante de seize narrateurs peu fiables, paraissait innover. Mais ce n'était qu'une apparence. Comme dans les deux romans précédents, on était en présence d'une seule voix. Dans ce panier avaient été mis tous les œufs. C'était une voix policée, érotique, érudite... Malgré sa prose talentueuse, Richard se moquait du talent littéraire. Ce qu'il voulait, dans ses romans, c'était affirmer son génie littéraire, comme Joyce. Joyce était jusque-là le meilleur exemple du génie littéraire, mais même lui rasait le lecteur presque la moitié du temps. Richard, disait-on, rasait le lecteur tout le temps. S'il fallait retenir un seul qualificatif pour caractériser ses livres, on opterait presque à coup sûr pour « illisible ». Pour l'instant, *Sans titre* n'avait pas été lu, mais personne n'avait jamais terminé les deux romans précédents de plein gré. Richard était trop fier, trop paresseux et (dans une certaine mesure) trop brillant et trop cinglé pour démontrer quelque talent littéraire. La seule idée de faire sortir un personnage de chez lui et de lui faire traverser la ville pour l'amener ailleurs, par exemple, le désemparait et l'épuisait d'avance.

Il atteignit l'angle d'une rue. Quoi ? Vroxhall Parade ? De

l'autre côté se trouvait un terrain de jeux grillagé, peuplé non par des enfants (il remarqua le silence !) mais par de vieux ivrognes à jeun qui avaient l'air menaçant derrière les tapeculs, les cages à écureuils, les balançoires et les tourniquets. Est-ce à cela que ressemblerait New York ? En venant, Richard avait aperçu les ralentisseurs dans les rues. En fait de policiers, les seuls que l'on pourrait rencontrer dans ce genre d'endroit, dans cet endroit dont personne ne s'approchait, où personne n'osait s'aventurer, étaient des policiers endormis. Richard dépassa un autre matelas calciné. Toute révélation, par ici, se manifesterait sous la forme d'un feu de matelas... Richard continuait à situer ses romans dans ce monde, mais il n'y avait pas mis les pieds depuis six ou sept ans. Il se contentait désormais de le traverser, ce monde, au volant de sa Maestro vermillon.

En se dirigeant vers l'adresse indiquée, en la repérant de loin, il s'arrêta, se retourna et, une dernière fois, balaya consciencieusement du regard le paysage qui l'entourait. Fil de fer pâlichon, arbres coiffés à la diable après la taille. La pauvreté ne changeait pas de discours, d'un siècle à l'autre, mais de phraséologie. Les phrases prononcées par ce qu'il avait en face de lui étaient courtes, leur seule richesse consistant en solécismes et tours profanes. Comment cela cadrait-il avec le syllogisme boiteux qu'il avait concocté dix heures plus tôt, en prenant une tasse de thé et en fumant une cigarette ahurie après qu'il eut connu la même panne que d'habitude avec Gina ? Quelque chose du style :

> A. Les livres à la noix de Gwyn plaisent au monde ; ses livres à la noix sont universels.
> B. Le monde aime les livres à la noix ; le monde est un monde à la noix.
> C. Mieux vaut se servir du monde, dans ce cas ; mieux vaut attaquer Gwyn sur un terrain de son calibre...

Ce n'était pas la peine que Richard se tue à trimballer le *Los Angeles Times* dans toute la ville. Ou à demander asile aux pages de *La petite revue* pour y placer cette chronique assassine qu'il ne cessait de répéter dans sa tête. La littérature n'était d'aucun secours. C'est le monde qui devait le foutre en l'air... Alors qu'il montait l'escalier, l'idée de payer quelqu'un pour faire tabasser Gwyn, cette idée qu'il avait soi-disant abandonnée, se présenta de nouveau à l'esprit de Richard, mais avec toute la fraîcheur d'une découverte.

Comme promis, la porte d'entrée n'était pas verrouillée (« Je vous assure », avait dit Darko). En reprenant son calme dans l'entrée, Richard entendit le bruit d'une ponceuse ou d'une varlope : d'une varlope qui appelait sa maman-varlope en pleurnichant. C'était le bruit du mal de dents, c'était le bruit de la douleur. « C'est vous, le maillon faible », avait dit Steve Cousins à la crêperie du Canal. Si on se lance là-dedans, c'est vous le maillon faible. Si quelqu'un se reposait sur vous, vous ne tiendriez pas le coup. Les gens ne savent pas ce que c'est, la peur et la douleur. Moi, si, je sais ce que c'est. La peur et la douleur sont mes amies. Je suis blindé. C'est vous, le maillon faible... Richard avait toujours cru qu'il savait ce que c'était, la peur et la douleur ; mais non, il ne le savait pas, du moins pas encore. La peur et la douleur l'attendaient au tournant, comme elles attendaient tout le monde. Tout un hospice de peur et de douleur, qui attendait patiemment.

Il frappa à la première porte qu'il trouva à l'intérieur. Darko l'ouvrit. Affrontement transylvanien : Darko avait les yeux plus rouges que ses cheveux n'étaient roux, plus rouges que la Maestro n'était grenat. Il examina Richard de haut en bas, puis dit, comme s'il le saluait de son nom : « Pontage du charisme. » Peu après, ils se trouvèrent dans une pièce qui faisait à peu près la taille d'un court de tennis et qui était remplie de meubles pouvant provenir de n'importe où, voire de partout : foyers de départements de sociologie dans des universités de province, hôtels pour hommes d'affaires, casernes militaires.

En se tournant vers lui, Richard s'enhardit à lui demander :

« D'où est-ce que vous venez, Darko ? Au départ.

— D'un pays que je continue à appeler la Yougoslavie. »

Darko se tenait au milieu de l'immense coin-cuisine et fixait un genre de repas étalé sur une assiette. Il leva les yeux et sourit. Longue lèvre supérieure bordée d'une moustache duveteuse ; longue gencive supérieure, de couleur rouquine elle aussi.

« Vous êtes serbe ou croate ? Par pur intérêt.

— Je refuse cette distinction.

— Oui. Bon ! C'est vrai qu'il n'y a pas de différence ethnique, hein ? Juste une question de religion. Mais rien de visible. »

Sur la cheminée, Richard crut apercevoir une bondieuserie ; éclairée de l'intérieur par une ampoule qui avait la forme d'une tulipe en bouton, c'était la Sainte Vierge (devina-t-il), mais travestie par une fausse poitrine plantureuse qui lui donnait la silhouette d'une redoutable figure de proue à l'avant d'un navire.

« Est-ce qu'il n'y a pas tout un truc sur la façon de se signer ? Pendant la guerre, pendant la guerre mondiale, les soldats croates retournaient les enfants et leur faisaient faire le signe de croix. Pour voir dans quel sens ils le faisaient. Pour voir s'ils étaient morts ou vivants. »

Première nouvelle pour Darko, visiblement. Une information toute fraîche. Richard essaya de se détendre en songeant que de nos jours, dans une certaine mesure, il est possible d'en savoir plus long sur un étranger que lui-même n'en sait. Récemment, il s'était laissé aller, sur son palier, à une discussion avec un missionnaire mormon (qu'il avait ensuite vite envoyé paître en lui lançant un sarcasme). Ce Mormon n'avait jamais entendu parler de Moroni : Moroni, l'ange américain du XIXe siècle, le Messie des chimères au nom duquel le baratineur barbu faisait du porte-à-porte. Drôle d'indice que ce nom-là : Moroni, anagramme de « morpion », à une lettre près.

Darko dit :

« J'estime que nous sommes tous des êtres humains.

— C'est ce que je pense aussi. Belladonna, j'imagine, est un être humain. Enfin, je suppose qu'elle existe. Où est-elle ?

— Elle s'habille. Se déshabille. C'est du pareil au même. Qu'est-ce que j'en fais, maintenant, de cette bombe au cholestérol ? »

Il désigna le plat et son contenu. Le plat réverbéra sa lumière comme la palette d'un artiste croulant sous le travail : quelque primitif moderne qui travaillait au pastel.

« J'ai qu'à le balancer au micro », décida Darko.

Le micro, c'était le four à micro-ondes. Excellente abréviation. Et d'autant plus appropriée que le four à micro-ondes était un appareil destiné à tromper le temps. D'ailleurs, Darko l'avait déjà réchauffée, sa pizza à la mangue ou sa rissole à la grenade, et il était déjà en train de la manger à pleines mains... Dans un film qu'il avait loué en vidéo, et beaucoup aimé, Richard se souvint que le héros désignait son vélo tout terrain par les lettres V.T.T. À quoi on pourrait ajouter que certains astrophysiciens parlent de l'équation VUTEQUE, ou « Voir l'Univers Tel Qu'il Est ». En toute rigueur, il ne s'agit pas d'une abréviation normale, mais d'un acronyme. Ils ne prononcent pas Vé-U-Té-Euh-Cu-U-Euh. Ils prononcent vutèque. Quels cons ! Et dire qu'on leur demande d'analyser comment on est arrivé sur cette planète. L'univers que l'on voit tel qu'il est, c'est l'univers où la matière sombre, l'ombre envahissante qui comprend peut-être 97 % de la masse universelle, n'a strictement rien d'exotique : elle se compose comme le reste de protons, de neutrons et d'électrons — vraisemblablement de planètes, plus grosses que Jupiter mais trop petites pour briller, et qu'on appelle « masses compactes de halos objectifs », ou (mais qu'est-ce qu'ils ont, ces mecs ?) MACHOS. Mais qu'est-ce qu'ils ont donc, ces mecs ? L'univers du « déjeuner gratuit », l'univers « classe », l'univers du « pontage charismatique »... Et puis quoi, encore ? Ils se reportent seize milliards d'années en arrière et reprennent des expressions qui étaient déjà en passe d'être périmées il y a six mois.

« Est-ce que Belladonna va venir nous rejoindre ? Dites-m'en donc un peu plus, demanda Richard en s'assurant d'avoir mis une bonne dose d'ironie dans le ton de sa voix, sur son histoire avec Gwyn Barry. »

Darko leva un doigt, tout en terminant une bouchée qui exigeait un gros travail de la langue sur les quatre séries de molaires. Il finit par dire :

« Qui ça ?

— Belladonna.

— Vous voulez dire Diva. C'est comme ça qu'elle s'appelle maintenant : Diva. Mais je la connais pas super bien.

— Ah bon !

— Les hommes se perdent tous en Divagation. »

Non, pas en divagations. En Divagation. Comme on dit corps et âme, etc.

« Il s'en passe, des choses, suggéra Richard. Des vertes et des pas mûres, sans doute.

— Bon roulis des hanches, j'imagine. Ouais ! »

Richard resta debout sans bouger.

« Ouais, ouais, repris Darko, résigné. Diva est folle de ce truc de folie.

— Vous la connaissez depuis super longtemps ? Vous savez où elle est, par exemple ? »

Darko s'excusa et s'éclipsa par une porte située à l'arrière de la cuisine. Quand il revint, il leva soudain les yeux sur Richard et dit :

« Qui êtes-vous ?

— Richard. Et vous ?

— Ranko.

— Darko, vous voulez dire.

— Darko, c'est mon frère jumeau. Lui, il est croate. Moi, serbe. On se ressemble mais on n'a rien en commun.

— Vous mangez tous les deux de la pizza, en tout cas. Vous en avez encore un bout dans la moustache. »

L'homme ne bougea pas, ne réagit pas, et continua à se passer la langue sur les dents pour les nettoyer.

« Elle se lève, fit-il. Et moi, je m'en vais. »

Richard resta seul dans la pièce où il n'aurait jamais dû entrer, l'espace de quelques six ou sept secondes fébriles, le temps qu'une porte se ferme et qu'une autre s'ouvre. Si l'on avait pu décomposer cet infime laps de temps, on aurait trouvé : la peur d'être blessé, contaminé ou assassiné ; la peur de l'obscurité qui descendait ; la peur de la pauvreté, d'un logement pauvre ; la peur de Gina et de l'iris dilaté de ses yeux ; le désespoir face à l'être en détresse dont le sang timidement bourdonne ; et parmi toutes ces peurs et toutes ces haines, le sentiment de soulagement, de clairvoyance et d'assurance qu'éprouve un homme à la perspective de céder à la tentation, lorsqu'il sait qu'il s'est lavé la queue avant de sortir de chez lui. Richard jeta un coup d'œil brouillé à Diva, qui entrait dans la pièce d'un pas furtif, et il songea : rien à en tirer. Il est à l'abri. Je suis à l'abri. Ce n'est pas de l'atropine qu'il faut ; juste un peu d'amarante. Nous sommes tous à l'abri.

« Salut.

— Salut.

— Richard, dit-elle.

— Diva. »

Elle fit un tour complet sur elle-même, le regarda par en dessous et dit :

« Belladonna. C'est moi. »

Richard l'examina alors (se dit-il) avec un détachement de recenseur. Nul doute qu'elle lui aurait ri au nez s'il le lui avait dit (c'était probablement une goth, une grrrl, ou une pépée de B.D. : je n'ai pas encore lu les journaux de samedi, songea-t-il en avalant sa salive pour se redonner courage), mais Belladonna était *punk*. En d'autres termes, elle s'était attaquée à sa personne comme pour effacer les dons qu'elle avait reçus de la nature. Son rimmel, elle le portait comme un bandeau de cambrioleur ; son rouge à lèvres était approximatif et sanguinaire ; ses cheveux noirs se dressaient sur sa tête, asymétriques et taillés à la diable comme les arbres élagués dehors. Le style punk représentait la démocratie des corps. Son credo : vive la laideur ! Richard se sentait automatiquement séduit par cette idée, lui qui se serait moqué d'être pauvre s'il n'y avait pas de riches, qui se serait moqué d'avoir l'air fruste si personne n'avait l'air raffiné, qui se serait moqué d'être vieux s'il n'y avait pas de jeunes. Il se moquait sans doute d'être cinglé, pourtant, malgré le grand nombre de gens sensés. En fait, il en retirait un grand plaisir et croyait que c'était là le seul bienfait qu'il ait connu depuis des années. Elle était très jeune, très petite, très brune. Elle était d'une perversité des plus efficaces et portait ses sous-vêtements par-dessus ses vêtements : amples pantis roses par-dessus des collants de cycliste noirs ; soutien-gorge blanc très serré par-dessus un tee-shirt noir, comme une armoirie. Elle parlait avec l'accent de Londres. Richard n'arrivait pas à situer ses origines ethniques. Il se dit qu'elle devait venir d'une île.

Elle dit :

« Je ne vous imaginais pas comme ça.

— Ah bon ? »

Ça, c'était nouveau : qu'on l'imagine.

« Vous voulez dire que je ne ressemble pas à mes critiques de livres ? » demanda-t-il doucement.

Belladonna chercha où s'asseoir et choisit un canapé.

« Vous non plus, je ne vous imaginais pas comme ça.

— Non ?

— Vous êtes très jeune. J'sais pas. Vous avez pas l'air d'être le genre de Gwyn.

— Il est du genre... amoureux de moi. »

Dit-elle en secouant ou en agitant la tête par provocation. Au moment où elle prononçait le mot « amoureux ».

« Vraiment ? » dit Richard en s'asseyant à côté d'elle.

Elle contemplait ses propres mains jointes : Belladonna l'anachorète. Il se surprit à espérer, intrépide, qu'elle était déjà enceinte.

« Et qu'est-ce que ça vous fait ?

— Ça me plaît, bien sûr. J'en suis fière. Je sais qu'il est marié ou quelque chose dans ce genre.

— Est-ce que vous êtes... ? Bref, ça fait longtemps que ça dure ? »

Elle sourit, énigmatique.

« Vous savez ce que c'est, mon truc ? Lisez sur mes lèvres. »

Mon truc, dit-elle en silence, *c'est ma bouche.*

« Votre bouche.

— C'est comme ça qu'on m'appelle : la goulue, la lippue. Depuis que je suis toute petite, j'ai cette *bouche.* »

Mon truc, c'est ma bouche. Je suis célèbre pour ma bouche.

« Vous êtes encore petite. »

Tel était, pensa-t-il, le second principe punk : on est chacun son propre artiste, chacun sa propre légende. Le truc d'un tel, c'est de se coller un kilo de vieux journaux dans les cheveux ; le truc d'une telle, de porter une pince à linge dans la joue. Le truc de Belladonna, c'était sa bouche. Richard sentit la contradiction (ou plutôt, il la sentirait plus tard : pour l'instant, il était occupé), car ce talent-là était encore une absence de talent, une absence d'un genre particulier et paresseux, qui ne se prévalait d'aucun droit sur l'universel. Ce qui réveilla une contradiction propre à Richard. Est-ce qu'il se moquerait de ne pas avoir de génie, si personne n'en avait ? Non, c'est faux. Il voulait que les gens en aient, du génie ; il voulait qu'il y en ait, du génie, dans le monde.

Venez voir, articula Belladonna. *Regardez de près.* Elle s'allongea et régla l'abat-jour de la lampe d'architecte, comme si elle était à elle-même son propre dentiste. Richard, en qualité de conseiller ou de consultant, se pencha davantage. *Jamais eu de plombage*, la vit-il dire, sa lèvre inférieure suivant les mouvements de sa langue selon une étrange chorégraphie. De fait, ses dents étaient d'une perfection irréprochable. *Regardez la longueur de ma langue...* La bouche de Belladonna : Richard y avait presque le nez plongé. Et il savait que ses opinions sur une bouche de femme s'en trouveraient à jamais changées, ses opinions sur sa profondeur intime, sur ses couleurs rouge, rose et blanche, sur son aspect mouillé. Oui, c'était bien cela : comme un pubis vu de côté, un pubis d'une perfection platonique, pourvu de trente-deux dents. Mais dans ce cas, il n'était pas en peine. Il savait où étaient les dents, où elles n'étaient pas. Avant de s'enfoncer dans le canapé, il s'imprégna de son haleine et la trouva douce, mais douce comme un médicament, non comme un fruit.

« Je peux faire plein de choses avec. »

La langue sortit, se recourba vers le haut, fine, effilée, jusqu'à ce qu'elle touche le bout de son nez. Puis rentra. La bouche sourit et dit :

« Ou bien ça. »

Les lèvres s'écartèrent, s'épaissirent, se retroussèrent. « Visage de négresse », disaient-elles. Les dents et les gencives semblaient avoir reculé à l'intérieur, comme si elles dessinaient une bouche dans la bouche. La bouche se reconstitua et articula : *Prenez-moi la main.*

Il obtempéra. C'était une main tout à fait normale, mais il avait du mal à la rapporter à Belladonna, qui n'était, comme elle le disait, comme sa bouche le disait, qu'une bouche.

Qui dit « Regardez », tandis que son autre main s'en approcha et s'y engloutit jusqu'à l'articulation du poignet.

Richard détourna le regard en quête de son identité. Tout ce qu'il trouva, c'était un vieux machin tout usé.

« Il faut pas montrer ça à n'importe qui.

— Je sais ce que je fais. »

Tout son visage lui adressait un reproche mêlé d'indulgence. *Je sais ce que je fais.*

Quand elle éteignit la lampe, Richard se rendit compte que la pièce s'était laissé envahir en douceur, en silence, par la lumière adultérine du crépuscule, cette lumière qu'apprécient les amants pour l'intimité et l'isolement qu'elle procure, pour les teintes ambrées dont elle les flatte. Dans ce spasme bien précis de son évolution conjugale, l'adultère était un quartier chaud, c'est-à-dire dangereux, ni plus ni moins. Il s'était déjà trouvé dans des chambres où il n'aurait pas dû être, mais elles étaient en général mieux aménagées que celle qu'il hantait à présent. Là, l'ambiance était de la même couleur rouge que les gencives de Darko au moment de croquer le fruit vert. Un an plus tôt, avec Anstice, il s'était débarrassé de ses habits dans l'une de ces chambres où il n'aurait pas dû être. Ce qui l'avait alors sauvé de commettre techniquement l'adultère, c'était une force intérieure mystérieuse, un empêchement qu'il ne s'expliquait pas lui-même (bien qu'il en sût plus long désormais) : l'impuissance. Ce qui commence à disparaître à ce moment-là, avait-il décrété, ce n'est pas forcément l'érection, mais la sensation de l'érection. Et la perte de cette sensation (de l'afflux douloureux de sang) ne va pas sans la perte de la croyance, sans la perte de la transcendance, puis, très bientôt (avant qu'on ne s'en rende compte, en fait), sans la perte de l'érection. Telle qu'elle était. Et telle qu'elle est remplacée par la petite mort, la petite mort de pouvoirs anéantis, la petite mort d'une magie à la manque. Bref, la sensation lui apprenait que cette fois, il ne devrait pas son salut à l'impuissance, le cas échéant. Il faudrait qu'une autre dynamique s'interpose. Parmi les candidats, c'était l'éjaculation précoce qui avait pour l'instant le plus de chances. Je suis ici, pensa-t-il, parce que j'ai peur de mourir. Ce n'est pas moi qui l'ai voulu. C'est la mort.

Sa vie, toute sa vie allait bientôt atteindre le paroxysme de son troisième acte. Suivraient encore deux actes : le quatrième (où il est d'usage qu'il ne se passe presque rien) puis le cinquième. À quel genre sa vie appartenait-elle ? Telle était la question. Ce n'était pas à la pastorale. Ce n'était pas à l'épopée. C'était en réalité à la comédie. Ou à l'anti-comédie, qui est une certaine forme de comédie, une forme plus moderne de comédie. Autrefois, la comédie mettait en scène des jeunes gens qui surmontaient un tas d'obstacles et finissaient par se marier. Mais il en va autrement aujourd'hui. Le romanesque, qui mettait autrefois en scène des chevaliers, des sorciers et du merveilleux, met désormais en scène des couples de jeunes gens qui se marient : c'est cela, le romanesque, le romanesque de supermarché. La comédie a changé de contenu.

« Il y a un test que je fais sur les garçons », dit-elle.

Devant l'intérêt que manifestait Richard, elle poursuivit :

« À vous de dire... Je sors de la pièce, puis je reviens et je vous fais tout ce que vous voulez.

— Comment ça ?

— C'est simple. À vous de dire, à moi de faire.
— Comme quoi ?
— N'importe quoi. Ce que vous préférez.
— Ce que je préfère dans quel sens ?
— Trêve de timidité. Vous savez bien : un petit truc. Ce que vous préférez.
— Et si j'ai pas de préférence ?
— Tout le monde a une préférence. C'est drôle, parfois, ce que les gens préfèrent. Ça en dit long sur eux.
— Ouais, mais quel genre de préférence ?
— N'importe. »

D'un seul coup, la pièce lui rappela la salle de classe de l'école privée qu'il avait fréquentée, des années plus tôt, dans la rue de Gwyn. C'étaient surtout ses dimensions, se dit-il, et son absence impitoyable de confort. Peut-être aussi le sentiment qu'il avait alors, à dix-huit ans, qu'on le notait pour le reste de sa vie, que l'information le concernant était en route, plus ou moins bienvenue, et qu'elle se rapprochait de plus en plus.

« Vous aimez faire ce test sur des garçons ?
— Ouais. J'ai vraiment envie de connaître les gens. Ce qu'ils préfèrent.
— Parce que...
— C'est très instructif. Ça en dit long sur eux.
— Combien de fois avez-vous... euh... fait ce test sur des garçons ? »

Elle haussa les épaules — geste expressif mais non pas éclairant. Deux ou trois fois ? Deux ou trois fois par jour ? Richard se dit que cela ne servirait sans doute pas à grand-chose d'interpréter son attitude. Pas à grand-chose d'y accoler un complément de manière (avec arrogance, indignation, agacement). Il en allait de Belladonna comme de Steve Cousins : elle avait ses sentiments, ses réactions et ses poses, mais qui jouaient à un rythme différent, à un rythme plus neuf, et dont Richard ignorait la mesure.

« Donnez-moi un exemple. C'est quoi, la préférence de Darko ?
— *Darko*, fit Belladonna (avec arrogance, indignation, agacement).
— ... D'accord. Qu'est-ce que les gens préfèrent en général ? Qu'est-ce qu'ils veulent que vous leur fassiez en général ?

— Oh ! *En général...* »

Elle s'interrompit, d'un air affectueux pourrait-on dire. Elle ouvrit grand les yeux, en toute innocence.

« *En général*, ils me demandent de sortir de la pièce, dit-elle, et de revenir à poil. Puis de leur faire une petite danse. Puis de leur sucer la queue. »

L'obscurité, dans la pièce, s'intensifia encore un peu. Qui d'autre que des amants (et des dépressifs solitaires) resterait assis dans cette pénombre sans vouloir tourner le commutateur ?

« Je crois toujours que c'est ce truc que je leur montre avec la main. C'est ça qui les fait choisir ce qu'ils choisissent. Allez, jetez-vous à l'eau. C'est quoi, ce que vous préférez ? »

Mais Richard demanda :

« C'est quoi, ce que Gwyn préfère ?

— Gwyn. »

Là, la manière serait songeuse, nostalgique, tendre. Elle se tourna vers lui, le visage toujours baissé dans l'ombre. Ses vêtements soulignaient, comme on pouvait s'y attendre, ce qu'elle aimait le mieux de sa personne et de son corps, ce dont elle était le plus satisfaite : au reste, ce n'était pas une partie de son corps (dans son cas), mais un certain mouvement ondulatoire de la taille et des hanches. Elle fit un mouvement de gêne, puis un sourire, et enfin un aveu :

« En réalité, je n'ai jamais " rencontré " Gwyn Barry. »

Richard se leva. Il partait. Il était quasiment certain de partir.

« Donc, fit-il, vous ne le connaissez pas super bien.

— Il m'aime.

— Ou du moins vous croyez qu'il vous aime.

— C'est la façon qu'il a de me regarder.

— Quand est-ce qu'il vous regarde ?

— Quand il passe à la télé.

— Est-ce qu'il y a beaucoup de gens à la télé qui vous regardent ?

— Non. Gwyn Barry est le seul », dit Belladonna en regardant droit devant elle, comme si elle faisait la conversation avec le pantalon de Richard.

Puis elle rejeta la tête en arrière.

« Vous croyez que je suis une bouche et c'est tout, non ? dit-elle, puis la fit sourire à moitié, cette bouche, et bouder, et frémir. C'est pas vrai, c'est pas vrai. Qu'est-ce que vous préférez ? J'ai envie de savoir.

— Pourquoi ?

— Pour qu'on rende Gwyn jaloux. »

Richard avait disparu.

Pas de coup de téléphone de Gal Aplanalp.

« Gal Aplanalp me téléphone pendant deux heures tous les jours, dit Gwyn. Pour les droits de traduction. Elle s'occupe de tout elle-même. Avant, Alexander les bradait. Mais Gal, elle, arrive à arracher des sommes rondelettes même en Europe de l'Est. Elle est géniale, Gal. Tellement pleine d'entrain et de joie de vivre. »

Richard eut l'impression que l'asticot qui avait élu domicile dans le cerveau de Gwyn s'était coincé dans un pli ou un coude entre les deux lobes frontaux et que son hôte, par suite, allait rester planté là (peut-être jusqu'à la fin des temps), à grimacer son approbation avec une lueur chaste et pétillante dans le regard. Les deux hommes étaient dans le plus grand bar du Warlock, accoudés au quiz électronique, la Connaissance comme on l'appelait dans le coin, comme l'appelaient même les chauffeurs de taxi qui devaient leur Connaissance, eux, à toute une année passée sur une mobylette de môme, avec la liste des livraisons fixée au guidon. Gwyn et Richard n'étaient pas venus jouer au tennis. Ils étaient venus jouer au billard (le club de sports de Portobello Road étant fermé pour rénovation). Ils devaient donc attendre qu'une table se libère. Au bout d'un moment, l'asticot de Gwyn réussit à dégager sa patte arrière qui se débattait frénétiquement depuis un moment. Le visage de son hôte s'éclaira, puis s'assombrit : il surveillait la salle. Il étrennait une veste en tweed dont la couleur jaunâtre et la trame rugueuse évoquaient un épi de maïs à moitié rongé.

« Merci de m'avoir fait parvenir le premier chapitre de ton

nouveau bouquin, dit Richard. Ça m'a mis l'eau à la bouche. Tout le reste est plus ou moins du même acabit ?

— Plus ou moins. Tant que ça roule, faut rien changer : c'est ce que je dis toujours. Les épreuves seront prêtes le mois prochain. Je t'en enverrai un jeu.

— Avec plaisir. »

Une adolescente en tenue rose fuschia passa devant eux en mastiquant un chewing-gum. Elle se dirigea vers les escaliers de la salle d'aérobic. Ils la regardèrent monter.

« Est-ce que ça t'arrive, demanda Gwyn, est-ce que ça ne t'arrive jamais, en vieillissant, de te demander si tu ne devrais pas changer de sexualité ?

— Pour savoir à quoi ressemble la génération montante ?

— C'est que ça évolue au même rythme que le reste. Tout s'accélère. Elles s'y prennent autrement maintenant.

— Sans doute.

— Mais comment, autrement ? J'ai l'impression que... et je te le dis uniquement sur la base des lettres que je reçois, ne t'imagine pas que... J'ai l'impression qu'elles sont plus cochonnes. Plus spécialisées.

— Quel genre de lettres est-ce que tu reçois ?

— En général, il y a une photo. Et un sous-entendu assez explicite sur une... une spécialité. »

Richard se rendit compte qu'il n'avait jamais réussi à sonder le quotient érotique de Gwyn. Qu'est-ce que ça pouvait bien faire, quand il était avec Gilda ? Il se demanda, comme cela lui était déjà arrivé, si (en vertu d'une complication indiciblement humiliante) il ressentait un quelconque désir pour Gwyn. Il réfléchit. Richard ne voulait pas embrasser Gwyn. Et il était à coup sûr impensable que Gwyn veuille l'embrasser, lui. De toute façon, il n'y avait pas de risque que cela arrive, pas le moindre risque. Richard se moquait pas mal de savoir pourquoi il agissait ainsi.

« Demi est jeune.

— Plus si jeune que ça. »

Richard sentit son pouvoir l'abandonner peu à peu en entendant Gwyn lui expliquer :

« Elle n'a jamais été une bête de sexe. C'est pas qu'elle soit tombée de la dernière pluie entre nous soit dit, elle a roulé sa bosse, mais elle ne s'en souvient plus tellement. C'était à l'époque où elle prenait de la coke. Tu sais, les filles de la bonne bourgeoisie prennent toutes de la cocaïne à une période de leur vie. À leur naissance, leur père les inscrit d'office dans les centres de désintoxication les plus chic. Elle a même été.... elle a même eu pour amants plusieurs types des Caraïbes.

— Ça me renverse !

— Je n'en ai pas honte. Tant mieux pour elle. Mais elle est encore un peu coincée. Prends la fellation, par exemple. J'avais l'impression, il y a quelques années, qu'il y avait des filles qui la pratiquaient et d'autres pas. Ou bien des filles, comme Gilda, qui t'en faisaient une le jour de ton anniversaire. Maintenant, je parie qu'elles s'y sont toutes mises. Ce qui compte, ce n'est pas si elles s'y collent ou pas, mais la manière dont elles s'y prennent.»

C'était comme dans un match, à partir du moment où on perd le rythme de la domination et où on ne peut plus prendre d'initiatives, mais seulement parer aux coups de l'adversaire.

« Je connais une fille qui veut te rencontrer.

— Mignonne ?

— Une bouche extraordinaire. Elle veut te poser une question.

— Ce que je préfère comme couleur ?

— Non. Ce que tu préfères tout court. »

Richard se surprit ensuite à lui raconter par le menu l'expérience qu'il avait eue avec Belladonna. Ce faisant, il se demandait : à quel jeu est-ce que je jouais, là-bas ? Belladonna avait à peine dix-sept ans, et plus toute sa raison. Le bon sens aurait voulu qu'il lui demande de se déshabiller, à tout le moins, puis de danser un peu devant lui. Depuis cette rencontre crépusculaire qui était venue s'ajouter au grand nombre des nouveautés scandaleuses de son existence, Richard avait découvert (tout bien réfléchi) quelles étaient ses préférences. Il en avait une, notamment : le genre de rapport sexuel qui implique non pas tant un échange de sécrétions corporelles qu'un transfert total des partenaires.

« Eh bien ! fit Gwyn, envoie-la-moi.

— Mais c'est quoi, ce que tu préfères ?

— Non, non. Je veux juste me faire une idée plus précise. Pourquoi courir après un hamburger quand votre femme vous sert un châteaubriant tous les soirs ? »

Peut-être, se dit Richard qui avait déjà entendu cette expression : mais un hamburger, c'est parfois exactement ce dont on a envie. Sans compter qu'on ne peut pas avoir envie d'un châteaubriant tous les soirs.

« Jamais j'irais... Enfin, ce que mon épouse m'apporte, c'est juste... »

Gwyn se tut. L'asticot donna quelques coups de patte, son hôte secoua la tête de droite à gauche, les yeux fermés, puis de haut en bas, les yeux ouverts.

« Cet après-midi quand nous faisions l'amour... Non, ce devait être hier soir. Non, *hier* après-midi. Ou ce matin. Bref, peu importe. Quand nous faisions l'amour et que je la charriais sur l'un de ses amants des Caraïbes, elle leva les yeux et me dit : “ Mon chéri, sache que... ” Tiens ! La voilà ! »

Il partit retrouver sa femme comme si... Comme si quoi, au fait ? Comme si on était en 1945 et qu'il ne l'avait pas vue depuis 1939. Une fois ces retrouvailles passées, Demi reprit son équilibre et ne bougea plus. Elle avait des vêtements de rechange dans son cabas et elle esquissa un sourire timide en direction de Richard, qui s'avança pour l'embrasser à son tour.

Gwyn dit :

« Quand est-ce que vous allez vous voir tous les deux en tête à tête ? Pour une longue conversation à mon sujet. C'est le moins que je puisse faire de vous combiner un petit rendez-vous. En échange de la “ jeune admiratrice sexy ” que Richard va m'amener. Allez, Demi, grimpe cet escalier. Il faut bien éliminer les centimètres superflus, hein mon amour ? »

Après que Demi eut disparu pour aller suivre son cours, Gwyn passa les quelques minutes qu'il leur restait à abreuver Richard de renseignements sur les contrats qu'il avait signés en Europe pour *Amelior reconquise*. Ce faisant, il utilisa plusieurs synonymes argotiques de mille. Richard avait remarqué qu'un romancier, sitôt franchi le seuil des trois chiffres, se mettait tout de suite à parler en kilo-livres. Il ne tomberait jamais, lui, dans cette manie. Il n'y tomberait jamais, même s'il en avait un jour l'occasion. C'était une capitulation honteuse devant l'ici et le maintenant, devant le profane, devant le mortel. Pourquoi vouloir se donner des airs de nabab ou de gangster ? Ce qu'on allait obtenir, on ne l'obtiendrait pas de son vivant, de toute façon. C'était un jeu de hasard, il fallait tenter le coup... En tout cas, à un niveau plus prosaïque, Richard se sentait si pauvre ces jours-ci qu'il arrêtait ses essuie-glaces chaque fois qu'il passait sous un pont.

« Et donc je lui ai dit : " Prends les quinze mètres des Portugais et enlève mille au contrat de l'enregistrement sonore. J'en suis quand même pas à un K près. " C'est ce que j'ai dit, fit Gwyn en se calmant, c'est ce que j'ai dit pour me débarrasser de Gal. »

Pendant les deux ou trois dernières minutes de leur attente, l'asticot se coinça de nouveau — ou se précipita voracement dans un autre boyau. Son hôte, en tout cas, fut condamné à alterner les regards renfrognés et furibards... Ils montèrent à l'étage. Richard remporta la partie sur le score de 3 à 2 en menant la bille noire au bout. Il avait du mal à se concentrer.

Il y a d'autres façons de s'y prendre, avait dit le jeune homme. Le botulisme, par exemple : on met quelque chose dans son sandwich. Ou on lui envoie une femme. Comme un anticorps. La guerre des nerfs. La trouille. Pas besoin de le passer à tabac.

Mais c'est vrai qu'une bonne agression physique, c'est quelque chose…

Ça varie pas d'une personne à une autre. C'est pas comme le reste. C'est une méthode simple.

Richard était allongé avec Marco sur la méridienne, qui commençait à s'élimer mais restait encore fort élégante ; l'enfant avait la joue posée sur sa poitrine, qui faisait caisse de résonance pendant qu'il lui lisait des extraits du *Livre de la jungle* ; il lisait beaucoup mieux que la plupart des gens... *L'agression physique est une méthode simple.* En lisant, Richard découvrait, non sans surprise, combien il admirait la simplicité. Non pas la simplicité dans la prose romanesque, mais ailleurs. Ce qui est universel est souvent simple. La beauté scientifique (et dans ce domaine, la beauté est un indice infaillible de vérité) est souvent simple. Il ne voulait pas entendre de remarques sèches ou désobligeantes sur la simplicité.

Donc, en faisant l'hypothèse, avait dit Richard, *que je veuille foutre quelqu'un en l'air…*

Et l'enfant sauvage avait répondu : *Vous viendriez me trouver.*

Il continua sa lecture : le passage où Shere Khan s'apprête à agir et où le loup lui prodigue quelques remontrances touchantes.

Il continua. Il continua sa lecture jusqu'à ce qu'il s'aperçoive que l'immobilité de Marco avait depuis longtemps dépassé le stade de la fascination. Jusqu'à ce qu'il aperçoive, également, la grosse tache de salive sur sa chemise. Marco dormait. En se servant de nombreux muscles bizarres qui le firent gémir, Richard se dégagea par en dessous puis regarda son visage endormi. Bouche ouverte, dégoulinant de sueur, tout comme un petit chiot désespéré. Comme un petit chiot domestique qui aurait l'habitude de rester à la maison. Il le réveilla en le poussant un peu, et Marco bredouilla quelques mots sur les orangs-outans... Un orang-outan, c'était un *homme des bois*. Mowgli était un enfant sauvage élevé par des loups dans les bois. Même Marco (il en souffrait) faisait des rêves sauvages et gagnait, dans son sommeil, un univers sauvage.

Une journée de plus. Une journée de plus sans école. Après l'avoir habillé si lourdement que l'enfant pouvait à peine bouger, et encore moins marcher (il ressemblait à un logo sportif, à un dirigeable publicitaire au-dessus d'un champ de courses), Richard amena Marco prendre l'air au jardin de la Crotte. Monde vert et naïf de l'automne. L'enfant sauvage, le jeune homme, était l'homme vert en habits modernes. *Vous viendriez me trouver*. Tel avait été l'événement de la soirée. Après quoi, Richard avait dû écouter patiemment de la critique littéraire : ce que Steve Cousins pensait d'*Amelior*.

Marco lui prit la main. Ils marchaient en plein jour sous une lune de mi-semestre, masque aplati sur le front et étiré au menton, bouclier dressé contre des flèches ; Richard se rappela qu'à la crêperie du Canal, entre deux Rattlesnakes, il avait tendu la main vers le petit panier de nourriture et compris qu'il devait être tard en sentant le nacho se prendre dans la sauce comme un bâton qu'on aurait oublié dans un pot de peinture... Le jeune homme avait dit : « Du bluff, c'est du bluff, tout ça. Douceur et lumière ? Dans ce monde de sauvages ? Bon Dieu ! Où est-ce que j'ai laissé mon violon ? J'ai bourlingué. J'ai fait les quatre cents coups, mon pote. Pendant des années. Rien que moi. J'ai passé des années dans le monde des sauvages. » Steve Cousins : enfant trouvé d'une communauté *new age* ? Jeune délinquant en cavale ? Impossible de le savoir. Ce qui s'avérait, en revanche, c'est que Steve Cousins avait lu *L'enfant sauvage* (Richard aussi, d'ailleurs), qu'il l'avait relu, mal lu, et qu'il se considérait un peu comme l'avatar contemporain, deux siècles plus tard, de ce muet exsangue et noiraud. Soupir. Richard avait alors soupiré comme il soupirait à présent, la main de Marco dans la sienne. Mais même s'il n'avait pas les idées très claires, Richard pouvait imaginer sans mal qu'on déteste un livre à tel point qu'on décide d'agir, qu'on décide de se dépatouiller de cette sous-merde en la mettant à l'index ou au pilon, ou bien en attrapant son auteur pour lui faire une tête au carré. Ce n'était pas si bizarre, après tout, dans un monde où les romanciers devaient avoir des gardes du corps, des planques et une protection rapprochée. « Quand vous vous sentirez prêt, avait dit le jeune homme dans la rue, faites-moi signe. »

« Regarde, dit Marco. »

Peut-être que la pastorale urbaine était toute du côté gauche. Il n'y avait plus de côté droit. Le moment vint où Londres sembla s'arranger, non sans vulgarité, comme pour faire une démonstration à un œil observateur. Richard et son fils passaient devant les toilettes ; une fois de plus, l'une des deux allées qui y menaient était entourée d'un ruban orange délimitant le lieu d'un crime. Comme le ruban jouait et s'agitait dans la brise ! Marco s'élança dans sa direction, dans la direction de ce ruban de gosse ! Deux policiers étaient en faction, ils protégeaient et préservaient leur lieu du crime. Richard se fraya un passage parmi les propos incohérents de l'attroupement incohérent des mamans, qu'il entendit chanter en chœur : une petite fille, cette fois-ci. L'été dernier, ç'avait été un petit garçon, et c'était sur l'autre allée qu'avait joué le ruban pour délimiter le lieu du crime. En se dirigeant vers l'ouest, vers la sortie, père et fils passèrent devant une brochette de jeunes adolescents assis sur un banc, qui gloussaient et ricanaient en entendant une chanson porno sur leur gros transistor. Ce n'étaient pourtant pas des paroles sulfureuses, mais un air d'adultes très conventionnel : un duo entre un homme et une femme, hargneux et charnel. Sans cesser de glousser, de ricaner, un jeune homme pâlichon arrivait aussi à taquiner son chien et à manger des chips, le tout en même temps. Félicitations : c'était cela, la culture, et il la vivait à fond. Trois mètres plus loin, un garçon et une fille habillés de noir étaient enlacés sans passion, comme deux danseurs figés sur le sol vert. Richard les reconnut à la souplesse de leurs genoux lorsqu'il passa derrière eux, tête baissée : c'étaient Darko et Belladonna. Ils avaient un air isolé qui lui évoqua... qui lui évoqua les lépreux de Sibérie et même, sans aucun rapport, l'horreur sauvage de conséquences imprévues...

« Regarde », dit Marco, tandis qu'il se reposait sur le banc à côté du portillon.

À l'est, dans l'air bleu tout là-haut, deux avions suivaient leur trajectoire perpendiculaire, ils s'élevaient vers le point de leur collision, comme des aiguilles dont le chas laisserait dépasser des bouts jumeaux de fil blanc. Ils continuèrent : absence de contact. Un bref instant, cependant (car le ciel a horreur des lignes droites, il estompe vite la précision de leur tracé), les deux sillages blancs dessinèrent une croix penchée : penchée à l'arrière, dos à la terre. Une page était tournée, retournée au verso.

« Le ter-ri-toi-re, fit Terry. Y a qu'ça qui compte. Ils veulent tous être roi. Ils veulent tous être chef, les Indiens. Y a qu'ça qui compte : le ter-ri-toi-re.

— Ouais, mon pote, fit Steve Cousins avant de se tourner vers son autre interlocuteur, Richard.

— Moi, dit Richard, ce que je veux (et il pouvait intervenir à sa guise, car Scozzy menait deux conversations à la fois — et il pouvait sans doute en mener beaucoup plus, autant qu'il le fallait, comme un maître d'échecs qui dispute plusieurs parties en même temps), c'est une démonstration gratuite. Enfin, pas gratuite. On peut s'arranger.

— Vous voulez qu'il se prenne une baffe.

— Euh, fit Richard... Un peu plus qu'une baffe. Plutôt une...

— Ouais, bon ! C'est c'qu'on appelle une baffe, nous aut'. Mais c'est plus fort qu'une baffe. »

Steve se tourna vers Terry et dit :

« Écoute ! Mon territoire à moi, c'est pas la rue. »

Sous son chapeau, il promena son regard de Terry à Richard, puis en sens inverse, et refit encore un trajet pour inviter les deux hommes à se contempler. Ses sourcils n'étaient pas très fournis mais réguliers ; il les leva en signe de bienveillance. Au-dessus du ruban gris, la découpe du chapeau s'harmonisait avec ses paumettes anguleuses et affamées au-dessous. Il se tourna vers Terry et dit :

« Oh ! la vedette ! T'as vu comment que tu me traites ! »

Comme la plupart des personnalités londoniennes, Steve imitait assez bien l'accent yardie[1]. Il avait même lu le roman qui s'intitulait *Yardie*, comme la grande majorité des Yardies. Mais Terry n'était pas un Yardie. Richard l'avait compris avant même de le rencontrer, en l'entendant bêler et brailler sur le téléphone portable de Steve : Terry était un Quacko, il appartenait au gang suivant. Richard assistait à ce rendez-vous « en observateur », il venait chercher de la matière. C'était exactement le sentiment qu'il avait, d'ailleurs : d'être spectateur, mais spectateur privé de point de vue.

« Je bosse avec des jeunes complètement paumés, dit Terry. Les dettes, ça veut rien dire pour eux. C'est un t'uc normal. Un mode de vie. »

« Putain, je passe ma vie avec des gens qui savent pas parler. Tous les Noirs que je connais prononcent *du', mo't, 'ien.* »

Comme la fois où on est allé se faire Nigel, pensa Steve. Un hippy à la con, j'explique à Clasford. Un nippy ? me fait Clasford. Non, je lui fais, un hippy. Un nippy ? me fait Clasford. Putain !

« Ils veulent tous une super bagnole et une chaîne grosse comme le poing autour du cou. Des robinets en or. Un diamant à l'oreille et un aut' au téton. »

Steve se tourna vers Richard et dit :

« Ça scrait pour quand ?

— Pour bientôt. Pour cette semaine.

— D'accord. Avec un cadeau de la maison. En prime. On va mettre un négro sur le coup. Clasford. Bonne idée, ça marche. Vous savez, Demi l'a eu... Ça va pas ? Prenez du sandwich au bacon. »

Les trois hommes étaient assis dans ce que Scozzy avait appelé un *spieler*, un petit tripot privé (c'est-à-dire interdit), situé tout en haut d'Edgware Road. On pénétrait dans l'arrière-salle en traversant un salon de beauté démoralisé et en montant à l'entresol. Il y régnait une ambiance infâme de vieux réseau londonien retranché et sanctifié : le Jesster était un repaire de criminels chevronnés, de salauds sur le retour, et ce n'était pas rien de compter

1. *Yardie* : nom d'un gang londonien de Jamaïcains *(N.d.T.)*.

parmi eux. Mais si on n'était pas au courant et qu'on explorait les lieux du regard, on pouvait se croire dans le salon d'une mamie gâteau : il y avait une théière sur le comptoir, avec son couvre-théière à pompons, une antique machine à sous qui n'acceptait sans doute plus aucune pièce en circulation, des photos de soldats et de chasseurs accrochées aux murs, quatre ou cinq macchabées installés à une table en train de jouer aux cartes : non pas au poker, au *brag* ou au vingt et un, mais à un dérivé maison du whist qu'ils avaient baptisé l'arnaque. Steve Cousins avait un joli terme pour les vieillards : il les appelait les « résultats ». Richard aimait assez le mot « cotillon » pour désigner les filles. Pour le reste, Steve se contentait de quelques mots d'argot londonien, dialecte que Richard avait abandonné des années plus tôt... C'était le milieu de la matinée. Le Jesster avait l'air tout à fait inoffensif. Richard, dont le système d'alarme intérieur n'était pas très bien réglé, se sentait chez lui.

« Terry, mon vieux », dit Steve en s'appliquant à se concentrer...

Il regarda fixement le visage de Terry, son visage jaune foncé, en fait, qui ressemblait à une peau de banane très mûre, brunie par d'innombrables impuretés (vérolée, mouchetée, tachetée de marron et de noir).

« Si je comprends bien, ce que tu veux, c'est prendre ma place, non ? Ma place, c'est pas ça que tu veux ?

— Ouais. C'est ça qu'ils veulent. La dope. »

Steve Cousins aimait à se considérer comme le plus grand des criminels. Tous les jours, il accomplissait le crime du siècle. Ce n'était pas la peine que ce soit un crime compliqué ou réussi, car il ne parlait pas de notre siècle. Il parlait du prochain. Il avait une spécialité touchante, Steve, et elle lui rapportait de l'argent, contrairement à ses autres crimes qu'il exécutait surtout pour se détendre (comme lorsqu'il tabassait et traumatisait des gens, par exemple, après avoir versé un hallucinogène dans leur boisson). La spécialité de Steve, c'était de vendre de la cocaïne et de l'héroïne à des clubs de sport. Pas de stéroïdes ou de trucs pour changer de sexe, non ! Rien que de la coke ou de l'héro. Par définition, les abonnés des clubs de sports portaient un intérêt abusif à leur corps et ils voulaient souvent l'exercer dans les deux sens possibles. Jusqu'à la cure de désintoxication, dans certains cas. Steve était fier de sa spécialité : c'était sans difficulté, sans risque, sans entourloupe. Mais surtout, ça venait du côté gauche. C'était malin, sacrément malin de refiler un boisseau d'héroïne à un ignoble sportif, à un crétin en maillot qui transpirait sous une tonne de fonte.

« T'as qu'à dire que t'es en train de changer de dealer, suggéra Terry.

— Bande d'enflures ! Mais à quoi ça va vous mener, tout ça ? Bande de charlatans. Hein ? Quand vous découpez vos mômes et votre mère en tranches, c'est qu'un début. Costaud, comme méthode. Mais y a plus que de la paperasse maintenant. C'est là qu'on en est. On est passé du pic à glace à la paperasse. »

Richard s'interrogeait sur le rapport entre l'histoire de la criminalité moderne et l'histoire de l'armement moderne, ou de la littérature moderne. Le gang A aiguisait ses couteaux dans un garage lorsque était arrivé le gang B, revolver au poing. Puis le gang C avec ses fusils de chasse. Puis le gang D avec ses mitraillettes. Vieux réseaux, nouvelles associations, Yardies, Quackos. Le gang Z. Dans le vaste monde, les armes nucléaires désignaient le bout (ou du moins l'horizon) de l'échelle de gradation. Mais les Quackos se rapprochaient davantage de la théorie du chaos. Quels charlatans, eux et leur chaos à tous crins ! Or, la littérature n'évoluait pas autrement : elle s'alourdissait et s'aggravait, jusqu'à ce qu'elle meure et qu'il ne reste plus que de la paperasse. Comme *Amelior*.

« On va s'arranger.

— Ça va ! Je vois tout de suite comment, dit Steve. Je te file tout mon fric.

— T'as un message à faire passer ? dit Terry en se levant.

— Si j'en avais un, tu sais ce que je ferais ? »

Terry retroussa sa lèvre supérieure en savourant d'avance la réponse.

« Je t'enverrais chez toi dans trois taxis différents. »

Ils rirent. D'un rire rauque, forcé, prolongé. Puis Steve se tourna vers Richard et régla avec lui les détails de la marche à suivre.

Une demi-heure plus tard, au moment de partir, Richard dit :

« Je veux juste voir de quoi ça aura l'air. La violence, c'est peut-être pas... C'est peut-être pas une bonne idée.

— D'accord. On lui flanquera une baffe. Pour voir comment il encaisse le coup. Mais en anticipant un peu, je me demandais : est-ce qu'il a des amis haut placés ?

— Un ou deux. »

Richard nomma le financier, Sebby.

« Celui-là, il a des relations, dit Steve. C'est l'armée, bordel.

— Ouais, mais Gwyn est un crétin. Il va rien manigancer. »

Steve dit alors :

« C'est pas mes oignons. Vous avez vos raisons. Ça me regarde pas. Je respecte. C'est pas mes oignons. »

Richard pensa entrevoir le sens de toutes ces dénégations. Soit il s'ouvrait un peu, à présent, soit il reléguait Steve Cousins à n'exécuter que de basses besognes.

« Ça a quelque chose à voir avec vos... euh... avec vos romans ?

— Non, rien du tout. »

Il n'avait prévu aucune réponse mais elle lui vint quand même du tac au tac :

« Ce salaud a baisé ma femme.

— Et merde ! » fit Scozzy.

Coup de fil de Gal Aplanalp.

« Je m'excuse du retard », dit-elle.

Elle était assise à son bureau.

«Je t'en prie », répondit Richard.

Lui aussi, il était assis à son bureau.

Gal essayait toujours d'être aussi franche que possible avec ses clients. Elle ne dissimula pas la vérité à Richard. L'avant-dernier week-end, elle avait emporté *Sans titre* chez elle, comme promis. Et comme un agent littéraire d'un autre âge, elle avait dîné frugalement et s'était installée sur une méridienne, en robe de chambre et avec ses lunettes de vue. Au milieu de la page quatre, elle avait été prise d'une très forte migraine (elle qui ne souffrait jamais de migraines ni même de maux de tête) et s'était élancée vers l'armoire à pharmacie de la salle de bains. Elle avait encore un bleu au front, à l'endroit où elle s'était fracassée contre la glace.

Elle avait assez bien dormi cette nuit-là et s'était levée de bonne heure le lendemain matin. À la page sept, la migraine l'avait reprise.

« Quel dommage !

— J'ai bien peur de ne plus pouvoir m'y remettre. »

Gal devait lire une saga familiale de sept cents pages écrite par un spécialiste de l'amaigrissement, et lui trouver un débouché d'ici la fin de la semaine.

« Je vais le confier à Cressida, mon assistante. Ne te fais pas de souci, c'est une perle. Je te rappelle d'ici quatre ou cinq jours pour te dire ce qu'elle en a pensé. »

Parmi l'amoncellement de punaises, de trombones et de manuscrits inédits qui jonchaient le bureau de Richard, se tenait un pichet d'eau — de l'eau du robinet qu'il avait fait bouillir puis refroidir (comme le lui avait montré Gina). C'était son dernier fortifiant en date : boire tout le temps de l'eau, non pas en remplacement mais en supplément des litres de café habituels, des électrochocs de whisky et des bières destinées à lui rincer le gosier. Boire tout le temps de l'eau lui simplifiait la tâche considérable de la réhydratation quotidienne. Boire tout le temps de l'eau ne coûtait rien. En plus, cela ne faisait pas de mal.

Richard poussa le pichet dans un coin, porta la main à son front et resta assis à son bureau.

Minuit. La camionnette orange était garée à l'angle de Wroxhall Parade.

13 était au volant. Il était seul, seul avec Giro qui s'agitait dans ses cauchemars, couché sur la couverture écossaise. 13 avait l'air scandalisé comme chaque fois qu'il passait au tribunal de Marylebone. Cette fois-ci, c'était pour tapage nocturne. Sur Ladbroke Grove. Un samedi soir. Mais c'était juste pour rire : c'était juste pour rigoler qu'il avaient déconné avec des bouteilles de lait. Et des bouteilles de lait vides, en plus. Incroyable. Tapage nocturne ? Sur Ladbroke Grove ? Un samedi soir ? Alors que tout le monde s'en tapait ?

13 secoua la tête et regarda la porte et le numéro au-dessus. Steve était à l'intérieur, en train de s'expliquer avec Darko, et avec Belladonna.

La phrase avait la bizarrerie saisissante de n'être pas gratuite : *Puis le gentil garçon et le vilain garçon sont entrés dans la forêt.*

« Bon ! » fit Richard qui était en robe de chambre et à jeun. (Richard, petit tas de déchets nucléaires.)

Il était huit heures du matin. En face, dans la cuisine, Gina et Marius mangeaient leurs céréales de péquenaud. Richard se faisait l'effet d'un mineur de charbon qui vient de terminer son service de nuit, gris de poussière sauf aux endroits où il étincelle de sueur froide.

« Bon ! Quel est le premier mot ? »

Marco regarda la page en fronçant les sourcils.

« Bon ! Quelle est la première lettre ?

— ... Peuh, dit Marco.

— ... Peuh quoi ?

— ... U.

— Bien.

— ... I.

— Bien.

— ... Veuh.

— Recommence.

— Seuh.

— Bien. Et ça donne quoi ? »

Richard attendit.

« Et ça donne quoi ? »

Richard attendit. Puis il arrêta d'attendre et dit :

« *Puis.* »

Ils examinaient à présent la citadelle du second mot.

« Leuh », dit Marco.

Il continua : « Euh.

— Alors ?

— Te, dit Marco.

— Seigneur », dit Richard.

En fait, il se demandait comment le petit garçon supportait de rester sur ses genoux. Est-ce qu'il n'entendait pas l'air de blues discordant qui passait sans discontinuer dans la tête de son père ? Comme souvent, le contact du pyjama de Marco (ses tortillements soyeux et innocents) avait provoqué une érection chez Richard. Les premières fois qu'il s'en était rendu compte, il s'en était inquiété et s'était dit qu'il valait mieux passer le sujet sous silence. Mais d'un autre côté, il était d'un tempérament suffisamment artiste pour croire à l'universalité de ses réactions. Il avait donc fait une enquête parmi les pères qu'il connaissait et s'était vu confirmer cette hypothèse. C'était un phénomène généralisé, un phénomène universel. Pourtant, il continuait à le trouver foncièrement pervers. Quand on pense qu'il y a tant de circonstances où il faudrait bander et où on n'y arrive pas. Et là, c'était inutile. Voire : indésirable.

Ils vinrent à bout de *gentil* (guenti, quenti, genli) puis de *et* ; se heurtèrent à *le* de nouveau, puis à *vilain* (vilan, vinli, valin) ; dépassèrent laborieusement *sont* (*garçon* ne posait pas de problèmes, pour une raison ou pour une autre), puis ânonnèrent *entrés* et *dans*, et tâtonnèrent encore jusqu'à l'avant-dernier mot : *la*. Marco contempla *la* pendant peut-être une minute et demie. À ce stade, Richard se dégagea. Il en avait assez : tant pis pour *forêt*. La forêt... La forêt qui, chez Dante, Spenser et Virgile symbolise les tentations de la vie. La forêt où vont le gentil garçon et le vilain garçon. Clairière enchantée ou sous-bois lugubre, lieu de complication ou lieu où s'abolit la complication, c'est en tout cas un lieu où l'on est mis à l'essai. Richard se demanda s'il arrivait à Gwyn, au cours de ses expériences sur l'enfantillage et l'émerveillement enfantin, de lire comme Marco : trois lettres à la minute. Comment avait-il pris cette habitude ? Peut-être qu'elle lui venait automatiquement : au moment où l'asticot prenait ses repas, par exemple. À moins qu'il ne se soit tout simplement dit que cela ferait marcher ses affaires. Il s'y livrait devant les journalistes, qui décrivaient le phénomène avec docilité et admiration. Gwyn s'interrompant en plein milieu d'une phrase, prenant une orange dans la corbeille à fruits et la contemplant ; Gwyn s'arrêtant dans la rue en sortant d'un restaurant, bouche bée devant la vitrine d'un magasin de jouets. Mais ce n'est plus possible de se comporter ainsi, car l'orange est conçue en labo et le magasin de jouets a cessé d'abriter le culte de l'émerveillement pour étaler une débauche synchronisée de stratégies et d'objectifs commerciaux... Autre motif d'exaspération : Gwyn était parti, encore indemne, faire une tournée promotionnelle de dix jours en Italie où, selon l'information qu'il rapporta à Richard, *Amelior* connaissait un second souffle et marchait « du feu de Dieu ». Le seul progrès véritable dont Richard pouvait se prévaloir était d'avoir réussi à commander, réceptionner, corriger et faire publier, dans *La petite revue*, un compte rendu positif de *Couples entre eux*, le livre de la critique féministe Lucy Cabretti basée à Washington.

Marco glissa de ses genoux et Richard jeta le livre d'enfant par-dessus son épaule. Un instant, ses yeux tombèrent sur la dernière biographie qu'on lui avait fourguée : elle était aussi grosse que ces énormes magnétos que les gosses de Harlem baladent en ville. Il se frotta le front. La nuit précédente, il avait rêvé d'un club de sport dans l'Arctique, où on mangeait les femmes comme dans une cafétéria et où de vieux nazis frayaient avec des monstres drogués...

D'un pas lourd et appliqué, Richard grimpa l'escalier pour aller prendre sa douche et s'habiller : pour enfiler des vêtements, pour se tenir plié en deux dans la petite cabine, sous le jet d'eau. Un coup d'œil dans le miroir en montant (les cicatrices et les contusions qui lui creusaient des poches sous les yeux, les cheveux qui se dressaient sur sa tête avec terreur) lui avait fait renoncer, ou du moins surseoir, à son projet immédiat : la séduction d'une Demeter Barry caressée par les rayons du soleil. Lui avait également fait penser, murmurer : d'où est-ce que je viens ? où est-ce que j'étais ? Non pas au pays du sommeil, du sommeil comme autrefois, mais sur un autre banc d'essai, dans une autre forêt. Celle de *Comus* et de *La reine des fées* ? Non pas. Bien plutôt dans la forêt qu'a dû connaître l'enfant sauvage, avec sa clairière, son aire de pique-nique détériorée, dégradée sitôt aménagée, jonchée des détritus et des épluchures de notre époque, mouillée par la pluie et entourée d'arbres égouttant patiemment leur chapelet de lamentations chimiques. Les couvertures, comme d'habitude, avaient été tirées. Par Gina. Richard se tint au milieu de la pièce dans le plus strict appareil et regarda le drap nu, crénelé, luisant d'humidité. Chaque matin, nous laissons dans le lit un peu plus de certitudes, de vigueur, d'amours défuntes. Des cheveux, aussi, et de la peau — autant de cellules mortes. Autant d'antiques débris qui nous précèdent, cependant, dans leurs austères préparatifs pour fusionner avec le cosmos.

Richard se rasa. Une mouche, une mouche londonienne, se

cognait et bourdonnait légèrement dans la petite cabine embuée ; les mouches londoniennes forment une catégorie à part : elles sont dodues, flegmatiques, et dès le mois d'octobre prennent des allures de morts-vivants. Richard se rasa. Il s'aperçut que les poils de sa barbe devenaient plus durs, plus drus. Minute, se dit-il : si, je suis jeune. J'ai encore des boutons, des points noirs et des points blancs, et même de l'acné qui éclabousse le miroir comme autrefois (son visage lui faisait souvent l'effet d'un énorme bouton d'acné). Je pense encore tout le temps au sexe, je me branle dès que j'en ai l'occasion. Je me regarde encore dans le miroir. Tel est notre itinéraire à tous, qui nous mène de Narcisse à Philoctète, du reflet désiré à la blessure pestilentielle. Richard tressaillit, comme s'il s'était coupé. Mais c'est qu'il venait de comprendre qu'avec Gina, il était désormais en position de camouflage sexuel. Il ne pouvait même plus l'enlacer, car les étreintes mènent aux baisers et les baisers à... Les baisers mènent à la petite mort. Les poètes ont tort de comparer l'acte sexuel à la mort. Lui ne connaissait, encore et toujours, que la petite mort. Comment Gina passait-elle ses vendredis ? Il avait cessé de fourrer son nez dans ses affaires. Il avait perdu le droit de poser des questions. Bon sang, et cette foutue mouche qui bourdonnait à côté de la douche, qui se cognait légèrement entre ses jambes, velue et dodue, désespérante survivante d'une saison qui n'était plus. Quand Gina regardait des films d'horreur, elle se mettait les mains sur les oreilles. Pas sur les yeux, non : sur les oreilles. Richard ne voulait pas y penser. Où pouvait-il mettre les mains, lui ?

Il se contenta de tâter la grosseur qu'il avait sur la nuque. Un simple kyste, sans aucun doute. Sur un type qui était lui-même assez kystique. Richard se répéta de ne pas s'inquiéter et décida qu'il avait sensiblement progressé dans son hypocondrie. Il ne souffrait plus de ces crises de panique qui assaillent périodiquement les quadras en leur faisant un moment soupçonner, au moindre élancement, au plus petit picotement, qu'ils sont atteints de telle ou telle maladie incurable. Il gérait ses maux et ses douleurs au quotidien et ne soupçonnait plus qu'il était atteint d'un cancer, de dystrophie musculaire, de la fièvre d'Ebola ou de Lassa, d'un hantavirus transmis par les rats, du syndrome d'un choc toxique ou d'un staphylocoque contre lequel les antibiotiques étaient impuissants. Ni de la gangrène ou de la lèpre.

Désormais, il était persuadé qu'il était atteint de toutes ces maladies.

Ce matin-là, Mr et Mrs Tull (les incorrigibles Mr et Mrs Tull) avaient mollement caressé l'idée d'interrompre le séjour de Marco à la maison et de lui faire reprendre le chemin de ce lieu fabuleux qu'est l'école. Après tout, sa température ne dépassait guère les 39 degrés, il ne s'était réveillé que deux fois pendant la nuit, et jamais pendant plus d'une heure. Il n'avait mal qu'à une oreille. Il n'avait qu'un œil hermétiquement collé par la conjonctivite (l'autre se portait beaucoup mieux et on y voyait même l'étrange petite taie blanche). Mais vers huit heures et demie, cependant, entre deux quintes de toux, Marco avait réussi à vomir son petit déjeuner ; il avait appelé à l'aide dans la salle de bains tandis que Gina partait avec Marius (parfait, quoique insouciant, dans son uniforme d'écolier, chargé de son cartable de devoirs, tous à jour, d'une raquette de tennis junior et de ses affaires de football décorées de cocardes). Richard aurait donc Marco sur les bras jusqu'à quatre heures et demie. Puis Lizzete arriverait, à la sortie des classes. Ils la payaient plus si elle séchait les cours, mais ils n'avaient pas beaucoup d'argent.

Il pensa à Marius. Ce matin-là, le plus vieux des jumeaux était venu lui dire : « Papa ? Tu prends trop de craque. » Marius avait tendance à accentuer la dernière syllabe des mots. Ce devait donc être de *crack* qu'il voulait parler.

Farouche : c'était le mot juste pour décrire l'enfant sauvage. C'était le mot juste pour décrire Steve Cousins. Richard le défendrait, ce mot, contre le rejet dont il faisait l'objet (et qu'il n'aimait pas, mais alors pas du tout) de la part de ceux qui l'accusaient de n'être qu'un synonyme branché de *sauvage* ou d'*indompté*. Qu'est-ce que ça pouvait l'énerver, le mot, de s'entendre ainsi critiquer ! Car *farouche* ne vient pas seulement de *forasticus* (sauvage), il se rapproche aussi de « féroce » (*ferox, ferus*). Or, « sauvage » n'implique pas forcément de la férocité mais, parfois, de la douceur. Le lion peut se coucher avec l'agneau. Le lion peut et doit se coucher avec l'agneau.

Les gens qui passent la journée à regarder des dictionnaires tombent sans arrêt sur des mots inscrits en haut des pages, des mots sur lesquels ils n'ont pas envie de tomber. Syzygie, soûlard, postérité, smegme, parfum, dystopie, dentifrice, bastonnade, bestialité.

Deux vieilles dames qui habitaient Calchalk Street se faisaient payer d'étranges services. Deux vieilles dames qui portaient l'uniforme ovin des gens de bien.

L'une de ces deux vieilles dames s'appelait Agnes Trounce. Ce n'est pas seulement qu'elle paraissait vieille : on aurait dit une petite bourgeoise relativement aisée, et elle inspirait confiance. Elle avait cet air bienveillant et implorant qu'ont les personnes diplomates du troisième âge dans une culture jeune. En temps normal, on peut croiser sans broncher une vieille dame dans la nuit noire. Mais pas elle : elle, on n'a envie de la croiser à aucune heure du jour ou de la nuit, quand elle se fait payer ses étranges services.

La cible est en route. Sans la moindre inquiétude, comme on dit. Même si, bien sûr, aucune personne en âge de prendre la route ne peut être sans inquiétude. Aucune personne en âge de prendre la route sur un tricycle ne peut être sans inquiétude. Le genre humain se tient à l'extrême limite du seuil de la souffrance. C'est une des raisons pour lesquelles il est si facile de blesser les gens : ils n'y sont jamais préparés. Souffrir davantage ? Ce n'est à souhaiter à personne. Personne ne croit que c'est humainement possible jusqu'au moment où cela arrive.

Quoi qu'il en soit, la cible est en route. Elle se sent plutôt heureuse, cent fois plus heureuse, en tout cas, que lui ne se sentira dans à peu près quatre-vingt-dix secondes. Rétrospectivement, ces moments lui sembleront appartenir à un âge d'or d'avant la chute. C'est donc vrai : il n'a pas la moindre inquiétude. Mais des inquiétudes intenses, durables se profilent, grâce à Agnes Trounce. Pendant des années, il se souviendra aussi de ce moment-là comme de la dernière fois où il est un tant soit peu parvenu à exercer ses facultés de concentration.

C'est donc vrai : la cible est en route et n'a pas la moindre inquiétude. Peut-être qu'il sifflote ; peut-être qu'il écoute de la musique ; et dans la mesure où il est sur la route, une partie de son esprit est en prise directe sur la ville... Il atteint le bout de la rue secondaire et ralentit au feu tricolore qui protège la rue principale.

C'est le soir, le soleil couchant déverse un bain de sang par-dessus les toits. Non, il fait plus noir que cela ; et le ciel promet une nuit noire. Devant lui, arrêtée au feu rouge, une Morris Minor, reconnaissable à son armature en bois. La plus aimable des voitures. Le feu rouge indique un avertissement artériel ; puis il passe à l'orange ; puis au vert. La Mini recule dans son pare-choc ; elle cale.

Mrs Agnes Trounce, veuve de soixante-huit ans, chapeau de vieille dame sur la tête et châle gris-blanc sur les épaules (une petite coquetterie), sort de sa voiture, toute en émoi, et se tourne vers la cible, le regard bienveillant et implorant. Il descend à son tour. Ce sont pourtant des choses qui arrivent. Mais les gens, dans de telles circonstances, font souvent preuve d'une impatience et d'une incompréhension étonnantes. Rien à voir avec un « Oh ! Mon Dieu... Mais ce n'est pas grave ! » À la place : « Qu'est-ce que tu fous derrière un volant, espèce de vieille bique ? » Ce qui facilite les choses pour Agnes Trounce. Car ensuite, les deux jeunes gens, deux foudres de guerre qui se faisaient tout petits à l'arrière de la Morris, déplient soudain leur grand corps dans la rue. Et enchaînent : « T'es rentré dans ma mère ! » Ou bien, avec le talent des Noirs : « T'as niqué ma mère ! » et ainsi de suite. « T'arrêtes d'insulter ma mère, connard ! » Ou bien : « T'arrêtes de traiter ma mère de vieille bique, connard ! » Agnes Trounce rentre dans sa Morris à colombage et s'éloigne, tandis que la tête de la cible bringuebale entre la portière et son armature. C'était juste une dispute d'automobilistes qui a dérapé, et on connaît la susceptibilité des gens quand il s'agit de leur voiture.

L'autre vieille dame qui habitait Calchalk Street avait soixante-douze ans et pesait cent trente-cinq kilos. Elle procurait du plaisir sexuel à des interlocuteurs téléphoniques. Elle s'appelait Margaret Limb. Elle avait une voix rauque et cassée, mais aussi aiguë, mélodieuse, et même virginale sous le poids qui l'écrasait. La sirène Margaret Limb pouvait, par son chant, séduire des hommes d'affaires abattus et les faire sortir de leur chambre d'hôtel moite un soir de nuit noire. Cette montagne de graisse allongée sur le canapé faisait des mots croisés tout en débitant des obscénités. À l'autre bout du fil, les hommes se convulsaient et frissonnaient en entendant les paroles qu'elle leur susurrait.

Laquelle de ces deux vieilles dames préféreriez-vous rencontrer un soir de nuit noire ?

Voici maintenant un sujet de réflexion très triste.

Le soleil mourra prématurément dans la fleur de l'âge, terrassé à cinquante-trois ans. On peut imaginer quelques extraits des notices nécrologiques. Après une lutte acharnée. Sa brillante carrière. Cette perte tragique. Le monde sera plus terne...

Pour jeter cependant un éclat positif sur cette perspective (et Satan, lorsqu'il lui rendit visite, trouva au soleil « un éclat indescriptible »), précisons qu'il s'agit d'années solaires, non d'années terrestres. Une année solaire correspond à la durée que met le soleil pour décrire son orbite autour de la Voie lactée. Et ça fait un bon bout de temps. Il y a une semaine solaire, par exemple, l'homme sortait tout juste des forêts tropicales africaines. Herbivore et bipède, debout mais mal assuré sur ses jambes, il avait encore un long chemin à parcourir avant de devenir l'*homo sapiens*. Il y a quatre mois solaires, les dinosaures gouvernaient la terre. Il y a une minute solaire, nous étions en pleine Renaissance. Et comme le soleil a récemment fêté son vingt-cinquième anniversaire, il sera parmi nous pendant encore de longues années solaires.

Mais il ne fera pas de vieux os. Comme on peut d'ores et déjà le prévoir (n'est-ce pas un spectacle quotidien ?), le grand déclin sera précédé par une activité boulimique (il n'y a qu'à voir les joggeurs élancés passer sous nos fenêtres), par une réaffirmation frénétique de pouvoirs naguère infinis mais désormais affaiblis. Le despote condamné ne veut pas laisser de traces : sa politique est donc celle de la terre brûlée.

D'abord souffleront les vents solaires. Il n'est pas donné aux êtres humains d'imaginer la puissance de ces vents. Mais pour commencer, nous pouvons essayer de concevoir un ouragan suprême qui arracherait de lourds objets comme des camions, des maisons, des cuirassés.

Pendant sa vie, le soleil n'a jamais été accusé de petitesse ou de froideur. Tout le monde sait qu'il est gros et chaud. C'est dans le domaine de la grosseur et de la chaleur qu'il s'est toujours illustré. Maintenant, donc, il grossit et se réchauffe encore plus. Il quitte le plan principal. De naine jaune qu'il était, il devient une géante rouge.

À ce stade, nous donnons au soleil à peu près dix-huit mois (solaires), deux ans au maximum. En proie à une colère nécrotique, Cronos a dévoré ses enfants. Maintenant, il recule, rétrécit, se recroqueville et meurt. Comme tout ce qui est mort, ce n'est plus qu'une naine blanche, cristalline et pleine d'amertume, que l'on met au tombeau.

Il semblerait que l'univers s'étende sur trente milliards d'années-lumière et que n'importe quel point nous tuerait si on s'y aventurait. Telle est la position de l'univers par rapport à la vie humaine.

« *Les progrès de l'humiliation à travers les âges*, messieurs, avancent à pas de géant. » « Je vous en prie, ne vous faites pas de bile. Le vieux Denton, je l'ai sorti de chez Repton et installé au Goldsmith. Et comme il n'a de toute façon pas vécu très longtemps, la fin est plus ou moins en vue. » « Messieurs, ne vous inquiétez pas ! La glace et le bleu cobalt de Sibérie n'ont jamais été plus proches. » Dans la botte de paille que constituait le dessus de son bureau (Richard cherchait en vain l'aiguille), parmi les différents projets, les rêves et les réponses évasives, parmi les cendriers, les tasses à café, les stylos feutres fatigués et les agrafeuses vides, se trouvaient des traces et des dépôts d'autres livres : de livres dont il n'avait pas parlé à Gal Aplanalp, de livres commandés mais inachevés, ou inentamés. C'étaient entre autres une biographie critique de Lascelles Abercrombie, un ouvrage sur les salons littéraires, un livre sur l'homosexualité dans la littérature anglaise du début du siècle, autour de l'écrivain Wilfred Owen, une étude sur la représentation romanesque du savoir-vivre, la moitié d'un livre illustré sur l'art du paysage (lui incombait une méditation sur *The Garden* d'Andrew Marvell, en vingt-cinq mille mots) et une biographie critique de Shackerly Marmion... C'était décidé, Richard ne partait pas en Sibérie. Mais tous les autres livres, il est vrai, ressemblaient à la Sibérie sous leur hostilité dérisoire. Il y avait des léproseries en Sibérie. Richard avait lu des documents qui leur étaient consacrés pendant une semaine. Penser aux lépreux de Sibérie lui donnait froid (ce n'était pas le climat, mais l'isolement). Les lépreux de Sibérie, leur drame, leur déshonneur. Leur absence de repère temporel, aussi bien, car personne ne mettait le pied chez eux, personne ne changeait donc leur monde, et celui-ci restait immuable, conservé dans la glace. Qu'est-ce qui l'attirait vers les lépreux de Sibérie ? Pourquoi avait-il l'impression d'être un des leurs ? Il y avait autre chose en Sibérie, autre chose que la quarantaine, le goulag et les luttes désespérées. Il y avait des ours, en Sibérie, et même des tigres.

Il relut la lettre impatiente et gentiment comminatoire qu'il avait reçue de l'éditeur, à propos de son voyage en Sibérie.

« Ils se foutent de moi. Et puis merde ! j'y vais pas.

— T'as dit un gros mot. »

C'était Marco qui venait de parler : il avait un pied dans le bureau, à présent, et il s'appuyait contre le chambranle comme s'il l'étreignait.

« J'y vais pas, Marco. Ils peuvent pas forcer papa à y aller.

— Qui ça ?

— Les éditions Porte-bonheur.

— Où ça ?

— En Sibérie. »

Marco accepta cette réponse. Après tout, c'était pour lui une conversation parfaitement ordinaire. Son visage s'apprêta à dire un mot gentil. À dire, peut-être, qu'il ne voulait pas que papa parte, mais il se contenta de baisser timidement la tête. C'est là que je terminerai mes jours, se dit Richard. Une fois que Gina m'aura quitté et qu'Anstice se sera lassée de moi. Chez les lépreux de Sibérie j'irai finir ma vie. Il songea qu'il ferait pas mal d'effet, dans la léproserie, qu'il serait autorisé, voire encouragé à se promener et à ridiculiser ceux qui n'avaient pas sa chance. Du moins au départ, jusqu'à ce qu'il succombe à son tour.

Kirk était sorti de l'hôpital et Steve alla lui rendre visite : ça se fait. Kirk était son bras droit. Un gros bras.

Ils regardèrent ensemble une vidéo, Steve en imperméable, Kirk sur le canapé, une couverture sur les genoux. Son visage ressemblait toujours à une pizza, à une pizza où on aurait forcé sur la dose de peperone.

C'était une vidéo normale qu'ils regardaient. Des gendarmes

et des voleurs. Ou le F.B.I. et des tueurs en série. Steve avait vu tellement de films pornos, et tellement peu d'autres films, qu'il était atteint de troubles psychiques en regardant des vidéos normales. Dès qu'un homme et une femme se retrouvaient seuls dans une pièce, dans un ascenseur ou dans une voiture de police, il n'arrivait pas à comprendre ce qui les retenait de s'arracher les vêtements l'un de l'autre. Qu'est-ce qu'il leur prenait ? Steve promena son regard vitreux sur l'étagère des livres, au-dessus de la console télé, où Kirk avait rangé sa modeste collection d'ouvrages érotiques : des revues de méganichons venus d'ailleurs. Steve connaissait bien les fantasmes de Kirk : quatre-vingt-dix kilos de nudité et de blondeur sautant sur un trampoline.

« Et alors ? » demanda Steve, en voulant s'enquérir de l'état de Kirk et de ses plans de carrière à court terme.

Kirk était abattu. Il lui fit un signe de la main.

« C'est Beef ? demanda Steve.

— Oui, Beef », confirma Kirk en baissant son visage rapiécé, avec sa garniture d'oignons et d'anchois.

Toujours à se morfondre, donc. Beef avait été piqué par le frère de Kirk, Lee, après qu'il eut attaqué la fille de Lee pour la troisième fois. Puis Kirk s'était vengé de Lee. Et s'était de nouveau fait hospitaliser.

« Kirk, mon pote, tu vas pas t'en sortir si tu continues comme ça, dit Steve en se levant. Le bonjour à ta mère. »

Personne n'avait encore écrit de roman intitulé *Quacko*. Et pour cause. Ce roman n'aurait ni début, ni milieu, ni fin. Pas de ponctuation non plus. Ce roman déborderait de tous les côtés.

Il n'allait pas y avoir de roman intitulé *Quacko* et il n'allait pas y avoir de guerre des drogues non plus, ou de narcoguerre (ça rime avec *mère*) comme on disait dans le ter-ri-toi-re. Une guerre des drogues ? Il fallait se rendre à l'évidence. « Atterris », murmurait parfois Steve Cousins en voyant des actrices de porno qui ne s'étaient pas fait retendre la peau des seins. « Atterris ! Redescends sur terre ! » murmurait-il en voyant des seins pendouiller, sans cicatrice apparente. « Mais redescends sur terre, putain ! » C'est ce que lui devait faire, à présent : redescendre sur terre. Descendre un type, ça, il savait comment faire. Un vieux bonhomme dans une vieille cabane quelque part, sous une pluie diluvienne... Décidément, il manquait quelqu'un sur cette planète, Scozz inclus. Descendre un type et redescendre sur terre étaient deux activités très différentes. Mais pas contradictoires, songeait Steve Cousins.

Comme un musicien capable d'improviser du jazz toute la nuit, les jeux de jambes amoureux font constamment feu de tout bois. C'est ainsi que les Tull, Richard et Gina (ces vétérans des moyens du bord et des succédanés sexuels), s'en remirent à leurs capacités d'improvisation lorsqu'ils furent confrontés à ce nouveau défi. Après chaque démonstration, après chaque preuve de son impuissance, c'était à la formulation de ses excuses que Richard employait ses talents créatifs. Autant d'échappatoires et de faux-fuyants qui mettaient aussi à l'épreuve les qualités humaines de Gina : après tout, elle restait allongée à les écouter, en lui donnant tour à tour un coup de coude et un encouragement (oui, là... Oh oui !).

Les premières semaines (ils étaient encore tout timides et inexpérimentés, ils n'avaient pas trouvé leur voie), ils avaient exploré le thème de la fatigue : puis l'avaient réexploré. Comme dans « Fatigué, j'imagine », « C'est la fatigue, j'imagine », « Tu es fatigué, c'est tout », « Ce doit être la fatigue », « Sans doute que je suis très fatigué », « Tu dois être très fatigué », « Je suis si fatigué ». Ils étaient au lit tous les deux, bâillaient et se frottaient les yeux nuit après nuit, et déclinaient les synonymes de l'épuisement : exténué, éreinté, crevé, vidé, fourbu, moulu, nase... Par rapport aux autres excuses possibles, la fatigue avait le mérite évident, le mérite étonnant de la variété et de l'athlétisme, mais on ne pouvait pas s'attendre à ce qu'elle fasse longtemps illusion. Au bout d'un moment, elle se mua naturellement en *surmenage*, thème voisin, puis s'élança dans la lumière et l'espace de la *tension*, du *stress*, de l'*angoisse*.

Certes, ils pouvaient à présent y repenser avec amusement et cynisme, à leurs craintes et à leurs inhibitions. Car elles appartenaient au passé. Il fallait voir désormais l'audace des excuses, l'ampleur du champ arpenté par Richard pour les trouver. Une mauvaise circulation, une enfance malheureuse, la crise de la quarantaine, la diminution de la couche d'ozone, les factures impayées, la surpopulation ; avec quelle éloquence il invoquait, l'air sombre, les difficultés d'apprentissage de Marco ou la nouvelle tache d'humidité sur le plafond du salon ! (Parfois, Gina appréciait les causes purement physiques : brûlures d'estomac, éraflure au genou, synovite du coude, mal au dos.) Quelques déceptions, aussi, comme il est bien naturel : la critique littéraire, par exemple, n'avait jamais pris, malgré le pouvoir de séduction évident des échéances, des coupes éditoriales ou des retards de paiement. Richard ne savait pas pourquoi, mais il ne pouvait pas tout à fait se résoudre à rejeter la responsabilité de ses pannes sur Fanny Burney, Thomas Chatterton ou Leigh Hunt. D'un autre côté, la frustration artistique, et en particulier les tensions dues à *Sans titre*, se révélèrent d'une fécondité presque gênante. Gina gobait ces conneries, ou du moins arrivait à faire semblant d'y croire. La plus imparable des excuses, sans aucun doute (en dehors de toute compétition), était la mort du roman, non pas en tant que sujet d'inquiétude universel (Gina se fichait bien pas mal de la mort du roman), mais en tant qu'elle avait des incidences sur Richard. Si la fiction touchait à sa fin, l'art de Richard était déchu et il ne lui resterait plus qu'à jeter le gant : et cela, ils ne pouvaient pas se le permettre. C'était donc un argument de poids. Comme à plusieurs reprises par le passé, et non sans y mettre de la sincérité, Richard plaignit les laquais de la vie, les avocats du prosaïsme, les êtres unidimensionnels, tout ce pullulement de non-artistes qui ne pouvaient pas alléguer l'excuse de l'art.

Mais en tout état de cause, ce n'était plus d'actualité. Il n'avait plus besoin de chercher des excuses. Parce qu'il ne la touchait plus. Et qu'elle ne le touchait plus.

Richard était à présent là où il s'imaginait qu'il avait très envie d'être : sur le canapé de la grande pièce qui donnait sur la rue, tout près de l'angle de Vroxhall Parade, dans la lumière illicite du soir. En plus, Belladonna était assise à ses côtés et elle était aussi, en un sens, déjà plus que nue. Quand il avait couché avec Anstice, Richard avait réussi à se convaincre que c'était « pour le bien de Gina », que c'était pour sauver son couple, pour consolider sa virilité chancelante. Il fallait voir le résultat... Dans le cas de Belladonna, l'argument intérieur tenait beaucoup plus de la gageure (et il était plus difficile à suivre). Si Richard réussissait à coucher avec Belladonna, Gina en retirerait bien sûr de nombreux bénéfices, qu'elle récolterait dans le lit conjugal à foison. Par ailleurs, ce n'était pas sa faute : c'était la faute de la mort. Tout homme sensible a droit à sa crise de la quarantaine : quand on comprend qu'on va mourir, il faut bien en faire une petite crise. Et l'absence même de la crise de la quarantaine n'est qu'une autre forme de la crise de la quarantaine. Enfin, la présence de Richard dans la pièce représentait une étape supplémentaire dans le grand mécanisme destiné à détruire Gwyn. Il était venu chercher de l'information. Rien n'était laissé au hasard.

Belladonna était assise à ses côtés. Ils se taisaient tous les deux depuis trois ou quatre minutes. Richard se dit que ce silence partagé, ce silence qui se prolongea pendant trois ou quatre minutes d'une éternité déracinante, prouvait clairement à quel point ils devaient être détendus. Elle avait le visage à moitié détourné, la peau douce et luisante. Elle se concentrait sur la cigarette qu'elle était en train de fumer avec une ferveur qui la mettait en communion avec elle-même.

« J'ai réfléchi, dit Richard avec un imperceptible sourire de coquetterie, à ma " préférence ". »

Ce n'était pas tout à fait exact. Il aurait fallu, à ce moment-là, huit heures pour résumer la préférence de Richard, et beaucoup plus pour la mettre en pratique. Il était content que la pénombre gagne la pièce parce qu'il pouvait ainsi regarder Belladonna sans se montrer inévitablement, intrinsèquement, enclin à la luxure. Elle portait un body imprimé qui dessinait un corps en relief, un corps féminin nu. Contrairement aux tétons roses et caoutchouteux qui évoquaient le genre de joints filetés qu'on utilise en plomberie, le triangle pubien, de l'avis de Richard, était représenté avec beaucoup de goût : c'était un delta économique tracé à grands coups de brosse sombres. Elle était nettement plus jeune. Lui, c'était un moderniste ; elle, une adepte du mouvement qui avait suivi.

« Quelle préférence ?

— Ce que je préfère.

— Ce que vous préférez dans quel sens ?

— Vous savez. Ce que vous me disiez la dernière fois. Le truc qui vous en apprend tant sur les gens. Le truc qu'on ne peut pas ne pas avoir. Ce qu'on préfère. »

Elle se tourna vers lui. Dessin animé de nudité. Aucune impatience dans son ton, tout juste de la perplexité.

« Ce qu'on préfère comme quoi ?

— Comme vous me disiez... Une petite danse et...

— Je ne fais plus ça.

— Ah bon ! Mais qu'est-ce que vous faites, alors ?

— Ce que moi, je préfère.

— C'est-à-dire ?

— Tout.

— Tout ? »

Belladonna regarda dans le vide et dit sans enthousiasme :

« Vous me prenez, puis je vous prends. Dans la position du missionnaire, puis du missionnaire inversé, puis en levrette. Sans parler du reste. Combien de temps vous avez ? »

Richard ne regarda pas sa montre. Il ne se demanda pas quel âge il avait : car la réponse était quatre-vingt-quinze ans. Ces rythmes, ces rythmes de pensée lui étaient étrangers, complètement étrangers. Sa voix se cassa et il dit sur un ton quasi sénile :

« Je devrais être rentré dans une demi-heure.

— Ça sert à rien, alors. J'aurais besoin de tout ce temps rien que pour me mettre en condition. »

Elle attrapa son sac à main. Envie d'une autre cigarette ? Non. Elle lui tendit une feuille de papier (un listage, un rapport codé des problèmes : des fioritures sorties sur une imprimante d'ordinateur, certaines surlignées en jaune) et dit :

« C'est le résultat de mes analyses de sang. Vous m'avez dit que vous m'emmèneriez chez Gwyn. »

Chaque chose en son temps, ma belle.

« Et je tiendrai promesse. Un de ces jours. »

Il se leva. Richard pensait que les jeunes filles, de nos jours, aiment peut-être les vieillards pour des raisons d'hygiène. En voyant l'épouse du vieillard en question, elles peuvent se dire : elle tient encore debout, elle. Et lui, il tenait encore debout. Mais d'extrême justesse. Il dit :

« Je dois insister, me semble-t-il, pour que vous... »

Il chancela et reprit son équilibre en s'appuyant sur l'accoudoir du canapé.

« J'insisterai s'il le faut pour que vous me racontiez tout. Et pour que vous lui demandiez bien ce qu'il préfère.

— D'accord, Richard. Vous avez ma parole. »

Il s'arrêta à l'angle de Vroxhall Parade. De l'autre côté de la rue, dans le terrain de jeux grillagé, une silhouette imposante et emmitouflée grinçait seule, sans plaisir, sur la balançoire ; elle s'arrêta puis recommença, sur un rythme plus lent mais tout aussi désespéré... La nuit précédente, Richard avait rêvé qu'il vivait une histoire d'amour malheureuse avec son propre fils, Marius. « Arrêtons », avait dit Marius. Richard avait acquiescé : « D'accord. » Et Marius avait ajouté : « Parce que sinon, papa, ça veut dire que t'es pas à l'hauteur. »

À l'hauteur. C'est-y pas mignon, ça ?

Coup de téléphone de Gal Aplanalp.

D'emblée, elle annonça un accident fâcheux.

Richard attendit, assis. Il se sentait vidé. Son oreille droite bourdonnait encore de l'heure qu'il avait passée avec Anstice au bout du fil. Puis Gwyn, de retour de sa tournée, l'avait appelé pour lui chanter les louanges des Italiens, de leur chaleur, de leur générosité, de leur érudition et de leur discernement, ainsi que pour lui dire qu'ils avaient l'intention d'acheter, en quantités inouïes, un roman intitulé *Amelior*.

« Je t'écoute », dit Richard.

Le mardi précédent, expliqua Gal, son assistante, Cressida, était restée chez elle pour se consacrer à *Sans titre*. Cressida n'était donc pas allée travailler le mardi. Mais elle n'était pas allée travailler le mercredi non plus, ni le jeudi. Et pourquoi donc ? Parce qu'au milieu de la matinée du mardi, au milieu du premier chapitre de *Sans titre*, qui était d'une anormale brièveté, Cressida avait été prise d'une crise de diplopie (ou dédoublement de la vision) suffisamment grave pour que son médecin de famille redoute un cas d'« embarras vasculaire » (n'est-ce pas joliment dit ?) ou même, il ne fallait pas exclure cette possibilité, une lésion organique du système nerveux. Et Cressida ? Oh ! Cressida allait bien. On lui avait allégé le travail et elle se reposait beaucoup.

« Ce que je vais faire, maintenant, c'est expédier une copie du manuscrit à Toby Middlebrook, qui travaille chez Quadrant. Il a la sensibilité et le catalogue pour. Cressida et moi, nous pensons que *Sans titre* est de toute évidence un roman difficile et extrêmement ambitieux.

— Elle est allée jusqu'où, Cressida ? »

Gal essayait toujours d'être aussi franche que possible avec ses clients. Elle répondit : jusqu'à la page neuf.

Il lui dit au revoir et raccrocha. Il dégagea un peu de place pour pouvoir poser les coudes, se prit la tête entre les mains et resta assis à son bureau.

« Et merde ! » dit Steve Cousins (autant à lui-même qu'au vieil homme qui mettait dix minutes à traverser la rue : le passage clouté s'étendait devant lui comme une épreuve de piste).

Il tourna à l'angle de Floral Grove et prit Newland Crescent. Arrivés à un certain point, ils feraient mieux de mourir. Numéro soixante-huit : il s'arrêta. C'était là que vivait Terry, le charlatan. Mais Scozzy ne cherchait pas Terry. Terry, on pouvait espérer le trouver partout sauf chez lui, du côté de Wimbledon. Il devait être dans une boîte quelque part, ou en train de faire capoter une histoire dans un local de Quackos, ou sous une grosse Noire beuglante dans l'appartement qu'il possédait au-dessus du casino dans Queensway. Voyez les mecs qui se droguent : des filets de fumée leur sortent des naseaux comme s'ils avaient le crâne en feu.

Deux enfants, deux petites filles qui portaient des robes à fleurs et de drôles de couettes en l'air, jouaient dans le jardin de la villa crépie : balançoire, cage à écureuils, toboggan. Sous des arbres qui fouettaient l'air. Ce n'était pas le genre de spectacle qui éveillait des souvenirs chez Steve. Attention, les filles. Voici maman. Elle s'affaire aux fourneaux en survêtement, le visage dans la buée. Et les appelle en se penchant par la fenêtre de la cuisine. Rentrez tout de suite... Steve était au volant de sa Cosworth, qui avait une jupe d'automobile de course. Il pivota la tête et se tourna vers 13, endormi sur le siège arrière. Qu'est-ce qu'il avait donc fabriqué la veille ? Il avait volé un autobus à impériale et avait fait l'aller-retour jusqu'en Écosse dans la nuit. Les triangles de son visage (équilatéraux, isocèles, scalènes) frémirent puis se remirent en place.

« Je déplore la violence gratuite », disait Steve. Ce qui était faux, notoirement faux. L'un de ses surnoms était Gratuit.

« Bon sang ! » fit 13.

Steve se retourna : il s'était rendormi... Intelligent, Richard Tull ? Steve connaissait des grossistes qui sortaient d'Oxford, de Cambridge ou autre. Vingt-deux ou vingt-trois ans, un empire de huit mille kilomètres, des salariés comptant des capitaines militaires afghans, des diplomates japonais, des douaniers britanniques. Ça, c'était de l'intelligence. De l'organisation. Dans le milieu de la drogue et de la fourniture, on continuait jusqu'à ce qu'on explose comme une tique gorgée de sang. Plus on était important, plus on avait d'emmerdes. Vu son domaine d'activités, il était plus prudent de faire sa crise à vingt-neuf ans, sans attendre la quarantaine. Et après ? Il avait de l'argent. Mais il ne se voyait pas emprunter le parcours habituel, tenir un bar à Ténérife, vendre des San Mig et des œufs durs à la saucisse, regarder des vidéos du *Match du jour* qu'il se ferait expédier par Federal Express. Mais cela avait sans doute changé. Maintenant, ils recevaient Sky.

Désobéissantes, les filles ; elles n'obéissaient pas à leur mère. La petite faisait une démonstration à la plus grande sur le toboggan. Tu t'élances et tu atterris sur les fesses au milieu. Mais l'autre ne s'en sentait pas capable. Dans l'esprit de Steve : perte de concentration suivie d'un changement de sujet. Il arrêta de songer à faire du mal à Terry et commença de songer à faire du mal à Gwyn.

Bien sûr, Gwyn ne se garait pas sur la voie publique. C'était dur de s'en prendre à un homme dans son lieu de stationnement, lorsque toutes les fenêtres de sa maison vous épient. Ne pas se garer sur la voie publique, c'est vital, dans certaines circonstances, pour prolonger l'espérance de vie du citadin. Sans parler de l'ulcère ou du cancer que l'on s'évite, quand on n'a pas besoin de tourner deux heures par jour pour garer la bagnole. Il fallait le choper à la sortie de Westway, quand il allait à son club de sports. Envoyer Wesley ou D. : Gwyn qui tourne à l'angle et D. qui lui fonce dessus. Quatre-vingt-quinze kilos de muscles noirs qui te rentrent dedans à vingt à l'heure. Là, tu t'écroules. Avec tout ce que tu te prends, tout ce que tu te ramasses, tu t'écroules. Ensuite ? Eh bien, advienne que pourra !

Il prit son téléphone portable et appela Clasford.

« Clasford ? C'est pour ce soir, mon vieux. »

Puis il ajouta après un silence.

« Non. Tu vas au ciné.

— Ah bon, fit Clasford, prudent.

— Un film avec Audra Christenberry. Une histoire émouvante sur des enfants qu'on envoie à la campagne pendant le bombardement de Londres. Tu lui fais sa fête aux chiottes. »

Clasford se contenta de dire :

« Putain ! »

Les petites filles rentrèrent goûter. Derrière lui, une sirène de police se déclencha ; on aurait dit un comique homosexuel : ouhhhh ! Steve bâilla d'angoisse, comme cela lui arrivait parfois. Il mit le contact et passa la première. C'est alors qu'une bonne sœur fit un pas devant la voiture et ne trouva rien de mieux à faire, pendant que Steve soupirait et attendait derrière le volant, que de s'arrêter pour examiner une tache ou une décoloration sur sa bavette éclatante de blancheur. Elle le regarda. L'espace d'un instant, les deux vierges se dévisagèrent avec une férocité virginale.

« Et merde ! » fit Scozzy en démarrant.

« Audra Christenberry joue dedans. Tu l'aimes bien, non ?

— Pourquoi elle ? Je croyais que ça se passait en Angleterre.

— C'est une actrice, dit Richard. Et les acteurs peuvent contrefaire leur voix. Qu'est-ce que tu prends ? Un demi, comme d'habitude ? »

Gwyn dit :

« Je vais prendre un Campari soda.

— Non. Pour toi, ce sera une pression. C'est pas ça, qu'on boit au Pays de Galles ?

— Ça va ! Arrête ! À quelle heure ça commence ? »

Ils rejoignirent leurs femmes avec les boissons. Gin tonic pour Gina. Eau minérale pour Demi. Son organisme ne tolérait pas l'alcool, disait-elle, et Richard connaissait désormais toute la violence de cette intolérance. Demi faisait aussi figure d'exception en un autre sens : si on additionnait tous leurs séjours, Richard, Gwyn et Gina totalisaient au moins une année entière au pub Le chou et la limace, Gilda ayant complété le quatuor en silence. À présent, on voyait rarement les Tull et les Barry sortir ensemble. Richard avait dû promettre de bien se tenir.

« Des nouvelles de ton roman ? demanda Gwyn. Ça ne va pas, mon amour ? »

Demi avait pourtant l'air d'aller. Richard trouvait qu'elle arrivait même à dégager cet air de placidité que les pubs aiment à voir sur le visage de leurs clientes. Les pubs n'avaient bien sûr plus de secret pour Gina, elle connaissait leur confort et leur ennui. Les portes étaient ouvertes et elles donnaient sur la circulation de la fin de journée dans Notting Hill Gate. Aux nappes de fumée de cigarettes, aux vapeurs et aux humeurs de pub, à l'odeur des tourtes chaudes et aux rots de bière à la levure s'ajoutait donc l'haleine des voitures, qui semblait tisser un filet gris à hauteur des tables. Sur le trottoir, à peine agités par les petits cyclones d'ordures et autres tornades de détritus, se trouvaient plusieurs pots de nourriture à moitié mangés, repas abandonnés en hâte ou par dégoût, voire simples dégueulis. Tout là-haut, les bourrelets du ciel luisaient comme de la cellulite. Richard laissa passer une vague de nausée et dit :

« C'est Toby Middlebrook qui l'a, chez Quadrant. Gal m'a dit qu'elle le trouvait très ambitieux. Sur un ton plutôt décourageant.

— Mais c'est un roman ambitieux, non ?

— Peut-être. Je sais pas.

— Mais c'est ce que tu voulais, non ?

— Je ne... Ce qu'on écrit ne doit pas correspondre exactement à ce qu'on veut écrire. Il faut se sentir sous pression, d'une certaine manière.

— Moi, j'ai l'impression qu'il n'y a rien de plus naturel que tout ce processus. C'est aussi naturel qu'une naissance. »

Les métaphores qui assimilent l'écriture à l'accouchement mettaient Richard mal à l'aise. À quoi ressemblaient ces romans ? Pas même à des enfants mort nés. Ils étaient plutôt comme ces bébés dont on pense qu'il vaut mieux se débarrasser, en les mettant dans un petit sac noir pour aller les noyer dans les docks de chargement. Cette maternité-là, cependant, usait de méthodes primitives ; elle était loin et elle rejetait ses morts par superstition, de sorte que l'on se retrouvait à ramener chez soi la petite créature morte, langée dans du papier journal. Richard laissa passer une seconde vague de nausée. La première lui avait paru fragile et faite en pacotille ; la seconde, balistique dans sa puissance sourde. Était-ce de l'excitation ? De la peine ? Ni l'une ni l'autre, se dit-il. Tout juste l'imminence de la violence.

« Est-ce que tu as des projets ? demanda Gina. Est-ce que tu nous caches quelque chose ? »

Richard (qui avait contemplé les chaussures de Gwyn sous la table) crut que Gina s'adressait à lui. Mais non ! Elle parlait à Demi, qui secoua la tête et esquissa rapidement un sourire convenu.

Gwyn dit :

« Y a-t-il rien de plus beau ?

— Que quoi ?

— Mon épouse...

— Je t'en prie, fit Demi.

— Oh ! Elle est toute gênée. J'adore la voir rougir comme ça. Mmm ! »

Il modula cette exclamation, perdu dans ses pensées.

« Mmmm ! N'allons pas au cinéma. Rentrons faire l'amour. Nous rentrons chez nous. Vous rentrez chez vous. Et on fait l'amour. »

Richard dit :

« Ça te fait du bien (j'ai déjà acheté les billets), ça te fait du bien, une fois de temps en temps, de sortir de ta tour d'ivoire et de te mêler à la foule. D'en faire partie. Sous ton déguisement. »

On aurait dit qu'il faisait une fois de plus allusion (et c'était d'ailleurs ce qu'il faisait, sur le même ton acerbe que d'habitude) à la nouvelle tenue de Gwyn. Celui-ci l'avait déjà détaillée à l'attention de ses auditeurs : veste en daim de couleur rousse (Milan), borsalino marron (Florence), richelieus gris perle (Sienne).

« Allez, cul sec. On se prend une autre bière. En vitesse.

— Mais j'ai à peine touché à la première.

— Il t'en reste la moitié. Allez, cul sec.

— Je vais passer tout le film au cabinet. »

Oui, ça se pourrait bien, pensa Richard. Alors qu'il aidait Gina à enfiler son manteau, elle lui murmura à l'oreille :

« Je le déteste. »

Richard fronça les sourcils et hocha la tête. Il était à deux doigts de prendre sa défense...

Pendant la première demi-heure, dans le noir, il eut beaucoup de mal à contrôler son esprit. Le film n'avait aucune importance, pas plus que le réalisateur ou le fait qu'il soit en japonais ou en noir et blanc. Ces détails avaient eu leur importance avant. Il fallait juste que ce soit le genre de film que Gwyn disait actuellement aimer, lui qui, on s'en souvient, ne cessait d'obéir aux balades et aux gambades de son asticot. Or, c'était tout à fait son genre, ce rite initiatique pétri d'innocence dans un décor champêtre, cette fresque historique et émouvante qui racontait l'histoire d'un groupe d'adolescents intelligents et intarissables que l'on acheminait de Londres à la région des lacs pendant les bombardements de la Seconde Guerre mondiale. C'était presque un avant-goût cinématographique d'*Amelior*. Richard, s'il l'avait regardé, aurait trouvé le film insupportable. Mais il ne le regardait pas. Il ne l'aurait même pas regardé même si ç'avait été le genre de film que lui aimait : une production d'un milliard de dollars avec des flots d'hémoglobine. Il ne le regardait pas. Assises entre les deux romanciers, les deux femmes se partageaient du pop-corn sans jamais baisser les yeux, comme des enfants.

Dans une salle de cinéma, pensa Richard, les silhouettes masculines isolées ont l'air d'être foncièrement seules, comme les fous ou les mongoliens. Car enfin, que sont-ils ? Des cinéastes sourcilleux ? Des clochards ? Mais le cinéma coûte bien trop cher, de nos jours, pour que des clochards puissent aller empuantir une salle. Richard savait que lorsqu'il serait clochard, il aurait des besoins beaucoup plus pressants que d'aller empester un cinéma. Si la salle avait été pleine, l'identité des spectateurs aurait subi un effondrement gravitationnel pour ne plus former qu'un seul être, uni comme un gang. Mais le Coronet n'était plein qu'au quart de sa capacité ; de part en part surgissaient des têtes, qui reposaient sur des cous, et les cous sur des épaules. Et comme le film était sombre (on y voyait des sous-sols détruits par des bombardements, des bivouacs par des nuits sans lune), Richard ne cessait de penser qu'il était entouré de Noirs, ou de personnes en négatif ; au bout d'un moment, il s'imagina que les spectateurs assis devant lui étaient tournés vers lui, mais qu'ils avaient la tête de profil comme des démons des Caraïbes ; un peu plus tard, il lui sembla que leur cou était en réalité leur visage, mais caché sous des cheveux.

Au bout de quarante minutes, l'événement se produisit. Richard connut le plaisir complexe de se lever pour laisser passer Gwyn — le célèbre Gwyn, le mari dévoué, plié en deux pour prévenir sa célèbre incontinence. Il descendit la travée en traînant les pieds, puis prit à droite sous la scène, derrière son ombre qui se détachait sur un écran de verdure : prés ondulés, rangées d'arbres, ciel du crépuscule. Il disparut par la porte où étaient affichés les panneaux SORTIE et HOMMES. Personne ne le suivit. Un vieil homme le suivit. Richard arrêta de regarder. Il regarda le film. Il regarda une scène de cinq minutes consacrée à la préparation du ragoût (la femme d'un petit paysan montrait à Audra Christenberry comment s'y prendre) sans parvenir à s'y intéresser le moins du monde. Dans son corps bouillonnaient toutes sortes d'affects, comme si c'était autre chose qu'il regardait, comme si c'était le paroxysme d'un thriller sans crime : *L'inconnu du Nord-Express*, *Sueurs froides*, *Psychose*.

Le temps passa. Il y eut un moment de transition pendant lequel les femmes durent inconsciemment supposer, sans trouver à y redire, que Gwyn s'était lancé le défi absolu et universel de la défécation. En faisant la même supposition (en tandem, pour ainsi dire, avec Demi et Gina), Richard imagina que cette quête de déjections prenait un tour de plus en plus compliqué et douloureux ; au bout d'un quart d'heure, on n'était plus très loin des écuries d'Augias. Suivit un intermède de souffrances localisées : Richard, s'étant fait une joie d'accompagner Gwyn au demi près, ressentit le besoin d'aller aux toilettes à son tour. Besoin vif et piquant, aussi vif et piquant que sa curiosité.

« Pardon », fit-il en se levant.

C'étaient, comme dans tant d'autres cinémas, des toilettes dont la promesse parfumée vous fait monter des plans inclinés et des escaliers qui vous ramènent ensuite sur vos pas, puis se creusent comme les boyaux d'un antique aéroport ou comme une cité mythique : toute une construction tarabiscotée conçue par des immortels pleins de fiel. Richard marcha résolument jusqu'aux entrailles du bâtiment, dépassa des issues de secours barrées par une chaîne et se faufila sous des plafonds suintants, jusqu'à ce que l'avant-dernière porte se rabatte doucement, comme un clapet, et qu'elle paraisse le faire entrer, lui, à l'exclusion de tous les autres. Au pied de la cage d'escalier penchée, il trouva la porte où était affichée le panneau HOMMES... Il s'arrêta et prêta l'oreille. Rien d'autre que l'éternel bruit d'eau des toilettes, vif et piquant comme les rumeurs de leurs odeurs. Il s'appuya doucement contre la porte. La pièce l'invita à entrer. Puis la porte se referma.

Sa première pensée fut que lui, Richard, avait disparu. L'aménagement du mobilier sanitaire (rangées dédoublées de lavabos, enrouleurs de serviettes dédoublés contre les murs, tubes de néon dédoublés au plafond) était tellement symétrique qu'on ne pouvait pas ne pas soupçonner la présence d'une glace au milieu. Mais il n'y avait pas de glace : tout juste deux exemplaires de chaque objet, face à face. Richard ferma les yeux puis les rouvrit. Pas de glace, donc pas de reflet. Un instant, il se fit l'effet d'un vampire qui se serait vu refuser son simulacre naturel et craindrait de mourir noyé. À vue de nez, les toilettes du Coronet avaient abrité une catastrophe gastrique très récente. Mais rien d'autre. Il se glissa en travers de la pièce et se baissa rapidement pour regarder sous les portes à abattant des cabines : aucune palpitation impatiente de velours marron, aucun tourment de richelieu gris perle. Richard s'en trouva déçu, Richard s'en trouva soulagé. Il se dirigea vers l'urinoir. Il se penchait en avant et prenait sa respiration (il cherchait par où saisir sa fermeture éclair) lorsqu'il entendit une voix :

« Ça sent bon par ici ! »

L'esprit de Richard, qui était en quête perpétuelle de souffrance, eut le temps de se sentir blessé par cette remarque, le temps de se sentir personnellement visé, comme si c'était à lui que cette remarque sarcastique s'adressait. À lui et non pas à l'incroyable odeur de merde qui régnait partout. Il se retourna.

« Du calme ! fit-il. C'est pas moi. »

« Je suis sorti faire un tour. Prendre l'air. Je l'ai dit à Demi. T'as pas remarqué que j'avais mon chapeau à la main ? Entre nous soit dit, je suis retourné à la Limace m'envoyer une petite bière.

— Entre nous soit dit, ce n'était pas un petit Campari soda ?

— J'ai bu une bière.

— Qu'est-ce que tu lui reprochais, au film ?

— Ça commençait à me courir sur le haricot, toutes ces histoires de grange. Sans parler des vaches. Et ces papotages à n'en plus finir.

— Mais c'est censé te plaire, tout ça. La campagne. L'absence de sexe. Les discussions accortes. Rien qui se passe. »

De l'autre côté de la fenêtre du bureau, la clématite avait des teintes jaune et or, des teintes d'automne et de nicotine. Souvent il fumait, la tête appuyée sur le rebord, tournée vers le ciel pour épargner les poumons de Marco. Dehors, des oiseaux voletaient et s'agitaient encore, et chantaient. Volutes et torsions glissantes du son. Imaginons que les oiseaux soient de simples perroquets qui imitent dans leurs chants ce qu'ils entendent : trilles et gazouillis calqués sur les petits ruisseaux de montagnes, sur la rosée qui dégouline le long des arbres. Mais le perroquet avait quitté sa jungle, s'était posé sur une patère dans un pub et criait : « Foutaises ! » Et les grives et les moineaux faisaient des bruits mécaniques de l'autre côté de la fenêtre. Quel froid, dehors. Maintenant qu'il avait quarante ans, il craignait le froid. Maintenant, il avait quarante ans et un instinct animal en lui redoutait l'hiver.

C'était dimanche et les garçons s'enhardissaient à arpenter l'appartement. Marius passa dans le couloir. Il entra dans la pièce, s'approcha et regarda de près le visage de son père.

« Aïe, fit-il.

— Ouais, ça va ! »

Richard passa dans la pièce à côté, s'assit à la table de la cuisine et s'appliqua une côte de porc à moitié dégelée sur l'œil droit. En franchissant cette faible distance, il échappa à la surveillance de Marius et se retrouva sous le contrôle de Marco. À travers deux embrasures de porte et la largeur de l'étroit couloir, Marco regardait son père assis, en manches de chemise, un nœud papillon prune autour du cou, mais encore chaussé de ses pantoufles à carreaux qui boulochaient. Une fois de plus, Marco voulut prendre un air perplexe et un ton implorant pour demander pourquoi les pantoufles de Richard, contrairement aux siennes, rejetaient l'occasion qui leur était offerte de représenter un personnage de livre pour enfants, un super-héros de série télévisée, ou tout simplement un animal. Papa se refusait aussi l'évidente satisfaction que procure la lecture du dos d'un paquet de céréales... Avec ses paupières ambre et ses cheveux clairsemés qui s'agitaient et s'animaient dans la brise fraîche (la fenêtre était ouverte), Richard était assis en plein réalisme : il se soignait. Mais Marco (qui le regardait alors, on s'en souvient, du seul œil qu'il avait en bonne santé) voyait en Richard un personnage de dessin animé : il était auréolé d'un nuage d'électricité qui bourdonnait faiblement. S'il tombait d'un rocher ou d'une falaise, il pourrait y remonter à condition de vite se retourner et de faire tournoyer ses jambes ; si on lui donnait un coup de marteau sur la tête, il aurait une bosse rouge et pointue qui disparaîtrait aussitôt. Les conclusions de Marco étaient bien sûr fausses : dans l'un et l'autre de ces scénarios, Papa serait mort instantanément sous le choc. Mais son impression d'un air saturé d'électricité était juste. Depuis que Richard avait giflé Marco du revers de la main, depuis le début de tous ces événements (la danse du livre de Gwyn sur la liste des meilleures ventes, suivie par l'accélération et l'essor de sa carrière, et accompagnée par une autre danse de Richard en réaction à la secousse reçue), tout se passait comme si un câble électrique reliait Holland Park à Calchalk Street, acheminant de la douleur électrique d'un homme à l'autre.

La maladie, les jours d'été passés à la maison, la condition de cadet et l'impression qu'il inquiétait ses parents malgré lui, qu'il les exaspérait, qu'il les poussait à bout (il comprenait, même au plus fort des crises, que ce n'était pas lui que ses parents détestaient, mais les causes intérieures de ses quintes de toux, de ses incubations, de ses efflorescences, de ses pleurs lorsqu'il se réveillait au milieu d'un rêve, inconsolable, la nuit ; car il était bel et bien inconsolable ; on ne pouvait pas le consoler) : tout ceci avait aiguisé la vigilance de Marco, son sens de l'observation, bien plus que n'importe quel gamin de six ans n'en aurait eu besoin ou usage. Les adultes ne lui étaient pas étrangers. Ils n'étaient pas distants ni doués d'une autonomie massive, et ils ne vivaient pas seulement en portant à bout de bras ses pics de douleur et de plaisir. Il savait que les adultes étaient petits, eux aussi, qu'ils étaient poussés et tiraillés par tout un arsenal de forces. Marco connaissait les adultes. Il passait très souvent des journées et des nuits entières avec eux... Il forma donc le projet d'apporter du plaisir ou du réconfort à son père. Peut-être un baiser sur la tempe ?

Quelques tapettes revigorantes sur l'épaule ? Au moment de se lever, il décida plutôt d'offrir à Richard le régal d'une blague.

En devinant qu'il s'approchait, Richard leva les yeux de sa biographie, *Époux légendaire : Thomas Tusser*. L'enfant avait le visage tourné en l'air, un œil grand ouvert, les lèvres serrées, et il ne se retenait pas de joie :

« Gentil Papa Tendre.

— Présent !

— C'est quoi tes initiales, Gentil Papa Tendre ?

— G.P.T.

— Hi hi hi ! Tu sens pas bon, tu sens pas bon !

— ... Je ne trouve pas ça très drôle, Marco. »

« Je pensais que c'était pas lui. Il est arrivé comme il avait dit. D'où l'hic.

— Non, mon pote. C'est pas comme ça qu'on dit. Pas l'hic. Le hic.

— Ouais, bon. D'où le hic.

— Qu'est-ce que tu lui as flanqué ?

— Une baffe. Mais d'abord, j'ai dû le choper.

— Pourquoi, il t'échappait ? Putain. T'as rien dit ? T'as pas essayé de...

— Si. Je lui ai fait, “ Tu m'as traité de chef. ”

— Ouais ?

— Ouais. Tu sais : “ Tu m'as encheffé, espèce de... ”

— C'est tout ?

— Non. Après l'avoir baffé, je lui ai fait : “ M'encheffe pas, d'accord ? ”

— “ M'encheffe pas. ”

— Ouais. “ M'encheffe pas. ” Tu piges ? “ T'as pas intérêt de m'encheffer, putain. ” »

Steve essayait d'imaginer Richard en train d'encheffer Clasford.

« Clasford ! C'est quand, la dernière fois que quelqu'un t'a encheffé ?

— Ch'ais pas. Quand j'avais trois ans, peut-être.

— Ouais, ben ! Salut, chef ! »

Il remit son téléphone portable dans sa poche et gara la

Cosworth. Tout cela prouvait qu'on était plus en sécurité en ville qu'à la campagne. Les arbres sont plus dangereux que les rues. Le décor urbain, c'est comme le qu'en-dira-t-on : il vous retient d'agir. À la différence du décor champêtre. Qu'est-ce qui explique que les gens reçoivent cinquante-sept coups de poignard ? Qu'est-ce qui explique que les gens meurent de trente-neufs coups sur la tête ? Si on en a le loisir (si on est seul et à l'écart), on ne s'arrête plus. Bel exemple de vertu à l'envers. Aujourd'hui, Steve n'aurait pas été surpris d'apprendre que Gwyn (ou Richard, en l'occurrence) devait subir une grosse opération de la boîte crânienne et qu'il s'alimenterait avec une paille pendant neuf mois. On flanque une baffe, puis on se met à croire qu'on s'est fait encheffer. Le coup précédent doit justifier le coup suivant. Le coup suivant doit justifier le coup précédent. Ce qui l'avait retenu, Clasford, ce n'étaient pas les instructions qu'il avait reçues, mais le décor urbain. Faut faire vite : attention à la lumière, attention aux bruits de pas. Steve pensa soudain à la bonne sœur qu'il avait vue du côté de Wimbledon. Les bonnes sœurs portent des bottines de sorcière et pas de produits de beauté. Tout juste le maquillage de l'abstinence.

Steve Cousins passa devant la caméra de surveillance, devant le portier, devant une autre caméra de surveillance et devant l'écran de surveillance. Il entra dans l'ascenseur et monta tout en haut ; les poutres et les blocs de ciment crissaient sur son passage ; une fois arrivé, il sortit de l'ascenseur, passa devant la caméra de surveillance et emprunta le long corridor tubulaire. Mis à part les deux appartements sous les toits, les six appartements en duplex et les quatorze ateliers (entre autres distinctions hiérarchiques fondées sur l'étage et les avantages), l'appartement de Steve était comme tous les autres appartements de l'immeuble. On avait demandé à une escouade d'architectes de dessiner le rêve de l'homme d'affaires moderne et de donner à ce rêve son poids de béton et d'acier : sobriété des lignes, division de l'espace en espaces public et privé, mélange de dynamisme et de repos bien mérité. Puis chacun laisserait sa personnalité s'exprimer, à supposer qu'il en ait une. Mais nous en avons tous une, non ? Le double living de Scozzy, la pièce principale où il était censé donner libre cours à sa personnalité, se composait de quatre zones d'activités distinctes : il y avait le coin gym (haltères, élastiques, *stairmaster*), le coin informatique (les appareils de traitement de données), le coin lecture (coussins, table basse en verre sur laquelle s'empilaient divers classiques du nihilisme) et le coin vidéo (téléviseur à écran plat de la taille d'une fenêtre, masse noire, nette et muette des magnétoscopes, tas de télécommandes, tout un cap Canaveral de décodeurs et de déchiffreurs). Cette pièce avait-elle une vérité ? D'une certaine manière, elle cherchait à en mettre plein la vue, comme un décor de théâtre, même si personne n'y mettait jamais les pieds. Steve se déshabilla. Chez lui, il se promenait nu. Chez lui, il reniflait sa nourriture avant de la porter à sa bouche (sa bouche : il savait qu'elle se caractérisait par une avancée des maxillaires vers les arcades dentaires). Chez lui, il se laissait aller du côté où souffle le vent, mouvement d'une intolérable monotonie qui pouvait durer des heures d'affilée. Chez lui, il songeait souvent à renoncer à tout usage de la parole. Avait-il ce comportement lorsqu'il était un enfant sauvage ? Ou était-ce un phénomène récent, dû à ses lectures sur les enfants sauvages ? Tout ce qu'il semblait se rappeler de l'époque où il était un enfant sauvage, c'était de s'être couché sous une foutue haie. Un jour où il pleuvait comme vache qui pisse.

Il se dirigea, nu, vers le coin vidéo. Suivirent une série d'activations. Il se laissa tomber sur le cuir froid du grand fauteuil pivotant. À l'écran se dessina peu à peu l'image fixe d'une poitrine féminine. Steve la contempla avec assentiment et reconnaissance. On voyait les cicatrices tuméfiées sous les seins, séquelles du travail chirurgical, sceaux d'approbation. La femme, comme l'homme qui la regardait, était toute seule. Mais lui était puceau. L'enfant sauvage n'était jamais passé à l'acte (même s'il avait ses idées sur le foutre et les louloutes). Quand il regardait un film porno, se disait-il parfois, il essayait de comprendre qui il voulait blesser. Scozzy appuya sur la touche « Marche ». L'actrice arracha ce qui restait de son débardeur, puis enfonça ses ongles de trois centimètres dans ses seins refaits et les comprima sauvagement l'un contre l'autre.

Trois jours plus tard, l'œil de Richard ayant arrêté ses expériences de spectroscopie (ayant arrêté d'osciller entre le jaune et le violet pour se fixer sans conteste sur le noir, le noir du coquard), il résolut mentalement un autre problème : il se leva de la table de la cuisine et traversa le couloir. Sur le sol du salon, Marius, un jeu de cartes à la main, faisait un tour de magie à Marco dans le crépuscule de l'automne. Les meubles avaient des contours flous et on entendait des bruits de pas qui montaient de la rue, survivants miraculeux de la déperdition sonore... Le tour de magie, Richard le savait, avait demandé beaucoup de préparatifs à Marius. Il s'était enfermé dans la salle de bains avec le paquet de cartes pendant une quinzaine de minutes. Mais il était prêt, à présent. Son but était de raconter une histoire. Les tours de magie les plus sophistiqués (car cette activité connaît un développement insensé, comme toutes les autres) mettent en scène des spectacles de plusieurs heures autour d'intrigues aussi compliquées que *La petite Dorrit* (qui repose, on s'en souvient, sur le don d'une somme d'argent à la plus jeune fille du frère du gardien de la maîtresse du neveu du bienfaiteur : la petite Dorrit elle-même) et selon un entrelacs thématique et structurel tendant à l'architectonique prousto-joycienne. Le tour de magie de Marius était vieux comme le monde, simple comme bonjour et connu comme le loup blanc. Mais Marco ne le connaissait pas. Il s'appelait les Quatre valets et racontait une histoire banale de débrouillardise urbaine.

« C'est l'histoire de quatre bonshommes, d'accord ? dit Marius en montrant à Marco les quatre valets alignés à la verticale (et derrière lesquels se cachaient, sournoises et méprisables, trois cartes quelconques : un neuf, un cinq, un trois — autant dire des roturiers). Et ils décident de faire un cambriolage.

— Chez nous ? »

Marco regardait, fasciné, mais il devina, à la périphérie supérieure de son champ de vision, que son père était dans la pièce, debout près de la porte. Gina était assise sur le rebord de la fenêtre, éternelle présence rassurante, et elle tricotait, les jambes croisées parallèlement à l'angle de ses aiguilles.

« Non. Dans cette maison-là, répondit Marius en désignant les quarante-cinq cartes qui restaient du paquet. Y en a un qui descend à la cave. »

Marius plaça la première carte quelconque sous le paquet, puis glissa la deuxième et la troisième au milieu en disant :

« Un autre va au rez-de-chaussée, un autre au premier étage. »

Il s'interrompit et réfléchit.

« Et le quatrième monte sur le toit pour faire le guet. »

Avec une bonne dose d'habileté, il plaça les quatre valets, serrés l'un contre l'autre comme s'ils ne faisaient qu'un, en haut du paquet. Marco le regardait faire, comme halluciné.

« La police arrive. Pin pon pin pon pin pon. Le type qui est sur le toit crie aux autres : " Les flics ! " Et ils montent tous le rejoindre. Un, deux, trois, quatre bonshommes sur le toit. »

Les épaules de Marius s'affaissèrent ; la tension le quittait.

« Génial ! » dit Gina.

Marius fit un sourire modeste et leva les yeux vers Marco, qui le dévisageait d'un air suppliant.

« Et alors ? » dit Marco.

Richard changea de position. Lui aussi pensait à une histoire : *L'Aleph* de Jorge Luis Borges. Où il est question d'un objet magique, l'Aleph, qui sait tout, comme la machine de la Connaissance ; et d'un poète minable qui gagne un grand prix, un grand trophée, pour un poème minable. « C'est incroyable, écrit le narrateur, mais mon ouvrage, *Les cartes du tricheur*, n'obtint pas une seule voix. » Richard écouta l'air de blues discordant qui passait dans sa tête. Il ne le quittait jamais, et tout l'y ramenait sans cesse.

« Et alors ? reprit Marius.

— Comment, et alors ? reprit Marco.

— ... Non, rien !

— La police les a attrapés ? Qu'est-ce qu'ils ont volé ? Où est-ce qu'ils sont allés ?

— Marco, s'il te plaît. »

Oui. Parce que Marco était toujours comme cela. Sacré Marco, si différent de Marius. Celui-ci avait au contraire les pieds sur terre : il cherchait et repérait tout le temps des distinctions (entre un ourlet et un revers, entre la corniche et la saillie d'un toit, entre un grattement et un grincement). Il s'était déjà lancé dans la grande entreprise taxinomique du genre humain. Richard s'y connaissait, lui aussi, en matière de taxinomie. Cet après-midi même, dans l'espoir de commencer un compte rendu d'un paragraphe sur une biographie de sept cents pages intitulée *L. H. Myers : l'oublié,* il avait passé une heure à feuilleter son dictionnaire en lambeaux, à la recherche d'un synonyme élégant de « gros ». Au milieu de sa recherche, Gal Aplanalp avait téléphoné : « Tu ne vas pas me croire, mais... », avait-elle commencé... Alors que Marco, lui, croyait tout, aspirait à tout croire, ne voulait jamais qu'une histoire se termine. Un jeune neurologue avait essayé de leur expliquer que c'était peut-être la raison pour laquelle Marco pleurait, la nuit : parce que le fil de ses rêves se brisait ou parce qu'ils s'arrêtaient, tout simplement.

« S'il te plaît, Marco, dit Richard. Viens me voir dans mon bureau. Tout de suite. »

L'enfant se leva. Cela ne s'était jamais produit, mais Marco avait l'air de savoir que faire. Ce n'est qu'en sortant de la pièce qu'il tourna la tête et jeta un coup d'œil à sa mère, à son frère. Ses jambes nues semblaient aussi se déplacer plus vite que d'habitude, non pas dans un but précis, mais comme s'il était fermement poussé ou aiguillonné par-derrière.

Un jour, j'étais allongé sur un lit bas dans une pièce où avait été convoqué un enfant, dans une pièce où allait être dénoncé et accusé un petit garçon. J'étais donc à sa hauteur, à un mètre du sol. Il m'est arrivé de dénoncer des enfants moi-même, j'en ai vu baisser la tête avec leur tignasse de cheveux fins, en signe de pénitence. Mais quand on est à leur hauteur, on se rend compte qu'en réalité, ils regardent tristement droit devant eux et que seul un réflexe consciencieux leur fait lever les yeux pour affronter l'ardeur cathartique de la colère parentale. L'accusation est formulée, l'aveu arraché, la punition prononcée. L'enfant qui regarde droit devant lui découvre ses dents (peut-être encore ses dents de lait, ou bien ses nouveaux crocs qui ont poussé en désordre, les dagues qui sont venues remplacer ses quenottes) et il esquisse un rictus naïf et sarcastique tout empreint de malheur. Les enfants ont en général fait quelque chose. Qu'avait fait Marco ?

« Il y a deux jours, commença Richard, avant-hier, tu m'as dit... Tu m'as dit quelque chose de très blessant. Marco, je te parle. »

Marco leva les yeux vers son père.

« Et tu vas m'expliquer maintenant ce que tu voulais dire par là. »

Richard était debout derrière son bureau. Il leva le menton. Marco remarqua les pointillés marbrés de sa gorge, les petits accidents du rasoir, la protubérance mobile de sa pomme d'Adam, l'éclat en biais de son œil abîmé.

« Tu ne m'as jamais rien dit d'aussi blessant, jamais. »

Marco entendit alors la honte et la turpitude lui gronder doucement dans le creux de l'oreille. Il leva les yeux encore une fois, puis se remit à regarder tristement droit devant lui. La pièce était de toute façon plongée dans la pénombre du crépuscule, mais elle était encore plus sombre pour l'enfant, dont le monde se repliait lentement à l'intérieur de lui-même.

« Tu m'as dit, dit Richard en prenant son inspiration, tu m'as dit que je sentais pas bon. »

Marco leva les yeux, plein d'espoir.

« C'est pas vrai », nia-t-il.

Car il ne trouvait pas que son papa sentait mauvais. Il avait peut-être une odeur de tabac, ses habits n'étaient peut-être pas souvent lavés, son corps posait peut-être un problème mystérieux. Mais il ne sentait pas mauvais.

« C'est pas vrai, papa.

— Si, Marco. Si, c'est vrai. Tu m'as dit que je sentais (il releva le menton, frétilla du larynx) le caca.

— C'est pas vrai.

— Hi hi hi ! cita Richard. Tu sens pas bon, tu sens pas bon !

— ... Mais c'était pour rire. C'était juste pour rire, papa. »

Marco se jeta aux pieds du mot plutôt qu'il n'y recourut.

« C'était juste pour rire. »

Richard attendit. Puis il demanda :

« C'est vrai ou c'est pas vrai, que je sens le caca ?

— C'était pour rire, papa.

— Qu'est-ce que je sens, alors ?

— Rien. Toi. C'était pour rire, papa.

— Excuse-moi. Pas un mot de tout cela à maman. Tu n'as qu'à dire que tu ne voulais pas faire tes devoirs, par exemple. Viens me faire un baiser. Je te demande pardon. »

Marco le lui accorda.

Vers onze heures et quart, ce soir-là, les jumeaux, couchés dans leurs lits jumeaux, terminaient dans les chuchotis une longue discussion impartiale (où figuraient des mandarines, un nouveau superbandit, des pistolets à eau) et ils commençaient à songer à lever la séance. En tout cas, les intervalles de silence étaient de plus en plus longs, et leurs bâillements de plus en plus mélodieux, de plus en plus rêveurs. Marius (qui était toujours le premier à vouloir plier boutique) était couché sur le côté, les mains calées sur le devant de son pantalon de pyjama. Il se laissait gagner par ses fantasmes nocturnes de sauvetage. Quand il avait son âge, son père, puisant son inspiration dans toutes les formes d'art à sa portée, guidait des meneuses de revue jusqu'à des gondoles et leur faisait fuir les clapotis et les flancs noirs de forteresses insulaires. Marius, lui, bravait des lasers et des faisceaux de particules, il s'interposait entre leur feu et une ribambelle de jeunes extraterrestres revêtues de combinaisons et de tuniques pastel, dans un paysage onirique de jeu vidéo qui défilait ou le transperçait à toute allure, comme les radars d'un avion engloutissent les lumières de la piste au moment de l'atterrissage. Il se mit sur le dos et demanda :

« Pourquoi papa t'a fait venir dans son bureau ? »

Marco réfléchit un moment. Il revoyait le visage de Richard et les calculs confus qui l'animaient. Il revoyait Richard, un autre jour, la tête baissée, en train de sentir le bout de ses doigts. Et un autre jour encore (un très mauvais jour, de l'avis général : le silence régnait dans toutes les pièces), assis à la table de la cuisine, fumant une cigarette sous le choc d'une lettre ouverte. Marco dit :

« Il a l'impression de sentir la merde. »

Frappé par la réponse, mais largement satisfait, Marius se tourna de son côté.

Du temps passa.

« Il a pleuré », ajouta Marco avant de hocher soudain la tête dans le noir.

Marius dormait. Les mots restèrent en suspens. Marco les écouta.

Ce matin-là avec Anstice (Seigneur !), ce matin-là, lorsqu'il s'était réveillé dans les bras d'Anstice, ou à côté d'elle, ou encore dans son lit, dans son petit lit, il était resté sur le dos à contempler le monde de l'adultère. Le plafond en était une assez bonne représentation, avec les tas de taches qui couraient à tâtons sur les bords (couleur orange pâle de l'eau croupissante, de la pourriture) et qui se dirigeaient sournoisement vers le centre, vers l'endroit où pendait le fil électrique ratiboisé. Des plâtres saturés de solitude l'entouraient de tous côtés et le faisaient prisonnier. Il avait ressenti de la peur, du chagrin. Il aurait tant voulu revenir au *statu quo ante*, à la situation d'avant... Richard n'avait qu'un seul fil auquel se raccrocher, un seul brin de réconfort : son immense fiasco sexuel de la veille. Cette foirade-là, il allait s'y cramponner ferme. Au pub, il raconterait à ses copains... Brusquement, Anstice s'était levée. Presque aussi brusquement que Gina, quand Marco pleurait. Les amants se lèvent parfois brusquement. Mais personne ne se lève aussi brusquement qu'une mère. Richard avait fermé les yeux. Il entendait la queue de cheval d'Anstice fouetter l'air comme un knout quand elle avait traversé la pièce. En revenant, elle lui avait rapporté une tasse de thé, une tasse terreuse et granitée comme la pierre de Cotswold, une tasse aux fissures couvertes et recouvertes par les dépôts de mille et un thés bus en solitaire. Un jour, ces dépôts s'étageraient jusqu'à ras bords ; la tasse, n'étant plus qu'un bloc fait de ses propres concrétions, serait morte, et Anstice, enfin prête.

Il avait été surpris par le ton de sa voix et les mots qu'elle avait choisis pour lui dire :

« Quel petit coquin tu as fait, hier soir !

— Comment ça, petit coquin ? »

Elle l'observait avec un air de reproche et de réconfort mêlés.

« Tu as bien fait attention, au moins ?

— Oh oui ! avait répondu Richard le regard brillant, toujours très digne même quand il faisait le petit coquin.

— Je t'aime », avait-elle dit.

Il avait été à deux doigts de basculer, de basculer dans l'immensité de son erreur. Anstice avait laissé tomber la tête pour la poser sur sa poitrine. Les poils drus de ses oreilles et de ses sourcils broussailleux lui chatouillaient les narines. Richard en avait été ému, à sa manière. Il lui avait caressé le cou ; sous la robe de chambre rugueuse, il avait tâté la bretelle d'un sous-vêtement plus doux qu'il refusait de lui enlever. Il avait regardé. La combinaison était rose. Richard comprenait les lettres de refus ; il comprenait le laisser-aller ; il comprenait les gens qui n'avaient personne qui les fît rester propres. Anstice était là, dans sa combinaison qu'il refusait de lui enlever. Il avait soupesé la base de sa queue de cheval, semblable à l'articulation d'un membre musclé. La tignasse d'Anstice, au-dessus de sa combinaison rose. C'était le portique d'un garage automobile qu'il fallait pour laver cette touffe de cheveux. En fermant les yeux, il avait vu un chien dans une baignoire, tremblant d'inquiétude devant son corps que la fourrure mouillée paraissait diminuer de moitié.

Bref, Richard en avait été ému, à sa manière. Si ému qu'il avait essayé de refaire le petit coquin. Mais cela n'avait pas mieux fonctionné. Il avait essayé toutes les méthodes qu'il connaissait pour donner du plaisir à une femme : la lui enfoncer avec le pouce, la plier en deux. Mais plier quoi ? Il n'avait pas non plus négligé de haleter et de tousser dans son oreille. Au bout de dix minutes, il s'était retiré et il était retombé sur le dos. Anstice avait murmuré :

« C'est donc vrai, ce que j'en avais entendu dire. »

Un instant, il avait été surpris et même soulagé par ce sarcasme impitoyable. Mais comme elle avait continué de broder sur le même thème à l'envi, il comprit qu'elle avait à nouveau pris ses désirs pour des réalités. Était-ce là un signe de sagesse, était-ce peut-être une solution (meilleure, plus douce) pour les années de maturité ? Gina connaissait la différence entre le mot et la chose. Mais c'est vrai que ce serait sans doute plus reposant si elle ne la connaissait pas. Peut-être que vers la fin de la vie, cela ne faisait plus aucune différence pour personne.

Cela ne faisait en tout cas pas de différence dès qu'il était question de faute et de culpabilité. Si Gina découvrait cette liaison, il savait ce qu'elle ferait (elle l'avait assez souvent prévenu) : elle se vengerait de la même manière. Richard avait tourné la tête. Sur la chaise, à côté du lit, s'empilaient les romans qu'Anstice dévoraient au rythme de deux ou trois par jour. Des romans d'avant-guerre reliés toile. Des romans sentimentaux et sérieux, écrits par des femmes dont le nom (elles s'appelaient toutes Susan ou Henrietta) ne revenait jamais. Des romans de dilettantes pour un lectorat en perte de vitesse. Un roman chacune, le roman que nous sommes tous censés porter en nous.

Anstice avait alors dit :

« Merci, mon chéri. Maintenant je peux mourir. Bon, avait-elle ajouté en fronçant les sourcils d'un air responsable, quelle est la meilleure façon de l'annoncer à Gina ? »

Richard essayait parfois d'anthropomorphiser le soleil et les planètes, ou de systématiser solairement son entourage immédiat. Mais il n'allait jamais très loin dans cette entreprise.

Gina était la Terre : la Terre nourricière.

Vénus était à la fois l'étoile du matin et l'étoile du soir. L'étoile du soir, c'était peut-être Belladonna. L'étoile du matin, Demi.

La comète de Halley, on pouvait la comparer à Anstice, à ceci près que celle-ci faisait au moins une apparition par jour, et non pas une fois dans la vie d'un être humain, image de suie et de glace traînant sa chevelure de folle derrière elle, comme la comète.

Gwyn était-il Jupiter, presque une étoile, une étoile trop petite pour s'enflammer dans un incendie nucléaire, ou était-il déjà le Soleil ?

Et Steve Cousins ? Était-il Mars, planète de la guerre, ou simplement Mercure, le messager qui vous informe sur ce qui se passe de l'autre côté ?

Mais il avait beau essayer, Richard ne trouvait jamais de solution satisfaisante pour ses fils. Quand ils se battaient, les deux satellites de Mars leur allaient bien : Deimos et Phobos, Crainte et Haine. Mais en général, cependant, quand ils se montraient coopératifs ou du moins qu'ils se taisaient, et qu'ils étaient ailleurs, c'étaient deux taches de lumière : les Jumeaux célestes.

Il savait qui il était, lui : il était Pluton, et Charon était son art.

Gina était la Terre nourricière : bipolaire, sublunaire, circumsolaire.

Steve Cousins se dirigea d'un pas nonchalant vers le réfrigérateur, qui se mit à lui gazouiller ses qualités dès qu'il en ouvrit la porte d'un coup sec : tout un garde-manger de lumière. Il en sortit une bouteille de jus d'orange en plastique. Mais peut-être avait-il envie de raisins ? Non. Il n'aimait pas l'aspect de leur peau, cet éclat noir, adhésif, visqueux, semblable à une tache de boisson gluante, semblable aux rues de Londres la nuit. Il haussa les épaules et prit un grain sur la grappe ; il le tâta et le renifla ; il le mangea et se lécha les doigts.

Il n'y aurait eu là rien d'extraordinaire s'il s'était agi de ses raisins, de son jus d'orange, de son réfrigérateur ; s'il s'était agi de sa cuisine. Or, c'était la cuisine de Gwyn. C'était la cuisine de Demi. Il était chez eux.

J'ai dit que je n'y entrais pas, non, pas encore. Et pourtant, m'y voici ! C'est que je n'arrive pas à le contrôler. Toute sa vie, des gens ont essayé de le contrôler. Sans y arriver. Je n'y arrive pas non plus. Richard Tull n'y arrivera pas davantage. Avant de quitter la cuisine, il jeta un coup d'œil dans la poubelle. Ils avaient mangé du poisson au dîner. On était vendredi, ils étaient catholiques.

Scozzy était passé par la porte d'entrée. Comme nous tous, il était sous la dépendance ingrate de technologies qu'il ne comprenait pas, et il avait donc eu recours à la lance thermique, puis au passe. Par la suite, les Barry adopteraient un système de sécurité plus perfectionné : il en allait dans ce domaine comme dans la course aux armements. Steve portait une veste de sport et un pantalon anthracite en mohair. Pas un survêtement en nylon. Les autres, ils travaillaient tous en survêtement. Un survêtement à trois heures du matin ! Et pourquoi pas une cagoule sur la tête et un sac à l'épaule pour entasser le butin, tant qu'on y est ? Il sortit de la cuisine. Il s'assit au pied de l'escalier principal et ôta sa veste et ses chaussures. Au boulot ! Il ne s'agissait pas que la jeune fille au pair descende se faire un cacao. Ou (négligence de plus en plus fréquente : il s'était laissé prendre deux fois) qu'un autre cambrioleur débarque en survêtement par la fenêtre. Il empila proprement ses vêtements, comme s'il se préparait à aller à l'école le lendemain.

Sans autre motif véritable que sa conscience professionnelle, il fit rapidement le tour du rez-de-chaussée. Il ne se servait jamais d'une torche et se fiait plutôt à sa vision de nuit, précieux héritage de sa période d'enfant sauvage. Mais au bout d'un moment, il en eut assez de se cogner partout et il s'empara d'une bougie plantée dans un lourd bougeoir, qu'il trouva sur la desserte de la salle à manger. Comme tous les cambrioleurs modernes, il s'y connaissait un peu en antiquités (13 disait qu'à la prison de Wormwood Scrubs, la salle de télévision affichait complet à l'heure des émissions *Bibelots* et *Articles de collectionneur*) et il s'y connaissait même un peu en peinture. Il savait repérer les croûtes, par exemple, à la présence de chiens ou au nombre de soldats en uniforme. Steve avait cambriolé des maisons plus riches que celle-ci, des maisons qui ressemblaient à des coffres de banque déroulés sur des tapis de soie. Mais ce qu'il cherchait ici, cependant, il ne l'avait jamais vu auparavant : la féminité à grande échelle. Le monde féminin était un monde moelleux, comme la housse matelassée d'une chaudière en or. Dans la pièce de derrière (« l'antre », disait-il) se trouvait une niche voûtée abritant un poste de télévision. Il éprouva du plaisir, et même de la flatterie, de l'émotion, en voyant le téléviseur, preuve qu'ils appartenaient au même genre humain. Chaque foyer, fût-ce le moins opulent, possédait ce carré de grisaille morte. Sur une petite étagère étaient rangées des cassettes vidéo, dont toute une série consacrée aux passages de Gwyn Barry à la télévision, étiquetées à la main. Du genre : « *Culture plus : Gwyn Barry* ». Ou bien : « *Les sept vertus cardinales. IV : La dévotion maritale.* » Il faillit voler ces cassettes, ou même les regarder. C'était du bluff. La maison entière, c'était du bluff. Il éteignit la bougie, retourna dans le hall d'entrée et grimpa l'escalier quatre à quatre, dans le plus grand silence.

Quand il pénétrait ainsi chez les gens, il s'assurait la collaboration de ses cinq sens : il les envoyait rôder dans tous les coins et recoins et attendait qu'ils reviennent lui dire si la maisonnée continuait à dormir. De même que les femmes (petites filles, vieilles dames et bonnes sœurs comprises) auraient dans la tête, paraît-il, un interrupteur qui leur envoie un bip toutes les quatre-vingt-dix secondes pour leur faire détecter les pleurs d'un bébé, de même, les sens de Steve Cousins, lorsqu'il travaillait, restaient à l'affût du moindre signal émis par un esprit conscient et lui soumettaient ponctuellement leurs rapports. Sur le palier du premier étage, il hésita et écarquilla soudain ses yeux qui s'étaient adaptés à l'obscurité. Au-dessus de lui, un esprit endormi cherchait à changer de statut ; mais il s'apaisa, ou se résigna, et reprit ses rêves... Il souleva la poignée de la porte pour ne pas perturber l'extravagant repos de la moquette. Sa bouche dessina un petit O blanc, comme un diaphragme. Il pivota sur ses jambes et se retrouva dans leur chambre.

Bien sûr, Steve possédait le don humiliant du silence. Quand il s'agissait de ne pas faire de bruit, il était champion. Car lorsqu'on apprend son métier dans des terrains de camping et de caravaning, dans des préfabriqués qui tanguent et qui grincent, dans un monde sans capitonnage, sans aucun espace où se mouvoir, le silence devient un élément de prédilection, un milieu de vie. Il avait même fracassé les logis de sans-logis pour y pénétrer : pour aller piquer quelques pièces de monnaie dans un carton d'appareil ménager où dormait une famille de quatre personnes. Belle leçon sur le sommeil, le silence, et tous les états intermédiaires.

Demeter était couchée, seule dans le lit. Bon ! Gwyn est en haut avec la bonne, songea Scozzy sans y attacher d'importance. Il se rapprocha du lit. Elle était couchée sur le dos, les jambes droites et écartées comme une fillette, les mains levées de chaque côté de ses cheveux blonds, comme si elle se rendait à l'ennemi. Boucles d'oreilles sur une table de chevet, livre et verre d'eau sur l'autre. Demi dormait au milieu du lit. Steve acquiesça en son for intérieur et monta directement à l'étage.

Il entra d'abord dans un cagibi d'où émanait une odeur âcre et d'où émergeait, tout au fond, une sphère chaude de cheveux noirs et de peau noire, ligotée et langée dans les draps. Un mot suffisait à la caractériser, cette énorme rêveuse qu'il avait devinée : colombienne. Puis il entra dans un vaste grenier percé de hautes fenêtres en soupente et équipé comme une crèche, ou un autel dressé à la petite enfance : berceau, boulier, cheval à bascule. Dans une troisième pièce, il trouva une jeune femme endormie sur un futon ; elle était nue, le visage enfoncé dans l'oreiller et couverte d'un simple drap blanc jeté en travers des fesses. Il se dressa devant elle, plein de mépris et de cynisme. Il se serait cru dans l'instant qui suit l'apogée du porno. Mentalement, il chercha la télécommande pour rembobiner la bande et faire se retourner la jeune femme, lui faire tout recommencer à l'envers. Il leva tout d'un coup les yeux vers le plafond et fit un mouvement de la tête pour dissiper un torticolis.

Gwyn, il le trouva dans la chambre du premier étage, juste en face de la pièce où dormait Demeter. Il n'ignorait pas, grâce à ses activités de cambrioleur plutôt qu'à ses lectures, qu'il était d'usage qu'un maître de maison se réservât un sanctuaire : c'était là qu'il dormait normalement, entouré de boutons de manchettes et de brosses à cheveux, et c'était de là qu'il s'élançait, comme une fusée, pour aller retrouver solennellement son épouse dans la couche conjugale. La pièce où dormait Gwyn, dans un petit lit jumeau, n'avait pas l'air d'un dressing-room, mais plutôt d'une chambre d'amis qu'il aurait annexée au fil du temps, ainsi que le confirmèrent les placards à moitié pleins et la salle de bains attenante, jonchée d'articles de toilette masculins.

Après être passé dans le bureau de Gwyn, Scozzy revint dans la pièce où dormait l'objet Demeter pour lui souhaiter bonne nuit. Il était encore couché sur le dos, cet objet. Une mèche de cheveux s'était égarée sur son visage et lui chatouillait le nez. À cause des épaulettes de sa chemise de nuit, songea-t-il, ses bras paraissaient grassouillets malgré eux. Allait-il se pencher et remettre en place la mèche de cheveux ? Il suffisait de souffler dessus. Il se rapprocha du lit. C'est alors que Demi se réveilla. Pas besoin d'un fil de détente subliminal ni d'un bipeur de cambrioleur pour qu'il s'en rende compte. Elle s'assit dans le lit et demanda d'une voix pâteuse : « Gwyn ? »

Mais voici ce qu'il fallait faire. Cela lui était arrivé mille fois, dans des asiles grouillant de clochards et dans des caravanes remplies de vagabonds. Il fallait fermer les yeux. Demi dressa la tête et les épaules dans sa direction (« Gwyn ? ») et Scozzy ferma les yeux. On n'avait qu'une envie, dans ces cas-là : regarder la personne réveillée en se disant « Bon Dieu ! » Mais il fallait fermer les yeux et écouter son regard. Écouter son propre sang, écouter ses aisselles en feu. En se réveillant, une personne oubliait un instant son expérience de la vie et retrouvait ses illusions d'enfant. On fermait les yeux et elle ne vous voyait plus. Elle vous voyait, mais sans vous voir : elle voyait un visage de cire, des paupières de saint, et vous prenait pour une autre âme errante, une autre âme en peine, un personnage du sommeil tout comme elle.

Il écouta son regard, son mouvement de déglutition, puis à nouveau son regard, suivi de sa chute sur les oreillers et du rythme retrouvé de sa respiration régulière... En quittant la maison et en traversant la rue pour rejoindre la Cosworth garée en face, il entendait le mot « *Gwyn ?* » résonner dans sa tête, et le ton sur lequel elle l'avait prononcé. *Gwyn ?* C'était un ton de surprise, de prudence, d'angoisse, d'espoir. Un ton plein de désir, peut-être. En tout cas un ton apeuré.

Il s'était fait faire un œil au beurre noir par un Noir, mais c'était maintenant son nez qui déconnait. C'était l'étape suivante.

Richard déconnait du nez. C'était l'étape suivante de ses tracas : le nez qui déconnait. Il était obnubilé par le fait de sentir la merde. Il savait que ce n'était pas vrai, il savait qu'il ne sentait pas la merde, ou alors très peu, parce que personne ne lui en avait encore parlé (il avait même réussi à se persuader de l'innocence fortuite de ce que Marco lui avait dit pour rire, de ce coup de théâtre qui, à l'époque, lui avait coupé le sifflet) ; en tout état de cause, il s'était mis à prendre deux bains d'une heure tous les jours, une biographie mouillée entre les mains, et il suffoquait sous le saupoudrage de talc, les aspersions de lotion après rasage, l'inhalation de tout ce qui avait la moindre odeur : fumée de cigarettes, friture, gaz d'échappement. Richard savait que les hallucinations olfactives étaient un symptôme (ni précoce ni bénin) de schizophrénie. Il y avait des cachets pour y remédier. Mais où les mettre, ces cachets, se demandait-il ? Dans le nez ? Dans le cul ? En y réfléchissant un peu, on connaît tous les signes avant-coureurs de la schizophrénie, ces étranges circonstances de la vie où l'on fait un usage immodéré du papier hygiénique sans pouvoir s'arrêter de s'essuyer : rien n'y fait, pas même la pensée que « ça suffit, ça ira comme ça », toute drapée dans un linceul d'inanité. Le geste suivant consisterait à se laver les mains jour et nuit, comme le font certaines personnes. Or Richard, à présent, utilisait un rouleau de papier hygiénique tous les matins, et il avait la peau flasque et flétrie à cause des séjours prolongés qu'il effectuait dans la baignoire, comme un objet qu'on aurait repêché de la Tamise et arrosé de déodorant.

Était-ce dû au coup qu'il avait reçu sur la tête ? Aux dernières nouvelles de Gal Aplanalp ? « Tu ne vas pas me croire, mais... » Pourtant, Richard l'avait crue. Toby Middlebrook, des éditions Quadrant, avait passé un quart d'heure sur *Sans titre* puis s'était fait hospitaliser le jour même à St Bartholomew, en pleine crise de rhinite vasomotrice. À présent, il subissait des opérations des sinus à la chaîne. Gal Aplanalp ne s'était apparemment pas laissé démonter ; elle avait dit à Richard qu'elle allait « bombarder » le petit monde de l'édition de photocopies du tapuscrit. En tout cas, les pratiques de l'édition, telles qu'on les connaît, étaient sur le point de disparaître.

Il mobilisa ses connaissances et tenta un instant de s'autoanalyser. D'après ce qu'il comprenait de ces syndromes, l'élément *copro* ressemblait étroitement à l'élément *nécro*, dont il partageait l'adoration de la pourriture, des déchets, de la désintégration. La moitié du temps, il avait donc l'impression, en nécromode, de sentir sa propre mort, de la renifler, d'en avoir vent. L'autre moitié du temps (en copromode), il avait l'impression que tout se tenait : quand on a l'air d'une merde, qu'on se fait l'impression d'une merde et qu'on se comporte comme une merde, il est bien naturel qu'on sente bientôt la merde. Car Richard se savait promis à l'enfer ; seule restait en suspens la question du cercle. Ça, il le savait, bon Dieu ! Tout comme il savait que fumer était mauvais pour la santé. C'était même écrit sur le paquet, que le tabac tue... Son nez s'étant mis à déconner, il se demanda comment y remédier, mais pas longtemps. Son docteur était mort depuis cinq ans, et Richard n'avait pas cherché à le remplacer. Il n'arrivait pas à s'imaginer parmi la foule du vendredi soir au service des urgences d'un hôpital où, de toute façon, il fallait avoir une hache plantée dans la tête pour se faire admettre. Il ne prévoyait pas non plus de se déplacer en banlieue, dans l'une de ces super-cliniques qui font la taille d'une cité-dortoir ou d'un aéroport international, et où il faut commencer à faire la queue deux ou trois kilomètres avant d'arriver : Richard, assis dans la Maestro, tressaillant à mesure que défilaient les panneaux, cherchant celui qui concernait les malades qui déconnaient du nez. Dans la cuisine, il se mettait à côté de Gina à titre d'expérience et attendait qu'elle s'éloigne en poussant un « berk » ou un « pouah ». Rien de tel. Il ne sentait donc pas la merde, voilà tout. Alors, qu'est-ce que cela pouvait bien faire ?

Ce samedi matin, en se plongeant au fond d'un bain presque méditerranéen sous sa couche d'huile et ses prismes d'onguents (et ses odeurs de merde : à quand les bouteilles en plastique de Seven Up et les méduses retournées, ventre à l'air ?), Richard pensa en un éclair, mais un éclair d'orgueil, à toutes les parties de son corps qui ne déconnaient pas, ou du moins pas encore. Les gens déconnaient des yeux et des oreilles. Pas Richard. Les gens déconnaient des tripes et des glandes. Pas lui. Il aurait pu continuer à dévider, complaisant, la liste de ses organes qui ne déconnaient pas, si Marius n'avait frappé à la porte.

« Papa, vite.

— Flûte ! Va en haut.

— Ça presse. »

Il se leva et tourna la poignée de la porte, qui résista. Sur le mur, la glace le gardait prisonnier dans la buée. Marius entra après avoir marqué un temps d'arrêt sur le seuil, comme d'habitude. Il baissa de quelques centimètres son pantalon de survêtement et son slip, mais ne se dirigea pas vers le cabinet. En se séchant, Richard sentit brusquement sa poitrine se réhumidifier à la pensée qu'il déconnait (et depuis longtemps) de la quéquette. Si le déconnage était une traîtrise intérieure (toute en finesse et impropre à la suggestibilité), cela faisait longtemps qu'il déconnait de la quéquette. Du cerveau aussi, oh ça, oui !

Marius était assis à présent.

Tout ce qu'il me faut, songea Richard : encore un peu de merde.

Marius ajusta le regard à sa hauteur et dit d'un ton péremptoire :

« T'as un gros zizi, papa.

— C'est gentil de me dire ça, Marius. »

« Tu sais quoi ? Quelqu'un est entré chez nous, hier soir.

— Ah bon ! Elle a pris quelque chose ?

— On ne sait pas encore très bien.

— Comment elle est entrée ? Elle était armée ? »

Gwyn ferma les yeux et inclina la tête. Il reconnaissait la satire. Il avait pour habitude, quand il écrivait, d'accorder un pronom indéfini au féminin. Ainsi cet extrait d'*Amelior* : « Quiconque taille des roses sait qu'elle... » Ou cette phrase, à l'époque où il faisait encore de la critique littéraire : « N'importe qui, en arrivant au bout de ce passage obsédant, se sentira effrayée... » Richard s'esclaffa en son for intérieur, mais à présent, il optait souvent pour une construction impersonnelle, ou employait directement le pluriel pour s'assurer les garanties du nombre.

« Par la porte d'entrée.

— Elle n'a pas usé de violence, au moins ?

— Allez ! Arrête de faire l'andouille ! C'est pas drôle du tout.

— Pardon. Non, c'est sûr que c'est pas drôle. Mais rien n'a disparu.

— C'est très bizarre. Tu vois tout ce qu'on a, à la maison ? Les chandeliers, les salières de Cellini. Il suffit d'en remplir un sac de voyage, et on peut se la couler douce jusqu'à la fin de ses jours. »

Richard cessa de l'écouter. C'était peut-être parce qu'il était londonien, mais il ne trouvait pas ça très grave, un cambriolage. Autrefois, Calchalk Street se faisait systématiquement saccager et piller, surtout en été. Mais c'était moins fréquent désormais. Les Tull ne partaient jamais.

« Demi a rêvé qu'il... Elle a rêvé qu'il était dans notre chambre. Dans la chambre où nous dormons. Dans la chambre où nous faisons l'amour... »

L'asticot semblait prêt à broder sur ce thème à l'infini, obligeant Gwyn à multiplier les regards tour à tour renfrognés et furibards. Mais lorsqu'il dépassèrent la haie qui faisait l'angle du terrain de bowling, une épaisse nuée d'oiseaux londoniens s'envola, de derrière ou de l'intérieur, avec le bruit que ferait une meute de photographes en délire dans une fosse d'orchestre : des pigeons paparazzi les mitraillaient sur leur passage.

À peine entrés dans le Warlock, les deux romanciers se retrouvèrent face à un groupe compact de silhouettes bavardes mais immobiles, toutes tournées dans la même direction : elles étaient en fait rassemblées devant la machine de la Connaissance. Un frémissement les parcourut, comme un gnou sentant venir l'orage, et elles se retournèrent. Du fait que Gwyn se mêlait et se liait désormais à la foule du Warlock, Richard avait été forcé de distinguer les individus prédateurs les uns des autres. Il y avait Hal et Mal, mais aussi Del, Pel, Bal, Gel et Lol, ainsi qu'un contingent de jeunes nommés Tristan ou Benedict, voire Burt, Mel ou Harrison, quelques types assez âgés qui s'appelaient Clint, Yul et Marlon, d'autres qui avaient à peu près l'âge de Richard et qui s'appelaient Dave, Steve et Chris, d'autres encore, plus vieux (sur le retour ou sur la touche), qui répondaient aux noms d'Albert, Roger et Bob. Ils se retournèrent et saluèrent Gwyn, leur censure amusante allant droit au cœur de Richard.

« Vite, le voilà, fit Pel.

— Le voilà, reprit Del. Voilà Cedric. »

La machine de la Connaissance posait des questions et proposait des réponses à choix multiple (le bouton A, B ou C) qu'elle récompensait modestement en liquide, selon la distance qu'on parcourait sur la piste de l'érudition. Pour gagner, pour avancer, il fallait réunir une équipe nombreuse autour de la machine et mobiliser toutes les connaissances possibles dans les domaines de l'histoire, de la géographie, de l'étymologie, de la mythologie, de l'astronomie, de la chimie, de la vie politique, de la musique pop, ainsi que de la télé. De la télé, surtout : la télé à travers les âges. C'était sous forme télévisuelle que la culture était censée se transmettre, de toute façon, et les nouvelles machines de la Connaissance, avait remarqué Richard dans les pubs qu'il fréquentait, étaient en réalité des télés : elles fuyaient l'écrit et embrassaient l'audiovisuel. La machine du Warlock avait été fabriquée par la firme L'argent sage ; dans sa tête, Richard l'appelait parfois l'Excellent trophée, ou l'Aleph, mais tous les autres abrégeaient son nom en Connaissance.

« Alors, Cedric ? Qu'est-ce que ça veut dire... “ infra dig ” ? »

Richard se faufila jusqu'à l'écran, où il lut :

Q. Si une entreprise était « infra dig », vous vous en acquitteriez :

A. Rapidement.
B. Lentement.
C. À contre-cœur.

« Ça rime à rien, hurla Richard en frappant sur le bouton C. Vous l'effectueriez tantôt rapidement, tantôt lentement. En tout cas, elle serait indigne de vous. *Infra dignitatem.*

— Voilà bien notre Cedric », dit Bal.

Sur l'écran s'afficha ensuite :

Q. D. H. Lawrence était un écrivain célèbre. Quel prénom se cache sous les initiales D. H. ?
A. Donald Henley.
B. David Herbert.
C. Darren Henry.

« Darren, c'est pas mal, dit Richard. Et pourquoi pas Duane ? Duane Lawrence.

— Vas-y, Cedric, dit Lol. Fonce, Cedric. »

Cedric ? En matière d'humour interpersonnel, au Warlock, voilà comment on procédait. On procédait de la façon suivante : on prenait un individu et on s'attachait à une caractéristique évidente, et immanquablement vexante, de sa personne ou de son caractère, et on en parlait tout le temps, à la moindre occasion, à toute heure du jour et de la nuit. Ce pouvait être n'importe quoi : Bal était balourd, Mal maladroit, Del délinquant, Gel gélatineux ; Pel était pleutre ; Hal arborait en travers de la gorge un tatouage qu'il avait eu tort de se faire faire et qu'il regrettait beaucoup depuis (DÉCOUPEZ SUIVANT LES POINTILLÉS) ; Lol s'était fait arracher l'oreille droite lors d'une querelle sur les délimitations territoriales. Quant à Richard, comme ils n'arrivaient pas à se fixer, ils l'appelaient tour à tour Œil rouge, Jethro, Épouvantail, Dictionnaire ambulant, Monsieur Pastry et Lord Byron... En cas de dilemme comme celui-là, une ressemblance avec une personnalité de la télé se révélait souvent éclairante ; en général, ils l'appelaient donc Cedric, du nom d'un vieux plouc maniéré qui présentait un jeu littéraire l'après-midi. Richard se sentait beaucoup d'atomes crochus avec les ouvriers (il comprenait la catastrophe permanente), mais il les préférait vingt ans plus tôt, quand ils avaient moins d'allure. On lui donnait aussi un autre surnom, mais il ne le connaissait pas encore.

« Tiens bon, Cedric. Jusqu'au bout. »

Richard était parti. Sur la machine de la Connaissance, les questions revenaient, et il fallait donc avoir de la mémoire. Or Richard avait de la mémoire, une excellente mémoire, une mémoire de bien plus grande capacité que celle dont s'accommodent des millions d'éclopés en l'appelant leur mémoire. Que la Connaissance (l'intellect) eût la moindre valeur était sujet à caution au Warlock. Mais sur la machine de la Connaissance, l'intellect semblait vraiment avoir son importance, et il était ponctuellement récompensé par des pièces d'argent chaudes et un petit air de musique électrique.

Parfois, comme là, les types se taisaient et Richard jouait seul contre la machine, le visage fier, tendu, penché en biais. Il fournissait des gloses et des dérivés, ricanait devant les fautes de grammaire sur l'écran (car cet oracle était à moitié analphabète et il oubliait volontiers certaines règles d'orthographe et de ponctuation). Il martelait les réponses avant de laisser aux autres le temps de lire les questions. On dit de la caille qu'elle : Pépie. Ramage. Margote. « Oui, margote. C'est bizarre, le cri des animaux. Il faut toujours... » Quel est l'objet d'étude de l'orographie ? Les oiseaux. Les montagnes. L'or. « *Oros*, la montagne. Il faut toujours choisir la solution la plus fantaisiste. La plus affectée. L'hirondelle trisse. La corneille craille.» À quand remonte l'ère glaciaire ? 10 000 ans. 100 000 ans. 1 000 000 ans. « Ça fait pas si longtemps qu'on pourrait croire. Le geai jase, la grive babille. On a dû confier à une poétesse l'invention de ces noms de cris. Traîtrise, tricherie. Regardez donc comment ils écrivent ça. 1968. Rouge. Un *t*, deux *l*. Me demande pas d'épeler, tu en es même pas capable. *Randir* : galoper. Six. Mars. Bon Sang ! » Et ainsi de suite, les pièce de dix, de vingt et de cinquante pence dégringolant, jusqu'à ce qu'il se fasse piéger par une réplique célèbre de quelque humoriste décédé ou par les mensurations sexuelles d'un chanteur de rock ; mais à ce point de la partie, Del, Pel et les autres étaient tellement bercés par sa maîtrise du jeu, par son savoir-faire sur la machine de la Connaissance, que l'horloge égrenait seule les secondes sur son rochet pour l'avertir du temps écoulé. Richard, furieux, répondait au hasard, frappait le bouton de la mauvaise réponse, et la quête s'évaporait, la piste d'or laissait place à une autre piste du même genre. Car il va sans dire que la quête du savoir ne se termine jamais tout à fait. Comme l'univers, elle décrit une épopée de l'avilissement croissant. Qui est celui dont on a dit qu'il a tout lu ? Coleridge. Hazlitt. Gibbon. Coleridge, c'est Coleridge. Deux cents ans plus tard, personne n'avait lu un millionnième de tout ce qui était écrit, et la proportion diminuait de jour en jour. Les nouveaux livres contenaient de moins en moins la totalité de l'univers.

« Allons-y, dit Gwyn. C'est à nous. »

Richard contemplait l'écran, sur lequel débutait une nouvelle quête. Qu'est-ce qu'un coprolithe ? Un rocher. Un dépôt d'huile. Des excréments fossilisés. Au moment de partir, il appuya sans réfléchir sur le bouton A (sans réfléchir, parce qu'on avait droit, comme de bien entendu, comme de juste, à deux tentatives pour répondre à la première question de toute quête). Puis il appuya sur B avec impatience. Ce n'était pas la bonne réponse non plus.

« Merde ! dit-il.

— Des excréments fossilisés, dit Pel avec un ton d'autorité amusante, alors que la quête se dissipait.

— Bien sûr, que je suis bête ! *Kopros*, c'est la merde. Comme dans coprophile.

— Très original », dit Gwyn.

Richard le regarda.

« Je croyais que tu t'y connaissais, en matière de merde. »

Les types rirent, mais un peu jaune. La télé révisait à la hausse tous les propos de Gwyn pour leur donner plus de brillant et de pertinence. Mais la merde (sa réalité, sa matérialité) ne formait pas un terrain très heureux.

« Homère approuve, dit Bal. Cedric approuve. " Anosmie " approuve. »

Anosmie : perte de l'odorat. Richard avait beau avoir une mémoire d'éléphant, il ne se rappelait pas que la machine de la Connaissance ait un jour posé une colle sur l'« anosmie ». Et il ne savait pas qu'ils l'appelaient Anosmie, non parce qu'il en souffrait, mais parce qu'il était capable de définir le mot. Il baissa la tête et s'éloigna de la foule derrière Gwyn, qui se dirigeait vers le court numéro un.

« Je vais avoir du mal à me concentrer, aujourd'hui. »

Gwyn se détendait les poignets et faisait de petits sauts pour s'échauffer, comme un joueur de football à prix d'or lorsqu'il se lève du banc, l'air mauvais.

« C'est cette présence dans ma chambre qui m'obnubile.

— Est-ce qu'elle... Comment avez-vous...

— On a retrouvé sa carte de visite, dit Gwyn avec dégoût. Non, mais, vraiment, comment peut-on être si vicieux ?

— Bon sang, elle n'a quand même pas...

— Ça suffit. Je t'en prie. »

Si, à sept heures du matin, on avait dit à Richard qu'il allait jouer au tennis dans l'après-midi, il aurait éclaté de rire. Non, ce n'est pas vrai. Il aurait peut-être essayé d'éclater de rire, mais sans y arriver. Sur le court, il eut l'impression d'avoir oublié comment on joue, mais son corps, son nez malade, son œil abîmé, semblaient se souvenir des gestes à effectuer. Son corps s'en souvenait. Le soleil bas, le soleil hivernal, loucha dans sa direction. Quand il lança la balle pour servir, une image se grava sur l'obscur rabat de ses paupières : la balle se consuma dans l'orbite brillante du tamis de sa raquette, comme Saturne.

Il avait eu une vie d'esclave. Désormais, il avait une vie de fantôme.

Comme tout avait dû être courtois, spacieux, agréable, quand son nez ne déconnait pas et que son œil n'avait pas de coquard. Tout le monde le dévisageait. Personne ne le reniflait, mais tout le monde le dévisageait.

Le seul endroit où il se sentait à l'aise était le pub Adam et Ève. Là, personne ne regardait son œil au beurre noir. Personne ne remarquait son œil au beurre noir. Et ceci parce que tous les autres clients avaient un œil au beurre noir. Même les hommes.

Pas de coup de téléphone de Gal Aplanalp.

Aux Presses de Tantale, il continuait à lire d'un œil bienveillant le travail de Keith Horridge. Il se rendit compte qu'à l'égard des poètes, il faisait en général preuve d'indulgence. Lorsque, l'année avant leur mariage, Gina s'était mise à coucher avec des écrivains, Richard avait eu sensiblement moins de mal à contrôler sa jalousie quand il s'agissait de poètes. Oui, moins de mal, beaucoup moins de mal, que lorsqu'elle couchait avec des romanciers ou, pis encore, avec des dramaturges. Il aimait les poètes parce qu'ils n'avaient ni pouvoir ni argent.

Il écrivit une lettre à Horridge en lui donnant quelques conseils sur la strophe suivante :

Spumescent et rétractile est le débris
du temps. La stase est l'épitaphe —
syzygie du sable.

Horridge retravailla la strophe pour la rendre plus obscure. C'était peut-être Keith Horridge qu'il devrait foutre en l'air. Peut-être qu'il était davantage à sa portée. Mais Richard répondit à Horridge en lui demandant de justifier cette obscurité, en lui disant que l'obscurité, ça se mérite.

Horridge avait vingt-neuf ans. C'était l'âge idéal pour un poète.

À *La petite revue*, il s'assura un compte rendu positif de l'édition de poche de *Cuir de selle*, recueil de nouvelles de la poétesse et romancière Elsa Oughton, installée à Boston, ainsi que de *Jurisprudentiel*, ouvrage épuisé de Stanwyck Mills, qui occupait la chaire de droit Sue et Ron L. Summerdale à l'Université de Denver.

Au pub, il passa trois heures à contempler la fourragère d'Anstice qui, tête baissée, analysait ce qui lui paraissait être la seule solution à sa disposition en dehors du suicide : emménager au 49 E Calchalk Street.

Au début du mois de décembre, Richard déjeuna avec l'éditorialiste du journal du dimanche qui publierait son long portrait de Gwyn Barry.

« Ce qu'on veut savoir, dit le rédacteur, c'est ce que tous les lecteurs veulent savoir : comment il est dans la réalité. Vous le connaissez aussi bien que n'importe qui. Vous voyez... Comment il est dans la réalité. »

Repoussez un peu la publication. Absorbez l'« impact ».

Plus généralement, continua l'éditorialiste, Richard devrait examiner les pressions auxquelles est confronté le romancier à succès à la fin des années 1990.

La veille de son procès pour conduite en état d'ivresse, Richard alla faire un tour en Maestro jusqu'à Wroxhall Parade. Belladonna lui ouvrit la porte, vêtue d'un tailleur noir, d'un chapeau noir, d'une voilette noire. La voilette avait des paillettes gris perle dans ses mailles. Elle ressemblait à une toile d'araignée qui aurait fait prisonnières des mouches mortes. Ils se rendirent à Holland Park dans la Maestro. Il n'avait pas l'impression d'être un maquereau, un entremetteur ou un agent provocateur. Il avait l'impression d'être un chauffeur de taxi.

C'est d'ailleurs ainsi que le traita Gwyn. Sans un sourire, il conduisit Belladonna dans son bureau, tandis que Richard fouinait dans la cuisine, incapable de lire une nouvelle biographie mais fort capable d'écluser quelques bières.

Elle était calme, peut-être même calmement en larmes derrière sa voilette, lorsqu'il la raccompagna à Wroxhall Parade. Il lui demanda ce qui s'était passé et elle répéta : « Rien. »

Richard se présenta au tribunal ; comme c'était à prévoir, on le réprimanda, on le condamna à une amende et on lui retira le permis pendant un an.

Demi échoua pour la troisième fois à l'examen du permis de conduire.

Crash n'arrivait pas à s'expliquer pourquoi.

« Ça me dépasse », dit-il en la ramenant, dépité, de Walthamstow.

Non seulement le moniteur et l'inspecteur venaient tous deux des Caraïbes, mais ils venaient de la même île.

En arrivant vers le centre de Londres, il se radoucit et montra un truc sympa à Demi : l'utilisation des feux de détresse pour exprimer sa gratitude. Souvent, quand on débouche d'une route secondaire dans une file de voitures embouteillées et qu'un collègue automobiliste vous laisse passer, on n'a pas assez de temps pour le remercier d'un signe de la main ou d'un appel de phare. Une pression sur le bouton des feux de détresse, cependant, permet de saluer la gentillesse de la voiture qui vous suit.

Pendant une partie d'échecs qu'ils disputèrent le samedi suivant, Richard demanda à Gwyn ce qui s'était passé avec Belladonna.

« Rien, répondit-il. À quoi tu t'attendais ? Je voulais parler de fellations, elle voulait juste parler d'*Amelior*. C'est sa bible, ce livre. Il y a beaucoup de jeunes dans son cas. À cause du message d'espoir qu'il contient, j'imagine.

— J'adoube, dit Richard en reniflant le bout de ses doigts.

— Tu sais qu'il fait partie des programmes universitaires. Et pas seulement en Amérique, où c'était couru d'avance. Mais même ici, dans la vieille Angleterre décatie.

— Échec et mat en trois coups, dit Richard. Non, en deux coups. »

Pas de coup de téléphone de Gal Aplanalp.

Une fois par jour, cet enfoiré d'Anglais écumant cahotait à toute berzingue dans Calchalk Street. Cent à l'heure dans sa voiture allemande, comme un avion volant à basse altitude, comme une course à la drogue.

Richard n'en croyait pas ses yeux. Mais qu'est-ce qu'il avait pour être aussi pressé, ce mec ? Qui, d'après lui, pouvait vouloir qu'il arrive une seconde plus tôt que l'heure à laquelle il allait déjà arriver ?

Or, il se trouvait toujours que Richard était dans la rue lorsque passait la voiture allemande ; la haine le figeait sur place, ses imprécations étaient balayées et chassées par le tombereau lancé à toute berzingue. Brute épaisse dans sa capsule d'austérité. Chemise blanche, cravate dénouée, veste marine du costume pendue au crochet derrière lui.

Mais qu'est-ce qu'il a donc, ce mec ? répétait-il à voix haute. Qu'est-ce qu'il a pour descendre ma rue à cent à l'heure comme ça, et venir tuer mes enfants ?

Il téléphona à Demi.

« Moi, ça va, dit-elle. Et toi ?

— Convenablement », répondit-il, car c'était parfois ainsi que s'exprimait Richard.

Son œil au beurre noir n'était plus noir. La paupière avait viré au violet, l'orbite était d'un jaune vif, sinon joyeux.

« Tu sais, Demi, que je vais écrire un long papier sur Gwyn. Ce qui veut dire que nous devons nous voir. À déjeuner par exemple. Une croisière express, qui sait.

— Je te l'offre. Qu'est-ce que tu... Quel est ton ...

— Mon angle d'approche ? Comme d'habitude, j'imagine. Les raisons qui ont poussé la princesse dans les bras d'un petit Gallois ennuyeux comme la pluie.

— Et quelles sont-elles ?

— J'sais pas.

— Tu veux donc...

— Des renseignements de fond. »

Puis elle lui proposa une date au milieu du mois de janvier et dit :

« Je rentre chez moi ce week-end-là. Tu pourrais descendre le vendredi ou le samedi. Et passer la nuit. À la bonne franquette. Il n'y aura que ma famille.

— Et Gwyn ?

— Non. Il a un truc avec Sebby.

— Parfait, Demi. »

Gina, ces jours-ci, ne regardait plus Richard comme s'il était fou. Ces jours-ci, Gina regardait Richard comme s'il était malade. Et comment la regardait-il, lui, ces jours-ci ? Il l'observait à présent, debout devant la cuisinière, en train de retourner sa côtelette sur le grill. Sa silhouette menue, la courbe de sa nuque découverte... Quiconque ne connaîtrait pas bien Gina pourrait penser que la nuance de sang caillé qu'elle avait dans les cheveux ressortait, ou même s'expliquait entièrement, grâce aux pousses et aux feuilles de cet arbuste qu'on appelle le henné. Mais Gina était contre le henné et elle n'en utilisait jamais. Richard la soutenait : elle n'en avait pas besoin. Naguère, tel un auteur de guides de voyage suicidaires qui se coiffe d'un casque colonial pour aller traquer la lente cascade ou la tonnelle de vignes sombres, il se plongeait le visage dans les preuves, dans l'information, pour aller repérer l'authentique couleur auburn dans la chevelure dégoulinante de son amour exotique. Puis il relevait les yeux. Mais il n'en avait plus l'occasion désormais. Le sexe, pour lui, était partout et nulle part.

Il lui parla de la proposition de Demi. Elle dit :

« D'accord. Je pourrais en profiter pour aller chez ma mère. Qu'est-ce que tu vas dire dans ton texte ? Que tu le détestes ? »

Richard leva les yeux. Personne n'était censé être au courant.

« Mais je ne le déteste pas.

— Eh bien, moi si. Tu trouves pourtant que c'est de la merde, ce qu'il écrit. Tu vas le dire ?

— Je vois vraiment pas comment. Tout le monde penserait que c'est parce que je suis jaloux.

— Gal t'a appelé ?

— Non, rien de nouveau.

— ... Il faut qu'on se parle.

— Je sais.

— Bientôt. »

Le visage elliptique de Gina resta penché sur le bol de céréales. Qui venaient de la campagne, où tout était bon, depuis le sac de maïs jusqu'aux cagettes de pommes rubicondes.

« Comment on va se débrouiller pendant les vacances de Noël ? J'espère que Lizzete pourra nous donner un coup de main. Ça devrait coûter moins cher, parce qu'elle aura pas à sécher les cours. Un week-end à la campagne te ferait du bien. Tu as besoin de repos.

— Pas vraiment de repos. Il faut que je travaille.

— Une coupure, alors, dit Gina. Et une coupure, ça vaut bien du repos. »

On entend parler d'un type qui s'achète une voiture de sport le jour de son quarante et unième anniversaire et qui déboule de sa crise de la quarantaine au volant d'une Midget décapotable.

Un type dont la mère est morte s'est mis à cultiver des roses.

Un type dont le fils aîné a quitté le domicile familial a reçu des instructions de la part du Père Duryea de la paroisse St Anthony.

Un type dont le mariage s'est brisé est parti en voyage, d'abord en Israël puis en Afrique.

Ils souffraient tous de chagrin. Tous ces chagrins étaient des indicateurs envoyés par la mort.

Un type qui entendait des bruits mécaniques dans ses oreilles a attaché un miroir à ses chaussures et a fréquenté les rassemblements de femmes.

Un type qui avait les cheveux dressés sur le côté droit de la tête a abjuré l'amour des femmes et recherché celui des hommes.

Un type qui pouvait encore voir le bus quand le bus était propre et proche s'est mis à répondre aux propositions inscrites sur de petite cartes abandonnées dans des cabines téléphoniques au coin des rues.

Ils ne cessaient tous de comparer ce qui avait disparu à ce qui allait apparaître.

Un type s'est abstenu de viande, de poisson, d'œufs et de fruits qui ne tombaient pas à terre d'eux-mêmes.

Un type a pris du poids et a fait toutes les nuits des rêves d'élagage.

Un type a acheté un robot électrique et a fini par redouter la puissance de l'électricité.

Ils voyaient tous ce qui se dissimulait. S'ils regardaient, ils pouvaient voir ce qui se tramait. Mais ils ne choisissaient pas de regarder. À trois heures du matin, pourtant, ils étaient réveillés par un bruit semblable au crépitement d'un vieil appareil photo muni d'un flash, et ils se tenaient là, tous autant qu'ils étaient, à jeter un œil torve sur le spectacle de leur vie et à ajuster l'information dans leur viseur.

« Qu'est-ce que ça veut dire, en fait, que je l'ai encheffé ?

— C'est comme si vous l'aviez appelé “ chef ”. Vous l'avez encheffé.

— Et où est le mal ? Les chauffeurs de taxi vous appellent bien chef. Je vois pas où est le problème.

— Je lui ai posé la question, mais il ne se rappelait plus. Tout ce qu'il savait, c'est que si on se fait appeler chef, on se fait encheffer. Et il n'y a pas intérêt que ça se sache, qu'on s'est fait encheffer.

— Mais pour quelle raison je l'aurais encheffé ? Pourquoi lui ? Et pourquoi j'irais le crier sur les toits ?

— Peut-être, mais ça se passe comme ça chez nos frères de couleur.

— Je suppose qu'il m'a fait un œil au beurre noir gratis.

— Ouais, dit Steve Cousins sans la moindre trace d'humour. Celui-là, c'est la tournée du patron.

— C'est peut-être le moment de parler un peu argent, non ? »

Richard ne s'était pas laissé décourager par son coquard. Loin de là. Il avait l'impression d'avoir parcouru tout le spectre des couleurs et d'avoir atteint le bout de l'arc-en-ciel. Sa propre vie couchée sur le papier (et une grande partie de sa vie était sur le papier : mots écrits, notes qu'il se laissait à lui-même, gribouillées sur le coin d'enveloppes et au dos de reçus de cartes de crédit affranchies par Pizza Express) avait l'air de résister coriacement à l'aggravation ; mais un coup de poing musclé avait suffi à en révéler le potentiel de déclin spectaculaire et qualitatif. Malgré toute sa pénurie, tout son désespoir, le monde des yeux sans coquard, où il revenait, lui faisait l'effet d'un banquet d'immortalité et de joie. Cette nuit-là, il n'avait plus sur la paumette qu'une tache aride de jaune (non pas le joyeux jaune enfantin des jours précédents, mais un autre jaune, un jaune mort). Son œil n'était plus une anémone tropicale. Il était redevenu un œil. Il était redevenu Richard Tull.

« Continuez », dit-il.

Il s'enfonça dans son siège et commanda un autre Zombie d'une voix alanguie... C'était un monde où le corps représente de l'argent, c'était le monde de la pornographie et de la vassalité. Les organes et les appendices de Gwyn Barry étaient disposés sur des plateaux, leur prix était marqué comme sur un étal de boucher ; ou bien ils chancelaient et se calibraient, tels des articles sur la règle à calcul circulaire qu'un médecin américain conserve dans sa poche supérieure pour procéder à des évaluations immédiates. Les conditions de Steve Cousins, songea Richard, étaient des plus raisonnables : en engageant la moitié des honoraires qu'il allait toucher pour le portrait de Gwyn Barry, il était assuré d'allonger son sujet, dans ses vieux jours. Richard avait été déçu par le milieu littéraire, et c'est la raison pour laquelle il en était arrivé là. Si Leavis avait eu raison, si les geignards du laisser-aller provincial avaient eu gain de cause, si le milieu littéraire avait été un Hong-Kong d'arbitrage, de corruption, d'alcool et de sexe, alors, dans ce cas, avec de l'argent plein les poches et un refroidisseur de vitamine E, Richard aurait pu atteindre son but par des moyens conventionnels. Mais le milieu littéraire n'était pas ainsi fait. Quand il s'agit de mettre des gens dans la merde, le milieu littéraire hésite. C'est parce que cette situation l'attristait, qu'elle lui ôtait ses illusions, que Richard avait échoué à la crêperie du Canal avec Steve Cousins, son intime, son admirateur.

Qui lui disait juste à ce moment-là qu'il pouvait faire tuer Gwyn pour mille livres, soit huit notes de lecture ! Un gogo du Nord s'y collerait. Il descendrait avec ses potes assister à un match de football, s'acquitterait de sa mission, puis ressortirait de son sac marin ses écharpes et son bonnet à pompon et reprendrait le train pour Worksop.

« Charmant, dit Richard. De la sorcellerie pure et simple. Mais je vous en prie. Vous disiez...

— Ce qu'il faut faire... Ce qu'il faut faire, c'est semer la panique dans leur vie. Qu'ils aient la trouille quoi qu'ils fassent. La trouille où qu'ils aillent. Comme si le monde...

— S'était retourné contre eux.

— Comme si le monde les détestait.

— Continuez, dit Richard mollement.

— De sorte qu'au moment où ça leur arrivera pour de bon, à ce moment-là, ils auront... ils tendront déjà le cou. Ils seront prêts. Fin de l'histoire. Ils l'auront senti approcher. Ils seront prêts. Ils tendront déjà le cou.

— Quelle magie ! Quelle poésie !

— Bon ! »

Richard se sentit soudain distrait et opprimé : par des détails de calendrier. S'ils s'y mettaient tout de suite, Gwyn ne pourrait pas, en toute logique, assurer sa tournée en Amérique. Ce qui n'était pas grave : du moins Richard pourrait-il continuer à dire qu'il n'y était jamais allé. Mais est-ce que le grand journal du dimanche voudrait toujours de son article ? Oui. Des pressions auxquelles était confronté le romancier à succès ? Sans aucun doute. Il pourrait parler des pressions exercées par cette poulie de cinquante kilos au pied de son lit d'hôpital, des pressions exercées par telle ou telle prothèse encombrante.

« Attendons un peu. Je pars passer le week-end avec sa femme, dit Richard en examinant ses ongles, qui étaient si encrassés qu'il en conçut une réelle surprise.

— Ils ont eu de la visite.

— C'est ce que je me suis laissé dire.

— Vous savez ce qu'il a fait, le mec ? Il a déchiré tous ses livres. Les livres qu'il a écrits. Les *Amelior* comme on dit.

— Tiens ! Un lecteur mal luné.

— Ouais, ou un... »

Suivit un moment de trouble partagé. Le jeune homme allait manifestement dire « un critique littéraire. » Il maniait bien les mots, en un sens, comme il maniait bien tout le reste ; mais la fente de sa bouche n'était pas faite pour le dire. « Un critique littéraire » : sa bouche n'était pas faite pour le dire.

« Un bon critique, dit Richard.

— Je parlais avec Mrs Shields... Vous voyez qui je veux dire ?

— Oui. La mère de votre frère.

— Elle ne travaille plus chez eux, mais elle est copine avec la Colombienne qu'ils ont embauchée. Et il paraît qu'ils font chambre à part.

— Qui ça ?

— Gwyn. Et Demeter. Je vous ai apporté quelque chose. »

De sa poche, il sortit un bout de papier glacé et le fit passer de l'autre côté de la table en l'abritant sous la paume de sa main. Un bout plié et replié avec art, comme un origami.

« En échange de la baffe », dit-il.

Qu'il puisse exister des univers supplémentaires ou parallèles, peut-être une infinité d'univers supplémentaires ou parallèles, constitue un nouveau sujet d'inquiétude pour l'écrivain. Shakespeare représente l'universel. En d'autres termes, il joue assez bien dans cet univers-ci, avec le sodium, le césium et l'hélium qu'il contient. Mais comment se débrouillerait-il dans tous les autres ?

Ces questions étaient à mille lieues des pensées de 13. Il était dans la camionnette orange avec Lizzete. Moteur allumé, pour la chaleur.

13 expira bruyamment. Il entretenait, comme d'habitude, un sentiment d'injustice nettement circonscrit. Il avait reçu un coup de téléphone de la maison de réinsertion : c'était le directeur du programme de liberté surveillée qui lui apprenait que le commissariat de Harrow Road allait l'accuser de 43 cambriolages. 43 ! Le commissariat de Harrow Road, le pire de tous ! Ils n'y vont pas par quatre chemins. 43 cambriolages. Alors qu'il n'en avait effectué que 29.

Lizzete dit :

« On pourrait aller derrière. »

Et lui :

« Impossible. Il y a Giro. Il est crevé. Il a pas dormi de la nuit, hier soir, dans la bagnole. »

Elle fit un geste.

Il dit :

« Vaut mieux la laisser dehors. »

Lizzete avait quatorze ans, 13 le savait. Quatorze ans au maximum. Comme chaque fois qu'il était seul avec elle, 13 essayait de maintenir son rapport avec Lizzete à un niveau professionnel. Il avait encore sa chemise et son coupe-vent satiné, mais son pantalon était baissé. Lizzete avait enlevé son pantalon. Elle avait même retiré son chewing-gum de sa bouche. Et l'avait collé sur le compteur... À un niveau professionnel, donc. Ravi de bosser avec elle. Par exemple, il l'envoyait frapper aux portes. Il y a quelqu'un à ce numéro ? « Je cherche une fille qui s'appelle Mina. Elle n'habiterait pas ici ? ... Pardon de vous avoir dérangé. » Ça roulait. Faut pas s'aventurer dans le noir. Faut pas faire de casse sans savoir. Faut y aller sur la pointe des pieds. En cas de pépin, une taloche : coups et blessures. Selon la loi : bouclé entre quatre murs pendant trois ans. Fin de l'histoire. 3 ans : 24 x 7, 24 x 7. Bon sang : 60 x 60, 24 x 7, 52, 52, 52. D'ici que je sorte, Lizzete aura 17 ans. T'en fais pas. Amène-la au Paradox.

« Voilà, dit Lizzete, même si cela ressemblait plus à " V'là ", ou même à " V'a ".

— Vas-y, dit 13. Oh ! quel pied ! »

Il pensait à un Blanc. À cet instant sexuel, ses pensées renfermaient un Blanc : Scozzy. Qui avait dit qu'il revenait tout de suite ou bien qu'il en aurait pour un moment. Sans se faire remarquer, 13 jeta un coup d'œil par-dessus l'épaule de Lizzete. Le corps de Giro était ramassé sur lui-même dans le sommeil, comme un antique coussin de prie-Dieu. (Son autre manière d'être était avachie et invertébrée, comme une immense omelette canine ou une couverture de chasseur taillée dans sa propre fourrure.) Donc, ouais, ils pouvaient se glisser derrière à l'aise, entre le chien et les outils de jardinage, que 13 revendait. Dix minutes. Si Minder ressortait, il pourrait la cacher derrière Giro. Lui foutre une couverture dessus. Mais fallait pas pousser le bouchon trop loin avec une fille de quatorze ans qui voulait se faire engrosser. 13 savait que Lizzete était jalouse de sa sœur de quinze ans, Patrice, qui était enceinte, aucun doute, depuis qu'elle fréquentait le milieu. Ils croyaient que ça facilitait l'obtention d'un H.L.M., d'avoir un môme, mais c'était pas vrai, plus maintenant. Ils voulaient pas le comprendre. À cause des conservateurs, peut-être. La mère de Lizzete le tuerait.

Ce n'était pas la Noire qui l'arrêtait, cependant : c'était le Blanc. Car depuis longtemps 13 avait compris, très justement, qu'il valait mieux ne pas être dans les parages de Scozzy dès qu'il y avait du sexe. Tandis que l'image d'un Noir faisait l'effet d'un vieil aphrodisiaque à un Blanc, la présence de Scozzy et de son regard terne dans les pensées de 13 avait le résultat opposé. Il valait mieux ne jamais lui en parler. Fastoche.

« Écoute, dit 13. Si on se faisait un 68 ?

— Un 68 ?

— Ouais, un 68.

— C'est quoi, un 68 ?

— Tu me tailles une pipe et je te devrai un broute-minou.

— 13 !

— C'est à prendre ou à laisser. »

Lizzete ne pipa mot. Puis se tailla au bout d'un moment. C'est pas plus mal, songea 13. L'air malheureux, il s'affaira, soupira et se secoua sur les mouchoirs en papier. Faut pas que je la perde. Ce serait pas bon pour les affaires. Adolf émergea à minuit quarante-cinq, son livre à la main, silencieux et satisfait. On le ramène à la maison et on sort s'éclater.

« Oh là ! C'est quoi, ça ? »

Du chewing-gum sur le compteur ! 13 le décolla et se le fourra entre les lèvres. Dans sa hâte, il avala tout de suite sa dureté froide et grise.

Peut-être qu'ils avaient tous ce qui manquait à Richard.

C'était le cas de 13. Si on marchait dans la rue avec lui, on ne voyait rien de ce que lui voyait. Il voyait des encaisseurs et des loquets, des partants et des leviers, des pièges et des entourloupes, ce qui était sans surveillance et ce qui faisait saillie, ce qui se détachait et ce qui se transférait. Dans tous les magasins, son regard avait l'éclat de calculs complexes.

C'était aussi le cas de Scozzy, mais à l'envers. Thermovision animale en pleine ville : vision nocturne de l'enfant sauvage.

C'était encore le cas de Belladonna. En matière de réinvention, on commence d'abord par rebaptiser les choses. C'est le pain quotidien du romancier, par écrit. Dans la rue, on n'a que soi à rebaptiser, et tous les gens qu'on connaît si l'on veut, de sorte que chacun a deux noms, comme les gens de la télévision qui ont chacun deux noms.

C'était même le cas de Darko. Quand il était arrivé à Londres avec sa caisse à outils, l'air d'Oxford Circus était saturé de pornographie, les vitrines des magasins étaient toutes des catalogues d'objets en détaxe et les voitures avaient des rondeurs et des déhanchements de femmes : c'étaient les clios, les starlettes, les princesses de la rue.

En vérité (il faut bien l'admettre), Lady Demeter Barry pose des problèmes de représentation. Elle pose des problèmes de représentation non seulement parce que c'est une jolie blonde (plantureuse) apparentée à la reine, ni même parce qu'elle a eu des poneys, qu'elle a un passé de cocaïnomane, d'héroïnomane, et qu'elle a couché avec un ou deux Noirs. Dans la famille de la reine au sens large, les junkies et les éleveurs de poneys sont monnaie courante : les abords des cliniques de désintoxication les plus chic ressemblent au parc de Sandringham un jour de garden-party. Le fait qu'elle a couché avec des Noirs, en revanche, nous révèle chez elle un côté plus aventureux. Ce n'est pas rare chez les filles d'origine modeste, peut-être parce qu'entre autres plaisirs concrets, c'est le seul que se soit refusé leur mère. Mais les filles de la noblesse, à quelques exceptions près, ne couchent pas avec des Noirs. Je n'arrive pas à savoir pourquoi, si c'est moitié aussi bien qu'on le dit. Nous avons remarqué plus haut que le Noir, très souvent, sert d'image mentale à son homologue blanc pendant l'acte sexuel : c'est son remplaçant talentueux, son super-substitut. J'ai moi-même un Noir dans la tête (Yo !) qui, après m'avoir claqué la paume, prend le relais quand je suis fatigué, quand je n'arrive pas à jouir, ou les soirs où j'ai la migraine ou que je me lave les cheveux. (On désigne cette habitude par l'expression polie de « délégué imaginaire » : ce peut être n'importe qui, ce maître brillant et fantasmatique qui s'occupe de votre épouse, de votre petite amie, de la pin-up ou de la femme facile, mais ce n'est en tout cas pas vous.)... L'altérité est excitante. Le métissage est excitant. Pourquoi donc, avec toutes ces bonnes raisons, les filles de la noblesse ne s'y adonnent-elles pas davantage ? La culpabilité raciale, la culpabilité égalitaire est excitante : elle excite la compassion dans la poitrine des femmes. Mais peut-être cette compassion ne fonctionne-elle qu'en restant vague, au stade du pressentiment, du malaise. Dans le cas de la noblesse, la culpabilité n'est peut-être que trop palpable, trop proche. Les de Rougemont étaient aussi célèbres pour leur piété que pour leur rapacité. L'arrière-grand-papa de Demi et ses « intérêts considérables » dans les Caraïbes. Le grand-papa de Demi et ses mines de diamant en Afrique du Sud. Puis les spéculations du père de Demi, treizième comte de Rievaulx, pollueur incendiaire, grand ratiboiseur de forêts, grand faiseur de gravats devant l'Éternel. La culpabilité n'a pas disparu. Le charme continue d'opérer, tenace et tentant.

Du point de vue de la représentation, cependant, là n'est pas le problème. Le problème de représentation que pose Demi tient à sa manière de parler, à sa manière d'agencer les phrases. On dirait que c'est le destin de Richard Tull que d'être entouré d'idioglottes. D'idioglottes qui ont chacun son idiolecte.

Le tic linguistique de Demi est par essence et par définition féminin. C'est comme ça. En prenant leur inspiration pour récuser cette proposition, les femmes s'en sortiront souvent par un « Allez vous faire faire » ou un « Foutraises » ! Je parle en effet de cette manie qu'avait Demi d'estropier ou de télescoper des expressions toutes faites : deux pour le prix d'une, elle s'y connaissait en affaires linguistiques. Le résultat était expressif et l'on comprenait en général ce qu'elle voulait dire par le contexte. Mais voilà le problème. Dans l'écriture romanesque, un idiolecte suscite des difficultés car le romancier, entraîné à un niveau subliminal à révéler le tempérament d'un personnage par ses actions, doit plier son récit pour aménager de jolies passerelles menant à ses contrepèteries, à ses impropriétés et autres pléonasmes. Mieux vaut, à mon sens, se contenter d'en dresser la liste.

C'est ainsi que Demi disait « tourner en cercle », « vif comme la foudre » « s'essuyer les pieds dans le plâtre » ; elle disait « s'inquiéter à mourir » et « en deçà du soupçon » (mais non pas « au-delà de la vérité ») ; elle disait « sur son nid de mort », « brouhaha d'activités », « qu'est-ce qu'elle a qui la prend ? » et « parler sans jambages » ; elle disait « c'est pas mes veines » et « en fin de calcul » ; elle disait « grand bras » (par opposition à « grosse gueule », vraisemblablement) ; « il a perdu une colère » et « elle a piqué son sang-froid » ; « il a vomi le morceau » (il a avoué) et « elle s'est fourguée » (elle s'est tuée). Une fois, une seule fois, elle avait murmuré : « Pardon, je parlais à voix haute. » Demi avait aussi des défauts de prononciation, mais je ne crois pas que ce soit la peine d'essayer de les reproduire.

J'ai dit dès le départ que Demeter, comme Gina, n'entretenait d'autre rapport avec la littérature que par son mariage avec l'un de ses soi-disant praticiens. Ce n'est pas tout à fait vrai. Ce n'est jamais tout à fait vrai. Nous avons tous des liens avec la littérature, en connaissance de cause ou parfois à notre insu. Sinon, comment expliquer l'immense intérêt que lui portait Richard ? Tout le monde savait qu'il allait à Byland Court passer le week-end avec Lady Demeter : Gina était au courant ; Gwyn était au courant ; l'éditorialiste du journal du dimanche était au courant. Mais personne ne savait à quel point Demi lui occupait parfois l'esprit, à quel point il était capable de soulever des montagnes pour elle.

Si l'on pouvait réunir toutes les anciennes maîtresses d'un homme (les maîtresses d'un homme moderne d'âge mûr, ni plus ni moins coureur que la moyenne) et les aligner par ordre chronologique comme dans un catalogue raisonné, comme dans le long couloir d'une galerie ou d'un musée, pour une rétrospective... On obtiendrait au départ une gigantesque variété, un éclectisme panoramique. L'œil du visiteur parcourrait l'alignement par à-coups, de haut en bas et avec des retours en arrière, il remarquerait toutes les tailles, tous les poids, toutes les nuances de couleur. Puis au bout d'un moment, un modèle s'établirait ; la récurrence de certains motifs le situerait dans tel ou tel genre, jusqu'à ce qu'il parvienne à la dernière femme de l'exposition, la cristallisation de toutes les autres : celle que notre homme a épousée. C'est ainsi que les choses s'étaient plus ou moins passées pour Richard. La flèche de ses obsessions visait Gina. Progressivement, les filles et les femmes gagnaient toutes en souplesse, en bouclettes et en malice, jusqu'à ce qu'on arrive à Gina. Ses yeux, sa bouche, son tour de taille : ils formaient l'*Œuvre poétique* de Richard. En revanche, les représentantes du sous-genre incarné par Demi, les blondes talquées et rondelettes, n'avaient jamais été nombreuses, et cela faisait belle lurette qu'elles avaient disparu des modèles alignés. Même s'il avait été sacrément content de les voir à l'époque. Richard avait quarante ans. Il visitait souvent ce couloir. Ce couloir, c'était sa vie. Ce couloir, c'était le monde.

Restaient cependant l'ascendance aristocratique, l'immense fortune, la relative jeunesse, l'air de vulnérabilité et la poitrine plantureuse de Demi : est-ce que tout cela ne suffirait pas dans l'universel ? Fallait-il qu'elle ait quelque rapport à la littérature pour embraser la passion de Richard ?

Oui. Ç'avait d'abord été les grandes réceptions qu'elle donnait en l'honneur de certains écrivains. Dans son délire, dans sa gloutonnerie, Richard repensait aux bouteilles de vieux champagne enrubannées qu'inclinaient vers lui des athlètes en smoking (même le personnel était branché, brillant), tandis que des garces en petite jupe plissée faisaient circuler des toasts au point G d'émeu et au gland de colibri, dans la bibliothèque octogonale où il était venu se mêler aux spécialistes et aux rois philosophes du verbe incarné ; pendant ce temps, les agents littéraires, les directeurs de collections et les éditeurs se prélassaient dans leur nimbe de lucre et d'élévation : ces hommes et ces femmes qui l'évitaient, ces hommes et ces femmes dont les secrétaires lui raccrochaient au nez sans sourciller, ces hommes et ces femmes dont il ouvrait les lettres comme un concierge soviétique qui aurait reçu une convocation personnelle de Staline... Dans l'espoir de faire une forte impression sur Gwyn Barry (ou disons, avec plus d'honnêteté, dans l'espoir de lui causer une dépression), Richard avait amené son ami dans le salon de Lady Demeter de Rougemont. Et voilà le résultat.

Ceci mis à part, Richard avait désormais des informations sur Demi. Or, l'information révèle toujours ce qu'il y a de vulnérable chez une personne, ce qu'elle a de caché. Les secrets, les secrets de femmes tendent à la poésie, comme la tache de naissance de Demi, que le col froissé de son chemisier n'arrivait pas toujours à dissimuler : sa tache de vin s'agrandissait et rougissait dans le trouble ou le malheur. Demi n'offrait au monde qu'une bribe de la vérité. Elle était passée de la chapelle de Byland Court, avec ses allures de grotte, aux distributeurs de l'avenue à minuit (elle effectuait un retrait d'argent à 23 heures 59, un autre à minuit une — simple astuce de drogué). Ce qui avait sauvé son visage de la simple joliesse juvénile était son appétit, son goût de la désobéissance et de la dépravation. Par suite, ses yeux prirent de la profondeur, ils se chargèrent d'humour et de propitiation ; sa bouche se compliqua, et ses dents ; ses cheveux ne s'en tenaient pas tout à fait à leur lustre et à leur coupe. Elle n'avait pas un appétit de renard mais de moineau, un appétit désinvolte. Elle était blessée, elle était désolée. C'était ainsi. L'amour aurait pu l'épanouir. Mais nous n'allons pas tous nous faire aimer. Nous n'allons pas tous nous épanouir. Elle et son mari faisaient lit à part, chambre à part. Richard le comprenait. Lui et Gina continuaient à se coucher ensemble, mais ils faisaient lit à part. Richard le comprenait. Chacun pour soi.

Reste que le problème de la représentation n'a pas été résolu. Reste que mes soupçons ne se sont pas dissipés. Il manque une dimension à Demeter. Ce sont des choses qui arrivent. À Gina aussi, peut-être. Si les écrivains pompent la vie de ceux qui les entourent, si les écrivains sont des vampires, si ce sont des cauchemars... Je m'explique : ce n'est pas moi qui découvre ces gens. Ce sont eux qui me découvrent. Ils me découvrent comme de l'information conçue dans la nuit. Je ne les fabrique pas. Ils existent déjà.

« Vous vient d'où ?

— D'une réception. Au bureau.

— Réception ? C'est saison. Pour.

— Oui. »

Ces chauffeurs de taxi qui promenaient Richard pendant les fêtes, qui le conduisaient dans la bonne vieille diaspora de Fleet Street et l'en ramenaient — ces chauffeurs de taxi avaient toutes les nuances du teint asiatique, mais ils parlaient tous la même langue. Ils avaient manifestement appris l'anglais en parlant avec des clients aux petites heures du matin, avec des gens comme Richard ou dans un état comparable.

« Merci de la conversation, bredouilla Richard en descendant du taxi dans Calchalk Street, sous une lune bridée et une ou deux étoiles dans le ciel urbain. Ça fait combien ?

— Ça... Euh... Disons six liv' cinquante, bredouilla le chauffeur de taxi.

— Tenez, sept livres.

— ... Me'ci. Enculé. »

La gare avait changé depuis la dernière fois qu'il avait eu l'occasion d'y aller. Entre-temps, sa voûte de poutres goudronneuses et de verre dépoli, ses murs couverts de suie et son hall hanté par de jeunes prostitués s'étaient mués en une élégante galerie de boutiques, de croissanteries et de cappuccinos à perte de vue. Ce n'étaient plus les trains qui la dominaient, ni leur culture ferroviaire de fardeaux industriels acheminés dans la bêtise et la crasse. Dorénavant, ils arrivaient discrètement par le fond, s'excusaient de leur retard tout en espérant encore servir aux acheteurs arrogants qui flânaient et lampaient des cappuccinos sous les arcades. Il y avait même un pub dickensien flambant neuf, qui s'appelait À la vieille brocante et dont la décoration consistait en des milliers de livres, écrits non par Dickens mais par la clique intemporelle des moins que rien spécialisés dans la décoration des bric-à-brac... En d'autres termes, la gare avait connu une ascension sociale. Ce qui ne plaisait pas à Richard. Qui voulait que tout reste en bas de l'échelle, avec lui. Sentiment de jalousie, de *Schadenfreude*, d'envie, dû à son sale caractère mais aussi à la peur de se retrouver seul. L'entrée du quai où il se tenait se faisait appeler porte de l'Angleterre orientale. Tel un obèse monolithique évoquant un serpent préhistorique qui aurait avalé non pas un mastodonte ou un mammouth, mais un autre serpent de sa taille, le train s'avança dans sa direction, détournant son regard jaune et repu. Les employés asiatiques et antillais se tenaient prêts avec leurs sacs-poubelle noirs de cinquante litres. Richard se raidit. Il portait un nœud papillon taché.

C'était fini. C'était pratiquement tout fini. Le matin même, il avait reçu au courrier une superbe enveloppe des bureaux de Gal Aplanalp. Une fois qu'il l'eut déchirée, il y trouva non pas un contrat de publication pour *Sans titre*, mais la facture des nombreuses photocopies qu'elle avait fait faire du tapuscrit. Le montant exigé était assez élevé pour qu'une rumeur de ruine se propage aux oreilles de Richard ; pire, il contenait une bonne nouvelle pour un autre client de Gal, Gwyn Barry, dont il allait peut-être falloir modifier ou abréger les souffrances physiques en conséquence. Sous le regard de sa famille assemblée, Richard s'était levé de la table de la cuisine et s'était faufilé vers la méridienne du salon. Il ne s'était pas écroulé dessus. Il s'était glissé dessous. L'un après l'autre, les garçons étaient venus l'observer, le visage à l'envers. C'était pratiquement tout fini... Richard ne regardait pas la journée défiler derrière la vitre. En prélude à sa véritable mort, le soleil ou son nimbe était largement agrandi au-dessus du milieu lacté de la troposphère... On pouvait le regarder en face, ce qui est forcément un privilège rare. Une divinité qu'on peut regarder en face n'est pas une divinité. Un soleil qu'on peut regarder en face n'est d'aucun secours : il n'est pas possible qu'il vous ait donné la vie. La pluie arriva. La pluie alourdissait et entravait le paysage : les arbres dégouttaient, les blancs moutons se mouillaient. Richard leva les yeux. Un canal longeait la voie ferrée et accompagnait l'inclinaison et les embardées du train. Une péniche solitaire était amarrée aux roseaux, sa cheminée fumait : un clochard était vraisemblablement assis à l'intérieur, sous cet orage qui lui était destiné. Ce ne serait pas trop mal, songea Richard. Avec nos lourds manteaux et nos fayots. Dans l'ivresse agréable des relents de paraffine...

C'était fini. Cela n'avait jamais été plus près de finir. Il en chercha des indices parmi les définitions que proposait la crucifixion quotidienne des mots croisés. Dix ans plus tôt, il mettait dix minutes à venir à bout du Tirésias en grille : il en venait à bout aux chiottes. Cinq ans plus tôt, il en faisait à peu près la moitié, en règle générale. Douze mois plus tôt, il en faisait encore la moitié, mais toutes ses réponses étaient fausses, comme il le découvrait le lendemain. Elles concordaient entre elles, mais elles étaient toutes fausses. À présent, la situation s'était améliorée : il ne trouvait plus une seule solution. Ce matin-là, deux définitions, en particulier, avaient porté atteinte à sa valeur et à son honneur. L'une était :

> À l'œuf ? (Seize lettres.)

Et l'autre :

> Entré sur le terrain avec le dossard numéro huit dans l'équipe du Zimbabwe, l'ouvreur du Gloucestershire rejoint le dernier joueur du Glamorgan (l'Autre ayant dû déclarer forfait) et produit un lancer de balle qui s'attire manifestement l'amour des enfants. (Trois lettres.)

Il rangea le journal et essaya de dormir. Mais il resta assis, la tête cognant contre le mur. Pourquoi des trains ? Pourquoi des rails ? Pourquoi des voies et des cheminées ? Richard allait sans doute continuer quelque temps à se poser ces questions futiles, à la manière des artistes. Mais désormais, ces questions étaient *complètement* futiles. Il ne s'occupait plus de reconstruction. Il n'avait donc plus à s'occuper de ces questions.

À l'arrivée l'attendait non pas Demi, mais un jeune homme grassouillet vêtu d'une doudoune lavable, le fils du gardien ou du garde-chasse. Mais il n'y avait plus d'entrée à garder, ni de gibier ; seul restait donc ce jeune homme grassouillet, au volant de sa cabane de jardinier à roulettes, prisonnier des haies et des allées pour le restant de ses jours. Richard cahotait au fil du trajet, par monts et par vaux. La route aurait pu le ramener au cœur de son système nerveux, dans le passé, dans l'enfance et son vert paradis d'avant la Chute, là où le lion se couche avec l'agneau et où les roses poussent sans épines. C'était ce monde qu'on cherchait dans la grande ville au jardin de la Crotte, sur le gazon artificiel du Warlock, dans les divagations de l'enfant sauvage, dans les pages plombées d'*Amelior*. Le monde vert symbolisait la victoire de l'été sur l'hiver ; mais il ne pouvait guère faire mieux que de la symboliser, car partout à l'entour c'était l'hiver, et le froid dont avait si peur Richard.

« Bientôt arrivés. »

Richard eut la nette impression, qui l'effleura comme un sentiment de gêne sociale, que le paysage se faisait sculpter, qu'il devenait en réalité un jardin, mais à une échelle écœurante. Regardez le jardinier écœurant qui s'avance, du haut de ses trois cents mètres, muni de sa faux écœurante, de son immense herse, de ses instruments de moisson ; il creuse des tranchées et construit des remblais sur deux kilomètres, cet horrible représentant de l'art topiaire : il dispose des bouquets d'arbres sur le tertre, organise tel plateau, creuse des sillons étagés qui confèrent au coteau un air sourcilleux ou un rictus moqueur.

La fourgonnette le déposa dans une arrière-cour et le jeune homme lui indiqua la cuisine, où se trouvaient Demi et toutes ses sœurs : Lady Amaryllis, Lady Callisto, Lady Urania, Lady Persephone. Sa petite valise dignement cabossée à la main, Richard entra dans une pièce où, contre toute attente, il fut accueilli sans la moindre cérémonie. Il y avait là les quatre sœurs, quatre fermières à particule, arborant chacune un téton à particule et un bébé pendu au bout ; dans les parages, six ou sept nourrissons de plus modulaient en cadence leur lassitude et leurs exigences ; à quoi s'ajoutait toute une panoplie de toux tranchantes, d'éternuements béats, de hoquets irrépressibles, de haut-le-cœur sans renvoi et, bien sûr, tous les registres du chagrin enfantin. Bruits sempiternels qui se faisaient ici plus forts qu'ailleurs, plus riches en éructations, à cause de l'incroyable saleté du lieu, ainsi que l'expliqua Demi :

« C'est pas seulement les bébés, dit-elle. Tous les visiteurs passent la plupart du temps aux chiottes. »

Oh ! Comme on les entendait, les prout, les hic, les gloups des rots et des pets de bébé ! Ils formaient une bande-son continue, des bulles de bande dessinée, une musique d'homme-orchestre au biberon, et mettaient l'air en mouvement perpétuel.

« Tu t'y feras aussi. Tu ne sens pas les rats crevés ? »

Il but son café parmi les yeux qui l'examinaient, les nez qui coulaient, les pieds qui se balançaient en chaussons. C'était un pardon olfactif, une délivrance olfactive. Richard reniflait le bout de ses doigts, assis sur sa chaise ; mais son nez, aimait-il à croire, était enfin en voie de guérison. Il ne pensait plus guère sentir la merde. Il ne pensait même plus sentir le vieux garçon. Ce qu'il pensait sentir à présent, c'était la vieille fille. Mais c'était tout simplement impossible. La vieille fille, se disait-il (c'était presque devenu un refrain). Allons bon ! La vieille fille ! Cela ne suffit-il pas à démontrer que ton nez se fout de toi ? La vieille fille ! Quelle preuve supplémentaire te faut-il que ton nez te mène en bateau ?

« Richard est en train d'écrire un long papier sur Gwyn. »

Les sœurs se tournèrent vers lui avec inquiétude.

« Vous n'allez pas sortir un magnétophone, au moins.

— Non, non. Faites comme si je n'étais pas là. Moi, j'observe. Dans un demi-sommeil. Je suis surtout venu, dit Richard, pour dormir. »

Même s'il n'y faisait pas très chaud ni bon, la maison où ils se trouvaient (une maison aux dimensions illimitées, mais séparée du château qui lui était adossé quelque part, comme un régiment) procurait l'impression intime d'un four ou d'une chaudière. Partout où on allait, on entendait craqueler les poumons d'antiques soufflets, haleter des veilleuses. Sous le murmure des lattes du plancher, l'activité clandestine de l'hypocauste chatouillait les pieds chaussés. À ce dispositif sénile s'ajoutait, dans l'entrée inchauffable tant elle était haute sous plafond, un feu de bûches ; devant, sur le canapé, une femelle labrador gravide attendait, inquiète, l'arrivée de ses petits. Un paresseux nuage de fumée âcre s'était formé, qui mettait les larmes aux yeux, aux yeux de la chienne et aux yeux des vieilles femmes qui la caressaient, assises à ses côtés... Il y avait des tas mouillés où se mêlaient des anoraks et des bottes en caoutchouc ; il y avait des éclaboussures et des traces de pneu grossières dans la cuvette des moindres toilettes, un matelas de poussière sur la moindre surface, aussi épais que de la limaille de fer. Avec les parents de Demi, c'étaient deux dynasties catholiques qui s'étaient unies. Non que le comte et la comtesse fussent amateurs de saleté et de décrépitude, mais ils n'en avaient pas conscience. Quand il leur arrivait de se servir de la cuisine, où régnait une obscurité de grange, ils étaient trop pieux et trop fiers pour remarquer la croûte qui s'était déposée dans la cuisinière et l'odeur de carton détrempé qui se dégageait du réfrigérateur ouvert. Ils ne le voyaient pas, ils ne le sentaient pas, le prosaïque pur. Mais leurs filles s'en rendaient compte, elles, et elles s'en moquaient : elles contribuaient à l'atmosphère des lieux avec leur progéniture suintante.

Contrairement aux narines d'un autre visiteur dans un autre haut lieu catholique, les narines pourtant sensibles de Richard ne se dilatèrent heureusement pas à la vue d'un « dôme élevé et insolent ». Mais il s'était bien amusé dans de grandes maisons de campagne, quand il était plus jeune et plus insolent. Il était expert dans l'art de les explorer sans se faire remarquer, de chaparder des verres d'alcool et d'éviter l'église ; il avait parcouru des centaines de mètres de couloir à pas feutrés, ses chaussures à la main. Bien plus : il avait fait le guet dans des bouquets de roseaux et tiré sur des nuées de canards (qui, d'un coup d'aile sincèrement reconnaissant, rentraient chez eux pour un repos bien mérité). Il était allé jusqu'au pub décoré d'objets en laiton, le dimanche matin, coincé entre d'énormes frères dans une énorme voiture. (Premier frère, à propos d'une blonde mariée : « Elle aussi, je l'ai fourrée. » Deuxième frère : « Menteur. » Numéro un : « Vas-y, pose-moi des questions. » Numéro deux : « De quelle couleur est sa foufoune ? » Numéro un : « Noire. ») Il s'était envoyé du gin à la prunelle à six heures du matin, avait pris le thé avec les autres, puis, à dos de cheval, avait caracolé derrière un furet ou une belette jusqu'à ce qu'il retombe. Mais par-dessus tout, il avait adopté la position du missionnaire avec plusieurs filles de la noblesse et de la bourgeoisie, s'était trémoussé sur leur corps plantureux jusqu'à ce que tout sente le foutre et qu'elles fassent une blague ; il leur avait dit qui était Tchekhov, pourquoi la pluie tombait et comment il se faisait que les avions ne peuvent pas rester en l'air sans bouger. Pendant tout ce temps, Richard s'était demandé jusqu'à quand durerait la comédie, mais il était parti, puis revenu, et elle avait continué cahin-caha. Cette dynastie-là, en tout cas, était en voie d'extinction. Même si le comte avait engendré cinq filles, estropiant patiemment sa femme qui attendait un héritier, et même si ces filles avaient donné à leurs maris une floppée de Jeremy, de Jasper et de Joseph, la propriété familiale était bien sûr patrilinéaire. Bientôt, elle passerait en d'autres mains.

La journée s'éclaircit. Sa toiture de nuages commença à fuir, comme une passoire, et les rayons de lumière réfractée semblaient briller en faisceau, comme si leur sommet se trouvait à l'altitude où volent les avions, à 17 000 mètres, peut-être, et non pas à 170 millions de kilomètres de la terre. Sans se changer, il joua au tennis avec Demi, Urania et Callisto avec une raquette en bois, et sur un court si riche en excroissances et en aspérités qu'il fallait attendre l'angle de rebond de la balle pour décider si on allait la frapper en coup droit ou en revers. Puis, les mains sur les hanches, il admira la piscine. Des courants thermiques ascendants bouillonnaient à la surface tourbeuse de son épais manteau de verdure. Richard ne voulut pas s'y baigner. Il n'aurait pas dédaigné d'y boire, mais il ne voulut pas s'y baigner. Il déambula, côte à côte avec Demi, dans des allées dégoulinantes de fraîcheur. Ils se rendirent dans des serres et des vérandas, dans des grottes et des belvédères, des tonnelles et des charmilles, des folies et des jungles ; le carnet de Richard entrait et sortait de sa poche, signalant l'intérêt professionnel qu'il portait aux récits que lui faisait Demi de chatons perdus, de poneys adorés, de marmottes atteintes de myxomatose, de lapins enragés, et ainsi de suite. Sans parler des apostasies, des incendies, des réquisitions en temps de guerre, des séjours de la famille royale... C'est bon d'écouter, songeait-il ; c'est toujours bon d'écouter. Ils revinrent à la cuisine en passant par le potager. Elle perdit l'équilibre sur l'allée du jardin et il lui tendit la main pour l'aider à se rétablir. Richard attendait son heure.

Il trouva une bibliothèque de la taille d'un gymnase. Elle ne contenait pas un seul livre lisible, pas même un Trollope. Il s'y endormit donc. La pièce était sombre lorsque Demi le réveilla avec une tasse de thé et un biscuit. Elle resta à côté de lui sur le canapé à pompons, tenant sa tasse à deux mains comme si elle contenait quelque objet du saint sacrement, de l'encens ou une douce chaleur par exemple ; elle portait un blue-jean et avait les cuisses très écartées, les pieds tendus sur les pointes. Il contempla le visage qu'elle lui présentait de profil, ses agitations et ses apaisements, sa lèvre mordue, ses frémissements. Ce qui la préoccupait à ce moment-là semblait bien sûr assez évident. Elle avait la tête pleine de bébés qui n'existaient pas, tourbillonnant comme des nuées de *putti*.

« Tu es la sœur du milieu.

— Je suis tante douze fois. Gwyn s'inquiète beaucoup de l'état du monde.

— J'aurais jamais cru ça de lui.

— Il parle même de se faire opérer.

— J'ai toujours pensé que c'était une étrange réaction, quand on s'inquiète de l'état du monde. »

Richard venait juste de se réveiller, il tenait donc des propos raisonnablement innocents. Mais il pensait pour de bon que c'était une étrange réaction : aux premiers signes d'effervescence à l'horizon de l'aventure humaine, on se fait tout de suite amputer la queue. Ou on se la fait retourner à l'intérieur, opération sensiblement plus compliquée (et plus chère) dont il avait l'impression qu'elle pourrait se révéler nécessaire dans le cas atypique de Richard Tull.

« Tout cela reste entre nous, dit-elle.

— Bien sûr que oui. »

Elle chercha sa main. Et dit :

« Nous devons changer. »

Richard tressaillit en son for intérieur. Séduire Lady Demeter ? Quelle broutille, quelle bassesse, quel enfantillage ! Il s'assigna donc un but plus élevé. Séduire Demi ne serait en réalité qu'une victoire sans contenu. Le comble, ce serait de lui faire un enfant.

Les uns après les autres, des phares percèrent et pénétrèrent les ténèbres et la poussière de cette pièce à livres. C'étaient les maris qui revenaient de la Ville. Quatre Porsche en formation de combat. Comment avaient-ils passé leur samedi après-midi ? Dans des transactions commerciales, pensa Richard, et au lit avec des femmes qui n'avaient pas eu d'enfants. Les portières claquèrent, ce qui sembla avoir pour conséquence d'intensifier la lumière des lampes et des lampions dans la cour. Il les voyait par la fenêtre. Il voyait même leurs dents, leurs pelleteuses qui dégoulinaient d'avidité.

Le dîner fut inoubliable. Richard s'en souviendrait jusqu'à sa mort. Sur la table, à chaque place se trouvaient une étiquette portant le nom du convive, un plateau d'argent et tout un assortiment de couverts. Ainsi qu'un pichet individuel de vin rouge en cristal massif (de la taille et de la forme d'un tube de ketchup dans une cafétéria). Ce pichet ne serait pas remplacé. Richard s'en rendit très vite compte, car il agitait déjà les dernières gouttes de sa carafe au-dessus de son verre bien avant que ne soient servis les avocats flétris. Demi lui donna la sienne, ce qui lui permit de tenir cinq minutes de plus. Deux heures plus tard, après que les femmes eurent quitté la pièce, il dut supporter les maris en échange de deux dés à coudre de porto : des garçons rayonnants vêtus de chemises rayonnantes, ces maris, et pour autant qu'il pût en juger, ils étaient francs, sympathiques, hautement calés sur les mécanismes du monde et en aucun cas d'une stupidité affligeante.

Bref. Fort sobre, atteint en permanence d'une crise aiguë de sobriété, Richard était à présent assis sur un lit avec Demi, dans une tour sombre. Dans une tour sombre qui portait un chapeau pointu de sorcière. Ils avaient traversé deux pelouses couvertes de gelée blanche pour y arriver et ils étaient entrés dans cette tourelle sphérique à l'aide d'une lourde clef mouillée. Le genre de tour dont les princesses outragées rêvent traditionnellement de s'évader ou d'être délivrées. Richard avait récemment lu l'histoire d'une princesse (un jumeau assis de chaque côté de lui) qui s'était fabriqué une corde avec ses cheveux pour fuir une tour de ce genre : la princesse aux grands cheveux. Dans ses propres fantasmes d'évasion, il se voyait souvent descendre du studio de Blackfriars (ce nid de vieille fille) sur l'échelle de corde qu'il pourrait découper dans la couverture craquelante d'Anstice... Pour une raison mystérieuse, voire magique, leur petit beffroi, comme disait Demi, était « joli et douillet ». Il avait servi de chambre à une légendaire bonne d'enfants de la maison, depuis longtemps décédée. Ils étaient assis côte à côte sur son petit lit de camp, dont les ressorts n'avaient sans doute jamais grincé sous des ébats passionnés.

« Gwyn a cette manie, dit Richard en arrangeant son carnet, de regarder les choses d'un air fasciné : une orange ou un stylo par exemple. Comme un enfant. Quand est-ce que ça lui a pris ?

— Il en avait vraiment marre de s'entendre dire qu'il écrivait des choses simples. Ça lui donnait l'impression d'avoir écrit un livre pour enfants. Bref, ça l'a pris à peu près à cette époque.

— Et cette histoire de menuiserie. Il n'en fait pas pour de bon, de la menuiserie, hein ?

— Jamais. Mais il en a fait un peu... Un jour, il a déclaré que l'écriture ressemblait à la menuiserie, et donc il s'est dit qu'il ferait mieux d'avoir quelques outils au cas où on lui demanderait s'il en faisait. Puis il en a fait un peu, au cas où. »

Le front des femmes, parfois, fournit la ponctuation des propos qu'elles tiennent : soulignements, accents graves et aigus, circonflexes intrigués, tristes umlauts, cédilles mélancoliques.

« Qu'est-ce qui t'a séduite chez lui ? »

Contrairement à Richard, Demi s'était changée pour le dîner : gilet gris très ajusté, jupe gris clair. Ses chaussures gisaient par terre et elles continuaient à imiter sa posture : talon contre talon, elles décrivaient un angle obtus. Elle avait les jambes repliées sous elle, mais soudain elle s'étira, se mit à genoux, se retourna, croisa les bras sur l'étroite fente d'aération du rebord de la fenêtre. Richard contempla : les deux allées de ses cuisses passaient sous le tunnel de sa jupe. Où est le milieu des femmes, se demanda-t-il, où se situe leur centre de gravité ? À différents endroits. Dans la couleur de la cavité buccale, dans le relâchement des poumons, entre inspiration et serrement de gorge. Dans l'intervalle ou le sillage entre les cuisses, à cet endroit où il n'y a pas de chair, dans cet appel d'air qui a la forme d'un verre à cocktail et où il devinait le mercure invisible du gin... Il posa son stylo et son bloc-notes, se rapprocha d'elle. Leurs joues se touchaient presque lorsqu'elle dit :

« Je pouvais toujours monter ici en sachant que rien n'avait changé. On croit que les gens comme moi n'ont pas à lutter. Mais j'ai lutté. Je pourrais te raconter quelques anecdotes, va. Je me suis sentie... tellement perdue à une époque. Je me sens encore perdue. J'ai encore besoin de faire attention, de m'en tirer au jour le jour. À chaque jour suffit sa peine. »

Ils sentirent leur gorge se nouer. Elle dit :

« Regarde. »

Il regarda. Il regarda par l'étroite fente et son réseau de vitraux : le champ couvert de gelée blanche, le grand sapin, la lune dans son deuxième quartier, la tranche de nuage, la flèche de l'église. Vrai, ce n'était pas pour rien que la flèche semblait s'élever vers les cieux, contrairement à la masse idiote des immeubles de bureaux, des hautes tours des villes. En s'élevant, elle s'effilait, hésitante...

« C'est l'église St Bodolph à Short Crendon. Tu vois ? Il y a un nuage qui passe au-dessus. Autrefois, j'allais y promener mon poney Hester. Je n'avais pas le droit d'aller plus loin. Et je me disais que si j'avais le temps de faire l'aller-retour avant que Mrs Smith n'ait servi le thé...

— Eh bien ?

— Oh ! Tu sais. Que j'aurais une vie heureuse. »

C'était romanesque à souhait, mais la scène se passait en hiver.

« Tu veux de la coke ? » demanda Richard.

De même qu'il y a divers genres de cieux, divers genres d'alarmes de voiture et de bien d'autres objets, de même on peut distinguer divers genres de gueules de bois. Certaines relèvent du tragique, mais d'un tragique enrichi de diverses quantités et nuances d'ironie. D'autres entrent dans le cadre épique, selon lequel le héros, vers la fin de la journée du lendemain, en est encore à se frotter les sourcils et à murmurer à voix basse des mots comme « Oh ! mon Dieu ! ». Il y a des gueules de bois futuristes, il y en a qui font froid dans le dos, d'autres qui donnent des frissons, ou encore qui tiennent en haleine. Il y en a qui arrachent les corsages. Il y en a sans doute des pornos : des gueules de bois faites de détritus et d'ordures. Il y en a qui sont tristes comme la pluie... Mais à chaque genre, en revanche, ne correspond pas une gueule de bois. Il n'y a pas de western de la gueule de bois, par exemple. Dans la vie, les gueules de bois s'en tiennent en général à un genre que la littérature a du mal à exploiter et auquel elle s'essaie rarement : le tragi-comique. Des *Murphy* et des *Métamorphose*, des *Troisième policier*, des *Poignée de cendres*...

Il avait d'abord semblé que la gueule de bois de Richard pourrait sans peine élire domicile dans le genre du policier bucolique. *Toutes* les gueules de bois, après tout, sont des enquêtes ; toutes les gueules de bois sont des énigmes. Mais dès qu'il se dressa dans le lit, qu'il pivota sur lui-même pour se lever et qu'il posa sur le linoléum un pied blanc, potelé, tremblant, le genre dans lequel il se trouvait lui apparut dans toute son ampleur, dans tout son effroi : c'était le film d'horreur. Une horreur absolue et cavalière, mais aussi faite de bric et de broc : doublage minable, faible éclairage, image tremblante. À l'extérieur, dans la cour, résonnait le piétinement froid des sabots ferrés. Quelques siècles plus tôt, Richard avait violé la petite amie du réalisateur. À présent, il n'était plus que le tableau maudit d'un vicomte au bûcher, jalousement conservé dans un grenier. Ou bien le garçon d'écurie anéanti, vidé de sa substance, desséché, sur lequel on pissait et que l'on tenait pour mort dans la baraque borgne, blotti sous un tas de vieille paille. Un motif de réjouissance, un motif de consternation. Il y avait une glace au-dessus du lavabo : Richard alla contempler la goule lourdaude qui vivait derrière. Les rares cheveux qui n'étaient pas tombés pendant la nuit étaient dressés sur sa tête, sa bouche était plissée comme une frite surgelée. Et il ne manqua pas de remarquer qu'il avait un autre coquard.

Il descendit au rez-de-chaussée, un mouchoir bruissant appliqué sur la plus grande partie de son visage. Tout le monde était sorti. Un vieux couple auquel il refusa d'expliquer à fond et sans détour pourquoi il avait l'air qu'il avait, le surveilla de près dans la cuisine, gardien des gueules de bois, pendant qu'il mélangeait une substance revigorante à base d'essence de chicorée et de lait condensé. Il l'emporta dans l'entrée, s'assit sur le canapé, tenant la tasse à deux mains juste sous son menton, comme une femme... Un motif de réjouissance, un motif de consternation : c'est ce que lui soufflait son équilibre intérieur. Qui avaient l'un et l'autre à voir avec Demi, on pouvait le supposer sans risque. Penché sur sa tasse qui ne portait pas de prénom, il se rappela soudain avoir noté le motif de réjouissance : l'avoir couché sur le papier. À d'autres stylos revient l'expression de la culpabilité et du malheur, pensa-t-il (voire : bredouilla-t-il) en fouillant ses poches pour retrouver son carnet. C'était inscrit sur la dernière page, en lettres majuscules, souligné d'un trait jubilatoire. Il lut : DEMI : GWYN VAUT PAS UN CLOU. Il trouva là un certain réconfort.

Richard savait d'ores et déjà qu'il avait de très graves problèmes de santé. Cette gueule de bois présentait des symptômes, de remarquables symptômes, parmi lesquels une incrédulité primale vis-à-vis de tous les gestes et exploits du corps : croiser les jambes, par exemple, ou se gratter la tête, ou encore respirer. Lorsqu'il prenait une inspiration, il n'arrivait pas tout à fait au bout : il ne s'en remettait pas, il n'y arrivait pas, il n'en revenait pas. Mais de quoi ces symptômes étaient-ils des symptômes ? Il le savait : de la peur de mourir. Sa seule ambition, désormais, était de mourir en beauté. De partir en douceur, en prononçant peut-être un apophtegme modeste mais opportun. D'un seul coup, ses deux oreilles se bouchèrent, le condamnant à un isolement plus complet.

Il resta donc assis, se rasséréna, tenta de résoudre l'énigme. Il connaissait le qui, se moquait du pourquoi (des foutaises, tout ça !) et se pencha sur le comment. Voici comment. En experte, Demi avait gratifié chacune de ses narines d'une ligne de cocaïne fournie par Richard, puis elle était allée se coucher. (Il se rappelait son *smack* de préemption quand elle lui avait fait la bise pour lui souhaiter bonne nuit à la porte de sa chambre.) Richard l'avait ensuite finie. Ce n'était pas la même came que celle qu'on lui vendait d'habitude pour soixante-quinze livres, et qui l'achevait toujours à moitié, de toute façon. C'était la cocaïne que lui avait donnée Steve Cousins. C'était la cocaïne qu'on voyait dans les films. Dans les films qui mettent en scène des Colombiens, propriétaires d'un jet privé et flanqués d'un garde du corps à queue de cheval. Une fois sniffé le reste de la coke, il avait dévalisé la maison sans se plaindre et fini par trouver, dans un placard, quelques centaines de bouteilles de liqueur presque vides, vestiges d'autant de Noëls passés : liqueur de prune, de cerise, d'abricot, liqueur de bénédictins et Parfait d'amour. La soirée s'était finalement dissipée dans les vastes paysages de visions à la De Quincey — des visions du succès que *Sans titre* pourrait obtenir (cette coke, conclut-il en y repensant, devait être de la très bonne came). Richard se souvenait aussi d'être resté assis dans la salle à manger sombre, le menton poisseux à cause des distillations spiritueuses, à écouter la chienne gémir en cauchemar ou en gésine, tout en espérant que personne ne descendrait s'occuper d'elle et en se réconfortant à l'idée de faire cause commune dans la souffrance... Richard tressaillit. Si violemment qu'une de ses oreilles se déboucha. Il attendit. Il se réchauffait, de fait, et ne frissonnait plus. Le feu de bûches fumait sans dessein, mais une douce chaleur liquide semblait envahir ses membres inférieurs. Peut-être que s'il restait complètement immobile, il pourrait dans un moment essayer de prendre une cigarette salutaire...

Les grandes portes s'ouvrirent. Il se retourna, méfiant. Et que vit-il d'autre que la vie, dans la lumière et le froid du matin ? Quoi d'autre que la vie, les couleurs de la santé et de la jeunesse qui font se recroqueviller la petite chose mourante dans sa tanière ? Hanches des chevaux, chaude haleine chevaline, épouses en jodhpurs et maris qui font les mariolles, suivis de la caravane des landaus. Demi l'assaillit. Le bleu et le blanc de ses yeux, le blanc et le rose de sa bouche lui intimèrent l'ordre de se dépêcher.

Mr Boywer-Smith lui-même avait accepté de lui faire visiter l'intégralité des quarante salles. Avec une difficulté qui n'avait pas, en théorie, de limite supérieure, Richard se leva. Tout le monde (le monde entier) le regarda enfin avec les honneurs dus à son rang : avec le respect des bienséances, avec pitié, avec terreur. Il suivit leur regard et baissa le sien pour se contempler. De l'entrejambe au genou, le pantalon de Richard était couvert de sang violacé. Mais pas de panique ! Tant pis ! C'était juste qu'il s'était assis dans le placenta de la chienne. Et qu'importe si c'était le seul pantalon qu'il avait emporté ! Demeter le conduisit dans un couloir adjacent, farfouilla parmi les chaussures de sport et les coupe-vent, puis, trente secondes plus tard, l'amena dans une pièce pleine de baquets de lessive en plastique, de machines à laver qui vibraient, avec un pantalon pattes d'ef beige à enfiler. La chienne était couchée dans un coin, sur un tas de cartons. Elle ne fit pas attention à lui. Elle remplissait un devoir biologique, elle léchait le pelage tacheté de ses petits.

Il visita la propriété puis revint s'asseoir dans la cuisine. Tous les enfants en âge de marcher défilèrent devant lui et inspectèrent son coquard comme une armée de petits généraux qui passeraient en revue un soldat de deuxième classe mis à l'écart : un soldat déshonoré, un soldat de corvée de cuisine. Et savez-vous ce que le monde lui fit alors ? J'arrive pas à le croire, se disait-il dans la fourgonnette, avec Urania, Callisto et Persephone. Il eut l'impression d'implorer, mais qui ? Les chiots aveugles qui creusent leur terrier, mouillés de leur vernis de nouveau-nés ? Seigneur ! Comment osent-ils ? Me faire ça à moi, à moi qui suis si perdu, si peu de chose, et réduit à ramper pour survivre. À moi qui ne suis qu'une âme lasse du péché, fatiguée des illusions et des chimères du monde. Mon Dieu ! Ils vont quand même pas oser ? Eh bien si ! Ils m'amènent à leur église à la con.

Sur la place du village, la fourgonnette s'ouvrit et le laissa sortir.

« Vous avez eu un coup de fil d'une certaine *Girl.* »

Richard se retourna :

« Un coup de fil d'une certaine Girl ?

— Une fille, en tout cas. Qui a passé un coup de fil.

— Ce serait pas Gal par hasard ?

— Si, c'est peut-être bien ça. »

Son interlocuteur était Benji, le mari d'Amaryllis. Il tenait à la main un bout de papier qui avait été déchiré dans un cahier d'écolier, puis sur lequel une main aussi malhabile que celle de Darko avait griffonné quelques mots. Richard le lui arracha et dit :

« Je peux voir ?

— C'est le vieux qui a pris le message. Plutôt en colère, d'ailleurs. Au bout d'un moment, bien sûr, ils ont été coupés. Le téléphone marche mal ici et on n'a pas le droit d'amener nos portables. C'est interdit par le règlement de la maison. Elle a dit qu'elle avait une réponse. Mais laquelle ?

— Qu'est-ce qu'il y a écrit, là ?

— *Affreusement* ?

— Non, c'est un adjectif.

— *Affriolante* ? Euh... *influençable* ?

— Ça serait pas *affirmative* ?

— Si, c'est ça. Je crois que c'était ça. Une réponse affirmative. »

C'était dimanche soir et tout le monde se laissait aller à la sempiternelle mélancolie du dimanche soir. À laquelle succéderait l'autoroute, puis un lundi de plus. Gal avait une réponse affirmative. Qu'est-ce que ça pouvait être ? Ils affirmaient tous ne pas vouloir publier *Sans titre* ? Gal affirmait que *Sans titre* était impubliable ? Non. L'affirmation, c'est le contraire de la négation. Une affirmation, c'est le résultat de deux négations combinées...

« Viens, dit Demeter en lui prenant le bras. C'est l'heure d'aller dire bonjour au vieux. »

Les hommes sont tout le temps en pantalon, même au lit, tandis que les femmes sont en pantalon à peu près la moitié du temps quand elles sont debout. Pourtant, ce sont les femmes qui portent des jupes-culottes, des mini-shorts, des sarouels, des caleçons, des knickerbockers, des collants de cycliste sans faire du cyclisme, des joggings sans faire du jogging, des jodhpurs sans faire du cheval, des pantalons de cow-boys sans voler de troupeaux. Les hommes, eux, se contentent de porter un pantalon (un falzar, un futal), point final. Richard aurait donc pu trouver un certain plaisir, pour le coup, à porter ces pattes d'ef beiges : il aurait pu se réjouir de leur nouveauté. De leur aspect chiffonné, par exemple. De leur taille basse et de leur ourlet trop haut. Mais le fond s'amusait à lui rentrer dans la raie des fesses, la toile le démangeait... Ce vieux falzar le chatouillait et le gratouillait de partout, mais c'était surtout à l'intérieur des cuisses qu'il le mettait au supplice : il commençait à le brûler au genou, puis l'irritait de plus en plus le long de la jambe, jusqu'à ce qu'il s'attaque à l'aine comme des morpions en rangs serrés. Et la couture rêche qui frottait férocement entre ses fesses... Richard détestait donc ce pantalon. Il l'avait détesté toute la journée car il le vieillissait. Vieillard devant le palace de la Limace, tout chiffonné dans ses chiffons, dans ses pattes d'ef de seconde main.

« Demi, dit-il d'un ton mal assuré, je relisais mes notes ce matin, et je voudrais juste vérifier une citation avec toi. »

Elle lui faisait traverser une cour dans le noir pour le conduire dans l'aile de la chambre d'enfants, au-dessus du garage, où le comte et la comtesse (lui expliqua-t-elle) s'étaient séquestrés ces sept dernières années.

« Tu m'as bien dit, n'est-ce pas, que Gwyn ne vaut pas un clou, comme écrivain ? »

Après un temps d'arrêt, elle dit :

« Oui. Ben, c'est la vérité, non ?

— Oui, c'est la vérité.

— C'est transparent comme de l'eau de mer, pas vrai ?

— Tout à fait.

— Montons. »

Il se tenait enfin, à présent, devant le comte de Rievaulx. Le vieux vampire était assis, bien droit, dans un fauteuil fonctionnel devant un poêle à paraffine fendu sur le devant. Son environnement se caractérisait par des surfaces lavables, des boîtes alignées, des toiles cirées, et des relents d'odeur corporelle dignes d'une ordonnance sur son trente et un ; la pratique gériatrique en était encore à ses balbutiements par ici. Le vieil esclavagiste faisait donc ses dernières préparations, il se dépouillait des valeurs de ce monde... La comtesse, sa cadette d'un lustre ou deux, mais aussi son aînée dans la perspective de la mort, ne quittait plus guère la chambre. Elle passait des journées tantôt bonnes, tantôt mauvaises. Il s'adressa à sa fille sur le ton pédant et onctueux d'un classiciste : en prononçant les trois *e* de son nom comme si c'étaient des *i*. Richard arrivait parfois à dire Demeeter, mais c'est au vieux grippe-sou qu'incombait la prononciation Deemeeteer. Demeter s'adressa à son père par un diminutif familial que Richard n'avait encore jamais entendu. Il commençait par un *p* et rimait avec *khazi*. Il rimait aussi avec *mhazi*, que Demeter avait l'intention d'aller voir, comme elle l'annonça.

« Je te présente Richard Tull, répéta-t-elle en quittant la pièce. C'est un grand ami de Gwyn. »

Le vieux briseur d'embargos ne broncha pas ; sa peau ressemblait à de la brique par sa couleur et la largeur de ses pores. Il ne tendit pas la main. Il mettait une vigueur intransigeante à remuer sa jambe droite, qui était croisée sur l'autre.

« Ravi de faire votre connaissance », dit Richard avant de se remettre à siroter le grand verre de xérès sirupeux que Demi lui avait donné.

Les vallées illuminées par l'orage de sa gueule de bois commençaient à s'apaiser, à guérir. Mais la peur de mourir se généralisait, à présent, elle n'était plus seulement clinique.

« Qu'est-ce que vous êtes ? »

Il me demande ma profession, inféra Richard en songeant à répondre quelque chose du genre : « J'exerce, monsieur, la profession d'écrivain. » Mais il dit :

« J'écris. J'suis écrivain. »

Écrire, comme mourir, n'était pas de ce monde. Ce n'était pas tout à fait au monde non plus. Est-ce que cela plaiderait en sa faveur ? Le vieil escroqueur de fermages examinait peut-être la question, son petit menton relevé, ses yeux bleus tachés et sanguinolents dérivant dans ses orbites. Sa tête, branlante comme une bobine sur un fuseau, adopta un tremblement plus régulier.

« Vous nous faites donc l'honneur d'une seconde visite. Nous vous remercions de votre condescendance. Dites ! Qu'est-ce qui vous retient loin d'ici ? Est-ce parce que vous êtes plus heureux à la ville ? Est-ce que c'est l'absence de confort sanitaire ici ? Est-ce que ce sont tous les enfants et tous les bébés, toute cette progéniture, que vous abhorrez ? »

Richard se demandait comment le vieux fouetteur de Cafres avait eu le temps de le prendre en aversion. Mais il se souvint des paroles de Demi : ni la vue ni l'ouïe de son père n'étaient des plus fines. Il n'avait pas pris Richard en aversion, il n'avait rien contre lui. C'était juste qu'il le prenait pour Gwyn.

« Comme vous dites », dit Richard en jetant un regard par-dessus son épaule et en faisant un pas vers lui.

L'économie protège du besoin. Il faut savoir se débrouiller avec ce qu'on a.

« C'est en partie à cause de la saleté. De la crasse qu'il y a partout. Mais aussi des bébés. Je ne supporte pas les bébés. Je suis écrivain, vous comprenez. Mes préoccupations se situent à un autre niveau. »

Cela suffisait-il ? Cela ferait-il l'affaire ? Non. Il se sentit repris par le désir de prononcer un discours enflammé. C'était peut-être maintenant ou jamais : une occasion providentielle se présentait. Il se plongea dans le regard glauque du comte de Rievaulx et dit :

« Les écrivains sont des gens sensibles. Moi, il se trouve que je m'inquiète beaucoup de l'état de la planète. Qui a empiré, vous ne trouvez pas ? à cause des déprédations dont vous êtes l'auteur. Mais ce n'est pas le moment d'y penser. Disons que cela ne s'est jamais produit. Ce... Ce butin que vous avez à côté, tout ce Vatican... Ça ne s'est jamais produit. Vous êtes seul face à Dieu maintenant, non ? »

Il se rapprocha un peu plus.

« Dites-moi, j'ai toujours voulu savoir... Votre Dieu... Jusqu'où s'étend son influence ? Dans tout l'univers ou juste dans les parages ? Quelle est la taille de son domaine ? La même que le vôtre ? Ou bien est-ce qu'il descend jusqu'à Short Crendon et jusqu'à la flèche de l'église ? Je vous propose un contrat. N'attendez plus de petits-enfants de moi, mais ne me bassinez plus avec votre Dieu garde-chasse. Finis ces enfantillages. Encore un truc : vous savez de qui Persephone était la fille ? De Deemeeteer. Regardez-vous un peu. Vous avez même merdé sur ce coup-là. »

Après une inspiration, un soupir, quelques vieilles mesures du bon vieux temps (qui représentaient en soi toute une aventure au pays de la haine), le vieillard posa son regard... sur le pantalon de Richard... Au bout de trente secondes environ, son dégoût rafraîchi se rassembla, se solidifia et lui monta à la tête. Avec une abhorration minutieuse, il parcourut toute la longueur, depuis la ceinture pliée jusqu'à l'ourlet pendant en passant par la jambe ratatinée. Richard sentit que le vieillard, de conserve avec cet horrible falzar, gagnait du terrain. Le futal le brûlait, l'humiliait, le démangeait. Hommes ! Pantalons ! Que de secrets cachés, que de trésors à chasser : croupes hâlées, toisons secouées à l'abri des regards indiscrets, fanfaronnades et déculottages, milliards de zigotos en liesse...

« Enlevez-le. »

Richard s'arrêta de respirer. Il cherchait du sarcasme dans ce visage ébranlé mais n'y vit qu'une immense blessure, et même un filet de larmes ensanglantées. Est-ce qu'il portait (est-ce qu'il volait) le vieux futal du vieillard ?

« Enlevez-le, dit-il d'une voix de plus en plus aiguë, en aboyant la dernière syllabe avec colère. Enlevez-le, enlevez-le. »

Est-ce qu'il le voulait, est-ce qu'il le convoitait ? À l'entour, à l'abandon, se trouvaient quarante salles et quatre siècles de bibelots chapardés, tout un butin empoché. Mais ne désirait-il cependant rien tant que son futal beige ?

« Allez ! Enlevez-le ! »

Demeter revint. Elle inspecta rapidement le silence des lieux.

« Je crains que ton père, dit Richard, m'ait mis au défi de quitter ce pantalon. »

Elle le rejoignit d'un pas nonchalant, secoua la tête avec un air de reproche amusé, et lui mit une main sur l'épaule.

« C'est peut-être le plus vieux, dit-elle, mais c'est encore le plus intelligent.

— ... Quoi ?

— Je dis que tu es peut-être le plus vieux mais que tu es encore le plus intelligent.

— Le plus quoi ?

— Le plus intelligent.

— Quoi ?

— Le plus intelligent.

— Le plus intimidant ?

— Le plus intelligent.

— Le plus quoi ?

— Je dis que tu es peut-être le plus vieux mais que tu es encore le plus intelligent.

— Le plus intrigant ?

— Le plus intelligent !

— Le plus intéressant ?

— Non, le plus intelligent.

— Le plus quoi ? »

Richard s'était éloigné avec son verre. En bas, dans la cour, il entendit la fourgonnette s'emballer, s'emballer contre le froid et l'humidité. C'était pratiquement fini.

Il rentra chez lui à six heures le lendemain matin. Bien en évidence sur la table de la cuisine se trouvait un colis des bureaux de Gal Aplanalp envoyé par messagerie. Il contenait une bouteille de champagne et une enveloppe, qu'il ouvrit l'une après l'autre. Il lut la lettre :

> Bien qu'il n'y ait à ce jour pas eu de réaction en Angleterre, nous avons une réponse affirmative d'Amérique. Les Presses de l'Audace, à New York, ont accepté de publier *Sans titre*. Il s'agit d'une petite maison qui s'est montée récemment. Ils sont dans l'incapacité de verser un à-valoir mais réajusteront au fur et à mesure le pourcentage des droits d'auteur en ta faveur. Roj Biv, directeur de collection, a manifesté beaucoup d'enthousiasme et il espère que nous pourrons tous y mettre du nôtre. Ils veulent faire paraître le livre au printemps : naturellement, tu seras sur place avec Gwyn au moment de la sortie. Sans doute un plus pour toi. En espérant que cette nouvelle te fera plaisir.

Richard réagit de la même manière que Gina le jour où il lui avait demandé sa main : il acquiesça en éternuant au milieu des sanglots. Une heure plus tard, il se tenait encore le visage entre les mains lorsque sa femme descendit à pas feutrés l'escalier et qu'elle s'approcha de lui avec précaution. Il leva les yeux. Après un week-end à la campagne, il était dans l'état d'un épouvantail à peine utilisable. Œil au beurre noir, pattes d'ef, corps raidi. Toute la nuit, il avait trépidé, comme animé d'un mouvement vibratoire, sur les rails pris dans la glace.

« Qu'est-ce que tu t'es fait ? »

Derrière elle, de l'autre côté du couloir, Marius et Marco se réveillaient. On les entendait bâiller et s'étirer.

« Non, ça va, c'est rien. Je sais plus très bien comment c'est arrivé. Mais tout va bien se passer, je crois. »

J'ai vu la naine jaune aujourd'hui. Non, pas la naine jaune qui est dans le ciel (il a fait un temps de chien), mais celle qui est sur terre (il a fait un temps de chien). Une image résumait la situation.

Pour tout dire, je crois qu'elle avait rendez-vous avec un homme. Jupe courte, talons hauts, nouvelle coiffure. Bien sûr, toute description de son allure et de sa mise implique des précisions d'échelle. N'importe quelle jupe, sur la naine jaune, aurait été courte, et n'importe quels talons auraient été hauts. Néanmoins, courte était sa jupe, et hauts ses talons. De même, la coiffure de ses grands cheveux semblait deux fois plus grande, d'une grandeur prodigieuse et intrépide... L'espace d'un instant, l'espace d'un éclair de temps (la durée d'un flash d'appareil photo avant que le piètre sépia ait l'occasion de se former sur la plaque), je me suis senti usurpé. Oui, moi. J'étais assez grand, quand même, pour fêter les choses en grand avec la naine jaune, disons à Maxi Pizza. Mais minute. Elle était sous une porte cochère avec d'autres passants, dans un trou du mur entre le magasin de vins protégé par une chaîne et le bazar électrique où Richard Tull fait parfois des allers-retours chancelants, serré dans les glènes de son aspirateur en tissu écossais. La naine jaune, avec d'autres passants, s'abritait de la pluie : surpeuplée, la porte cochère dégageait de la buée, une vapeur qui refroidissait, l'haleine sombre de la circulation, la traîne effilochée d'une de ces brumes londoniennes qui consistent toutes en trahisons respiratoires et halètements d'asthmatique. Elle a baissé les yeux : jupe froissée, chaussures abîmées. Elle a levé les yeux, au maximum de ses capacités de défi, et a regardé à travers la haie détrempée de ses cheveux.

Il se trouve que je m'y connais bien en rendez-vous galants, à ce bout de l'échelle. En tant qu'homme d'un mètre soixante-sept (ou 167,5 cm, selon un ancien passeport), je m'y connais en rendez-vous galants et en taille. Au début de l'adolescence, je faisais au moins trente centimètres de moins. Ma mère me répétait que j'allais « pousser d'un seul coup ». Je lui demandais encore, à vingt ans : « Comment ça, pousser d'un seul coup ? » (Cela ne s'est jamais passé ; mais j'ai grandi ; et je ne me plains plus de mesurer un mètre soixante-sept.) Il y a trente ans, mon frère un tantinet plus âgé mais beaucoup plus grand que moi, organisait parfois des sorties à quatre à mon intention : il demandait à sa petite amie d'amener une amie à elle, ou une sœur. J'attendais sous une porte cochère pendant qu'il allait la rencontrer, puis il revenait me dire : « Viens, elle est toute petite ! » Ou bien, en secouant la tête : « Désolé, Martin ! » Auquel cas, il m'arrivait de le suivre de loin, de le regarder rejoindre les deux géantes de cent cinquante centimètres à l'entrée d'un milk-bar ou sous l'enseigne lumineuse de l'Essoldo ou de l'Odeon. Puis je rentrais à la maison, transi, éventuellement sous la pluie.

Mais cette pluie, éventuellement, presque assurément, était une pluie ordinaire, et non pas le déluge de l'Ancien Testament qui avait englouti et anéanti la naine jaune. Elle était sous la porte cochère avec tous les autres amphibis de la crue. Son maquillage, sa mise, les marques de la marée autour de ses chevilles, comme des chaussettes... Et son visage, son expression de défi absolu sous la haie aplatie de ses grands cheveux... Je n'ai pu m'empêcher de penser : c'est atroce. Mais tu essayais d'en faire beaucoup avec peu. Tu essayais d'en faire tellement avec si peu.

... D'après l'information, je dois arrêter de dire bonjour et me mettre à dire adieu.

TROISIÈME PARTIE

Des pressions auxquelles est confronté le romancier à succès au milieu des années quatre-vingt-dix, Richard avait du mal à parler. Son esprit était trop occupé par les pressions auxquelles est confronté le romancier raté au milieu des années quatre-vingt-dix ou, disons, le romancier renaissant (contentons-nous de cette appellation pour l'instant) : le romancier qui n'a pas fait ses preuves. Richard était assis en classe économique. Il avait un fauteuil qui ne donnait ni sur la travée ni sur un hublot, et qui, surtout, n'était pas situé dans la zone fumeurs. Un fauteuil ni large ni confortable non plus. Des centaines de mètres et de passagers plus loin, Gwyn Barry, allongé presque à l'horizontale sur sa couchette grenat, les pieds dans des chaussettes de luxe et des pantoufles de star, acceptait avec le sourire que ses différentes hôtesses lui resservent complaisamment de l'eau de source alpine et du bourgogne rouge sang pour accompagner sa tartelette au caviar, son médaillon de saumon fumé et sa barquette d'asperges, son tournedos de premier choix, sa timbale de tomates et sa tapenade d'olives castillanes : il voyageait en première classe. Richard, lui, était en classe économique : il buvait de la petite bière et mangeait des cacahouètes. La classe économique, c'était le monde. Planète économique, voyageur planétaire. À sa gauche était assise une très jeune personne ; à sa droite, une très vieille personne. Et lui, Richard, était au milieu. L'enfant se penchait, le poussait, et se blottissait parfois contre lui sans se gêner, sans s'embarrasser de l'idée que son contact puisse être mal accueilli. Tandis que le vieux bonhomme, à sa droite, drapé dans le crêpe de son âge, restait sagement à l'écart. Richard se surprit à se pencher sur sa gauche et à courtiser le contact spontané de l'enfant. Après tout, il en était à un stade de la vie où, lorsqu'il était assis dans un jardin ou dans un parc, il était plus content que fâché de sentir une abeille bourdonner à ses côtés, et flatté de se faire prendre, même un court moment, même en un moment d'ineptie, pour une fleur.

Est-ce qu'on nous aurait donc changé notre Richard ? On aurait pu le croire. Si on l'avait observé au cours de ces dernières semaines, lui et son coquard estompé (ainsi que cette interrogation discrète de la nicotine qu'il portait en haut de la joue), lui et son nez désormais aussi sensé que n'importe quel autre nez (son nez qui se prélassait sur les rives de la raison), son air de commisération hautain au bureau des Presses de Tantale (« Quel soulagement ce sera de revenir à vos méditations métriques, avait-il écrit à Keith Horridge, après tout le tintouin qu'on a fait autour de la publication américaine »)... Si on avait observé la manie qui lui était venue de fredonner assez souvent *Respect* sous la douche ou en se rasant (après avoir réussi à faire l'amour à Gina la veille, ou du moins à s'en tirer correctement : « J'ai ce qu'il te faut, mon ange »), les vagues promesses qu'il avait bredouillées à Gwyn de le lancer à l'étranger, pour s'éviter un dîner (qui aurait pu être agréable par ailleurs) à Holland Park... Bref, au vu et au su de tout cela, on aurait pu croire que, ça y était, il était bien parti, comme écrivain. Il avait passé beaucoup de temps avec Anstice, avait réussi, à force de patience, à la détourner de son dernier projet en date (se suicider *chez lui*) et l'avait encouragée à partir un moment se ressourcer sur l'île de Mull (Leibniz lui-même, en plein mois de mars sur l'île de Mull, en perdrait ses monades, se disait-il). Il avait annulé Steve Cousins, entreprise des plus délicates qui lui avait valu d'en baver un maximum et lui avait tout de suite procuré la sensation cuisante qu'il allait se brûler les ailes s'il le traitait ainsi à la légère ; une fois calmé, il avait aperçu la *tormenta* coiffée de blanc sur le quadrillage numérique du visage du jeune Noir ; et en rentrant chez lui ce soir-là, après leur rencontre à la crêperie du Canal, il avait senti comme un tonnerre lui menacer la nuque, mais un tonnerre qui n'avait jamais éclaté. Il n'avait pas appelé Belladonna. Il avait dîné tranquillement avec Lady Demeter (et il avait même été fort navré d'apprendre que son père avait eu un infarctus fort grave, un infarctus qui l'avait paralysé ce même dimanche soir, selon toute apparence quelque vingt minutes après son propre départ). Mais en avait-il pour autant conçu moins de haine pour Gwyn ? Voilà qui aurait résolu le problème. En avait-il donc conçu moins de haine ?

Quoi qu'il en soit, Richard persistait à croire qu'une expérience enrichissante l'attendait, malgré la situation inconfortable où il se trouvait à présent, malgré des doutes tenaces sur les Presses de l'Audace, malgré l'oreiller et sa taie en papier grenat qu'il serrait contre son visage. Peu après le décollage, alors que l'avion s'élevait encore dans les airs, il avait pissé l'équivalent d'un tampax de sang par la narine droite. Puis, alors qu'il prenait ses aises, une bière et une biographie à la main, et qu'il voyait arriver le plateau déjeuner tant attendu, il perdit l'équivalent d'un second tampax par la narine gauche. Le nez de Richard, semblait-il, était redevenu un instrument fiable ; c'était juste qu'il contenait quelques litres d'hémoglobine en ébullition. Il se pencha pour s'extirper de son fauteuil, enjamba l'enfant, l'adulte qui l'accompagnait, un autre enfant plus âgé, et se joignit à la file d'attente qui s'étirait devant la zone la plus méprisée de l'avion, la planète Chiottes, située tout au fond, dans la croupe de l'appareil. Après le premier séjour qu'il y avait effectué, il s'était assis sur le coffrage rebondi près de la sortie de secours et avait observé la patinoire londonienne en essayant d'y repérer le trajet qu'il avait suivi pour se rendre à l'aéroport, dans la voiture métallisée que Gwyn avait si aimablement mise à sa disposition : longue dérive titubante, à la manière d'un crabe, dans la pâleur du dimanche éternel qui s'étend à l'ouest de l'ouest de Londres, taches de gris sur taches de vert, rangées de maisons torturées par la route empruntée. Puis la campagne perdait du terrain, du relief, tandis qu'on approchait des basses terres des zones d'envol (fret, restauration) et qu'un crucifix frémissant, dans le ciel, dardait sa lance vers vous, bras grands ouverts pour vous enlever, hurlant à vos oreilles ses hurlements de machine. « L'Amérique aura ma peau, avait-il dit à Gina sur le perron, avec un sourire contredit par son regard de braise, tandis qu'il caressait en même temps les cheveux fins et brûlants de ses fils. Ma peau, je te dis ! »

Une demi-heure plus tard, Richard en sortit ; après son passage, l'état des toilettes évoquait la cuisine d'un tueur en série qui aurait manqué de rigueur au moment culminant de sa carrière. Il avait sursauté au-dessus du lavabo en entendant les haut-parleurs prononcer son nom et lui enjoindre de se présenter au personnel de bord. Il moucha bruyamment ses derniers caillots puis quitta le lieu inondé. Dans la travée, il vit une hôtesse se diriger vers lui en jetant des regards à droite et à gauche, et en répétant avec application :

« Tull ? Monsieur Tull ? Un monsieur Tull parmi vous ? »

Il l'observa. Il la connaissait. Il lui avait déjà accordé son attention. Et nous sommes portés à nous demander si cela était bien enviable : attirer l'attention de Richard. C'était elle qui, avant le décollage, avait dû faire la démonstration des consignes de sécurité, à un ou deux mètres des genoux de Richard. En temps normal, bien entendu, ç'aurait été le double électronique d'une hôtesse qui s'en serait chargé sur un écran vidéo. Mais l'image avait tremblé et disparu, de sorte qu'ils avaient dû s'en remettre, quelque peu déroutés, au bon vieux système d'une démonstration *in vivo*. L'hôtesse et son langage des signes... Matrone endurcie des longs courriers, bientôt mise à la retraite, les rouages voilés par la magnétosphère et rouillés par le vieillissement (le vieillissement, ça, il comprenait), comme une mère maquerelle qu'on aurait tirée de sa profonde retraite pour lui faire faire ce qui la tentait le moins. Et elle de s'exécuter en pensant à autre chose : flatterie de la main, flexion du genou... Maudites courbettes de l'hôtesse de l'air.

« Monsieur Tull ? Un monsieur Tull parmi vous ? »

Ça aussi, ça faisait partie du langage de l'air. Du jargon de l'air. Personne au monde, sur la *terra firma*, ne parlerait jamais de la sorte. Mais Richard, dont les oreilles bruissaient encore après son hémorragie, trouvait que c'était bien tourné. Monsieur Tull. Un monsieur Tull parmi vous.

Il se fit connaître.

L'hôtesse l'accompagna sur toute la longueur de la classe économique, puis une deuxième hôtesse prit le relais dans la planète Affaires. Il baissa la tête, passa sous un rideau, puis une troisième hôtesse le conduisit en première. Au cours de ce déplacement, voyage à l'intérieur d'un voyage qui le rapprochait peu à peu de l'Amérique, Richard jetait des regards à la ronde pour voir ce que lisaient les passagers. Il constata qu'au fur et à mesure qu'il avançait dans l'avion, le niveau dégringolait de façon alarmante. En classe économique, la littérature de voyage était éclectique, progressiste, humaniste : *Daniel Deronda*, traités de trigonométrie, ouvrages sur le Liban, la Première Guerre mondiale, Homère, Diderot, *Anna Karénine*. Dans la planète Affaires, ce n'était pas que les hommes d'affaires, les femmes d'affaires fussent plongés dans des auteurs à jamais mineurs, ou au contraire canonisés à la hâte, dans un Thornton Wilder ou un Dostoïevski, ni qu'ils fussent accaparés par de petites pointures littéraires comme A. L. Rowse ou Lord David Cecil, ou encore par des philosophes qui remuaient ciel et terre pour un rien, par des révisionnistes discrédités, des cosmologues s'entêtant à prôner la théorie des États stables ou des poètes livides menacés du doigt par un trop-plein d'effusions. Non ! Ils lisaient de la littérature de pacotille, des nullités absolues : des polars-fleuves qui se passaient dans le milieu de la finance, des thrillers au kilo, des sagas du suspense — autant de garanties d'évasion loin des pressions auxquelles est confronté le capitaliste moderne. Ensuite, Richard atterrit dans les bas-fonds intellectuels de la première classe : dans l'univers des nababs assoupis, les rares livres qui gisaient à l'abandon sur de molles ventripotences portaient en couverture des scènes de chasse ou l'image de jeunes couples épanouis saisis dans d'ébouriffantes étreintes. Aucun, parmi tous ces passagers allongés dans la torpeur postprandiale du milieu de l'après-midi, ne lisait, sauf un chercheur solitaire qui parcourait, le sourcil froncé avec l'air sceptique des hommes d'expérience, un catalogue de parfums. Seigneur ! À quoi ça devait ressembler, le Concorde ! Écumant la troposphère aux confins de l'existence, risquant un œil de l'autre côté (du côté du reste de l'univers et de ce dont il se composait presque tout entier : un vide ininterrompu), les demeurés de Mach 2 devaient rester assis à regarder devant eux sans rien voir. Sans rien voir d'autre qu'en eux-mêmes. Sans rien voir autour d'eux. À la pointe de l'avion, Gwyn Barry était plongé dans son emploi du temps.

« Salut », fit Richard.

Gwyn, qui était allongé, actionna une manette qui le fit revenir en position assise. Il lui indiqua une tablette fixée à la cloison. Richard s'assit dessus, à côté du vase de tulipes. Il y avait des bouquets partout — on était en première classe.

« Ça va ? » demanda Gwyn.

Il se replongea dans son emploi du temps : six ou sept feuillets pleins de cases dessinées et de points destinés à attirer son attention, de caractères gras et de surlignages de différentes couleurs selon qu'il s'agissait de rendez-vous à la télévision, à la radio ou avec la presse.

« Mince, alors ! Ça promet d'être serré, à Los Angeles, continua-t-il. Avec tout le battage qu'ils ont fait à San Francisco. Regarde-moi ça. Comment veux-tu que j'arrive à enchaîner le *Chronicle* et l'interview avec Pete Ellery ? »

Il se tourna vers Richard, dont il semblait attendre une réponse, puis ajouta :

« Et toi, qu'est-ce qu'on t'a concocté ?

— Je te l'ai déjà dit. Le directeur de la collection est parti. On m'a collé quelqu'un d'autre, un Chuck ou un Chip. »

C'était exact. Roj Biv, le directeur de la collection, un homme bouillonnant d'enthousiasme et d'idées, avait quitté les Presses de l'Audace, et chaque fois que Richard téléphonait, on le baladait de Chip à Chuck et de Chuck à Chip. « Est-ce que je peux parler à Chuck ? » *C'est Chip que vous voulez dire.* « Alors, passez-moi Chip. » *Non, c'est Chuck qu'il vous faut.* De toute façon, ils n'étaient jamais là. Richard n'arrivait pas à savoir si Chuck et Chip étaient une seule et même personne (comme Darko et Ranko), laquelle était constamment absente, ou bien si Chip et Chuck étaient tous les deux des créatures inventées par une *troisième* personne, qui s'appellerait par exemple Chup ou Chick. La seule personne à qui il réussissait à parler, ces jours-ci, était un type apparemment inoffensif du nom de Leslie Evry[1].

Gwyn reprit :

« Alors, qu'est-ce qu'on t'a concocté ?

— Je te l'ai déjà dit. Je le saurai seulement une fois sur place.

— Mais c'est l'Amérique, mon vieux ! Là-bas, faut y aller ! Faut te donner les moyens ! »

Richard attendit.

« Faut y aller carrément ! Grande gueule et coups de pied au cul !

1. Leslie : prénom mixte (comme Claude ou Dominique). Evry : M. ou Mme Toulemonde (*N.d.T.*).

— Attends un peu ! Tu plaisantes ou tu as vraiment l'intention de te faire passer pour un Américain ? »

Gwyn se renfonça dans son fauteuil et agita négligemment son emploi du temps.

« Au fond, t'as de la chance. Moi, je donne dans le show-biz. Pendant que je vais courir tous azimuts, toi, tu vas pouvoir t'imprégner de l'atmosphère. Tu vas avoir le temps de penser. De réfléchir. Le temps de rêver... Tu te sens pas bien ? T'as l'air pâlot. C'est peut-être à cause de la lumière. »

La lumière leur arrivait de côté ; tout avait l'air inflammable, ou déjà chauffé à blanc, près du point de fusion ou d'autocombustion.

« J'ai saigné du nez. J'avais pas vu autant de sang depuis la naissance des jumeaux. Il m'a fallu deux boîtes de mouchoirs et de serviettes en papier pour tout éponger.

— Un temps idéal pour prendre l'avion.

— Il fait toujours soleil, tu sais. Au-dessus des nuages.

— C'est grâce à moi que tu es ici, et ça n'a pas été facile. Pour te montrer l'effet que ça fait. Pour ton article. »

Puis, nouvel élément dont Richard allait pouvoir tirer parti, Gwyn promena son regard dans l'avion avec un air de gêne et d'espièglerie judicieusement mêlées.

« Qui l'eût cru ? Un p'tit gars de la campagne comme moi. En route vers l'Amérique. Et en première classe !

— Tu me permets de m'approprier cette phrase ?

— C'est pas mal, quand même, non ? Super-confortable !

— Les sacs vomitoires, dit Richard d'un ton morne, n'ont pas l'air mieux ni plus grands qu'en classe économique. Et il y a autant de trous d'air par ici. Et ça prend sept heures, ni plus ni moins. Rendez-vous à terre. »

Il rejoignit son siège en passant devant des rangées entières de *Rhapsodie en magenta*, de *Sang royal*, puis de *Cartel*, de *Convoitise* et d'*Usuriers*, et enfin des floppées de *Temps difficiles*, *La peste*, *L'Amérique*, *Désespoir*, *La pierre de lune* et *Labyrinthes*. Deux passagers, un homme en classe Affaires et une andouille en classe économique, lisaient *Amelior*, dans l'édition de poche.

Mais au moment de se sangler à nouveau dans son siège (qui s'était tassé sous le poids de *L'apprenti modèle : Edith Nesbit*), Richard se retrouva avec une autre information à engranger.

Gwyn, l'emploi du temps de Gwyn, *Amelior*, le départ fâcheux de Roj Biv des Presses de l'Audace — autant de harpons qui se balançaient mollement au noyau de son âme. Mais il avait de l'information, encore, à engranger : celle qui ne se présente qu'aux tournants d'une vie, qu'il faut être prêt à recevoir quand elle arrive, parce que personne ne vous en soufflera jamais mot. Si on vous en parlait, vous feriez la sourde oreille.

En regagnant sa place, Richard avait aperçu des femmes en larmes : trois femmes, peut-être quatre. En les voyant, il s'était dit qu'il y en a toujours dans les avions, des femmes en larmes, maculées de maquillage, recroquevillées près du hublot ou assises dans la travée, naïves de laideur, un kleenex à la main. Avant, à supposer qu'il y ait jamais pensé, il pensait qu'elles pleuraient leur fiancé ou leur mari (séparation ou déchirement), ou bien qu'elles pleuraient (quelle importance ?) parce qu'elles avaient mal aux dents, leurs règles ou peur de prendre l'avion. Mais il avait quarante ans, aujourd'hui, et il connaissait la vérité.

Les femmes en avion pleurent parce qu'une personne qu'elles aiment ou ont aimée est morte ou mourante. Il y en a une dans tous les avions : les douées sur les sauts de puce, les grognasses sur les gros appareils, tenant à la main un kleenex. La mort peut vous faire cela, la mort a ce pouvoir. La mort, qui fait courir les femmes jusqu'au bout de la rue, jusqu'à l'arrêt de l'autobus, qui les fait se hâter sous l'horloge des gares, qui les hisse à huit mille mètres d'altitude et les expédie en larmes à travers les airs, à la vitesse de la mort, dans le monde entier.

Certes, il serait toujours d'actualité de dire que Richard se serait bien pris une cigarette, mais ce serait aussi à nuancer légèrement dans le cas présent. Il se serait bien pris une cigarette tout en se prenant *pour* une cigarette. Il avait la bouche pleine d'un chewing-gum de la marque Nicoteen. Et il portait des timbres ronds provenant du même labo, sur l'avant-bras gauche et le biceps droit. Le sang de Richard marinait marron, comme un liquide qu'on aurait laissé infuser toute la nuit dans la théière. Il était devenu une cigarette, il se prenait pour une cigarette. Et il s'en serait quand même bien pris une... Il s'entraînait à l'abstinence. Il savait le traitement que les Américains font subir aux fumeurs, aux êtres de fumée, aux êtres de feu et de braise avec leurs poignées de cendre. Il savait qu'on allait lui en demander des tonnes, d'abstinence. Et donc, il se serait bien pris une cigarette ; il aurait également bien pris un verre, et même un certain nombre de verres. Mais il s'abstint de boire et de fumer. Il se contenta de la petite bouteille d'eau minérale que Gina l'avait obligé à emporter.

Les deux premières heures qu'il passa à New York, Richard eut une expression d'horreur médusée sur le visage. Cette expression d'horreur médusée n'avait pas pour origine la violence ou la vulgarité américaines, la répartition de la richesse américaine, la compétence ou l'incompétence des hommes politiques américains, les conditions du système scolaire américain ou le niveau de la critique littéraire américaine (qui était d'une inégalité confondante, mais souvent d'une qualité apaisante, conclurait-il plus tard). Non. Cette expression d'horreur médusée, Richard la connaissait bien. Il avait l'air horrifié et médusé, et il savait qu'il avait l'air horrifié et médusé, parce qu'il contemplait l'horreur médusée de son propre visage.

Dans la salle de bains d'une chambre d'hôtel. Dans un miroir grossissant destiné à faciliter le rasage. Dans un miroir fixé à un montant rétractable et complétant la grande glace rectangulaire (elle-même assez implacable) à l'arrière-plan. Il y avait une lumière au-dessus de ce miroir, mais aussi une lumière à l'intérieur. Il se dit qu'il ne devait pas manquer de gens qui se trouvent l'air correct, qui s'imaginent pouvoir passer pour normaux, avant d'affronter la réalité dans un miroir grossissant d'une chambre d'hôtel américaine. À ce moment-là, c'était foutu ! Sans doute la pire représentation possible du visage humain est-elle toujours la plus vraie. C'était le meilleur des miroirs, mais c'était le pire des miroirs. Tous les autres travaillaient dans les relations publiques. Après un tête-à-tête avec ce genre de miroir, il ne restait plus que deux solutions (l'hôtel prenait peut-être une commission, d'ailleurs) : la chirurgie esthétique ou le couvent. Richard essaya de se dire qu'il avait déjà une sale tête à Londres. À tel point qu'il ne pouvait pas l'oublier. Une semaine avant son départ, il s'était rendu compte que son passeport, qu'il n'avait pas utilisé depuis un certain temps, avait gentiment expiré ou qu'il n'était plus d'actualité. Il s'était donc rendu au Woolworth de Portobello Road en coup de vent et s'était glissé dans la cabine à la hâte, sans même prendre le temps de se recoiffer. Trois minutes plus tard, il lacérait de ses ongles des photos où il avait l'air à la fois incroyablement vieux, incroyablement fou et incroyablement malade. Il était revenu au salon de beauté de Calchalk Street, puis avait fait une nouvelle tentative ; il avait dépensé six livres de plus avant d'obtenir un résultat qu'il pouvait oser présenter à l'administration... Le miroir avait la force de le maintenir en place, comme un vice. Son visage ne ressemblait à rien. Ou plutôt, si : à de la terre brûlée.

Sur le lit de la chambre s'amoncelait un tas de critiques déjà parues, un exemplaire de son emploi du temps, quelques livres reliés flambant neufs et même un petit bouquet de fleurs, tous objets envoyés par l'éditeur. C'est-à-dire par l'éditeur de Gwyn : pour l'aider à écrire son texte, son texte sur Gwyn. Il n'y avait rien en provenance des Presses de l'Audace : pas de message, pas de mot, pas de réponse significative aux coups de fil qu'il ne cessait de passer, enfermé dans la salle de bains, le nez à quelques centimètres du verre à dents. Chaque fois qu'il demandait à parler à Leslie Evry, on se le refilait dans tout le bureau jusqu'à ce que sa demande paraisse s'évaporer ou qu'il finisse par baisser les bras et par se taire, accablé par la cacophonie des travaux de rénovation qu'il entendait se déchaîner en fond sonore : coups de marteau, grincements des seaux, plaisanteries répercutées d'un type à l'autre dans la pièce, de Tug à Tiff à Heft. Dans vingt minutes, on l'attendait à l'étage : il devait écouter Gwyn se faire interviewer. Après quoi, il se débrouillerait pour interviewer le journaliste sur l'effet que cela faisait d'interviewer Gwyn. Richard sortit de la salle de bains, alla s'asseoir sur le lit et fuma tranquillement une cigarette, le temps d'une crise de panique. Il aurait voulu que ses fils soient avec lui, Marius de ce côté-ci, Marco de ce côté-là. Marius ici, Marco là. Le miroir lui disait que son corps n'en avait plus pour longtemps à vivre, mais il avait l'impression d'avoir six mois d'âge mental.

La suite de Gwyn était aussi encombrée que la classe économique de l'avion : des serveurs, le sous-directeur de l'hôtel, deux journalistes, l'un qui entrait, l'autre qui sortait, chacun accompagné d'un photographe, deux huiles de la maison d'édition ou de la société mère, un agent de publicité. La pièce croulait également sous les bouquets et les paniers de fruits, qui étaient sans doute vrais malgré un air complètement toc, et, à un niveau d'authenticité inimaginable, elle était en proie à la fièvre des rentrées d'argent et des bénéfices honnêtes — rançon du point où le commerce se mêle de l'art et s'en félicite. Richard s'assit à côté de l'agent de publicité et remarqua que non seulement il était au téléphone mais encore qu'il faisait corps avec lui : un large fil lui entourait le menton, comme un micro de pilote d'avion, lui laissant les mains libres pour manipuler son courrier électronique sur un ordinateur portable, ainsi que toutes les autres technologies de pointe sur lesquelles on l'avait branché. Il avait une beauté grassouillette, cet agent de publicité, avec ses cheveux plaqués en arrière, ses cheveux bruns et hyper-brillants comme une tache d'huile sur du goudron.

« J'ai vraiment l'impression, disait Gwyn en inclinant la tête comme le lui demandait le photographe accroupi à ses pieds, que le romancier doit trouver une nouvelle simplicité.

— Mais comment, Gwyn ? Comment ?

— En arrivant peu à peu à la simplicité. En optant pour une nouvelle direction et en s'y tenant.

— Pour aller où, Gwyn ? Où ça ?

— Et si on décommandait le type du *Post* ? demanda l'agent de publicité. Il n'a qu'à vous regarder pendant l'enregistrement du spot radio.

— Vers de nouveaux territoires. D'accord : le type d'*EF* peut m'écouter faire le spot télé dans la cabine de son. Et des prairies vierges de toute empreinte.

— Faisons donc la signature après la lecture, mais avant la rencontre.

— Non. La rencontre pendant la signature. Phyllis Widener. Richard Tull. »

Richard savait, grâce au dossier de presse d'*Amelior reconquise*, que Phyllis Widener tenait une chronique qui paraissait deux fois par semaine, en caractères gras, dans l'un des tabloïdes new-yorkais : des potins sur les gens célèbres, le milieu artistique et la politique municipale. Son ancienneté l'avait endurcie : on la disait maligne et coriace. Privilège de la vieillesse que l'expérience. Et la maturité. De l'extérieur, Phyllis semblait être le type d'Américaine qui avait repris à son compte quelques idées américaines (la gentillesse, la sympathie), puis les avait décuplées, comme si ces qualités n'avaient pas plus de limite supérieure que la puissance d'une bombe à hydrogène n'a de plafond : elles ne faisaient que croître et embellir à mesure qu'on les mettait dans la perspective de l'infini. Seuls ses collègues et ses supérieurs hiérarchiques savaient que ses articles, qu'elle mettait des heures à écrire en ingurgitant des litres de café fort dans son petit appartement jonché de mémos sur la treizième rue, faisaient souvent preuve d'une méchanceté qui les rendait inutilisables. Richard trouva un bout de papier à l'en-tête de l'hôtel, un bic de l'hôtel, et il approcha une chaise. Il fut tout de suite récompensé par un détail croustillant à insérer dans son texte : comme une machine, Gwyn s'était interrompu au milieu d'un mot, et même au milieu d'une syllabe (au milieu de « l'absence de raffinement »), lorsque Phyllis était arrivée en fin de bande ; il était là, bouche bée, à attendre qu'elle en mette une autre. Pendant ce temps, il apparut aussi que l'agent de publicité n'investissait plus son énergie dans la multiplication des lancements publicitaires, mais dans leur diminution radicale.

« L'absence de raffinement, voilà donc ce qu'ils en disent. Moi, je préfère comparer ça à de la menuiserie.

— Vous faites de la menuiserie, Gwyn ?

— Avec du bois, pas vraiment, Phyllis. Mais avec les mots, j'ai mes moules et mes gabarits, mon niveau, ma fidèle scie.

— C'est très beau, ce que vous dites là.

— Je bricole, vous voyez. »

L'interview se termina, la pièce se vida. Gwyn, qui avait pourtant le teint assez frais aux yeux de Richard, alla se rafraîchir dans la pièce à côté. Richard se retrouva donc seul avec Phyllis ; assis sur sa chaise, noyé dans son regard qui le mettait très mal à l'aise, il se fit un devoir de commencer à l'interviewer sur l'interview que Gwyn venait de lui accorder. Au bout d'une minute et demie, il n'avait plus de questions.

Précédé par l'agent de publicité, Gwyn traversa la pièce. On l'attendait en bas, au restaurant, pour une autre interview.

« Je me suis occupé de toi, dit-il à Richard. Il te reste un peu de temps ? Il y a une interview avec la presse à Miami et un trou à remplir pour une émission de radio à Chicago. Et une lecture-signature à Boston. Je me demandais si tu pouvais les caser dans ton emploi du temps.

— Et pourquoi donc ?

— J'ai toujours deux rendez-vous qui tombent en même temps. J'ai proposé ton nom aux organisateurs. Tout est arrangé. »

Gwyn logeait dans une suite non-fumeurs située à un étage non-fumeurs. Plus de la moitié de l'hôtel était non-fumeurs. Alors que Richard avait consacré sa vie à militer en faveur des non-non-fumeurs. Il l'avait sacrifiée, sa vie. Ils se turent jusqu'à ce que Phyllis dise :

« Vous êtes de vieux copains, tous les deux. »

Il acquiesça chichement.

« Vous savez, il aime énormément votre travail. Je l'ai entendu dire au téléphone à quel point il vous admire, comme écrivain. Il a beaucoup d'affection pour vous.

— Faux ! Mais peut-être que ça l'arrange que vous le croyiez.

— Vous pensez qu'il essaie de vous faire du mal, fit-elle sur un ton qui le surprit.

— Pas la peine. Le monde s'en chargera. »

Vous vivez seule, non ? C'est en ces termes que les hôtesses d'accueil et les utilisateurs des cartes de crédit, dans les hôpitaux américains, s'adressent aux fantômes acerbes de la réception, à ceux que le laisser-aller rend imprésentables, à ceux que le laisser-aller fait montrer du doigt et mettre en quarantaine. Phyllis *avait l'air* en forme. Richard ne comprenait pas grand-chose aux gens, mais le laisser-aller, il comprenait.

« Vous vivez seule, non ? »

Elle arrondit ses yeux bleus et allongea ses lèvres closes. Elle lui prodigua une réponse affirmative.

« Pas de mari ou de compagnon ? Jamais ? »

Cela le fit doublement désespérer. Parce que jusqu'alors, il avait cru qu'il n'était pas préparé au désespoir. Soudain, Richard pensa à Anstice, mais il se vit partager la vie de Phyllis : tout roide dans le chintz et le basin de sa chambre à coucher, vêtu d'un nouveau pyjama (le pyjama était peut-être un élément clef de ce nouveau début), Phyllis penchée au-dessus de lui en train de lui tamponner le front avec un gant humide...

« Excusez-moi, dit-il en se redressant sur son siège.

— Pas de problèmes, répondit-elle. Est-ce que je peux vous poser des questions sur Gwyn, maintenant ? »

L'article qu'elle avait l'intention d'écrire friserait de toute façon l'hostilité, quoi que Richard lui dise. D'ailleurs, le rédacteur en chef de Phyllis refusa de poursuivre sa lecture après la deuxième phrase et décida, d'un haussement d'épaules aguerri, qu'il valait mieux mettre le portrait de Barry en veilleuse. En toute justice, Richard n'avait jamais pensé que le texte de Phyllis aurait une telle influence qu'il méritait contamination. Il s'entraînait juste pour la suite des événements.

Largement satisfait, il se sépara de Phyllis dans l'ascenseur et retourna dans sa chambre. Tout en mangeant un gros sandwich, il esquissa au brouillon une critique de cinq cents mots du *Chant du temps : Winthrop Praed, 1802-1839*, puis se recroquevilla sur son lit avec *Anti-latitudinaire : la carrière hérétique de Francis Atterbury*. À une heure du matin, après une journée vieille de vingt-cinq heures, il sortit dans New York. Petit viron en imperméable sur la rue qui longeait le côté sud de Central Park.

Il connaissait la littérature américaine, et il savait que la littérature américaine, prise en bloc, ne mentirait pas. Pour lui, venir en Amérique, c'était comme mourir, comme aller en enfer ou au paradis et se rendre compte que la réalité du lieu collait à la publicité qu'on en avait faite. Prenez l'enfer : flammes noires et ténèbres visibles d'un côté (l'obscurité tangible), et de l'autre des blocs de glace supprimant la douce tiédeur éthérée : c'était l'anti-univers des damnés. New York l'entourait et il n'avait pas le temps d'y songer. Mais il sut, à l'instant où il posa le pied dans la rue, que New York était le produit de la plus grande violence que l'homme ait jamais infligée à un lopin de terre, le produit d'une violence plus grande, à sa manière, que ce qu'avait subi Hiroshima au point de radiation maximal, le premier jour. Il leva les yeux. Il leva les yeux mais ne perçut pas de différence : c'était le même ciel métropolitain que partout, les mêmes six ou sept étoiles qui émettaient la même lueur vacillante. La terre n'y peut rien, mais les villes détestent les étoiles et ne veulent pas rappeler à leurs habitants à quel point elles font partie de la nature humaine et de l'univers.

« Donc, fit Leslie Evry en se renfonçant dans son fauteuil pivotant, les mains jointes derrière la tête. Quel bon vent vous amène ? »

Nouvelle version de cette rengaine. C'était extraordinaire : l'aventure avait en tout et pour tout duré cinq secondes, mais c'était assez : il était lessivé.

« Pardon ?

— Quel bon vent, répéta Leslie Evry d'un ton enjoué, vous amène ? »

Cela faisait déjà plusieurs fois que Richard entendait cette question, dans la bouche de garçons d'ascenseur et de serveurs de bar. Et là, on la lui reposait aux Presses de l'Audace. Son propre avenir la lui reposait. Bien sûr, Richard aimait à se considérer comme un virtuose du rejet : il avait une longue histoire d'humiliation derrière lui — une histoire longue et fière. Les humiliés recherchent toujours le respect d'autrui mais ils ne rencontrent que les irrespectés, les sans-gêne et les modèles standard. Richard ne bougea donc pas, atterré qu'il était, et déjà lessivé, par cette réflexion banale de Leslie Evry.

« Quel bon vent m'amène ? Je suis vaguement parti en pensant qu'un de mes romans sortait chez vous.

— Exact. Regardez. »

Il lui tendit un prospectus ou un marque-page tout en longueur. Y figurait une liste de dix ou douze titres. Il était là, vers le bas de la liste. Richard Tull. *Sans titre.* $ 24.95. 441 pp. Richard Tull reconnut Richard Tull. Les autres noms ne lui étaient pas connus, ils étaient en eux-mêmes inconnus. Tellement inconnus qu'ils auraient pu impressionner jusqu'aux rédacteurs des annuaires américains, songea-t-il. Ils ne lui évoquaient guère que la liste des personnages d'*Amelior* et d'*Amelior reconquise*, ces hominoïdes stéréotypés sortis du cerveau de Gwyn : Jung-Xiao, Yukio, Conchita, Arnaujumajuk.

« Est-ce que vous savez s'il y a déjà eu des critiques ou quelque chose dans ce genre ?

— Naturellement », fit Leslie. Il ouvrit élégamment un dossier sur son bureau. « On a un peu parlé de John Two Moons [1] dans *La gazette du cap Cod*. Il a un bateau de pêche par là-bas, je crois. Et Shanana Ormolu Davis a été citée dans *La feuille luisante*. À Miami. Elle travaille avec nos amis sourds et malentendants. À l'institut de l'Abbé-de-l'Épée. Vous en avez entendu parler ? »

Il lui fit passer deux entrefilets de la taille d'un timbre-poste. Richard les regarda et fit un signe de la tête.

« Vous savez pourquoi John Two Moons s'appelle comme ça ? C'est une histoire assez jolie. À ce qu'il paraît...

— Excusez-moi, mais est-ce qu'on a parlé de *Sans titre* quelque part ?

— Pardon ?

— *Sans titre*. Vingt-quatre dollars quatre-vingt-quinze. Quatre cent quarante et une pages. »

Leslie commit alors une erreur monstrueuse :

« Pardon ? », répéta-t-il.

Puis il s'empourpra.

« Pas encore. On n'a encore rien reçu.

— Et vous en *attendez*, des critiques ?

— Si on en " attend " ?

— Pourrais-je parler à quelqu'un qui s'occupe du secteur publicitaire ?

— Puis-je vous demander sous quel rapport ? »

Jadis, Richard passait souvent pour être « difficile ». Le mot qualifiait sa personne aussi bien que sa prose. Mais hélas, il avait bientôt perdu la marge de manœuvre dont il disposait pour se montrer difficile. À coup sûr, il n'avait plus les coudées franches (il avait épuisé ses ressources en matière de difficulté), avait-il conclu, depuis le jour où il avait quitté l'auditorium de l'Association littéraire de la bibliothèque municipale Whetstone (« Où va le roman ? ») en fredonnant la tête haute. Il était parti parce qu'il était le seul intervenant du débat à qui on n'avait pas offert, dans la cafétéria, avant la conférence, un biscuit avec son thé. Seul dans le bus, puis plus tard dans le métro, les aisselles en feu, Richard se souvint qu'on lui avait pourtant bel et bien offert un biscuit. Mais pas un biscuit au chocolat, non, juste un petit biscuit au gingembre. Et la

1. Littéralement : John Deux Lunes (*N.d.T.*).

même année, on dut le dissuader à grands frais de poursuivre en justice un critique qui avait écrit un article bouche-trou dans *Le vieux canard*, où il attaquait *Les rêves ne veulent rien dire*... Richard envisageait à présent de faire le difficile et de partir la tête haute des Presses de l'Audace. Mais pour faire quoi ? Pour aller sniffer ce qui se vendait sur l'avenue B ? Comme tous les écrivains, Richard voulait vivre dans une petite cabane perchée sur un rocher escarpé ; tous les deux ans, il glisserait une page pliée dans une bouteille et la déposerait doucement dans l'écume des flots. Comme tous les écrivains, Richard voulait, et attendait, qu'on lui témoigne le même respect qu'au Christ en croisade, disons une heure avant le désastre d'Armagédon. Il dit :

« Je suis franchement surpris. Roj Biv avait des idées plein la tête. Mais il se trouve que...

— Oh ! Roj ! Ce sacré Roj Biv !

— Mais il se trouve que j'ai déjà réglé quelques trucs. Une lecture et une signature à Boston. Et je passe dans l'émission de Dub Traynor à Chicago.

— Dans l'émission de Dub Traynor ? Pour le roman ?

— Oui, pour le roman.

— Mais c'est génial, ça ! Holà ! Puis-je vous présenter mon associée, Frances Ort ? Frances ! Viens dire bonjour à Richard Tull. »

L'entreprise des Presses de l'Audace n'était encore qu'à moitié construite. Loin d'entrer dans le bureau de Leslie, à proprement parler, Frances Ort arriva dans la superficie qu'il occupait au sol. Derrière elle, de grands types en bleu de travail transportaient de lourdes plaques d'isorel blanc. À son arrivée, Richard avait lui-même erré un moment parmi eux, avant de trouver Leslie. On devinait à quoi ça finirait par ressembler, un jour : tapis de corde et cloisons blanches pour isoler les bureaux individuels.

« Enchantée de faire votre connaissance, monsieur. J'ai vraiment hâte de lire votre roman.

— J'étais en train de raconter à Richard, dit Leslie, l'origine du nom de John Two Moons.

— J'adore cette histoire. »

Dans son apparence extérieure, Frances Ort évoquait une coalition multicolore de chromosomes. Elle pouvait sans doute se rendre dans les cinq communes de New York (et à Harlem, Little

Astoria, Chinatown) sans susciter d'autres commentaires que les banales invites à une rencontre sexuelle au sommet, tout de suite et dans les règles de l'art. En cela, elle ressemblait à ses collègues. Du point de vue ethnique, Evry et Ort étaient soit tout, soit rien, ou bien ni ceci ni cela. Bref, des *Américains.*

« Bon ! Vous savez d'où les Indiens d'Amérique tirent leur nom.

— Oui, je crois. C'est la première chose que voit le père, n'est-ce pas ?

— Tout juste. Or, John Two Moons est né un soir de pleine lune, et son père...

— Était soûl, risqua Richard.

— Pardon ?

— Et son père était soûl. Et donc il a vu deux lunes. C'est quand même des soûlards notoires, les Indiens, non ? Enfin, on n'est déjà pas mal, dans le genre, en Angleterre, mais eux...

— ... Et... Et son père est sorti se promener au bord du lac et a vu le reflet de la pleine lune dans l'eau.

— C'est tout ? » fit Richard.

Il songeait à fumer, histoire de braver la pancarte fixée au mur qui le lui interdisait — qui lui interdisait d'y songer.

« Frances a travaillé à Miami avec Shanana Ormolu Davis, dit Leslie, debout, en se mettant à côté d'elle.

— Et elle, pourquoi elle s'appelle comme ça ? Excusez-moi. Je vous en prie, poursuivez.

— Elle actualise le langage des signes pour les sourds et les malentendants. Un travail passionnant.

— Pour les Africains et les Afro-Américains, expliqua Frances, on faisait comme ça, avant. »

Elle s'aplatit le nez avec la paume d'une main.

« Et pour les Chinois, comme ça. »

Elle se brida l'œil gauche du bout d'un de ses petits doigts d'enfant.

« Et pour “ avare ” ou “ radin ”, comme ça. »

Elle se caressa le menton.

« Ce qui signifiait ?

— Juif. Avec la barbe.

— Seigneur ! Il y avait de quoi actualiser, en effet.

— Et un inverti, dit Leslie, c'était...

— Un homo, dit Frances.
— Quoi ?
— Un homo. On les appelle les homos, maintenant.
— Soit. Pour un homo, poursuivit Leslie, c'était comme ça. »
Il fit un petit geste souple du poignet.
« Vous imaginez un peu ?
— Et maintenant, ça donne quoi ?
— Pour les homos ? demanda Leslie en se tournant vers Frances. Comment on fait pour les homos ?
— Les homos ? Je crois que c'est juste un geste d'homo.
— On revient de loin, dit Richard.
— Tout à fait juste, dit Frances.
— Tout à fait juste », dit Leslie.

Il lui prit la main. Ou elle la lui prit. Ou leurs mains se rencontrèrent. Dans une certaine mesure, ce geste n'exprimait rien, il ne manifestait ni de l'amour, ni de l'amitié, ni même de la solidarité. Mais on aurait quand même dit qu'il appartenait au langage des signes. Il représentait l'avenir, la prochaine étape ; il représentait le progrès, et *Amelior*...

Frances prit congé. Peu après, Leslie accompagna Richard vers l'escalier en lui disant :

« On a beau travailler dur, il y a encore du pain sur la planche, comme vous pouvez le constater. On a envoyé des exemplaires du livre aux critiques. Pour l'instant, les ventes se font au compte-gouttes, mais si les comptes rendus ont l'air favorables, ça peut commencer à prendre de l'ampleur. Est-ce que je peux vous demander si vous faites une tournée aux États-Unis de toute façon ? »

Richard marqua un temps d'arrêt sur l'escalier. Il ne voyait pas comment s'en sortir.

« J'écris un article sur Gwyn Barry.
— C'est sidérant, non, tout l'intérêt qu'on lui porte ?
— Oui. Consternant. Comment vous expliquez ça ?
— J'imagine que c'est un livre dont l'heure est venue. Le Trophée de l'excellence, voilà ce qu'il lui faut. C'est un type en vue. Et si jamais on lui file l'excellence, alors... abracadabra, la petite comète s'envole dans le ciel. »

Ne vous en faites pas, voulut-il répondre. On ne va pas lui filer le prix. Richard était déterminé. À cause de l'excellence. À cause de l'univers.

Ils continuèrent à descendre.

« Je m'excuse de ne pas pouvoir en faire plus pour *Sans titre*, dit Leslie. Mais pourtant, si vous voulez bien... »

À l'entrée, il obliqua sur la gauche et passa dans un entrepôt ou un débarras. Bruits d'objets traînés et transbahutés, interruption d'un « Merde ! » subit et surprenant, reprise des trimballements. Puis il finit par jeter un énorme sac postal marron dans le couloir, aux pieds de Richard, et trébucha dessus en sortant.

« Vous faites des lectures, des signatures », dit Leslie.

Il avait l'air animé, échauffé.

« Ch'ais pas. Vous pourriez vous en balancer, non ? Ch'ais pas. Il y a dix-huit exemplaires là-dedans. Vous vous sentez la force ? »

Que pouvait-il faire ? *Sans titre* était son cadet, et sans doute son dernier. Le sac avait l'air mal en point, il était usé, il semblait en bout de course. Mais Richard le chargea sur son épaule. Il lui fallait prouver à Evry qu'il était capable de le soulever : qu'il était un vrai mec.

« Boston, c'est votre première étape ?

— Non, la dernière.

— Ah ! À propos, il est super, ce livre. »

C'est alors que Richard chancela, tout son poids reposant sur son pied arrière.

« Merci, dit-il d'une voix juvénile. C'est très gentil de votre part. Vous ne trouvez pas que... ? Je craignais que les avant-dernières passerelles soient un peu faibles. Vous savez, quand le narrateur imaginaire fait semblant d'appâter le lecteur en lui proposant de focaliser autrement son attention. »

Leslie opina, compréhensif.

« Parce c'est un piège, tout ça. Un simulacre.

— Ouais.

— C'est pas qu'il soit vraiment narrateur.

— Je vois.

— Fiable ou non, peu importe. Mais il lui fallait se substituer à l'instance narrative pour que ces prétendus détournements de l'attention aient l'air de marcher.

— Tout à fait. Vous êtes bien sûr que vous allez vous en sortir avec ça ? »

À l'angle de la neuvième rue et de l'avenue B, entre les

bureaux des Presses de l'Audace et le Life Café, se cachait une petite librairie (Suzanne la Paresseuse) située en dessous du niveau de la rue et protégée par une vitrine épaisse qui défléchissait la lumière. Contrairement à la plupart des librairies américaines (contrairement aux librairies où il avait déambulé sur la cinquième avenue et sur Madison avenue, celles où il avait repéré sa propre absence et retourné des exemplaires d'*Amelior reconquise* vers le mur, ou les avait inhumés derrière des rayons de littérature à deux sous qui lui disputaient la primeur, contrairement aussi aux librairies qu'il lui restait à connaître, avec leur musique de supermarché et leur environnement de galeries marchandes, leur éclairage insuffisant, leurs panneaux de bois, leurs grands airs pseudo-universitaires ou leur ambiance disco), celle-ci était le genre de Richard. On aurait dit une vente privée qu'aurait organisée la famille de quelque bibliophile avaricieux. En s'avançant dans la plaisante odeur de basse-cour (l'odeur des cheveux des jumeaux), il fut frappé par une ressemblance contraire : c'était à la salle de lecture d'une association de science chrétienne que la librairie le fit songer, et à sa futilité structurelle dans la grand-rue d'une ville anglaise. Parce qu'une salle de lecture de ce type implique aussi liberté, espace d'ouverture et (comme cela lui revenait souvent sur le seuil de son appartement) science chrétienne, sujet de tous les ouvrages disponibles, sans perspective ni signification aucune. Il se promena au hasard des sections et des classements alphabétiques, son sac postal cognant un peu partout. Mais peut-être que c'était une église plus large d'esprit : la gamme des voies d'accès à la révélation se diversifiait entre les cristaux, les configurations célestes, la numérologie et même, ici et là, la poésie, la littérature, la critique et la philosophie. Puis il le vit, posé sur un banc sous l'écriteau PRESSES DE L'AUDACE, le tas de livres rangés en quinconce. Il se précipita droit dessus, la colonne vertébrale à rude épreuve sous les coups du sac, et s'arrêta net. *Chut*, de Shanana Ormolu Davis, *Bottes de cow-boy*, de John Two Moons, et entre autres œuvres des visionnaires édités à l'Audace, deux exemplaires de *Sans titre*, de Richard Tull.

Il s'attarda chez Suzanne la Paresseuse plus d'une heure. Personne n'acheta *Sans titre*. Personne ne le feuilleta ni ne le soupesa ; personne n'approcha d'assez près le banc dédié aux Presses de l'Audace, dont toutes les publications s'auréolaient d'ailleurs de la même couverture étrange, qui peluchait et boulochait, et qui n'encourageait guère le regard ni le toucher. C'était sans aucun doute regrettable, cet aspect-là, cet aspect et ce contact de *Sans titre*. Absence de jaquette, texture rugueuse comme du crin de cheval. Chez lui, en retirant son premier exemplaire de l'enveloppe matelassée, Richard s'était enfoncé une petite peau dans les aspérités de la trame. Et quand il avait réussi à l'en dégager, le bout de son doigt n'était guère qu'un gros caillot de sang... Richard s'attarda plus d'une heure. Personne ne toucha *Sans titre*. Mais il tâcha de n'y accorder aucune importance. Qu'est-ce que c'était, une heure ? Le temps littéraire n'a rien à voir avec le temps cosmique, ni avec le temps géologique ou le temps de l'évolutionnisme. Pourtant, ce n'est pas le temps de tous les jours non plus. Il passait moins vite que l'heure sur l'horloge accrochée au mur.

Ce dont Gwyn Barry serait bien avisé de se rendre compte, pensa Richard en rentrant à l'hôtel. Enchaîné au séculier, au temporel comme s'il en était l'otage, sous-fifre dévoué de son propre roman, Gwyn continuait à donner des interviews à la pelle dans sa suite du quatorzième étage. Richard en observa et en écouta trois ou quatre, de ces hymnes à la simplicité, à l'absence de raffinement, à la menuiserie, et il céda peu à peu à l'emprise hypnotique de l'ennui et du dégoût. Certes, *Amelior reconquise* n'allait pas sortir avant le début du mois prochain, et *Sans titre* était paru, ou disponible, depuis au moins quinze jours ; mais Richard estimait encore pouvoir se tirer d'affaire. Pourquoi ? Et pourquoi tenait-il tant à absorber une grande quantité d'alcool (pourquoi voulait-il renverser toutes les bouteilles du bar dans son gosier) ; pourquoi ressentait-il des palpitations de désir en songeant au contact de Gina ? En se réveillant à ses côtés, ces derniers jours, il s'était senti dans le même état de quête nubile que les mesures d'ouverture de *Pierre et le loup*... Ils quittaient New York en fin d'après-midi. Richard se débrouilla pour trouver le temps de descendre en taxi jusqu'à l'avenue B, de retourner chez Suzanne la Paresseuse et de se rendre compte qu'aucun exemplaire de *Sans titre* n'avait quitté le magasin. Mais d'un autre côté, peut-être qu'ils en avaient vendu un et qu'ils avaient gentiment réapprovisionné son humble pile. Peut-être qu'ils en avaient vendu un. Peut-être qu'il se trouvait quelque part un lecteur en train de froncer les sourcils, de sourire en secret, de se gratter la tête. Peut-être qu'ils en avaient vendu un. Peut-être deux.

Nous avons répété que Demeter Barry et Gina Tull n'entretenaient ni l'une ni l'autre de rapport avec la littérature, sinon par les liens du mariage. Pas plus que Richard n'avait de rapport avec Nottingham, sinon par les liens du mariage. Pas plus que Gwyn, au départ, n'avait de rapport avec la noblesse, ou le chauffage central, sinon par les liens du mariage.

Mais ce n'est pas tout à fait exact. Pendant un moment, Demi avait tenu un salon littéraire, puis elle avait brièvement fait partie d'un ou deux comités qui défendaient la cause des écrivains opprimés, censurés, emprisonnés ou assassinés. La cause du nègre des écrivains, aussi, de ce fantôme qui est présent et absent à la fois, qui compte parmi les vivants et en est exclu en même temps. Quant à Gina, la littérature et elle avaient une longue histoire.

La première fois que Richard avait posé son regard sur elle, il s'était demandé pourquoi elle n'était pas en train de se faire les ongles dans la chambre principale d'un yacht de trente couchettes voguant dans le golfe Persique, ou d'engueuler le comité d'accueil à sa descente de l'hélicoptère qui venait d'atterrir sur le toit d'un gratte-ciel, tant elle était en retard pour son petit déjeuner avec B. J., Leon ou Whitney. Mais surtout (à cause de son visage artistique, de son visage rare, original), il l'avait imaginée sur les remparts d'un château d'Espagne, figée de longue date dans la posture de la muse-et-maîtresse d'un illustrateur en sarrau qui la regardait de derrière ses yeux exorbités... Toutes ces impressions avaient redoublé d'intensité et d'étrangeté la première fois qu'il avait couché avec elle, ce qui n'avait pas été aussi facile que cela... Toujours est-il qu'elle était assise derrière un bureau, sans que personne ne lui prête attention, dans un musée en bois noir de Nottingham où elle vendait des cartes postales et des catalogues ; derrière elle, de l'autre côté de la vitre, se trouvait un bout de jardin muré où le soleil dardait ses rayons en biais après la pluie, et où un corbeau solitaire s'assouplissait les épaules sur la pelouse et lissait la suie de son plumage zazou. Le monde n'avait pas découvert son existence. Comment cela se faisait-il ? Parce que Richard savait qu'il ne pouvait être le seul à s'en rendre compte. C'était une vedette de la génétique, et les vedettes de la génétique avaient leur public et représentaient une valeur sûre. En d'autres temps et sous d'autres cieux, sa famille l'aurait enfermée dans une pièce, puis vendue aux enchères le jour de son seizième anniversaire. Penchée à l'avant derrière son bureau, elle comptait de l'argent et soupirait sans lassitude ; elle avait dix ans de plus, dix ans qui comptent dans la vie d'une femme, et la nouvelle, transmise par téléphone ou par télécopie, avait encore le temps de parvenir aux play-boys de la planète, à tous les play-boys, depuis le chevalier d'industrie débitant des blagues salaces en se pourléchant les babines, le joyeux drille en jeep et jodhpurs, jusqu'au kleptocrate de l'Opep qui dépensait la moitié de son P.N.B. pour l'entretien de sa quéquette. Richard sentit monter en lui l'ignoble excitation d'un baratineur de chez Sotheby's en train d'acheter un Titien à un pauvre brocanteur. Il avait trente ans, il sortait d'Oxford, et il était beau. Il vivait à Londres, capitale par excellence. Il avait une petite amie notoire, la puissante Dominique-Louise. Il venait juste de publier un roman. Mais ses genoux étaient les genoux que voyaient, par la fenêtre penchée en biais et plombée, cette brute épaisse de corbeau qui l'observait de ses roucoulements rauques.

Il avait acheté sa septième carte postale et son second catalogue, puis avait demandé :

« Vous aimez Lawrence ? »

Elle avait levé vers lui un regard si grandiose, si pur, qu'il ne pouvait pas ne pas être un peu terne, aussi, provincialement terne, car il y avait de la place pour tout là-dedans. Gina n'était pas de ces roses anglaises qui ne durent qu'un jour. Elle formait un sous-sol celto-ibérique, nordique et basané, plus ou moins gitan. Elle avait les yeux comme cerclés de noir, des yeux de blaireau, de bourreau, de bagarreur, des yeux meurtris sous l'effet spectaculaire de quelque débordement intérieur (la gêne obscurcissait toujours ces ombres) ; un nez en quart de cercle, à la Caligula ; et une bouche fine, ni large ni pleine.

« Vous aimez Lawrence ?

— Hein ?

— D. H. Lawrence, vous aimez ? »

Comment, « aimer ? » avaient alors dit ses yeux. Mais sa bouche, elle, avait dit :

« Vous m'avez bien eue. Mon petit ami s'appelle Lawrence. De toutes les manières, je suis certaine que vous l'aimez, vous. »

Richard avait fait entendre un petit rire bref, majestueux. (Elle avait bien dit « de toutes les manières ». Seulement cette fois-là, la première et la dernière.) Les oreilles bouchées et bourdonnantes, Richard s'était expliqué. C'était en fait la cinquième fois qu'il venait dans ce musée en deux jours. Mais il s'y intéressait en professionnel, en personne avisée, en salarié. Ici même, dans la ville natale de l'écrivain, on avait monté une exposition temporaire en l'honneur de D. H. Lawrence (son blaireau, sa montre de gousset, ses manuscrits, ses tableaux d'une maîtrise étonnante). Richard en faisait un compte rendu, le genre de compte rendu qu'il faisait à l'époque : régional, marginal, avec un défraiement forfaitaire. Richard, assis dans une chambre de la petite pension de famille avec une demi-bouteille de whisky, des extraits de la *Correspondance*, les poèmes, *L'amant de Lady Chatterley*, *D. H. Lawrence, romancier*, *Pages choisis de Phœnix*, *Femmes amoureuses*. Il ne lui en fallait alors pas plus pour être heureux.

« C'est pour le *TLS*. Le supplément littéraire du *Times*. »

Bonne opération. Très bonne opération que toutes ces syllabes édulcorées. Richard savait qu'il n'avait que les mots à sa disposition. Non pas les mots qu'il allait utiliser pour le supplément littéraire du *Times*. Ni les mots qu'il avait utilisés dans les pages des *Rêves ne veulent rien dire*, qui devait sortir en automne. Non ! Tout juste les mots qu'il utiliserait avec Gina Young. En lui parlant et, bien sûr, en lui écrivant des missives et des billets. Car Richard connaissait le goût des femmes pour les missives, leur goût pour les billets. Il connaissait le goût des femmes pour les mots.

« Où est-ce que vous vous êtes arrêté ? »

Ambiguïté de la langue locale : s'arrêter voulait dire descendre. Mais Richard ne s'arrêtait nulle part. Il allait jusqu'au bout.

« Au Savoy, dit-il. 3, Stalton Avenue. Vous permettez que je vous demande un truc ?

— Quoi ?

— De venir vivre avec moi, mon amour !

— Putain !

— De tous les plaisirs nous jouirons... Attendez. Excusez-moi. Mais qu'est-ce qu'on est censé dire ? C'est la première fois que je vois quelqu'un comme vous. Des yeux pareils aux vôtres. »

Elle jetait des regards de côté. Qui cherchait-elle ? Un policier. Ou un critique qui viendrait à la rescousse des clichés. Mais on aime les clichés dans les affaires de cœur, non ? Les amoureux font masse. Pas de détails, non merci, rien n'est trop intéressant, ne vous déplaise, dès lors qu'il s'agit d'amour. Tout cela vient plus tard : nos fabuleuses requêtes et nos assommantes conditions, nos traits de caractère abondamment raillés, notre penchant exaspérant pour les détails.

« Partez, dit-elle.

— D'accord. Mais déjeunons ensemble.

— J'ai un ami.

— Je sais. Lawrence, je parie. Depuis longtemps ? Combien de temps ?

— Neuf ans.

— Bien entendu. Et vous aimez Lawrence. Et cela ne plairait pas à Lawrence.

— Non. Qu'est-ce que je lui dirais ?

— Rien. Non, pas rien. Dites-lui adieu. Adieu, adieu. »

Il s'était retourné. Une femme (avalant patiemment sa salive, souriant comme à l'accoutumée) avait formé une file d'attente à un personnage derrière lui. Richard avait jeté un coup d'œil sur la carte postale qu'il avait à la main : une carte du Mexique. Il la lui avait payée. Qu'est-ce qu'il avait mal à la gorge ! Et son visage à elle, levé vers lui alors qu'elle se tenait accroupie à la table, qu'est-ce qu'il était enflé, rougi ! Nous devons nous souvenir précisément du fantôme (que Gina n'avait pourtant pas lu, et qu'elle ne lirait jamais) qui avait présidé à l'innocente banalité des propos échangés. Non pas Henry James. Ni E. M. Forster, oh mon Dieu, non ! Ni Sir Clifford Chatterley ! Regardez-le, celui-là, cloué sur son fauteuil roulant, incapable d'appeler un con un con, pauvre mec. Mais l'ardent Lawrence ! Observez-le, cinquante kilos d'ardente chair chevaline coincés entre les cuisses, l'effrayante et pulpeuse Frieda chevauchant à ses côtés à la vitesse de l'éclair, sous la pluie d'étincelles et les coups de brosse cramoisis du Popocatépetl...

Gina avait couché avec Lawrence, avait-il supposé. Mais elle n'avait pas couché avec un seul écrivain. Mais d'ici peu, elle coucherait avec beaucoup.

« Je peux vous retrouver à la sortie du travail ?

— Non. »

C'est du passé. Donc c'est vrai.

À l'ambassade de Grande-Bretagne à Washington, il y eut une réception donnée en l'honneur de Gwyn, co-organisée, selon toute apparence, par la Grande-Bretagne et l'agent de publicité.

Debout sous une tonne de lustre, Richard avait des reflets ovales de lumière qui lui ruisselaient en biais sur le visage. On aurait dit un être chargé d'effectuer une mission ou de rester aux aguets aux abords d'une rivière ; son regard fixe prenait une dimension amphibie, ou plutôt reptilienne. Et c'est avec une patience de reptile, une analyse crocodilienne des pourcentages, des taux de sottises et des facteurs de répercussion, qu'il observait en attendant, qu'il attendait en observant. Gwyn faisait son numéro à Lucy Cabretti, Lucy Cabretti dont Richard avait entendu dire par l'agent de publicité qu'elle était la pièce maîtresse du Trophée (l'agent de publicité s'y connaissait en stratégie). Pendant la première heure environ, on avait posté Gwyn à la porte pour qu'il s'occupe des invités : tout un défilé de voyageurs détrempés (semblables à un public d'abonnés au centre socioculturel du coin), avec leur parapluie recouvert de neige et leurs caoutchoucs glissants. Alors qu'il s'était montré assez chaleureux quand on l'avait présenté à Lucy dans l'entrée, Gwyn s'appliquait maintenant à la courtiser, assis sur un canapé sous la fenêtre à meneaux, avec en toile de fond une galaxie de neige illuminée. Elle riait, sa petite tête renversée en arrière, une main sur le bras de Gwyn pour réprimer tout excès d'hilarité. Sous le lustre frémissant, Richard restait aux aguets dans sa posture reptilienne. Il se demandait ce qui jouait en faveur de Gwyn, ces temps-ci, sur le plan de l'attrait sexuel. Autrefois, Gwyn n'en avait pas un brin ; mais depuis, il s'était mis en frais pour améliorer son apparence extérieure (faut-il invoquer les verres de contact teintés ?) et, bien entendu, il avait ses entrées à présent. Le succès a une vertu roborative. Ce doit être un facteur de conservation. Parce que l'échec, lui, est sans nul doute une cause de vieillissement.

Pour des raisons largement dues au hasard (un congrès international, auquel s'ajoutait la semaine culturelle de la Maison-Blanche, selon l'agent de publicité), plusieurs écrivains américains étaient présents : aucun de ceux qui faisaient l'objet d'une vénération sans bornes chez Richard, mais un bel échantillon de poids moyens et de plumitifs sanctifiés, prudemment exposés à la vue. À leur place, leurs homologues britanniques ne se seraient pas quittés d'une semelle, ils auraient formé un bloc compact de joyeux drilles presque indissociables. Au contraire, les idoles en bas-relief des Belles-Lettres américaines gardaient leurs distances, chacun au centre de son cercle d'intimes. En faisant le tour de ces cercles, plus tôt dans la soirée, Richard avait détecté, admiratif, la force de répulsion qui les maintenait à l'écart les uns des autres. Pourquoi se détestaient-ils ? C'était évident. Caricaturons : il y avait ici un nabot d'Alabama, la tête plongée dans un seau de gnôle, et là une splendide asperge de Virginie en train de siroter un whisky glacé à la menthe et de susurrer des voyelles au parfum de chèvrefeuille ; ici les dents grinçantes d'un Juif de Dniepropetrovsk ; et là, la moustache frémissante d'un Libanais errant ; ici la petite-fille d'un esclave africain ; et là, un brahmane de Boston, ou encore un hippie norvégien émigré à St Paul. L'Amérique est à l'image du monde. Et regardez-le donc, le monde. Les gens ne s'entendent pas entre eux. Il faudrait donc que les écrivains se détestent, pensait naturellement Richard. Pour peu qu'ils aient l'esprit des affaires. Ils se font concurrence pour décrocher un objet unique en son genre : l'universel. Il faudrait qu'ils veuillent s'envoyer au tapis.

« Pardon ! Vous êtes bien Lucy Cabretti ? Richard Tull. Directeur littéraire de *La petite revue* de Londres. Je me demandais si vous aviez vu la critique que nous avons fait paraître de votre *Couples entre eux*.

— Non ! Rien vu de tel.

— On m'a dit que vous seriez là ce soir, je vous en ai donc apporté une copie. Jetez-y un coup d'œil plus tard. C'est intéressant, comme critique, et en plus, positif. Moi aussi, je trouve que vous avez vu juste. Vous avez bien fait ressortir la dimension juridique, mais sans perdre de vue qu'il s'agissait d'hommes et de femmes dans cette histoire. »

Elle le remercia. De fait, Richard avait bien feuilleté *Couples entre eux : le pour et le contre*, le mode d'emploi que Lucy avait rédigé pour vous expliquer comment ne pas vous faire violer par tous vos amis. Il était tombé d'accord avec ses arguments, mais tout en s'interrogeant sur les raisons qui poussaient quiconque à devoir les soupeser. Comment expliquer que « My Way » est l'hymne de l'Amérique moderne ? Les Américains ne veulent pas s'y prendre à leur façon. Mais à la vôtre.

« En fait, j'accompagne Gwyn dans sa tournée pour en faire un compte rendu écrit. Nous sommes de très vieux copains. Oui, nous avons cohabité à Oxford comme boursiers. Je montais de Londres, et lui débarquait de sa campagne galloise.

— C'est d'un romantique !

— Romantique ? Oui. Bof !

— Excusez-moi. Je suis une affreuse anglophile.

— Il était gallois, pas anglais, fit Richard en s'étonnant que l'anglophilie continue à vivoter dans ces contrées. L'équivalent de Porto Rico pour vous, en somme.

— Encore plus romantique !

— Romantique, dites-vous ? Hum ! Gwyn était un sacré... Un “ homme à femmes ”, disons, pour rester poli.

— Ah bon !

— Pour rester très poli, dit-il en se rendant compte qu'il était sur le point de s'emballer. Allons nous asseoir là-bas. Mais prenons un verre. Vous allez en avoir besoin. »

Richard n'avait pas encore trouvé grand-chose à faire à Washington, qui n'était après tout que le centre du monde. Il avait passé tout l'après-midi étendu sur son lit d'hôtel, dans une transe de perfidie. Tandis que Gwyn avait enchaîné quatre séances de photos et six interviews pour différents médias, tout en trouvant aussi le temps de visiter la collection Phillipps, le Sénat, la bibliothèque du Congrès et le Musée américain de l'holocauste, Richard n'avait réussi qu'à se laver les cheveux. Ou plutôt, non !

Il avait aussi passé un coup de fil chez Suzanne la Paresseuse (ce qui n'avait pas été facile) pour finir par s'entendre dire qu'ils avaient deux exemplaires de *Sans titre* en réserve. Ce n'avait pas été une simple formalité de se laver les cheveux non plus. Il s'était à nouveau retrouvé devant le miroir de la salle de bains, médusé, à se demander comment la même personne pouvait avoir l'air si chauve et si échevelée à la fois. Après un détour par la pharmacie, il avait fini par s'enduire la tête de mousses et de lotions capillaires. Cela n'avait pas marché et, pour le moment du moins, les cheveux de Richard étaient en piteux état... Il s'était rendu seul à la réception. À cause du temps, ou de la division des zones urbaines, son taxi ne cessait de prendre de nouveaux passagers, tous orphelins de la Voie lactée en débâcle, tous étoilés et caressés par les flocons de neige hexagonaux. Richard était assis à l'arrière, le chauffeur les promenait dans toute la ville : il empruntait les boulevards impropres à l'érection de barricades, traversait les champs de neige déserts de l'histoire américaine. Les vitres du taxi gémissaient sous le fouet des rafales de vent, mais le dôme et ses maintes paires d'yeux ne semblaient pas grossir à mesure que l'on s'en rapprochait. Ils se tapèrent ainsi le quartier historique de Georgetown, celui du Capitole et de Du Pont Circle, suivant le grand plan de la ville auquel seul un être supérieur avait accès. Richard était enfin descendu dans le quartier de l'ambassade. Gwyn était à la porte pour l'accueillir.

« Il y a sans doute un terme clinique, maintenant, disait Richard. La satyromanie, ou quelque chose dans ce goût-là.

— En tout cas, il a un style bien à lui, répondit Lucy, magnanime. Et toutes ces petites étudiantes...

— Oh non ! Ce n'étaient pas les étudiantes qu'il recherchait, ces modèles de vertu qui habitaient Somerville et fréquentaient le collège St Hilda, bardées d'autant de diplômes qu'elles avaient de taches de rousseur sur le nez. Non, non ! Il n'aurait jamais eu le roulement qu'il lui fallait. Non, pas les étudiantes. »

Richard marqua un temps d'arrêt puis ajouta :

« C'est pour les femmes de service que l'ami Barry en pinçait. »

Lucy fronça les sourcils : petit froncement sous ses anglaises brunes. Au moment de prendre congé, un souvenir authentique revint à la mémoire de Richard. Il était alors en première année à

Oxford. Un jour où il était rentré à deux heures du matin après une soirée de débauche dans un studio de l'école de secrétariat, il avait trouvé Gwyn penché sur ses livres, avec ses rouflaquettes en forme d'écouteurs, en train d'ahaner et de s'acharner pour ne décrocher au bout du compte qu'une piètre mention assez bien. Un week-end sur deux, Gilda descendait en bus de Swansea. Elle se terrait dans la petite chambre. Le dimanche matin, Gwyn cachait une brioche du petit déjeuner dans sa poche pour la lui rapporter. Elle aimait la marmelade et... Bref, c'est de la marmelade qu'il lui offrait.

« Il était réputé pour la cour qu'il faisait aux filles de cuisine. À cette époque, les femmes de service, les " manouches " comme on les appelait (incroyable, quand on y pense), étaient quasiment des esclaves du travail. Elles se faisaient toutes mettre à la porte au début des grandes vacances, puis rembaucher à l'automne après avoir passé l'été dans les soupes populaires et les asiles de nuit. Alors, si un jeune homme de bonne famille voulait en tirer parti... »

Richard leva la tête et l'inclina de côté, tant ce souvenir lui était pénible.

« Il y eut notamment un incident qui impliqua une aide-cuisinière d'à peine seize ans. Une fille attendrissante avec ses anglaises brunes. Une gamine, guère plus. Certains disaient que c'était une gitane, une fille trouvée. »

Richard essaya de se ressaisir. Ses propres affabulations lui donnaient des picotements dans les yeux.

« Gwyn... Gwyn et un type de sa trempe ont engagé un pari. Je vous épargne les détails. Bref, Gwyn a gagné, mais son copain (Trelawney, il s'appelait) a refusé de payer. Il n'en avait pourtant que pour quelques guinées.

— Quelques guinées ? interrompit Lucy Cabretti.

— Une monnaie appréciée par les flambeurs. »

Il poursuivit en haussant la voix :

« Et donc, Gwyn lui a forcé la main. Il a cloué... Il a cloué une partie de la culotte de la fille sur le tableau du foyer des étudiants. Avec tous les détails de ce qui s'était passé.

— Et ensuite ? Trelawney a fini par le payer, j'imagine. Il a filé à Gwyn les gwui... les guinées qu'il lui devait, non ? Ça faisait combien, une guinée ?

— Vingt et un shillings. »

Il se dit qu'il avait sans doute eu tort de parler de guinées.

Lucy croisa les bras et soupira. Elle dit :

« En fait, j'ai beaucoup de mal à y croire, à votre histoire.

— Ah bon ? Et pourquoi ?

— Il a l'air si gentil et si normal. Et ses livres... Son *Amelior*, par exemple. Il écrit comme une fillette.

— Comment ça ?

— Eh bien ! Il se mouille pas. Un vrai cabot. On a l'impression que tout ce qu'il cherche, c'est à ne vexer personne. Enfin... Ses bouquins sont plutôt agréables à lire, mais ils manquent sérieusement de vie. »

Richard était heureux et fier. Mais il comprit qu'il n'avait plus besoin de perdre son temps avec Lucy Cabretti. Il se leva et dit :

« Ravi de vous avoir parlé. J'espère que vous aimerez la critique.

— Merci. Moi aussi. Attendez ! Qu'est-ce qui est arrivé à la fille ?

— Quelle fille ?

— L'aide-cuisinière, la petite gitane. »

Il marqua un temps d'arrêt. Il avait déjà un pied en l'air, prêt à regagner la porte d'un pas lourd. Tombée enceinte ? Jetée en prison ? Mise à la rue dans la pluie, le vent et la neige, toute nue et sans un sou ? Mais comme elle pensait de toute façon que les bouquins de Gwyn étaient merdiques, il se contenta de répondre :

« Allez savoir ! Une fois qu'on a abusé d'elles et qu'on les a laissées tomber... Allez savoir ce qui arrive à ces pauvrettes ! »

En rentrant à l'hôtel, Richard téléphona chez lui et parla à Lizzete, à Marius, à Marco. Gina était ailleurs... Puis il s'assit à la table et se força à affronter ses biographies. Comme il le soupçonnait depuis longtemps, le boulevard périphérique de son emploi du temps de critique n'était que brouillard givrant et verglas, dérapages incontrôlés et coups du lapin : devant lui se profilait un carambolage d'échéances. Richard faisait en réalité plus de comptes rendus de livres qu'auparavant. Il demeurait vrai que sa carrière de romancier connaissait un regain partiel, mais ses romans n'annonçaient pas la moindre rentrée d'argent pour autant. Il lui avait fallu du temps (et bien des rappels à l'ordre de la part de Gina) pour l'admettre. Il pivota sur sa chaise. Il y avait des biographies éparpillées... Non. Il y avait des biographies qui traînaient dans toute la chambre, chacune pesant le poids d'un parpaing. Richard fut pris de vertige, ce qui était étrange car il était resté sage à la réception et avait bien pris soin de compter ses verres : il en avait bu dix-sept. Il avait quelques biographies de plus dans sa valise. Valise qu'il ne déferait jamais, valise pleine de lourdes vies en gestation.

Il était vingt-deux heures. Lucy Cabretti était rentrée chez elle. Elle lisait, elle aussi. Richard en était à la page 5 du *Mercutio de Lincoln's Inn Fields : Thomas Betterton* ; Lucy en était à la page 168 de *Viens, mon amour*. Dans quelques minutes, elle aurait fini *Viens, mon amour* et entamerait *Rhapsodie en magenta*. Lucy lisait en moyenne trois ou quatre romans à l'eau de rose par jour. Cela n'avait aucun effet sur l'austère probité avec laquelle elle luttait pour l'amendement sur l'égalité des droits ; aucune influence sur les discours et les conférences qu'elle prononçait sur l'équité économique ; et pas davantage d'impact sur l'approche analytique et le légalisme aride du best-seller qu'elle avait publié sur les mœurs sexuelles. Mais il n'empêche qu'elle lisait en moyenne trois ou quatre romans à l'eau de rose par jour. Son concubin était bel homme et fin esprit, mais il était allé voir sa sœur à Philadelphie. En continuant sa lecture (sa canne brandie et son mastiff grognant à ses côtés, Sir William poursuivait Maria à travers les meules de foin), elle sentit ses yeux se gonfler de peur et porta la main sur sa gorge luisante. Maria était une domestique menue, mignonne, qui avait des anglaises brunes.

Minuit. Richard en était à la page soixante-treize. Il s'était servi dans le mini-bar, ce qui a l'air relativement prudent de sa part. Si on lui en avait laissé la possibilité, il se serait sans doute servi dans quelque chose de plus grand. Il avait pris une bière dans le mini-bar, ce qui a l'air encore plus prudent. Mais il avait pris une bière dans le mini-bar tout simplement parce qu'il ne restait rien d'autre à prendre dans le mini-bar, rien d'autre que des boissons gazeuses et des friandises. Sa tête se renversa doucement en arrière. Il contempla la bouteille, l'air indigné. Le liquide qui pétillait faiblement lui parut bien insipide. Le soupçon qu'il ne contenait peut-être pas d'alcool l'envahit. À la lumière de la lampe, il examina de près la bouteille jusqu'à ce qu'il y trouve, inscrit en petites lettres, un avertissement prévenant les femmes enceintes que le contenu pourrait les foutre en l'air. Et c'est ainsi qu'il se remit à boire, opinant posément du chef, grandement rassuré.

Le lendemain, ils partaient dans le Sud.

Manifestement, un contrat spirituel (un pacte, un traité officiel de sympathie) avait été passé entre les aéroports et les romans de supermarché. Ou du moins, c'est ce qu'il lui semblait.

Les romans de supermarché se vendaient dans les aéroports. Les gens achetaient et lisaient des romans de supermarché dans les aéroports. Les romans de supermarché parlaient de gens dans les aéroports, tout autant que les romans de supermarché avaient besoin des aéroports pour envoyer leurs personnages aux quatre coins de la planète et que les aéroports, dans les romans de supermarché, servaient de toile de fond à leurs adieux, à leurs rencontres accidentelles et à leurs idylles.

Certains romans de supermarché ne parlaient que d'aéroports. Certains romans de supermarché s'appelaient même, par exemple, *Aéroport*. Pourquoi donc, pourrait-on demander, n'y avait-il pas d'aéroport qui s'appelait Roman de supermarché ? Les adaptations cinématographiques de romans de supermarché dépendaient largement, certes, du décor d'un aéroport. Pourquoi donc ne voyait-on pas toujours, dans les aéroports, le tournage d'adaptations de romans de supermarché ? Peut-être qu'il y avait en réalité un aéroport qui s'appelait, disons, l'Aéroport des Romans de supermarché ou, plus chic, l'Aéroport international de Manderley-Romans de supermarché, qui était entièrement consacré à cet usage. Ce ne serait pas un véritable aéroport, mais une réplique d'aéroport fabriquée en deux dimensions pour un plateau de tournage, avec du plastique, du papier d'aluminium et des bouts de ficelle.

Même quand ils se trouvaient dans un aéroport, les personnages des romans de supermarché ne lisaient pas de romans de supermarché. Contrairement à ce qui se passe en vrai. Ils lisaient des testaments et des faire-part de mariage. Si c'étaient des intellectuels, des lettrés, de beaux esprits, on leur permettait parfois de lire des romans de meilleure qualité. Tandis que dans la réalité, les gens qui lisent des romans de bonne qualité, et même ceux qui en écrivent, lisent des romans de supermarché si, et seulement si, ils se trouvent dans un aéroport.

Les romans de supermarché existent depuis au moins aussi longtemps que les bons romans, alors que les aéroports n'existent pas depuis très longtemps. Mais ils ont pris leur essor en même temps. Les lecteurs de romans de supermarché et les gens qui fréquentent les aéroports partagent la même soif d'évasion, le même désir de passer rapidement d'un roman de supermarché à un autre roman de supermarché, et d'un aéroport à un autre aéroport.

En traversant tous ces aéroports, son sac de *Sans titre* à l'épaule et son fardeau de biographies à la main, Richard n'aurait pas dédaigné un roman de supermarché par-ci par-là, mais il était trop occupé à lire toutes ces conneries sur des poètes de troisième ordre, des romanciers de septième catégorie et des dramaturges de onzième zone, des biographies d'essayistes, de polémistes, de rédacteurs, d'éditeurs. Le jour viendrait-il où il ferait la critique d'un livre retraçant la vie d'un critique littéraire ? Ou d'un vendeur de trombones, ou d'un réparateur de machines à écrire ? Il ne fallait pas en faire lourd dans le milieu littéraire, songeait-il, pour mériter les honneurs d'une biographie. Pourvu que l'on sache lire et écrire... Il y en avait un bon nombre, parmi les gens qui se promenaient, se dépêchaient ou se prélassaient dans les aéroports, à arborer un exemplaire d'*Amelior reconquise*. Ça l'intriguait. À ses yeux, *Amelior reconquise* ne valait pas grand-chose. Mais ce n'était pas un roman de supermarché. C'était une bluette. Pas un roman de supermarché. Les héros et les héroïnes des romans de supermarché, fussent-ils cardinaux ou novices, restaient toujours férocement attachés aux biens de ce monde. Mais pas dans la petite clique de rêveurs lourdauds qu'avait imaginée Gwyn, où il n'était jamais question d'argent ni de rapports sexuels, jamais question d'opérations de chirurgie esthétique ni de voitures dans le vent, et jamais question d'aéroport, de près ou de loin.

Les romans de supermarché sont ce qu'ils sont, ils fonctionnent comme ils peuvent, mais quoi qu'il en soit, ils constituent une forme de thérapie. Comme les aéroports constituent une forme de thérapie. Dans les deux cas, c'est la même culture de la salle d'attente, musique douce et exhortations apaisantes comprises. Venez par ici, oui, par ici, l'hôtesse va s'occuper de vous. Aéroports, romans de supermarché : même remède apaisant contre la peur de mourir.

Richard portait à présent un gilet de laine et un nœud papillon, ainsi que deux timbres de nicotine ; il mâchait (ou suçait) du chewing-gum à la nicotine en fumant une cigarette ; il avait l'impression d'être dans un sac de cinquante litres posé derrière une usine nucléaire, dans l'humble attente du terrible déclenchement atomique. Il était allongé sur un transat : devant lui se prélassait l'Atlantique, sans grand attrait dans le calme de la baie ; de chaque côté s'étendait à perte de vue le sable ratissé et mouillé de South Beach, à Miami... Gwyn et l'agent de publicité étaient descendus dans une citadelle cinq étoiles un peu plus haut sur le front de mer, tandis que Richard était plus modestement logé à South Beach. Mais ça lui était égal. Richard avait le snobisme franc et loyal : il ne faisait pas juste semblant d'être snob sous prétexte que ça faisait riche. Soit ! Il n'avait pas percé à son époque. Mais c'est parce qu'il était un type moderne, et non pas post-moderne. Il ne se sentait donc pas l'envie de se vautrer en compagnie de Gwyn, de se morfondre dans son *Nautilus* du XXIe siècle, ce vaisseau spatial de style Régence où s'entassaient les aquariums et les ahurissantes factures d'électricité : toutes les chambres possédaient trois télévisions et cinq téléphones (le luxe américain allant souvent de pair avec le nombre de télévisions et de téléphones à portée immédiate de la main) et l'on s'y délestait de fortunes à tout instant et au moindre geste. Trouvant aussi un certain réconfort (comme toujours) dans les aménagements d'un lieu délaissé, il appréciait son immeuble effrité sur South Beach, et les fichus relents qu'il dégageait, au petit matin, d'Inde et de plâtre moisi. Le cafard de Kafka ne faisait pas juste semblant d'apprécier les sols sales où il traînait, sous des meubles hors d'usage et à l'abandon. Pour paraphraser un critique qui s'y connaissait également en cafards et en goûts de cafard, le cafard de Kafka prenait un plaisir cafardeux, trouvait un réconfort cafardeux dans la pénombre, la poussière et la pourriture.

Derrière lui, entre la plage et la rue principale où se détachaient les spasmes du commerce balnéaire, à l'avant-scène d'un décor art déco, s'étendait une zone de végétation éparse ceinturée de murets en briques, où Gwyn Barry et quelques autres tournaient un clip de rock. Gwyn n'avait qu'un rôle plus ou moins passif, il faut bien le reconnaître. Il ne dansait pas, ne chantait pas, mais se contentait de rester assis, à la demande du chanteur du groupe, un mordu d'*Amelior*. Gwyn n'avait rien d'autre à faire que de se mettre à une table sur laquelle étaient posés un globe et un livre ; derrière lui, ils avaient installé une tapisserie qui battait au vent, où l'on voyait des moutons paître, tête baissée, surveillés de près par des compagnons chenus qui tenaient des houlettes et des lyres, des harpes éoliennes. Une escouade de jeunes danseurs noirs devait ensuite passer devant lui en effectuant des mouvements ondulatoires, comme une ribambelle de petits moules à gâteaux figuratifs. Richard était resté pour écouter une conversation édifiante, qu'il s'était ensuite fait un devoir de retranscrire dans son carnet, entre Gwyn et l'agent de publicité aux traits poupins. Du style :

« Croyez-moi. C'est un plus pour *Amelior reconquise*. Un coup de pub du tonnerre !

— Peut-être, avait répondu Gwyn. Mais ça risque de faire du tort au Trophée.

— Ils nous ont assuré que ça ne sortira pas avant la remise du prix.

— ... Et ça va vraiment profiter au roman ?

— Un max. Allons ! Songez un peu au public que ça va toucher. »

Là-dessus, Richard s'était enfui, en direction de la plage et des vagues, là où il en cuisait à l'œil de fixer le ciel métallisé. Ce n'était pas le spectacle de la vulgarité ou de la vénalité qui avait précipité son départ. La motivation en était intérieure, comme tout, à présent, était chez lui de plus en plus intérieur, et sans remède. Richard avait fui les danseurs noirs, leur tensions et leurs torsions vitales, leur fièvre juvénile et robuste. Ces petites étoiles noires, adolescentes, sans la moindre parcelle de peau flasque ou pulpeuse, n'en étaient pas moins aux antipodes des artistes en ceci qu'elles faisaient ce qu'on leur demandait de faire, et acceptaient sans réserve le lieu et l'époque où elles vivaient. Elles étaient encore en esclavage. Richard ne pouvait prétendre qu'à une ascendance d'hommes et de femmes libres, mais il vivait une vie d'esclave et de fantôme. Seule était libre cette part de lui-même qui inventait et écrivait ses romans. Mais il est vrai aussi que les danseurs arrivaient en tête des corps exploités, des animaux choyés, des échantillons à prix d'or, dans leur coquetterie et leur délicatesse. Tandis que Richard... Pourtant, ce n'étaient pas ses pensées qui l'avaient poussé à franchir le muret et à descendre sur la plage où le ciel brillait et palpitait plus fort que la mer, tête baissée, un avant-bras passé sous les deux gros livres qu'il transportait, l'autre levé pour soulager ou calmer les tressaillements de son visage. C'était la brûlure de leur hâle, la clarté plus froide de leurs regards et de leurs dents, la tendreté charnue de leur langue, qui lui avaient procuré le sentiment que dorénavant, la vie et l'amour seraient tout entiers ailleurs. C'était comme si les doses atroces des médicaments puissants qu'il allait sans doute bientôt prendre faisaient déjà effet, lestant une pénombre épaisse et vibrante d'air agité : de cet air qui, en plus grandes quantités, secoue les gros avions, et là, l'isolait, lui coupait l'accès à la vie et à l'amour. Devant lui, il y avait des Américains qui faisaient leurs exercices physiques et qui jouaient sur la plage. La santé américaine touchait tout le monde à l'endroit le plus sensible, dans le porte-monnaie, et elle se débrouillait pour transformer toute catastrophe survenue au corps en une série de catastrophes impliquant toute la personne en question, ainsi que son entourage, les êtres qui lui étaient chers, et ainsi de suite. Mais ceux qui en avaient les moyens en retiraient beaucoup, de cette politique de la santé, et Miami, avec tous les Mathusalem-robots de Miami Beach, était la ville sainte de ses miracles. Sur le visage de ceux qui sautillaient, claudiquaient, braillaient et s'essoufflaient devant lui, Richard lisait ce dont il n'avait entendu parler que dans des conversations roulant sur la politique étrangère américaine (et encore, cela faisait un moment) : la détermination américaine. Elle était lisible jusque sur le visage du coureur le plus obèse qui soit. La détermination américaine, donc, qui ne ressemble à aucune autre forme de détermination et qui, sans être toutefois la plus inflexible du monde, proclame l'imprescriptibilité du droit de tout un chacun. En songeant sérieusement à ôter son nœud papillon, Richard alluma une autre cigarette.

Il commençait à se réchauffer, mais pas seulement dans son corps. En tant que marchandise aussi, lui semblait-il. Même l'agent de publicité, en faisant le bilan de sa situation, aurait pu dire sans ironie aucune que toutes ses perspectives d'avenir se rapprochaient. Une fois par jour, et parfois deux, Richard avait appelé Suzanne la Paresseuse et déployé sa remarquable absence de talent pour contrefaire l'accent américain (il ne se débrouillait pas mieux que les jumeaux qui, lorsqu'ils imitaient les Américains, prononçaient le mot « oui » comme s'il comptait trois syllabes, et le mot « banane » en y ajoutant trois *r*) ; d'après ce qu'il avait appris, *Sans titre* marchait soudain, et inexplicablement, du feu de Dieu. Au lieu d'avoir deux exemplaires en réserve, Suzanne la Paresseuse n'en avait plus qu'un. Avec les droits d'auteur prévus par le contrat, cela lui faisait deux dollars cinquante de gagnés. Mais surtout (oui, surtout), il possédait maintenant un semblant d'emploi du temps publicitaire. Le lendemain après-midi, il allait être interviewé par Pete Sahl, journaliste au *Miami Herald* ; à Chicago, il serait l'invité de Dub Traynor pendant une heure ; et à Boston, il ferait une lecture-signature au Founder Theatre. Le tout, organisé ou facilité par Gwyn. L'agent de publicité lui avait envoyé une feuille mentionnant tous les détails du programme, tapés à la machine.

« Bonjour ! »

Richard leva les yeux. Une jeune femme se tenait au-dessus de lui. Elle portait des bermudas, des tatouages et un sac banane en plastique noir qui lui donnait un ventre d'alcoolique.

« Ça fera trois dollars.

— Qu'est-ce qui fera trois dollars ?

— Le transat sur lequel vous êtes assis.

— Je n'ai pas d'argent sur moi.

— Désolée, monsieur. »

C'était intéressant, ces Américains qui appelaient tout le monde « monsieur », qui servaient du « monsieur » à tous leurs interlocuteurs (qu'ils soient serveurs, chauffeurs de taxi, gardiens de toilettes ou tueurs en série). Mais le résultat, c'était cependant que « monsieur », dans leurs bouches, sonnait comme « mec », « mon pote » ou « enfant de salaud ».

« D'accord. Peut-être que je les ai. »

Elle prit les deux billets chiffonnés qu'il lui tendait, ainsi que la poignée de pièces marron et argentées, remonta dans sa voiturette et partit dans un doux vrombissement chercher d'autres personnes allongées sur des transats. « Beau boulot que vous faites là », murmura Richard. À lui-même. Il se rallongea sur son chevalet de torture capitonné, bâilla, et soigna rapidement les bubons du décalage horaire. Du moins c'est ce qu'il espérait : que ce fût le décalage horaire, point final, et non pas les symptômes d'un décès régulier, attendu, vu son âge avancé.

La seule concession que Richard faisait à son environnement était un feutre jaune fluo de la marque Flexigrip (il l'avait trouvé sous la table de chevet dans sa chambre d'hôtel) ; il s'en servait pour souligner les passages de *La personnalité de Sir Thomas Overbury (1581-1613)* qui présentaient un intérêt particulier. Mais il lisait en réalité deux livres à la fois, l'un d'un œil éteint et l'autre d'un œil favorable. Le livre qu'il avait sur les genoux était une biographie littéraire. Le livre qu'il avait en tête était le sien, *Sans titre*, dont il lirait quelques pages à Boston, dans le Massachusetts. Mais quels extraits ? La description de la publicité pour un bureau d'hôtesses, dont le style parodiait sur tout un chapitre *Le roman de la rose* ? Le morceau de bravoure miraculeusement développé où cinq narrateurs coincés dans la même porte-tambour conversent par l'intermédiaire de téléphones portables sans qu'on puisse faire confiance à aucun ? Gwyn lui avait apporté la confirmation de ce contrat à l'heure du déjeuner, dans les coulisses du Salon du livre de Miami, quelques secondes avant le début de l'émission « Une heure avec Gwyn Barry ». Ému par ce témoignage d'amitié, Richard était resté pour assister à la manifestation, dans l'espoir que ce serait simplement une grosse déception au lieu d'un échec sur toute la ligne. Quel ne fut pas son agacement de voir arriver mille personnes ! Mais pourquoi donc ? À Miami, grands dieux, dans une ville qui offrait tant d'autres attractions ? Pourquoi n'étaient-ils pas allés à la galerie marchande, à la piscine, au casino, ou prendre du crack ? Ils n'avaient donc rien de mieux à faire ? Le seul intérêt de l'après-midi, ce fut lorsque Gwyn quitta l'auditorium d'un pas nonchalant, acceptant au passage les félicitations et les poignées de main et donnant un avant-goût de ses talents de parapheur qu'il allait bientôt déployer avec plus de sérieux au stand Gwyn Barry, dressé à l'extérieur de la salle sur la mezzanine. Brusquement, et avec un ton de voix si suspect que l'agent de publicité s'interposa entre eux, une robuste matrone en jean et débardeur s'avança vers Gwyn et lui dit : « J'ai rien de personnel contre vous, mais je trouve que vos bouquins, c'est de la merde ! » Sans plus se démonter qu'un chef d'entreprise, l'agent de publicité écarta Gwyn de cette gêne en jean, de cette erreur en débardeur. Mais elle continua à leur adresse : « C'est pas tout le monde qui vous trouve génial ! » Gwyn hésita ; il hésita, esquissa un demi-tour, un demi-sourire, comme pour exprimer sa reconnaissance à celle qui lui avait salutairement rappelé que l'Amérique contenait encore un ou deux durs à cuire. La femme se détourna et communiqua avec la personne qui l'accompagnait en langage des signes. Elle ne se pinça pas le nez, ni rien dans le genre, mais elle expliquait de toute évidence à son ami sourd que les livres de Gwyn étaient de la merde. Envahi d'un sentiment d'orgueil et de solidarité, Richard avait deviné son identité : ce devait être Shanana Ormolu Davis, des Presses de l'Audace. Il regarda Shanana s'éloigner et se contenta de l'admirer de loin.

La nappe de brume au-dessus de South Beach s'évaporait sous la portion de chaleur solaire qui lui revenait. Sous cette fraction d'énergie dont notre étoile terrestre (qui appartient à la série principale des étoiles mais pèse plus lourd que 90 pour cent de ses consœurs, et qui entre tout juste dans la fleur de l'âge) rayonne avec une prodigalité d'imbécile. Pas seulement en direction de la terre, mais dans tous les autres sens aussi. À chaque seconde, 640 000 tonnes de masse se perdent dans le réacteur solaire et sont multipliées, conformément à l'équation d'Einstein (quoique inefficacement), par la vitesse de la lumière au carré : 186 282 × 186 282. Richard ôta sa veste au prix d'un effort exténuant. Il n'avait encore jamais fait de lecture. Mais il avait assez souvent parlé en public. À condition de donner au mot une définition assez large. Métro Dollis Hill, puis bus 198B. Empruntez la passerelle. On vous attendra à côté des distributeurs de billets. « La valeur de la poésie moderne. Entrée libre. » Il recevait une invitation tous les deux ans. Il les acceptait toutes. Il s'imaginait qu'un jour on viendrait le tirer de son lit de mort et qu'on l'acheminerait en civière pour le faire parler de la mort du roman. Est-ce que le roman aurait une dernière volonté à exprimer ? En lâchant un grognement rauque, il se pencha en avant et se mit à délacer ses chaussures.

De l'autre côté de l'océan : c'est là qu'était Gina. Quand il pensait à sa femme, à présent, il l'imaginait toujours, malheureusement, *in flagrante delicto*, en délit flambant, et lui, debout à côté d'elle, un torchon jeté sur l'avant-bras comme un serveur de bar, à attendre qu'elle se tire de... Il n'en était pas certain, mais il avait de gros soupçons. Dans quelques minutes, Richard retournerait au bar de l'hôtel pour écrire des cartes postales (à Marius et Marco, à Anstice, à Keith Horridge). Et il écrirait une lettre à Gina. Une lettre qui ne contiendrait pas de nouvelles. Une lettre d'amour. Avec la chanson qu'il avait chantée, ces matins-là, à la face de février :

J'ai ce qu'il te faut,
Mon ange.
Ce qu'il te faut
Tu sais que je l'ai...

Puis la seconde strophe, qu'il interprétait au maximum de l'extase et du pragmatisme féminins :

Je vais pas te faire du tort
Quand tu seras pas là
Je vais pas te faire du tort
Parce que je veux pas...

Il se rhabilla, rassembla ses affaires et remonta la plage vers la ville.

« Rien. Ou plutôt, non, pas rien. Dites adieu à Lawrence. Dites-lui adieu, adieu. »

Mais c'est à Richard, cette fois-là, que Gina avait dit adieu.

Adieu, adieu. Mais il était revenu. Il n'avait pas obtenu de déjeuner ni d'apéritif. Encore moins de rendez-vous dans sa chambre du Savoy, effluves d'alcool et afflux de sang compris. Mais quand il avait repris le train pour Londres, il avait son adresse personnelle dans la poche de son gilet. Après quoi, sur le plan sexuel, le quand restait sujet à caution, mais non pas le qui. Le pourquoi ? Parce que, empoignés par une main talentueuse et résolue, un papier et un stylo équivalent pratiquement à la potion frelatée du ravisseur, au passe-montagne baveux du violeur. Comme les poings de l'artiste martial, les mots écrits, les renseignements, appartiennent à la catégorie des armes fatales auxquelles on ne peut recourir que sur le ring ou sur le tapis : pour en faire étalage. Si tant est que les hommes s'y connaissent en femmes et en missives, en femmes et en billets doux. Si tant est qu'ils y croient. Ainsi le mari expérimenté, avant de partir au travail, griffonne sur un bout de papier que L'EMPLOYÉ DU GAZ REPASSERA ou qu'IL MANQUE ENCORE DU BEURRE et trouve sa femme, le soir en rentrant, en bikini et talons aiguilles, un cocktail glacé dans chaque main ; après le dîner (elle lui a préparé son plat préféré), elle baisse un peu plus les lumières, enclenche une cassette de musique douce, met une bûche dans la cheminée et l'installe dans cet éclairage tamisé sur le tapis, avec des coussins et de la crème de menthe. Puis s'éclipse de la pièce. Pour qu'il puisse se taper une branlette. Minute. Cela vient plus tard. Où était-il ?

Ici. Richard Tull, penché sur une bouteille de valpolicella, assis à la table de sa cuisine dans son appartement de Shepherd's Bush, tard dans la nuit, les hurlements du téléphone étouffés sous un oreiller (c'était Dominique-Louise), en train d'écrire à Gina Young. Les lettres étaient des confettis, semblables à des fleurs de pommier dans la catalyse des rues d'avril. Elle en recevait à chaque distribution de courrier. Il lui envoyait des formules d'emprunt, des truismes et autres denrées jetables de l'amour. Ses réponses à elle ressemblaient à ces mots de remerciements que l'on adresse à un parrain excitable et, au bout du compte, un peu demeuré. Il y jetait à peine un coup d'œil. Un week-end sur deux, sans lâcher prise même après que D. H. Lawrence eut été supplanté par la poterie et l'artisanat local, par les vieilles machines à écrire, par le butin impérial, il montait la voir, la chair de son visage trépidant et tressautant entre les rails et les néons du train, les joues d'une pâleur urbaine à peine rehaussée par les touches de couleur que lui valaient les griffures et les coups de coude de Dominique-Louise. Il levait lentement le menton, imbu d'orgueil romantique. Demi-heures volées dans les cafés de la rue principale, promenades dans les jardins municipaux sous une pluie trop légère pour tomber. Canards à nourrir. La main de Gina, lorsqu'il la lui avait enfin prise, avait révélé une élégante nervosité et de beaux doigts effilés. Il le lui avait dit. Il lui en avait dit davantage. De retour à Londres, il avait apporté une correction importante aux épreuves des *Rêves ne veulent rien dire* en biffant, sur la page de dédicace, le nom de Dominique-Louise au profit d'une formulation plus simple. Dans la pastorale détrempée des jardins de Victoria, il s'était appuyé contre elle sous un bouleau qui dégoulinait. Elle l'avait embrassé tristement. Elle avait les lèvres fines et des gouttes de pluie dans les cheveux. Il sut que l'affaire était dans le sac lorsque, un samedi soir derrière l'hôtel de la Gare, il s'était fait lugubrement tabasser par le fiancé sortant, Lawrence, qui avait appelé en renfort un frère aîné et un cousin, ce qui n'était pas nécessaire. Richard n'était pas très fort pour se bagarrer. Il était fort pour écrire. Des comptes rendus de livres. Des lettres d'amour. Richard, en nœud papillon, était tombé par terre et resté à terre. Le corps plié plutôt que recroquevillé, une main ouverte abandonnée sur le genou. Même lorsque la botte de Lawrence s'était faite menaçante et qu'il s'était résigné, assis sur le béton dos au mur, à pousser un jappement étouffé ou un hoquet sonore à chaque coup de cuir sur les côtes, Richard ne s'était pas senti malmené ni maltraité. Cela lui paraissait normal que Lawrence fît ce qu'il faisait, avec son corps. Lawrence lui avait donc donné des coups de tête, puis s'était arrêté avant de reprendre par des coups de genou et des coups de pied (il avait commencé par la caboche : c'est à ce moment-là que s'était fait sentir la douleur, leurs deux fronts écrasés l'un contre l'autre, leurs nez écrabouillés, leurs lèvres à peine séparées par l'espace d'un baiser). Il avait juré : « Enculé ! » Il avait pleuré, également. Richard avait amené Gina dans sa chambre du Savoy cet après-midi-là pour la première fois. Sans résultat. Mais il était tombé très vite, en gilet cachemire et nœud papillon, et il était resté assis sur la pierre mouillée sans réagir. Il savait que Lawrence ne pouvait pas être si mauvais que cela. Lawrence devait être potable, ou avait dû le devenir, au bout de neuf années avec Gina.

Deux mois et demi après que Gina eut déménagé à Londres (si étonnant que cela puisse paraître, elle faisait preuve de courage et d'un bon esprit d'organisation, et sans qu'il y ait apparemment été pour beaucoup, elle avait rapidement eu son plan du métro, un double de ses clés, un agenda qui faisait carnet d'adresses, un boulot et — non, insistait-elle — un joli studio près de chez lui, avec des coussins blancs et un canapé blanc qu'elle transformait à minuit en un lit aromatique infesté d'oreillers brodés et de peluches caressantes, un lit où il se faisait caresser, lui aussi, et câliner, et régulièrement réduire au silence par sa diligence et son ingéniosité métropolitaines combinées à toute son ardeur primitive), Richard l'avait quittée pour se remettre avec Dominique-Louise, sa vamp boulimique qui s'époumonait contre lui toute la nuit et n'avait jamais ses règles. Il entretenait toute une floppée de petites amies, à l'époque, qui n'avaient jamais leurs règles. Non qu'il eût quoi que ce soit contre les règles, du moins à sa connaissance, mais il se trouvait juste qu'aucune de ses petites amies ne semblait avoir ses règles. Il n'en tirait pas de conclusions ; il n'empêche pourtant que plusieurs années avaient passé sans qu'il vît un tampon ou une goutte de sang autre que de son propre sang. Jusqu'à Gina, mais il l'avait quittée. Et elle n'avait pas pleuré.

Richard avait espéré, et même compté, qu'elle retournerait d'où elle venait : à Nottingham, chez Lawrence. Le jour où il l'avait quittée, il avait remarqué, en se déshabillant le soir sous l'œil indifférent de Dominique-Louise, que tous les vestiges du tabassage de Lawrence s'étaient enfin résorbés : il ne lui restait rien des ecchymoses tenaces de sa hanche, des égratignures de son avant-bras, du spectre saisissant des jaunes et des bleus qui lui avaient entouré l'œil droit, et auquel Gina, ce soir-là à Nottingham, avait elle-même appliqué un morceau de viande crue. Par suite, lui avait-il semblé, cette liaison se trouvait reléguée au statut d'un épisode plein d'audace et de *nostalgie* : c'était une affaire de classe sociale, de sang, une histoire provinciale à la D. H. Lawrence, une amourette sans complication. Cinq nuits plus tard, il avait repris sa liaison avec Gina, ou du moins le chemin de son appartement. Dominique-Louise lui avait accidentellement remis un coquard au même œil droit. À nouveau, Gina avait couru au réfrigérateur. Elle en était revenue avec un bout de viande qui sortait d'un emballage en polyéthylène. Mais c'est que la scène se passait à Londres, pas à Nottingham. « Tu vas t'arrêter ? » avait-elle demandé. Ce n'est pas « t'arrêter » qu'elle voulait dire, mais « rester ». Oh ! reste ! Richard était retourné chez Dominique-Louise. Il avait abandonné les peluches caressantes, le thé et les toasts du petit déjeuner, les oiseaux qui s'affairaient en toute confiance sur le rebord de la fenêtre, ainsi que la petite Gina, ses yeux ronds, sa chemise de nuit de poupée, ses pantoufles moelleuses, son mouchoir qu'elle tenait à la main (il y avait eu quelques larmes, cette fois, des larmes silencieuses et refoulées), et il avait réussi tant bien que mal à retourner chez Dominique-Louise. La chambre de Dominique-Louise, soit dit en passant, était peinte en noir et n'avait pas de fenêtres. La nuit, elle était d'une obscurité classique, mythologique. Dominique-Louise s'y reposait, couchée, serrant contre elle le cendrier de dix kilos qu'elle lui jetait parfois à la face (elle avait découvert le changement de dédicace) ; elle fumait et attendait, sans jamais avoir ses règles.

Il avait songé que Gina retournerait à Nottingham. Mais l'idée n'avait pas semblé l'effleurer, elle. Richard s'y était fait, et il avait fini par y trouver son compte : il pouvait débarquer à l'improviste et dormir avec elle à sa guise. Il pourrait même continuer à le faire, s'était-il imaginé, après qu'elle se serait mise à la colle avec un brave nigaud ayant un emploi régulier. Parce qu'elle l'aimait. En ce temps-là, les filles n'avaient d'autre recours contre vous que le suicide ou la grossesse (elles ne pouvaient pas appeler un avocat, un journal à sensation ou la police). Leur seule arme, c'était la vie, qu'elles pouvaient multiplier ou éliminer. Elles pouvaient en ôter ou en ajouter, c'était leur seule solution. Richard avait deux certitudes supplémentaires : Gina ne se tuerait jamais ; Dominique-Louise ne tomberait jamais enceinte. Voici ce qu'avait fait Gina : elle s'était mise à la littérature contemporaine, avec méthode. Selon l'idée qu'elle se faisait des cours du soir, elle s'était mise à coucher avec des écrivains.

Le lendemain après-midi, Richard était retourné à la plage. Il venait juste de terminer l'interview avec Pete Sahl du *Miami*

Herald. Et ça n'avait pas marché. Rien de catastrophique, mais rien de pertinent non plus. Rien de gênant ni même d'intéressant. Ça n'avait pas marché, tout simplement.

Sur le plan strictement humain, ils s'étaient découvert un certain nombre d'atomes crochus. Richard avait apprécié et même désiré la Pete Sahl du *Miami Herald*. Car c'était une femme. Tellement bien conservée qu'il en avait été sidéré. Pete ne faisait pas de manières pour vous dire qu'elle avait cinquante-trois ans et des petits-enfants. Son père voulait des garçons. Il ne s'était pas démonté, loin de là, et avait donné à chacune de ses cinq filles un nom de garçon. Pete avait gardé le sien, sans jamais essayer d'embellir la situation en l'échangeant contre Petranella, Petula ou Petunia. Pete, donc, tout simplement. Pete Sahl.

Non qu'elle ait meublé toute la conversation en parlant de Gwyn (de façon encourageante, d'ailleurs, Pete n'avait pas l'air de très bien savoir qui c'était), mais elle n'avait fait que lui prodiguer des recommandations pendant tout leur entretien : des recommandations d'autres romans, de recueils de poèmes, de films, de pièces de théâtre, de spectacles. « Je vais vous l'écrire », répétait Pete. Mais elle ne retrouvait jamais exactement le nom en question. Elle planait, comme tout le monde à Miami. La demi-heure allouée pour l'interview n'était pas encore écoulée que Pete en était à lui recommander des restaurants.

« Bon ! Chez Gino, dit-elle. Vous en avez pour vingt minutes en taxi. S'il leur reste une table, dites-leur que vous venez de la part de Pete Sahl. Chez Gino. Je vais vous l'écrire. Prenez l'escalope. Et dites-leur bien que vous venez de la part de Pete Sahl.

— Je n'y manquerai pas. De la part de Pete Sahl. Dès que j'aurai poussé la porte.

— Je vais vous l'écrire. L'escalope *alla picante*. Servie avec une sauce au citron. Prenez ça. Ravie de vous avoir rencontré. Et n'oubliez pas : de la part de Pete Sahl.

— Vous pouvez me l'écrire ? »

Le comte de Rievaulx avait voulu des garçons. Et c'était aussi une brute épaisse. Mais il avait appelé ses filles Urania, Callisto, Demeter, Amaryllis et Persephone. Il ne les avait pas appelées Lady Jeff, Lady Mike, Lady Pete, Lady Brad ou Lady Hommasse.

Richard changea de position sur son transat en entendant le vrombissement de la voiturette. La petite sorcière se dirigeait vers lui sur son engin électrique, dans le cliquetis de l'argent qu'elle avait récolté. Un petit avion survolait la plage. Il semblait traîner une longue échelle de corde qui lui rappela les danseurs noirs : la ribambelle des moules à gâteau figuratifs. L'échelle de corde disait quelque chose : c'était une bannière de mots. Elle disait tout simplement, en petites lettres majuscules : GWYN BARRY AMELIOR RECONQUISE. L'avion lui décocha un éclair lumineux puis disparut dans le soleil. Richard ramassa ses livres. Il s'envolait lui-même dans une heure. Il avait déjà vu cet avion traîner un message publicitaire différent, vendre une autre merde. Qu'est-ce que c'était, déjà ? *Bain de sang*, d'un certain Chuck Pfister. Il n'y avait donc pas à s'en faire.

Mais un instant, le ciel sembla aimer Gwyn Barry : les paumes du soleil claquèrent contre l'aile de l'avion. Un instant, le système solaire sembla aimer Gwyn Barry.

Chicago fut la seule ville où il eut peur pour de bon.

Il y eut peur parce que c'était là, à Chicago, qu'il allait (ou qu'il n'allait pas) passer sur la sellette dans l'émission de Dub Traynor. Une heure de face-à-face à la radio. Le doute planait, désormais. Mais il y eut également peur pour d'autres raisons. Peur devant l'austérité de l'acier nu, par exemple. Et Chicago, il ne l'ignorait pas, était le berceau, ou l'antique lieu de réunion, de la machine politique américaine. Ce qui s'en va revient. Moi, ça va, donc vous, ça va. On prend personne sans la recommandation d'un autre. Chicago, il ne l'ignorait pas, était la huitième ville de la terre par sa taille. Les villes sont des machines. Aucune autre ville où il était allé ne proclamait, à la manière de Chicago : « Ceci est une machine. Je suis une machine. »

Il y avait un embouteillage de l'aéroport jusqu'au centre-ville, et une pluie sombre qui tombait. La brume avait l'épaisseur des nuages ; les nuages, l'épaisseur de la fumée ; et la fumée, l'épaisseur de la craie. Chicago les attendait dans ses miasmes et ses matériaux gris, détachant sa masse trapue et corpulente sur la ligne indistincte de l'horizon. Ils avançaient par à-coups de cinq mètres sur la Kennedy Expressway. Les cinq voies qui menaient en ville étaient toutes bouchées, les cinq voies qui en sortaient étaient toutes bouchées. Entre ces deux immenses Mississippi métalliques, tout de vapeur et de douleur, ces deux geôles où butait l'esprit, courait une voie ferrée sur laquelle des trains vivement éclairés et complètement vides passaient à toute allure dans les deux sens. Jamais personne n'utilisait le train. Les gens, il fallait qu'ils soient en voiture. Les Américains sont des martyrs du moteur ; les autos sont leurs autodafés. Peu importe ce que nous réservent les voitures sur le plan mondial, sur le plan biosphérique : car les voitures, nos voitures, nous détestent et nous humilient ; à tout instant, elles nous humilient. La typologie des conducteurs (du peureux à l'enquiquineur) recoupe la typologie des victimes : il y a le silencieux, l'enragé permanent, le calme apparent, celui qui se persuade qu'il est le maître de la route (l'« automobiliste », comme on l'appelle), l'aboyeur de service, le spécialiste ès jurons, le maussade, l'effacé... Ils continuèrent leur route. Leur chauffeur, une femme qui travaillait pour la maison d'édition de Gwyn et à côté de laquelle l'agent de publicité avait installé son cou grassouillet, leur signalait l'emplacement du plus haut immeuble de la terre, puis du troisième, du cinquième, tels qu'on pouvait les apercevoir par temps clair. Ils continuèrent leur route. Dépassèrent le coquillage de Shell, jaune sur fond rouge comme une main qui se protégerait du soleil. CHARPENTES LEE, FENÊTRES WAYNE. « Pas besoin de le vouloir pour maigrir », disait le slogan d'un panneau publicitaire qui vantait un produit amaigrissant au goût de matière grasse : Richard se sentit vaguement concerné, bien qu'il n'eût pas besoin de maigrir, pas pour l'instant. Puis un drapeau détrempé. Et ils se retrouvèrent enfin dans la ville, ou sous la ville, parmi les vestibules, les glissières et les étançons en acier qui vous transforment en souris blanche dans la souricière de Chicago. Richard eut soudain l'impression que les villes américaines étaient les mâchoires des maxillaires inférieurs et qu'elles possédaient une superficie monstrueuse de dentition serrée : avec les crocs qu'elles ont, ce n'est pas étonnant que leurs gencives se lamentent d'être constamment en soins et en réparations, qu'il faille multiplier les détartrages et les traitements de canaux, les poses de couronnes et de bridges, les extractions extrêmement douloureuses. Ils étaient maintenant engloutis par les bruits de cette stomatoplastie acharnée ; à la place des dents, Richard eut un moment l'impression d'avoir des griffes plantées dans les gencives.

Ils le déposèrent en premier. C'était la deuxième ville d'affilée où Richard serait logé dans un hôtel différent, et naturellement beaucoup moins bien, mais cela lui était égal... Il emprunta le long couloir à la suite du grand porteur noir qui marchait d'un pas leste. L'air de rien, celui-ci balançait au bout de son bras droit le poids insoulevable de la valise de Richard, mais un orgueil d'écrivain dictait au fabuliste de trimballer lui-même son sac postal qui, il le savait, lui avait à jamais tordu la colonne vertébrale avant même leur départ de Washington. Ils tournèrent ; à perte de vue, devant eux, s'étendait un nouveau couloir. Le porteur était complètement habitué, et pour tout dire misérablement aguerri, à ce voyage. Le couloir ne lui réservait aucune surprise. Pas même le type beaucoup plus vieux qui les croisa, cette espèce de macchabée blanc spasmophile qui se débattait bruyamment avec un engin super-gênant, surévalué et sans doute démodé, ressemblant à une triple soupière montée sur roues. Il y avait quarante ans, ce vieillard aurait volontiers répondu au « bonsoir » étouffé de Richard. Mais ça ne lui servait plus à rien sur la terre du Seigneur aujourd'hui.

Richard dîna seul au restaurant de l'hôtel, le Spinnaker. Le Spinnaker, ses têtes de cerf et ses peaux d'ours, ses murs étrangement constellés d'assiettes artisanales en céramique, ses plafonds décorés de rouleaux tissés dans la région, dans des couleurs et des textures de catalogue de moquettes — tout cela lui noua la gorge en lui rappelant la couverture de *Sans titre*. Il avait l'impression d'être pris en étau dans les pages de son propre livre. Alors qu'il terminait en même temps sa côtelette de porc et *La maison de la renommée : Thomas Tyrwhitt*, on apporta un téléphone à sa table — non pas un appareil sans fil ou un portable, mais un antique téléphone blanc à cadran, au bout d'un long cordon entortillé.

« Bon, tout est arrangé », fit Gwyn.

Derrière ses paroles perçait un sentiment blasé d'autosatisfaction, ainsi que des bruits festifs de voix et de verres : des bruits discrets du monde des affaires.

« Comment tu t'y es pris ?

— Je lui ai dit que j'avais une équipe télé qui arrivait de Détroit, ce qui se révèle exact. Et je t'ai proposé.

— Et il était... Comment il a réagi ?

— Bien, pour finir. Je lui ai dit que je ferais un saut chez lui pendant la tournée de l'édition de poche. »

Vers onze heures du soir, les bars des hôtels, dans les grandes villes américaines, se remplissent d'hommes qui ne passent pas forcément beaucoup de temps dans les grandes villes : des congressistes, des voyageurs d'affaires. On a alors toute latitude pour observer ce que leur fait la grande ville. Pas grand-chose, à vrai dire. La grande ville augmente leur volume sonore ; elle les rajeunit, les pourrit, les pervertit (oh ! les yeux doux des serveuses !). La métropole les conduit à des excès de boisson, bien sûr ; la fumée de la pollution les fait aussi fumer, certains d'entre eux : ils allument une cigarette en balayant l'air de la main et racontent à qui veut l'entendre qu'ils ont arrêté il y a... Richard buvait et fumait, assis dans un coin : le coin où il s'était incrusté en buvant et en fumant. Boire et fumer, c'est ce qu'il aimait. Il en était presque arrivé au point où il n'aimait rien d'autre que boire et fumer. Puis viendrait le moment où il ne pourrait rien faire d'autre, de toute façon, que boire et fumer, dans un état de stupéfaction et de paralysie totale dû à tout ce qu'il avait bu et fumé dans sa vie. Néanmoins, il se sentait bien (il buvait et fumait), et s'il n'allait pas se coucher trop tôt, il pourrait téléphoner à Gina pour lui dire que les choses n'allaient pas mal du tout, entre la vente de Suzanne la Paresseuse, l'émission de Dub Traynor et ses répercussions sur la diffusion de *Sans titre*.

Richard avait ingurgité tant de biographies littéraires qu'il savait ce que l'Amérique était capable de faire à des écrivains britanniques. Les péquenauds craintifs qui traversent l'Atlantique en plissant craintivement les yeux se retrouvent sur-le-champ dans le tourbillon panique du « marche ou crève » indigène. Ils se laissent emporter et perdent le contrôle d'eux-mêmes, comme Dylan Thomas et Malcolm Lowry qui ont sombré dans l'angoisse et l'alcool. Telle semblait être la stratégie de Richard. Ou bien (et c'était celle de Gwyn) ils se composent des personnalités temporaires, des rires nouveaux et de nouveaux sourires, et trouvent normal d'arpenter les rues toute la nuit en attendant les critiques des journaux, tels des imprésarios de Broadway. Puis la fièvre de la métamorphose retombe ; ils retournent d'où ils sont venus et redeviennent raisonnables. Soit ! Mais il faut plutôt s'interroger sur les laissés-pour-compte. Car si l'Amérique peut avoir ce genre d'effet sur des érudits renfrognés issus de l'Angleterre moyenne, quel effet peut-elle avoir sur les Américains qui, dans l'ensemble, n'ont pas passé trois ans de leur vie dans une université du XIIe siècle à potasser *Le paradis perdu*, et qui n'ont pas, dans leur pays, de centre dont ils partiraient et où ils reviendraient comme à la maison ? Ils n'ont jamais vécu ailleurs pour savoir s'en protéger, pour savoir se protéger de l'Amérique et de la fièvre provoquée par la possibilité du changement. Allongé dans la grande ville, c'est ce bruit d'insecte que l'on entend, comme on entend dans la nuit de Miami le grattement perlé des ailes du grillon : le nasillement de la nécessité et de la névrose.

Les insectes sont le bruit que ferait la névrose si la névrose pouvait produire un son nasal.

Là encore, on aurait dit une vente d'objets usagés, organisée cette fois-ci par un clan troglodytique de petits malfrats et de parasites sociaux. Il y avait le vieux fauteuil de voiture où s'asseoir, la vieille boîte en carton où poser son gobelet, la moquette détrempée et poisseuse, le papier peint lépreux — autant d'indices infaillibles d'une station de radio. Ou beaucoup plus précisément, de RPT4456 4534 et de l'émission de Dub Traynor. Richard était rassuré. La B.B.C., où il allait parfois parler, moyennant quelque onze livres et trente-sept pence, du métier de critique littéraire, de biographies ou de n'importe quel sujet touchant de près ou de loin à de petites revues, était tout aussi peu avenante, à sa manière. Cette humiliation cruelle des locaux, c'était typique de la radio. Car la radio savait qu'on l'écouterait toujours, qu'on ne la verrait jamais ; elle pouvait donc se laisser aller. Pas de problème, les gens comprenaient. Jamais la radio n'allait devoir ramper sous l'œil du public en multipliant les excuses et en se tordant de douleur. Richard tolérait donc l'ambiance du lieu, mais non sans s'autoriser quelques commentaires en son for intérieur. Si c'est à l'imperfection que va votre compassion (à l'inachèvement, à l'échec, au laisser-aller), alors elle va largement trouver de quoi s'exprimer. On lui donna du café invraisemblable. Dub allait bientôt arriver — Dub qui, selon l'agent de publicité de Gwyn, était un type très sérieux et un lecteur remarquable : il *adorait* la prose moderne. La veille, Richard avait extirpé un exemplaire de *Sans titre* de son sac postal et, animé d'un bref sentiment stratosphérique, l'avait apporté en taxi à l'adresse de Dub dans le quartier ouest de la ville. Sans doute Dub n'aurait-il pas eu le temps de le lire en entier, mais Richard n'en attendait pas moins avec impatience ce qu'il ne recevait qu'en quantité très limitée : une réaction. De plus, son sac semblait s'être sensiblement allégé. En le hissant sur son épaule à titre expérimental, ce matin-là, Richard se dit que son écœurement, après coup, s'était visiblement apaisé ; qu'il s'était sensiblement atténué.

La jeune fille qui lui avait apporté son café revint dire à Richard qu'il y avait, manque de chance, un petit problème : l'équipe locale de base-ball annonçait à l'instant son intention de changer de sponsor.

Richard la dévisagea en attendant la suite.

« C'est pas une mince affaire, par ici. Dub va devoir se dépatouiller avec. Faites preuve d'un peu de patience. »

Dub arriva sur ces entrefaites, avec ses habits de grosse toile, ses soucis masqués et son charisme nettement circonscrit. Il fit un salut de la tête, serra la main de Richard puis le conduisit dans les ténèbres de sa cabine : elle se composait d'une table de cuisine Okey disparaissant sous le désordre habituel de la radiobiotique. Dub avait l'exemplaire de *Sans titre* devant lui, sous une pile de communiqués de presse, de dossiers et de blocs-notes. Il se frottait constamment les yeux entre le pouce et l'index, puis clignait ses paupières collantes.

Dub s'installa, tourna un bouton et murmura :

« Il va falloir faire avec...

— Ce qu'a fait Max pour le club, d'un point de vue commercial, disait une voix morne et appliquée, c'est, selon notre... point de vue, une bonne opération... commerciale, pour le club.

— Désolé, fit Dub, mais c'est pas une mince affaire par ici. Vous êtes allé à Wrigley Field ?

— Non, pourquoi ? Je devrais ? Qu'est-ce que c'est ?

— Le stade de base-ball. Il a soixante ans de plus que tous les autres stades américains. La dépression du terrain, les panneaux en isorel. C'est d'une tristesse, tout comme il faut. Même les meilleures équipes y perdent cinquante matches par an. C'est cette tristesse qui donne aux matches leur poésie. Comme nulle part ailleurs. Pensez donc aux écrivains que cela attire : Lardner, Malamud... »

Il tourna le bouton. Une autre voix disait :

« Nous pensons volontiers que Coherent est champion dans notre catégorie de produit. Et que ce succès va rejaillir sur le club. »

Puis la première voix reprenait :

« Et donc nous espérons que pour le club, ce qui est bon pour Coherent va également être... bon. »

Dub fit un signe de tête à Richard, puis dit rapidement :

« Vous venez d'entendre Fizz Jenkerson et le vice-président de Coherent, Terry Eliot, en direct de Wrigley Field. Nous ferons le point sur le changement de sponsor après quelques annonces publicitaires, et je recevrai également l'écrivain culte britannique, Richard Tull. Au départ, je devais recevoir un autre écrivain britannique, Gwyn Barry, mais nous avons dû nous aussi changer de programme, et c'est donc Richard Tull qui sera mon invité aujourd'hui. Alors, commença-t-il, vous aimez les bonnes comédies musicales ? Pendant toute la...

— Non », répondit Richard.

Dub leva le nez de son micro.

« Je n'aime pas les comédies musicales, bonnes ou mauvaises.

— ... Dommage, parce que sinon, pendant toute la semaine l'Ashbery vous propose une gentille petite formule “ brunch-matinée ” : pour tout juste vingt-cinq dollars, vous assistez à un spectacle de revue et vous vous empiffrez à volonté au restaurant Carvery juste en face. Suppléments et service en sus. Alors ? Vous n'êtes pas tenté ?

— Mais je n'aime pas les comédies musicales.

— Mais ce n'est pas... C'est un spot publicitaire.

— Quoi ? »

Dub recommença à se frotter les paupières, tandis qu'une voix disait :

« Le hic, c'est pas qu'il y avait un hic avec Ultrason, qui a fait de bonnes choses pour le club. Le hic... enfin, c'est pas un hic, parce que c'est un plus, c'est Coherent, c'est le marché conclu avec Coherent, qui est davantage..., qui est plus avantageux. Pour le club. »

« Est-ce qu'il ne vous arrive pas de souhaiter, demanda Dub, que la littérature ressemble au sport ? Que vous n'ayez qu'à aller voir qui va gagner ? Qui est le meilleur ? Sans risque d'erreurs. Statistiques à l'appui. »

Richard réfléchit à la question.

« Euh... Si, répliqua-t-il.

— J'apprends à l'instant, fit Dub dans son micro, que les

transferts du club vont bon train dans les locaux de La Salle Street. Est-ce que vous avez un petit chien ?

— Non, répondit Richard.

Dub le regarda, considérablement consterné par cet aveu. Il leva la main et dit :

« Dommage, car sinon, je vous recommanderais vivement la Clôture ouverte de chez Perter Pets au prix de quarante-neuf dollars quatre-vingt-quinze. Vous foutez le cabot en laisse, pas d'embrouilles, et fixez vous-même la longueur maximale. Ça va lui plaire. À vos voisins aussi.

— Mes deux fils me tannent pour que je leur en achète un, dit Richard, mais nous habitons en appartement et vous savez que le...

— Il est incroyable, ce type. »

Dub toussa et poursuivit :

« Vous savez ce qu'a dit Berryman en apprenant la mort de Frost ? “ Ça fait sacrément froid dans le dos. Qui est en tête, maintenant ? ”

— La réponse étant Lowell, j'imagine.

— Tout juste... Tout juste. Un témoin a assisté au suicide de Berryman. Sur le pont de Washington Avenue. Quand il s'est jeté dans le Mississippi. Avec tous les rochers sur la rive. Récit du témoin : “ Il est monté sur la balustrade, il s'est assis et il s'est penché d'un seul coup en avant. Il n'a pas jeté un seul regard en arrière. ” Il s'appelait Art Hitman, le témoin. Menuisier de l'université. Art Hitman. Ça ne s'invente pas...

— Non. Non. Berryman disait que ça ne lui posait aucun problème d'arriver en deuxième position derrière Lowell. Enfin ! Ça, c'est ce qu'il disait !

— Attendez ! »

Dub soignait à nouveau ses yeux, mais avec une attention accrue, comme si Richard n'était pas là. Il se mit à faire des exercices de parallaxe avec ses pouces : il les regardait fixement, recommençait l'exercice, rejetait la tête en arrière d'un air outragé. Pendant ce temps, ils se branchèrent sur la conférence de presse qui avait lieu à Wrigley Field et n'en bougèrent plus.

À midi moins trois, Dub extirpa son exemplaire de *Sans titre*. Il s'ouvrit à la page cinq. Dub tâta ses paupières de la main et dit :

« Il m'est arrivé un truc vraiment bizarre. Au moment où je

me plongeais dans votre livre, hier soir, j'ai cru, comment dire, que quelque chose s'était, du genre, coincé sous mes lentilles. Et j'ai... Vous venez d'entendre la conclusion de Fizz et de Terry Eliot en direct de Wrigley Field. L'émission est quasiment terminée ; au départ, nous devions interviewer Gwyn Barry sur sa manière d'envisager le futur de notre race perturbée, mais nous avons un autre écrivain britannique sur le plateau, Richard Tull, dont le dernier roman vient juste de sortir. Richard Tull ? On voit bien, dans la série des *Amelior* de votre collègue et ami, la direction qu'il voudrait nous faire prendre. Mais vous ? Qu'est-ce que votre roman essaie de dire ? »

Richard réfléchit un instant. L'idée à la mode voulait que la première tâche d'un communicateur soit de trouver une espèce de slogan, puis qu'il le fasse imprimer sur un bol, un tee-shirt ou un autocollant, ou bien qu'il en tire un roman. Même Dub pensait manifestement qu'on s'y prenait dans cet ordre. Et maintenant que les écrivains passaient autant de temps à raconter ce qu'ils faisaient qu'à le faire, ils allaient eux aussi s'y prendre dans cet ordre. Richard continua de réfléchir. Dub tapota sa montre.

« Il n'essaie pas de dire quoi que ce soit. Il le dit.

— Mais qu'est-ce qu'il dit donc ?

— Il se dit lui-même. En cent cinquante mille mots. Pas moyen de l'exprimer autrement.

— Richard Tull ? Merci beaucoup. »

Avant de partir, il proposa de signer l'exemplaire de *Sans titre* de Dub. Plié en deux sur sa chaise, les mains gesticulant comme des sémaphores devant son visage, Dub déclina l'offre d'un air distrait. En fait, il insista pour rendre le livre à son auteur. Il en fit tout un plat ; il le força à accepter, pour ainsi dire. Richard essaya de le refiler à la jeune fille qui lui avait apporté du café.

« Merci, monsieur, dit-elle. Mais je crois que non. »

Il y avait un embouteillage du centre-ville jusqu'à l'aéroport, et une pluie sombre qui tombait. Les cinq voies qui sortaient de la ville étaient toutes bouchées, les cinq voies qui y entraient étaient toutes bouchées. Sur le terre-plein central roulaient les trains vides, bien équilibrés. On devinait la forme et la masse de cheminées d'usines encrassées. On voyait des lumières, des reflets de lumières, des phares de voitures qui étincelaient dans les ténèbres, joyaux répugnants de la Kennedy Expressway. Ils avançaient par à-coups, flanqués et talonnés par des Mustang et toute la gamme des chevaux-vapeur, par des Coccinelle, des Panda, des Tigra, des Jaguar, ménagerie répugnante de la Kennedy Expressway.

À force de passer des heures seul, au fond des avions, à boire, à lire et à regarder par le hublot, tandis que son être se racornissait peu à peu, il avait la possibilité de bien comprendre le ciel. Il voyait des nuages toute la journée, de dessus ou de dessous.

De dessus. Imaginez les nuages comme si vous les voyiez pour la première fois : *comme si vous y pénétriez*. Ils vous raconteraient la Terre, ses falaises, ses montagnes et ses plateaux, ses pâturages et ses champs de neige. Ils vous raconteraient ses dunes et ses plaines de sable ; ils vous ressasseraient ses océans (les sept dixièmes du temps), les airs d'agitation et d'accalmie qu'ils se donnent. Vu de dessus, même si la beauté des nuages avait perdu en innocence, même si s'était ternie l'aura immaculée de leur éternel abandon (car presque tous les gens d'en bas les avaient vus, désormais), le ciel racontait la Terre aux étrangers.

De dessous, c'est à vous que le ciel racontait l'envers du décor, qu'il racontait l'univers. Richard était de nouveau sur la terre ferme : dans le Colorado, sur le tarmac de l'aéroport puis dans l'immensité du parking, avec son sac postal. Plus il allait vers l'ouest, plus le ciel grandissait : il en aurait beaucoup à dire, le ciel. C'était le vide qu'il imitait le plus souvent, un vide tramé de matière éphémère ; ensuite, par ordre de fréquence, venaient les gaz interstellaires, les émulsions de poussière cosmique et les nébuleuses ; puis la forme caractéristique des galaxies : disque, tire-bouchon, spirale, cigare, sombrero. Il pouvait aussi imiter d'autres phénomènes. Il comptait à son répertoire une imitation de supernova et une imitation de quasar. Richard était destiné à bientôt découvrir, avec horreur, qu'il pouvait refaire les trous noirs. Enfin, il travaillait à son imitation de pulsar. La raison d'être du ciel, c'était de fournir un commentaire artistique sur la journée, le temps, la lumière qu'il filtrait à votre intention, mais aussi de vous raconter l'univers, de vous rappeler aimablement à l'ordre, en particulier, mais sans vous faire vertement comprendre où était votre place et où cela vous situait.

« Je craque, répéta l'agent de publicité toute la soirée à Denver. Je craque complètement. »

À Denver, qui était aussi une étape du Trophée, ils arrivaient à la fin d'un congrès national de libraires, c'est-à-dire d'un grand déballage, et les réceptions rivalisaient d'esbroufe : elles se tenaient dans des gymnases, dans des commissariats de quartier, dans des puits de mine. La réception organisée en l'honneur de Gwyn et d'*Amelior reconquise* avait lieu dans un petit cirque itinérant, mais sous un chapiteau d'assez grande taille, dans un décor de sciure, d'animaux, de jongleurs et d'acrobates. La qualité était censée être au rendez-vous car les artistes étaient tous des Hispaniques, des Gitans, des Amérindiens, et ils achevaient une tournée dans les casinos des réserves et les centres de sudation viriloïdes. En réalité, ce cirque était un scandale de crasse, il inspirait à tous un immense dégoût. Tenant son gobelet en plastique sur une serviette en papier, l'agent de publicité trépignait dans la sciure en disant : « Je craque. » Il menaçait d'appeler les pompiers, la commission sanitaire et l'avocat de la maison d'édition. Mais il ne faisait que répéter : « Je craque. » Du style, « Je craque ». Étant donné qu'il se sentait lui-même très malade et très âgé, Richard s'amusait comme un fou.

Les animaux étaient tous des loques ; les artistes avaient tous l'air stupide et cruel, il n'y en avait aucun de doué pour quoi que ce soit. Il faisait froid dehors et chaud dedans — feu croisé des suées nocturnes dû à l'acharnement des groupes électrogènes d'un côté, et de l'autre aux courants d'air polaires qui traversaient le chapiteau élimé et les tièdes bouffées des gaz animaliers en suspens... À son arrivée (remarqua Richard), Gwyn arborait un visage qui trahissait manifestement sa volonté de s'émerveiller comme un enfant pendant toute la soirée. Mais il s'en départit bientôt pour se mettre au diapason de tous les autres invités : sourires timides, lèvres plissées, inquiétude légitime à l'endroit des animaux, de leurs droits et des microbes dont ils étaient porteurs.

« Qui sponsorise ces clowns ? » demanda l'agent de publicité pour dire quelque chose.

Mais il n'y avait pas de clowns.

Un dompteur en était à menacer des chiens récalcitrants (pelage beige, attitude amorphe) et à s'énerver pour qu'ils tentent de bondir en diagonale à travers des cerceaux tenus à la main, lorsque Richard repéra Stanwyck Mills, professeur de son état, debout à côté du tas de caisses et de malles où les artistes rangeaient leurs massues de jongleurs, leurs capes à paillettes, leurs plus beaux atours humides. Il parlait à Gwyn Barry, qui lui parlait aussi ; Gwyn inclinait le visage en signe de compassion, il fronçait les sourcils et hochait la tête de haut en bas comme s'il donnait son assentiment (devant des caméras de la télévision) à une proposition qui serait à la fois alléchante et sincère. Sur la piste, après son numéro de chiens, le matador levait les bras et contractait les fesses pour recueillir l'approbation et les félicitations du public.

Suivit un grognement aigu (presque un coup de klaxon), poussé par tous les spectateurs lorsqu'ils virent un petit éléphant en putréfaction s'aventurer sous les feux des projecteurs en se dandinant. Était-ce un vieil éléphant nain, ou bien un bébé éléphanteau à peine âgé d'un an mais atteint d'une maladie qui le pourrissait déjà de l'intérieur ? Dans la mesure du possible, il était censé harmoniser ses balourdises et ses balancements bienveillants avec la farouche détermination d'un poney pie qui galopait en rond avec une espèce de monotonie traumatisée ; celui-ci semblait prêt à ne jamais s'arrêter, pendant que l'éléphant continuait de sa démarche pesante et accablée, tout à son désir de plaire, un liquide noir s'écoulant de ses yeux comme de la sueur, la peau endommagée par l'humidité et légèrement recouverte de ces poils roux et cassants qui poussent près d'une blessure en cicatrisation, semblables à des vermicelles de baklava. Habillé d'un bleu de travail, l'éléphant aurait pu passer pour un ouvrier londonien du bâtiment : il en avait l'entrain, la faible dose de malhonnêteté, la bedaine d'alcoolique et le coccyx osseux qui saillait sur une croupe décharnée, essoufflée.

Richard saisit sa chance :

« Monsieur le professeur Mills ? fit-il avant de se présenter en détail. Je me demande si vous avez reçu une copie de la critique que nous avons fait paraître lors de la réimpression de votre *Jurisprudentiel*. J'en ai apporté une. Dans l'espoir de vous trouver ici. C'est intéressant, comme critique, et en plus, positif.

— Eh bien, merci ! répondit-il. J'ai hâte de la lire. »

Décidément, songea Richard, ç'avait été une bonne idée, ces critiques. Les Américains ne pouvaient pas connaître, ni même imaginer le moins du monde, la petitesse de *La petite revue*.

« Ce qui m'a surtout intéressé, poursuivit Richard, ce sont vos idées sur la réforme pénale. J'ai beaucoup aimé votre approche utilitariste, encore que très humaniste, de la question, si je puis dire. Dans un domaine où il y a tant de fumisterie. Car pour reprendre vos propres termes, l'essentiel est de savoir si " ça marche ". »

Ils continuèrent à parler, ou plutôt, Richard continua à parler. Mills semblait inquiet, indécis, soucieux. En jetant un coup d'œil aux animaux, en voyant les roquets, les cabots et les clébards effectuer leur dernier tour de piste, Richard fut saisi par la taille de Mills : pour un Américain d'origine irlandaise, il avait l'air immense. Peut-être était-ce donc le destin des grands, cette fatigue frémissante qui les attend après une vie passée à ployer sous leur fardeau de centimètres. Autour du cou, il portait une petite minerve qui ressemblait à un joug aérodynamique.

« Vous n'imaginez pas à quel point on est borné en Angleterre. Les idées n'ont pas évolué d'un pouce. Dissuasion militaire, confiscation des biens. On parle, on parle, mais personne ne fait rien pour changer les choses. Même les personnalités les plus libérales disent le contraire de ce qu'elles... »

Richard parut hésiter, comme s'il mesurait le degré d'inconvenance ou d'iniquité qu'il y aurait à saisir l'exemple le plus proche.

« Tenez ! Prenez Gwyn Barry. Tout ce qu'on fait de plus libéral en paroles. Mais au fond de lui-même...

— Vous me surprenez. Dans ses livres, il fait preuve d'un libéralisme irréprochable.

— Gwyn ? Mais vous n'avez pas idée de ce qu'il peut dire en privé. En fait, il est pour un retour à des formes de châtiment public. »

Tandis que Mills se penchait en arrière sur son socle, Richard se répéta — formalité d'usage — qu'il ne devait pas s'emballer.

« Avec des spectateurs payants ! Pour la punition et pour l'exemple. Mais aussi pour de bon, si j'ose dire. La roue et le pilori, les cérémonies de flagellation, le supplice de la baignoire, le goudron et les plumes. Les empalements, les coups de fouet. En fait, il trouve que la populace n'en a pas eu pour son argent ces dernières années. Et il est donc pour les lapidations publiques, et même pour les lynchages... »

Ce ne fut pas le professeur qui l'interrompit, mais la communauté des éditeurs et des libraires, qui étaient tous tombés d'accord pour se déclarer à bout de patience : deux chameaux rachitiques (ou étaient-ce des lamas à bosses ?) trottaient nerveusement sur la piste, à présent, mais avec si peu de conviction que M. Loyal leur faisait goûter de sa cravache : c'était un instrument rudimentaire (une lanière noire fixée à une baguette noire) qui n'avait rien à voir avec les énormes fouets assourdissants auxquels songeait Richard. Il reprit :

« Vous êtes irlandais, monsieur Mills. Vous avez dû suivre l'affaire de l'attentat terroriste dans le centre commercial. Eh bien, voilà ce qu'en disait Gwyn : il disait qu'il fallait capturer tous les membres connus de l'I.R.A. et les enchaîner aux portails de la tour de Londres. Avec un grand panneau, avec des photos qui expliqueraient leurs agissements et qui encourageraient les spectateurs à donner libre cours à leur colère. Au bout de deux ou trois mois de ce régime, quand ils se seraient fait arracher les bras, les jambes et la bite (je vous demande pardon), il voulait qu'on les attache et qu'on les offre en pâture aux corbeaux. Eh oui ! Il est aussi comme cela, l'ami Barry. »

Richard aurait pu en dire davantage. Mais on installait à présent, dans le vacarme et la précipitation, un tunnel fait de cerceaux en acier, qui traversait la foule et conduisait à une cage carrée sur la piste. Les gens parlaient d'un tigre... Les deux hommes se retrouvèrent au coude à coude dans la cohue, Richard prenant soin de protéger le professeur, qui semblait craindre pour la minerve capitonnée qui lui soutenait le cou. Debout côte à côte, unis par une solidarité juste et ineffable, d'après Richard. Un peu plus tôt dans l'hiver (l'affaire était en cours d'instruction), Mills avait passé les fêtes avec sa femme dans leur maison de vacances au bord du lac Tacoe ; la veille de Noël, une équipée de braqueurs nomades s'étaient introduits chez eux et leur avait fait subir des sévices pendant deux cents heures : insultes, voies de fait, ligotage, incendie. Le professeur savait bien sûr que toute expérience personnelle, même la plus affreuse, ne doit pas peser lourd dans les prises de position intellectuelles. Mais il se remettait en cause, et n'allait sans doute pas cesser de le faire, étant donné que les intrus avaient brûlé en rigolant les dizaines et les dizaines de textes qu'il avait étudiés et annotés en vue de son prochain livre (l'effort de toute une vie, provisoirement intitulé *La main de velours*), ainsi que le reste de son bureau et, semblait-il, tout ce qui un jour lui avait été cher. Sa femme Marietta était encore en pleine thérapie ; elle n'avait pas prononcé un mot depuis le Nouvel An.

Le tigre arrivait. Richard abandonna Stanwyck et réussit à s'enfiler quelques verres de plus avant de se frayer un chemin vers la piste. Les spectateurs faisaient silence ; le tigre, dans son tunnel grillagé, progressait à pas feutrés, à un rythme régulier et presque inorganique, évoquant le contenu d'une seringue qui réagit à la pression du pouce du chirurgien. Richard leva soudain les yeux : Gwyn n'était pas loin, au bord de la piste, mais il se tournait sans cesse, complaisant, vers un type qui se penchait par-dessus son épaule, un potache en costume, bien résolu à terminer sa blague, son baratin ou ses bla-bla. C'est alors que Richard comprit, pour la millième fois au bas mot, que Gwyn n'était pas un artiste. Si ç'avait été à une femme qu'il parlait, passe encore ! Mais refuser de se concentrer complètement pour s'occuper d'un mec quelconque, quand il y avait un *tigre* à regarder... Avec une insouciance égale, mais non tout à fait équivalente, Richard essayait à présent de considérer le tigre comme devrait le faire un artiste : il le considéra d'abord avec peur, ce qui était sans aucun doute normal. Même Steve Cousins, on le considérait ainsi, en songeant à ce qui pourrait se passer si on se retrouvait vraiment seul à seul avec lui et ses pulsions sauvages. Certes, le tigre en question n'avait rien de la bête flamboyante de la forêt tropicale ou de la toundra ; il avait l'air désintoxiqué ou préapprivoisé, comme si on l'avait soutiré à sa race et revêtu d'une tenue de camouflage, d'un vieil habit de soleil et de poussière, tout usé et strié d'ombre. Même son regard semblait éperdu derrière sa gravité. Richard eut une appréhension, mais les dents étaient intactes, les canines félines, tranchantes comme des dagues, et elles se découvraient dans des bâillements figés de haine, de haine envers le dompteur et de haine envers le tabouret du dompteur. De haine, aussi, envers la drogue qui lui desséchait la bouche et conférait à ses bâillements la dimension d'une lutte désespérée, d'une servitude désespérée.

Il disparut bientôt. Les autres animaux revinrent saluer, car l'agent de publicité faisait du grabuge. Soudain, un chien fut agité de spasmes et de haut-le-cœur, soit parce qu'il avait le trac après coup, soit parce qu'il avait mangé beaucoup trop vite avant le spectacle ; un autre chien inclina sa truffe frémissante vers le dégueulis couleur chair, le renifla, le lécha ; les éditeurs et les libraires d'Amérique grognèrent, puis furent agités de spasmes à leur tour ; et ainsi de suite, le dégoût prenant infiniment le relais du dégoût.

À l'aéroport international Stapleton de Denver, à cinq heures du matin, personne ne voulait travailler. Il y avait donc un robot pour faire le boulot. Un ordinateur avec une voix de robot, une voix de femme. Richard se dit qu'il ne fallait pas déconner avec le robot, étant donné que c'était un robot, un esclave à cent pour cent, et que la voix lui répétait de circuler, de décharger rapidement ses bagages et de circuler, de les poser rapidement et de circuler. Il lâcha sa valise et son sac postal sur le tapis roulant, où il les rejoignit un instant par accident, puis, tandis que Gwyn continuait sa route sans se soucier de lui, il se remit debout et rebroussa chemin jusqu'à la porte, jusqu'à l'air vif et bleu du dehors, avec l'intention d'y fumer tranquillement une cigarette. Il fuma donc une cigarette, mais pas tranquillement. Il cracha ses poumons derrière un chariot à bagages, dégobilla jusqu'à son alliance derrière un distributeur de sodas et, pour finir, pleura toutes les larmes de son corps, le dos contre la vitre, en fumant une autre cigarette plus tranquillement. Ces larmes contenaient une part de soulagement, ainsi qu'une certaine gratitude à l'idée de mourir. À ce moment précis, le grand ciel de l'Ouest en était à imiter les quasars : une multitude de nuages s'était réunie, brillante, compacte, dessinant un amas galactique autour d'un étrange et magnifique objet voilé, le soleil. Au cours de l'observation de Richard, le soleil passa de la turgescence du petit matin au teint blafard d'un visage rond ; de géante rouge, il devint naine blanche. Quand le soleil était blanc, on n'avait aucun problème pour croire aux trous noirs et aux particularités de l'univers. Car cette étoile ordinaire semblait déjà à moitié exclue de l'espace-temps.

Comme on l'avait chargé de s'occuper des retombées de la soirée au cirque, l'agent de publicité prenait un vol plus tard dans la journée. Richard allait donc voyager en première classe, à l'avant de l'avion, avec Gwyn. Avec Gwyn qui devait se faire interviewer de bonne heure à la prochaine étape.

« On a l'air un peu patatraque par ici », fit l'hôtesse.

Richard lui répondit que ça allait.

« Ah ! s'exclama Gwyn, un petit déjeuner anglais !

— Et pour vous, monsieur ? Du café ? Vous prendrez du café ?

— Vous n'avez pas de cognac ?

— De quoi ?

— De cognac. »

Richard se rendait compte qu'il y en avait pour tous les goûts dans le vaste monde. Pendant que Gwyn dormait tout à son aise, il laissa courir son regard par le hublot, jusqu'au Pacifique, par-delà les champs de gaufre et les écheveaux de pain perdu saupoudré d'une fine couche de sucre glace, par-delà le lac salé, la plaine pieuse, le désert, encore le désert, la montagne, la vallée, puis les crêtes de conifères à la lisière du continent. Jusqu'au Pacifique, de la toundra à la taïga.

Il songea que les foules qui se pressaient au cirque, dans la nouvelle de Kafka, avaient sans doute raison de se détourner du jeûneur, du *Hungerkünstler* qui, à moitié enseveli sous la paille de sa cage, faisait la grève de la faim et refusait toute nourriture d'une voix tonitruante ; les foules avaient sans doute raison de lui préférer la panthère qui le remplaça. Car la panthère n'avait aucune conscience de sa servitude ni même de sa captivité ; elle portait la liberté en elle-même (celle-ci semblait située quelque part dans sa denture). En photo, Kafka avait toujours l'air si étonnant, si étonné, dans un état d'effroi perpétuel, comme s'il ne pouvait détacher les yeux de son propre fantôme aperçu dans un miroir.

Après l'atterrissage, on leur fit cadeau d'une heure de plus dans l'avion, au sol. Problème technique ou révolte d'esclaves ? Même Gwyn ne sut pas à quoi attribuer ce retard — Gwyn dont les interviews s'empilaient et s'étageaient au-dessus de lui dans le ciel, comme des avions à réaction sur le point d'atterrir... Richard en était venu à connaître le paysage des aéroports, ce paysage de l'inachèvement. Non pas l'intérieur des aéroports, avec leur odeur de pop-corn et leur éclairage jaune et joyeux de pop-corn, ce paysage d'ajouts incessants où les aérogares B, C et D arrivent après coup, où les coudes et les rotules prolifèrent comme dans un jeu de Lego. Pour tout couple qui se déchire, il y en a un autre qui s'embrasse goulûment à six heures du matin ; et pour toute grand-mère en sanglots, il y a ailleurs des bourgeonnements familiaux, des festins de cousins. Les avions se déplacent à la même allure, mais les voyageurs humains ont des rythmes différents, qui vont de la précipitation à la déambulation, de la cavalcade à l'affalement. Mais l'extérieur des aéroports, lui, accentue l'impression d'inachèvement : bus vides réservés aux équipages, chariots de levage à l'arrêt, baraquements en préfabriqué — sans parler des camions étêtés, des châssis nus, des escaliers dressés à la verticale mais qui ne mènent nulle part, des articulations de couloirs amputés, échouées sur le tarmac, qui ne mènent nulle part non plus, ni par un bout ni par un autre, mais signifient le triomphe de l'inachèvement.

« On est juste là pour penser à voix haute.

— Un peu de patience. D'accord ? Donc, Amelior...

— Voyons voir. Pour nous inspirer de la sympathie, il faut que cette communauté soit... menacée de l'extérieur.

— Pour qu'on la trouve sympa.

— Pour qu'on la trouve sympa.

— Disons que la communauté est menacée, si on retient le côté écolo, par... J'sais pas, moi... N'importe quoi ! Par des rats tueurs. Non, des rats mutants.

— S'il vous plaît... Restez dans le registre humain. La communauté est menacée...

— Par des motards nazis. Par le Ku Klux Klan. J'sais pas, moi.

— Minute papillon ! Solomon... Donc Solomon serait sur la colline en train de jardiner, ou un truc dans le genre. Avec Padma et Jung-Xiao. Baruwaluwu pousserait un cri. Et Solomon verrait...

— La trace des roues.

— Des roues ?

— Des roues des motards nazis.

— Minute papillon ! Une entreprise du bâtiment aurait l'intention de...

— Construire une autoroute qui passe par...

— Voudrait transformer la communauté en...

— En point stratégique d'une guerre chimique.

— En casino.

— En usine bio. Ce qui permet de retrouver le côté écolo. Est-ce qu'on le garde, ce côté écolo ?

— Où on fabriquerait du bétail mutant.

— Du bétail mutant ?

— Des... Des cochons mutants. Vous savez, des animaux sans tête longs d'une cinquantaine de mètres. Ou des rats mutants.

— Pour l'armée. Et Solomon...

— Trouverait le moyen...

— De tout foutre en l'air. Minute papillon ! »

Richard n'avait jamais sérieusement envisagé, pas même dans les plus fiévreuses crises de dengue et de béribéri de son dégoût moqueur, qu'il lui faudrait un jour envisager l'adaptation au cinéma d'un roman de Gwyn Barry. Mais ils étaient pourtant là, Richard et Gwyn, assis sur un canapé d'un luxueux préfabriqué de la Millenium, dans les Studios Endo à Culver City, dans l'agglomération de Los Angeles. Los Angeles avait donc renouvelé l'horreur, et plutôt deux fois qu'une. Une option avait été prise sur *Amelior reconquise*, mais les droits d'*Amelior* avaient été achetés pour de bon.

« Ouais, avait dit Gwyn la veille au soir à l'hôtel, c'est la Millenium qui va faire l'adaptation. Hé ! avait-il ajouté à l'adresse de l'agent de publicité qui venait à peine d'arriver et sortait de la douche, tout grassouillet, il n'est pas question que ça se sache avant l'attribution du Trophée. »

L'agent de publicité l'avait regardé.

« Les gens vont penser que j'ai pas besoin de ça, en plus du reste, avait dit Gwyn sur un ton de voix où perçait un sentiment d'injustice. Je les entends déjà ! Une femme riche qui appartient à la famille royale. Des best-sellers à la chaîne. Des contrats cinématographiques.

— Des clips de rock.

— Des clips de rock, c'est vrai. À tous les coups on va me demander si j'ai signé des contrats de film. On m'a déjà posé la question à peu près neuf fois.

— Vous n'avez qu'à répondre que des producteurs ont l'air intéressé.

— D'accord. Bonne idée. Des producteurs ont l'air intéressé, ça sonne bien. »

Richard n'arrivait toujours pas à comprendre. Toute œuvre

d'art, même la plus vile, même la moins talentueuse, relevait d'un genre. Et la série des *Amelior* relevait de l'utopie littéraire. On avait réalisé tout un tas de films sur des utopies ratées, sur des utopies négatives, mais pas un seul sur une gentille petite utopie où tous les personnages nagent dans un bonheur sans nuages. À part les films consacrés à des colonies de nudistes, les premiers *Kulturfilmen* et les fers de lance du réalisme socialiste, l'utopie, au cinéma, relevait de la propagande ou de la pornographie. Or, ce qui faisait tout l'intérêt d'*Amelior*, comme lieu, c'était qu'il ne s'y passait pas le moindre incident, qu'il n'y avait pas de rapports sexuels, pas de violence, pas de conflits, pas de drame.

Ce genre de réflexion avait visiblement traversé l'esprit des trois concepteurs, réunis dans un bungalow sur roues pour une séance de brainstorming en présence de Gwyn. Les deux hommes portaient une tenue de sport compliquée : une combinaison réversible. La femme portait une jupe en tissu écossais et un chemisier blanc ; elle fumait.

« Ce ne serait pas mieux, demanda Gwyn qui, en cette période précédant le Trophée, ne s'était pas encore engagé à écrire le scénario — ce ne serait pas mieux si le conflit restait à l'intérieur d'Amelior ? »

Il ouvrit la main. Puis retomba dans le silence.

« On n'a qu'à essayer. Disons par exemple que Gupta aurait trahi...

— Qu'il serait un motard nazi.

— Non. Un ingénieur en biologie.

— Gupta ? Minute papillon ! Solomon....

— Mais pourquoi ce serait toujours Solomon ?

— D'accord. Alors, Abdelrazak...

— Tu t'imagines un peu les critiques qu'on va avoir si c'est Abdelrazak ?

— C'est vrai. Alors, Jung-Xiao... roule Gupta dans la farine...

— Non, pas Gupta. Pourquoi pas Yukio ?

— Roule Yukio dans la farine ? Tu plaisantes ou quoi ?

— Soit. Alors, Piotr...

— Marchons pour Piotr.

— Jung-Xiao roule *Abdelrazak* dans la farine et lui fait révéler la trahison de Piotr.

— Qui est devenu ingénieur en biologie.
— Ou fonctionnaire fédéral.
— Minute papillon ! Gupta déteste Solomon, non ?
— Tout juste. Mais Abdelrazak aussi. Et Yukio déteste Jung-Xiao. Et l'Aiglette déteste Conchita. Et Padma déteste Masha.
— Et Baruwaluwu déteste Arnaujumajuk.
— ... Pourquoi diable Baruwaluwu déteste-il Arnaujumajuk ?
— Parce qu'ils sont en concurrence directe pour le fric.
— Minute papillon !... Conchita répand une maladie de mutant dans Amelior.
— ... Qu'elle a attrapée avec l'ingénieur en biologie, Piotr...
— ... Qui a aussi une liaison avec Jung-Xiao...
— ... Qui couche avec Yukio...
— ... Qui se tape Abdelrazak...
— ... Qui tronche l'Aiglette... »

On demanda son avis à Gwyn qui, après un silence d'une longueur inhabituelle, dit :

« Il n'y a ni amour ni haine à Amelior.
— C'est vrai, Gwyn. On s'est posé la question. Mais tous les personnages sont quand même porteurs de ces maladies.
— L'édition reliée en est à son onzième tirage, répliqua Gwyn avant de dresser la liste des exploits hémisphériques d'*Amelior*. Et tout ça, sans amour ni haine. Je vous conseille d'y réfléchir.
— Mais il en faut, de l'amour et de la haine, Gwyn. Même si cela implique de brouiller les distinctions ethniques, même si cela implique que tous les personnages soient américains.
— Même au prix des maladies. Il en faut, de l'amour et de la haine.
— Pour qu'on les trouve sympas, ces personnages.
— Pour qu'on les trouve sympas.
— Tant qu'on en est à parler de ça, dit Richard qui s'apprêtait à prendre congé (Gwyn allait déjeuner avec l'équipe des concepteurs), est-ce que je peux vous poser une question ? Il y a une grande poubelle dans le hall d'entrée. Avec une petite étiquette au pochoir collée dessus, qui dit : “ Corbeille de la sympathie ”. Qu'est-ce que c'est, une “ corbeille de la sympathie ” ? On dirait juste une grande poubelle.
— Ah oui ! La corbeille de la sympathie... On l'a installée dans le hall après le tremblement de terre pour...

— Non, après les émeutes.

— Oui, après les émeutes. La corbeille sert aux employés qui se sentiraient concernés et qui... voudraient donner de la nourriture et des habits chauds à...

— À ceux qui pourraient en avoir besoin.

— Merci du renseignement », fit Richard.

En se dirigeant vers la porte, il passa devant le troisième concepteur, qui fronçait les sourcils et se les massait en disant :

« C'est donc ça ? Moi qui croyais que c'était juste une grande poubelle. »

Pendant que la réceptionniste lui appelait un taxi, Richard examina de près la « corbeille de la sympathie ». Elle contenait bien, en effet, une vieille écharpe, une paire de chaussettes et deux ou trois paquets de biscuits et de céréales, à moitié ensevelis sous tous les détritus habituels qu'y avaient jetés les employés ignorant sa véritable fonction. Richard se sentait en sympathie. La sympathie, c'était Richard tout entier. Si c'était un sentiment que l'on avait tort d'éprouver, alors oui : Richard avait tort. Mais il ne savait pas qu'il l'éprouvait à ce point, ce sentiment. Vers la fin de sa vie, se dit-il, il lui faudrait peut-être passer beaucoup de temps à fouiller dans les « corbeilles de la sympathie » et à sympathiser avec leur contenu.

De retour à l'hôtel, il passa un coup de fil chez Suzanne la Paresseuse. Comme c'était à prévoir, les ventes stagnaient à un exemplaire.

Pendant la tournée, Richard s'était sympathiquement préoccupé de sa petite santé : par exemple, il avait fait attention, le soir, à s'arrêter de boire un peu avant d'atteindre la limite du collapsus gastrique ; il n'avait pas toujours oublié de prendre sa vitamine C, du moins jusqu'à ce qu'il finisse la boîte ; et bien entendu, il avait réduit sa consommation de cigarettes, ou du moins l'avait réorganisée. L'enfermement, l'immobilité et l'air climatisé qui sont l'apanage des voyages modernes, et auxquels s'ajoutaient les conséquences d'au moins trois énormes repas quotidiens, il les contrebalançait par des sprints fréquents aux toilettes et des insomnies de ballonnements. Mais à Los Angeles, il commença vraiment à se laisser aller. Il semblait faire des efforts surhumains pour éviter de songer à l'avenir, et il y laissait des plumes.

De l'avis général, Gwyn était censé se détendre ; il devait s'isoler des pressions qui assaillent le romancier à succès. Mais il avait l'allure et le comportement d'une surtension électrique : il continuait à donner entière satisfaction, voire des signes d'encouragement, à l'agent de publicité. Quand ce n'était pas ailleurs, Gwyn Barry se faisait interviewer, en short de tennis blanc et espadrilles noires, au bord de la piscine. Parfois, il se faisait accompagner par l'agent de publicité ; parfois (au moins à deux reprises, à la connaissance de Richard), la place de l'agent de publicité fut occupée par la jeune actrice de cinéma Audra Christenberry, elle-même accompagnée de son agent, ou de l'agent de son agent : en tout cas, de celui qui gérait la réalité d'Audra, comme l'agent de publicité gérait celle de Gwyn. Audra, qui prétendait vouer une grande admiration aux écrits de Gwyn, était pressentie pour le rôle de Conchita dans *Amelior*. Mais Richard ne pouvait s'empêcher de penser qu'elle ne ressemblait pas au personnage. Ce n'était plus le garçon manqué du Montana avec sa jolie frimousse. Après six mois à Hollywood, Audra incarnait l'artifice sur lequel tant d'hommes avaient fantasmé et continuaient de fantasmer, tandis que Conchita, dans le livre, n'était qu'un garçon manqué en chapeau de paille et salopette de toile, avec une jolie frimousse, des dons horticoles et des problèmes de poitrine.

Mais on était à Hollywood. Audra représentait les effluves entêtants de l'usine à rêves. Richard était le seul, croyait-il, à vivre dans le réel. Il était devant la glace, en fait, où il se faisait lui-même passer des auditions et des tests cinématographiques en maillot de bain, puis décidait que non. Aucun agent de publicité n'était assez doué pour gérer la réalité que lui renvoyait son image. C'était décidément fâcheux que la lecture-signature fût prévue pour la fin de la tournée, à Boston. Si elle avait eu lieu à Washington, à Chicago, se disait Richard, son sac postal se serait peut-être allégé, ou même vidé. Sans parler des biographies, que l'habitude lui interdisait d'abandonner en route. Mais en tout cas, sa valise au tonnage épouvantable avait ceci de bon qu'elle fournissait un contrepoids chiropractique au fardeau sadique de son sac.

Le miroir lui disait que c'était la réalité. Il se sentait convaincu d'avoir rapetissé d'au moins sept centimètres depuis son départ de Londres. Il était debout devant la glace, dans son maillot de bain ratatiné. Sa pâleur de polype n'était rachetée que par l'éruption féroce, ou la vaste écorchure, qui lui ceignait l'épaule droite. Il avait aussi une sorte d'escarre au coin de la clavicule. Son bras droit ne lui posait pas de problème tant qu'il ne lui demandait rien, mais quand les sanglots le réveillaient au milieu de la nuit, il le sentait comme paralysé, endolori et enflé au point de ne pouvoir se plier. Quand Richard apercevait sa main, dans la lumière de l'aube, il s'attendait à voir un gant de boxe. Son unique paire de chaussures témoignait de ce que la loi de la pesanteur lui faisait subir : avachies sur la moquette, on aurait dit des bouses de vache sur lesquelles aurait marché un pied malheureux.

Il ne sortait donc jamais. Sauf quand venait la femme de chambre, il ne sortait jamais. Il se mit à aimer *Les Simpsons*, ce dessin animé comique qui mettait en scène une famille américaine moyenne, godiche et totémique ; ils se chamaillaient beaucoup. Il était aussi intrigué, comme on dit, par toute la pornographie. La télévision de sa chambre diffusait les programmes sans porter de jugement de valeur, mais Richard avait souvent l'impression que le poste lui-même se scandalisait ou se sentait persécuté par ce spectacle conflictuel — ces noces modernes du lèche-vitrine et des sports sanguinaires. Voire : ces noces postmodernes. Le porno essayait de s'immiscer dans tous les autres genres (westerns de cul, science-fiction de cul, thrillers de cul), même s'il avait l'air de s'intéresser de plus en plus au porno lui-même, aux films « pour adultes », selon l'appellation des producteurs : pseudo-documentaires sur les films pour adultes, rivalités entre les vedettes de films pour adultes, déboires d'un réalisateur de films pour adultes. Il y avait aussi de nombreuses parodies de divertissements du petit écran, et même une parodie plutôt inepte des *Simpsons*, qui s'appelait les *Simplons*. Toutes ces images avaient été expurgées à l'intention des clients de l'hôtel, grâce à l'emplacement stratégique d'un abat-jour ou d'une corbeille de fruits devant l'écran. On voyait des visages, mais non des corps. Les hommes transpiraient et découvraient leurs dents, comme sous la torture. Les femmes grognaient et hennissaient, comme pendant l'accouchement. En bref : les *Simpsons*, les *Simplons*, le service en chambre.

En règle générale, vers le milieu de la matinée, alors qu'il était adossé contre le mini-bar en chaussettes noires, Richard songeait à téléphoner chez lui. C'était à ses fils qu'il voulait parler, pour des motifs égoïstes. À Marco. Ou à Marius, ce serait encore mieux. Marius savait s'y prendre au téléphone, il écoutait et marquait des temps d'arrêt (on entendait son souffle chaud d'enfant), tandis que Marco s'emparait du combiné et racontait tout ce qui lui était arrivé pendant les dix dernières secondes. Marco servirait donc à que dalle. Et ça revenait cher, en plus. Quand ils quittaient ces hôtels, monuments d'inflation et d'entropie, Gwyn se dirigeait droit sur le taxi ou la voiture affrétée, pendant que Richard faisait la queue à la réception puis comparait en sanglotant ses traveller's cheques et les suppléments dont il devait s'acquitter (téléphone, service, boissons, location de lit). Richard se dirigea vers le bureau et commença d'écrire une autre longue lettre à Gina. Pendant qu'il écrivait, trois angoisses apparentées se disputaient son attention. Les lettres étaient faites de papier et n'avaient pas de volume ni de masse qui la feraient dévier de son chemin ou lui opposeraient un obstacle ; un pli sur le paillasson ne ferait pas le poids contre une personne sur le seuil, le doigt appuyé sur la sonnette : mais qui ? Il eut également l'impression que son mariage et l'existence des jumeaux ne cheminaient pas sur une voie plus nette, en parallèle à sa carrière de mortel, mais qu'ils s'y ajoutaient : c'était aussi le fruit de la jalousie littéraire, de l'impopularité littéraire. Enfin, il s'imagina que toutes les lettres qu'il adressait à sa femme allaient à peine être ouvertes et parcourues, puis classées ou jetées, et qu'elles ne seraient pas plus lues que le reste de ce qu'il écrivait. Ou peut-être même pas : qu'elles seraient tout juste piétinées sur le paillasson de l'entrée comme tout le courrier inutile.

Quand Richard était retourné chez Dominique-Louise, cette fois-là, et que Gina, au lieu de retourner à Nottingham et auprès de Lawrence, était restée à Londres pour se mettre à la littérature contemporaine, elle avait commencé, tout naturellement, par les poètes.

Par les poètes, donc. Les bucoliques, les lyriques, les satiriques. Richard avait toujours trouvé de la stimulation et un plaisir sans chichis en compagnie des poètes, parce que c'étaient les seuls écrivains vivants qui étaient plus mal lotis que lui. Et qui le resteraient, songeait-il à l'époque. Richard avait fièrement amené

Gina dans les pubs décrépits où ils se réunissaient. Elle ne s'était pas laissé démonter : ils n'étaient pas de Londres non plus. Et ils la comprenaient, ainsi que son milieu d'origine. À peine Richard avait-il quitté Gina et repris ses visites à l'aveuglette dans la chambre peinte en noir de Dominique-Louise, que les poètes, avec leurs instincts de charogne forcément très développés, avaient emménagé chez elle, avec pour tout bagage des lettres d'amour en vers, des crises de larmes et des bouteilles de Sangre de toro. Il y avait eu une époque où, lorsqu'il passait la voir, ce qu'il était encore autorisé à faire, l'entrée ressemblait au foyer de la Société des poètes un soir de semaine ordinaire. À la porte, il croisait un Proinnsias ou un Cleargill ; dans l'escalier, un Angaoas ou un Iaiain ôtait ses pinces à vélo ou tâtait les poches de sa grosse veste. Il y avait des symbolistes, des dadaïstes, des acméistes. Mais Gina était réaliste. Est-ce qu'elle couchait vraiment avec eux, ou est-ce qu'ils ne faisaient que lui parler de sentiments, à la manière des poètes ? Peut-être qu'elle se contentait d'écouter jusqu'au bout leurs histoires de sentiments. Les coucheries, chez les poètes, ne sont pas chose facile ; on se retrouvait dans une piètre resucée de *La belle et la bête,* à hanter les jardins publics, à se mettre à genoux devant des clodos, à tailler une pipe à des crapauds, tout en caressant l'espoir de voir arriver le prince charmant. Mais chez les poètes, le prince charmant joue les Arlésiennes. Est-ce qu'elle avait senti aussi que la situation de l'époque rétrogradait ou déclassait les poètes, qu'elle réduisait leur importance et leur impact ? Aucun d'eux non plus n'avait son permis de conduire. Toujours est-il que Gina avait bientôt flirté en parallèle avec un rédacteur et un agent littéraire. Puis elle était passé aux romanciers. Même à présent, quelque dix ans plus tard, des poèmes de huit vers paralysés par une nostalgie romantique continuaient à paraître dans des revues ou de minces recueils, intitulés par exemple « Ne pars pas », « Les rives de la Trent », voire « À mademoiselle Young » ; c'étaient aussi, parfois, des efforts plus soutenus, plus souples et plus sombres, grouillant de connotations sexuelles ou d'expériences méditatives. Impossible de savoir avec certitude (et Gina refusait d'éclairer sa lanterne). Les poètes attiraient les femmes, et rien d'autre. Les femmes le pressentaient, et donc ils les attiraient.

La période où Gina avait fréquenté des romanciers avait sans aucun doute été la plus dure pour Richard. Il supposait qu'elle devait bien coucher avec au moins l'un d'entre eux, ou qu'elle devait en tout cas lui en donner l'espoir. Sinon, pourquoi auraient-ils continué à la voir ? Elle n'était ni aristocrate ni psychopathe. Elle était touchante (c'était une fleur venue d'ailleurs) ; prolétaire et exotique, encore largement muette, elle était parfaite pour les poètes. Mais cela ne pouvait pas retenir les romanciers. À ces coureurs de marathon, ces bénédictins de l'écriture, ces sabliers humains, il fallait un peu de diversion en fin de journée. Plus tard, alors que Gina et Richard étaient déjà mariés, deux ou trois romans étaient parus, dans lesquels on pouvait à coup sûr reconnaître Gina (en grande partie parce qu'elle était associée à un critique littéraire arrogant, qui avait une langue de vipère et toute une collection de gilets en cachemire) ; et certaines descriptions de ses dons sexuels avaient mis une puce répugnante à l'oreille moyenne de Richard... D'où lui venait donc son talent ? Il était, lui, son second amant ; et il ne pouvait imaginer que Lawrence eût été une crème en matière d'érotisme ; non, pas ce Lawrence larmoyant aux poings salissants. Gina, semblait-il, était une découverte sexuelle : une vérité révélée. Comme l'infirmière de campagne qui boit pour la première fois à l'âge de quarante ans et se réveille, cinq jours (ou cinq ans) plus tard, dans une flaque de tonifiant capillaire et de lotion dermatologique. En ce temps-là, quand il lui arrivait de marcher dans sa rue, il échangeait des regards de lassitude et de méchanceté avec des représentants du réalisme magique et du brutalisme urbain. En ce temps-là, quand il se tenait à l'aube sur le pas de sa porte, tout couvert de sang et d'égratignures après une nuit passée avec Dominique-Louise, il croisait un anatomiste génial de la culture contemporaine, un disséqueur pointilleux des mœurs postmodernes ou (plus simplement) une nouvelle voix littéraire au charme étrange. Il était luimême une nouvelle voix au charme étrange, à ce moment-là de sa vie, avec un roman publié à son actif, et un autre sous presse. Les romanciers de Gina, semblait-il, s'enrichissaient (et vieillissaient). Elle devait conserver une liste des meilleures ventes dans le tiroir de sa coiffeuse, pensait-il, et avait l'intention de grimper jusqu'en haut du palmarès. Bien qu'elle ne fût pas littéraire (elle était littérale), elle s'en était tenue au roman littéraire et n'était pas allée voir du côté des petits genres, ni du côté des romanciers célèbres dont la célébrité repose sur une autre activité que l'écriture. Richard aurait sans doute moins trouvé à redire si elle était allée passer l'hiver à Bali avec un joueur de golf qui écrivait des romans sur le piratage électronique. Ou sur des joueurs de golf. Mais Gina avait choisi de sévir dans ce qui était plus ou moins (et pour l'heure) le groupe de ses pairs.

Il est une jolie loi littéraire, un tantinet désuète et démentie, mais non moins belle pour autant, selon laquelle plus un texte est facile à écrire, plus l'écrivain touche d'argent pour l'écrire. (Et vice versa : il n'y a qu'à demander au poète à l'arrêt de bus.) Il parut donc inévitable, malheureusement, que Gina, grâce au rédacteur d'une revue d'art et à un critique de théâtre, transférât un jour son attention sur les dramaturges. Là encore, Richard avait renoncé à ses rêves de coquetterie distante et de retenue provinciale. Elle avait déménagé ; son nouvel appartement, dans un immeuble moderne situé près de Marble Arch, avait bientôt été le lieu, dans son esprit, des plus tristes ébats charnels. Lorsqu'il lui rendait visite (après avoir salué le portier et attendu l'ascenseur), Richard était forcé de passer en revue, l'un après l'autre, les tocards qui avaient le vent en poupe sur la scène londonienne. Nul barde famélique, nul conteur myope. Mais à la place, un marxiste en pantalon de cuir noir qui travaillait son manque d'ardeur. Richard avait détesté tous les poètes et tous les romanciers. Mais les dramaturges... Ah ! les dramaturges... À la suite de Nabokov et de quelques autres, Richard considérait le théâtre comme une forme d'écriture primitive et depuis longtemps dépassée. Le théâtre pouvait s'enorgueillir de Shakespeare (la bonne blague !), de Tchekhov et de deux ou trois Scandinaves sépulcraux. Et après ? Après, on se retrouvait en deuxième division. Quant aux dramaturges de l'époque, c'étaient des crieurs publics qui agitaient des clochettes de lépreux et jugeaient du malaise de la société par le nombre des fauteuils invendus dans leur Globe subventionné. Des docteurs de l'âme qui exigeaient que l'on applaudisse leurs pronostics impitoyables. De plus, et surtout, on pouvait s'imaginer qu'ils gagnaient beaucoup d'argent et creusaient leur sillon parmi toutes les actrices. Incapable d'en supporter davantage, Richard avait franchi le pas.

Il lui était souvent arrivé, par la suite, de se demander jusqu'où Gina serait allée. Et il n'avait eu aucun mal à l'imaginer au bord d'une piscine avec un scénariste milliardaire, en train de se promener dans le parc d'un château avec un francophile amateur de bonne chère, terrée dans la tour d'ivoire d'un nègre (cet écrivain qui compte sans compter) ou encore en train de suivre religieusement le fauteuil roulant électrique d'un astrophysicien handicapé. Tout compte fait, il aurait dû l'épouser le jour où elle avait débarqué de Nottingham. Qu'est-ce qui l'avait retenu ? Le sentiment qu'elle n'était pas assez littéraire et qu'elle ne lui fournirait jamais assez de matière romanesque ? Ils avaient passé une soirée, au tout début, chez Gwyn. Gwyn et Gilda. Richard et Gina. Au menu : des pâtes et une bouteille de vin rouge pour toute une famille. Gwyn était encore un critique raté, à cette époque bénie. Repas frugal, murmures des jeunes filles, vacillations de leurs voyelles. Richard, le foulard taché, s'était dit en quelque sorte qu'il méritait mieux. Il avait troqué les peluches caressantes de Gina contre le boudoir enténébré de Dominique-Louise. Mais il ne pouvait la quitter pour de bon. Sa fréquentation des écrivains, c'était apparemment une ruse, mais peut-être aussi du désespoir, au fond. Une attitude qui semblait dire : « Regarde à quoi tu m'as poussée. » Pourquoi pas ? Pourquoi pas ? semblait-elle dire. Il y décela aussi l'occasion de dépasser d'un bond tous les concurrents. Et la saisit.

C'est ainsi qu'un matin, il s'était attardé à l'hôpital jusqu'à ce qu'on fixe la perfusion au biceps meurtri de Dominique-Louise, puis avait couru droit chez Gina. Là, il avait attendu, bras croisés, qu'un des jeunes scénaristes les plus forts en gueule du pays range sa brosse à dents électrique dans son attaché-case métallique et disparaisse à jamais. Richard : « Marions-nous. » Et Gina d'accepter en éternuant au milieu des sanglots.

Ah ! Cet éternuement ! Il croyait qu'il appartenait au répertoire féminin. Mais il avait éternué au milieu des sanglots, lui aussi, quand les Presses de l'Audace avaient accepté son livre... Cela n'avait rien à voir avec les dramaturges, mais Richard se posait encore des questions sur la théâtralité des femmes. Les femmes étaient émotives et semblaient avoir besoin de cours de théâtre. Pourtant, les hommes étaient théâtraux, eux aussi, ou du moins autant qu'il devaient l'être, mais ils étaient moins émotifs. Il en allait comme de la coupe des pantalons qu'elles portaient : les femmes aimaient la variété. Tandis que les hommes ne fréquentaient qu'une école de théâtre (la méthode), celle du détachement. Voilà les hommes. Les voilà bien, ces cabotins du détachement.

« C'est Audra Christenberry qui va jouer le rôle de Conchita ?

— Une actrice bourrée de talent. Elle a un rayonnement, une vivacité... »

Gwyn approuva en son for intérieur, en y réfléchissant.

« Oui, je crois qu'elle devrait bien se débrouiller.

— Elle va devoir se faire rentrer les seins », fit Richard, qui n'était pas très détaché, qui avait raté l'examen du détachement. Il était de moins en moins le genre détaché, il se détachait du détachement. Mais lui restait-il une autre possibilité ?

« Se les faire rentrer ?

— Oui, rentrer. Tu sais. Raboter.

— Raboter ? Je ne te suis pas.

— Dans le livre, Conchita n'a pas de poitrine, non ? Ou du moins une poitrine plutôt masculine.

— Non, pas masculine. Mais pas très prononcée, c'est tout.

— Plate.

— Disons de petite taille.

— Qu'est-ce que tu vas donc y faire ?

— À quoi ?

— À ces deux manches à air de silicone qu'elle s'est fait implanter.

— Le cinéma, c'est pas comme la littérature. Grands dieux, tu as de ces façons de parler ! Et d'abord, comment sais-tu qu'ils sont faux ?

— On l'a déjà vue dans des films. Elle jouait dans ce film qui m'a valu un œil au beurre noir. Elle n'avait pas de poitrine à l'époque. Mais deux minuscules tétons. Parfait pour *Amelior*.

— Peut-être qu'ils ont poussé sur le tard.

— C'est ça ! Quand elle tourne à l'angle d'une rue, ils partent de l'autre côté. Quand elle entre au bar s'acheter un sandwich, ils restent au bord de la piscine à se gorger de soleil.

— Seigneur !

— Elle ressemble à la fille des *Simplons*.

— C'est quoi, ça ?

— Du porno.

— C'est pas moi qui regarderais ce genre de truc !

— Et pourquoi pas ?

— ... Eh bien, pour commencer, ça réifie les femmes. Ça les transforme en objets.

— C'est pourtant un moyen pratique de se tenir au courant de l'évolution des pratiques sexuelles. Où en est la fellation, par exemple, et ainsi de suite. De toute façon, on ne voit jamais rien, parce qu'il y a toujours une bouteille de vin ou un bouquet de fleurs devant l'écran. Ça transforme les femmes en objets. En silicone, par exemple.

— Qu'est-ce qui te prend ?

— Je craque.

— Tu es soûl. Qu'est-ce qu'elle a, ta voix ? Tu parles comme un goitreux. T'as intérêt à te l'arranger d'ici Boston. Sinon, ils ne vont pas comprendre un mot à ta lecture. »

Ainsi, de temps à autre dans l'après-midi, Richard se risquait à l'extérieur, complètement ébloui par la lumière du jour, et se rendait dans la cour de l'hôtel, éblouie elle aussi, vêtu de son tee-shirt antédiluvien et de son bermuda kaki. Timidement, il s'asseyait en général loin de Gwyn et de sa compagnie changeante, et regardait les gens nager. Les femmes n'avaient certes pas toutes le corps aussi parfait et refait qu'Audra Christenberry ; nombreuses étaient celles qui avaient le teint aussi terne et brouillé que lui, bien qu'elles fussent au moins deux fois plus vieilles. Elles faisaient leurs longueurs de crawl, le coude plié à la manière des femmes (surtout des Américaines), un masque sur le visage plutôt qu'un rictus aux lèvres : le masque de la détermination américaine. Mais lui, ce Hamlet, cette loque corporelle, n'était pas pressé de railler la détermination américaine. Malgré tous ses kilos en trop, Richard était encore assez mince comparé au couple de Texans avec qui il était descendu sur la mezzanine — des Texans si gros que, à les voir, on relisait la garantie de l'installateur fixant à dix-huit personnes la capacité de l'ascenseur. Sur la terrasse, les hommes (ces splendides nourriciers) se baignaient, mangeaient et téléphonaient ; ils occupaient des transats, sûrs d'eux, étalés sur le côté, une jambe relevée, une main posée à plat sur leur ventre tendu, et parlaient le langage des nourriciers avec des collègues nourriciers dans la fleur de l'âge. Richard avait l'impression, à Los Angeles, de ne pas valoir grand-chose : c'était un zloty, un misérable kopeck. Non loin de là, Gwyn goûtait une omelette nature, un thé glacé, et répondait à des questions. L'écriture ressemble à la menuiserie. Rien n'est certain, mais des producteurs ont l'air intéressé. J'utilise un traitement de texte tout simple, une sorte de machine à écrire perfectionnée. Du petit déjeuner au déjeuner, et un peu plus tard en fin d'après-midi... À un mètre cinquante de lui, la conception ergonomique du maillot de bain d'Audra Christenberry. Ou le visage enfariné de l'agent de publicité.

Gwyn avait du sang ibérique dans les veines ; au soleil, il brunissait et étincelait. Les séjours brefs que faisait Richard au bord de la piscine, avec sa peau d'Anglais non convertible, lui valurent des brûlures au premier degré sur les bras, les cuisses, le cou, le nez et le front. Habillé, il ressemblait à un acteur de second rang dans une médiocre vidéo ou dans un porno — gogo répugnant maquillé à la va-vite dans un éclairage de veillée funèbre. Nu, il se sentait les signes distinctifs d'un pigeon londonien. Même la rougeur de ses jambes, couleur des pigeons maigrichons, contribuait à le rendre nostalgique de son pays. Il avait aussi d'autres problèmes dans la ville du Pacifique. Il avait toujours la bouche sèche, quoi qu'il bût ; la langue qui se recourbait sur les bords ; des chapelets d'information qui lui perlaient sur les gencives, le renseignant sur son avenir immédiat. À deux endroits (en haut à gauche et en bas à droite), les petites souris de la douleur cassaient déjà de petits œufs de souris, dont sortaient des douleurs de souris, à chaque seconde lancinante. Puis la douleur s'estompait. La nuit, dans sa chambre, il faisait des comptes rendus de biographies et annotait *Sans titre* en vue de la lecture bostonienne, au bout du tunnel.

Il avait encore d'autres problèmes dans la ville du Pacifique, cette ville qui restait ville à perte de vue et à perpétuité. À deux ou trois reprises, il rassembla assez d'énergie pour s'y laisser conduire, lorsque Gwyn passa à la radio ou à la télé, et il assista à une lecture de Gwyn, quelque part dans une galerie marchande. La ville ressemblait à une ville qui aurait magnifiquement repris le dessus, peu de temps après avoir subi une attaque nucléaire totale, reçu une météorite de la taille de l'Everest, ou essuyé un raz de marée de plusieurs centaines de mètres de haut : les tuiles et les pépins se multipliaient sur des kilomètres et des kilomètres carrés, mais le soleil, l'esprit d'entreprise et la synergie multiculturelle remettaient toujours la ville à flot. Comme Gwyn s'était abaissé à le confier à son public, lors de la séance d'échauffement avant la lecture, Los Angeles était Amelior... À quelques différences près. Nikita Khrouchtchev, alors qu'il survolait un jour le dernier bastion de l'Occident en rentrant chez lui, avait vu toutes ces piscines innocentes, face au ciel, et avait tout de suite compris que le communisme avait échoué. Et le corps de Richard comprenait que tout ce que représentait Richard (le rejet de la banalité, la complication, la difficulté) avait échoué. Partout où l'on portait ses regards, Los Angeles recherchait la transcendance, par le biais de l'astrologie, des boules de cristal, du culte du corps et de la fréquentation des temples, mais ces solutions n'étaient que de piètres tentatives de divination séculière, des tuyaux et des prévisions pour améliorer la vie ici et maintenant. Or, ce qui compte, c'est de préparer l'avenir. Mais Richard n'était pas prêt pour l'avenir. La connaissance que son corps en avait semblait passer par les sinus ; elle se présentait non pas à son esprit, mais dans ses oreilles, son nez, sa gorge.

Les femmes, pensait-il, comprennent le temps. (Gina comprenait le temps.) Elles peuvent projeter leur imagination dans le futur et se situer elles-mêmes à différents points du futur. Le temps est une dimension, non une force. Mais les femmes le vivent comme une force parce qu'elles en ressentent à chaque heure la violence. Elles savent qu'elles seront à moitié mortes à quarante-cinq ans. Cette information n'effleure pas les hommes. Les hommes, à quarante-cinq ans, sont « dans la fleur de l'âge ». À elles, le changement. À nous, la fleur. Et c'est pourquoi nos corps sanglotent et suintent la nuit, parce que nous sommes à moitié morts, nous aussi, et que nous ne savons pas comment ni pourquoi.

« Aïe ! fit l'agent de publicité. Dur pour le visage ! Ça fait très mal ? »

Richard répondit :

« Pas autant qu'on pourrait le croire.

— Pardon ?

— Pas autant qu'on pourrait le croire.

— Pardon ? »

Il fit non de la tête. Ça, en revanche, ça faisait très mal. Peu avant l'aube, Richard s'était levé et s'était dirigé vers la glace de la salle de bains avec une inquiétude bien plus intense que d'ordinaire. Il s'en serait douté : il avait le visage en forme de téléviseur. Il ressemblait à l'un des Simpsons. Il ressemblait à Bart Simpson. De profil, on aurait dit une caricature de bande dessinée dans une salle d'attente de dentiste. Mais de face, il ressemblait à Bart Simpson. Parce qu'il avait deux abcès caricaturaux : en bas à droite et en haut à gauche.

À l'aéroport, il s'assit avec Gwyn tandis que, non loin de là, l'agent de publicité se tapait la tête contre la paroi d'une cabine téléphonique en réorganisant les interviews. Le vol à destination de Boston était retardé, et il y avait quelques complications supplémentaires. Juste après la lecture qui se tenait en milieu d'après-midi, ils devaient faire un saut à Provincetown, de l'autre côté de la baie, sur le cap Cod, pour assister à une réception qu'organisait dans sa maison de vacances le nabab des articles de toilette — ou était-ce le roi du hamburger ? — qui possédait la maison d'édition de Gwyn. L'agent de publicité revint vers eux et dit :

« Le type du *Globe* et la fille du *Herald* nous attendront à l'aéroport, et on pourra faire deux entretiens pour le prix d'un dans le taxi.

— Vous avez réussi à joindre Elsa Oughton ?

— Chaque fois que j'appelle, je tombe sur la même négresse qui m'envoie paître et refuse de prendre mes messages. »

L'agent de publicité s'affala sur un fauteuil.

Gwyn le dévisageait.

« Réessayez. Qu'est-ce que c'est que cette histoire ? C'est la troisième voix du Trophée, bon Dieu ! »

L'après-midi où Gwyn devait faire sa lecture à Los Angeles, l'agent de publicité avait montré du doigt un nuage solitaire dans le ciel, un nuage rosé sur les bords, en forme de toque de cuisinier, complètement perdu. D'un air comique, il avait prédit à tort que, comme on était à Los Angeles, personne ne viendrait. À Los Angeles, le ciel n'a qu'une seule imitation à son répertoire : celle du vide interstellaire. Quand il devait annoncer à Los Angeles le temps qu'il faisait en ville, le ciel, comme Gwyn Barry quand on l'avait interrogé sur l'intérêt que la Millenium portait à *Amelior*, n'avait pas de commentaire à faire. Le ciel de Los Angeles était un ciel qui se refusait à tout commentaire.

Sa lecture devait avoir lieu en même temps, ou en parallèle, dans un ancien théâtre situé dans un quartier commerçant du centre de Boston. Aux yeux de Richard, la foule massée à l'extérieur, puis la foule massée dans le hall d'entrée, puis de chaque côté du couloir, puis dans le bar où se tiendrait plus tard la signature, en même temps ou en parallèle, était de bon augure. La table de Gwyn était prête ; elle disparaissait presque sous les talus et les falaises de sa production romanesque, sous les piles des *Amelior reconquise*, les piles des *Amelior*, les piles (Seigneur !) des *Summertown*, réimprimé dans une nouvelle édition de poche aux couleurs vives. Richard s'approcha de sa propre table, qui était bien entendu complètement vide, et commença d'y décharger son sac postal. En en retirant le premier exemplaire de *Sans titre*, il s'accrocha forcément une petite peau dans la grosse trame de la couverture. Il ne quittait pas Gwyn des yeux et tentait d'imiter son air bienveillant, amusé, blasé. Il s'efforçait aussi de trouver des signes d'encouragement dans l'enthousiasme débordant qui s'étalait devant lui, un enthousiasme si peu lucide (par définition) qu'il en devenait grotesque. À supposer qu'un Anglais apprenne que son écrivain préféré, qui se trouve aussi être son frère jumeau qu'il croyait mort, fait une lecture dans la maison voisine, il ne songerait jamais à jeter ne serait-ce qu'un coup d'œil par la porte. Mais on était en Amérique : les gens sortent, ils ne restent pas inactifs.

Pendant le quart d'heure suivant, les deux écrivains devaient occuper une partie réservée du bar et se mêler au groupe des journalistes et des universitaires que l'on avait réunis pour la circonstance. Elsa Oughton en était, Richard fut frappé par son allure. Ce n'était plus la dryade anguleuse, version américaine de Gina, que montrait la photo sur la jaquette de son livre : il ne l'aurait pas reconnue sans les chaussures de Gwyn qui dépassaient derrière sa jupe. En s'en tenant au principe de la rencontre fortuite (ou du hasard, ou de la défensive), Richard avait décidé d'arrêter de calomnier son ami. Mais après que Gwyn en eut fini avec elle (il la quitta en lui serrant la main comme seuls les employés des relations publiques savent le faire : en lui enveloppant les deux mains de ses deux paumes, comme dans une prière commune), elle s'approcha de l'endroit où il se tenait. Il avait le visage enflé et un gobelet de vin blanc à la main. Et puis zut ! se dit-il ; et il enchaîna à voix haute :

« Elsa Oughton ? Richard Tull. Je me demande si vous avez vu la critique de *Crin* que nous avons fait paraître dans *La petite revue*. Positif, comme critique, et en plus, très intéressant. Je veillerai à ce qu'on vous en envoie une copie.

— Merci. Bon, alors... Comment s'est passée votre tournée ? »

Richard avait sous les yeux un récit d'obésité. Toute l'histoire de A à Z : comment elle avait grossi à ce point, comment elle avait essayé de maigrir. La haine que lui inspirait son poids. Il se demanda s'il était capable d'inventer une histoire sur la haine de Gwyn pour les obèses, peut-être à partir d'un sarcasme lancé à un enfant qui aurait eu des problèmes hormonaux. Mais il ne voyait pas comment aborder le sujet de l'obésité en douceur. L'espace d'un instant, il se sentit fier de l'humiliante boursouflure qui le défigurait. Tout ce qu'il savait d'autre d'Elsa, c'est qu'elle écrivait des nouvelles larmoyantes sur des randonnées en plein air, des nuits à la belle étoile et le rapprochement des hommes et des animaux. Et qu'elle avait récemment épousé Viswanathan Singh, professeur d'économie à Harvard.

Il rentra la poitrine et bomba le ventre. Puis se lança :

« C'était plutôt atterrant, à vrai dire.

— Comment ça ?

— Eh bien... Ça fait vingt ans que je connais Gwyn... »

Richard ne prit même pas la peine de se répéter qu'il ne devait pas s'emballer.

« Je connais ses petites manies. Ou du moins, je croyais que je les connaissais. C'est un parfait snobinard, qui aime le confort matériel et déteste les animaux. Soit ! Qu'est-ce que ça peut bien faire ? Mais je ne l'aurais jamais soupçonné d'être un raciste impénitent. Oui, comme je vous le dis. Je n'en suis pas encore revenu.

— Un raciste ?

— C'est vrai qu'il a grandi au pays de Galles et que, là-bas, il y a une très grande homogénéité raciale. À Londres, lui et sa femme (Lady Demeter, comme vous le savez) évoluent dans un milieu très huppé. Mais ici, en plein dans le grand " melting-pot "...

— Par exemple ?

— Depuis deux semaines je subis un flot constant de remarques perfides sur les polaks, les chinetoques, les ritals, les métèques, les pakis et les négros. Y z'ont qu'à retourner dans leur pays pourri, etc. Bref, vous connaissez la chanson. »

Et ensuite ? Gwyn se faisant une cagoule avec sa taie d'oreiller ? Gwyn et sa croix de feu, tonnant contre... Non. Pas de chevaux. Richard fit un gros effort et réussit à bredouiller de son nouveau ton de voix obstrué :

« J'ai essayé de lui lire les ouvrages de Dickens sur le sud des États-Unis. Mais rien à faire, bien sûr. L'ami Barry ne l'entend pas de cette oreille.

— Mais ses livres sont tellement mous. Tellement mous !

— Oui, mais c'est souvent comme ça que ça se passe, non ?

— Je ne peux pas assister à la lecture. Je... je dois partir. »

Elsa Oughton ne pouvait pas assister à la lecture parce qu'un tapissier devait passer chez elle et que Viswanathan ne daignait pas s'occuper des commerçants. Les Singh avaient déménagé depuis peu et ce genre de situation se reproduisait presque tous les jours. Viswanathan lui téléphonait pour lui dire de rentrer parce qu'il y avait un type à la porte qui venait livrer un paquet. La veille au soir, il l'avait surprise, accroupie devant le réfrigérateur dans le noir, et lui avait annoncé son intention de faire chambre à part. Et salle de bains à part. Ce matin même, il lui avait fait une autre scène. Elle avait traversé la pièce devant son bureau. À l'avenir, elle devrait passer *derrière* son bureau. Même dans l'état actuel des choses, elle n'avait le droit de regarder dans sa direction, semblait-il, qu'un mardi sur deux.

« Tenez ! À l'aéroport, tout à l'heure, reprit Richard, nous avions un vieux porteur asiatique très digne. Il a malencontreusement laissé tomber une canne-siège de Gwyn, qui l'a traité de sale macaque. Excusez-moi, mais ça paraît incroyable, non ? Moi, ça m'est égal que les gens soient verts, bleus ou à pois... »

C'est ce qu'on dit, pensa-t-elle. Passez donc chez moi et vous verrez si vous arrivez à en tirer quelque chose, de mon sale macaque à moi.

« Ravie de faire votre connaissance. Je vais rejeter un coup d'œil sur ses livres.

— Faites donc. »

C'était l'heure. L'organisatrice lui prit le bras et, un sourire indéchiffrable aux lèvres, l'entraîna en laissant Gwyn sur place. Tandis qu'elle le guidait dans des couloirs et lui faisait monter des escaliers semblables à des escaliers de pompier, les marches enroulées autour du poteau central, Richard pressentit qu'une catastrophe l'attendait : non pas une humiliation littéraire, mais une catastrophe proprement dit, avec des morts à la clé. Ce fut d'abord une jeune femme sur une civière qu'il croisa, amenée par deux entrepreneurs médicaux indépendants en salopette orange. Puis vinrent un policier, un autre médecin, un authentique pompier muni d'une hache et un jeune couple qu'on aurait dit soudé par un grand chagrin. Il prit un autre couloir. De part et d'autre, des silhouettes étaient appuyées contre le mur, dans une attitude de détresse, d'épuisement ou de convalescence. C'était l'entrée de la salle A, où Gwyn devait lire. Richard risqua un œil à l'intérieur et vit un encombrement humain de proportions inimaginables, de nos jours, dans le monde civilisé. Peut-être que dans les trains de banlieue japonais, dans les foules piétinées ou les reportages nargués par la grimace des calamités... Il pensa à la déportation, à l'entassement des esclaves, aux prisons de Calcutta. De la pièce provenait la rumeur dense et bourdonnante d'une jeunesse coagulée, toute une ruche d'hormones. L'accompagnatrice de Richard s'arrêta pour rassurer deux pompiers postés sans grande conviction de chaque côté de l'entrée, puis se tourna vers lui et lui dit, avec une tendresse qui ne laissait rien présager de bon :

« Je suis certaine que vous êtes un écrivain magnifique, vous aussi. »

Ils continuèrent jusqu'à la salle B. La salle A contenait 750 spectateurs ; la salle B, 725. Richard avait très volontiers admis, en hochant malicieusement la tête quelque part dans un aéroport, dans un petit café mal éclairé, à l'entrée d'un hôtel, de laisser la salle A à Gwyn. Après s'être mouché une dernière fois, Richard pénétra dans l'espace et le silence de la salle B.

Plus tard, il se dirait que la lecture avait sans aucun doute été le clou de l'après-midi. Il n'y avait peut-être pas eu beaucoup de spectateurs, mais des spectateurs variés, en tout cas : une femme, un Noir, un Amérindien et un obèse. C'était tout. Mais il fallait voir lesquels. L'obèse était obstinément obèse ; ses bourrelets de graisse semblaient déborder et dégouliner sur deux ou même trois fauteuils ! Le Noir était aussi noir que la chambre de Dominique-Louise, aussi noir qu'Adam. L'Amérindien portait des bottes de cow-boy et, une jambe passée sur l'accoudoir, balançait un éperon polyrythmique au-dessus de la travée. Et la femme, sous les épaisseurs matelassées de sa blouse en peau de mouton, était femme de pied en cap, Richard en était certain. L'Obèse, le Noir, l'Indien-cow-boy, l'Éternel féminin... Il s'installa sur l'estrade sous un crépitement d'applaudissements — qui venait de la salle voisine. On aurait dit un percolateur qui se serait mis en marche à deux ou trois centimètres de l'oreille bouchée de Richard. Au lieu de s'évanouir, il commença de lire les premières pages du onzième chapitre, qui décrivaient le repaire de vagabonds dans un style parodiant *Les idylles du roi.* Il perdit tout de suite un quart de son auditoire lorsque l'Indien, en poussant un hululement primitif, se leva et se dirigea vers la sortie. Richard leva la tête. Leurs yeux se rencontrèrent. L'Indien avait une démarche grave, vaniteuse et ridiculement souple dans ses bottes de cow-boy. Des bottes de... cow-boy ? Il portait les bottes du massacreur ? Envahi par une bouffée de dépit et de dégoût, Richard comprit qu'il s'agissait de son collègue des Presses de l'Audace : John Two Moons. Il restait trois auditeurs. En reprenant sa lecture, il se surprit à ménager de plus en plus leur sérénité précaire, leurs caprices et leurs sautes d'humeur, avant de les flatter entièrement. Ce qu'il lisait n'était d'aucune utilité. Il lui aurait fallu des paragraphes chantant les louanges des obèses, des Noirs, des femmes en blouse. L'obèse, suscitant un suspense insoutenable, faisait des efforts de plus en plus faibles pour s'extirper de son fauteuil. Il s'ébroua, échoua, puis sombra dans un sommeil agité. L'Afro-Américain apportait lui aussi son lot de conflits et de drames : revigoré par ses propres préoccupations, il commença par faire des mouvements de lèvres en silence, puis enchaîna par des balbutiements, des bredouillements, et termina par des braillements plus forts que les mots de l'orateur au micro. Seule la femme, qui avait l'âge de Richard et le regardait fixement sous son épaisse couche de maquillage, un sourire imperturbable aux lèvres, ne bronchait pas : l'auditrice idéale.

La lecture fut sans aucun doute le clou de l'après-midi. Après quoi, tout alla de mal en pis.

Pendant l'un des nombreux entractes dus aux stridences de la salle A, Richard se mit à examiner son mouchoir. Un mouchoir comme aucun Américain n'en avait jamais vu depuis l'invention des mouchoirs en papier. (L'agent de publicité, Richard le savait, n'en croyait pas ses yeux.) Il avait des coins froissés, secs et craquants au toucher ; d'autres, visqueux comme un blanc d'œuf mal cuit ; le tout épousant une étrange forme, résolument asymétrique. Il le porta, humide, à son nez. Ce bon vieux tire-jus ! Il ressemblait à celui qu'il trouvait parfois, écolier, dans la poche de son blazer après un semestre de grippe. Il avait la forme et la couleur des cieux de Londres.

Boston s'embrasait derrière eux dans le crépuscule rouge brique, lorsqu'ils franchirent la porte et se dirigèrent vers l'avion, un tout petit coucou. Richard se retourna. Il y avait, dans la rouille et la poussière du couchant, de l'épouvante, de la vénalité, de la lubricité. On entendait le gémissement primal qui recouvrait le bruit du vent ordinaire.

Gwyn dit :

« Rassurez-moi.

— Un saut de puce, lui répondit l'agent de publicité. À peine une demi-heure. On arrivera avant l'orage. Promis.

— On va quand même pas décoller dans cette purée. Bon Dieu ! C'est les frères Wright.

— Orville et Wilbur, dit Richard dans son délire. À Kitty Hawk.

— Je l'ai fait, genre, mille fois. C'est rien qu'une petite brise.

— Ce n'est pas une brise, c'est un ouragan.

— Ne vous inquiétez pas. »

Richard se débarrassa du joug de son sac postal et le posa par terre. Son sac était un tout petit peu plus lourd qu'avant la signature de Boston. Comme pour le confirmer et le graver en mémoire, comme pour asseoir son autorité, on allait maintenant le peser. Le poids, dans ces circonstances, n'était pas à prendre à la légère. On demanda leur poids à tous les passagers au moment de l'enregistrement : Gwyn avoua cinquante-cinq malheureux kilos, Richard précisa soixante-huit et demi, bien qu'il les eût dépassés depuis longtemps, et l'agent de publicité finit par en déclarer quatre-vingts à contrecœur. Une jeune femme en tailleur pantalon bleu banda les muscles de ses jambes et hissa le sac de Richard sur le grand plateau de la balance. Si sa valise avait provoqué des haussements de sourcils, son sac fit l'objet d'une discussion ouverte. Pour y mettre fin, Richard dut sourire. Et dès que cela fait mal de sourire, on se rend compte qu'on sourit souvent sans le vouloir, qu'on sourit souvent de douleur. Il savait, pour s'être regardé dans la glace, l'air qu'il avait en souriant. Il avait l'air de se remettre d'une attaque d'apoplexie. De sorte que ces sourires qu'il faisait pour sauver son sac, devant Gwyn et l'agent de publicité — ces sourires lui prirent tout ce qu'il avait ; ils l'allégèrent de la monnaie qu'il gardait dans ses poches ; ils le mirent à sec... Une centaine de mètres plus loin, le petit appareil était stationné sur la piste, penaud, tassé sur lui-même avec ses pattes malingres et son fuselage dodu qui en disait long sur la naïveté aérodynamique. En le regardant, Richard ne pensa pas aux sourires d'Orville et de Wilbur, derrière leurs lunettes d'aviateur, mais aux frétillements spasmodiques d'amateurs moustachus, qui s'élançaient du haut des falaises en pédalant sur des bicyclettes harnachées et en agitant des ailes burlesques. On lui rendit son sac d'un air sceptique en lui demandant de le garder en cabine. Il le reprit donc sur l'épaule et se tourna vers Gwyn :

« Nom de Dieu ! Tu as vu ?

— Où ça ? » demanda-t-il.

Il regarda en direction du sud. La nuit était prête à arriver, à se dérouler, mais le jour ne voulait rien entendre. La lumière se faisait chasser par les ténèbres à cause de la rotation terrestre ; mais la lumière ne voulait rien entendre. La lumière et le jour n'étaient pas allés se coucher. Ils étaient encore debout à la tombée de la nuit. En plein progrès des ténèbres, la lumière (le talent, la passion) se livrait à une lutte ardente. Puis elle se cabrerait dans une illumination de folie : journée d'hystérie.

Il ne se faisait pas de souci parce qu'il était déjà mort. C'était fini. Il partit, son sac postal à l'épaule, et s'assit dessus, derrière un escalier dressé à la verticale qui ne menait nulle part. Il glissa une cigarette entre ses lèvres inhabituellement crispées et laissa passer la mort.

C'était la signature qui l'avait tué. Keats avait été tué par une mauvaise critique, Richard par une signature ratée. De la lecture, on pouvait au moins dire qu'elle n'avait pas été suivie par beaucoup de spectateurs. Mais le public de la signature atteignait des proportions bibliques. Gwyn avait répondu à la demande et lu un extrait assez bref, qu'il avait resservi trois fois. Tous ses auditeurs étaient restés.

Ainsi, pendant que son camarade et néanmoins concurrent usait quatre feutres pour signer des *Amelior reconquise*, des *Amelior* et des *Summertown*, mais aussi des programmes, des prospectus, des photos de presse, des cahiers d'autographes, des plâtres, des avant-bras de jeunes filles, des cuisses de jeunes filles, Richard était resté assis deux heures à l'autre table, sans rien faire... Par le passé, Richard avait déambulé, en diverses qualités dont aucune n'était très flatteuse, dans des foires et des salons où il avait étudié, avec une hostilité débonnaire, les files d'attente devant les écrivains qui signaient leurs livres. Chaque file, comme chaque livre et comme chaque écrivain, relevait d'un genre bien précis : contestataire, pédagogique et fière de l'être, rebelle, ordonnée et disciplinée, ludique, sérieuse — toutes catégories auxquelles s'ajoutaient les différentes nuances de classe, d'âge, de sexe et de race. La file d'attente qui se déroulait devant Gwyn, il fallait le reconnaître, ressemblait à l'universel. On arrivait là comme sur la passerelle menant à l'arche de l'avenir.

Tout en attendant leur tour (mais où finissait l'attente ? où finissait la file ?), les gens trouvaient en Richard un objet de contemplation et d'interrogation, un objet de délectation. Ils l'ignoraient, mais ils étaient les acteurs de ses funérailles, les endeuillés et les éplorés qui défilaient lentement devant le cadavre de sa profession, devant le cuissard en fer-blanc, roide et rayonnant sous son masque funèbre.

Le fantôme resta assis à la table sur laquelle s'entassaient des exemplaires non signés de *Sans titre*. Au bout d'une vingtaine de minutes s'approcha un vieillard. Il portait des jeans repassés et avait un air de grande loyauté sur son visage d'archange : c'était le spectre de Thomas Paine. Il tira un exemplaire du roman de Richard de sous son bras et l'envoya valdinguer sur la table. *Sans titre* s'ouvrit aux pages huit et neuf, lesquelles portaient toutes deux des taches et des altérations de sang séché qu'on ne pouvait pas ne pas voir ; entre les deux se reconnaissait le signet de Suzanne la Paresseuse ; sur le coin supérieur de la page neuf, qui avait été sauvagement cornée, se dessinaient les contours parfaits d'une empreinte de pouce sanguinolent. Ce n'est pas qu'il voulait le faire signer ; c'est qu'il n'en voulait plus... La seule autre visite qu'il reçut fut celle d'une femme, la femme qui avait assisté à sa lecture. Elle lui avait alors semblé le seul membre du public à prêter la moindre attention à ses paroles. Elle s'approcha de sa table avec une timidité empreinte d'espièglerie. Richard lui souhaita la bienvenue de tout cœur, et continua de tout cœur à être bien disposé envers elle tandis qu'elle tirait de son sac en bandoulière l'exemplaire d'un roman qu'avait écrit non pas Richard Tull, mais Fedor Dostoïevski : *L'idiot*. Debout à côté de lui, penchée sur lui, l'atroce tiédeur de son visage près de lui, elle se mit à le feuilleter en lui expliquant. Ce livre était lui aussi taché, non par des gouttes de sang mais par les couleurs rivales de deux surligneurs, l'un bleu, l'autre rose. Et pas seulement sur deux pages, mais sur les six cents qu'il comptait au total. Chaque fois que se combinaient les lettres *i* et *l*, comme dans *fil*, *file* et *filet*, comme dans *habillement*, *Philippovna* et *pestilentielle*, elles étaient passées en bleu. Chaque fois que se combinaient les lettres *e*, *l*, *l* et *e*, comme dans *elle*, *selle*, *tellement*, *pestilentielle*, elles étaient passées en rose. Et comme *il* était plus court, donc plus fréquent, que *elle*, la domination était, sans conteste ni surprise, masculine. Ce qui était exactement le but de l'exercice. « Vous voyez ? » lui soufflait-elle, son haleine chaude et métallique sentant le médicament, les batteries et les plateaux d'imprimerie. « Vous voyez ? »... Les organisateurs connaissaient bien cette femme, cette revenante malheureuse, cette peste infatigable, et ils redoublaient d'efforts et d'amabilités pour la faire partir. Mais Richard ne l'entendait pas de cette oreille. Jamais il n'avait pris tant de plaisir à la compagnie d'autrui. Jamais il n'avait vécu moments plus délicieux. Jamais il ne la quitterait d'un pouce. Ils vieilliraient ensemble, sans enfants certes, mais avec des paires jumelles de surligneurs, et ils s'attaqueraient aux grandes œuvres de la littérature, l'une après l'autre. S'il venait à faiblir, elle empoignerait le surligneur bleu ; si jamais elle montrait des signes de lassitude, il s'emparerait du rose. Mais la vie est courte, et l'art est long : viendraient-ils seulement à bout des Russes ? Assis côte à côte, lui avec un demi-pichet et des calmants, elle avec des cachets de zinc et de manganèse.

La dame au petit chien et autres nouvelles. Le manteau. Pères et fils. Un héros de notre temps.

La mort d'Ivan Ilitch. Le monsieur de San Francisco. Le maître et Marguerite.

Le diable. Le double.

Nous autres.

Richard porta une main à la surface spongieuse de son visage. Il pensait pouvoir déterminer, à présent, où se situaient ses écrits, où se situaient ceux de Gwyn, par rapport à l'universel. L'agent de publicité l'appelait. Au-dessus d'eux, le ciel démontrait sa capacité à faire des trous noirs. Cette imitation (la quasi-circularité de l'horizon, la contraction attendue de la pupille au centre de l'œil, sous l'effet de la drogue, comme une tache plissée dont on retrouverait le dessin dans un des petits livres d'astronomie que possédaient les jumeaux) avait besoin d'être retravaillée.

Ils roulèrent sur la piste, prêts à décoller. Les sept passagers, le cou incliné de côté, étaient assis à l'étroit dans une position de torture. Ce n'est pas simplement que le plafond était bas, c'est aussi qu'ils étaient tout près du tarmac : il n'était qu'à un mètre, à peine, de leurs semelles. D'après le vacarme du moteur, Richard estima que les décibels excédaient l'échelle humaine ; on ne ressentait plus que des vibrations dans le moindre atome du corps. Plus ou moins englouti dans son sac, il voyageait au dernier rang, à côté de Gwyn. Ils examinaient tous deux le pilote, qui se révélait beaucoup plus intéressant que la moyenne de ses congénères : il était grand et bien en chair, il avait des cheveux blonds tirant sur le roux et une démarche légère, et il faisait preuve d'une délicatesse toute féminine dans le maniement de ses documents de navigation, dans le port de sa casquette à visière et de ses écouteurs. Assis en biais sur son siège, d'un air de désinvolture qui se voulait rassurant pour les passagers, il avait débité les consignes de sécurité d'une voix qui, après tout, était peut-être incapable de modulations ; puis il s'était penché sur ses boutons de commande, sur son tableau de bord qui paraissait davantage convenir à un vaisseau spatial d'avant-guerre ou à un sous-marin nucléaire de fortune, avec ses cadrans, ses schémas et ses manettes métalliques recouvertes de peinture écaillée. Richard remarqua l'absence de matière plastique. Était-ce bon signe ? se demanda-t-il en essayant de rendre en silence un hommage appuyé aux méthodes artisanales, depuis longtemps disparues, hélas, et aux talents des mains calleuses qui fabriquaient jadis des produits durables. Le pilote portait une chemise blanche et un informe pantalon beige qui avaient la texture de certains revêtements muraux en bourre de laine. Il n'était pas trop difficile de s'absorber dans la contemplation de son gros derrière beige, bien cadré dans la découpe au bas de son dossier ; il remplissait l'espace évidé de sa masse orgueilleuse, moelleuse sur les bords, et ressemblait à un poste de télévision, à la forme du visage de Richard.

Le petit avion attendait donc l'autorisation de décoller. Le petit avion était un petit avion perdu au milieu des gros avions, et il espérait ne pas les gêner. Mais il les gênait bel et bien. Les avions de ligne supersoniques (la truffe noire et humide de rosée, ou de sueur, juste avant l'orage qui se préparait) attendaient derrière, raides comme une meute prête à bondir sur le gibier. Richard regarda à travers les pales de l'hélice, qui tournaient si vite qu'elles en devenaient invisibles dans leur manière de tacher ou de meurtrir l'air. Devant, sur la piste de décollage, les croupes contractées des navettes importantes (à destination de New York, de Washington) attendaient d'acheminer les Américains où ils le fallait : partout en Amérique. Par-delà l'angoisse combinée de tous les avions stationnés sur la piste, qui se sommaient mutuellement de débarrasser le plancher, on entendait le ciel et le mugissement épique de l'air. Les ténèbres et la nuit débarquaient du nord. Mais du sud provenait le défi d'une démonstration négligente, irréfutable, de lumière et d'électromagnétisme : fléaux divins, knouts et fouets immenses, tout en cuivre et en soudures.

Personne ne parlait. Tout à coup, Gwyn se pencha en avant et prit à part l'agent de publicité. Ses questions étaient étouffées par l'appuie-tête, et l'agent de publicité, lorsqu'il lui répondit, sembla parler tout seul, hurler tout seul, comme un clodo, comme un dingo, comme la fièvre américaine. *Arrêtez ! vous avez vu ce qu'il y a derrière... Ils font ça, genre, neuf fois par jour... Rien à voir avec un ouragan. C'est un o-ra-ge... Quoi ? Un ouragan avec un nom ?*

« Avant, les ouragans étaient tous féminins », fit Richard.

Il n'avait guère ouvert la bouche que pour donner un air plus sensé à l'agent de publicité. Ce qui lui donna aussi un air plus sensé à lui, cependant, et lui permit de continuer dans son délire :

« Maintenant, c'est une fois sur deux. Un nom féminin, un nom masculin. Un nom masculin, un nom féminin. Je sais pas pourquoi, mais je préfère. L'ouragan Demi, l'ouragan Gwyn, l'ouragan Gina, l'ouragan Marius, l'ouragan Anstice, l'ouragan Scozzy.

— L'ouragan qui ?

— Rien.

— Mais écoutez-le donc, dit Gwyn. Il est complètement frappé. Bon Dieu ! Tout ça pour un cocktail. »

Le pilote se tourna de profil et les avertit d'un ton monocorde qu'il allait faire beaucoup plus frais dans la cabine une fois qu'ils auraient décollé. Excellente nouvelle. Car les passagers apprenaient ainsi ce que l'air devenait dans les avions, ce qu'il deviendrait dans les avions à réaction si on ne s'en occupait pas, si on ne le trafiquait pas. À quelle vitesse il viendrait à manquer, à quelle vitesse il atteindrait la température du sang et l'âcreté de la fumée. À quelle vitesse on en viendrait à ne plus respirer que l'haleine de ses voisins. Dans les avions à réaction, on pouvait attendre une demi-heure que des chiottes se libèrent, et y entrer, sitôt sorti quelque nonagénaire ballonné : du beau boulot ! Mais dans ce petit avion-ci, l'air était dès le départ dangereusement ténu. Il ne fallait même pas le perturber en parlant... Tous les passagers étaient muets, à présent ; ils s'adonnaient à cette étrange activité moderne, la souffrance à prix d'or, où l'Amérique s'octroie le premier rang mondial. Mais quand l'avion s'engagea enfin sur la piste de décollage, face à la mer et au ciel pour tout paysage, qu'il s'élança dans un fracas vers les airs meurtris, qu'il s'éleva, s'éloigna, passa d'un milieu à un autre milieu qui lui était plus favorable, quand il fut immédiatement déporté et se mit à battre des ailes comme un moulin à vent, les huit passagers gémirent à l'unisson, en écho au gémissement du ciel au-dessus d'eux.

Ils reprirent leur équilibre et continuèrent leur ascension au-dessus du parking, du cimetière, du port, de la baie. Bientôt, les crêtes écumantes ne furent plus que des pellicules capillaires sur l'épaule trapue de la mer. Richard jeta par hasard un coup d'œil par le hublot, en direction du sud. Incroyable ! L'orage se dressait comme une cathédrale gothique hérissée de gargouilles étincelantes... La temporalité diurne métaphorisait la longévité humaine : réveil, innocence de la matinée, zénith, faste de l'après-midi, suivi de la décoloration, puis de la lassitude, d'une lassitude mortelle à laquelle succède la certitude du sommeil, des cauchemars, des rêves absents. À l'extérieur, le jour avait disparu mais il refusait de se coucher. Le jour était mort et disparu mais il n'y croyait pas, le jour, il refusait de l'admettre et revenait, malsain, pour tenter de reprendre le dessus. Il susurrait : *Je suis encore le jour. Vous ne me voyez donc pas ? Ce n'est pas moi que vous préférez ? Je suis encore le jour*. Loin d'abandonner la partie, il revivait par à-coups, s'échauffait et palpitait sous les câbles de démarrage. Et la pluie, la pluie qui voulait lubrifier cette lutte acharnée entre le jour et la nuit, qui se voulait apaisante, purifiante. Mais qui s'affolait, la pluie, qui en faisait trop, crépitant comme des applaudissements de psychopathe.

« Ce bouton rouge, dit Gwyn. Qu'est-ce qu'il fabrique avec ce bouton rouge ? »

À côté de l'horloge à affichage numérique qui était fixée au tableau de bord et servait à mesurer le temps de vol (déjà neuf minutes écoulées), se trouvaient un bouton rouge et une lumière rouge qui clignotait. Elle avait l'air de préoccuper le pilote, ce qui n'avait rien d'encourageant. Il tripotait le bouton comme s'il espérait que la lumière s'éteindrait, qu'elle changerait de couleur ou qu'elle s'arrêterait de clignoter. Mais ses gestes étaient peut-être plus étranges que nerveux. La carapace beige de son dos était toujours bien calée dans le fauteuil, imposante, imperturbable.

« On perd de l'altitude. J'ai l'impression qu'on perd de l'altitude.

— Mais il nous le dirait s'il se passait quelque chose d'anormal, non ? Peut-être que non, remarque. »

Sans se retourner, le pilote dit :

« Nous avons un problème de poids. J'espère que ce ne sera pas un... problème. Mais nous allons devoir rester sous l'orage. »

Là, il pivota sur son siège et dévisagea tous les passagers à tour de rôle, l'air plutôt méfiant, comme s'il cherchait un clandestin hyper-obèse.

« Je ne vais quand même pas me faire du souci, dit Gwyn, tant que lui ne s'en fait pas. »

Le pilote n'avait pas l'air de se faire du souci. Il s'était même mis à siffloter.

« Bonne idée ! » dit Richard avant de se tourner vers le hublot.

La mer semblait à la même distance que le tarmac dix minutes plus tôt ; l'avion parut soudain fendre, plutôt que les airs, les flots bouillonnants. Plongeon, remontée, crête, replongée. Après la vague, l'attente, et après l'attente, la vague, indéfiniment.

« Nom de Dieu, fit Gwyn.

— Il a arrêté de traficoter le bouton rouge.

— Ah bon ?

— Ouais. Au moins il a arrêté de traficoter le bouton rouge.

— Ah bon ? Très bien. »

Au-dessus d'eux, les lumières de la cabine baissèrent, tremblotèrent, et baissèrent un peu plus.

C'est lorsque la tache de merde apparut sur le derrière beige du pilote que Richard eut la certitude que tout n'allait pas comme il fallait. Au début, cette tache avait la taille d'une petite île, d'une Martha's Vineyard, mais elle atteignit bientôt la dimension d'un Cuba, puis d'un Madagascar, et enfin d'une atroce Australie marron. Mais cinq minutes s'étaient écoulées entre-temps, et tous les passagers s'en foutaient comme de leur première culotte. Pas un, il est vrai, n'avait interprété l'état du pantalon du pilote comme un bon présage, mais cinq minutes s'étaient écoulées depuis et ils s'en foutaient tous comme de leur première culotte, même le pilote qui beuglait dans le micro, qui beuglait dans un monde de métal hurlant et de rivets couinant, dans la langue de l'orage, avec ses fricatives et ses horribles occlusives. Les dieux avaient rangé leurs fléaux, remisé le rodéo des éléments, et ils taquinaient maintenant leurs boules de bowling, les envoyaient rouler, s'entrechoquer, dans les caniveaux de l'espace-temps. Elles renfermaient les mortels, écartelés comme des étoiles de mer depuis les phalanges des doigts jusqu'aux articulations des orteils, comme des Christ en croix ou des Jeanne au bûcher. Richard jeta un coup d'œil à la ronde et ressentit alors de l'amour pour l'agent de publicité, pour son visage poupin, tremblant, baigné de larmes.

Cela finirait bien par s'arrêter. Il prit la main de Gwyn et lui dit très fort à l'oreille :

« C'est bon, la mort.

— Quoi ?

— C'est bon, la mort. »

Ici, en Amérique, il avait remarqué qu'il lui importait de moins en moins, à chaque voyage, que l'avion dans lequel il était reste en l'air. Il avait de moins en moins de raisons, à chaque voyage, d'avoir hâte de redescendre.

« C'est bon, la mort.

— Ah ouais ? »

Richard avait l'impression d'avoir gagné. À cause de ses fils, à cause de Marius et Marco. Gwyn était marié. Richard était marié. Mais avec qui est-on marié ? Avec celle qui a les enfants. Et on n'est que celui avec qui elle les a eus. L'enfance, c'est l'universel. Tout le monde sans exception est passé par là.

Il dit :

« Je survivrai.

— Nous survivrons. Nous survivrons tous. »

Non, pas toi, pensa-t-il. Mais il dit :

« Le monde aimait ce que tu écrivais.

— Qu'est-ce que ça peut bien foutre ? Non. Merci. Je suis désolé que ta... Gina t'aime. Mais elle...

— Quoi ? Mais elle quoi ? »

Mille flashes d'appareils photo apparurent à chaque hublot : les derniers clichés des paparazzi de l'orage. Avec une résolution houleuse, le ciel les réunit dans sa fronde, les mit en boule et les tira en arrière (« C'est bon, la mort », répéta-t-il) ; puis il les projeta dans le silence de la nuit.

On devinait la présence de la péninsule, on voyait les lumières de l'aéroport. Quelques-unes étaient fixes, d'autres bougeaient.

« Aire d'éjection, sanglota le pilote dans son micro. Aire d'éjection. »

Les passagers retrouvèrent leur voix et se renfoncèrent dans leur siège en grognant. Richard proposa son mouchoir à l'agent de publicité, qui l'accepta.

« Aire d'éjection, aire d'éjection.

— Ça veut dire quoi ? demanda Gwyn en s'agitant sur son siège. C'est quoi, une aire d'éjection ? C'est là où on fait un atterrissage forcé ? Le train d'atterrissage est sorti ? On l'a quand même pas perdu ? »

Cela n'avait apparemment pas d'importance, et personne d'autre ne semblait s'en soucier. Ils se rapprochaient de leur élément, du sol, de la terre. Sans les brûlures et les flétrissures d'un autre élément, le feu ; sans s'être fait inonder ni engloutir par un autre, l'eau ; ni déchiqueter par un autre encore, l'air.

L'aéroport de Provincetown était un aéroport minuscule, fait pour des avions minuscules, et il voulait étouffer l'affaire. Son attaché-case à la main et son sac postal à l'épaule, Richard s'était laissé tomber sur une parcelle d'herbe, près de l'aile publique du pavillon principal. Il fumait patiemment cigarette sur cigarette et sirotait patiemment du cognac dans une bouteille en plastique fournie par un docteur compréhensif. Sur le terrain d'aviation, le spectacle d'un désordre humain et mécanique touchait à sa fin : on allait bientôt se disperser. Il y avait une jolie voiture de pompiers, deux ambulances qui guettaient le chaland (dans l'une d'elles avait été hissé un vieux passager, cramponné à son pacemaker) et quelques flics qui battaient le pavé... Le pilote avait été le dernier à quitter l'avion, aidé par le personnel au sol et enveloppé dans une jupe, ou un tablier, en tissu noir et brillant qui s'arrêtait à mi-jambe. Deux autres passagers écroulés dans des fauteuils, à l'intérieur de l'aéroport, tentèrent de l'acclamer, mais il les dépassa en traînant les pieds et en redoublant de modestie. Gwyn était là, lui aussi, en compagnie de l'agent de publicité et d'un jeune journaliste du *Cape Codder* qui gesticulait.

Il ferma les yeux un moment. Quelqu'un lui prit la cigarette des doigts et tira une bouffée sonore et avide. Il leva les yeux : ils étaient tous les deux dans un état qui devait avoir un nom, en médecine : Gwyn avait un air qu'il n'avait jamais vu à personne auparavant. Peut-être n'était-il pas dans son assiette ou à son aise, lui non plus, assis sur l'herbe gelée, les épaules tremblantes, au centre d'un nuage d'air chaud (les vapeurs animales). Mais il rit de son rire pincé et dit, sans plus délirer :

« J'ai trouvé. Tu te rappelles, le pilote ? On croyait qu'il hurlait “ aire d'éjection ”. Mais non. J'ai entendu ce que disait une dame ici. Ce qu'il voulait, c'était une aire de déjection. Un lange à merde, comme elle disait. »

Richard poussa un rire furtif, protégé par le tremblement de ses épaules. C'était assez génial, à son goût. Pas question de demander un lange à merde par radio. Il y avait de quoi heurter la sensibilité des passagers. On demandait donc une aire de déjection, ce qui ménageait la sensibilité des passagers tandis qu'ils se préparaient à un atterrissage forcé ou à une évacuation en masse dans les latrines de l'aéroport.

« Une aire de déjection, fit-il. C'est assez génial, je trouve. Qu'est-ce que tu disais ? À propos de Gina ? »

Gwyn se tenait au-dessus de lui.

« Qu'elle m'aime ?

— Malgré tout. Ce qui n'est pas rien. Tu sais... Malgré ta carrière de critique raté et tes airs à la Samuel Johnson. Je comprends pourquoi tu trouves ça bon, la mort. Parce qu'alors on est pareils, toi et moi. Mais moi, je suis en vie. Et je vais continuer à faire ce que ferait n'importe qui en croyant s'en tirer à bon compte. Tout a changé. »

Gwyn se mit à genoux, les mains posées sur la cuisse comme dans une cérémonie d'adoubement.

« Écoute un peu ce qu'il y a d'intéressant dans le star-system. Ça marche. Tu veux savoir comment c'est, la silicone ? C'est bon. C'est meilleur. À cause de ce que ça dit. Où en est la fellation ? demandais-tu. Ça aussi, ça a changé. Je vais te le dire, où elle en est. Ça se résume en un mot. Elle fait plus de bruit. »

Il se redressa. Soudain pris d'un mouvement de dégoût, il jeta la cigarette d'une chiquenaude et dit :

« Tu sais ce qui a failli nous tuer tout à l'heure ? Te tuer, me tuer ? »

Il fit un pas en avant et donna négligemment un coup de pied dans le sac postal de Richard, ce sac que Richard tenait près de lui comme un entraîneur de boxe un punching-ball, afin de mesurer la force du droit de l'adversaire.

« Ton putain de bouquin ! »

L'agent de publicité sortit de l'aéroport avec son téléphone portable et leur présenta les trois options possibles. Soit ils se rendaient directement à l'hôtel pour se reposer ; soit ils allaient se faire examiner dans l'un des hôpitaux de Provincetown et subir toutes les conneries d'usage après un traumatisme ; ou bien ils pouvaient aller au cocktail.

Ils allèrent au cocktail.

À l'aube, le lendemain matin, les deux écrivains quittèrent l'hôtel des Pères fondateurs ; ils effectuèrent en limousine le trajet de six heures jusqu'à New York, dans un silence ininterrompu. Au moment où le chauffeur entrait dans la ville, Gwyn dit :

« Tant qu'on y est... »

De son attaché-case, il sortit l'exemplaire de *Sans titre* que Richard lui avait donné à Londres un mois plus tôt. Ils le regardèrent tous les deux. Comme *Amelior* ne trouvait grâce aux yeux de Richard que si Gwyn l'avait écrit avec le pied, *Sans titre*, en tant qu'objet, ne pouvait passer que si son fabricant l'avait conçu avec le nez.

« Tu pourrais peut-être me le signer, tant qu'on y est.

— C'est déjà fait.

— Ah bon ! fit Gwyn. Ah bon ! »

Autant Boston avait été ligotée dans une ceinture de rouille parsemée de taches vertes, autant Manhattan leur apparut, quand ils s'en approchèrent par le nord, comme une coda de l'érotisme urbain, les jarretelles et les bas que dessinaient les ponts et les boucles des routes ne servant plus que de corsets orthopédiques ou de bandages herniaires. Le tout dominé par la seringue hypodermique de l'Empire State Building, plantée en équilibre.

Ils n'avaient pas beaucoup de temps. Richard laissa sa valise au porteur à l'hôtel de Gwyn et, escorté par son sac postal, son visage boursouflé, son mouchoir et sa gueule de bois, il parcourut les soixante et quelques rues qui le séparaient de l'avenue B et des Presses de l'Audace. Sans se faire annoncer, il se présenta devant le bureau de Leslie Evry, qui prit la précaution de se lever. Le silence retomba dans toute la pièce tandis que Richard demandait, de sa voix la plus sonore et la plus nasillarde :

« En quel sens, si tant est qu'il y en ait un, est-ce que vous publiez *Sans titre* ? »

Leslie le dévisagea de la façon dont tant d'Américains l'avaient dévisagé : comme s'il voulait appeler les agents de sécurité. Les Américains, sans l'ombre d'un doute, étaient déçus par Richard. Non parce qu'il n'était ni duc ni hallebardier à la tour de Londres, mais à cause de toutes les imperfections manifestes, des ternissures mentales et physiques avec lesquelles il avait choisi de vivre au lieu d'y remédier. Frances Ort entrait également dans son champ de vision périphérique : elle était floue, mais peu disposée à se laisser intimider.

« En quel sens, si tant est qu'il y en ait un, est-ce que vous publiez *Sans titre* ?

— Pardon ?

— Reprenons point par point. Est-ce que vous le distribuez ?

— Pas directement.

— Est-ce que vous en avez envoyé des exemplaires à des critiques ?

— On en a envoyé un certain nombre à différentes... possibilités.

— Combien ? Je sais. Un. Zéro. À combien avez-vous tiré ?

— Il y a un tirage en réserve. Mais les bouquins ne sont pas reliés, pas encore.

— À combien avez-vous donc tiré ? »

Bien malgré lui, Leslie désigna le sac que Richard avait gardé à l'épaule.

« Tout est là.

— Qui a pris la décision de publier mon livre, d'imprimer le manuscrit, de le relier ? Il est où, Chip ? Et Chuck ? Et Roj Biv, il est où ?

— Sacré Roj, fit Evry en secouant la tête de gauche à droite. Roj Biv... Dites-moi quelque chose : il lui est arrivé de signer Roj V. Biv ?... C'est le nom qu'il s'est choisi. Si vous étiez américain, vous comprendriez. Un truc mnémotechnique. L'arc-en-ciel. Rouge, orange, jaune, vert. Bleu, indigo, violet. Il voulait vexer personne. Du Roj tout craché. Pauvre Roj.

— Il a bien fallu que quelqu'un le publie. Sur quels critères ? Je vous en prie, dites-moi la vérité. C'est une vie littéraire qui est en jeu. Un genre de vie littéraire. Dites-moi la vérité. Sur quels critères ? »

Il sentit la jeune main de Frances Ort sur son bras. Il se retourna. L'espace accueillant des Presses de l'Audace n'avait pas fini de prendre forme pour l'usage qu'on en ferait : selon le besoin, ce pourrait être un jardin d'enfants, un S.O.S. femmes violées, ou bien un centre d'assistance aux malades. Avec son tapis de corde et ses petites cloisons qui isolaient les bureaux, il avait un air charitable de dispensaire. Et bien sûr, Richard pouvait s'imaginer tranquillement assis sur un petit canapé, en train d'attendre les conseils qui le guériraient de ses maux et de ses affres.

« En fait..., dit Leslie Evry. En fait, pour équilibrer notre catalogue. On avait l'impression que la combinaison des noms n'était pas bonne et qu'elle pourrait faire mauvais effet. Qu'elle pourrait compromettre nos subventions.

— Donc, enchaîna Richard, parce que tous les autres auteurs s'appelaient Doo Wah Diddy Diddy ou Two Dogs Fucking. Et il vous fallait... »

Sur le mur, remarqua-t-il, était suspendue une affiche encadrée représentant la publicité ou le marque-page des Presses de l'Audace. Avec gratitude, avec amour, Richard vit que l'un de ses collègues s'appelait Inveendu — Inveendu Inukuluk.

« Bon Dieu ! fit-il. Le sale Blanc de service. Même Gwyn n'y a pas pensé une minute. Et pourquoi moi ? Pourquoi pas quelqu'un de Boston ?

— Nous avons pour politique de représenter les gens les plus authenti...

— Quelqu'un l'a lu ? Roj l'a lu ?

— Roj ? Roj ne lisait jamais rien. C'est moi qui l'ai lu.

— En entier ?

— Pas tout à fait. J'entrais juste dans l'histoire lorsque j'ai eu une...

— Leslie a été hospitalisé car on craignait une méningite, dit Frances Ort.

— Ça va, n'en rajoutez pas. Je vais tout vous laisser, si vous me permettez. J'en prends juste... Non, tenez. »

Richard les dévisagea l'un après l'autre. Un vers lui revint en mémoire :

« Richard, Ô Jubilant Vainqueur de Batailles Inutiles et Vaines. C'est ça, c'est exactement ça. C'est ça, la différence entre les cultures. Entre celle du vieux continent et celle du nouveau monde. Entre vous et moi. Richard contre Roj V. Biv. Mais il n'y a rien à faire, la lutte est inégale.

— Nous sommes désolés, dit Frances Ort.

— Je me débrouillerai tout seul pour sortir. Adieu. »

Adieu, et au diable. Il s'arrêta sur le trottoir, devant chez Suzanne la Paresseuse. Dont la vitrine... Même la vitrine de Suzanne la Paresseuse lui signifiait, avec une intensité toute américaine, que si on choisit la voie de l'art, si on se lance dans cette profession délirante, mieux vaut ne pas être un hurluberlu et offrir aux gens... leur dire ce qu'ils sont prêts à entendre. Il se sentait léger. Il se sentait léger car il n'avait rien à porter, rien à empoigner ni à trimballer, rien qui le fît ployer et courber l'échine.

Le premier bar où il entra vendait du lait-vodka à de vieux Noirs, pour un dollar vingt-cinq.

Quand il atteignit la rue qui longeait le côté sud de Central Park, le prix du verre avait grimpé à dix dollars. Il sortit du Plaza où on avait refusé de le servir. Il était quelque peu désemparé. Il se retrouva, chancelant, à errer parmi les cireurs de chaussures et les éclaboussures des jets d'eau. C'est alors qu'une phalange de civils le dépassa, défilant au pas caractéristique des militaires à la manque. Sur leur visage se lisait... bref, il l'aperçut pour la dernière fois : la détermination américaine. Leur mission était simple. Ils projetaient de gêner le commerce des calèches de Central Park. Ils arrivèrent de l'autre côté de la rue, brandissant leurs banderoles barbouillées qui portaient toutes un slogan de protecteur ou de rimailleur sur l'incompatibilité des animaux et de la ville : les deux n'allaient pas ensemble. Les cochers, esclaves des touristes, habillés aux couleurs de la caste inférieure (il y avait aussi une femme cocher, qui, sans être aussi vieille qu'il y paraissait, avait le visage noirci, ridé, le corps aussi mince qu'une faîtière et, à ce qu'il semblait, tout entier enveloppé dans un tipi) — les cochers, donc, regardaient leurs adversaires avancer avec un dégoût qui frôlait de près les limites de la fatigue humaine. Richard se sentit emporté par le mouvement, mais il se dégagea et se dirigea à grand-peine vers les grilles du parc. Un cheval lui barra la route, un cheval qui regardait devant lui sans rien voir. L'animal, ce dada à œillères qui était à l'origine de tout le ramdam, leva la tête avec une indifférence sentencieuse, puis la baissa de nouveau ; il semblait tout entier occupé à nettoyer son sabot couvert de merde (non pas de crotte de chien, mais de crottin de cheval, catégorie à part entière dans la rubrique « merde »). Contrairement aux êtres humains, qui posent d'abord le talon et s'essuient le pied d'avant en arrière, il s'y prenaient comme s'y prennent les chevaux : en posant d'abord les orteils et en s'essuyant le sabot d'arrière en avant. Alourdis par le patchwork bigarré de leur costume folklorique, sanglés dans leur gilet de gitan, les auriges détournèrent leurs yeux de gitans et le cheval continua de se racler le sabot sans se gêner. L'atmosphère de torture ne semblait concerner que les voitures : les camionnettes de livraison, les limousines du Plaza, les taxis jaunes. Prises dans un embouteillage délibéré jusqu'à l'arrivée de la police, qui viendrait faire place nette, les bêtes de somme en métal, qui servaient la ville en béton, se convulsaient et frissonnaient en poussant des cris de cochon qu'on égorge et en laissant échapper de la fumée par les oreilles. Derrière, désacralisée de bout en bout, s'étendait la clairière enchantée de Central Park.

Il fit un dernier effort pour se propulser à l'est, traversa la cinquième avenue, Madison Avenue, et continua jusqu'à l'avenue de l'or et du soleil. Au nord, la perspective était emprisonnée dans le réseau urbain, verrouillée, canalisée par les immeubles qui la bordaient de chaque côté sous leur toise orgueilleuse. Le panorama paraissait s'étendre à perte de vue, s'ouvrir sur l'inconnu, comme en haute mer pour les premiers passeurs de l'Atlantique (à l'époque où dieux et terreurs étaient encore jeunes et puissants). Il était toujours prêt à basculer dans la fin du monde, à désigner le point où l'eau devient chute d'eau, chute d'océan. Richard comprit qu'il lui faudrait arrêter de dire qu'il n'était jamais allé en Amérique. À ce trait distinctif (son plus grand exploit, son titre de gloire), il ne pouvait plus prétendre. Il était allé en Amérique.

Il était allé en Amérique.

QUATRIÈME PARTIE

Gwyn se réveilla. Il avait dormi, comme toujours à présent, dans ce que Demi appelait non pas la chambre d'amis, ni la chambre vide, mais la chambre des invités, qui se trouvait au premier étage en face de la chambre principale, celle où dormait Demi. Il se racla la gorge et se mit sur le dos, puis sur le côté. Sur l'oreiller le plus proche de lui, dans l'autre lit jumeau, il remarqua les stries régulières de cheveux noirs et raides, les cheveux de Pamela, la jeune fille qui l'assistait dans ses recherches. Elle avait une partie du dos découverte, et entre les épaules pointues il discerna, dans la lumière voilée du petit matin derrière les rideaux tirés, les belles zébrures que ses cheveux avaient laissées sur sa peau sensible. Pendant une trentaine de secondes, il essaya de trouver les mots justes pour décrire ce tableau. D'autres hommes, d'autres écrivains auraient peut-être commencé (qui sait ?) par parler de contours cartographiques ou d'estuaires sans profondeur. Depuis peu, Gwyn avait décidé qu'il n'y aurait plus de descriptions de corps féminins dans ses romans, ni de descriptions de corps en général, parce que certaines personnes sont « mieux faites » que d'autres (et Pamela, en l'occurrence, « mieux faite » que la plupart des gens) ; et même s'il partageait ce sentiment général (et qu'il reprochait constamment à Demi d'être faite comme elle l'était, qu'il lui disait d'aller se faire « refaire »), il savait que les comparaisons étaient odieuses (et presque jamais flatteuses). Alors, à quoi bon perdre un temps précieux ? Gwyn s'assit dans le lit et but un verre d'eau minérale. L'eau s'appelait

Élixir et la publicité promettait une jeunesse éternelle à son consommateur.

Sans doute le vocabulaire contemporain ne possède-t-il pas de terme assez raffiné, assez *joli*, pour décrire précisément ce qu'éprouva Gwyn en franchissant les quelques mètres de moquette pour se glisser dans le lit de Pamela. Mais c'est peut-être la « condescendance », dans son acception des XVIIIe et XIXe siècles, qui s'en approche le plus. Lorsque le Père Collins dîne avec Lady Catherine de Bourgh et que, le lendemain matin, il loue son extraordinaire « condescendance », la voix affaiblie par la gratitude, on n'en est pas très loin. L'être supérieur, dans son indulgence, est tout disposé à se diluer pour charmer et enrichir des vies plus simples. Compte tenu de ses qualités merveilleuses, il semblait merveilleux qu'il se comportât si merveilleusement quand il aurait pu à juste titre se comporter comme un rustre, s'il en avait eu envie. Lady Catherine était snob et tyrannique ; Mr Collins, snob et méprisable. Et Gwyn Barry, comme Jane Austen, était *écrivain*.

« Bonjour, dit-il avec indulgence.

— Mmm », dit Pamela.

(Ou était-ce « Hum » ?)

Les femmes adorent se faire câliner et dorloter le matin. C'est un fait universel. Pas une à qui cela déplaise. Ce qui rend d'autant plus inutile d'en parler par écrit, sous peine d'aboutir à un cliché vexatoire. Gwyn ayant fort à faire ce jour-là (quelle est cette vie de l'esprit ? que demandent les hommes ?), il jouit aussi vite que possible.

Où était son simple peignoir ? Là.

Il se glissa hors du lit, traversa la pièce, ouvrit la porte, traversa le couloir et, en sens inverse, ouvrit la porte, traversa la pièce, se glissa dans le lit. Demi était réveillée. Il chercha sa main et la lui serra gentiment.

« C'est l'heure du thé, mon amour », lui dit-il.

Tout était bien sûr préparé sur un plateau — préparé par Sherilee ou Paquita. Demi n'avait plus qu'à aller le chercher. Avec son courrier à lui.

« Allez, mon amour. Tic-tac, fait la pendule. »

Demi avait parfois des mouvements très lents. Les yeux verts de Gwyn pétillaient de gentillesse.

« Pam est encore au lit. Un petit sursis », lui murmura-t-il en se rappelant (comme très souvent) que Demi détestait rencontrer Pam au saut du lit. Ou à n'importe quel moment de la journée, d'ailleurs. Mais surtout au saut du lit.

En voyant sa femme mettre si peu d'énergie à se lever, il se sentait de temps à autre découragé. Mais là, il s'installa à sa place laissée vide et tiède, sans faire de manières, et se prit d'amour pour tous les êtres vivants.

« Comme je pense avoir déjà pris la peine de te l'expliquer, sens-toi libre, bien sûr, de rectifier la situation actuelle quand bon te semblera. Comme je pense avoir déjà pris la peine de te l'expliquer. Écoute un peu : " La fable de Mr Barry possède une simplicité charmante qui tend parfois au simplisme. " Telle est en tout cas l'opinion d'Aaron *E.* Wurlitzer, journaliste au *Milwaukee Herald.* Ces gens-là ignorent donc à quel point il est difficile de faire passer pour simple ce qui est compliqué ? Il suffira aussi que tu le demandes, Demi, pour que nous fassions le bilan de la situation actuelle. Ou que nous envisagions de la modifier. Je suis un homme au zénith de sa vie d'homme. Je suis un homme. C'est comme ça. Et en tant qu'homme, j'ai des besoins. Pour satisfaire ces besoins, Demi, je n'ai pas besoin d'aller chercher si loin ni de courir autant de risques que la plupart des hommes. Mais je vois, à ton air pincé et aux palpitations de ta tache de vin, que tu préférerais que j'aille chercher plus loin que dans la chambre des invités de l'autre côté du palier. C'est vrai, Demi ? C'est ce que tu voudrais ? Ah ! Ça, c'est bien. Excellent. Marion Treadwell, dans le *Midland Examiner* : " Il semblerait que Barry ait su capter une profonde aspiration collective. Ainsi s'explique le succès de son livre, qui ne doit rien à son contenu. " »

Stoïque, Gwyn marqua un temps d'arrêt.

« Pourquoi les femmes apprécient-elles un tout petit peu moins mon livre que les hommes ? Tu pourrais y réfléchir, Demi. J'en saurais gré à ton " intuition féminine " de me l'expliquer. »

Demi observait son mari, qui contemplait à présent ses deux moitiés de pamplemousse d'un air méfiant, et non pas avec cette curiosité fascinée d'enfant qu'il avait autrefois, comme s'il n'en avait jamais vu. Il avait changé d'attitude vis-à-vis des pamplemousses, depuis qu'un certain pamplemousse, qu'il avait piqué de sa petite fourchette avec une fascination d'enfant, lui avait giclé dans l'œil. Après quoi, il avait fait courir Demi dans tous les sens pendant une demi-heure, avec des gants humides et des flacons d'Optrex.

« Reprenons. Voyons voir si tu as enfin tout compris. J'ai le devoir d'obéir à mes instincts. De les suivre, où qu'ils me mènent. Parce que, qu'est-ce que c'est que je fais au juste ?

— De la recherche.

— Oui, de la recherche. Quand je joue au billard avec Richard, ou au tennis, ou aux échecs, quand je...

— J'aimerais bien que tu arrêtes.

— Quoi ?

— Ces parties et ces matches. Tu perds toujours et ça te met dans une humeur massacrante. »

Stoïque, Gwyn marqua un temps d'arrêt.

« Quand je sors jouer au billard, je fais de la recherche. Quand je dors, je fais de la recherche. Quand je suis à la chasse ou au casino avec Sebby, je fais de la recherche. Quand je fais l'amour avec Pamela dans la pièce à côté, je fais de la recherche.

— Normal, elle est là pour t'assister dans tes recherches.

— Pas mal, Demi. Nous faisons de la recherche dans la position du missionnaire. Nous faisons de la recherche en levrette. Nous faisons de la recherche dans la position d'Andromaque, comme si elle me chevauchait.

— Mais il n'y a pas de rapport sexuel dans tes romans.

— Tu as peut-être aussi remarqué, dit Gwyn en laissant tomber la tête (comme cela arrivait à Richard quand, pour la treizième fois en un quart d'heure, Marco confondait un *d* et un *b*, ou un *q* et un *g*) mais en se rendant compte aussi, à cet instant précis, qu'il ne pourrait jamais quitter Demeter parce que c'était la seule personne avec qui il arrivait à manier cette rhétorique haletante, effrayante, à dérouler ces périodes drôlement sinueuses — tu as peut-être remarqué qu'il n'y a pas non plus de parties de billard dans mes romans. Ce n'est pas comme ça que ça marche. C'est comme ceci : la prose s'affermit, se polit, grâce à ce qu'on choisit d'en exclure. Les tableaux abstraits de Picasso tirent leur force de... du frein qu'il impose à sa maîtrise de la représentation réaliste. Il s'agit de mettre un frein. Ou de tenir en bride. Comme le cocher, les rênes à la main, et...

— Ou le menuisier.

— Comment ça, le menuisier ?

— Il n'y a pas non plus d'enfants dans tes romans. Cinquante pour cent des hommes ont subi une vasectomie. D'après ton raisonnement, on devrait donc avoir des enfants, nous deux. Pour que tu puisses choisir de les exclure de ta prose.

— Ne fais pas ta maligne, mon amour, ça te va mal. Bon, eh bien je vois qu'on est revenu à la case départ. Je t'en conjure : prends la pilule, Demi. Fais-toi poser un stérilet. Fais-toi poser un diaphragme. Tu vas me dire que c'est " contre ta religion ". Alors que tu peux prendre de la cocaïne et baiser avec des dealers noirs. C'est *pour* ta religion, tout ça ? Les voies du Seigneur sont impénétrables. Il est dit que tu prendras de la cocaïne. Pour trouver plus de cocaïne, tu devras... »

Demi se leva et se dirigea vers la salle de bains :

« Je ne m'en suis tapé qu'un, de dealer noir, dit-elle.

— Félicitations. Mais il y a peut-être eu des dealers qui avaient d'autres croyances et une autre couleur de peau ? Des blancs, par exemple ? Des anglicans ? »

Il haussa la voix pour se faire entendre, mais sans changer de ton.

« Il y a Richard qui a appelé. Il est en train d'écrire son texte sur votre aimable serviteur. Quelque chose me dit que ça ne va pas être tendre du tout. Je ne serais pas surpris qu'il raconte tout ça. »

Elle revint dans l'embrasure de la porte. Elle avait les bras croisés.

« Quoi, tout ça ?

— Tes coucheries avec des dealers noirs.

— ... Mais ce n'est pas possible. Qu'est-ce que j'y peux, moi ?

— Je ne sais pas. Te le taper, peut-être... »

À dix heures trente environ, Gwyn passa dans son bureau : trois hautes fenêtres, bibliothèques encastrées, luxe massif. Son grand plan de travail (tables en acajou, bureaux à la française) formait un large arc de cercle au centre de la pièce, sur lequel se détachaient les formes volumineuses de l'ordinateur, de l'imprimante et de la photocopieuse. Jolie réconciliation des deux cultures, se disait Gwyn : la flamme brillante de l'esprit humain et la profusion des gadgets. Habillez Gwyn d'une veste d'intérieur palatine, au lieu d'un jean ajusté et d'une chemise de bûcheron, et le voici transformé en capitaine Nemo, s'installant aux commandes de son superbe *Nautilus* sur sa passerelle futuriste.

Son café du matin était à sa place, apporté par Paquita. Sa presse du matin était à sa place, apportée par Pamela : tous les quotidiens à l'exception des tabloïdes, trois hebdomadaires, un bimensuel, deux mensuels et un trimestriel. Sur le bureau à la française reposait un carnet à l'italienne ouvert à la première page. Gwyn y avait écrit à la main : Au-delà d'Amelior ? Sur le chemin d'Amelior ? Après Amelior ? La maison était plongée dans un profond silence, le silence des pas de loup, de l'index sur les lèvres. Comme la maison de son grand-père, qui travaillait toute la nuit et dormait toute la journée.

Gwyn avait confié à deux agences différentes le soin de découper les critiques qui paraissaient sur lui dans la presse. Son éditeur avait son agence attitrée, qui lui en envoyait des copies. Il s'en était contenté un certain temps. Mais comme il n'arrêtait pas de tomber sur d'autres articles où il était question de lui, en plus de ceux qu'on lui envoyait, et que cela ne lui plaisait pas, il employait à présent une équipe rivale, qu'il avait chargée de dépouiller le plus grand nombre d'imprimés possible ; malgré tout, cela ne l'empêchait pas de trouver mention de son nom ici et là, au hasard d'articles qui ne figuraient pas dans les enveloppes que lui envoyaient les agences. Il s'assit.

Au début, il s'était limité aux comptes rendus sur des écrivains de sa génération, dont on pouvait raisonnablement s'attendre à ce qu'ils évoquent l'exemple de Gwyn Barry. Puis il avait diversifié ses lectures et inclus des comptes rendus de romans écrits par des écrivains plus jeunes, et même plus vieux. Bientôt, il lisait tous les comptes rendus de romans. Des comptes rendus d'allégories panaméennes et de policiers japonais ; des comptes rendus de nouvelles éditions de *Don Quichotte* et de *Humphrey Clinker*. Il n'en allait pas autrement pour la critique littéraire. Il avait commencé par tous les comptes rendus de livres traitant de l'écriture moderne, puis s'était vite mis à lire tous les comptes rendus de toutes les formes d'écriture (la poésie, le théâtre, la littérature de voyage faisaient depuis longtemps partie du lot). Pline, Nostradamus, Elizabeth David, Izaak Walton, Bede. L'immense intérêt qu'il portait à la fiction contemporaine s'était étendu non seulement en amont, mais aussi de côté. Il s'était mis à lire des articles sur l'art contemporain, puis sur l'art non contemporain ; sur la sociologie, l'architecture, l'économie et la jurisprudence contemporaines, puis non contemporaines. Davantage : il lui avait paru assez naturel que des rapports sur l'agriculture de son époque puissent allégrement évoquer, au passage, les pages d'*Amelior* où il était question, par exemple, de la rotation des cultures. C'était arrivé, c'était advenu ; à partir de ce jour-là, Gwyn s'était senti irrésistiblement porté vers l'agriculture, domaine qu'il allait continuer d'approfondir en y ajoutant la culture hydroponique et autres techniques spécialisées, le tout écrit dans une prose fleurant bon le parasiticide et l'effeuillage de navets. Dorénavant se développaient des intérêts soudains, sans rapport avec les précédents. Un matin, il lisait un article (de façon paresseuse et presque désintéressée, sans être assuré d'y trouver des nouvelles fraîches de Gwyn Barry) placé dans la section immobilière du journal et signé par un écrivain qui avait connu des difficultés prétendument comiques lorsqu'il avait voulu vendre son petit appartement : l'appartement était petit et l'écrivain gros, apparemment, ce qui rapetissait d'autant la taille de l'appartement. « Mieux vaut être un gringalet comme Gwyn Barry, écrivait-il, qu'un ... » Suivait le nom d'un dramaturge connu pour son obésité. Par la suite, Gwyn se mit à lire tout ce qu'il trouvait sur l'immobilier, puis, un peu plus tard, tout ce qu'il trouvait sur les problèmes de taille : des articles sur des voitures, sur des logements de vacances, des vêtements, des cellules de prison. Bientôt, c'était inévitable, il lut tout ce qu'il trouvait sur tous les sujets possibles. Ce n'était pas une mauvaise idée en soi, si ce que l'on cherchait, c'était de l'information. Mais on voit partout des accidents, sur les autoroutes de l'information ; on voit des feux de détresse et des brouillards givrants ; on voit des véhicules en travers et des coups du lapin.

Il fut un temps, il y a une quinzaine d'années, où Richard

Tull était tellement préoccupé par l'alcool, tellement préoccupé à l'idée de devenir alcoolique, qu'il se mit à s'intéresser à l'alcoolisme presque autant qu'à l'alcool, ce qui n'est pas peu dire. Quand il lisait, ses yeux se mutinaient. Naturellement, il se raidissait à la moindre occurrence du terme *alcool* et de tous ses dérivés, synonymes et homonymes ; des mots innocents, des mots utilisés en toute innocence, en vinrent à le paralyser : des mots comme sec, brut, doux, fin, amer, scotch ; des expressions comme « pousser le bouchon », « boire des paroles », « c'est de la petite bière ». Il comprit qu'il avait atteint les limites de ce jeu lorsqu'un jour, il tomba en arrêt devant le mot *on*. Il pensait, comme il s'en rendit compte, à *on the rocks*. Même *on* lui était interdit. Le mot *alcool* conservait naturellement son ascendant. Ainsi que tous les mots qui y ressemblent vaguement. Anabolisme. Laconique. Interpol. École. N'importe quel mot contenant un *l* et un *c*, ou un *c* et deux *o*, ou un *a*. Désormais, Richard s'intéressait moins au mot *alcool*, en grande partie parce qu'il était devenu alcoolique... De manière analogue, les lectures en survol et en diagonale de Gwyn Barry (de quelle humeur était-il alors ? perplexe, pour l'essentiel ; il ressentait un désert de dégoût patient, à peine émaillé d'oasis de loin en loin) n'étaient qu'autant de quêtes de Gwyn Barry. Tout ce qui le préservait du chaos, lorsqu'il lisait, c'étaient les deux lettres majuscules G et B, remparts jumeaux de sa raison. Combien de fois ses yeux ne s'étaient-ils pas arrêtés sur George Berkeley et George Balanchine, George Bush et George Brown, Guy Burgess et Geoff Boycott, Gerald Berners et Grigori Baklanov, George Brummell et Georges Braque, Geoffrey Biddulph et Gertrude Bell, Giovanni Barbirolli, Giovanni Boccaccio, Gianlorenzo Bernini et Giambattista Bodoni. Sur Granville Barker et Gaudier-Brzeska. Sur Guinée-Bissau. Grand Bassin. Grosse Bertha. Et même sur Grande-Bretagne.

Il lui faudrait bientôt y aller, en Grande-Bretagne. Et dans sa capitale, Londres, qui s'était soudain (à moins que ce ne fût peu à peu)... Qui s'était soudain retournée contre lui, insurgée contre sa paix. Il était alors trois heures moins le quart. On lui avait déjà apporté son déjeuner : il ne savait même pas qui avait tenu le plateau (avec quel tact, quelle discrétion, quel profond respect elle était entrée et sortie) : Demi ? Pam ? Paqui ? Sheri ? Comme s'il était un visionnaire vaticinant, un couturier du cosmos, au bord de découvrir... l'universel. Il avait en fait parcouru tous les suppléments du samedi, tous les hebdomadaires, le bimensuel ; mais la *Publication of the Modern Language Association* et (mon Dieu !) *La petite revue* restaient intactes. Il avait aujourd'hui trouvé trois citations de son nom : l'une dans un article sur les parcmètres ; une autre dans un texte sur les limites du théâtre de rue multiculturel ; et la troisième dans un article sur le Trophée de l'excellence (elle légitimait tout le reste, voire le rationalisait). Il avait ainsi appris, à cette occasion, qu'il regagnait l'estime des jurés, même s'il était encore loin derrière la poétesse bosniaque qui s'occupait également d'un orphelinat de mille lits à Gorazde, et de quelques autres nominés. En outre, il avait aussi réussi à traverser de temps à autre son bureau pour noter une phrase dans son carnet : « Par-delà Amelior ? » Il était debout, à présent, les poings appuyés sur la longue table (Nemo, de nouveau, penché sur ses croquis), et contemplait une pile désordonnée de courrier de deuxième zone, sans caractère d'urgence, auquel il allait bientôt consacrer une heure avec Pam pour y répondre par quelques oui, non, merci, peut-être. Vous ne me connaissez pas, mais. Je viens d'être nommé. Je suis étudiant en. C'est la première fois que j'écris à un. Malgré un triple pontage coronarien, j'ai cru que. Vous en avez sans doute assez de. Ci-joint une photo de moi dans mon. Nous, chez. Ce n'est pas dans mes habitudes de. Quel effet cela fait de...

Gwyn s'avança jusqu'à la fenêtre du milieu et regarda la rue en contrebas. La rue et son dancing de fleurs de cerisier, partenaires en tenue de soirée qui descendaient jusqu'au bas de la colline en s'enflant, en se bousculant, en s'agitant. Comment la rue pouvait-elle ne pas l'aimer ? L'univers, le monde, l'hémisphère l'aimaient. Mais la rue ne l'aimait pas, la ville ne l'aimait pas. Il lui faudrait s'y aventurer pour se rendre à des rendez-vous importants qui lui coûtaient beaucoup d'argent (il lui restait encore à démêler ses problèmes avec Richard) : tout un public couché au pied du grand Buttruguena, du grand Abdumomunov, du grand O'Flaherty. Avant, la ville ne s'occupait pas de lui, sauf au bar du foyer dans les théâtres, ou bien dans les restaurants fréquentés par des personnalités en vue et (oui, cela arrivait de temps en temps) dans la rue, quand les gens s'arrêtaient et le dévisageaient d'un air satisfait, ou bien fronçaient les sourcils comme pour essayer de le replacer parmi leurs connaissances... Mais la ville, à présent, se comportait comme si elle voulait lui casser la gueule. La ville voulait lui casser la gueule.

Il était en pleine dissonance cognitive. Rien ne rimait.

Tandis qu'à l'entour s'orchestraient les applaudissements et les louanges face au nouvel objet qu'il avait mis au monde (son roman, son offrande), le monde lui-même (et les rues, qui étiraient à perte de vue leurs plis et leurs replis) s'était mis à le détester. Non pas en sa qualité de romancier, supposait-il, mais en tant que personne. Ce n'était pas que les rues fassent une mauvaise critique de lui, elles ne lisaient pas. Il apprenait souvent par la presse qu'il était le porte-parole des générations futures, et même lui arrivait à concevoir que les générations futures le désavouent, tant il représentait peu de gens et parlait doucement. Mais encore une fois, les générations futures ne savaient pas qu'il était leur porte-parole, ni que la presse le croyait. C'était affaire de personne. Celte trapu en pantalon de grosse toile et en veste de cuir fondamentalement démocratiques, malgré leur prix élevé ; cheveux poivre et sel sur le dessus de la tête (coupés court, à présent, pour prévenir la calvitie) : cette création n'était plus invisible et monochrome lorsqu'elle se rendait d'un point à un autre, lorsqu'elle marchait sur les trottoirs, s'arrêtait pour réfléchir ou hélait un taxi : elle était richement bigarrée. Était-ce la gloire ? Il faisait désormais partie du paysage. Mais le paysage n'en voulait pas. Gwyn, debout dans son bureau, regardait par la fenêtre en se demandant ce qu'il avait fait.

Cela avait commencé presque dès son retour d'Amérique. Était-ce donc la faute de l'Amérique ? Du bronzage californien, de la couleur de l'argent, des prémices de la fièvre américaine ?

Peut-être que ce n'était rien. Ce n'était peut-être rien.

Avant-hier, par exemple. Le fabuliste de talent (sa prose claire comme de l'eau de roche) revient de la librairie de son quartier et marche sur Kensington Park Road sous une pluie printanière... Dans le flot de la rue, une silhouette qui s'avance vers lui se distingue des autres en ralentissant, en prenant du retard ; elle s'immobilise et attend qu'il s'approche. Quand lui, le faiseur de mythes modernes, arrive vers elle, elle se met à rebrousser chemin, comme si, en la suivant, Gwyn était suivi (précédé, mais suivi). Pas d'échappatoire : le porte-étendard du futur proche doit lever les yeux et affronter ceux de la personne qui le suit. Un jeune tout mouillé, en survêtement. Qui se contente de dire, en restant à sa hauteur : « Regardez pas mon visage. Regardez pas mon visage. Regardez mes mains. Regardez la peinture sur mes mains. Regardez le sang sur ces foutues paluches. »

Ce n'était peut-être rien. Peut-être que ce n'était rien.

Hier, par exemple. Le plus rare des phénomènes littéraires (cet écrivain-culte adoré du grand public) rentre chez lui par Holland Park Avenue. Il porte un sac en plastique plein de café. Il baisse la tête un instant et se heurte à la masse d'un Noir. De la petite monnaie se répand sur le trottoir autour d'eux. Le puissant allégoriste recule de trois pas, baisse la tête puis la relève. Au-dessus de lui, le visage noir aux lunettes noires. Qui lui dit simplement : « Espèce d'enculé, ramasse. Ramasse, enculé. » Et le rénovateur solitaire des paradigmes de collecter des pièces, accroupi sur le trottoir poisseux. Il les tend à l'autre, qui les lui arrache de la main, puis il se retrouve une nouvelle fois par terre, et une autre fois encore : « Excuse, mec ! J'ai pas fait exprès. » La bouche, ses couleurs vives comme de la pulpe de fruit, se contente de dire : « Ça va, quoi ! Ch'uis pas ton frère, moi. T'es pas mon frère, toi. Ça va, quoi ! » Jusqu'à ce qu'il le laisse partir.

Ce n'était peut-être rien. Debout dans son bureau, il regardait par la fenêtre en se demandant ce qu'il avait fait.

Gwyn avait à présent une nouvelle marotte en tête. Il écrivait, ou paraphrasait, sa propre biographie, mais mentalement. Pas son autobiographie, certainement pas. Mais sa biographie, écrite par quelqu'un d'autre. C'était la biographie *officielle*. Gwyn aimait tellement sa nouvelle marotte que même lui pouvait en prévoir les effets délétères (éventuellement catastrophiques) sur sa santé psychique. La satisfaction solitaire ne pouvait guère être plus solitaire que cela : même son propre corps en était exclu. La biographie devenait ainsi pornographie. Mais il était parvenu à la conclusion (en dépit du bon sens) que cette nouvelle marotte préservait d'une certaine manière sa raison. De toute façon, il était accro. Impossible d'abandonner le projet.

Certes, la biographie n'était pas suffisamment *terminée*. Elle n'avait pas de titre, par exemple. Oui, elle avait besoin d'être retravaillée. Il quitta son bureau, traversa le couloir et alla se changer dans la chambre des invités.

Barry avait beau ne pas. Passionné de. Sans être un athlète ni un pilier des gymnases, Barry ne restait pas de marbre devant la vie, l'animation et l'acharnement des compétitions. Il adorait le jeu et le sport. (Mais il détestait le jeu et le sport. Parce qu'il perdait toujours.) Avec son vieux partenaire. Avec son vieil ami Richard Tull, il rivalisait à la loyale de part et d'autre d'un filet de tennis, d'une table de billard ou d'un échiquier. (Il perdait toujours, il ne gagnait jamais.) En tant que romancier, Tull n'était pas un. Sans être béni des dieux, Tull n'en était pas moins. En matière de coordination de la main et de l'œil et pour ce qui est de sa notion de l'espace, Tull était, par rapport à Barry...

Supérieur ? Tee-shirt, short, culotte d'équitation, chaussettes : tout était prêt, il n'avait plus qu'à les enfiler. Comme d'habitude lorsqu'il en arrivait là, Gwyn passa à un meilleur chapitre.

Il avait une réputation de. Il ne cachait pas son amour de. Pour lui, plus elles étaient blondes. Il était amoureux, dans tous les sens du terme, de la Femme. Demeter, qui ne cesserait jamais de l'aimer tendrement, dut se résigner à. Il y a des hommes, finit-elle par comprendre, qui ont une telle intensité de. C'était le moteur de sa vie. Maintenant que Lady Demeter, pour reprendre les mots de W. B. Yeats, est bien vieille et grise, dodelinant aux portes du sommeil, c'est avec un sourire d'affliction qu'elle...

Vêtu de son nouveau survêtement noir, il descendit dans l'entrée et farfouilla sur le buffet : il inspecta les invitations et chercha ses clefs de voiture. Il avait rendez-vous avec Richard au Warlock. De l'eau était passée sous les ponts : ils se disaient bonjour, jouaient, et se disaient au revoir. Rien d'autre. Le Warlock présentait cet avantage qu'il pouvait aller directement au parking sans entrer en contact avec la ville, avec la ville et les rues qui s'étaient soudain mises à le haïr activement.

Gwyn avait hâte de lire le portrait de Richard Tull : cinq mille mots. Du moins lui serait-il entièrement consacré. En le lisant, il ne lirait pas un article sur l'érosion des sols, l'architecture normande, les tringles à rideaux, Keir Hardie, les chaises longues, la cime des arbres, ou tout autre sujet sur lequel portaient les articles qu'il lisait, au cas où.

---

p. 1 GWYN BARRY R. Tull

Gilda Paul est assise dans la chambre 213 du pavillon oriental du centre de soins Gwynneth Littlejohn, « la clinique des fous » comme on l'appelle, sur la route de Swansea. Comme dans un poème naïf empreint de douleur et de rejet, les mouettes de la péninsule de Gower planent et virevoltent au-dessus de la baie en poussant des cris affamés, à peine audibles. Gilda a trente-neuf ans. Son moi psychique s'est effondré il y a quatre ans, sur le quai anonyme d'une gare londonienne, le jour où Gwyn Barry l'a renvoyée à son passé pour poursuivre son chemin vers la gloire en solitaire. De temps à autre, il écrit à Gilda, au passé. Mais il n'est pas revenu.

Richard était assis à son bureau. Sa vie n'était que bureaux. La vie avait changé. Mais la vie n'était encore que bureaux. Toujours un bureau en face de lui. D'abord à l'école, pendant vingt ans. Puis au travail, depuis vingt ans. Tôt le matin, tard dans la soirée, un bureau, encore un bureau. Et des devoirs : quarante ans que cela durait.

La surface hideuse était couverte de feuilles de papier ministre, elles-mêmes couvertes d'amorces de phrases qu'il avait gribouillées. Il les parcourut du regard. Pantin nécessaire des forces culturelles, il n'a que vaguement. L'amour de la gloire, que Milton définissait comme l'ultime tare de. L'actrice Audra Christenberry, aperçue au bord de la piscine, rend un formidable hommage au bistouri du. Sans doute la formulation de Lady Demeter est-elle la meilleure : « Gwyn, dit-elle, ne vaut pas un. » Doté d'une femme voluptueuse, d'une foule de lecteurs, d'une grande maison et de zéro talent, l'auteur de. Dans les annales du libertinage, du colportage et de l'hypocrisie à tout crin...

« Papa ?

— Qu'est-ce qu'il y a ?

— Papa. Je veux plus m'appeler Marco. Je veux changer de nom.

— Et comment tu veux t'appeler ?

— Rien.

— Comment ça ? Tu ne veux pas de nom ? Ou tu veux t'appeler “ Rien ” ? »

L'enfant leva ses sourcils obtus, quoique bien dessinés, et opina.

Richard attendit que Marco se dirige vers la porte, puis dit : « “ Rien ” ? »

L'enfant s'arrêta, l'air rebelle, nihiliste, et suggéra :

« ... Ouais ?

— Allez, c'est l'heure du bain. »

Il se leva et commença de s'occuper des garçons... Quand on est parti et qu'on rentre chez soi, on se laisse reprendre par sa vie. Mais sans affection. Or, Richard était rentré chez lui. On lui avait prêté une aide manuelle et contestable pour le mettre dans l'avion à l'aéroport de New York, et on l'en avait sorti, d'abord sur un fauteuil roulant puis sur une civière, à son arrivée à Londres. Ce qui ne laissait pas de l'étonner, de l'impressionner. Le fauteuil roulant, comme il était apparu après un imbroglio plutôt cocasse sur la piste, ne répondait pas à ses besoins. Bref, il était rentré chez lui et s'était laissé reprendre par sa vie. Mais sans affection. Pendant quelques jours après son retour, en repensant aux tourments qu'il avait endurés en Amérique, il s'était vu figurer au tableau d'honneur des victimes, en compagnie de Job, de Griselda, de l'Adam de Milton, de l'Ève de Milton. Mais à présent, il avait rejoint les rangs plus modestes des jeunes ambitieux qui glapissent dans une épreuve d'endurance japonaise, et il se contentait de rechercher des gains immédiats, un rictus aux lèvres. Il se demandait également si *Sans titre*, qui, en tant que roman, était de toute évidence promis à un échec complet, pouvait être d'une utilité quelconque sous un autre rapport. S'il pouvait, par exemple, avoir un usage militaire ? L'armée voudrait peut-être garder *Sans titre* en réserve. Les carnets de Marie Curie, même aujourd'hui, cent ans après leur rédaction, demeuraient cancérigènes. Il imaginait un exemplaire de son livre, conservé dans un laboratoire derrière une triple vitre renforcée, et feuilleté de temps à autre par des robots aux gestes saccadés. Avec ce livre, Richard s'était jusqu'alors attiré, dans le monde entier, un lectorat d'une personne : Steve Cousins. Il lui avait envoyé un jeu d'épreuves en février, et la réponse lui était parvenue presque par retour du courrier : « Vous êtes un bon écrivain, mon pote », lui avait écrit Cousins (ou plutôt tapé à la machine, du bout des doigts, avec justification à droite), avant de procéder à des comparaisons intelligentes, ou en tout cas intelligibles, entre le nouveau roman et les romans précédents. Entre *Sans titre* et *Les rêves ne veulent rien dire* ou *Avec préméditation*. Vous êtes un bon écrivain, mon pote : ces mots lui résonnaient souvent dans les oreilles lorsqu'il se morfondait en se demandant pourquoi il n'était *pas* un bon écrivain. Il connaissait la réponse, à présent. Il n'était pas un bon écrivain parce qu'il n'était pas assez innocent. Les écrivains sont innocents. Non pas exempts de culpabilité mais innocents, tout simplement. Tolstoï était sans aucun doute innocent. Même Proust était innocent. Et même *Joyce*. En outre, il n'aimait pas ses lecteurs comme il faut les aimer. Il ne leur en voulait pas personnellement, mais il ne les aimait pas. Or, il faut les aimer. Bref, pour conclure : Richard était bien innocent (il n'y a qu'à voir le chemin qu'il prenait), mais pas comme il fallait. Il aimait bien ses lecteurs (il aspirait tellement à en avoir), mais pas comme il fallait. Il n'y a qu'à voir ce qu'il leur imposait... Il aurait dû tenir un couteau sous la gorge de Gwyn et lui faire lire à voix haute les onze premières pages de *Sans titre*. Une fantastique tumeur au cerveau aurait achevé la besogne. Gwyn n'était pas un bon écrivain non plus ; mais Gwyn était un cas à part.

« Faites voir vos mains », dit Richard.

Puis au bout d'un moment : « Au tour des fesses. » Puis au bout d'un moment : « Le cou, maintenant. » Et ainsi de suite.

Richard en Amérique. Le vieux Richard dans le nouveau monde. C'était comme lorsqu'il s'était arrêté au bord de l'autoroute à huit voies et qu'il était sorti de... non, pas de la Maestro, mais de la voiture qui l'avait précédée, la Prelude beige dont il était le troisième propriétaire : qu'il en était sorti pour changer un pneu, fixer la galerie qui glissait du toit, ou pour ouvrir le capot et vérifier (contempler ?) les entrailles encrassées et fumantes du moteur. Là, sur la bande d'arrêt d'urgence (tandis que Gina restait assise, toute droite, à la place du passager, et les très jeunes jumeaux sanglés dans leur siège d'enfant à l'arrière), Richard avait été frappé d'être la seule silhouette organique dans ce paysage de desseins impénitents, dans ce bruit (bon Dieu !) d'un million de sparadraps arrachés à un million de bouts de chair chuintante (et accompagnés par des gémissements de douleur et de surprise). Il s'était alors dit : je suis un guignol. Un vieux guignol. Ce n'est pas un endroit pour l'être humain, pour sa nudité et sa panique. C'est un endroit pour les poids lourds tendus vers leur avenir, pour les énormes machines penchées qui hurlent leurs anathèmes.

« Au tour des dents », dit Richard.

Puis au bout d'un moment : « Chaussettes. » Puis au bout d'un moment : « Pantoufles. » Et ainsi de suite.

Une fois la toilette des garçons terminée, il regagna la cuisine en pataugeant et ouvrit sa bouteille de cabernet norvégien, à boire avec le morceau quelconque d'animal quelconque qu'il allait enfin se faire griller. Gina ne ferait que passer, en peignoir, un filet sur les cheveux, un masque sur le visage. C'était dans l'ordre des choses. Elle travaillait désormais quatre jours par semaine ; ils auraient ainsi plus d'argent ; elle avait décidé qu'ils partiraient tous en vacances l'été suivant et elle contemplait déjà d'un œil critique des brochures sur papier glacé. C'était dans l'ordre des choses. Gina n'était plus femme d'écrivain parce qu'il n'était plus écrivain. Il ne pensait pas qu'elle allait le quitter : pas encore. Ensemble, ils avaient grossi les rangs de la grande communauté des épuisés.

« Les lèvres des garçons, dit-il. Les lèvres des enfants. On dirait toujours qu'elles sont irritées. Comme celles des trompettistes. Quelques morceaux après l'entracte. J'imagine qu'elles durcissent avec l'âge. »

C'était dans l'ordre des choses. Et savez-vous ce qui lui permettait de l'affirmer ? Parfois, plus tard, quand il avait terminé sa côte de mouton et elle son bol de porridge ou ses céréales d'idiot du village, il continuait à lire *Un homme de parole : Ingram Bywater, sa vie, son temps*, et elle *La Belgique sans se ruiner*, tandis que le robinet gouttait et que bourdonnait le néon, comme une grosse mouche. Puis ils bâillaient ensemble. Rien de trop sensuel ou de trop explicite, trois ou quatre bâillements chacun, une éphémère contagion de bâillements. Richard savait, grâce à sa culture personnelle, grâce à l'information dont il avait hérité (« Quand l'Eau Bouillira... »), qu'on ne peut pas attraper un bâillement de quelqu'un qu'on n'aime pas. Il attrapait ceux de Gina. Elle attrapait les siens. Telle était à présent l'étendue de leurs rapports physiques. À un frisson de la mâchoire répondait une dilatation des narines ; à une légère suffocation, un grognement de faible surprise. Rien de trop franc, rien qui découvre trop la gorge. Mais un échange résolu de bâillements. Une épiphanie de bâillements.

Gina alla se coucher et Richard se dirigea vers son bureau, profitant de cette commodité parce qu'il savait qu'elle avait d'autres projets pour la pièce. GWYN BARRY : R. Tull. Il relut le premier paragraphe avec dans les yeux un picotement de mélancolie et d'orgueil. Il avait fait une expérience pénible ce matin-là, lorsqu'il avait appelé l'asile pour vérifier le statut de Gilda Paul et qu'il s'était entendu répondre qu'elle n'était plus chez eux. Mais ça cadrait (ouf !) : on lui avait simplement accordé un régime de faveur. Gilda était toujours coupée du monde. Et toujours tenue pour cinglée. La seule autre bonne nouvelle à être parvenue aux oreilles de Richard depuis son retour d'Amérique, c'est qu'Anstice, sa secrétaire dévouée de *La petite revue*, n'avait pas pris quelques jours de congé, seule, à l'île de Mull, comme tout le monde le pensait et s'en félicitait ; à la place, elle était rentrée chez elle et s'était tuée.

Oh ! Que ce portrait allait mettre à l'épreuve ses talents de journaliste ! Soyons honnêtes : il allait esquiver et louvoyer jusqu'à la date de remise du manuscrit. Richard alluma une cigarette et introduisit une feuille de papier vierge dans le chariot. Sentant venir l'inspiration, l'illumination, il tapa d'un poignet agile :

p. 1 GWYN BARRY R. Tull

La trachée est dégagée, la respiration se fait sans obstacle. Le malade peut maintenant serrer la main de l'examinateur et résister à un mouvement passif des extrémités. Une amnésie rétrograde a d'abord fait songer à un grave traumatisme crânien, mais le malade peut maintenant garder un niveau cohérent de conscience. Il a la voix faible, mais claire. Le goutte-à-goutte et les perfusions de la salle des urgences ont disparu. Restent encore des séquelles évidentes, mais Gwyn Barry n'est plus en soins intensifs.

Voici ce qui frappait Steve Cousins dans la pornographie : il avait enfin trouvé quelque chose qui s'intéressait au sexe autant que lui.

Il avait trouvé quelque chose d'entièrement consacré au sexe. Et à rien d'autre. Les passages qui s'intercalaient entre les scènes de cul n'étaient que des moments de répit : des moments de répit permettant aux spectateurs haletants de reprendre leur souffle. Le porno essayait parfois d'aborder d'autres sujets ou de planter d'autres décors. Mais tout ce qu'il en ressortait, c'est que ces autres sujets, ces autres décors, étaient eux aussi entièrement consacrés au sexe. Et à rien d'autre. Freud pensait que tout se rapportait au sexe. C'était une *théorie*. En revanche, il était facile de démontrer que le porno était entièrement consacré au sexe. Au sexe comme spectacle, bien entendu. Et à rien d'autre.

Steve Cousins ne lisait pas de littérature pornographique (les mots, dans ce domaine, n'étaient d'aucune utilité), mais il lisait tout ce qui lui tombait sous la main et qui parlait de pornographie (qui parlait de ce qui était entièrement consacré au sexe). Sa bibliothèque était d'un éclectisme grotesque (Freud, des B.D., Nietzsche, les œuvres complètes de Richard Tull), mais elle contenait surtout plusieurs mètres de livres entièrement consacrés à la pornographie. Le patriarcat et les limites de la. Enfonce-moi la. Rapport de la commission sur l'obscénité et la. Le trafic de. L'Anthropologie visuelle et la. Moi, ancienne. À de nombreuses reprises, il avait lu que beaucoup d'acteurs et presque toutes les actrices de porno avaient été maltraités dans leur enfance. Ce qui signifiait qu'il formait avec eux une famille... malheureuse. Mais une grande famille.

Il les regardait vieillir, ces horribles stars d'horribles galaxies. Ces antistars d'antigalaxies. Les hommes semblaient tous, sans exception, impérissables (idiots, infatigables, multipliant à jamais les coups de reins et les crispations de plaisir), mais les femmes, dont les jours à l'écran étaient comptés... Il surveillait avec tendresse, dans tous les sens du terme, leurs liftings, leurs implants mammaires, leurs tatouages, leurs coiffures pubiennes, elles dont le corps s'encroûtait de cellulite et s'incrustait de bijoux, de colliers ras du cou, de bracelets aux chevilles et aux poignets, d'anneaux aux tétons, de perles au nombril, de clous dans la langue (de lourdes broches et des escarboucles qui leur transperçaient la langue). Si on les voyait dans un film vieux de dix ans, elles aussi avaient l'air d'avoir dix ans, avec leurs dents de lapin dues à des unions consanguines. Avec leur strabisme incestueux. Puis elles faisaient un séjour en labo ou à l'hosto, d'où elles ressortaient métamorphosées pour le plaisir des hommes. D'où venaient-elles ? Où allaient-elles ? Certaines réussissaient à faire un bout de carrière en se faisant souvent convoquer pour reformatage, comme en suivi médical. D'autres se décomposaient dans le rayon pesant d'un regard pesant (du regard de Scozzy qui battait des paupières au rythme d'un lent battement de cœur, dans son obscur domaine, comme si la lumière que diffusait l'écran de télévision était un objet précieux au creux de la main, un charme ou une amulette sur la langue ternie). Lorsqu'il reconnaissait, non sans mal, une vieille habituée dans sa troisième ou quatrième incarnation (la peau plus flasque, les taches de rousseur plus nombreuses et, surtout, un sérieux coup de vieux dans les gencives), Steve lui lançait par exemple : « T'es bonne pour la retraite, mon chou », ou « Au rancart, mon chou », ou parfois, d'une voix plus grave, plus lente, mais non moins caractéristique : « Mon Dieu ! Mais qu'est-ce qu'ils t'ont fait ? » En fin de carrière, c'était comme un rite de passage : l'actrice mûrissante des films pour adultes se faisait maltraiter. Vous voyez... Couchée sur un comptoir au petit matin, ventre à l'air, avec trois gros ouvriers vérolés qui s'acharnaient sur elle. Vous voyez... Comme si elle revivait ou qu'elle se rappelait le parcours qui l'avait conduite là.

C'étaient donc tous des enfants. C'étaient tous des enfants

réunis dans cette... dans cette grande famille. Tous des enfants, jusqu'à ce qu'ils n'en soient plus. La pornographie, c'était l'histoire de sa vie.

Il était sorti, à présent, et filait en direction de Wimbledon. Non pas au volant de la Cosworth, avec sa jupe d'automobile de course, mais dans la grosse carcasse orange de la camionnette. Il tressaillait de temps à autre en relevant la présence éparse des feuilles de chou de 13 et de ses canettes de Ting. Indices du temps qu'il avait passé à faire le guet, ou tué à ne rien faire. Il y avait aussi des preuves moins tangibles (une pince à cheveux, un mouchoir en papier) que la camionnette, tressaillant à sa manière, avait servi de décor à l'acte amoureux, de chambre ou de charmille. Scozzy avait du mal à se les représenter, 13 et Lizzete, car ils étaient trop jeunes pour avoir leurs équivalents dans les films pour adultes. Il imaginait pourtant que cela ne durait pas aussi longtemps. 13 ne voulait pas traîner. Et même s'il était dans l'illégalité lorsqu'il se tapait Lizzete, il n'était pas question d'argent.

Selon toute apparence, le vent était tenu de souffler un peu plus fort chaque année. Il pensait ce qu'il voulait, le vent, quand il soufflait sur la poussière ou qu'il chassait les mauvaises odeurs, mais en tout cas, c'était une tâche qui prenait chaque année plus d'ampleur. Chaque printemps. C'était bien de penser qu'il avait une fonction, le vent. Une autre fonction que de vous rendre maboul. Scozzy connaissait le vent (le vent de la campagne, mec) : dans une bicoque au fond des bois, dans un champ quelque part, il avait attendu qu'il s'arrête de souffler, le vent, et il y avait mêlé sa plainte d'enfant sauvage, ses oscillations d'enfant sauvage, avec une insupportable monotonie pendant des heures et des heures. Même la lumière, en voyageant, se fatiguait. Mais le vent, lui, était infatigable. Il l'avait nettoyé en soufflant ; il l'avait rendu aussi léger qu'une plume. Scozzy l'avait dit à 13, qui lui avait répondu... Ouais, il se souvenait. La solution, c'est la retraite anticipée.

À nouveau, il observait les femmes du Territoire, les deux petites filles qui réalisaient des exploits sur le toboggan et la balançoire, la mère dans la cuisine qui frappait sur la vitre au-dessus de l'évier, comme toutes les mères, ce qui correspondait sans doute à l'image qu'elle avait d'elle-même : elle n'était ni une gamine irresponsable, ni un utérus à louer, ni une éprouvette Quacko. Il se rendit compte qu'il ne pouvait plus se passer de ce spectacle (les fillettes devaient s'appeler Diandra et Desirée) ; en tout cas, il venait là sans la moindre raison professionnelle, lorsqu'il faisait beau. Quand on était dans la camionnette, au moins, on n'était pas à l'extérieur en train de la regarder. Impardonnable orange que cet orange qui n'évoquait aucun fruit vivant : c'était l'orange des poubelles de cuisine en plastique, l'orange du bec de certains oiseaux noirs de Londres. Il trouvait la banlieue exotique et inoffensive, ni sauvage comme la campagne, ni sauvage comme la ville. Qu'est-ce qui se passait donc, tout autour de lui ? Les feuilles, la lumière voilée du soleil, les hommes qui passaient de leur démarche posée, imperturbable, de bourreau d'enfants, l'unique voiture qui descendait la rue au pas, poltronne et discrète sur ses caoutchoucs, les cris des fillettes en robe à pois ou à rayures, emportés par le vent.

À la maison ! C'est l'heure du thé. Il songea : la seule époque où ce quartier s'anime, c'est au moment du tennis. Scozz voyait les deux fillettes se faire rappeler, mais il n'entendait pas la voix de la mère, stoppée par le coupe-vent du mur du square. Puis les trois silhouettes, assises à la table de la cuisine. Il prit ses jumelles : et patati et patata. Diandra agite une B.D. La mère menace Desirée du doigt... Il savait parfaitement qu'il pouvait d'un seul coup chambouler cette scène. Scozzy avait un chaos tout prêt en tête, et qui ne demandait qu'à se déclarer. On fait irruption chez elles, mais en réalité c'est chez soi qu'on les entraîne : dans le monde de la peur. Qu'on connaît comme sa poche. Elles n'y sont jamais allées, même si c'est un décor familier. Ça se ferait en dehors du boulot. Le boulot, c'était fini. Ça se ferait en dehors du boulot. Ça serait en plus. Mais Scozzy n'en avait pas l'intention ; il écarta donc cette possibilité. Elles étaient pourtant si proches de ce qu'il voulait blesser. Était-ce la taille ? La couleur ? Impossible à dire. Mais il y avait quelque chose qui clochait en elles.

Il approcha la main de la clef de contact, sans cesser de regarder à travers le pare-brise et la vie de débauche qu'y reflétaient les frondaisons en folie. La même bonne sœur réapparut. Bon Dieu, pensa-t-il : quelle tronche elle a, avec sa bouche ridée et ses yeux éteints ! Dans son utopie personnelle, il ne permettrait pas aux bonnes sœurs de sortir sans se peinturlurer le visage. C'était la condition minimale pour qu'on puisse déceler la femme en elles. Et non un avorton ou un avatar travesti en grand deuil. « Me regarde pas comme ça, murmura-t-il. T'imagines que j'ai pas le temps de m'occuper de toi ? Regarde-moi comme ça et je vais m'occuper de toi. Je les connais, les bonnes sœurs. Les épousées du Christ. » Steve Cousins, enfant de l'Assistance. « Moi aussi, j'ai ma place dans la Création. »

La camionnette orange ressuscita dans le bruit et la crasse. Scozzy démarra (et merde !) et, après quelques virages à gauche, rejoignit la chaîne de forçats que formait la circulation en direction de Londres.

« D, mon pote, fit-il dans le combiné. Demain, mon pote. »

Il écouta, l'air de regarder par-dessus sa propre joue, les dents supérieures découvertes, les yeux animés d'une faible lueur.

« Passe-moi... Passe-moi Styx. »

Si on voulait choper quelqu'un dans la rue, par exemple, et le foudroyer du regard, une main sur l'épaule, on choisissait toujours deux nègres. D et Styx. La Terreur et le Sage. Thelonius. Netharius. Pas seulement à cause de leur noirceur, de leur densité, de leur carrure. Mais parce qu'ils étaient autres et prenaient un air grave pour imposer leur altérité. On entrait dans un code inédit, des conventions illisibles.

Une minute plus tard, on lui repassa D. Il lui dit qu'il avait changé d'avis. Il ne voulait pas de Noir pour le prochain coup, ça pourrait créer une fausse impression. Fais donc patienter Styx et passe-lui... la Vrille.

« Ouais, fit Scozzy. Passe-moi la Vrille. »

Puis il appela Agnes Trounce.

Gwyn était dans la bibliothèque octogonale. Il lisait (ou inspectait) un article sur la poterie étrusque dans *La petite revue*. Demi entra et lui servit sa boisson (un xérès sec) dans une *copita* en cristal. Elle s'attarda dans la pièce, bras croisés, avec son grand verre de Perrier. Il avait arrêté d'être gentil avec Demi. En raison de certaine information que lui avait fournie Richard, il ne l'avait pas regardée depuis deux jours. Ces deux derniers matins, il avait pris son petit déjeuner dans la chambre d'amis avec Pamela.

« Comment s'est passée ta leçon ?

— Bien, répondit Gwyn. C'est constructif.

— Peut-être que je vais aller le voir. Il pourrait m'apprendre quelques trucs ou deux.

— ... Quoi ? »

C'était un effort considérable de poser une question sans lever les yeux.

« C'est juste une idée.

— Il pourrait t'apprendre quoi ?

— Des trucs.

— Tu as dit " quelques trucs ou deux ". C'est " quelques trucs ". Ou bien " un truc ou deux ". Mais pas " quelques trucs ou deux ". »

Demi haussa les épaules et dit :

« Euh... " Pamela " m'a parlé de l'incident qui t'est arrivé. Très désagréable. Tu es sûr que ça va ? »

Son visage prit un air qui signifiait : travail. Recherche. Demi s'excusa et sortit. Gwyn se mit à lire (ou à inspecter) un article sur les méthodes de recrutement d'Albrecht Wallenstein (1583-1634). Cet article tombait dans la catégorie (très vaste désormais) des articles dont tout l'intérêt résidait dans la distance entre le sujet traité et ses propres préoccupations. Les choses, après tout, étaient soit agréables, soit désagréables ; si elles étaient agréables, on pouvait les comparer au monde d'Amelior et si elle étaient désagréables, on pouvait les y opposer.

Trois heures plus tôt : Gwyn, accroupi au bord du court avec le grand Buttruguena, dans l'immense chambre froide de l'Oerlich.

Le grand homme avait l'air encore plus vieux qu'à la télévision lorsqu'on le filmait dans la loge royale ou dans l'enceinte des célébrités, ou lorsqu'il s'avançait chaque année pour féliciter le champion de Roland-Garros. Plus vieux et moins aimable. En fait il avait l'air presque aussi sauvage et stupide qu'une raie carnivore ou une anguille de haute mer, après une chasse plus ou moins satisfaisante (pas de venin, pas encore, ni de carapaces impénétrables). Gwyn ne s'en rendait pourtant pas compte. C'était un homme occupé, il avait un but en tête. Et si, dans l'esprit de Richard Tull, ne cessait de résonner un air de blues, l'indicatif musical, dans le cas de Gwyn, était beaucoup plus guilleret : c'était en général de la musique de supermarché. Les deux hommes avaient été présentés l'un à l'autre par l'affable Gavin, puis ils avaient suivi lentement, silencieusement, un long couloir-bunker aux murs constellés de photographies sous cadre, représentant des joueurs de tennis célèbres et des gens célèbres qui jouaient au tennis, présentateurs de journaux télévisés, acteurs de séries, alpinistes, membres de la famille royale. (Gwyn passa une grande partie de son temps, à l'Oerlich, à se demander quand Gavin allait sortir son appareil photo. Mais peut-être qu'il ne restait plus de place sur le mur.) En marchant, le grand Buttruguena retournait presque complètement la semelle de sa chaussure droite, comme si son pied était à l'envers.

« En piste », dit-il.

Le jeu commença.

Rien, dans la trajectoire ni l'impact de ses balles, ne différenciait le coup droit du revers dans le jeu du grand homme : il frappait à plat en coup droit et coupait ses balles en revers, de sorte qu'elles bourdonnaient en passant au-dessus du filet. Sans s'excuser ni paraître gêné, Gwyn sautillait et tournoyait en fond de court, collectionnant les catastrophes. Le grand homme réduisit graduellement la puissance et la portée de ses coups. Au bout de dix minutes, il désigna le banc et s'y dirigea en boitant et en hochant la tête.

« Je ne comprends pas, dit-il en fixant le poteau du filet. Vous n'avez aucun talent.

— Je sais qu'il y a du boulot. »

Le grand homme haussa les épaules en ne se servant que de ses sourcils. Il se sentait incompris et traité à la légère.

« C'est quasiment désespéré.

— Je sais qu'il y a du pain sur la planche.

— Qu'est-ce que vous voulez ? Dépenser une fortune pour progresser d'un pour cent ? »

Buttruguena s'assit. Il était farouche, vieux, beau, revêche. Il avait gagné sur la terre battue française et le gazon australien. Il avait été une star à l'époque où le star-system n'existait pas encore. Désormais, il donnait des cours à des gamins de dix-neuf ans qui possédaient leur propre avion.

« Pour tout vous dire, il n'y a qu'un joueur que j'aie envie de battre. Je pensais que vous pourriez..., bref, que vous pourriez me donner quelques tuyaux. »

Buttruguena manifesta de l'intérêt.

« Il n'est pas des masses meilleur. Il me bat six jeux à trois. Six jeux à quatre. Il a un revers plutôt faible, mais... »

Buttruguena balaya ces propos du revers de la main.

« Je vois. On peut régler la question en cinq minutes ici même, puis on libère le court. D'accord ?

— Parfait.

— Est-ce que vous êtes plus riche que lui ? Qui achète les balles ? »

Plus tard, les cheveux encore mouillés après sa douche, Gwyn prit une pâtisserie et un express, plus par devoir (le devoir qu'il s'imposait vis-à-vis des produits de luxe) que par faim ou par gourmandise. Puis il alla faire un tour dans la boutique en jouant les lèche-vitrines ; c'était surtout une position stratégique pour observer les filles de la réception, ces blondes en survêtement de nylon, d'origine suédoise ou sud-africaine, dont le bronzage perdait de son éclat sous le néon des relations publiques. Il les croisa en sortant, leur fit un sourire et quelques signes de tête fébriles, son énorme sac de sport à l'épaule.

Dehors, il tourna à droite sous le métro, là où pouvaient se garer les membres tels que lui. Il y avait le chantier, il y avait le pub muré (si l'on regardait par la fenêtre, on aurait dit qu'il avait été anéanti trente ans plus tôt par un pince-fesses criminel). Il continua. Il hésita, puis continua. Un grand Noir vêtu d'un grand manteau de cuir noir était appuyé contre la portière de sa Saab. Que faire ? Gwyn s'approcha d'un pas vif et sortit ses clefs : c'était un homme occupé, il avait un but en tête.

« Pardon, c'est ma voiture. »

Ils se sourirent. Le Noir ne bougea pas. Il annonça :

« Tennis.

— Tout juste, fit Gwyn. Je viens de prendre une leçon.

— Pas vrai.

— Pardon ? »

Il ouvrit son manteau en cuir. Une poche était cousue dans la doublure, qui contenait une batte de base-ball. Il la prit entre le pouce et l'index et la posa contre terre.

La première réaction de Gwyn fut de prendre ses jambes à

son cou, mais il n'était plus tout à fait assez jeune. Cela ne l'aurait mené nulle part.

« Vous voulez une leçon de base-ball ?

— Non merci », murmura-t-il.

Le Noir s'écarta et dit :

« Peuh ! Pas besoin. Pas besoin du tout. »

Il dut faire un pas en avant. Il sentait sa nuque et ses cheveux qui se faisaient tout petits, ou qui essayaient au contraire de pousser pour rembourrer et recouvrir l'impuissance de son crâne ovoïde. En déverrouillant la portière à distance, puis en l'ouvrant, il entendit le bruit de la batte qui fendait l'air incroyablement lourd.

Le moment était venu de partager la bonne nouvelle avec Gina.

« Mauvaise nouvelle, dit-il. Tu te rappelles Anstice ? T'es bien assise ? Elle est morte. Somnifères. Elle est rentrée chez elle un jour, et voilà. »

Bien sûr, il n'y avait pas que du bon dans cette nouvelle, et elle avait donné le cafard à Richard, au début. À supposer qu'elle l'ait dénoncé dans un mot qu'elle aurait laissé en se suicidant et que Gina l'ait appris. À supposer que la police ait découvert le journal qu'elle tenait, il le savait bien. Mais il semblait s'en être bien tiré. Et voilà : c'était fait. Rien ne le persuaderait jamais qu'Anstice était en moins bonne posture depuis qu'elle était morte. D'un autre côté, il était libre de se demander pourquoi tant de maîtresses d'écrivain se suicident ou sombrent dans la folie. Conclusion : parce que les écrivains sont des cauchemars. Les écrivains sont des cauchemars dont on ne peut se réveiller. Pleins de vie quand ils sont seuls, ils rendent la vie difficile à leur entourage. Il le savait maintenant — maintenant qu'il n'était plus écrivain. Maintenant qu'il n'était plus qu'un cauchemar.

« Non, *bonne* nouvelle, corrigea Gina.

— Gina !

— Au moins, c'est fini.

— Quoi ?

— Tu sais bien.

— Comment tu le sais, toi ?

— Elle me l'a dit.

— Qui ?

— Qui, à ton avis ? Ça s'est passé quand j'étais chez ma mère, n'est-ce pas ? Quand je suis revenue, une lettre de neuf pages, pas une de moins, m'attendait. Avec tous les détails de l'affaire.

— Il ne s'est rien passé. J'étais impuissant, je te jure.

— Ça, je veux bien le croire... mais c'est pas ce qu'elle m'a raconté, elle. »

Gina expliqua qu'Anstice, dans sa lettre, au téléphone, puis en personne un vendredi où elle était venue prendre le café chez eux, dans Calchalk Street, n'avait eu de cesse de dépeindre Richard sous les traits d'un Cœur de Lion, d'un Tamerlan, d'un véritable Xerxès au pieu.

« C'est ça ! C'est bien mon genre ! Je te dis que c'était un fiasco sans lendemain. »

Ouais : encore un coup de folie.

« Sans lendemain. Mais tout de suite regretté.

— N'empêche. Tu as essayé.

— Soit ! J'ai essayé... Et toi, qu'est-ce que tu as fait ? En guise de représailles ?

— Ne me pose pas de questions, dit Gina, et je ne te raconterai pas de salades.

— C'est le crieur public, n'est-ce pas ? Dermott. Ou est-ce que tu as ressuscité l'un de tes poètes ? C'est Angagoas ? C'est Clearghill ?

— Ne me pose pas de questions, dit Gina, et je ne te raconterai pas de salades. On est quittes. Comment tu as pu ? Ça me dépasse. Avec ce boudin ! Et quel boulet, en plus ! Putain ! Elle me téléphonait deux fois par jour jusqu'à ce que je lui dise d'aller se faire foutre. Maintenant, va t'occuper des garçons. »

S'occuper des garçons (et il s'en occupait des tonnes) était loin d'être aussi contraignant, l'un dans l'autre, que seulement un an plus tôt. Ils n'avaient plus le statut d'exilés royaux ou de prisonniers impériaux assignés à résidence. On les traitait désormais comme on aurait par exemple traité des personnalités éminentes, extravagantes, têtues, séniles, dans un sanatorium ou une maison de retraite à l'époque de Staline (de leurs fenêtres, ils apercevaient un chantier de ferraille plein de pelleteuses tordues et, plus loin, un canal envenimé qui avait la couleur des feux verts). On faisait leurs lits, on chauffait leurs serviettes de toilette ; on sortait les décorations et les médailles de leurs hautes fonctions devant eux, on les rangeait après leur passage ; quand ils faisaient une bêtise, qu'ils cassaient quelque chose ou qu'ils se tachaient, on avait le tact et la délicatesse de passer l'éponge. Au sanatorium, ces jours-ci, les pensionnaires pouvaient déceler, dans leurs moments de lucidité, les symptômes d'un nouveau relâchement : c'était le bénéfice qu'ils tiraient d'économies forcées, d'une réforme idéologique ou tout simplement de la mesquinerie masculine de l'infirmier. Par exemple, on ne jugeait plus nécessaire de les porter pour qu'ils aillent prendre leur petit déjeuner, ni même de les mener à la cuisine par la main ; le fourrage frugal était prêt sur la table, mais on attendait d'eux qu'ils s'alimentent tout seuls (même s'ils pouvaient bien sûr continuer à semer la pagaille qu'ils voulaient). L'abolition des privilèges était un phénomène auquel les prisonniers s'habituaient peu à peu, en oubliant le bon vieux temps. Quelquefois, ils semblaient s'en souvenir, et ils étaient alors animés de faibles sursauts ; mais ils finissaient par sangloter de honte... L'infirmier assis à la table de la cuisine les entend pleurer. Son maillot de corps, son journal, son bol de café, son cure-dents paresseux...

Entre autres avantages, un mari au foyer a beaucoup de temps pour fouiller la chambre de sa femme. Il peut y monter avec une tasse de thé et y rester tout l'après-midi. Richard en avait le loisir, les enfants passaient toute la journée à l'école. Les petites vacances approchaient, les enfants passeraient toute la journée à la maison. Il n'arrêtait pas de se dire qu'il devrait se lancer dans d'autres activités. Qu'il devrait lire une biographie, parler à Anstice, écrire de la prose moderne. Mais pour l'instant, Richard en avait le loisir.

Il trouva : une boîte à chaussures contenant toutes les lettres qu'il lui avait écrites, classées par ordre chronologique, toutes ouvertes, toutes lues. Elles portaient la trace de son odeur corporelle, pensa-t-il.

Il trouva : un polaroïd de Gina et Lawrence assis sur un banc de bois dans un pub du bord de mer. Lawrence avait passé un bras autour de ses épaules. Pâle lumière d'un milieu de matinée, poussière des murs badigeonnés du pub.

Il trouva : dans une chemise grise à fermeture éclair, des lettres que lui avaient écrites d'autres écrivains, des poèmes que lui avaient écrits les poètes. Mais rien de fraîche date.

Il trouva : sous les lattes du plancher, dans son placard, quatre enveloppes beiges couvertes de suie, dont chacune contenait vingt billets de cinquante livres. Il songea qu'il lui faudrait peut-être puiser dans cette réserve pour payer Steve Cousins, selon la date à laquelle lui seraient versés ses honoraires pour le portrait de Gwyn Barry.

Le projet de démolir la personne de Gwyn Barry étant désormais largement avancé, l'esprit de Richard pouvait prendre son essor, se libérer, et concevoir un projet plus noble : saboter la réputation littéraire de Gwyn Barry.

Comme il se le représentait dans l'essor de ses insomnies (tandis que Gina respirait à un rythme régulier et qu'elle s'abandonnait au sommeil à ses côtés), les écrivains n'avaient que trois raisons de s'attirer de sérieux ennuis : l'obscénité en était une, le blasphème une autre ; mais elles n'offraient toutes deux que peu d'espoir. Il n'y avait à Amelior ni sentiment d'amour, ni rapports sexuels, ni jurons. Quant au blasphème, les romans de Gwyn étaient incapables d'offenser même les personnes les plus susceptibles et les plus chatouilleuses, celles-là mêmes qui ne vivent pourtant que pour s'offenser. Mais il y avait, pensait-il, une troisième raison. Il s'en rendit compte de la façon suivante.

Richard était debout à son bureau, dans les locaux des Presses de Tantale. Il fumait. Il exhalait la fumée d'un air fataliste. Une semaine plus tôt, il avait démissionné de son poste de directeur artistique et littéraire de *La petite revue*. À présent, il travaillait une journée et une matinée de plus par semaine pour Balfour Cohen, et il emportait du travail chez lui. De plus, il refusait de faire certains comptes rendus de livres. La ville regorgeait d'assistants de rédacteurs littéraires qui se retrouvaient à contempler leur téléphone après que Richard avait décliné leur offre. Accepterait-il d'écrire trois cents mots sur une biographie en trois tomes d'Isaac Bickerstaffe ? Non. Peut-être alors sur la biographie critique de Ralph Cudworth, de Richard Fitzralph ou de William Courthope, celle qui faisait autorité ? Non. Du point de vue du temps, des déplacements et de l'argent, il avait tout à y gagner. Corriger de la mauvaise littérature d'écrivains sans talent pour une publication privée, voilà qui était mieux rémunéré, tenu par la société en plus haute estime, que la lecture rapide et désintéressée d'études passionnément consciencieuses, dans l'ensemble, sur des poètes, des romanciers et des dramaturges mineurs. C'étaient peut-être des livres qui mettaient en scène des personnages à la noix, écrits par des auteurs à la noix, mais en tout cas, ce n'était pas trivial. En se consacrant à la critique littéraire, Richard vivotait dans les contrées tempérées de la médiocrité. Aux Presses de Tantale, il se débattait dans les tourbillons proliférants de la psychose. Après qu'il lui eut raconté en deux mots son voyage en Amérique, Balfour lui avait enlevé la fiction et l'avait chargé des essais, plus particulièrement des Études sur l'homme. Richard apprit ainsi qu'il y avait de vieux dingues qui, du fin fond de greniers répartis dans toute l'Angleterre, révolutionnaient la pensée du XXᵉ siècle. Ils damaient le pion à Marx, pourfendaient les hypothèses de Darwin, coupaient l'herbe sous les pieds de Sigmund Freud.

« Bon Dieu », s'exclama Richard à son bureau.

C'était son exclamation favorite. Ce matin-là, il avait accepté que son nom paraisse sur le papier à en-tête et les documents des Presses de Tantale... Il exhala la fumée d'un air fataliste. Il terminait en grinçant des dents les péroraisons d'un cinglé de plus, cinq cents pages d'un vieux couillon pompeux (et vicieux) qui, sans grand effort apparent, avait mis le doigt sur le chaînon manquant entre la génétique et la théorie de la relativité générale. Richard écrivit FIN sous le dernier point d'exclamation de l'auteur, puis envoya le tapuscrit dans le panier des REFUS.

Balfour Cohen s'agita patiemment au fond de la pièce et dit :

« Tiens ! Une lettre de votre poète.

— Horridge ?

— Lui-même.

— Ah bon. »

L'enveloppe caractéristique, couleur paille, que choisissait toujours Keith Horridge ; le trombone caractéristique de tous ses envois ; la frappe caractéristique de sa machine à écrire mécanique. Richard essayait de se persuader que cela pouvait lui procurer une certaine satisfaction, de dégoter un poète ; de flatter les plaisirs, si tant est qu'il y en ait, de l'intermédiaire littéraire. L'enveloppe de Horridge contenait une courte lettre et trois poèmes. Le premier, « Toujours », commençait ainsi :

Dans les cosmogonies gnostiques
Les démiurges pétrissent
Un rouge Adam qui ne parvient pas à se mettre
Debout.

Minute ! C'était peut-être trop dense, mais c'était plutôt bon, non ? On pensait aux vers les plus majestueux, les plus racés de Yeats :

L'immortalité
Est un cliché, sauf pour l'homme.
Tous les êtres sont immortels quand ils
Ignorent la mort.

N'était-ce pas là une idée qui emportait l'adhésion du cœur, une idée qu'il pressentait déjà ? Ensuite, « Toujours » devenait obscur, ou plus obscur. Mais la chute paraissait forte. Richard alluma une cigarette. Il s'imaginait à la télévision dans vingt ans (à un âge inconcevable et, bien sûr, sous des traits d'une laideur bouffonne) : il susurrerait sa mélopée sénescente : *Oui, enfin, j'ai compris tout de suite (c'est le genre de choses qu'on sait d'instinct, vous voyez) qu'avec Keith Horridge, j'avais affaire à…* Le second poème, « Déception », illustrait à la perfection l'écriture dense de Horridge (« Colle, guten, gomme / À peine à moitié faits toujours, / Gorgée de soupe et gel de limon... ») : ce qu'il fallait, c'était le détourner de l'opacité du rythme naissant et le réorienter sur...

« J'ai le sentiment, dit-il, qu'avec Horridge, on tient peut-être un écrivain authentique. »

Le fauteuil à roulettes de Balfour fit entendre son grincement habituel.

« Ah bon ? Le tout est de savoir s'il en a assez pour un premier recueil.

— Assez de poèmes ou assez d'argent ?

— Assez de poèmes, dit Balfour. Et assez d'argent.

— En fait, je crois qu'il est trop bon pour nous. Je crois que n'importe qui le prendrait. Pourquoi on ne le publierait pas comme ça ? Cinq cents exemplaires. Ce n'est que de la poésie. Après tout, il ne s'attendrait pas à être payé plus de soixante-quinze livres. »

Richard lisait la lettre de Horridge (et se répétait qu'il devait la conserver en lieu sûr). « Comment s'est passé votre séjour en Amérique ? Je vous souhaite un agréable retour. » « Vous trouverez ci-joint, écrivait Horridge, trois " nouveau-nés " : " Toujours ", " Déception " et " Femme " ». « " Femme ", continuait-il, représente une nouvelle direction, et peut-être un changement définitif. Pour la première fois, dans ce poème, je rejette toutes les influences et parle en ma voix propre. »

Voici comment — voici « Femme » :

Hier la femme, la fille que j'aime plus
Que tout au monde m'a dit
Qu'
Elle
Ne
Voulait
Plus
Me
Revoir.

Et le tout à l'avenant. Les vers s'allongeaient lorsque Horridge pansait ses blessures, puis raccourcissaient à nouveau lorsqu'il se résolvait à « Tenter / De / La / Ramener / À / Lui ». Richard chercha des yeux sa corbeille à papier. Mais bien sûr, pas question. On ne rejetait rien, on ne balançait rien aux ordures. On publiait. On tenait le texte devant soi et on inscrivait dessus au stylo rouge : *centrer le titre, composer en vers.*

« On va y songer, dit Balfour.

— Pas la peine. On n'a qu'à laisser tomber. On prend son blé et on n'en parle plus. »

Si la littérature était l'universel, on ne recevait aux Presses de Tantale que des détritus de l'espace. Échappés d'un vieux Telstar par son ouverture pivotante. Ou d'un vieux Spoutnik par son vide-ordures calciné. « Femme », c'est ce dont était capable Keith Horridge quand il rejetait toutes les influences et parlait en sa voix propre. « Déception », c'est ce dont il était capable quand il manipulait son dictionnaire de synonymes. Et « Toujours »... Les auteurs publiés aux Presses de Tantale avaient l'habitude de se créditer de certains actes, contrairement à la plupart des gens, contrairement à Richard. Autrement, il aurait pu se féliciter de la manière dont sa mémoire se mit alors au travail, de la manière et de la vitesse à laquelle ses rouages se mirent en marche. Dans les cosmogonies gnostiques les démiurges pétrissent un rouge Adam qui ne parvient pas à se mettre debout. L'immortalité est un cliché, sauf pour l'homme. Jorge Luis Borges, deux extraits de nouvelles à la réputation aussi inattaquable que « La bibliothèque de Babel » et « Les ruines circulaires ». Il regarda les marges brillantes de Horridge et remarqua que ses pouces y avaient laissé des traces, et ses mains moites des empreintes. C'est alors que son projet prit forme.

Son projet prit forme. Obscénité, blasphème : les romans de Gwyn Barry avaient survécu à toutes les boulettes de ce type. Mais il y avait un troisième écueil, qui pouvait vous prendre en traître à n'importe quel moment. Richard attrapa son dictionnaire de table et lut : « Lat. *plagiarius*, “ ravisseur ” ; “ séducteur ” ; “ pilleur littéraire ”. » Plagiaire, quel mot horrible !

« Balfour, j'ai un service à vous demander. »

Après l'avoir écouté jusqu'au bout, Balfour lui dit :

« Vous avez bien réfléchi, j'espère.

— Combien de temps ça va prendre ? Et combien ça va me coûter ? »

Il attendit ses fils sous la pluie à la sortie de l'école.

De là, ils allèrent au vidéoclub, dont la vitrine était aussi embuée que celle du Mick's Fish Bar de l'autre côté de la rue. Les chiens mouillés devaient attendre dehors sous la pluie, mais c'était pourtant bien le chien mouillé que sentait le magasin. À cette heure-là, d'autres adultes et d'autres enfants s'y pressaient. Richard trouva que les adultes ressemblaient à des assassins d'enfants, tout comme les enfants, d'ailleurs, avec leur coiffure, leurs boucles d'oreilles, leurs yeux violents et vitreux. Marius et Marco étaient accroupis sous la rubrique HORREUR, dans une posture de pieuse supplication, mais ils allaient devoir choisir parmi les films POUR ENFANS, sans *t*. Puis il les emmena manger des frites au Mick's Fish Bar (ne le dites pas à maman) de l'autre côté de la rue.

En rentrant, il installa les garçons devant *Tom et Jerry*. Deux ou trois ans plus tôt, ils regardaient *Tom et Jerry* avec une concentration maximale mais sans s'amuser, comme si c'était une version simplifiée, stylisée, mais fondamentalement réaliste des rapports entre un chat et une souris qui représentaient le chat moyen, la souris moyenne. À présent, cependant, ils trouvaient ça drôle. Richard aussi trouvait ça drôle. Il trouvait tout drôle. En les écoutant rire, il s'assit à son bureau, de l'autre côté du mur. Il n'écrivait pas. Il tapait, il tapait *Amelior*. Non pas mot pour mot. Mais en changeant quelques détails (tantôt en les empirant, lorsqu'il y parvenait, tantôt en les perfectionnant, c'était inévitable) au fur et à mesure qu'il avançait dans le roman.

« Alors, fiston, dit le grand O'Flaherty. Ça vous fait combien ?

— Quarante et un ans le mois prochain, répondit Gwyn en s'attendant à ce que cette nouvelle provoque une énorme surprise.

— Bon, j'espère que vous n'allez pas quitter votre emploi régulier. J'aurais peur que vous mouriez de faim ! »

O'Flaherty haussa les épaules, d'un geste tout en légèreté et en douceur.

« C'est votre façon de queuter qui cloche. Et de regarder le jeu, fiston. De regarder le jeu. »

Pour la seconde fois, O'Flaherty lui expliqua dans les grandes lignes que le billard exigeait de l'imagination visuelle. Au départ, Gwyn avait repris confiance : cela ne devrait pas lui poser trop de problèmes. Mais les expériences que lui avait fait faire O'Flaherty (en rajoutant une bille blanche contre la bille à pousser, selon un angle de tir préétabli, puis en enlevant la bille blanche) n'avaient pas semblé faciliter le jeu.

Gwyn l'interrompit pour dire :

« En vérité, il n'y a qu'un seul joueur que j'aie envie de battre. Il n'est pas très bon non plus. »

Le visage encore lisse à soixante ans, mais la lèvre supérieure faisant ironiquement saillie, le grand O'Flaherty inclina la tête avec patience.

« S'il me fallait reprendre votre façon de queuter, dit-il, vous perdriez pendant longtemps avant de gagner.

— Ouais, et je ne peux pas me le permettre.

— Mais réfléchissez. Dans quelque temps, vous aligneriez trente ou trente-cinq points.

— Non, je suis pressé de le battre. Je suis juste venu chercher quelques tuyaux. Quelques trucs pour gagner. »

O'Flaherty inclina la tête, sans tristesse mais avec la soumission du métier. Pour lui, le billard était un symbole de modération et d'équité, un symbole de civilisation. Il avait participé deux fois aux championnats du monde, à l'époque où la victoire rapportait dix shillings. La défaite lui en avait rapporté cinq. Mais par opposition au grand Buttruguena, qui passait toutes ses journées à se demander pourquoi il n'était pas résident de Monte-Carlo, le grand O'Flaherty ne regrettait pas la maison de vacances à Marbella, ni la plaque d'immatriculation personnalisée.

« Si ça ne tenait qu'à moi, je vous conseillerais de laisser tomber. Mais je suis votre emplo...

— Exact », insista Gwyn.

Il se redressa.

« Bon ! Est-ce que vous êtes tous les deux propriétaires de votre matériel ?

— Oui. Mais le mien est beaucoup plus cher.

— L'achat d'une peau de chamois n'est pas sans effet, au départ. Et on peut aller plus loin : rallonge de queue, demi-procédé, et ainsi de suite. Croisillon, araignée...

— D'après vous, on a donc intérêt à mieux s'équiper. »

O'Flaherty inclina la tête.

« Au départ, ça aide. Pendant un petit moment. »

Gwyn fit une proposition.

D'un coup de poignet, le grand O'Flaherty démonta sa queue de billard.

« Voilà, ça devrait faire l'affaire. »

Ce n'était pas une académie de billard anglais ni une cave de billard américain que Gwyn devait à présent quitter ; il en était d'ailleurs ravi. Les académies de billard sont plongées dans une obscurité dont se détachent des pyramides de lumière qui éclairent des dalles de plomb recouvertes d'un tapis vert, et elles ont la réputation d'être des lieux de violence potentielle. Mais ce n'était pas le cas. La leçon s'était déroulée dans un salon public de l'hôtel Gordon, sur Park Lane. C'est là que O'Flaherty venait exhiber ses trucs, devant des congressistes édifiés et ébahis (c'était Sebby, à vrai dire, qui avait mis Gwyn en contact avec le magicien irlandais). Il sortit son portefeuille et demanda à combien s'élevait la douloureuse. Mais tout avait été réglé d'avance ; O'Flaherty n'accepta même pas le pourboire de Gwyn.

Le p'tit gars du pays : Gwyn Barry ne convenait pas ; d'une part, Barry rimait avec *pays*, et d'autre part, il voulait étouffer ses origines galloises. *Allégoriste* sonnait assez bien et c'était plus modeste que *visionnaire*. *Gwyn Barry, l'utopiste inquiet* n'était pas idéal, loin de là, et c'était trop sombre, même si ce titre présentait l'avantage de combattre l'apparente facilité des rêves utopiques. *Des jours meilleurs : Gwyn Barry et la quête de...* En réalité, il préférait le bon vieux *Gwyn Barry*, ou même, tout simplement, *Barry*. Les écrivains américains ont tous un nom approprié à cet effet, un nom sec, rugueux, sans pareil. Rien de tel en Angleterre : Pym, Powell, Greene.

Gwyn, son étui à la main, remonta sans se presser des entrailles de l'hôtel Gordon en empruntant une enfilade de couloirs et d'arcades ; il se serait cru dans une station de métro desservant une plutopole inconnue. À un moment, il s'arrêta et jeta un coup d'œil à gauche, par-dessus la rampe de la galerie. Au centre d'une salle de bal, il vit un ring de boxe entouré de tables dressées pour le dîner. D'après une affiche posée sur un chevalet, c'était la finale des amateurs, et les spectateurs devaient être en tenue de soirée. Gwyn commença à remarquer des jeunes en survêtement de nylon, postés ici et là sur les escaliers et dans les halls du rez-de-chaussée. Vêtus de shorts brillants, ils allaient se donner en spectacle, ce soir-là, dans une termitière de smokings et de robes longues. Il les dépassa, l'air digne et affable. Le visage de ces combattants adolescents proscrivait la curiosité ; c'était le visage de la caste des guerriers, dont tout le superflu s'est évaporé pour ne plus laisser affleurer que deux dimensions : bravade et début de lésion cérébrale. Leur nom était inscrit dans leur dos : Clint, Keith, Natwar, Godspower. On avait dû taquiner Godspower à cause de son nom, mais pas récemment. L'un d'eux s'élança dans sa direction et Gwyn faillit tomber de côté, sur les genoux d'un autre boxeur qui était bêtement assis sur un canapé en attendant le soir. « Pardon », fit Gwyn au jeune visage sans profondeur. Il avait honte, non pas de sa peur mais de la haine qu'il semblait prêt à inspirer à un niveau presque universel... Comment l'annoncer à son biographe ? Gwyn sortit discrètement par une porte à tambour et se faufila entre les colonnes. Il avait l'intention d'aller faire un tour au service des relations publiques dans les locaux de son éditeur à Holborn. Devant lui, l'artère à dix voies, Speakers' Corner, Hyde Park. Des kilomètres et des kilomètres de lignes ennemies.

En fait, il passa un très bon moment au service des relations publiques. C'était comme si, dans l'ascenseur, il s'était envoyé une capsule de C, ce remède appelé Condescendance. Les gens qui travaillent dans les relations publiques font en sorte que vous soyez content de vous, même et surtout quand vous n'avez aucune raison d'être content de vous. C'est leur rayon. Et vu que Gwyn était content de lui, tout alla comme sur des roulettes. Il pensa qu'ils le trouvaient merveilleux parce qu'il était merveilleux, mais aussi parce qu'il leur faisait faire des merveilles dans leur travail. Finis, les livres de cuisine et les régimes diététiques, les poètes décatis, les romanciers des Hébrides. Il s'occupait de tout à leur place : c'était un écrivain sérieux capable de se charger de sa propre publicité. Il s'était emporté une seule fois et, d'une certaine manière, cela n'avait pas été désagréable (lui semblait-il de plus en plus). La nouvelle employée, Marietta, s'était mise à lui parler du Trophée de l'excellence, sans comprendre une seule seconde que Gwyn ne voulait absolument pas en parler. C'était le genre de discussion qui tentait le sort. Et qui le rendait nerveux. Mais ils finirent par la faire sortir des toilettes, le nez rougi ; Gwyn brandit son portefeuille avec humour et l'envoya chercher du champagne.

Quatre-vingt-dix minutes plus tard, il reprenait l'ascenseur à destination du plancher des vaches, laissant l'équipe rattraper le temps perdu. Il salua le jeune portier noir, donnant ainsi un sens à sa journée. C'est là ce que faisait Gwyn à toute heure du jour et de la nuit : il donnait un sens à la journée des gens. Hou ! C'était pas du pipi de chat, ce C ! Dans la pénombre du début de soirée, le quartier était encore illuminé par les vitrines jaunes de ses magasins, et déserté. La voilà bien, la ville moderne : on y travaille, mais on n'y vit pas. Il laissait la porte se refermer derrière lui, boutonnait son manteau et avait à peine fait quelques pas dans le vent... Il le prit de plein fouet, comme un ouragan de gouttes de sueur et de taches de rousseur, un impact de chair nue et résolue : à un moment, les deux visages se rapprochèrent à l'extrême (écume, filet de salive, sourcils roux), puis les deux hommes chancelèrent rapidement dans les bras l'un de l'autre ; Gwyn tomba de tout son poids, mais en faisant attention. Il s'affala sur l'éclat moucheté du pavé à peu près à la même vitesse que Richard avait heurté le sol du parking, dix ans plus tôt à Nottingham, pour y recevoir les coups de botte que lui envoyait Lawrence du pied droit, sans talent et surtout sans enthousiasme.

Un jeune homme se tenait au-dessus de lui, torse nu et fumant. Poisseux, cuivré, il paraissait emmitouflé dans une galaxie d'hormones et de jeunesse. Et de vapeur vespérale.

« Pardon. »

(Dans la bouche de Gwyn, allongé sur le sol.)

En reprenant son équilibre, le jeune homme lui dit :

« C'est ça qu'ils me font faire, maintenant ? J'ai quelque chose à vous dire. J'ai un jeune... »

Mais il s'émut ! Il s'émut sans pouvoir se contrôler. Sa voix se cassa, baissa de quelques tons ; il dit, presque avec des sanglots d'orgueil :

« Ma mère a un jeune fils. Il n'a que douze ans. Et putain, il serait prêt à vous tuer. »

Le ciel se vida, la rue reprit son apparence antérieure. Le jeune homme retrouva suffisamment d'énergie pour disparaître : il descendit la rue, la traversa prestement en biais et se dirigea vers Kingsway, où les voitures n'avançaient plus. Gwyn resta assis. Puis se leva. Il essaya d'évaluer les dégâts, d'abord de l'intérieur vers l'extérieur, puis en se tâtant le corps de la paume des mains et du bout des doigts. Pour le moment, il se sentait anormalement d'aplomb, anormalement en sécurité, parce qu'il en avait eu sa dose pour la journée et qu'il ne devait plus s'attendre à une autre rencontre.

À une autre rencontre, par exemple, avec le petit frère du jeune homme, son demi-frère ou son fils naturel. Le meurtrier potentiel de douze ans. Dont on a naturellement hâte de faire la connaissance.

En nettoyant son bureau à *La petite revue*, Richard trouva (et s'inquiéta de trouver, mais sans s'en étonner) un souvenir d'Anstice. À l'étage, le pot d'adieu organisé en son honneur avait déjà commencé : concentration d'éclats de voix et de bruits de pas maladroits. Il travaillait à son discours. On allait lui offrir une collection reliée de *La petite revue* : soixante volumes dont le premier remontait à 1935. Richard avait invité Gina, ainsi que Gwyn et Demi.

Anstice lui avait laissé un livre dédicacé. *L'amour en contrefaçon*, d'une certaine Eleanor Tregear. Elle en lisait beaucoup, de ces romans, au moins un par jour. De ces romans des Dorothy et autres Susan qui s'achetaient et se vendaient par coffrets entiers. Il n'était sans doute pas fortuit que *L'amour en contrefaçon* fût justement l'échantillon de cette catégorie littéraire qu'il lui avait un jour emprunté (et dont il avait lu à peu près la moitié), animé par sa curiosité de toujours vis-à-vis des ouvrages en prose qui trouvaient un éditeur. Richard s'en souvenait, à présent. C'était l'histoire d'une fille de la campagne qui monte à Londres et tombe amoureuse d'un grand artiste, d'un chanteur d'opéra ou autre. Non, d'un chef d'orchestre. Non, d'un compositeur. Anstice avait écrit :

> Toi, tu n'étais pas une contrefaçon. La nuit que nous avons passée ensemble portait l'imprimatur de l'amour. Mais tu étais marié, hélas, et père de deux jolis jumeaux. Je pars seule, maintenant, à la découverte d'une autre nuit, sans ta puissance en moi. Je ne regrette rien, mon amour. Adieu.

Richard rangea son discours, regarda sa montre et alluma une cigarette. À l'étage, des bruits de casse s'ajoutaient au brouhaha des réjouissances. Cette blessure qu'elle s'était faite, cet effacement de soi au nom de l'amour : c'était d'une innocence, c'était d'un autre âge... Et quelle dimension littéraire, par opposition à télévisuelle ! La télé entraîne les femmes à ne pas être des victimes. Je veux dire (pensa-t-il) que c'était plus ou moins compréhensible avec Gilda : des années de promiscuité avec Gwyn, dans des lits minuscules, dans des chambres minuscules. Mais Anstice. Anstice qui s'était surpassée, toute seule dans son coin... Il lui fallut dix minutes pour lire à toute vitesse la seconde moitié de *L'amour en contrefaçon*. Une belle provinciale (Meg) arrive à Londres pour prendre un emploi de secrétaire chez un compositeur fougueux (Karl). Il s'éprend d'elle et tente de la séduire. Elle s'éprend de lui et lui résiste. Karl est un tyran des émotions. Pour lui, seul compte le travail. Il est marié à une diva volcanique qui habite Salzbourg. Pas d'enfants. Du fond de ses tourments et de son désespoir, Meg lui propose un marché : une nuit d'amour. Elle va lui offrir son corps puis repartira au pays des lacs, des collines, des vallées, du baume guérisseur, des parasiticides... Un chapitre entier était consacré à leur nuit d'amour, rendue en termes métaphoriques, en termes de métaphores musicales. Richard alluma une cigarette. Il s'apprêtait à entendre un morceau doux et léger. Un scherzo pour second piccolo, par exemple. Mais ce fut une symphonie qui éclata, toute en puissance, les cordes et les cuivres déchaînant des passions chauvines, les timbales martelant des cavalcades de buffle. À la dernière page, Meg se tient debout dans un étang de sa campagne, lorsqu'au détour du chemin apparaît la voiture crème de Karl. La diva volcanique s'est suicidée, mais pour une autre raison.

On frappa à la porte. R. C. Squires entra dans la pièce. Pour la seconde fois en une demi-heure, Richard éprouva un sentiment d'inquiétude dénué d'étonnement : parmi les illustres personnages qui avaient occupé son fauteuil avant lui, un ou deux autres étaient déjà arrivés. R. C. Squires entra dans son vieux bureau en se donnant un air important mais trompeur. Il ôta sa casquette de chasseur aux oreillettes en tweed, brandit son parapluie taché et hurla :

« Une avance sur soixante-dix mille livres ? »

Les gens qui font des entrées remarquées, avait conclu Richard (maintenant qu'il songeait parfois à en faire lui-même), ces gens-là veulent faire diversion : ils ne veulent pas qu'on remarque leur sale tête, le coup de vieux qu'ils ont pris, leur teint maladif. Visage consterné de R. C. Squires, couleur de jambon de Parme. Cheveux doux comme la sciure d'un bar à vin. Depuis quinze ans, si incroyable que cela puisse paraître, il écrivait des chroniques élégantes et judicieuses sur l'amour courtois, sur les femmes dans les pièces de Shakespeare, sur la Rose-Croix et les utopies égalitaires, sur Donne, Keats, Elizabeth Barrett Browning. On pouvait sans doute envisager de se tourner vers lui et d'en faire son mentor. Il montrait à Richard le passé et l'avenir : l'avenir dont il disposait personnellement et le passé marginal de la littérature. On pouvait sans doute apprendre quelque chose aux pieds de R. C. Squires, ces pieds en forme de beignet.

« Soixante-dix mille livres ? Ou est-ce que j'ai entendu quatre-vingts ? »

Il parlait en fait des dettes que lui avait léguées Horace Manderville (un autre de ses illustres prédécesseurs) dont le foie avait fini par exploser au printemps. Richard avait aperçu les minuscules notices nécrologiques.

« Comment il a réussi à se faire prêter tout cet argent ?

— Les banques ! Il avait des femmes riches ! »

R. C. Squires se tourna vers les étagères. Visiblement, il traduisait leur contenu en nombre de gin tonics. Il avait des yeux de gin tonic, des yeux qui redemandaient du gin tonic. Quelque temps plus tôt, Richard était tombé sur R. C. Squires, appuyé sur un juke-box cassé dans un immense pub qui diffusait du rock enregistré à plein tube. Là, en le contemplant avec un dégoût des plus rassis, R. C. Squires inspira plusieurs fois, gonfla les poumons, puis commença. La tentative de dénonciation avait presque l'air d'appartenir à un âge d'avant la parole. À peine quelques coups de glotte ici et là.

« Pourquoi vous ne montez pas ? Vous les entendez, non ? Je vous rejoins dans une minute.

— Désolé pour... pour Anstice. Anstice ! La pauvre. Reparlons-nous plus tard. J'aimerais vous toucher un mot.

— À quel sujet ?

— Au sujet de votre destinée. »

Une fois seul, Richard relut son discours d'adieu, qui lui parut beaucoup trop long. Il n'avait pas l'habitude d'avoir un auditoire qui ne puisse pas se défiler. Enfin, il quitta son fauteuil, le fauteuil qui avait épousé la forme des fesses d'Horace Manderville, de John Beresford-Knox, de R. C. Squires.

En passant devant le plus grand bureau, il vit une silhouette penchée sur la table des livres (son chapeau, son écharpe semblable à une torsade de cheveux, l'angle de son regard attentif) et il sentit le souffle de la mort le parcourir. La mort, avec ses poils aux narines, ses lèvres étroites et entaillées qui dissimulent une rangée squelettique de dents. Mais ce n'était pas Anstice. Anstice était morte.

« Demi ! C'est très gentil à toi d'être venue. Mais pas de Gwyn dans les parages, apparemment.

— Pas de Gina non plus.

— C'est vendredi. Gina aime passer le vendredi seule. »

Il l'aida à ôter son manteau ; quand elle se tourna vers lui, il lui sembla un moment qu'elle avait reçu un coup ou un coquard à chaque œil. Puis elle les écarquilla, démentant sa première impression, et lança à brûle-pourpoint :

« Gwyn a l'air de penser que tu vas parler de moi dans ton article sur lui. En mal. C'est vrai ?

— Non. Je ne crois pas. Je vais juste répéter ce que tu m'as dit. Qu'il vaut pas un clou.

— Ah ! Ça me soulage. Je crois que ça lui est égal. »

Richard se demanda pour la première fois comment Demi pouvait savoir que Gwyn ne valait pas un clou. Mais il se contenta de dire :

« Montons. Il faut que je fasse mon discours. Souhaite-moi bonne chance. »

Ils grimpèrent l'escalier en direction de la pièce d'où provenait tout le bruit. Sauf qu'il n'y avait plus de bruit, à présent. Côte à côte, ils empruntèrent le couloir jusqu'à la salle de réunion. Il saisit la poignée et poussa la porte. Elle s'ouvrit de trois ou quatre centimètres. Il s'appuya mais elle ne s'ouvrit pas davantage. Tout ce qu'il entendait, c'était un unique soupir d'angoisse. Tout ce qu'il voyait, c'était une unique chaussure en daim clair, qui trembla un moment, puis remua, se tendit, s'étira — morte ou reposée : le vieux beignet de R. C. Squires.

Entre-temps, Richard avait « fini » *Amelior*, au sens qu'un romancier prête à ce mot. Il n'avait pas fini de le lire. Il avait fini de l'écrire. Était-il devenu Gwyn Barry ? Était-ce là l'information ?

L'ayant écrit, Richard fut bien forcé de lui donner un nom.

Son souhait le plus cher était de l'intituler *Le jardin de la Crotte*. Ou bien *Terre d'idylle*, nom dont il affublait parfois, à la va-vite, cette utopie sylvestre, ce monde nouveau et tellement meilleur. En fin de compte, il opta pour un joli vers boursouflé extrait du poème d'Andrew Marvell, « The Garden » : *En trébuchant sur des melons*.

Ayant donné un titre au livre, il dut donner un nom à l'écrivain. Il se dit qu'il serait sans doute subtil de trouver un anagramme d'« Andrew Marvell ». Et d'en faire une femme. Avec ses talents de cruciverbiste, ce ne devrait pas être... Ella quelquechose sonnait bien. Ella Rumwarden. Ravella Drewmd. Non. Velma... Seigneur ! Drew la Malvern. Wanda Merlverl. Leandra Wrelmv. Minable ! Marvella Drewn...

Ayant essayé en vain de trouver un anagramme d'« Andrew Marvell », il essaya ensuite de trouver un anagramme de « The Garden ». Et d'en faire un homme. Il n'y avait pas de rapports sexuels à Amelior, ni d'identité sexuelle non plus. Gwyn n'écrivait pas comme un homme. Gwyn n'écrivait pas comme une femme. Cela n'était pas sa faute, mais il écrivait plus ou moins entre les sexes. « The Garden » : Grant Heed. Garth Dene ?

En trébuchant sur des melons. De Thad Green. Oui.

En écrivant *Amelior*, il avait naturellement lu le roman, l'avait relu, avec une attention rare. De l'avis de Richard, c'était un livre sans aucun mérite. Un livre à vous démanger les aisselles, ni plus ni moins. Si vous rentriez chez vous après une journée de travail bien remplie aux Presses de Tantale, *Amelior* arrivait encore à vous crisper les orteils. Mais il pensait enfin savoir ce que Gwyn avait fait et comment il avait procédé.

Bonne idée que le plagiat. C'était une punition juste. Richard Tull allait faire croire que Gwyn Barry avait volé *Amelior*. Gwyn, du reste, l'avait bien volé. Non pas à Thad Green. Mais à Richard Tull. Et Richard, en tapant le roman, se l'était réapproprié.

Il y avait des témoins. Tout avait commencé, comme tant de projets littéraires, à cause d'un incident où la conversation et l'alcool avaient joué leur rôle. Tout avait commencé lors d'un symposium, c'est-à-dire d'une beuverie (*sym*, « avec, ensemble » + *pōtes*, « buveurs »). L'origine en remontait à un pub. Étaient aussi présentes Gina et Gilda. Richard avait résumé son dernier projet en date, un gros livre plein d'audaces, qu'il n'avait jamais écrit, intitulé *Les progrès de l'humiliation à travers les âges*. Ce soir-là, ils avaient dépensé presque la moitié de l'à-valoir.

« La littérature », avait dit Richard (et on aimerait pouvoir écrire « en essuyant du revers de sa manche l'écume de ses lèvres, tandis que les autres convives se taisaient ». Mais il buvait du vin rouge bon marché et mangeait du lard frit, tandis que Gina et Gilda parlaient d'autre chose)...

La littérature, avait dit Richard, décrit une courbe descendante. On a d'abord les dieux. Puis les demi-dieux. L'épopée devient tragédie : rois ratés, héros ratés. Puis on a la bourgeoisie. La classe moyenne et ses rêves mercantiles. Ensuite, c'est vous qui êtes au centre : Gina, Gilda, le réalisme social. Puis ce sont eux : la vie des bas-fonds. Les méchants. L'Âge ironique. Et maintenant ? avait-il dit. Et maintenant ? avait dit Richard. La littérature peut parler de nous pendant un moment (signe de tête résigné à l'adresse de Gwyn) : elle peut parler des écrivains. Mais ça ne durera pas longtemps. Comment sortir de cette impasse ? Il leur avait demandé : où va le roman ?

Sans doute la coupe était-elle déjà plus que pleine. Ce qu'avait fait Gwyn apparaissait dans une évidence lamentable. Il était rentré chez lui, avait rassemblé ses livres scolaires sur la Grande-Bretagne contemporaine, ses manuels de jardinage, et il s'était mis à écrire *Amelior*. Mais il y avait autre chose. La véritable clef était ailleurs.

En supposant, avait continué Richard, grisé par le vin rouge bon marché et son auditoire de trois personnes, en supposant que l'évolution de la littérature (vers le bas) soit due à l'évolution de la cosmologie (vers le haut, le haut, le haut). Pour les êtres humains, l'histoire de la cosmologie enregistre les progrès de l'humiliation. Auxquels ils résistent toujours avec hystérie, mais avec de moins en moins de conviction, leurs illusions se brisant les unes après les autres. C'est ce qu'on peut affirmer aussi à propos de l'humiliation : ses progrès, au moins, sont graduels.

Homère pensait que les cieux étoilés étaient faits de bronze, comme un bouclier ou un dôme soutenu par des piliers. Mais Homère disparut bien avant qu'on ne suggère pour la première fois que le monde est tout sauf plat.

Virgile savait que la terre est ronde. Mais il pensait qu'elle était au centre de l'univers et que le soleil et les étoiles tournaient autour. Il pensait également qu'elle était *immobile*.

Dante aussi. Virgile était son guide, au purgatoire comme en enfer : car rien n'avait changé. Dante avait entendu parler des éclipses, des épicycles et de la rétrogradation. Mais il ne savait abolument pas où il était ni à quelle vitesse il se déplaçait.

Shakespeare pensait que le soleil était le centre de l'univers.

Wordsworth aussi, et il le croyait fait de charbon.

T. S. Eliot savait que le soleil n'est pas au centre de l'univers, qu'il n'est pas au centre de la galaxie et que la galaxie n'est pas au centre de l'univers.

Du géocentrisme à l'héliocentrisme, puis au galactocentrisme, et enfin à l'*excentrisme* pur et dur. Accroissement incessant : non pas au rythme d'une expansion régulière, mais avec les à-coups écœurants de l'esprit humain.

Il faut se préparer à un autre choc, à une autre tuile : à la multiplicité (voire : à l'infinité, peut-être) d'*autres* univers.

Voilà donc ce qu'il faudrait faire. Ce qu'il faudrait faire, pour repartir de zéro, c'est *rapetisser* l'univers.

Or, c'est ce que Gwyn avait fait, avait compris Richard en tapant *Amelior*. Avec sérénité, discrétion, apaisement. D'où la seule expression marquante du roman : « l'univers à l'œil nu ». Voilà bien ce dont Amelior était le centre : de l'univers à l'œil nu.

Certes, on ne parlait pas beaucoup d'astronomie dans les romans de Gwyn. Mais il y était question d'astrologie. Or, qu'est-ce que l'astrologie ? L'astrologie, c'est la consécration de l'univers homocentrique. L'astrologie ne dit pas seulement que les astres nous concernent, elle va plus loin. L'astrologie postule que les astres *me* concernent.

Richard voulait savoir comment Gwyn se sentait ces jours-ci. Il l'appela et lui demanda :

« Comment va ton coude ? »

« Guère mieux.

— Pas de tennis, donc. Ni de billard, j'imagine. Mais pourquoi pas une partie d'échecs ? Je sais. C'est cette blessure au cerveau qui t'élance. Ce chatouillis lancinant. Tu ferais mieux de le reposer. Frictionne-toi la tête avec un produit échauffant avant d'aller te coucher.

— Attends une minute. »

Gwyn était assis dans le fauteuil près de la fenêtre de son bureau. Il était entre deux interviews. Il s'était arrangé avec le service des relations publiques pour que ce soient les journalistes qui se déplacent, désormais. Il ne lui manquait plus qu'un court de tennis au sous-sol et quelques restaurants, et il n'aurait plus à sortir de chez lui. Pamela frappa à la porte et entra. Elle prononça le nom d'un mensuel et lui dit qu'ils étaient arrivés.

« Avec un photographe ?, demanda-t-il.

— Avec un photographe.

— Ils sont en avance. Fais-les patienter un peu... Des interviews, expliqua-t-il. On en était où ? »

Richard dit :

« On parlait de ton cerveau.

— Écoute, il faut que je te dise : je te mens depuis deux ou trois ans.

— Comment ça ?

— En fait, je suis bien meilleur que toi en sport. Bien meilleur au tennis et au billard. Même aux échecs. C'est pas rare, tu vois, après un succès mondial. Un afflux de puissance. Un trop-plein. Surtout dans... surtout dans les domaines de la sexualité et de la compétition.

— Mais tu perds chaque fois.

— C'est vrai. Je ne voulais pas gagner. Je me disais, euh, que si en plus de tout le reste, je... Ça serait peut-être ingérable pour toi. De perdre toutes les parties, en plus.

— Oh la la ! Ça y est ! J'ai toujours su que tu avais un sale asticot qui se promenait en liberté dans ton cerveau. Qui circulait d'un boyau à un autre. Et voilà ! Ça y est !

— Quoi, ça y est ?

— Il a fait des petits. Demi m'a dit que tu n'étais plus toi-même. Plus toi-même. Mais sans me dire ce que tu étais avant.

— Écoute. Libère-toi une journée. On va se faire un triathlon. Apporte de quoi te changer. On commencera par un match de tennis. Puis on ira faire un billard. Ensuite, je t'invite à dîner chez moi et on terminera la soirée par quelques parties d'échecs.

— J'ai hâte d'y être. Pas d'excuses. Pas de soins intensifs qui tiennent.

— Écoute. Qu'est-ce qu'elle t'a dit, Demi, au juste ? Sur mon travail ?

— Je l'ai écrit. Affiché sur ma machine. Gwyn vaut pas un clou virgule tu sais point final.

— Tu es sûr qu'elle parlait de moi ?

— J'ai vérifié avec elle le lendemain matin. Et elle m'a dit : " Ben, c'est la vérité, non ? " Et je lui ai répondu...

— Libère-toi une journée. »

Gwyn se leva. Il se dirigea vers la fenêtre et regarda à l'extérieur. Le monde effeuillait la marguerite : un peu, beaucoup, pas du tout... Pauvre Gwyn ! Toute cette dissonance cognitive !

À l'extérieur, il ne savait plus où regarder, maintenant, ni comment. Le monde disait bien qu'il l'aimait. Mais alors, pourquoi ces picotements au coin des yeux ? Il était celui qui n'est pas aimé en retour. Les lèvres roses des fleurs de cerisier l'embrassaient et articulaient son nom, elles murmuraient et lui montraient les papilles de leur langue. La Terre nourricière exhalait un souffle chaud et froid, chaud comme Vénus et son gaz emprisonné, sa lumière éternelle, froid comme Pluton et sa roche gelée.

En vérité, les intérêts de Gwyn ne s'élevaient guère au-dessus du niveau du sol. Ils montaient jusqu'à la troposphère, parce que c'est là que se formait le climat, parfois même jusqu'à la stratosphère s'il lui arrivait d'y voler. Il savait que la terre tourne autour du soleil, il s'en rendait compte deux fois par an quand il changeait l'heure de sa montre en conséquence. La cosmologie d'*Amelior* ne devait rien à Richard Tull. Dans ce livre et le suivant, Gwyn n'avait rien tenté d'autre, comme à son habitude, que de fournir l'honnête garantie du sens pratique. Il avait cherché à représenter un univers tel qu'il puisse être utile à un individu sensé (lui-même par exemple). Il y avait un soleil, fait en telle ou telle matière, qui entrait et sortait, qui se levait et se couchait, qui faisait pousser les plantes et bronzer les gens. Il y avait une lune qui faisait penser à un visage d'homme ; un décor d'étoiles qui, si on le regardait, guidait au besoin les marins. Et au-delà, peu importe...

Il s'attarda près de la fenêtre pendant que le nouveau photographe déployait ses lumières, ses trépieds, ses parapluies blancs.

Le nouveau journaliste était une fille (quelconque). Animé d'un vague sentiment d'hostilité, Gwyn remarqua que Pamela avait, à un moment, disposé une nouvelle pile d'hebdomadaires sur la table près de son fauteuil. À côté des hebdomadaires de la semaine précédente. Et il n'avait même pas... Barry dévorait les livres et. Il considérait que c'était son devoir de continuer à en recevoir autant. Dans ce domaine comme dans d'autres, Barry se fiait au bonheur de faire des trouvailles : tout apportait de l'eau à son moulin...

« Est-ce que ça va déranger si j'utilise un magnéto ?... Pouvez-vous dire quelques mots ? Qu'est-ce que vous avez pris au petit déjeuner ?

— Voyons voir... J'ai mangé un demi-pamplemousse et bu un peu de thé.

— Vous avez déclaré un jour : " J'ai l'impression que personne n'aime mes livres. Sauf les gens. " Est-ce que vous souscrivez toujours à ces propos ? »

De l'autre côté de la fenêtre, les fleurs de cerisier dévalaient la rue. À partir de là, Londres s'étendait dans toutes les directions.

« Comment expliquez-vous donc votre succès universel ? »

À partir de là, Londres s'étendait dans toutes les directions. Le monde est comme une maîtresse qui ne vous aime que de temps en temps. Parfois, quand on la touche, elle murmure de plaisir et vous enveloppe dans sa tiédeur.

« Est-ce qu'Amelior représente une sorte de terre promise ? Est-ce que les romans jouent sur ce mythe et sur l'attrait qu'il exerce ? »

Parfois, quand on la touche, elle murmure de plaisir et vous enveloppe dans sa tiédeur ; mais parfois, elle fait volte-face et n'est même plus à prendre avec des pincettes, tant elle éprouve de haine. Elle se crispe à votre contact.

« Est-ce que les deux livres sont des utopies au sens strict ? »

Elle se crispe à votre contact. Soit ! On peut s'en accommoder, on peut même le comprendre. Seulement, voilà : tous ses frères vous attendent dehors.

« Est-ce qu'on pourrait les décrire comme des pastorales ? »

Tous ses frères vous attendent dehors. Tous ses frères vous attendent dehors, prêts à vous casser la gueule.

« Est-ce que vous considérez qu'il incombe au romancier, entre autres responsabilités, d'inventer une nouvelle société ? »

Il ne restait plus qu'une interview après celle-ci. Il espérait que la dernière serait plus facile. Il voulait une interview où on lui poserait davantage de questions du genre : est-ce qu'il s'imposait un temps de travail tous les jours ? Ou bien : est-ce qu'il utilisait un traitement de texte ? Ou (à tout prendre) : combien gagnait-il ? Ou encore : avec qui baisait-il ? Ces jours-ci, on le prenait beaucoup plus au sérieux. Parce que la relation s'était inversée à présent : les littéraires et les sociologues entraient par la porte dérobée pour examiner un représentant du succès populaire. Gwyn aimait être pris au sérieux et il souhaitait (il comptait) que cela ne s'arrêterait pas en si bonne voie. Il appréciait beaucoup l'idée que son œuvre était d'une simplicité trompeuse. Mais il regrettait que leurs questions ne soient pas plus faciles. En repassant ses réponses, il vérifia son emploi du temps pour voir qui était le prochain. Un journaliste qui travaillait pour le magazine d'une compagnie de charters basée à Liverpool. Bien.

Ensuite, il attendait le grand Abdumomunov : qui lui donnait des leçons d'échecs. Avant, c'était Gwyn qui allait chez le grand Abdumomunov (il vivait perché sur un pic rocheux à Kensal Green), mais maintenant, c'était le grand Abdumomunov qui venait chez lui. Il se disait que le grand maître devait se réjouir de ces déplacements. Mais il avait tort. Le grand Abdumomunov les trouvait pénibles, ces déplacements — pénibles au sens que prend ce terme aux échecs, c'est-à-dire plus ou moins au seul sens que le maître connaissait. Il avait l'habitude de donner des cours à des enfants de dix ans, de petits chenapans choyés en qui s'épanouissait toute une débauche de vocabulaire pour parler des trente-deux pièces et des soixante-quatre cases. Gwyn avait un certain sens de l'hospitalité, il lui remboursait le trajet en taxi et le recevait dans une maison si luxueuse que cela en devenait obscène ; mais il ne progressait pas. C'était comme donner des cours de poétique à un élève qui ne pouvait dire que *car*, *chaud* et *sol*. En ce moment, ils travaillaient à la défense *stonewall* en ouverture, lorsque le centre de l'échiquier grouille de pions et que les noirs en tirent des chances de nullité.

Le grand Abdumomunov avait l'impression que Gwyn voulait apprendre à tricher aux échecs. La tricherie aux échecs, ou le désir de tricher aux échecs, avait une longue et célèbre histoire. *Installez votre adversaire face au soleil* était une maxime qui remontait aux nababs indolents et aux califes nonchalants dans l'Asie du VIᵉ siècle. Naturellement, on ne *pouvait* pas tricher aux échecs : tout ce qu'on pouvait faire, devant un échiquier, c'est penser que l'adversaire, lui, trichait. Comme de nombreux maîtres anciens, le grand Abdumomunov pouvait encore apprendre à jouer, mais il ne supportait plus de jouer lui-même. Les impasses forcées lui procuraient un certain plaisir. Les parties nulles décidées à l'avance ne lui faisaient plus guère ni chaud ni froid. Il ne supportait pas de perdre. Il ne supportait pas de gagner.

Gal Aplanalp dit :

« Minute. Tu ne me demandes quand même pas de le *virer* ? »

Gwyn n'était pas chez lui. C'était son rendez-vous hebdomadaire avec son agent, qu'il n'aurait manqué pour rien au monde à si peu de jours de la date de publication. Il dit :

« Il s'est mis lui-même à la porte. Il a jeté le gant. C'est sa femme qui travaille. Lui reste à la maison et s'occupe des enfants.

— Je mérite l'enfer pour l'avoir placé aux Presses de l'Audace. Mais je ne pouvais pas savoir qu'ils manquaient à ce point de sérieux. Il ne m'a même pas appelé pour m'engueuler. Pourquoi ?

— La honte, dit Gwyn.

— ... C'est vraiment triste. En un sens.

— En un sens. Mais bon ! Passons aux droits de traduction. J'ai vu sur mon relevé que je payais cinq pour cent de plus à différents intermédiaires, et dans certains cas deux fois cinq pour cent de plus. Ils sont sans doute très forts pour envoyer et recevoir des fax, ces intermédiaires. Mais quels sont les autres services qu'ils me rendent ? Et pourquoi la commission s'élève-t-elle à *vingt* pour cent au Japon ? »

Gal lui répondit qu'il en avait toujours été ainsi. Gwyn lui demanda de trouver une autre solution, une solution plus avantageuse. Puis il dit :

« Quelle heure est-il ?

— Zut ! »

Il se leva et se mit à chercher le slip et les chaussettes qu'il avait fait voler dans la pièce quarante minutes plus tôt, en voulant imiter une désinvolture qu'il trouvait maintenant surfaite. Il est vrai que la chambre de Gal décevait par son désordre. De l'intérieur de son tube digestif lui parvint un discret gloussement de confirmation : la femme d'affaires impeccable vous accompagne à la sortie de son bureau impeccable, vous suivez la couture de ses bas, impeccablement alignée, et vous vous retrouvez chez elle dans un foutoir de neurasthénique... En fait, Gwyn se sentait en pleine forme. Il ne lui était rien arrivé en venant dans le quartier de St James, et il avait le pressentiment que rien ne lui arriverait non plus en retournant à Holland Park. C'était comme s'il reprenait du C après un mois de suées. En souhaitant exprimer sa confiance, en souhaitant donner à cette confiance une expression, Gwyn se tourna et dit :

« Ne mets pas Richard à la porte. Il donne une certaine respectabilité à ta liste de clients. Sans lui, il ne reste pas grand-chose de valable, si ? À part des romans de météorologues, de joueurs de fléchettes et de chauffeurs de la famille royale... Tu devrais te mettre au régime, mon amour. »

Gal attendit. Puis elle dit :

« Parce que tu t'imagines que je ne suis pas déjà au régime ?

— Non, mais franchement, mon amour. Je ne me vois pas avec une femme obèse pour agent. Ça ne marcherait pas. Il faudrait que je m'adresse ailleurs : à Mercedes Soroya chez IPT. Elle a de ces yeux ! Et de ces chevilles ! Incroyable ! »

Gwyn resta patiemment debout, son slip à la main. Gal, qui était à moitié sortie du lit, se recoucha en disant :

« C'est pas juste. Tu es un romancier de réputation internationale et tu as un corps de petit garçon.

— Merci, mon amour. »

Un instant, il arrêta de penser à Mercedes Soroya et se mit à penser à Audra Christenberry, qui allait bientôt arriver à Londres. Puis il pensa à Demeter : avec indulgence.

« Pour la semaine prochaine... Le père de Demi va plus mal. Ouais. Elle veut qu'on aille y passer quelques jours. Je ne pourrai donc pas te voir la semaine prochaine.

— Snif, dit Gal.

— À quoi tu pensais en me regardant ?

— À rien. Tu sais bien que je souris toujours en te regardant t'habiller. »

Il se redressa, en chaussettes et en slip, sa calvitie masculine lui dessinant des bras de mer (un lagon) sur la tête. Il dit :

« Merci, mon amour. »

Cette fois-ci, ce fut comme s'il s'était heurté à un lampadaire. Par discrétion, il baissait toujours les yeux en sortant de chez Gal, et il sautait mollement de la dernière marche de l'escalier pour prendre son élan et de la vitesse... « T'es cuit, mec ! » Le Noir en fonte noire le plaqua contre la grille, se pencha en avant et appuya ses pouces (chauds, fermes, aromatiques : on aurait dit le toucher d'un médecin) contre ses paupières fermées en disant : « J'y peux rien. On l'a tous appris à la télé. Que j'suis ton pire cauchemar. Je vais te faire voir trente-six chandelles. On l'a tous appris. À la télé. T'es cuit, mec ! Y a qu'à voir comment tu baisses la tête. T'es cuit, mec ! »

Les petites vacances arrivèrent, et la semaine où Richard fut seul chargé des enfants.

Période de grandes révélations et d'incessantes découvertes. Qui l'eût cru ? En l'espace de ces cinq petits jours, où il vaqua aux tâches domestiques en compagnie de ces deux jeunes esprits, il en apprit davantage qu'en l'espace d'autant d'années passées dans une concentration monacale à humer le remugle et les relents poussiéreux de ses livres.

Vers le milieu de la matinée du mardi, Richard savait déjà pourquoi les femmes ne font jamais rien, pourquoi elles ne sont bonnes à rien, pourquoi elles n'arrivent jamais à rien et ne participent à rien du tout. C'est-à-dire à rien de permanent. Ce n'est pas le fait d'avoir des enfants qui change forcément quoi que ce soit, mais le fait de passer du temps avec eux. Quoi qu'on en dise, il y a du moins un argument qui plaide en faveur de cette question : elle n'exige pas d'approfondissement. Et elle ne va pas en recevoir, pas de la part de Richard en tout cas. Pourquoi perdre un temps précieux qu'on peut mieux employer à démêler un lacet de chaussure, à ramasser des miettes, à trébucher sur un jouet qui couine, à jeter un peu de saindoux dans une poêle à frire, à se mettre par terre, à genoux, pour chercher le bout d'une arme sous le canapé, sous les lits superposés ou sous le four ? Gina rentra à six heures. Richard s'enferma dans son bureau et commença son compte rendu d'une nouvelle biographie de Warwick Deeping. Au bout de quarante minutes, il avait écrit quelques lignes de cet acabit :

> C'est un gros livre. Ce livre a des images. J'aime les images. C'est bien, les images. Il y a une image d'homme. Il y a une image de maison. Il y a une image de femme. Il faut lire les pages mais il ne faut pas lire les images. J'aime les images parce que c'est bien, les images.

Le mercredi matin, au saut du lit, il accompagna les jumeaux au vidéoclub et ils rentrèrent tous les trois avec un sac plein de dessins animés. Boycott de Marius, qui supplia pour avoir un film plus coriace à se mettre sous la dent. Le jeudi, les garçons regardaient tout ce qu'ils voulaient tant que le film ne s'appelait pas *Crève*. Le vendredi, ils avaient tous les deux un fort accent américain et, dès le petit déjeuner, prononçaient les *t* comme si c'étaient des *d*. Les ayant plantés devant un vampire ou un nazi, Richard avança dans son compte rendu ; il réussit à insérer que le livre contenait une image de chien et qu'il aimait les images de chiens parce que c'est bien, les images de chiens. Il envisagea sérieusement de taper ce texte et de l'apporter tel quel à bicyclette. Parce qu'il savait que même ses jours de critique étaient comptés. Depuis les Presses de Tantale, une contamination sournoise allait se propager. La présence de son nom sur le papier à en-tête et les publicités (les Presses de Tantale racolaient les médiocres et les médiocres déboulaient), tout cela se saurait... Richard s'y résignait. Il n'y avait là aucune dissonance cognitive. Il se sentait tout entier contaminé. Il songeait à des liquides transparents, à des solutions salines, et voulait que des hommes et des femmes en blanc s'occupent de purifier son sang... Le jeudi après-midi, il sortit de son bureau, attiré par une salve de coups de feu et de coups de gueule. Les garçons mangeaient des bonbons en forme de bébé et ils étaient captivés par un massacre d'un milliard de dollars intitulé *Decimator*.

« On pourrait presque me jeter en prison à cause de vous. Seigneur. Pas un mot à maman. Vous n'avez rien de mieux à regarder ?

— Comme quoi ? demanda Marius.

— Je sais pas. *Bambi*.

— *Bambi*, c'est d'la merde.

— Comment peux-tu dire une chose pareille ?

— Il n'y a qu'un passage de bien dans *Bambi*.

— Lequel ?

— Celui où la mère de Bambi se fait tuer.

— On va aller au jardin de la Crotte. Marco ? Il dort.

— Non, il dort pas. Il fait semblant. Il a peur de la violence mais il veut pas l'avouer.

— Allez ! On oublie les vidéos.

— Marco ! La Crotte ! »

La Crotte, ce monde verdoyant, cette image du paradis, séjour bienheureux si tard venu... De loin, l'herbe paraissait couverte d'une couche d'argent ou d'étain : promesse d'un souvenir de rosée. De près, elle était du même vert municipal que la peinture. Sans parler des fleurs de cérémonie, des guirlandes épanouies, des glaïeuls dans leur fine popeline de vieille dame. Le parterre de fleurs était le chapeau à fleurs du jardin de la Crotte. Les gens, les promeneurs, apportaient d'autres touches de couleur, venues d'autres pays : piment, bétel.

Soudain, il comprit à quoi ressemblent les petits Londoniens. Les enfants de Londres, ceux qui ont grandi à Londres — ils ressemblent à des chips. À des chips. Ce qui ne signifie pas qu'ils se ressemblent entre eux. Il y a des genres, là aussi. En voici un qui a l'air au fromage et à l'oignon, un autre au bœuf et à la moutarde, et un troisième au sel et au vinaigre.

Trois Noires les croisèrent en traversant le terrain de jeux. Deux grandes filles qui avaient la taille et le maintien des Africaines, et, derrière elles, une vieille dame vêtue d'une blouse blanche resserrée par une large ceinture de couleur foncée, toute ronde, prête à rouler comme une boule de billard se dandine jusqu'à ce qu'elle s'arrête de tournoyer.

Il lui semblait que tout le temps qu'il passait naguère à écrire, il le passait désormais à mourir. Il avait l'esprit plus libre. Il ne faisait plus ses chroniques pour *La petite revue*, qui lui avaient valu de mettre la main sur les talents de bas de gamme : de grands hommes, de grandes femmes sans enfants. Il ne consolait plus la stérile Anstice au téléphone pendant des heures d'affilée. Il n'écrivait plus. Naguère, on demandait de rehausser la beauté et l'intérêt de l'ennui, de la misère, ce qui était possible à condition d'y employer son énergie. Une transformation allait survenir. Il lui semblait que tout le temps qu'il passait naguère à écrire, il le passait désormais à mourir. C'était la vérité. Il en était bouleversé. Il était bouleversé de la voir, toute nue, la vérité. Dans la littérature, il n'était pas question de vivre. Dans la littérature, il était seulement question de ne pas mourir.

Soudain, il comprit que l'écriture est affaire de dénégation.

Soudain, il comprit qu'il y a de la grandeur dans la dénégation. Beaucoup de grandeur. Il n'y a rien de mieux que la dénégation. Pas même la cigarette.

Il en vint à concevoir la dénégation comme un lieu de villégiature à la mode, un terrain de jeux pour les riches, selon une phraséologie empruntée aux brochures de Gina.

Le vendredi, elle restait à la maison. Ils devaient donc sortir. En s'habillant comme un colosse, Richard promit à ses fils de les emmener au zoo. Dans l'autobus, il libéra la tête de ses mains et dit :

« Où on va aller en premier ? À la maison des reptiles ? »

Marius haussa les épaules. Il travaillait ce haussement, la paume des mains en avant, les coudes le long du corps. Cinq ans plus tôt, il pratiquait ses réflexes. À présent, c'était au tour des gestes, des haussements d'épaules.

Richard dit :

« À l'aquarium ?

— Au magasin de souvenirs, dit Marius.

— Tu dis rien, Marco. À quoi tu penses ? »

Marco s'anima et dit en prenant un accent américain :

« À mon identité secrète. »

Au zoo, les visiteurs pouvaient regarder beaucoup d'espèces d'animaux, mais les animaux ne pouvaient regarder que deux espèces de visiteurs : les enfants et les divorcés.

Il n'était pas divorcé, il le savait. La nuit, dans la fièvre aride et la magie minable de l'obscurité, il se rapprochait de sa femme en gémissant, et se tenait contre elle. Il ne cherchait pas la tiédeur de son corps. Il essayait de l'empêcher de partir. Ce qu'elle ne pourrait faire tant qu'il la tiendrait contre lui. Davantage : dans la maigre ménagerie de leur lit, il percevait certaines rumeurs de bestialité, non pas de la bête d'antan, qui était jeune, mais d'une nouvelle bête, qui était vieille. C'était comme un rapiéçage, comme un retapage bon marché. Il en allait de même le matin, surtout le week-end : lorsqu'il l'observait se doucher et s'habiller, puis qu'il regardait les nuages par la lucarne du plafond, leur bedaine et leurs poignées d'amour plombées... Je vais me lever ; je partirai, une valise à la main, et marcherai jusqu'à la cabine téléphonique. Il songea à ces vers de Yeats qui, malgré les torts que leur avaient faits leur réputation, continuaient à parler de la bête brute qui, revenue l'heure, traîne la patte vers Bethléem, pour naître enfin. À quoi ressemblerait-elle, sa propre bête ? Ouais. Elle serait brute aussi. Il souffrait à nouveau d'impuissance, mais il n'avait pas d'excuses. Or, qu'est-ce qu'un homme sans excuses ? Gina n'avait rien à quoi se raccrocher. Gina n'avait rien à fuir. Richard ne pleurait plus la nuit. Il gigotait, il grinçait des dents, mais il ne versait plus de larmes. Parce qu'il les versait toutes dans la journée. Dans la journée et à la tombée du jour. Il ne pleurait pas encore devant autrui, contrairement aux femmes qui en retirent une vertu cathartique. Il était résolu à ne jamais pleurer devant les garçons, jamais plus depuis que ça lui était arrivé devant Marco, il y avait longtemps.

Au zoo, il sentit fondre toutes les promesses enfantines.

Je resterai avec toi quatre-vingt-dix-neuf milliards neuf millions neuf mille neuf cents et quatre-vingt-dix-neuf, cent mille millions de milliards...

Je t'aimerai toujours et toujours et toujours et toujours et toujours et toujours et toujours et toujours et...

Elle ne le quitterait pas. Elle ne le quitterait jamais. En fait, elle lui demanderait de partir.

Et je partirai, une valise à la main, et marcherai jusqu'à la cabine téléphonique.

Les enfants devront apprendre à nous aimer, elle et moi, séparément.

Le samedi, Richard fit la grasse matinée. Vers midi, Gina lui dit :

« Pourquoi tu ne sors pas acheter le journal ? Va faire un tour au pub. Fais les mots croisés.

— C'est une idée.

— Passe prendre l'aspirateur en rentrant. Cet après-midi, s'ils sont très gentils, tu pourras les emmener choisir une vidéo. Quelque chose de bien. Du Walt Disney. *Le livre de la jungle* ou *La belle et la bête*. Mais pas question de *Tom et Jerry*. »

Qui sont les filles assises sur le siège arrière des voitures de police ? Il se faufila entre les pigeons et leur bronzage de camionneur.

Les pubs londoniens ont toujours dix ans de retard par rapport au quartier de la ville où ils sont situés. Si Calchalk Street, dix ans plus tôt, avait fait le bond en avant auquel elle se préparait, alors L'Adam et Ève, en s'implantant aujourd'hui, s'appellerait La Tique et l'Asticot et proposerait à ses clients de la quiche et du fromage blanc sous des parasols à rayures. Mais Calchalk Street n'avait pas décollé, ni L'Adam et Ève, qui accusait donc un retard de dix ans. Les mêmes Irlandais en grosse veste buvaient la même bière noire. Le même chien noir continuait à agoniser dans son carton sous le four à micro-ondes. Richard s'assit à sa place habituelle. Une jeune fille pâle passa devant lui, poudrée et fardée comme une épousée de Dracula. Il se mettait juste à broncher et à marmonner devant ses mots croisés lorsqu'il eut une pensée fort peu constructive : toujours donner au diable les plus beaux seins. Des pensées de ce genre, des pensées d'origine inconnue, lui traversaient souvent l'esprit, à présent.

« Pontage du charisme », lui murmura une voix à l'oreille.

Il leva la tête en se demandant si c'était là, si c'était presque là, le mot correspondant à la définition d'un mot vertical.

« ... Mon cher Darko. Ou Ranko, peut-être ? dit-il.

— Darko », répondit Darko.

Ou Ranko, peut-être ? L'un des deux, en tout cas, avait perdu ses cheveux, ou bien les avait donnés. Il ne lui en restait plus que quelques petites plaques fongueuses disséminées ici et là sur la tête, son visage étant fondamentalement et irréductiblement le sien, à présent : orbites violettes, lèvres violettes. Richard, qui avait connu quelques coupes de cheveux désastreuses à son époque, se prit à penser : Samson et Dalila. Ça, c'était une coupe ! Belle perruque en perspective !... L'Adam et Ève avait dix ans de retard. Darko, d'une certaine manière, avait dix ans d'avance. Non, vingt. Il lui demanda :

« Comment ça va, l'écriture ?

— Ça, c'est Ranko. Moi, je trempe pas là-dedans.

— Comment il va, Ranko ? Et Belladonna ?

— Ils sont tous les deux foutus.

— En fait, c'est assez génial parce que vous êtes pile celui à qui j'ai besoin de parler. J'ai quelque chose à vous demander. »

Dans son portrait, Richard arrivait, en affectant de le regretter, au premier paragraphe d'un développement sur les incartades sexuelles de Gwyn : il tirait le maximum de sa liaison avec Audra Christenberry. Mais il avait un autre paragraphe en vue. Il y a très peu de temps, j'ai. Privilège douteux que celui de présenter. Âgée d'à peine seize ans, cette jeune étudiante aimait. Des deux heures qu'il passèrent ensemble, elle. L'enfant, que j'appellerai Theresa, m'a confié que...

« Est-ce qu'il s'est passé quelque chose entre Gwyn et Belladonna ? J'ai besoin de le savoir parce que je suis en train d'écrire un long texte sur lui. Pour les journaux.

— Ah ouais ! »

Richard se dit que cela ferait peut-être bon effet de noter sa réponse. Il sortit son carnet de chèques, enroulé comme un cylindre.

« Je vois, dit Darko. Du journalisme bien arrosé.

— ... Vous buvez quelque chose ? On va enfin pouvoir le prendre, ce " godet ".

— Je me casse. Vous êtes une vraie merde. Elle lui a fait ce qu'il préférait, d'accord ? Elle débloque complètement. Elle voulait qu'ils meurent ensemble.

— Quoi ? Au sens poétique ?

— Hein ? Elle va pas super-bien. Elle est séropo, mec. »

Il lui fallut un moment pour encaisser le coup. Mais Richard avait un corps plus rapide que son esprit. Son corps passait devant un pressing, par une journée de beau temps, et il fut enveloppé du souffle artificiel qui s'en échappait ; une moiteur chaude s'accumula dans toutes les crevasses de ses vêtements.

« Bon Dieu ! Et vous ? Ça va ?

— Ranko l'a attrapé aussi. Mais moi, j'suis net.

— Gardez-vous en forme, Darko. Gardez-vous bien en forme. »

Une fois seul, il resta assis pendant une demi-heure, ses mots croisés sur les genoux. Il garda son stylo à la main, mais ne s'en servit pas. La seule définition dont il était sûr était celle d'un mot horizontal (en huit lettres). Il n'y avait qu'une seule réponse possible : *salopard.* Mais ça ne pouvait pas être ça.

Il pensa : le lion va se coucher avec l'agneau. Le lion peut et doit se coucher avec l'agneau. Mais il est pas forcé de l'enculer. Sauf s'ils trouvent tous les deux que ce serait chouette.

*

Venez à Dénégation.

Dénégation. Des « vacances uniques ». L'occasion de « s'aérer les méninges » ou de s'octroyer un « repos » bien mérité.

Votre chambre, parfaitement conçue pour votre confort, jouit d'une vue panoramique sur l'océan. Au restaurant, vous pourrez goûter les spécialités de la région ou préférer celles du menu international. Et avant le repas, pourquoi ne pas aller déguster un « cocktail » au bar Le Nid de Pie ?

Dénégation abonde en attractions de toutes sortes. Une vaste gamme d'activités et de loisirs raffinés vous est proposée. Allez « chiner » dans les commerces animés de la ville, ou contentez-vous de vous prélasser au bord de la piscine et « détendez-vous ».

Nous nous réservons le droit d'augmenter nos tarifs à tout moment, mais à compter du versement des arrhes, le prix de vos vacances indiqué sur la facture n'augmentera pas, sauf en cas de modification de votre réservation. Aucun remboursement ne sera effectué en cas d'annulation, de mouvements boursiers ou d'ajustement des coûts qui, à l'inverse, diminueraient le prix de vos vacances.

Réservez dès maintenant le soleil et les loisirs de Dénégation. Dénégation : le véritable pays de cocagne dont vous avez toujours rêvé...

Mais l'information arrive la nuit. La technologie des communications qu'elle emprunte n'est ni le téléphone, ni le fax, ni le courrier électronique. C'est le télex, qui claque des dents dans votre tête. L'information rend le sommeil interdisciplinaire, transforme un programme en disciplines, puis plonge les disciplines dans l'inconnu ou l'informulé : l'eschatoscopie, la synchrodésique, la thermodonture.

L'information annonce tout un banquet de douleur. Des douleurs de toutes les croyances et de toutes les confessions. Voici les petites, voici les jolies. Habituez-vous à leur voix. Elles vont s'amplifier, gagner en persistance et en pouvoir de persuasion, jusqu'à ce qu'il ne reste plus qu'elles.

Phénomène banal et quotidien. C'est celui des vagues, toujours recommencées sur la plage, qui s'enflent et se gonflent, se lèvent puis se brisent, à nouveau happées par le grand tout, avec un son qui ressemble à celui du souffle aspiré entre les dents.

La faiblesse vous conduira à l'endroit où vous êtes le plus faible. La faiblesse sera forte et audacieuse, elle ira droit à votre point faible. Si c'est la tête, ce sera la tête. Si c'est le cœur, ce sera le cœur. Si ce sont les reins, les reins. Si ce sont les yeux, les yeux. Si c'est la bouche, ce sera la bouche.

L'information n'est rien. Rien, réponse à tant de nos questions. Qu'est-ce qui m'arrivera quand je mourrai ? Qu'est-ce que la mort, au fond ? Que puis-je y faire ? De quoi se compose principalement l'univers ? Jusqu'où va l'influence que nous y exerçons ? Quelle est notre envergure à l'échelle du temps cosmique ? Qu'est-ce que notre monde finira par devenir ? Quelle trace laisserons-nous, quel souvenir de nous-mêmes ?

« Porte, dit Richard. La porte. Je...

— Qu'est-ce qu'il y a ?

— Rien qu'un sale rêve. Ce n'est rien.

— Chut, fit Gina. Chut... »

Il était sept heures. Gwyn Barry, cap à l'ouest, fonçait sur le soleil bas à l'horizon : dans le bain de sang du couchant. La rue à sens unique défila dans le tunnel de son rétroviseur ; au-dessus de lui, un nuage dépenaillé, sclérotique, pendillait dans le ciel, comme banni d'un système supérieur : on aurait dit un impardonnable poisson de haute mer qui, conduit par son radar mal réglé là où il n'aurait pas dû aller, déshonorait les bas-fonds et leurs brillantes frisettes. Ainsi l'atmosphère fut-elle un bref instant picturale, parisienne : elle eut cette clarté sur laquelle une ombre va bientôt s'abattre. S'il avait été plus jeune (s'il avait eu, disons, dix-sept ans) ou s'il avait été un autre genre d'individu, il aurait pu le repérer, l'écœurant mystère du nuage. Mais il était Gwyn Barry, il revenait de son cours au Warlock avec le pro, il allait prendre un verre et dîner avec Mercedes Soroya, qui avait une proposition à lui faire, et le résultat du Trophée de l'excellence serait annoncé ce soir à vingt-deux heures... En outre, il conduisait dans une ville, qui prélève une partie de l'esprit pour la brancher ailleurs dans la ville et dans les rues poisseuses de la ville.

Devant lui, une camionnette orange stationnait en travers de l'étroite entrée de Sutherland Avenue. La voiture de Gwyn ralentit et vint s'arrêter à une distance respectueuse. À travers la fente de la fenêtre latérale éclairée par le couchant, il arrivait à distinguer l'intérieur de la camionnette : vide, comme un objet en coma dépassé. Il jeta un œil à la ronde, s'attendant à trouver le mec qui ne tarderait pas à grimper puis à démarrer, ou du moins à ouvrir le capot pour l'examiner, debout, les mains sur les hanches. Il eut à peine le temps de sentir monter l'impatience (il n'était pas Richard, après tout, un Richard qui se serait déjà impatienté, en toutes circonstances), et à peine le temps d'effleurer le klaxon... Sous le choc de la voiture, il fut moins surpris par l'impact, qui n'était pas énorme, que par l'affront infligé à sa notion de l'espace : une seconde plus tôt, le rétroviseur était net ; la rue, vide ; et la lumière du soir, apaisée, pesante. Il se retourna. Une vieille Morris Minor cerclée de bois occupait la largeur de sa lunette arrière teintée. Au volant, une vieille dame qui portait un châle blanc et un chapeau sans bord représentant une coupe de fruits. Elle avait cette allure implorante qu'ont les vieilles dames. Somptueusement rassuré, Gwyn se prit d'amour pour la vieille dame, pour le châle blanc, pour l'armature en bois de l'inoffensive Morris. Oui (minute !), elle descendait de voiture. Gwyn dégrafa sa ceinture de sécurité. Il allait s'en sortir avec panache. Il ne savait pas le nom de la vieille dame. La vieille dame s'appelait Agnes Trounce.

Il fit un pas dans la lumière rosée, sous le nuage couleur de viscères. Il se tourna lorsque la camionnette orange poussa un hennissement venu de nulle part et s'élança à bride abattue dans l'avenue dégagée. Puis il se retourna : la vieille dame, toute courbée, s'éloignait trop vite entre les voitures stationnées ; la seconde portière de la Morris boisée s'ouvrait. Deux petites silhouettes émergèrent, puis se déplièrent. L'un des deux hommes avait des cheveux roux clair et des sourcils invisibles. L'autre était mince et portait un chapeau noir rabattu sur le visage, une écharpe noire remontée sur le visage, des lunettes noires qui dessinaient une boucle sur l'arête centrale de son visage. Gwyn était tout à fait prêt. Il n'avait plus de réflexes, plus de gestes. Tout ce qu'il ressentait, c'étaient des excuses, de la panique, du soulagement.

« Comment que tu traites ma mère ?

— Quoi ?

— Personne, dit Steve Cousins en s'avançant et en tâtant le cric sous son manteau, et je dis bien personne, compris, a le droit de traiter ma mère d'enculée. »

Le soleil contemplait cette scène, mais sans être très sincère. Le soleil est très vieux mais le soleil a toujours menti sur son âge. Le soleil est plus vieux qu'il n'en a l'air : il a huit minutes de plus. Le soleil, pour nous, n'a pas changé depuis huit minutes. Lorsque Steve Cousins et Paul Limb (venu en renfort) marchèrent sur Gwyn Barry, le soleil avait vraiment huit minutes de plus qu'il n'en avait l'air, huit minutes de rougeur en plus, huit minutes de profondeur en plus dans le ciel. Une brèche s'ouvrit donc dans le temps.

Huit minutes plus tôt, Crash était au volant de la Metro bleue (sous les publicités et les autocollants pour apprentis), à huit cents mètres plus à l'est, et il montrait à Demeter Barry comment on négocie les ralentisseurs à quatre-vingts kilomètres à l'heure.

Six minutes plus tôt, Crash était à quatre cents mètres au nord-est, et il montrait à Demi comment on fait marche arrière dans un mini-carrefour.

Quatre minutes plus tôt, Crash était à quatre cent cinquante mètres au nord-nord-est, et il montrait à Demi comment on prend un virage au frein à main sur un passage clouté.

Deux minutes plus tôt, Crash était à deux cents mètres plein nord, et il montrait à Demi comment on grille un feu rouge les yeux fermés.

Zéro minute plus tôt, dans l'intention de montrer à Demi comment on gravit une rue à sens unique sur deux roues, en la prenant à l'envers, Crash effectua un arrêt d'urgence, écrasa la main sur le klaxon et se glissa avec une énorme aisance par la portière qui s'ouvrait (sa ceinture gisait par terre dans une mare de boucles, méprisée, mésestimée, morne d'avoir été mise au rebut). Lorsque Demi descendit et concentra ses yeux fragiles sur le spectacle, elle vit d'abord la Morris Minor faire marche arrière à bride abattue dans la rue à sens unique (elle fut un moment impressionnée) puis Crash, debout à côté de la voiture de son mari, avec son mari.

Le soleil l'aimait. L'univers continuait à l'aimer. Ou sinon, c'est que l'univers n'en pouvait plus de Richard Tull.

Peu après midi, le lendemain, on pouvait voir Richard installé dans l'intimité du plus petit des deux bars, au centre sportif Le Warlock. Il buvait du cognac, fumait des cigarettes et contemplait sa chaussure. À la une d'un journal de grand format, qui était perché en déséquilibre sur une table ronde à côté de lui, se trouvait une photographie de Gwyn et de sa femme, accompagnée d'une légende le décrivant comme « le tout premier lauréat du Trophée de l'excellence Cairns-Du Plessis ». Richard continuait à boire, à fumer et à contempler sa chaussure, l'air faussement serein. Ce petit bar était souvent appelé bar de squash, et il était certes très confiné, très étouffant ; mais il n'était pas fréquenté par des membres du squash, des membres du tennis ou des praticiens du billard, des fléchettes, du bowling. Il était fréquenté par les membres sociaux. Qui étaient tous des sociopathes. Richard était donc entouré d'un assortiment de phacochères éclaboussés de tatouages, d'authentiques Mathusalem de trente ans qui tripotaient leurs boucles d'oreilles sans perdre une ligne de leur canard, et de la petite fournée d'habitués plus âgés, qui marmottaient dans la mousse de leur bière, haussaient les épaules et roulaient le cou avec prudence, affichant cet air de cruauté vigilante qui accompagne traditionnellement le crépuscule des délinquants. La serveuse, Elle, se déplaçait entre les tables et ramassait des verres vides en les entrechoquant. Richard n'avait pas fini de récupérer d'une autre mésaventure que lui avait valu la machine de la Connaissance. Mal assuré sur ses jambes, il avait pris la peine d'aller y introduire une livre pour être presque tout de suite assailli par la question suivante :

Qui a écrit le roman *Decimator* dont a été tiré le film?

A. Brad Pfister
B. Gwyn Barry
C. Dermott Blake

Dermott Blake, c'était le fougueux dramaturge avec lequel avait autrefois couché Gina, et avec lequel elle continuait de coucher (selon Richard) tous les vendredis. Paralysé, et bientôt à court de temps, Richard avait enfoncé le bouton C dans un affolement grotesque. Alors que *Decimator* était bien sûr l'œuvre de Brad Pfister... Toujours mal assuré sur ses jambes, il avait rejoint son journal et relu le discours que Stanwyck Mills avait prononcé lors de la remise du Trophée : « Nous trouvions au départ que l'optimisme des *Amelior* manquait singulièrement de conflits. Nous avons dû nous demander si cet optimisme était le résultat d'un effort, s'il avait été conquis. Nous avons conclu que oui et avons décidé de récompenser cet effort. » Richard prit une gorgée de cognac et contempla sa chaussure.

Le petit bar connut un changement lorsque Steve Cousins y entra. Aux yeux d'un étranger, c'eût pu être un agent du bien, de l'ordre, dont la présence poussait les gens à se redresser, à se corriger dans les moindres détails. Ici, les jeunes graffités bridèrent la veulerie baveuse des pages sportives ou du supplément télé de leurs journaux ; là, les vieillards en gilet de laine reniflèrent rapidement et relevèrent le menton : tout le monde sembla grandir de quelques centimètres dans son fauteuil.

« Ah ! Mr Cousins », fit une vieille voix empâtée.

Richard leva la tête. Ses yeux et ceux de Scozzy se rencontrèrent, ternes et sans éclat. Richard dit :

« Vous avez du retard.

— Mr Cousins, monsieur. Lui-même. »

Richard détourna le regard. À une table voisine étaient assis deux messieurs, le visage couvert de taches de rousseur, les cheveux cendrés, qui ne lui étaient pas inconnus. Ils ne ressemblaient pas aux autres vieux, ces artistes arthritiques du terrain de bowling qui, au fur et à mesure qu'ils continuaient à vieillir, semblaient se fondre dans des couleurs caramélisées et nougatinées de bonbonnières, dans des vêtements ne nécessitant aucun repassage, dans le prêt-à-porter. Au contraire, ils conservaient une auréole de charisme sur le déclin, une auréole de vols et de casses, ces vieux arrivistes au teint de billets de banque froissés. Une enquête sommaire et discrète aurait révélé que c'étaient des cambrioleurs recherchés, depuis longtemps à la retraite, dont les exploits avaient parfois fait la une des journaux dans les décennies antérieures : l'actrice aux yeux ronds délestée de son coffret à bijoux pendant qu'elle dormait à l'hôtel West End ; la réserve vidée du fourreur de Mayfair ; le vicomte chagriné montrant du doigt le tuyau de plomberie déplacé, le châssis égratigné de la fenêtre du premier étage.

« Mr Cousins, nous désirons votre aide. Vous êtes pile l'homme qu'il nous faut. Vu votre talent.

— Ben, dit Scozzy d'un ton solennel, avant d'ajouter : Den.

— Vermine », dit Den.

En pivotant lentement sur son siège, Richard prit conscience que Ben et Den étaient plongés dans une activité qu'ils trouvaient à la fois excitante et exaspérante. Ils étaient penchés sur un journal qui, plié une bonne quinzaine de fois, atteignait presque le volume d'un jeu de cartes. Ils faisaient les mots croisés.

« On y est presque, dit Ben. Il nous manque plus que le coin en haut à droite. On trouve pas.

— Vermine, dit Den. En huit lettres. »

Ce n'était pas le genre de mots croisés que Richard arrivait autrefois à terminer. Ce n'était pas une grille de titillements retors, de clins d'œil et d'allusions à la mythologie grecque, au théâtre de la Restauration, à la philosophie cartésienne — une grille où le poète, Noyes, n'arrive jamais à se décider.

« Vermine, dit Ben. Deux A en deuxième et quatrième position. »

C'étaient des mots croisés où les définitions sont des synonymes des réponses, des mots croisés où net équivaut à rangé, et rangé à net, où grand veut dire vaste, et pas petit, grand.

Scozzy fixa les vieux dans son imperméable de cuir tanné. Son regard évita de nouveau les yeux de Richard. Au bout d'un long moment laissé à son appréciation, il dit :

« Racaille. »

Den dit :

« C'est ce qu'a dit Ben. Mais il faut que ça colle avec... »

Ben dit :

« Messager. En dix lettres. R au début, puis P et T plus loin.

— Respirateur, dit Den.

— Reproducteur », dit Ben.

Même ce foutu torchon avait parlé de l'histoire de Gwyn Barry : gourou de Gower, marié à Lady Demeter, lauréat d'un mini-Nobel. Oh ! les zéros tapageurs de sa rente, versée à vie, toujours et toujours et toujours...

« Messager, vous dites ? demanda Scozzy.

— Bon Dieu », dit Richard.

Il se dressa. (C'était le mot juste.) Degré par degré sur l'échelle de son âge.

« Colporteur », dit-il.

Den fit :

« Colimateur ?

— Colporteur, répéta-t-il. C, O, L, P O, R, T, E, U, R. Seigneur. Mais ça sert à rien de se faire des illusions par ici. Vous connaissez que l'argot. Colporteur. C'est pas respirateur, c'est pas reproducteur, c'est pas racaille. Colporteur, messager. Bon Dieu ! »

Scozzy s'était tourné vers lui. Richard resta debout à se balancer sur place ; il lui lança :

« Tu crois que tu fais peur. Ouais, une vraie terreur. Tout ton boulot, c'est de foutre quelqu'un dans la merde. Et tu merdes même à ce jeu-là. Tu crois que tu fais peur mais t'arrives même pas à me faire peur à moi. Et qu'est-ce que je fais ? J'suis critique littéraire. »

La pièce lui prêtait toute son attention, à lui et à sa voix. À cette voix qui se projetait, autonome. C'était la voix d'un quintal de chanteur lyrique, une voix d'une profondeur abyssale, la voix du baron Ochs.

« Tu te prends pour un enfant sauvage. Pour un petit loup. Mais, dit Richard, t'es qu'un foutu clébard qui a arrêté un moment d'être un clodo des villes pour devenir un clodo des champs. Ouais, *L'enfant sauvage*, je l'ai lu, mon vieux. J'en ai fait une critique ! On croyait qu'il allait expliquer tout ce qu'on ignore. Tout sur la nature et la culture. La civilisation. Comment ça, personne a le droit de traiter ta mère d'enculée ? Tout le monde a le droit de la traiter d'enculée, tout le monde. Même moi, je la traite d'enculée, ta mère.

— Laisse tomber, il est bourré », dit Ben.

Ou Den. Parce que, en aucun cas, en aucune manière, Scozzy n'allait répondre. Pas à ce moment-là, pas à cet endroit-là.

« Mais il ne savait pas parler. Le pauvre gosse ne savait pas parler. Les enfants sauvages ne savent jamais parler. Qu'est-ce que vous avez à dire ? Qu'est-ce que vous avez à nous dire ? J'exige remboursement. Oui, remboursez-moi.

— Yo », dit Den.

Ou Ben.

Richard se tourna vers eux en leur faisant comme une révérence. En passant devant Scozzy, il lui dit :

« Et c'est pas racaille. C'est canaille. Tu comprends ça, tas de fumier ? Canaille. »

Gwyn était dans le quartier financier, dans la City, dans un gratte-ciel, assis dans un siège baquet, et il songeait à certains changements qu'il pourrait être opportun d'introduire dans son style d'interviewé, à présent qu'il avait gagné le Trophée. Quand on lui poserait des questions difficiles en attendant de lui d'Excellentes réponses, il dirait désormais, par exemple : « J'écris ce qui me passe par la tête », « Je laisse aux autres le soin de tirer des conclusions », ou « Je suis écrivain, et non pas critique littéraire ».

Son ami Sebby allait arriver d'une minute à l'autre. Ils discuteraient un brin puis iraient déjeuner. Tous les deux ou trois mois, il venait de toute façon déjeuner là. Parfois, il prononçait un petit discours. Gwyn disait souvent que Sebby connaissait quelques personnes très intéressantes. Il se leva et se dirigea vers la fenêtre : c'était l'un des nombreux appartements que possédait Sebby dans les hautes sphères. Il ressemblait au vieux bureau de Gal à Cheapside, mais en plus haut, en mieux. Une fois passé l'altitude des oiseaux, on dominait du regard des kilomètres de la ville exploitée et l'on apercevait les nouvelles formes que lui donnaient des gens comme Sebby.

Enfin, Sebby entra. Il se frottait les mains. Il présenta des excuses, puis ses félicitations.

« Merci, dit Gwyn. Écoutez. »

Il dit qu'il voulait placer Sebby devant une situation hypothétique. Sebby avait l'habitude d'être placé devant des situations hypothétiques. En commençant chacune de ses phrases par « En imaginant que », Gwyn lui fit un résumé des événements récents et un compte rendu de l'incident qui lui était survenu la veille.

« En imaginant que tout ceci se soit produit, dit-il. Bon ! Je sais que lorsqu'on devient célèbre, c'est le genre de choses qui arrive. Mais j'en ai parlé à des gens qui passent plus souvent que moi à la télé, et ils m'ont dit que cela leur arrivait à peu près une fois par an. Pas une fois par jour. Bref, imaginez que ce ne soit pas un hasard. Imaginez. Qu'est-ce que je ferais ?»

Sebby dit :

« Vous viendriez me trouver. »

Gwyn se sentit d'un seul coup libéré d'un poids : « Je suis écrivain, et non pas critique littéraire » faisait trop sec et trop arrogant. Il faut être humble, mais aussi ne pas tout dire : il faut se montrer malicieux. Pourquoi est-ce que j'écris ? Pourquoi l'araignée tisse-t-elle sa toile ? Pourquoi l'abeille garde-t-elle son miel ? Mais cela faisait un peu ...

Sebby lui demanda quelque chose.

« Bien sûr », dit Gwyn.

Il chercha dans son portefeuille le bout de papier où il avait noté le numéro d'immatriculation de la Morris Minor. Non : il l'avait mis dans son agenda. Qui était dans une autre veste.

« C'est dans une autre veste, dit-il. Vous pourriez commencer par cuisiner le moniteur d'auto-école. Il m'a juré que non, mais Demi dit qu'il connaît un des types qui étaient dans la voiture. Il se fait appeler Crash, mais son vrai nom est Gary. »

Sebby lui demanda autre chose. Cette seconde requête était difficile à satisfaire, car Gwyn allait rester travailliste jusqu'à la fin de ses jours.

« Je vais y réfléchir. Mais pour en revenir au reste, qu'est-ce que vous allez faire précisément ?

— Il vaut mieux que vous ne le sachiez pas. »

Ils allèrent déjeuner.

Dans l'ensemble, Richard était ravi d'*En trébuchant sur des melons* : de l'allure qu'il avait, du poids qu'il pesait. Il le compara à *L'amour en contrefaçon* et lui trouva l'air tout aussi ancien, marginal et oublié, malgré sa date de fabrication beaucoup plus récente. Il passa quelques heures dans son bureau à lui donner des coups de pied, il le mouilla, s'en servit comme d'un cendrier, en griffa les pages de ses ongles rongés. La principale différence entre *En trébuchant sur des melons* et *L'amour en contrefaçon*, c'était que *L'amour en contrefaçon* donnait l'impression d'avoir été lu. Il consacra donc beaucoup de temps, non pas tout à fait à le lire (bien qu'il le lût et le relût en se délectant de ses propres interpolations), mais à le feuilleter. À le feuilleter sans s'être lavé les mains. À en tourner les pages de ses doigts de citadin. Balfour avait fait preuve de calme et de tact, il n'avait pas cherché à en savoir davantage. Il semblait comprendre. Il était à coup sûr au courant du Trophée de l'excellence et il avait compati. Il s'était plus ou moins trahi en disant qu'il n'en attendrait pas trop de Richard pendant les quelques semaines suivantes. En fait, les Presses de Tantale lui offraient en son nom un Excellent congé sabbatique.

Richard appela Rory Plantagenet et lui donna rendez-vous ce vendredi.

« Non, dit-il, c'est une question trop délicate pour en parler au téléphone. Je veux d'abord faire quelques vérifications. Ça pourrait être un canular. Mais sinon, ce sera un coup vraiment sensationnel. »

Richard était irrité d'avoir désormais trois portraits de Barry sur le feu. Trois portraits : l'original, la solution de repli et le succédané. L'original était, à ses dires, une œuvre d'intégrité et de dureté absolues, une splendide illustration de cet antique genre littéraire appelé philippique. La philippique se tenait aux antipodes du panégyrique en ceci qu'elle se composait d'insultes personnelles. Monstrueusement bien écrit et témoignant d'une formidable hostilité, l'original soutenait sans vergogne la comparaison avec certains passages de Swift, de

Jonson, de William Dunbar. Mais il faudrait en éliminer presque la totalité. En revanche, la solution de repli et le succédané n'étaient que de laborieuses entreprises de démolition comme en publient assez souvent, croyait-il, les journaux de certains États totalitaires lorsqu'un rédacteur sous pression malmène quelque ennemi de l'intérieur pour l'éliminer. Néanmoins, Richard ne démordait pas de l'idée que le succédané n'avait pas besoin d'être aussi doucereux que la solution de repli, qui serait parue lorsque Gwyn (gravement atteint mais hors de danger, comme la prose de Richard) serait en soins intensifs. Bien entendu, tout cela devrait également passer au panier.

Bon, pensa-t-il. Le plagiat était une meilleure solution. Le plagiat n'attentait pas au respect des convenances. Ceux qui vivent de leur plume doivent mourir de leur, etc. Richard continuait à penser que la violence était une meilleure méthode, une méthode plus simple (préférez l'épée toujours), mais la violence était étrangère et elle relevait d'un autre genre. Il n'y a qu'à voir comment elle inhibait sa prose... Peut-être que ce n'était rien d'autre que cela, la violence, toute la violence : une erreur de logique. La violence était fabuleuse et banale en même temps. Mais de toute manière, il lui faudrait disparaître. Elle avait disparu. Il savait que Gwyn avait fini par comprendre ce qui se passait et qu'il prenait désormais les mesures nécessaires. Steve Cousins avait également disparu. Steve Cousins avait terminé *Sans titre* sans perdre la tête, mais ses mérites n'allaient pas au-delà. Cousins, son lecteur. Le lectorat de Richard.

Le succédané. Richard commencerait bien sûr par parler du scandale qu'il allait provoquer en disant tout de suite, d'un ton fourbe aussi pur et raréfié que la musique céleste, qu'il n'avait « nullement envie de contribuer » au tapage que l'on faisait autour de cette « histoire malencontreuse ». Il poursuivrait ensuite par quelques généralités sur le plagiat et le moi, sur ses racines qui plongent dans le masochisme et le désespoir, dans des rêves d'autopunition et de défaitisme, et il dirait qu'il avait cette faculté unique de subsister comme une tache qui infecte et le ravisseur et l'otage. Puis, s'il en avait le culot, il implorerait le lecteur d'avoir pitié de Thad Green, tendre chercheur oublié qui avait vécu et qui était mort sans savoir que son œuvre, sa vision, même sous la forme d'un déguisement mercantile, finirait (à tort, pour un temps) par consoler tout un hémisphère...

Le plagiaire était un « ravisseur », un « séducteur », ce qui lui permettait de rappeler les filles à la barre. Gilda, Audra Christenberry, peut-être Belladonna. Dommage qu'Audra ne fût pas mariée et que Belladonna eût sans doute plus de seize ans ! Richard devait se répéter qu'il y avait un autre obstacle à surmonter (un obstacle dont l'original, comme il s'en rendait compte, n'aurait sans doute pas triomphé) : le portrait devait être publiable. Pas de salaire de tueur, non merci : il en avait déjà un de retard... Demi pouvait rester, et la forme de l'article semblait exiger qu'il la ménageât. Richard n'avait jamais tout à fait aimé la longue digression où il parlait de ses frasques avec des Noirs qui lui donnaient gratuitement de la cocaïne en échange de ses faveurs, mais il allait à coup sûr garder (et développer) le passage où elle disait que ce qu'écrivait Gwyn (ou ce qu'avait écrit Thad), c'était de la merde.

Richard se massa le coude droit entre le pouce et l'index, à l'articulation du bras : pilon et mortier. Que penser de Belladonna ? Sur sa lèvre supérieure peu fiable perlèrent quelques gouttes de sueur dues à son trouble, comme les points d'un jeu d'enfant qu'on relie par un trait pour faire apparaître l'image. Sa stratégie, il le savait, comportait quelques défauts.

« Mendiant du rang et cuistre d'huître, incanta-t-il, fripon flatteur du flot, rival du barde, pilleur de la nature, traître déloyal, rejeton des Enfers... »

Pilleur de la nature. L'un des oiseaux qui séjournaient dans la verdure à la nicotine, de l'autre côté de sa fenêtre, semblait avoir appris à imiter une alarme de voiture : lasso en boucle sonore. La variété des alarmes recoupait la variété des espèces et des genres : il y avait la moqueuse, l'hystérique, la scandalisée. Il y avait même une alarme de voiture postmoderne, qui synthétisait dans ses trilles fruités toutes les autres alarmes. C'était l'alarme que tous les oiseaux de Londres finiraient par savoir imiter.

Il avait aimé Steve Cousins parce que c'était un héros romanesque du futur. Dans la littérature comme dans la vie, on allait assister à une perte progressive de l'innocence. Les violeurs du XVIIIe siècle étaient les chefs de file romantiques du XIXe ; les Lucifer anarchiques du XIXe étaient les Lancelot existentiels du XXe. Et ainsi de suite, jusqu'à... Darko, le poète crève-la-faim.

Belladonna, l'enfant abandonnée et abîmée. Cousins, l'esprit libre, le fléau de l'orgueil. Richard Tull, le brave type, malchanceux et incompris.

Demi était appuyée contre le buffet, bras tendus, poings fermés, à côté de l'endroit où était posé le téléphone. Elle avait le dos courbé, elle tournait le dos à la pièce, mais Gwyn la vit dans le miroir en s'approchant : tête penchée sans émotion sur un agenda de bureau, col de chemisier mal arrangé, soutien-gorge de couleur, impossible à ne pas remarquer. Elle le vit aussi : vêtu d'un autre survêtement, d'un survêtement noir qui lui collait à la peau et le faisait ressembler à un homme-grenouille.

« Ma leçon a été annulée, annonça-t-elle.

— Quoi ? Ah ! ta leçon de conduite !

— Crash a eu un accident.

— Un accident de la route, peut-être ?

— Il est tombé. Il a fait une chute. S'il lui arrive d'avoir des accidents, c'est qu'il essaie toujours de faire des trucs difficiles en voiture. Des trucs vraiment audacieux. Je crois que ça doit être assez grave. Ils m'ont proposé Jeff. Mais c'est Crash que je veux. »

Gwyn l'observa en redoublant d'indulgence. En réalité, il brûlait d'envie d'aller dans la cuisine et de parler à son garde du corps préféré, Phil. Mais il eut la délicatesse merveilleuse de rester un peu plus avec sa femme. C'était merveilleux qu'il soit aussi merveilleux avec Demi. Pensez donc : il la prit même dans ses bras. Pourquoi ? Parce que la situation n'était plus tout à fait la même à présent. Mais qu'avait-elle fait pour mériter ce geste ?

La veille, pendant le dîner chez eux, Gwyn avait enfin poussé Demi à dire, en payant largement de sa sensibilité :

« Tu me détestes. Pourquoi ?

— Qu'est-ce qu'un homme... Comment un homme devrait-il réagir ? Quand sa femme, sa propre femme... méprise ce qu'il est au plus profond de lui-même. Sa raison d'être. Ce qui donne du sens à sa vie. Quand elle méprise son âme.

— Franchement, je ne comprends rien à ce que tu racontes. »

Un instant plus tôt, Gwyn s'était senti au bord des larmes, au bord d'un abîme infini d'apitoiement sur lui-même. Et c'était un état plutôt plaisant, à son goût : facile, sensuel, suintant de chaleur. Il s'enfonça alors dans sa chaise, leva le menton, ferma doucement les yeux et dit :

« Tu as dit à Richard que je valais pas un clou.

— Ben, c'est la vérité.

— Soit ! C'est donc ça.

— Ben, c'est la vérité.

— Soit ! C'est donc ça.

— Mais c'est la vérité.

— J'imagine que la prochaine étape est la séparation.

— Mais c'est la vérité. Ça me paraît évident, non ?

— C'est du ressort de mes avocats.

— Si j'ai eu tort de le dire en public, je m'en excuse.

— Mon déménagement ne me prendra qu'un ou deux jours. J'espère que tu auras la décence de...

— Attends. Franchement, je ne comprends pas ce qui te met dans une telle colère. Laisse-moi réfléchir. »

Retour du commentaire et de la ponctuation sur le front de Demi : parenthèses, soulignages.

« Nous parlions de ce que tu gagnes. Pas seulement pour tes romans, mais aussi pour tes articles dans des revues. Tu sais, c'est tant le mot. Richard a dit que c'était beaucoup. Et j'ai dit que tu valais pas un clou. J'ai eu si tort que ça ?

— ... Viens m'embrasser. Moua. Mmm. Tu te trompes d'expression. Moua. Pas *pour des clous* : j'écris pas pour des clous. »

Quelques secondes plus tard, il lui promettait d'une voix rauque de l'engrosser très bientôt de leurs fils. Il passa la nuit dans la chambre principale, et il lui aurait même fait l'amour, dans la tendresse, les larmes et le pardon, s'il ne s'était pas senti si vidé, et s'il n'avait pas eu peur de la mettre enceinte. Demi lui raconta aussi une autre anecdote du week-end qu'elle avait passé à Byland Court avec Richard : une anecdote qui lui fit terriblement plaisir. Comme tous les écrivains, Barry était souvent à la merci de son. En voyant la lueur qui brillait dans les yeux de son mari, elle savait que le. La sensibilité à fleur de peau, mais sans le moindre sentiment de rancune, il ne pouvait jamais...

Gwyn lui dit :

« Crash vaut pas un clou, comme conducteur, n'est-ce pas mon amour ?

— C'est vrai que ses tarifs sont plutôt élevés.

— Ah ! Le voici... »

Une minute plus tard, Richard était dans l'entrée, en short et en imperméable, chargé du fardeau cruel de sa raquette et de ses queues de billard ; il transportait ses vêtements de ville dans un petit sac de sport bon marché qui était manifestement en plastique (et encore). Demi lui fit la bise. Il semblait perdu.

« L'agneau du sacrifice, dit Gwyn.

— Tu crois vraiment qu'on va y aller ? »

Richard prit place sur le siège arrière de la Saab de Gwyn.

Devant, sur le siège du passager, était assis le garde du corps, Phil. Il n'aurait sans doute pas été désagréable, songea Richard, de se déclarer responsable de toute cette angoisse, de ces frais, de cette gêne, de cet absurde exotisme, et de s'en délecter. Mais l'auteur d'*Amelior* et d'*Amelior reconquise* était intolérable, il n'avait pas failli à sa réputation ni à son pouvoir d'adaptation. Il n'était que trop évident qu'il avait fait sienne la culture des gardes du corps : en Phil, Gwyn avait trouvé un autre gestionnaire de sa réalité, un agent de publicité haltérophile. Il s'avéra qu'il allait même faire de la musculation avec les collègues de Phil : Simon et Jake. Gwyn lançait des jurons brusques et virils en conduisant. Il baissait même sa vitre pour beugler, lorsqu'on faisait outrage à sa territorialité. Autre erreur de logique. Silence dans les rangs ! On peut penser que c'est autrui qu'on insulte, dans un embouteillage. Mais qui est-il, cet embouteillage ? Le monologue est la forme appropriée de ce discours parce qu'on s'insulte soi-même. Richard ne regrettait pas de ne plus pouvoir conduire. Mais ce qui lui manquait, à défaut d'être un crétin de plus dans une tonne de métal pestilentielle de plus, prise dans une procession bronchitique de plus, c'était de s'insulter.

En attendant de pouvoir atteindre Marble Arch, Gwyn tourna la tête et dit à Richard que Phil s'était fait renvoyer des services d'ordre sous prétexte qu'il était trop vicieux. Phil confirma en grognant doucement. Phil ? Bronzage artificiel, peau caoutchouteuse, grosses lèvres, dents couronnées, yeux clairs. Il avait leur âge. Son nom complet était Phil Smoker. Richard se dit qu'il s'épargnerait peut-être bien des difficultés s'il s'appelait

Richard Smoker, surtout en Amérique. Ou bien Richard Smoking. Phil fumait, Richard aussi. Gwyn racontait alors à Phil leur rivalité au fil des ans : au tennis, au billard, aux échecs.

« Aujourd'hui, je lui règle son compte.

— Il ne m'a jamais battu à quoi que ce soit, dit Richard.

— Le sport, dit Gwyn, est un bon défouloir. Il ne nous reste plus beaucoup de zones de transcendance aujourd'hui. À part le sport, le sexe et l'art.

— Tu oublies les malheurs d'autrui, dit Richard. La contemplation languissante des malheurs d'autrui. Il ne faut pas l'oublier. »

Ils n'allaient pas au Warlock mais à l'Oerlich.

« Je t'invite, dit Gwyn. Je vais devoir payer ton droit d'entrée. Tu peux au moins acheter les balles. »

Phil, qui avait longuement inspecté les environs en arrivant, continua de même une fois qu'ils furent garés, puis s'installa avec un journal. Ce travail d'inspection, conclut Richard, est la grande spécialité des gardes du corps. Il acheta les balles, des balles suédoises sous pression qui coûtaient une somme astronomique. Dans le souterrain froid et vert qu'ils empruntèrent pour se rendre à leur court, Gwyn s'arrêta et dit :

« Regarde. J'y suis. »

Sur le mur était accrochée une photo encadrée de Gwyn en tenue de tennis (accompagnée de sa signature tremblante). À côté, se trouvaient des photos sous cadre d'un styliste, d'un golfeur, d'un boxeur, et du grand Buttruguena.

« Ça fait combien de temps que tu es membre ? Ça coûte combien ?

— La peau du dos. Depuis un bout de temps. C'est ici que je joue mon véritable tennis. »

Après le premier échange, Richard dit :

« Où est passée la quatrième balle ? »

Ils la cherchèrent mais n'arrivèrent pas à la retrouver. C'était un court intérieur et la balle n'avait bien sûr pas pu en sortir. Mais elle avait pu se cacher. Les balles de tennis brûlent d'envie de se perdre. C'est cela, la vie des balles de tennis : elles ne désirent rien tant que de se perdre... Après le deuxième échange, Richard dit :

« Où est passée la troisième balle ? »

Ils la cherchèrent mais ne la retrouvèrent pas. Gwyn, dont le sac de sport en cuir abritait dans sa quille les deux balles perdues, demanda à Richard s'il voulait aller en acheter d'autres. Mais Richard haussa les épaules et continua de jouer.

Il ne comprenait pas ce qui se passait. Était-il possible d'éprouver autant de haine ? Il avait toujours éprouvé de la haine pour Gwyn sur le court, même lorsqu'il gagnait facilement : même lorsqu'il le faisait courir d'un côté à l'autre comme une souris blanche (puis l'attaquait sur son revers en le prenant simplement à contre-pied) ; même lorsque, après une longue alternance de lobs et d'amortis, il le faisait monter au filet, tout haletant, et qu'en frappant la balle avec force et en lançant un sonore jappement de chiot, il lui envoyait un coup droit lifté entre les deux yeux. La haine faisait partie du jeu, mais elle avait pris une mauvaise tournure, cette haine, et n'avait désormais plus d'objet ni de fonction. Mais cela s'expliquait.

Alors qu'il était d'ordinaire plutôt effacé sur le court, Gwyn semblait s'être métamorphosé, pour l'occasion, en un homme-orchestre bourré de manies et de tics, lesquels soulevaient chez son adversaire une répulsion désespérée, implacable. Chaque fois qu'il marquait un point, il serrait le poing et criait « Oui », ou s'étranglait d'un « Ouais » encore plus insupportable. Oui, le ouais était bien pire que le oui. Quand ils changèrent de côté, on l'entendit respirer profondément : on aurait dit (pensa Richard) un homme des cavernes d'avant l'âge du feu combattant l'hypothermie. Si la première balle de service de Gwyn touchait le filet et s'écrasait à terre, ou bien roulait dans les couloirs sans conteste, il se remettait en place, comme pour continuer la partie, puis hésitait, s'arrêtait quelques secondes, les mains sur les hanches, avant d'aller la récupérer en traînant les pieds. Pendant ce temps, Richard disait par exemple : « Qu'est-ce que tu nous fais ? La princesse et le petit pois ? » Gwyn ne connaissait jamais le score. Il ne cessait de demander le score, ce shibboleth ennuyeux, cette propriété des mordus d'informatique et de ceux qui prennent tout à la lettre, qu'on appelle le score. « Quel est le score ? » demandait-il. Ou bien : « On en est où ? » Ou encore : « Ça fait combien ? » Ou plus simplement : « Score ? » Gwyn vivait enfin, pour la première fois, un événement qui le remplissait de bonheur. Il gagnait.

Une demi-heure après le début, Gwyn eut une balle de set. Il s'avança sans se presser sur un coup vicieux de Richard et renvoya la balle en la frappant du manche de sa raquette. La balle toucha la bande du filet, passa de justesse de l'autre côté, et alla mourir.

« Ça va, ton pouce ? lui demanda Richard lorsqu'ils s'assirent. Ton pouce va bien ?

— Volée croisée amortie. Je visais la bande du filet.

— Te fais pas de souci pour ton pouce. Il va guérir au cours des prochaines semaines. Bon Dieu ! Comment on a fait pour perdre deux balles ? »

Gwyn ne répondit pas. Il s'était couvert la tête d'une serviette, comme les joueurs du tournoi d'Australie par une température de soixante degrés. Richard alluma une cigarette, comme d'habitude. Gwyn jeta un œil à l'extérieur de son tipi et lui dit qu'il était interdit de fumer à l'Oerlich. Puis il ajouta :

« Tu joues pas pour des clous.

— Comment ça ?

— Et tu vaux pas un clou. »

Gwyn lui expliqua le malentendu.

« À propos, tu t'es jamais demandé comment tu t'étais retrouvé avec un œil au beurre noir à Byland ? Ou bien est-ce que les coquards font juste partie de la routine ?

— Si, je me suis bien posé la question, mais vu l'état dans lequel j'étais...»

Et vu le décor, un terrain d'aventures pour ceux qui cherchent un œil au beurre noir. Si on en faisait le tour dans l'obscurité à quatre pattes.

« Tu as essayé de coucher avec Demi à trois heures du matin. Elle t'a filé un crochet du droit, d'après ce qu'elle m'a dit.

— Quelle déception !

— Elle ne t'en veut pas. Ça s'est plutôt bien terminé, je trouve. »

Au milieu du second set, le téléphone mural sonna. Gwyn répondit : c'était Gavin, comme convenu, qui confirmait la date d'un tournoi de célébrités et de professionnels en double. Un tournoi de bienfaisance. Un tournoi pour Sebby.

« C'était le directeur, dit Gwyn. Il te demande d'arrêter de brailler et de jurer, sinon ils vont te prendre par les oreilles et te ficher dehors. Je dois avouer qu'il n'a pas tort. »

Quarante minutes plus tard, Gwyn demanda :

« Score ?

— Quarante à zéro, répondit Richard en montant au filet pour ne pas avoir à hurler. C'est toi qui gagnes. Quarante à zéro et cinq jeux à un. Au premier set, tu as gagné six jeux à deux. Ce qui te donne trois balles de match. Donc, si tu remportes ce point, le prochain ou celui d'après, tu gagneras le set et le match. Ce qui ne t'est jamais arrivé. D'accord ? Voilà le score.

— Seigneur ! C'était juste une question », dit Gwyn, qui gagna aussi ce point.

Richard le prit en bonne part.

« Bien joué, dit-il en lui serrant la main au-dessus du poteau du filet. Tu es une vraie nullité, et si je ne te gagne pas deux jeux à zéro la prochaine fois, j'arrête de jouer. Mais qui as-tu payé pour t'apprendre toutes ces conneries ?

— Ne me pose pas de questions, dit-il, et je ne te raconterai pas de salades. »

Le second set, comme le premier, s'était terminé par un net. Balle jaune effleurant la bande du filet blanc : Richard avait déjà oublié qui était l'auteur de ce coup. Ce qui n'avait pas d'importance. La balle avait tremblé sur la corde raide, elle avait même tournoyé quelque temps sur le filet, en suspension, puis elle était tombée. Au tennis, en cas de net, on espère toujours que la balle va retomber de l'autre côté. Du côté de l'adversaire. On souhaite toujours qu'elle passe. Mais la balle était retombée de son côté et était allée mourir. La balle ne l'aimait jamais. Le monde des balles cousues et rugueuses ne l'avait de toute façon jamais aimé.

Ils rentrèrent à Holland Park en voiture. La tenue de tennis de Richard dégageait une douce vapeur de détergent et de lessive familiale, par opposition à l'odeur moite et musquée de l'eau de toilette de Gwyn, ainsi que de la crème bronzante et du déodorant de Phil. Demi était sortie.

« Elle est à Byland, dit Gwyn. Son père est en train de mourir. »

Après un rapide rituel au cours duquel il reçut ses instructions, Phil disparut. Gwyn accompagna Richard au sous-sol, dans des toilettes équipées d'une douche ainsi que de plusieurs chaudières houssées et de séchoirs rebondis. Puis, les cheveux encore mouillés, Richard examina un moment le coin menuiserie sous la cage d'escalier. Il ne semblait y avoir aucun objet en cours de construction, mais il aperçut un antique support à livres dont on avait gratté le vernis au papier de verre : visiblement, Gwyn avait voulu faire croire qu'il l'avait fabriqué lui-même. Richard monta à l'étage.

« Tu as pris ta queue de billard ? Allons-y.

— On n'aura pas besoin de Phil ? »

Au cours des derniers mois, la garde-robe de Gwyn s'était enrichie de tissus féminins plus doux, plus amples, de chemises colorées qui ressemblaient à des blouses, de tricots faussement naïfs, d'écharpes légères : c'était le Will Ladislaw de son quartier. Il se présenta devant Richard dans un costume trois-pièces gris anthracite d'une austérité tubulaire, auquel il avait ajouté un nœud papillon tout raide. Il mettait ses boutons de manchette et disait :

« On en a pour une seconde. Je veux te montrer quelque chose avant de commencer. »

En montant au dernier étage, ils croisèrent Pamela, qui prit congé en silence et se retira dans la pénombre d'une pièce éloignée.

« Tu es déjà venu ici, non ? »

Richard y était déjà venu, en effet, guidé par Demi qui lui avait récemment fait visiter la maison pour l'aider à écrire son portrait. Ils arrivaient au grenier qui surplombait le jardin, que Demi avait appelé la chambre d'enfants. L'évidence de sa vocation faisait peine à voir : au mur, un papier peint qui racontait des histoires, et sur le sol, des jouets victoriens (dont un cheval à bascule aux longs cils de mère maquerelle), des peluches géorgiennes et un berceau jacobéen. Gwyn ouvrit la porte et s'écarta du passage.

La chambre d'enfants n'était plus une chambre d'enfants. C'était la salle de billard. Porte-queues et compteurs, bar arrondi dans l'angle, devant lequel quatre tabourets en acier et en cuir servaient de perchoirs.

« Un boulot extraordinaire. Ça pèse plus de trois cents kilos. Il a fallu renforcer le sol. Ils l'ont fait passer par les fenêtres du plafond, il y avait des grues tout autour de la maison. Mais le plus dur, conclut Gwyn, ç'a été de convaincre Demi de se débarrasser de tout son bazar. »

Richard perdit sur le score de trois à zéro.

Ils dînèrent aux chandelles : saumon fumé, œufs de caille et crevettes, le tout préparé (ou déballé) par Pamela et servi dans la salle à manger. Même s'il n'y avait plus grand-chose qui l'étonnait, à ce stade de la journée, Richard s'étonna néanmoins des manières de la jeune fille. Impossible d'y être indifférent. Lui, elle le servait avec amabilité ; Gwyn, de façon mélodramatique et sans y mettre les formes.

« Qu'est-ce qu'elle a ? En plus de t'avoir pour amant, je veux dire. Il y a autre chose ?

— Pas vraiment. C'est juste que je m'entends à merveille avec Demi en ce moment. Et Audra Christenberry est à Londres. »

Une porte claqua dans la maison. Gwyn jeta sa serviette sur la table.

« J'imagine que je ferais mieux d'aller régler la question. »

Il en eut pour quarante-cinq minutes. Pendant ce temps, Richard but et fuma. Cela l'occupait, de boire et de fumer. Lorsque Gwyn réapparut dans l'embrasure de la porte et lui fit signe de la tête, Richard dit d'un ton banal :

« Et ça ? »

Il indiqua la table de la main. Ça, c'était les assiettes sales, les restes, l'inévitable décomposition...

« Pamela va s'en occuper. »

Mais avant de s'y mettre, elle leur apporta du café et du cognac (dans la bibliothèque octogonale, pendant qu'ils s'installaient pour jouer aux échecs) ; elle prit le temps de tapoter les coussins de Gwyn et de l'aider à allumer son cigare. Son comportement était empreint de discrétion et de ferveur en même temps. Richard ne quittait pas des yeux les pièces qu'il arrangeait sur l'échiquier. Ces pièces et leur masse divine. Même les pions obéissaient avec avidité à la loi de la pesanteur ; on sentait leur affinité avec le centre de la terre.

La porte se ferma. Ils étaient seuls. Gwyn dit :

« L'adolescence est la meilleure période de la vie. Je me félicite de l'avoir fait durer. C'est génial. Tu t'en souviens, de toute cette solitude sexuelle ? Quand on se couche dans un petit lit et qu'on pense : il doit y avoir un million de femmes au monde dans la même situation que moi. Qui ressentent la même solitude sexuelle. Au fond, rien ne change. C'est ce que croyait même Tolstoï. Le temps agit sur le corps. Mais pas sur l'esprit. On les regarde encore passer par la fenêtre. J'ai toujours quinze ans. Mais il y a des différences. Elles ne sont plus dans le vaste monde. Elles sont ici, chez moi. Ou bien en mémoire sur mon téléphone portable. Audra Christenberry. Gal Aplanalp. À propos, j'ai changé d'agent. Je suis chez Mercedes Soroya. Tu avais raison. Le catalogue de Gal est vraiment trop ringard. Des romans de couturiers. Des romans de championnes de natation synchronisée. Et puis, Mercedes, oh la la ! Je pourrais passer mon temps à la regarder. Tu sais, Gal avait le béguin pour toi, il y a longtemps. Quand on était mômes. En fait, j'ai vraiment eu du bol d'épouser une catholique. C'est pas le genre à partir. Ah ! E 4. Minute. J'adoube. »

« Abandon ! » soupira Richard pour la seconde fois en une demi-heure.

Il continua de fixer l'échiquier. Ce n'était pas dû à une stratégie particulière de Richard. Mais la partie d'échecs s'inscrivait dans la droite ligne du reste.

Il brûla sa dernière cartouche.

« Tu te rappelles cette petite Noire bizarre que je t'ai amenée, Belladonna ? »

Il attendit, tête baissée.

« Qu'est-ce qui s'est passé entre vous ?

— T'as envie de savoir, hein ?

— Bien sûr. »

Il attendit.

« Tu l'as pas baisée, au moins ?

— T'es fou ou quoi ? Ou tu crois que c'est moi qui suis fou ? Cette espèce de revenante ? Quelqu'un d'aussi médiatique que moi ? Après ça, il ne lui restait plus qu'à décrocher le téléphone pour annoncer à l'agence Reuters que je l'avais violée ou mise enceinte. Tout ce qu'il me faut. Sans parler des risques de maladie. »

Dans l'ensemble, Richard se faisait une assez forte impression. Il fut à peine déçu.

« Un peu de sérieux, dit Gwyn.

— Ouais. Bon.

— Non. Je l'ai juste laissée me tailler une pipe. »

Le visage de Gwyn était franc, affirmatif : c'était le visage d'un homme qui tient à informer clairement son interlocuteur. Il dit :

« Elle a commencé par se déshabiller, puis elle a dansé un peu. Elle m'a demandé ce que je préférais. Je le lui ai dit. C'était assez surprenant, d'ailleurs. Car en général, une fois qu'elles sont à genoux, elles la bouclent. Le temps que ça dure. Mais pas elle. Elle, elle la sortait de sa bouche toutes les dix secondes pour parler. De mes passages à la télé. De ses passages à la télé. Elle la tenait comme un micro. Plutôt ingénieux, comme méthode, parce que du coup, ça a duré à peu près deux heures. Très douée, la petite. Très bruyante aussi. Je parie que tu penses mettre tout ce que je te raconte dans ton article. Mais tu vas pas le faire. Tu vas pas oser.

— Pas Belladonna. J'en suis pas certain, mais je crois... La belladone. Je crois qu'elle est contaminée.

— Contaminée ? »

Gwyn réfléchit.

« Ça m'étonne pas. Elle passe ses journées à faire aux uns et aux autres ce qu'ils préfèrent. »

... Les blancs alignés comme les cheveux sur le front, les cases qui défilaient dans son regard laiteux : l'échiquier ressemblait à un visage à la télévision. Quadrillage brouillé d'un malfaiteur ou d'un assassin d'enfants : c'était le visage de Steve Cousins. Comme à la fin de la première partie, le jeu était loin d'être décisif. Mais les échecs s'inscrivaient dans la droite ligne de tout le reste.

« Il se fait tard. »

Ils se levèrent. Soudain, Gwyn se tourna et prit Richard par les épaules. Celui-ci sursauta. Qu'est-ce que c'était ? Une autre manifestation de l'adolescence ? Gwyn lui demanda avec un air d'inquiétude primitive :

« Toi non plus, tu l'as pas baisée, hein ?

— Qui ? Non. »

Leurs jambes fléchirent au-dessus de l'échiquier.

Richard dit :

« Je suis touché... C'est drôle. Mais dans toutes les circonstances, nous faisons la paire. Nous sommes comme Henchard et Farfrae. Je fais partie de toi et tu fais partie de moi.

— Tu veux que je te dise quelque chose ? Je comprends tout à fait ce que tu dis. Et je ne suis absolument pas d'accord. »

En désignant d'un geste les pièces du jeu d'échecs, Richard s'exclama :

« C'est râpé ! »

La journée qu'ils avaient passée ensemble, voulait-il dire.

« Tu ne perds rien pour attendre. La prochaine fois, je t'aurai.

— Je ne crois pas. Parce qu'il n'y aura tout simplement pas de prochaine fois. Je crois qu'on a fait le tour de la question. J'ai eu mon compte. C'est fini entre nous ! »

Il rentra chez lui à pied. Dans Calchalk Street, en arrivant, il leva les yeux vers les toits. Deux étoiles, parmi les cinq ou six qui continuent à briller sur Londres (assez grosses ou rapprochées) émettaient leur lumière ; mais il n'y avait pas de lumière au 49 E. Il monta les escaliers, dépassa les bicyclettes. Dans la cuisine, il but un verre d'eau, un verre de lait, un verre de vermouth doux. La tête passée par la fenêtre de son bureau, il fuma une dernière cigarette. Puis il s'assit et prêta l'oreille : aucun bruit que l'on pût localiser avec précision. Mais la maison n'était pas tout à fait silencieuse.

Il sortit dans le couloir... Rien. Juste les garçons. Il les entendait s'agiter et bavarder à voix basse dans leur chambre. Très mauvais signe : Marco était censé être malade. Richard entra et leur dit l'heure. Ils ripostèrent en lui réclamant une histoire, une histoire de ce genre nouveau qu'il avait eu l'imprudence, pensa-t-il, de leur faire connaître. Des histoires de jumeaux : des histoires où les jumeaux apparaissaient en personne et où ils ne manquaient jamais de se distinguer par leur ingéniosité et leur bravoure. Il se sentait mal à l'aise en leur racontant ces histoires (Marius se rendit soudain compte que. C'est Marco qui.), tandis que les deux enfants, couchés sur le dos, serraient leur enfance contre eux, hagards. Pas d'histoire, dit-il. Mais il leur en raconta quand même une. Une histoire où ils secouraient courageusement leur papa puis, après l'avoir secouru, soignaient ses blessures.

Il s'appuya contre le mur froid de la façade et le châssis de la fenêtre. Et il pensa : l'homme de la lune rajeunit d'année en année. Autrefois, il avait un visage bouffon, un visage de clown. Ce n'est plus le cas. Il est plutôt ordinaire, maintenant, il ressemble aux gens de notre époque. J'en connais qui sont aussi joufflus, aussi pâles, aussi chauves. Il me ressemble. Autrefois, il avait un visage souriant. Maintenant, il a un visage suppliant. Il regrette d'avoir l'air qu'il a. Quand je serai vieux, il fera la moue. Et il ressemblera à un bébé, au dieu des bébés.

Pourquoi des voitures ? Pourquoi des étoiles ? Pourquoi des billets et des pièces de monnaie ? Pourquoi le brouillard, pourquoi les nuages ? Pourquoi l'or et le froid, la rouille et les souillures ? Pourquoi des clodos et des vamps, des ducs et des trucs, pourquoi des bons coups et des coups bas ? Pourquoi des avions ? Pourquoi des trains ? Pourquoi des emplois ? Pourquoi le blé et l'oseille ? Pourquoi le temps ? Pourquoi la boue ? Pourquoi le feu ?

Je vais me lever... Je vais me lever et je partirai, je marcherai jusqu'à la cabine téléphonique, une valise à la main. J'y donnerai un coup de téléphone. Mais à qui ? À Balfour ? À R. C. Squires ? À Keith Horridge ? Gwyn, son meilleur (son seul) ami n'avait jamais figuré sur la liste. Au grand jamais. Richard se rendit compte que c'était toujours Anstice qu'il avait eue au bout du fil (Anstice qui attendait, sans œufs à couver, dans la poussière et parmi les bibelots de son nid de citadine), mais Anstice était déjà morte.

Il quitta la fenêtre. Les jumeaux s'étaient endormis. Plus qu'endormis. On aurait dit des silhouettes sur un champ de bataille, des silhouettes figées, abandonnées. Eux aussi avaient l'air déjà mort... Richard ne voulait pas leur raconter ces histoires, ces histoires qui parlaient d'eux. Ce n'étaient pas des histoires pour les enfants. Elles lui rappelaient la pornographie.

Mais la pornographie surveille l'acte amoureux.

S'il avait suivi le roulis des pleurs et qu'il avait surgi au-dessus de Calchalk Street, au-dessus de Westway, de ses ralentisseurs et de ses yeux électriques, s'il était descendu sur Windsor Court, qu'il était passé devant le concierge et la caméra de nuit, qu'il avait tiré le câble jusqu'à l'appartement, jusqu'à la planète Club, de Steve Cousins...

« Les mots me manquent pour parler de lui, dit Steve. Pour le décrire, les mots me manquent. »

Il était assis, nu, sur sa chaise en cuir noir, et cherchait ce qu'il voulait blesser. Il surveillait la pornographie, qui elle-même surveillait l'acte amoureux. Il regardait autrui regarder autrui. C'était foutu : car si ce qu'on voit n'évoque rien, il vaut vraiment mieux ne pas regarder. Il vaut mieux ignorer.

La pornographie, qui pouvait user les garnitures de frein en vous propulsant...

Il était d'une importance capitale qu'il choisisse de faire ce qu'il faisait. D'autres croyaient avoir choisi (avoir choisi une vie de délits, par exemple) en se fiant simplement à la répétition malheureuse d'un cliché malheureux. « On est seul dans ce monde. » « Personne ne va s'occuper de vous ni de votre vie » (de votre vie de délits). Mais ce ne sont pas eux qui ont choisi. C'est la vie qui les a choisis.

Ce qu'on refuse absolument, c'est de correspondre au portrait. On refuse d'être constitué comme cela. Non, il n'avait pas été maltraité par son père. Oui, il avait torturé des animaux dans son enfance. Non, il n'avait pas l'habitude de garder une trace photographique ou vidéographique de ses actes illicites. Hypocondriaque toute sa vie, oui. Homosexuel refoulé, non. Gardez-vous à distance du portrait et faites travailler le champ de gauche. Le côté gauche : la sage-femme qui se met à étouffer les nouveau-nés ; le millionnaire qui envoie l'oreille de sa fille chez le ravisseur connu.

Même s'il croyait que la pornographie contenait l'information qu'il cherchait, Steve ne l'y avait pas trouvée. Pornographie du spectre visible : le rouge, orange, jaune, vert, bleu, indigo, violet. Couple de garçon et de fille, couple de filles, couple de garçons : cela ne lui avait pas indiqué ce qu'il voulait blesser. Mais ce soir-là, il trouva. Il était prêt.

Cela vint de nulle part : du côté gauche. Il ne faisait pas partie de ces gens qui sortent faire ce qu'ils ont commencé par regarder.

Steve était assis, nu, dans son fauteuil noir. Sous ses yeux défilait un film des plus ordinaires. Un film de cul américain, très explicite malgré de nombreuses coupes sauvages. Et qui s'appelait ?... Qui s'appelait *Bébés-éprouvette*. D'après le scénario, les femmes du film étaient âgées d'une minute. Elles étaient fabriquées par les hommes, des scientifiques, selon leurs propres spécifications. Ils mélangeaient l'ADN dans une éprouvette. Puis passaient le tout au four à micro-ondes ou autre. Et elles naissaient : cheveux longs, énormes bijoux, tatouages et seins siliconés, chaîne à la cheville et anneau au téton, le tout à l'âge d'une minute. Les passages entre les scènes de cul étaient censés être drôles. Mais ils rappelaient aux spectateurs que les professionnels du porno n'ont aucun sens de l'humour. C'est une condition requise. Il n'y en a aucun, absolument aucun, qui ait le moindre sens de l'humour. Steve n'avait jamais très bien compris ce phénomène.

Bébés-éprouvette. Il en était à peu près à son quatrième coït lorsque l'événement se produisit. Le scientifique et sa création sont sur le sol du labo, en fin de baise. Un petit chat entre dans la pièce. Ils sont sur le sol, couverts de transpiration, et un petit chat entre dans la pièce. Sourire de l'acteur, sourire de l'actrice en retour : le genre de sourire exprimant la certitude qu'ils vont se pardonner l'un l'autre. Le chat (pelage roux : on parle d'un chat écaille ?) avance à pas feutrés, se glisse entre eux, curieux, une patte arrière levée, superbe d'hésitation ; comme c'est un animal, il n'a aucune idée de la situation dominante. De la situation ergonomique. Steve sut tout de suite ce qu'il voulait blesser.

Par suite, il essaya de faire ce qu'il ne se rappelait pas avoir déjà fait, ou alors qu'il avait fait très longtemps auparavant, quand il était âgé d'une minute. Il essaya de pleurer. Les petits chats que l'on enlève de la litière des nouveau-nés et qu'on isole sont immunisés contre la douleur du feu ; leurs moustaches craquent mais ils ne bougent pas à l'approche des flammes. Il n'en avait pas les poumons, il n'en avait pas les canaux ; il bomba son ventre nu et durcit toutes ses barres de muscles. Mais il n'y arriva pas.

Ce qu'il voulait blesser n'était pas sans rapport avec lui-même. Non pas avec le lui-même d'alors. Mais avec lui-même. Avec le lui-même d'avant.

Il porta une main à ses yeux. « Je me fais avoir de tous les côtés », dit-il, juste pour surseoir un peu à son acte. « Je me fais avoir de tous les côtés », dit-il, juste pour gagner un peu de temps.

C'était le printemps, saison de la comédie.

Dans la comédie, tout finit par le pardon. Tous les obstacles s'aplanissent, tous les malentendus se résolvent. Tous les personnages s'assemblent lors du dénouement festif. Intrigants sournois et incorrigibles pédants sont bannis. Et tout le monde assiste aux noces de l'espoir.

Mais nous n'avons pas eu beaucoup de chance avec nos saisons. Pas encore, en tout cas. Nous avons placé la satire en été, la comédie en automne et le romanesque en hiver.

Là, c'était le printemps, saison de la comédie.

Mais la comédie a deux contraires ; la tragédie, fort heureusement, n'en est qu'un. Vous n'avez pas de crainte à avoir. Vous êtes en de bonnes mains. Les conventions seront observées à la lettre.

Marco Tull dévalait Portobello Road main dans la main avec Lizzete. À moins de s'amuser franchement, il portait toujours un regard de scepticisme tranquille sur ce qui se passait dans la rue. On voyait ses petites quenottes du dessus, qu'il découvrait avec angoisse mais aussi avec résignation. Il avait l'air moins effrayé qu'accablé : accablé par l'excès de pistes, d'impressions sensorielles, de récits à poursuivre et à terminer. C'était vendredi, fin d'une semaine où il avait été légèrement malade. Lizzete marchait d'un pas vif. Pour rester à sa hauteur, Marco ne trottinait pas à petites foulées régulières ; il marchait et courait, alternativement.

Ils arrivèrent devant Troifoirien. C'était le premier magasin où Lizzete avait l'intention d'aller faire un tour. Gina l'avait appelée la veille au soir. Le vendredi était son jour de congé et elle voulait en profiter un peu, comme toutes les mamans qui travaillent. Elle avait proposé à Lizzete le bonus habituel pour faire l'école buissonnière, en plus du forfait convenu pour s'occuper de Marco pendant trois heures. Mais Lizzete avait de toute façon projeté de sécher l'école et d'aller faire des courses. Elle avait eu l'honnêteté de refuser le bonus.

Elle baissa les yeux vers lui. Il leva les yeux vers elle. Elle dit :

« Ça va ? Il y a un énorme malabar qui fonce sur toi. »

13 les regardait, enfermé dans la camionnette orange qui bloquait l'accès de Lancaster Road. Il n'avait pas du tout l'air dans son assiette. Non pas comme s'il avait passé la nuit au Paradox ou sur l'autoroute M25. Du fait qu'il était noir, il ne pouvait pas avoir le teint vert ou gris, ni être blanc comme un linge. Il n'avait tout simplement pas l'air dans son assiette.

« À Troifoirien, c'est là qu'ils sont. »

Steve Cousins dit :

« C'est l'histoire d'une souris qui traverse la jungle dans sa Porsche. Elle entend des appels au secours et s'arrête au bord d'un gros trou. Elle descend de voiture, jette un œil et voit un énorme gorille à la con coincé dans le trou. “ J'suis coincé. Tu peux m'aider à sortir ? ” La souris attrape un... une liane, l'envoie au fond du trou en attachant l'autre bout au crochet de remorque de sa Porsche. “ Tiens bon. ” Elle remonte dans la Porsche et démarre. Et petit à petit, bien sûr... Hou hou ? Hou hou ? Tu me suis ?

— Ouais, la Porsche et tout et tout », dit 13.

Il n'avait pas du tout l'air dans son assiette.

« “ Merci mille fois, dit le gorille. Je te revaudrai ça un de ces quatre. ” Et ils se serrent la patte... Cinq ans plus tard, le gorille se promène dans le... dans la prairie. Il entend un petit cri : “ Au secours ! Au secours ! ” Il y a un gros trou dans le sol. Il regarde dedans et voit la souris. “ Où est la Porsche ? qu'il lui dit. T'en fais pas. Je vais te sortir de là. ” Et la souris répond : “ Comment ça, mon vieux ? Y a pas de lianes par ici. — Pas de problèmes, dit le gorille. Je vais me servir de ma queue. ” Il enfonce donc sa queue dans le sol et la souris remonte à la surface. À elle, la liberté. »

Steve attendit un moment. Puis il dit :

« Tu veux pas connaître la morale de l'histoire ?

— Hein ?

— La morale de l'histoire, c'est que si on a une grosse queue, ça sert à rien d'avoir une Porsche. Gare-toi dans Basing Street. Dans le garage qui a fait faillite. Vas-y. »

Le père de Marco se trouvait à cinquante mètres de là, dans Kensington Park Lane. Il agita son verre comme un maraca en direction du serveur et dit à l'adresse de Rory Plantagenet :

« *En trébuchant sur des melons*, de Thad Green. Je l'ai reçu dans une enveloppe beige ordinaire. Postée à Londres. Pas de lettre explicative. Écrit en 1954. Je l'ai mis de côté deux ou trois jours. Puis quand je l'ai regardé, j'ai pas pu m'empêcher de me dire : ça alors !

— Je comprends pas, dit Rory, pourquoi ils nous ont installés en bas.

— L'intrigue, les personnages, le décor. Il a changé quelques noms, bien sûr. Mais il y a des pages entières qu'il a recopiées mot pour mot.

— Il n'y a pas assez de lumière ici. Et ça sent comme dans un pissoir. Tu sens pas ? Excuse-moi, continue. Serveur ! »

Rory Plantagenet n'était pas son nom de plume. C'était son vrai nom et il lui allait comme un gant, à cet homme qui avait l'air suranné d'un patricien et des manières d'un autre âge. Trente ans plus tôt, il aurait vécu au cap d'Antibes avec une compagne un peu plus vieille que lui, qui se serait appelée quelque chose comme Christabel Cambridgeshire. Richard et lui étaient des amis d'enfance, ou plutôt des camarades de classe. Pendant plusieurs années, ils avaient fréquenté le même collège privé, le moins bon et le plus paranoïaque de toutes les îles Britanniques.

« L'ennui, avec le plagiat, dit Richard, c'est que ça finit toujours par se savoir. C'est juste une question de temps. C'est pourquoi je suis venu t'en parler. Parce que toi, tu sais ce que c'est, un roman. Et tu sais l'importance que ça peut avoir. »

Première nouvelle pour Rory Plantagenet. Mais une nouvelle

agréable, dans l'ensemble. Il avait l'âge de Richard. Après avoir passé des nuits à enchaîner les réceptions, Rory se surprenait souvent à chercher quel était son rôle véritable.

Richard dit :

« Je veux contrôler l'affaire. Et limiter les dégâts. La personne qui me fait le plus de peine, ajouta-t-il en se demandant s'il avait été bien avisé de prendre un troisième gin tonic, c'est Lady Demi. Vu tout ce qu'elle doit déjà subir.

— Des histoires de femmes ?

— Ce n'est pas à moi qu'il faut poser la question. Interroge plutôt Audra Christenberry. Ou Mercedes Soroya. Tu sais qu'il a même une... Mais c'est une autre histoire. Écoute. Je veux surtout éviter d'envenimer la situation. C'est quand même mon plus vieil ami, bon sang ! Je l'aime, ce type, merde !

Le parrain de Marco, l'objet de l'amour de Richard, n'était qu'à un pâté de maisons de là. Gwyn marchait vers l'ouest dans Ladbroke Grove. Il n'avait pas mis Phil au courant de cette excursion. En fait, ce n'aurait pas été Phil, si tôt dans l'après-midi. Ç'aurait été Simon qui l'aurait escorté. Plein d'audace, il continua sa marche et dépassa la station de métro, Mick's Fish Bar, Westway. S'il devait arriver quelque chose, ce serait très certainement sous Westway, dans cette cavité noire dont les parois et les piliers suintaient de jus d'anguille, de sifflements de serpents, et exhibaient des graffiti tatoués. S'il devait arriver quelque chose, ce serait très certainement sous Westway. Mais il n'allait rien arriver. Gwyn en était certain. La veille au soir, Phil lui avait dit dans la cuisine (Simon et Jake étaient présents, eux aussi, taciturnes, solidaires, penchés sur leur café instantané) que toutes ces « conneries », ces « blagues » récentes, ces « emmerdements stupides » allaient bientôt « s'arranger ». Bientôt : du style, demain. « Qui c'est ? » avait demandé Gwyn. « Qu'est-ce que vous allez lui faire ? » Phil : geste rapide de la tête, yeux baissés ; mais Jake, sans lever de sa tasse son visage aplati de rugbyman, coupa court : « Il vaut mieux que vous ne le sachiez pas. » Cela valait mieux, en effet. Gwyn en était certain. L'univers l'aimait de nouveau. Il en était certain. Il poursuivit sa marche.

En arrivant à l'angle de Calchalk Street, il s'arrêta puis entra à L'Adam et Ève. Il avait un air timide, indulgent, et un regard exorbité d'anthropologue. Sa voix avait un accent gallois plus prononcé que d'habitude lorsqu'il commanda à boire... Barry se promenait souvent dans la rue et fréquentait de simples. Fréquentait de frustes. Fréquentait de simples. Fréquentait des pubs sans prétention où il prenait un « godet » avec les petites gens. Avec les gens ordinaires. Avec les. Comme n'importe qui...

Gwyn s'assura de la présence de son portefeuille en le tâtant de l'intérieur du poignet, puis jeta un coup d'œil magistral à sa montre.

À Troifoirien, les enfants tenus et retenus en bride galopaient devant leur gardien : comme de petits conducteurs de pousse-pousse, ils se hâtaient vers le millénium.

Pour économiser de l'argent, ou parce que les magasins étaient en rupture de stock, beaucoup de parents s'étaient débrouillés avec des cordes à linge et des tendeurs de galerie. Ces enfants avaient des ennemis, des ennemis qui étaient partout, qui étaient tout le monde. Marco n'était pas tenu en bride. En général, Lizzete posait légèrement la main sur sa tête. En plus, Marco aimait s'agripper à l'adulte qui l'accompagnait : à sa ceinture, à la poche de sa veste.

Lizzete fredonnait une chanson en parcourant les canyons au néon de Troifoirien. Ils étaient à présent au rayon de l'hygiène domestique : emballages de plastique et de polyéthylène, palette de couleurs associées à l'ordre et à la propreté.

---

13 était de l'autre côté de la rue, dans le magasin Ultraverse. Ultraverse vendait des bandes dessinées d'occasion : Monsieur X et la Dondon, Comte Zéro et Robobébé, Donnamatrix rencontre Dr Strange.

« J'suis mort », murmura-t-il avant de s'appuyer contre un bac de B.D.

Aquavixen contre Animalman.

« J'suis mort. »

Il calcula qu'il était mort une bonne dizaine de fois. Crash allait lui en vouloir, il allait le tuer, mais pas aujourd'hui ni demain. Crash n'allait pas le tuer aujourd'hui parce qu'il était au lit en train de manger de la nourriture d'hôpital. Même dans l'état actuel des choses, Crash n'adresserait pas la parole à 13, il ne le regarderait même pas. Tout ce que 13 savait, c'est que trois types avaient esquinté son pote parce qu'ils voulaient de l'information. Coups et blessures graves, un point c'est tout. Graves, par opposition à bénins. Dans son lit de l'hôpital St Mary, Crash semblait contempler la lettre G. Il regorgeait de grognements de chagrin. Il ne clignait pas des yeux mais se livrait à l'introspection avec une mélancolie enfantine et soporifique : il contemplait le chagrin de ses blessures.

Pour couronner le tout, 13 avait enfermé Giro dans l'appartement de Crash à Keith Grove. Il dépérissait, le chien, et grattait aux portes.

Grendel et Cerebus, Venin et Magma. Par la vitre sombre d'Ultraverse, 13 regarda de l'autre côté de la rue animée : Troifoirien. Conformément aux instructions qu'il avait reçues, il avait garé la camionnette orange dans l'ex-garage de Basing Street.

« Qui c'est, ce Tad Green ? demanda Rory Plantagenet.

— Thad Green. Thaddeus, j'imagine. Un Américain. Je n'ai pas réussi à retrouver sa trace. L'éditeur n'existe plus depuis longtemps. Ça se tient. Je crois qu'on peut faire confiance à l'ami Barry, il a dû examiner la question bien à fond. Il va quand même pas prétendre avoir écrit *Hamlet*.

— Ça colle pas très bien avec sa personne. D'après ce que je sais de lui.

— Souviens-toi de l'histoire du voleur gallois...

— C'est pas un canular, hein ? J'ai un sixième sens pour ce genre de truc. Et je m'en aperçois vite, si je me fais avoir.

— Je te jure que non sur la tête de ma femme et de mes fils. Arrête un peu ! Tu vois pas ce qu'il m'en coûte ? On a partagé la même chambre à Oxford. Je l'aime, ce type, merde !

— Bof ! Plus j'y pense, plus je me dis que Smatt va vouloir en faire ses choux gras, dit Rory. (Smatt, c'était le surnom que les employés du journal donnaient au rédacteur en chef, poids mi-lourd originaire du Cumberland, Sir Matthew Druitt de son vrai nom.) Exactement ce qu'il lui faut.

— Et pourquoi, au juste ?

— Parce que Gwyn est travailliste. Et gallois. Passons un peu aux histoires de femmes. »

Après qu'ils eurent demandé l'addition, Richard se leva et se dirigea vers la cabine téléphonique. Rory voulait examiner *En trébuchant sur des melons* et l'emporter en week-end. Il le lirait avec Amelior en regard, et si tout concordait, le faussaire ferait la une du journal le lundi, le matin même, à l'aube radieuse du jour qui verrait la publication d'*Amelior reconquise*. Richard avait la tête penchée sur une pleine main de pièces de monnaie. Il avait l'intention d'avertir Gina qu'il allait passer. Cet après-midi-là, il était attendu (et se faisait attendre) aux Presses de Tantale.

Il composa son propre numéro.

Dans l'appartement E du 49 Calchalk Street, Gina était assise dans son bain, nue, les cheveux tout gris et graissés par un onguent ou un élixir gluant. Elle se boucha les oreilles de ses index et s'allongea. Seuls dépassaient, dans la vapeur, ses seins et son nez à la Caligula.

Dans la pièce à côté, le téléphone se mit à sonner. Sonna plusieurs fois. Puis s'arrêta de sonner.

La tête et le buste de Gina émergèrent.

L'espace-temps n'était pas un allié de Richard. L'univers, décidément, n'en pouvait plus de lui.

Gwyn sortit de L'Adam et Ève et descendit Calchalk Street.

Bien que son œuvre témoigne d'une vision idéalisée du genre humain, il resta. D'un individualisme forcené, il vaquait à ses occupations avec. Personne ne pourrait l'accuser de. Il ne cessa de...

Sur le perron du numéro 49, il appuya sur la sonnette marquée au nom de Tull. Il attendit. Il regarda sa montre et inspecta ses ongles.

« Oui ?

— C'est moi. »

Un silence se fit. Puis elle lui ouvrit et il monta.

Gina attendait à côté de la porte au sommet des escaliers, vêtue d'un peignoir en tissu-éponge rose. Elle dit :

« Tu vas t'arrêter ? »

Lizzete lâcha la main de Marco pour vérifier sa monnaie dans la rue.

« Salut ! »

C'était 13. Marco fut content. Il aimait bien 13. Et il percevait la désinvolture des Noirs. Lizzete était noire, mais c'était une fille. 13 était noir, mais c'était un garçon.

« D'où tu sors ? demanda Lizzete.

— Y a Angela qui veut te voir. »

D'un doigt recourbé, il lui indiqua le coin de la rue.

« Au pub La Croix Noire. »

Marco n'insista pas, Lizzete changea de point d'appui : Angela était sa sœur aînée. Elle prit dans la main gauche le sac de courses qu'elle tenait dans la main droite, et attrapa Marco.

« Tu peux pas emmener un môme au pub. On va t'attendre ici. »

Lizzete lança un regard dur à 13.

13 dit :

« File-le-nous. »

« Là, Gina, on se retrouve devant une ambiguïté. Parce que t'es de Nottingham. Je vais m'arrêter ? J'adore te l'entendre dire. Je vais rester un moment ? Ou bien je vais abandonner ?

— Alors ? Quelle solution tu choisis ?

— Les deux. Je reste cette fois-ci, si tu me le permets. Puis j'abandonne. Donc, je m'arrête, puis j'arrête.

— C'est ce que tu dis, mais tu reviens toujours. Je t'en prie, abandonne tout de suite. Ne reste pas. Va-t'en. »

Gwyn soupira. Il dit :

« Très bien. Ça t'est donc égal que je raconte tout à Richard. Je me demande comment le lui dire. Tu crois qu'il le prendra mieux ou moins bien, s'il sait que tu l'as fait pour de l'argent ?

— Je l'ai pas fait pour de l'argent. Je l'ai fait pour me venger.

— Oh oui ! Pauvre Anstice. Je l'ai rencontrée une fois. Incroyable !

— Je m'étonne qu'il n'ait pas encore compris. Je lui ai toujours dit que je n'irais pas par quatre chemins.

— Peut-être, mais il croit que tu ne m'aimes pas.

— Il n'a pas tort. »

Il détourna la tête et le dit tout de go :

« Les femmes ! »

Puis il sortit son portefeuille et en tira quatre grosses coupures.

« En tout cas, il y avait de l'argent en jeu. J'aime me considérer comme le mécène de Richard. Comme celui qui a aidé sa famille à survivre pendant qu'il terminait son dernier et, au dire de certains, son meilleur roman. Comment ça s'appelait, déjà ?

— Ça suffit. Arrête-toi. Abandonne.

— Pourquoi tu t'arrêtes, toi ? Pourquoi tu restes avec lui ? Je dois dire qu'en ce moment je trouve qu'il fait... tache. Mais bien entendu, vous avez une vie amoureuse extraordinaire, non ? Un tourbillon de rapports sexuels. Pourquoi tu ne le jettes pas ? Il partirait. »

C'est vrai, il partirait. Une valise à la main, il marcherait jusqu'à la cabine téléphonique...

Il partirait sans bruit. Typique de Richard. Elle pressentait toute la violence, toute la violence verbale qu'il renfermait. Mais il ne l'avait jamais déchaînée contre elle. Et elle savait qu'il ne le ferait jamais.

« Une dernière fois, dit Gwyn. Juste la belle et la bête. »

Naturellement, ce sont les phénomènes qui se déroulaient à la hauteur de ses yeux qui se taillaient la part du lion dans l'attention de Marco. Les ténèbres caverneuses tapies sous les étals, par exemple, où il était possible que roulent une pomme ou un navet : entre le caniveau et la lisière de l'ombre. L'éclat intérieur de tout ce qui se trouvait là-dessous... Il aurait pu facilement y aller, en se baissant ; les petits valaient mieux que les grands là-dessous.

Il leva les yeux et fit un tour complet sur lui-même. 13 avait disparu. Marco perçut tout de suite un bourdonnement dans ses oreilles. Il tournoya, son champ de vision tournoya avec lui ; il tournoya pour faire surgir un visage des balançoires et des tourniquets, des imposteurs costumés, des dissimulateurs en habits de taffetas ; un visage surgi de la foule des rois, des reines, des valets.

Un autobus était arrêté au carrefour. Derrière passa le père de Marco, accompagné de son ami ; ils continuèrent dans Westbourne Park Road en direction de Ladbroke Grove.

« Il y avait un romancier, disait Richard, qui était responsable d'un atelier d'écriture à la prison de Brixton. Il est parti pendant six mois et quand il est revenu, chaque détenu avait écrit un roman. Ou en avait recopié un. Mais il n'y avait guère que cinq romans à plagier dans la bibliothèque de la prison. Trois prisonniers avaient choisi *La mer cruelle*. »

Rory fronça les sourcils. Ils continuèrent de marcher.

« Bon Dieu ! J'ai intérêt à prendre l'aspirateur si ça ne te gêne pas ? Ça fait des semaines qu'il est chez le réparateur et on me rend la vie difficile à la maison. »

Trois journées de météo s'accumulaient dans le ciel. Ici, aujourd'hui ; là, demain ; et un peu plus loin, après-demain.

« La belle et la bête, dit Gina. Et c'est tout. Après, c'est fini.

— C'est incroyable que les femmes trouvent ça moins intime, surtout les avaleuses comme toi. Moi, j'ai toujours l'impression que c'est plus intime, au contraire.

— Sauf qu'il n'y a pas de risque de bébés. Pourquoi vous ne faites pas un bébé, Demi et toi ? Ça vous irait bien. Et comme ça, elle la bouclerait.

— Elle, peut-être, mais pas le bébé.

— Toi aussi, tu pourrais la boucler. T'as besoin de changer.

— C'est pas impossible que je me retrouve avec un enfant, que je le veuille ou non. Demi a changé depuis que son père a passé l'arme à gauche. Elle est en train de mettre Pamela à la porte. Et elle parle de me mettre moi aussi à la porte. Elle a beaucoup changé. Elle est hyper-branchée. Enlève au moins ton peignoir.

— Dépêche-toi. J'ai pas envie que tu rencontres Lizzete dans l'escalier. »

Gwyn se mit debout, ôta sa veste et promit, non sans un soupçon d'insincérité, de faire aussi vite que possible.

Une silhouette émergea entre les étals du marché, à laquelle Marco refusa tout de suite de s'intéresser sous prétexte qu'elle ne jouait aucun rôle dans son monde à lui. Mais il est vrai que le monde de Marco s'écroulait déjà, qu'il chutait, qu'il s'effondrait à travers la voûte céleste. C'était ce bourdonnement qu'il entendait dans ses oreilles : le frottement du monde en chute libre.

Sans changer de destinataire, le visage et la silhouette se rapprochèrent :

« Marco. C'est Steve. Tu te souviens de moi ? Je connais ton papa. »

Le visage lui tendit la main. Marco la rejeta. Mais il resta dans la même position abjecte, le cou penché de côté. En bon enfant moderne qu'il était, il savait tout ce que peut renfermer le monde : au niveau local, personnel, il connaissait les catastrophes. C'était comme la chute d'une ombre, mais d'une ombre faite de lumière agitée. La lumière de l'orage, le tonnerre de l'été.

« Marius nous attend au coin de la rue. Je veux te raconter une histoire. Viens. J'ai des petits chats dans le coffre de ma voiture. »

Une main se tendit à nouveau, et fut à nouveau rejetée. Ils se mirent en route. Pour rester à la hauteur de son gardien, et de ses grands pas vifs, Marco ne trottinait pas à petites foulées régulières ; il marchait et courait, alternativement.

« T'as besoin d'un coup de main ?

— C'est drôle, mais c'est plus commode de le porter seul. »

Ils avaient bu plus de vin que leur âge ne le leur permettait ; puis un grand cognac que Richard avait réussi à s'envoyer pendant que Rory s'occupait de l'addition. Après mille mètres de marche forcée dans les effluves humains et mécaniques de Ladbroke Grove, Richard se sentait, lui, dans un état d'ébriété repoussante. Il grimpa pas à pas les trois étages et expliqua, entre de bruyants halètements, qu'il y avait sans doute une suite à *En trébuchant sur les melons*, que Gwyn avait probablement ramassée, tombée du camion de Thad... Il fit une embardée et se rattrapa. Les bicyclettes accrochées au mur et au plafond semblaient entrer en résonance avec l'huile et le métal qu'il avait au fond de la gorge. Richard ouvrit la porte en bardeau : encore des escaliers.

« C'est l'Everest, ici », dit Rory.

Richard continua en valdinguant d'un mur à l'autre ; le tube de l'aspirateur resserrait son étreinte autour de son cou ; il se disait déjà que le suicide présentait bien des avantages, parce que dans cette chienne de vie, on n'arrête pas de trimballer des objets, de farfouiller dans ses poches pour trouver les clefs de chez soi, et d'être toujours par monts et par vaux...

« Ça se saura, dit-il. Ça se sait toujours. »

Crissent les semelles, grincent les gonds.

Gwyn l'entendit. Son corps se raidit. (Mais son corps se raidissait de toute façon.) Et savez-vous ce qu'il fit ? Il appliqua les mains sur les oreilles de Gina, luisantes après le bain qu'elle avait pris. Il appliqua les mains et serra bien fort.

Que se passe-t-il lorsque les galaxies entrent en collision ? La plupart du temps, rien. Les astres sont plus clairsemés que les conglomérats qu'ils forment. Les galaxies se traversent les unes les autres. Les antigalaxies se traversent les unes les autres. Il ne manque pas de place.

C'est dans la rue qu'on retrouve Richard Tull. Ici prend fin cette histoire, son histoire. Dans la rue et ses maisons hostiles, ses voitures classées par rang de mérite, et l'anticomédie des fleurs de pommier qui se détachent dans le vent.

Il se retourna. Il savait que rien, dans son passé ou dans son futur, n'avait jamais égalé ni n'égalerait jamais l'inimitable mépris du sourire qu'il avait réussi à improviser pour Rory Plantagenet : à improviser, donc, et à arborer sur son visage vérolé, taillé à la serpe, d'où s'était enfuie la jeunesse. Le souvenir de ce sourire resterait ancré en lui jusqu'à sa mort ; dans trente ans, les mains sur les oreilles, il en serait encore à hausser la voix, à jodler d'un ton mortifié, pour essayer de couper court au souvenir de ce sourire.

Qu'est-ce que Rory avait vu de la scène ? Il ne le savait pas. Et Richard, qu'est-ce qu'il avait vu de la scène ? Il ne le savait pas. L'affolement anxieux du peignoir rose... Ils en avaient vu assez. *Basta*...

« En fait, comme tu l'as sans doute deviné, dit-il, nous t'avons mené en bateau.

— Je ne te suis pas.

— Oui. C'était du bluff. »

Richard haussa les épaules, les mains en avant. Une hilarité négative s'emparait de lui. La langue ne lui apportait aucune aide, elle ne lui apportait rien.

« Juste un petit tour de force que nous avons imaginé ensemble. Tous les trois, tu vois. Pour voir jusqu'où on pouvait aller. Nous t'avons fait perdre ton temps. Mais il n'y a rien à raconter. Excuse-moi. Je t'en prie, laisse tomber, Rory. Laisse tomber. Je t'en prie, Rory. »

C'est à ce moment-là que Gwyn choisit de sortir du 49 Calchalk Street : une marche après l'autre, indolent, les mains dans les poches ; et la couleur féminine de ses vêtements... Aux yeux de Richard, il était bel homme, mais d'une beauté cynique, voire satanique. Inoubliable rictus de complicité, là encore, que celui que Richard déposa à ses pieds.

« Vous allez dans la même direction que moi ? » demanda Gwyn.

Rory lui emboîta le pas. Richard se retrouva seul.

En plongeant le regard sur le panorama où ils allaient bientôt disparaître, en direction de Ladbroke Grove et de ses chevaux de bois embouteillés, Richard vit son fils Marco : Marco au loin, très loin au bout de la rue, qui marchait à grands pas crispés et défaitistes comme à son habitude. Quelque chose ne tournait pas rond : il n'y avait personne à ses côtés. Pourtant, la solitude de l'enfant, son isolement, était due, contrairement à la situation comparable de son père, à une erreur impardonnable dont il n'était pas responsable. Il y avait toujours quelqu'un aux côtés de Marco. Depuis sept ans qu'il vivait, il y avait toujours eu quelqu'un à ses côtés.

C'est un drame, pensa Richard. Et une distraction : je vais au moins en profiter pour gravir ces fichus escaliers. Il se rendit compte qu'il transportait toujours l'aspirateur : dans les bras, en travers du corps, autour du cou. Richard restait Laocoon, il disparaissait sous les boucles et les anneaux. Cela aussi, il allait falloir qu'il le monte jusqu'à l'appartement. Cela aussi.

Père et fils se précipitèrent l'un vers l'autre. Marco ne pleurait pas, mais Richard ne l'avait jamais vu si malheureux ; il ne lui connaissait pas ce malheur qui était fait de toute éternité pour lui, ce malheur qui lui appartenait en propre. Richard posa un genou à terre, comme un chevalier, et le prit dans ses bras.

« Qui était avec toi ? »

Marco le lui dit : Lizzete.

« Tu t'es perdu ? »

Il y avait un homme.

« Et ensuite, qu'est-ce qu'il s'est passé ? »

Il m'a emmené à sa voiture. Pour me montrer des petits chats.

« Et après ? »

Trois hommes sont arrivés. Et l'ont emmené.

« Où ça, ils l'ont emmené ? C'était la police ? »

Marco haussa les épaules.

« Il était d'accord pour les suivre ou pas ? »

Marco haussa les épaules en levant les mains, paumes en l'air.

« Qu'est-ce qu'ils ont dit ? Quelqu'un a dit quelque chose ? »

Oui. L'homme a dit : « Je suis un enfant. »

« L'homme a dit que tu étais un enfant ? »

Richard se reporta quatre ou cinq ans en arrière et repensa aux confusions naturelles des enfants lorsqu'ils commencent à parler. « Comment vas-tu ? » lui demandait-il ; à quoi Marco répondait assez logiquement : « Tu vas bien. » Puis il tendait les bras vers son père en lui disant : « Porte-toi. » Et Richard le soulevait et le portait...

Non. Il a dit : « Je suis un enfant. »

« Mais ce n'était pas un enfant. »

Non. C'était un homme.

Richard se mit debout. Un malheur définitif, dû à des conséquences involontaires, le frôla au passage, lui ébouriffant les cheveux comme le déplacement d'air à la suite d'une voiture lancée à toute allure. Il se tourna ; Lizzete, elle aussi, descendait à présent Calchalk Street en courant dans leur direction : foulée pesante, taille basse. Bon Dieu ! Et ce salaud dans sa voiture allemande, qui fonce dans ma rue à cent à l'heure pour tuer mes enfants. Mais qu'est-ce qu'il a pour être aussi pressé, ce mec ? Qui pourrait bien avoir besoin de lui plus tôt que l'heure à laquelle il va de toute façon arriver ? Le projectile, avec le sale bonhomme dans l'ogive, les dépassa en un éclair. Cliché de profil : peau épaisse (deux couches, comme son maillot de corps sous sa chemise), sourcils clairs, bave dodue de la lèvre inférieure. Richard vacilla sur place, les cheveux tout ébouriffés par le volume d'air que déplaçait la voiture allemande.

Dans son sillage se traînait aussi la camionnette orange, ce rafiot aux rideaux crème qui pendillaient. Et 13, mollement avachi au volant. « Oui », réussit-il à dire (allongement de la voyelle finale : *iiii*) en les voyant tous les trois debout sur le trottoir. Du soulagement et même de l'extase perçaient dans une contagion de détresse. Il l'avait compris d'un seul coup en regardant par la fente du portail, à l'arrière de l'ex-garage : *C'est eux, les salauds qui ont esquinté Crash.* Qui ont ordonné au petit Marco de dégager ou d'aller se faire foutre. Et Adolf qui disait : « C'est quoi, tout ça ? C'est quoi, tout ça, les jeunes ? » Adolf savait ce que c'était : c'était une leçon. Par rapport à vous, espèces de..., par rapport à vous, je suis un enfant. Je suis un enfant... 13 était libre. Il les dépassa lentement dans la camionnette orange. Il ne voulait pas se faire voir. Il ne voulait pas de l'ardeur de leurs regards.

Marco ne pleurait pas. Mais Lizzete, elle, pleurait. Richard aussi. Dans les marges de son esprit, il était déjà en train de réécrire son portrait (Il est rare que. Faites sonner les, déroulez le, hissez le, chapeau au) et d'imaginer le pardon de Gina. Un pardon en forme de mots. Parce que s'il lui pardonnait, elle ne partirait plus jamais. Qui était-il ? Qui avait-il été tout ce temps ? Qui serait-il à jamais ? Il était Abel Janszoon Tasman (1603-1659), l'explorateur hollandais qui avait découvert la Tasmanie sans remarquer l'Australie.

Toutes les rumeurs du vent, qui avaient jusqu'alors manqué de discipline, telle la communauté londonienne des déplacements d'air et des alarmes de voiture (le Blitz que l'on subit tous, chacun de son côté) — toutes les rumeurs du vent se rassemblèrent pour remonter le courant. C'était comme un souffle aspiré plutôt qu'exhalé, il parcourait la rue à toute allure et agitait les arbres jusqu'à ce que leurs dents cliquettent et que tombent leurs jolis cheveux. Bientôt, les fleurs de pommier eurent tout envahi, comme un élément naturel.

Puis elles furent emportées, jusqu'à l'année d'après. Mais pendant un tout petit peu plus longtemps, elles voletèrent à foison, festives et hystériques, comme si tous les arbres se mettaient soudain à convoler en justes noces.

L'homme de la lune rajeunit d'année en année. Votre montre connaît exactement l'action du temps : *tsk, tsk*, fait-elle à chaque seconde de chaque jour. Tous les matins, nous en laissons davantage dans le lit, davantage de nous-même, à mesure que notre corps s'apprête à fusionner avec le cosmos. Méfiez-vous du vieux critique aux cheveux en sciure de bar à vin. Méfiez-vous de la bonne sœur dont les boucles de chaussures vont vous ensorceler. Méfiez-vous de l'homme à la cabine téléphonique, une valise à la main : cet homme, c'est vous. La varlope gémit, elle réclame sa maman varlope en gémissant. Et puis il y a l'information, qui n'est rien, et qui arrive la nuit.

Composition Graphic-Hainaut
Achevé d'imprimer par la
Société Nouvelle Firmin-Didot
à Mesnil-sur-l'Estrée, le 20 décembre 1996.
Dépôt légal : décembre 1996.
Numéro d'imprimeur : 36887.

ISBN 2-07-074303-9/Imprimé en France.

73472